生活即教育

社会即学校

教学做合一

e a MEXICO!
peón de
plica el
México
DOC

陶行知全集

第12卷

补遗二
全集附录

补遗二
全集附录

四川教育出版社
·成都·

图书在版编目（CIP）数据

陶行知全集．第12卷 / 方明主编．—2版．—成都：四川教育出版社，2009.4
ISBN 978-7-5408-5050-0

Ⅰ.陶… Ⅱ.方… Ⅲ.陶行知（1891~1946）-全集
Ⅳ.G4-52

中国版本图书馆CIP数据核字（2009）第033517号

装帧设计 宁成春
责任编辑 钱学文 金成林 胡宇红
技术编辑 顾求实
责任校对 伍登富
责任印制 田东洋
出版发行 四川教育出版社
地　　址 四川省成都市锦江区三色路238号新华之星A座
邮政编码 610023
网　　址 www.chuanjiaoshe.com
印　　刷 成都市金雅迪彩色印刷有限公司
版　　次 2020年1月第3版
印　　次 2024年2月第2次印刷
成品规格 152 mm×228 mm
印　　张 71　　插页 4
字　　数 922千
全套定价 2200.00元

再版前言

1991年，张劲夫同志祝川版《陶行知全集》出版，在《人民日报》撰文，称这部巨著是一笔宝贵的精神财富。他在文章的结尾深情地写道："新版《陶行知全集》的出版，必将永育后人，光照千秋！"

陶行知是一位伟大的社会改革家，是中国20世纪推动现代化的先驱。他坚持以与时俱进的生活教育来推动川流不息的现代化。他热爱人民，躬亲实践，手脑并用，勇于创新，对祖国和人类所作出的贡献及取得的成果是多方面的。从《全集》中可以看出，他涉猎的领域很广，诸如对政治制度、经济发展、社会道德、国际交往、科学普及、民族团结、宗教信仰、新文字推广、环境保护、计划生育等等均有精辟的论述。陶行知又是伟大的人民诗人，其诗的大众化"独开风气之先"，《全集》中收入他的诗800余首，仍未搜齐。当然最突出的仍是他创立的生活教育理论。大家熟悉的"生活即教育"、"社会即学校"、"教学做合一"和他倡导的全民教育、终身教育、创造教育、民主教育以及他身体力行的崇高师德，是多么贴近我国的现实与未来的走向啊！

随着我国改革开放的不断深化，现代化进程的长足发展，人们对陶行知留下的这笔精神财富的借鉴意义也愈益有了更清晰的认识。近两年不少读者要求购书，有的省市成立了陶行知研究会，要求供应几十套上百套。而当年印制的新版《全集》8000套，早已罄尽。面对这日增的需求，中国陶行知研究会也希望能尽快再版。在此情势下，四川出版集团、四川教育出版社决定高质量地再版《陶行知全集》（十二卷本），并组成再版的编辑出版班子，对初版进行认真修订。《全集》约800万字，修订任务繁重，原来各卷的责任编辑年事已高，有的已经辞世（本套书第一版出版后辞世的编纂、出版人员未在《全集》编辑委员会和出版工作者委员会成员名单中注明）；最初使用的原稿，已交有关的博物馆和纪念馆保存，这更增添了校订的难度。出版社抽出十几位年富力强的编辑分担各卷的编务及协调工作，并请有关专家指导，两位老主编和张行可、吴琴南也全力投入，中国陶行知研究会又寄来陶行知自选集的影印本供校勘用。在共同努力下，终于按计划完成了再版的修订任务。

这次修订的主要情况如下：

一、原体例不变

开初有同志提出不论著作体例，统按时间顺序排列；有的主张前十卷不变，将最后两本补遗卷打散，分类按时序插入前面各卷。多数认为这样做不仅工作量过大，原有特色会消失，且不易查阅，故决定再版仍保持原状。

二、改错字及改正注释中的一些讹误

《全集》出版后，原来的编辑发现一些错处，特别是不少读者陆续来信指出发现的问题，这次都做了认真考证校订并逐一改正。此类改正达几百处，但仍有个别人名无从查考。这里特向来信的热心读者表示敬意和谢意。

三、几项调整

将各卷的人名索引合为一处，避免了重复，删去了该人名出现在书中的页码。人名索引刊在第九卷卷末，将原第九卷中1940年1至7月的书信移入第八卷。

抽去了两首重复的诗歌。另抽去第九卷附录中的《陶行知年表》，部分内容并入第十二卷《陶行知及其生活教育活动纪略》。抽去第十二卷附录中致陶行知的信57封，对《陶行知西旅长编》作了删节。另有少量附录因篇幅关系按时间顺序做了移动。

卷首的图片有小调整，第五卷和第九卷各换了一张照片，第四卷增加了一幅手迹。

最可喜的是增加了15篇最近得到的陶行知的佚作。一是1939年写给沈钧儒的信；二是1946年在中国人民救国会第五次大会上的报告记录；还有13篇是香港中文大学哲学博士何荣汉先生提供的英文稿：《一个金陵大学学生的自述》（1912年）、《陶文濬的伊利诺斯州立大学政治学博士入学申请表》（1914年）、《中国的道德和宗教教育》（1916年）、陶文濬致德芬道夫的4封信（1915~1917年）、《祈先生的新贡献》、《中国在转变中》、《中国的乡村教育运动》（1927年）、《生活即教育》（1932年）、《创造的教育》（1933年）、《小先生和识字运动》（1934年），这些均已翻译为中文编入第十二卷。这里，特向何荣汉先生致谢。

这次不仅认真校订内文，对书籍的开本、版式、封面等都提出了高要求，为此还请了北京的装帧设计家宁成春先生做装帧设计，力争出精品。

本书编辑中的不妥处，恳希读者指出，因为陶行知留下的这笔珍贵精神财富是属于我国人民和全世界人民的。

编　者

2004 年 12 月 1 日

《陶行知全集》
编辑委员会

主　　编　戴自俺

副 主 编　孙传华　苏辛涛　郭　笙　陶晓光

分卷主编　理论卷（第 1~4 卷）　孙传华　苏辛涛　洪　桥　祝德顺　周正章

教材卷（第 5 卷）　戴自俺　陶　城　陈贻鑫

英文著译卷（第 6 卷）　温致义

诗歌卷（第 7 卷）　聂大朋

书信卷（第 8、9 卷）　张邦民

衙备忘卷（第 10 卷）　庞曾漱

编　　辑　（按姓氏笔画为序）

王超英　刘有声　江长风　李　冬　陈　思　杨立义

张　颖　张德生　姚启安　鲁　风　裴未如　韩忠祥

程翊德　储朝晖

审　　定　陆静山（主任）吴树琴　楼化篷　徐明清

丁　丁　龚思雪　李能寿

特邀主编　胡晓风

新版《陶行知全集》
出版工作委员会

顾　　问　聂荣贵

主任委员　冯元蔚

副主任委员　许　川　韩邦彦　康振黄　李培根
胡晓风　卢铁城　张　锋

委　　员　（按姓氏笔画为序）
王可植　王敬夫　文　甫　尹　平　卢自德　冯国元
古润清　伍　尧　向国灵　李　致　李光炜　吴汉家
吴代伦　汪兴高　杨启泉　张子云　张仲炎　陈焕仁
单基夫　金成林　罗由沛　洪宝书　徐文锜　徐春轩
袁学林　黄德昆　蒲家驹　熊清泉　廖世洁

秘书长　张仲炎

副秘书长　冯国元

总编辑　金成林

办公室主任　蒲家驹

办公室副主任　张子云　周良玉

编审组　胡晓风　金成林　马　骏　顾　亚　蒲家驹　廖世洁
钱学文　游仲伦　吴正贤　伍　尧　李能寿　龚思雪
吴纪真　王屏汉　周良玉

编辑组　罗智超　文　龙　邹　青

编辑说明

一、陶行知（1891—1946）是我国伟大的人民教育家、伟大的共产主义战士。他为中国教育改造、普及人民教育、争取民族解放和建立人民民主的新中国奋斗了一生，留下了大量的著作。他的著作，散见于1913年到1946年的国内外报刊。生前曾以各种形式出版各种专集，流传甚广，影响深远。延安也曾出版《行知教育论文选集》。1946年，延安各界追悼陶行知筹备委员会倡议出版《陶行知全集》，但因限于当时条件，未能实现。1957年7月，张宗麟曾在《人民教育》发表文章，公开建议人民教育出版社编辑出版《陶行知全集》。1959年原中央教育部所拟定的《教育科学规划》曾有出版《陶行知全集》的项目，但因当时各种阻力尚未排除，终未实现。中国共产党第十一届三中全会以后，研究陶行知的活动又活跃起来。1981年，由邓颖超同志主持的陶行知诞辰90周年纪念大会在北京市全国政协礼堂召开。安徽、上海、江苏、四川、北京等地相继成立了陶行知研究会。1982年，华中师范学院（现华中师范大学）教育科学研究所和湖南教育出版社，在征得安徽、上海、江苏、四川、北京等省、市陶行知研究会赞同和陶行知先生亲属的大力支持下，组成《陶行知全集》编辑委员会，由华中师范学院教育科学研究所主编，湖南教育出版社于1985年出版了六卷本《陶行知全集》，在抢救我国民族文化遗产、促进我国教育改革、建设具有中国特色的社会主义教育体系等方面作出了有益的贡献。

二、1985年9月，中国陶行知研究会、中国陶行知基金会成立，对陶行知的研究开始了新的篇章。随之，中国陶行知研究会陆续收到了陶研工作者，陶行知生前友好、学生以及部分读者的许多宝贵建议，要求中国陶行知研究会争取时间，趁陶先生的一些老朋友和学生以及部分陶行知研究的老专家尚健在的时候，组织力量，在原有的基础上，重新编辑出版一部较完备的新版《陶行知全集》（以下简称《全集》），在1991年陶行知诞辰100周年时出版，以应时代及广大读者的需要。

三、本版《全集》的编辑工作，本着求“全”、求“真”的原则，增补了迄今为止收集到的佚文、佚诗、佚信等，并作了认真的校勘；在考订的基础上加了注释；对作者用外文所写著作均作了新的校译；各卷插图有了新的补充和调整。特别要指出的是，本版增补了作者自1936年4月至1946年7月所用的小笔记本55册，以作者所题《衙备忘》为名全部整理编入第十卷，约40万字，系首次发表，是研究陶行知最后十年战斗生涯的极为珍贵的史料。

四、本版《全集》按文章体裁分类，共成十卷。各卷保留了作者原有自编专集的原貌；专集外的文章，再按时间顺序排列。第一至四卷为论著卷（包括论文、演讲记录、谈话、提案等）；第五卷为教材卷（包括各类教材及编辑手稿、儿童科学读物、寓言、歌曲等）；第六卷为英文著译卷（包括英文著述、英文书信；著述中译、书信中译；中译英、英译中等）；第七卷为诗歌卷；第八、九卷为书信卷；第十卷为《衙备忘》。

五、本版《全集》的编辑原则为：（一）尽可能做到“全”；（二）保持陶行知著作的原貌；（三）所收文稿，均经慎重的考证、核查。

六、本版《全集》的注释要求是：（一）以具有中师毕业以上文化程度的广大教师及其他读者为对象；（二）注释条目的选择，以有助于理解原文为准；（三）文字力求简明扼要；（四）对人物、事件，介绍历史背景，力求客观真实，不带政治帽子；（五）人名索引根据其与原著及作者的关系而确定其详略。

七、本版《全集》的编辑和校勘，除充分利用中国陶行知研究会所珍藏的资料以外，并专门组织了力量，到江苏、上海、安徽陶行知纪念馆，中国第二历史档案馆以及华中师范大学近代历史研究所，浙江湘湖师范学校等单位查核大量原件，还尽量查阅手稿及各种版本的专集，多方比较、考证，以求臻于完善。凡有增删或改动者，均采用注释加以说明或以其他方式处理，以便对照。

八、本版《全集》的编辑工作是由中国陶行知研究会领导下组成的编辑委员会主持进行的；出版工作是由四川省党政领导及有关人士组成的出版工作委员会主持进行的，特别是中共四川省委宣传部在多方面给予了大力支持。

九、在编辑过程中，得到南京中国第二历史档案馆，北京中央档案馆，广东省档案馆，北京图书馆，华南师范大学图书馆，南京大学图书馆，南京图书馆，北京师范大学图书馆，上海图书馆，上海辞书出版社图书馆，中央教育科学研究所图书馆，安徽省图书馆，四川省图书馆，四川大学图书馆，广东省图书馆，广州中山大学图书馆，华中师范大学近代史研究所，江苏晓庄陶行知纪念馆，上海陶行知纪念馆，安徽陶行知纪念馆，四川教育学院，各省、市、自治区陶行知研究会以及陶行知先生生前友好、学生和亲属的赞助及支持，在此谨一一深表感谢！

十、由于水平及各种条件所限，本版《全集》疏漏、错误在所难免，敬请读者教正。

《陶行知全集》编辑委员会

1990年12月

凡 例

一、本全集编入迄今收集到的陶行知的全部文稿，有文章、诗歌、教材、书信、演讲、小说、谈话、章程、提案、文电、广告、备忘录等2530篇（其中教材13本、小说1部、备忘录55册）。凡有作者手稿，有作者个人署名，或虽未署名但有根据可确认为作者所著者，均收为正文；合署而非作者起草，或虽有个人署名但不能确认为作者所著的文稿，均与其他参考材料一起作为附录。附录共314篇（包括附在第九卷末的年表），一种为文末附，一种为卷末附录。

二、作者的自编集共17本（其中小说1部），大体上按出版的年代排在有关卷的前面，作为第一部分。自编集以外的集外文汇、集外诗汇、集外书信等均按写作或发表的时间逐年编入有关各卷，作为第二部分。有的诗文收入几种自编集内，此次只在一本集子中排印，其余均存目。第六卷英文著译卷，分类按年编排。第十卷《衙备忘》用手稿影印，一册为一篇，在篇末加少量的译文与注释。

三、除少数姓名和文言文中的个别字外，统用简化字，以国家语言文字工作委员会1986年重新发表的《简化字总表》为准。

四、陶行知原著中的纪年、数字、译名及章节标题的分层序码等均保持原貌。纪年多系民国纪年，如三年、廿一年、卅二年（即公元1914年、1932年、1943年）等。数字则汉字与阿拉伯字并存。翻译的人名、地名与通译不同的，在注释中注明通译的名称。编者所写的注释文字统用公元纪年，数字用法按国家语委等七部门公布的试行规定。

五、论著、诗歌、教材及儿童读物的标题用原题，个别有变动的在题注中说明。书信的标题，除作者自编集外，多系编者从信中摘取原话为题。

六、原著无标点的，由编者加添标点；原著用旧式标点或标点不规范的，重新标点。

七、改正了原稿中的错字，删除了衍文，漏字在〔 〕内添补，无法辨认的字用□号代替。通假字、古今字、异体字等，除文言文中的少数字外，均按有关规定处理。

八、编者的题注为脚注。书信及一些档案资料现存放何处，均不作注。

九、作者本人的署名，1934年7月16日前为“陶知行”，现一仍其旧。编者所写注释中则一律称“陶行知”。

十、第十卷和课本、小说不作人名索引，其余各卷正文中出现的人名，均按姓氏笔画作索引，附在卷末。附录不作人名索引和注释。

陶行知全集第十一、十二卷

编辑出版委员会

编辑前言

《陶行知全集第12卷》由两部分组成：第一部分为补遗二卷；第二部分为整个全集（第1至12卷）的总附录，因为此卷系本届编委编辑的最后一卷。

补遗二卷收入1919年至1946年间的陶行知著作191篇及相关附文63篇。编排体例上仍不分类，统按写作或发表的时间顺序排列。人名注释不再单独列出编人名索引，全部放在有关的题注或文末注释中。

本卷收入的《清华教育的背景》一文，是几年前台湾的一位读者提供的线索，后来在《新教育》上查到，作者署名为"梁达"。从文章的内容和笔调看，可以认定为陶行知所作，但当时尚无其他佐证，也未查到"梁达"的其他文章，只好搁置待考。在编第12卷过程中又继续查证，几经周折，至2000年6月，蒙台湾近代史研究所苏云峰研究员寄来张彭春1923年3月5日的日记影印件，才使该文得以确认。张彭春与陶行知在哥伦比亚大学学习时是同窗，1921年至1925年两人又在中华教育改进社共事。陶行知1922年12月曾就清华停送女生留学事向北京《导报》记者发表谈话。次年3月张彭春日记记有"知行谈要作一篇清华建议的文章"，此文即《清华教育的背景》。文章从派女生留学谈起，提出改变清华领导体制的建议，发表在5月份的《新教育》上。

第二部分为全集附录，内分三个小部分。一为"生活教育七十年缩影"，收入前十一卷未收的能反映生活教育发展历程的可贵资料。二为"陶行知西旅长编"，是根据《衔备忘》1—24

册及有关材料，将陶行知在1936年4月23日至1938年9月26日的活动按时序详细列出，并将这一时期的重要历史背景作了动态式的交代。这里还有一篇余受之先生的《陶行知先生的墨西哥之行》，记述1937年8至9月陶行知在墨西哥期间，与他一道进行华侨救国运动的情况，对阅读《衙备忘》10—11册颇有裨益。三为“陶行知用过的名字”，凡单独使用过的统统记入，共44个。

这次修订再版时新收1912年12月到1933年7月的英文著述译文共10篇，其中附文3篇。这对进一步理解陶行知早期思想发展以及与基督教教育之间的关系是有益的。（2005年修订再版时补记）

本卷由两部分组成：第一部分为补遗二卷；第二部分为整个全集（第1至12卷）的总附录。

补遗二卷收入1919年至1946年间的陶行知著作191篇及相关附文63篇。第二部分为全集附录，其中“生活教育七十年缩影”收入了前十一卷未收的能反映生活教育发展历程的可贵资料。

1

1　1923 年陶行知创办安徽公学与姚文采分任正、副校长

2　陶行知墨迹

看花

有目但悅花容，
有情但灌花根，
有手不折花枝，
有淚留吊花魂。

一二、五、二八

秋月懸於青天上，
小蟲壓在泥土底。
一旦衝破出頭時，
見着明月如見你。

元旦游雞鳴寺

雞鳴寺，
豁蒙樓，
元日登臨共消愁。
不變人間圍爐樂，
湖山風景雨中求。
把傘當風寒侵骨，
一路泥濘滑如油。
中途有客思歸去，
勸他努力似牽牛。

一一、元旦。

3

4

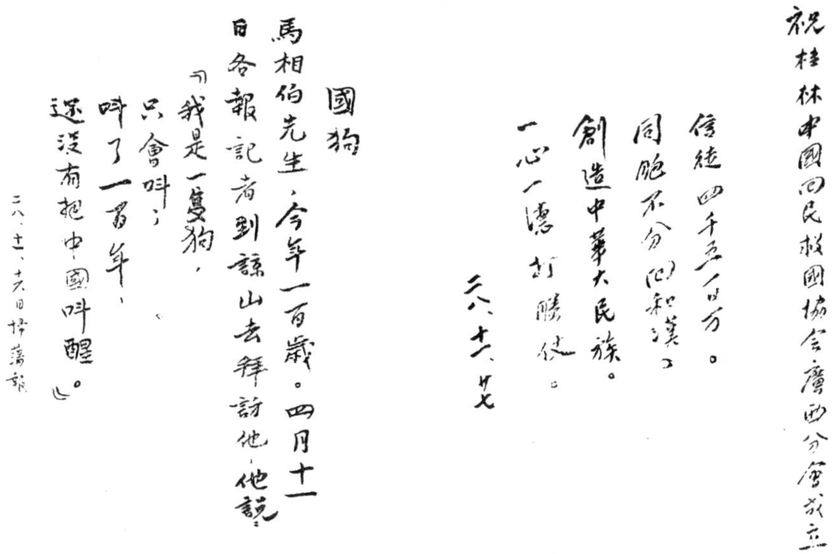

國狗

馬相伯先生，今年一百歲。四月十一日各報記者到諒山去拜訪他，他說：「我是一隻狗，只會叫，叫了一百年，還沒有把中國叫醒。」

祝桂林中國回民救國協会廣西分會成立

信徒四千五八百万。
同胞不分回和漢。
創造中華大民族。
一心一德打勝仗。

5

6

7

3 后排右二为陶行知，二排左三江粹青，前排左五姚文采、左二洪有丰，右一站立者为校长唐进贤（英国人）

4 1914 年 8 月 15 日由上海乘船赴美留学，与同行的留学生在船上合影（前排左一是陶行知，后排右一是陈鹤琴）

5 陶行知墨迹

6 陶行知与张仲述（彭春）在哥伦比亚大学留学时合影

7 杜威先生与安庆胡天□（陶行知摄）

8　陶行知在哥伦比亚大学的选修课成绩单

9　陶行知与长子陶宏（桃红）及次子晓光（小桃）摄于1923年

10　陶行知墨迹

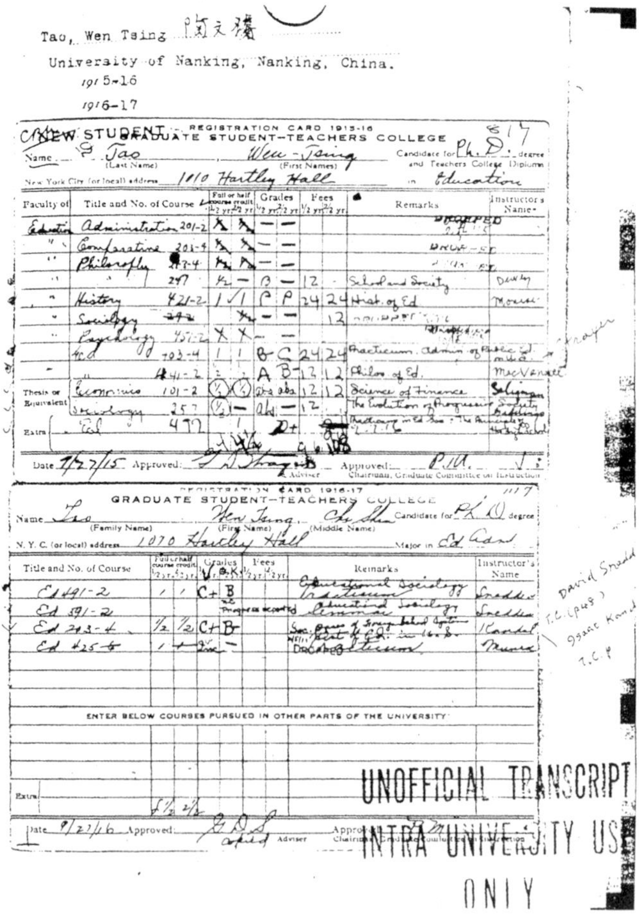

Tao, Wen Tsing 陶文濬

University of Nanking, Nanking, China.

1915-16

1916-17

NEW STUDENT　REGISTRATION CARD 1915-16

GRADUATE STUDENT—TEACHERS COLLEGE

Name Tao (Last Name)　Wen-Tsing (First Names)　Candidate for Ph.D. degree and Teachers College Diploma in Education

New York City (or local) address 1010 Hartley Hall

Faculty of	Title and No. of Course	Full or half course credit	Grades	Fees	Remarks	Instructor's Name
Education	Administration 201-2	X X	— —		DROPPED	
"	Comparative 203-4	X X	— —		DROPPED	
"	Philosophy 243-4	X X	— —		DROPPED	
"	" 247	½ —	B —	12	School and Society	Dewey
"	History 421-2	1 1	P P	24 24	Hist. of Ed.	Monroe
"	Sociology 292	X	— —	12	DROPPED	
"	Psychology 451-2	X X	— —		DROPPED	
	Ed 403-4	1 1	B C	24 24	Practicum. Admin. of Public Ed.	Strayer
	" 441-2	1 1	A B-	12 12	Philos. of Ed.	MacVannel
Thesis or Equivalent	Economics 101-2	½ ½	abs abs	12 12	Science of Finance	Seligman
	Sociology 257	½ —	abs	12	The Evolution of Progressive Society	
Extra	Ed 477		D+			

Date 9/27/15　Approved: G. D. Strayer　Adviser　Approved: P. M.　Chairman, Graduate Committee on Instruction

REGISTRATION CARD 1916-17

GRADUATE STUDENT—TEACHERS COLLEGE

Name Tao (Family Name)　Wen Tsing (First Name)　Chi Shi (Middle Name)　Candidate for Ph.D. degree

N. Y. C. (or local) address 1010 Hartley Hall　Major in Ed. Adm.

Title and No. of Course	Full or half course credit	Grades	Fees	Remarks	Instructor's Name
Ed 491-2	1 1	C+ B		Educational Sociology	Snedden
Ed 391-2		Progress reported		Educational Sociology	Snedden
Ed 293-4	½ ½	C+ B-			Kandel
Ed 425-6	1 —			DROPPED	Monroe

ENTER BELOW COURSES PURSUED IN OTHER PARTS OF THE UNIVERSITY

Extra

Date 9/27/16　Approved: G. D. S.　Adviser　Approved:　Chairman, Graduate Committee on Instruction

David Snedden　T.C. (p48)　Isaac Kandel　T.C.

UNOFFICIAL TRANSCRIPT

INTRA UNIVERSITY USE ONLY

8

9

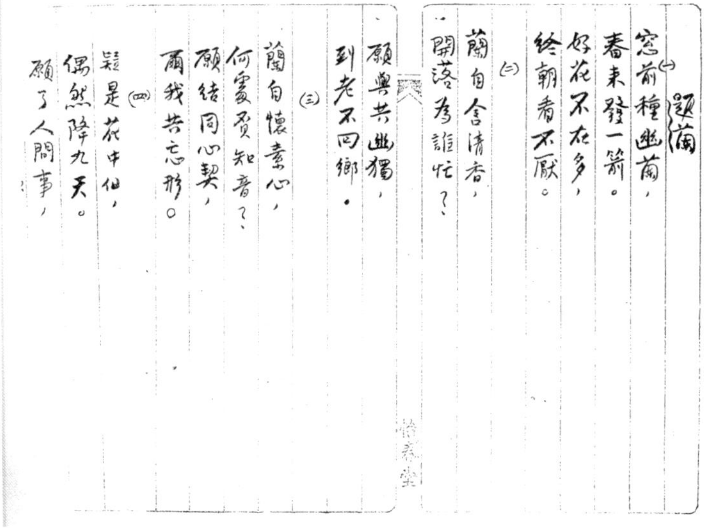

題蘭

(一)
窗前種幽蘭，
春來發一箭。
好花不在多，
終朝看不厭。

(二)
蘭自含清香，
開落為誰忙？
願與共幽獨，
到老不回鄉。

(三)
蘭自懷素心，
何處覓知音？
願結同心契，
爾我共忘形。

(四)
疑是花中仙，
偶然降九天。
願了人間事，

10

11

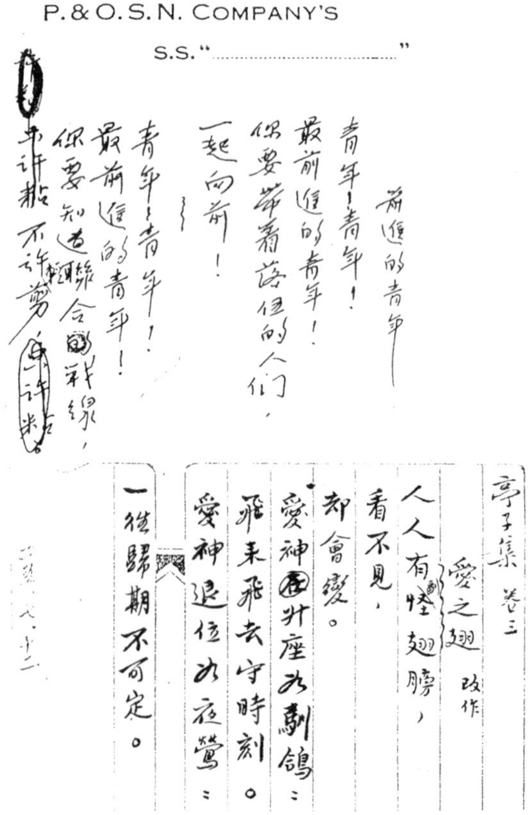
P. & O. S. N. COMPANY'S
S.S."……"
前進的青年
青年！青年！
最前進的青年！
你要帶着落伍的人們，
一起向前！
青年！青年！
最前進的青年！
你要知道國際聯合戰線，
亭子集 卷三
愛之翅 改作
人人有副翅膀，
看不見，
卻會變。
愛神升座為鶺鴒，
飛來飛去守時刻。
愛神退位為夜鶯，
一往歸期不可定。

12

11　1936年春，在山海工学团门前，欢迎西湖儿童旅行团的照片。后排从右至左为黄警顽、陶行知、张劲夫、汪达之、曹建培、张宗麟

12　陶行知墨迹

13　陶行知与陆璀1937年摄于美国

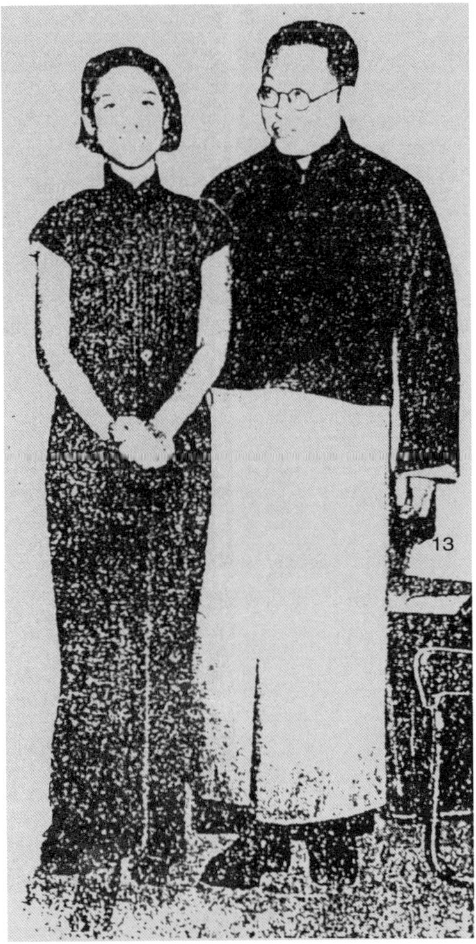

13

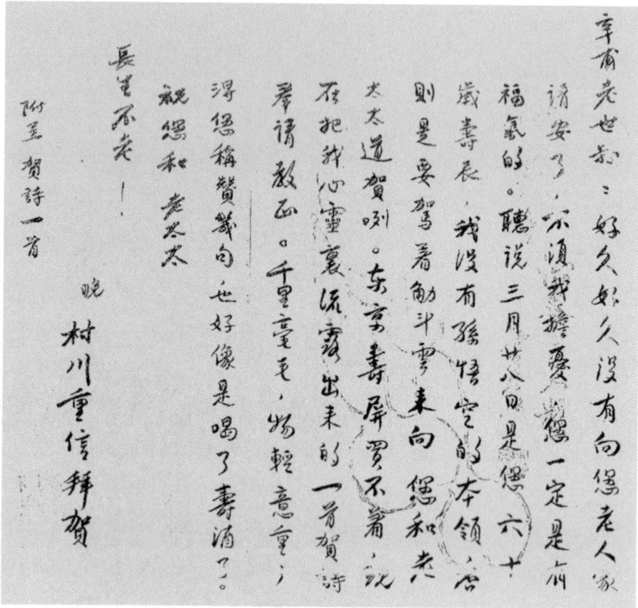
辛甫老世叔：：好久好久沒有向您老人家
請安了，不須我掛慮，您一定是有
福氣的。聽說三月廿八日是您六十
歲壽辰，我沒有孫悟空的本領，否
則是要駕着觔斗雲來向您和老人
太太道賀咧。東京壽屏買不着，就
在把我心靈裏流露出來的一首賀詩
奉請教正。千里毫毛，物輕意重，
得您稱讚幾句也好像是喝了壽酒了。
祝您和老太太
長生不老！
晚 村川重信拜賀
附呈賀詩一首

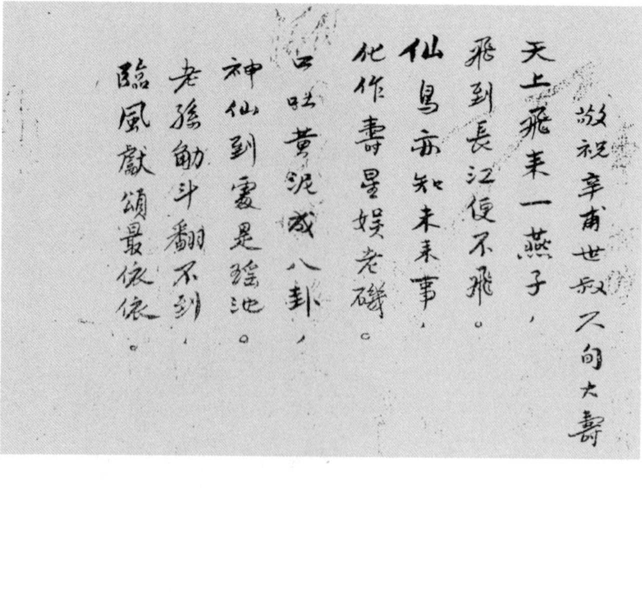
敬祝辛甫世叔六旬大壽
天上飛來一燕子，
飛到長江便不飛。
仙鳥亦知未來事，
化作壽星娛老磯。
口吐黃泥成八卦，
神仙到處是瑤池。
老孫觔斗翻不到，
臨風獻頌最依依。

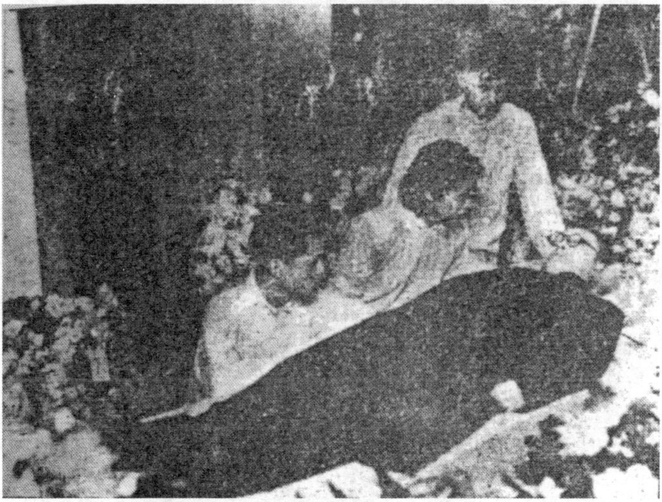

15

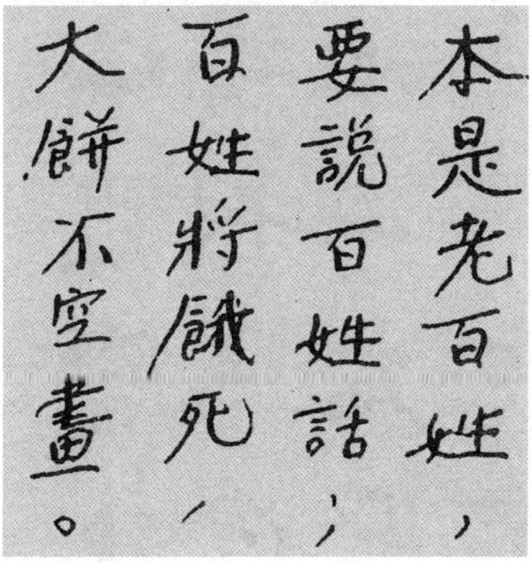

16

14　陶行知墨迹

15　陶行知先生逝世时夫人、公子不胜悲恸

16　陶行知墨迹

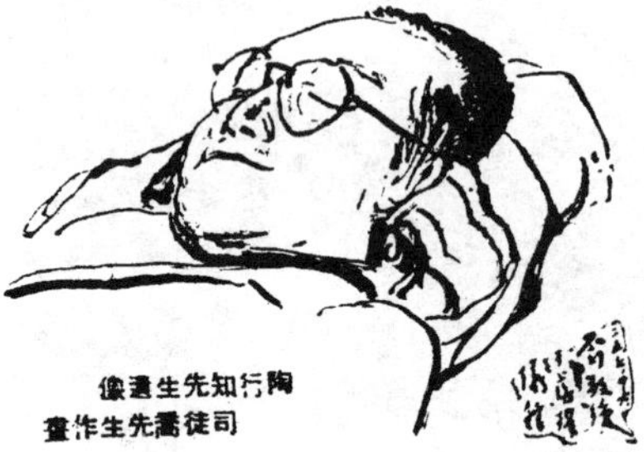

17

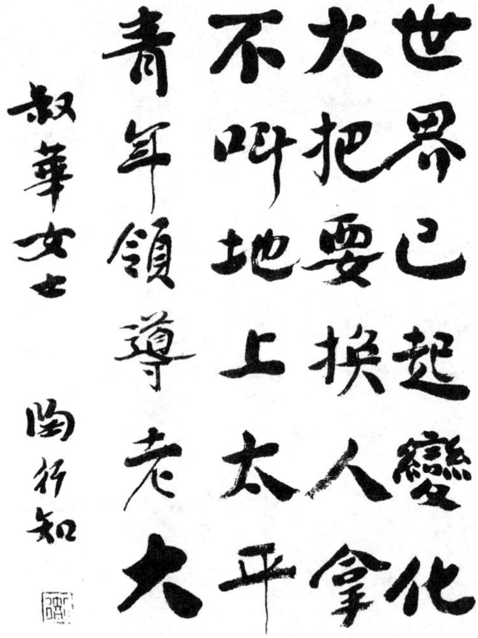

18

17　陶行知先生遗像（司徒乔先生画）

18　陶行知墨迹

目 录

1923年

1924年

1925年

1930年

1931年

1932年

1933年

1935年

1936年

1937年

1938年

1939 年

附　录

全集附录　623

一　生活教育七十年缩影（1927—1996）

补遗二

新收英文著述（译文）

金陵大学学生陶文濬的信仰自述（部分）*

约有四年了，我的心灵一直是个战场。耶稣基督和撒旦为占有它而战。耶稣最终赢得胜利。自这一刻起，我成为他的追随者。

由于期望从耶稣那里得到不应得的好处，我过去一直没有皈依他。如果说有什么人令我不屑的话，那就是那种终日把“我能得到什么好处”挂在嘴边的人。我信仰耶稣很大程度上由一本书促成，它是康奈尔大学的詹克斯教授写的，名为《耶稣的处世原则》。我不能仔细回想起耶稣的哪一部分教诲是重要的了，但是我必须说，使我追随他的是他那“我们应当像爱自己一样爱世人”的教义。这个原则已经在我刚才提到的那本书里提出和阐明。

除此以外，学习历史时，我已经注意到伟大的领导人和他们与耶稣基督的关系。我发现，很大比例的哲学家和科学家都是耶稣基督的坚定信仰者和追随者，而这些人并不把他们的哲学和科学知识直接归功于耶稣基督及其教义和教会。

还有，今日之环球，哪个国家可称为最伟大的共和国？你们会说，当然是美国。那么，美国从何而来？我视华盛顿为其创建

* 转引自何荣汉著《陶行知——一位基督徒教育家的再发现》，原件系英文打字稿，藏于耶鲁大学图书馆。敬一含译，吴琴南校。

者，林肯为其救世主。他们是什么人呢？这两个人把一切，包括他们自己，都以耶稣的名义献给了国家，正如基督所做的那样。他们深爱自己的国家和自己的同胞，因为他们是耶稣基督的忠实信徒。

中华共和国又从何而来？你们会说是来自改革者和革命者。那你们回溯得尚不够远。孙文博士过去一直为此而奔走操劳，而他来自何处？他的自由平等观念得来自何处？这些意识多年前已由传教士灌输到他的内心。这位传教士是谁？耶稣的信徒，他在中国的直接目的就是告诉人们，耶稣怎样来拯救世界。

试看今日中国的教育系统，它们的中心何在？是在岭南大学、圣约翰大学、金陵大学、文华大学、天津大学、燕京大学、北京清华学堂和其他类似的在华机构，这些都是耶稣基督精神和教会的直接成果。今日中国之教育倘非起源于耶稣基督，中国将处于何种境地？想必是在极度的愚昧之中。

在这里，我们也有自己的教师，他们离开家乡和祖国来教导我们。他们教我们哲学、历史、数学和科学，我们接受了。他们教我们信仰，世上已有的最高尚的信仰，对于耶稣的信仰，我们却拒绝了。如果他们教授哲学和历史而遭到我们拒绝，那确实是令人遗憾的事。不过，毕竟这些学科和其他一些学科一直都在变化。但是，如果他们教给我们永恒的信仰的基本原则而遭拒绝，那将是何等的憾事！

同学们，我衷心地呼唤你们投向耶稣基督！

1912年12月21日

伊利诺依州立大学政治学博士入学申请表（辅修经济学与教育学）*

伊利诺依州立大学厄尔巴纳—尚佩恩研究院

入学申请

申请者应当填写两份研究所的空白入学申请，并将它们交给所长。有关曾学课程以及曾从事过的研究的书面陈述，以及其他申请者本人自愿提交的其他书面材料，如官方或导师颁发的证书，本人手写或打印材料等等，应一并提交，以便颁发毕业证书之用。

1　申请地点与日期：伊利诺依州立大学厄尔巴纳，1914年9月21日

2　全名：陶文濬

3　地址（家庭）：中国南京马乂街395号，西伊利诺斯街930号（本地）

4　出生地点及日期：徽州，1892年11月28日

5　父母姓名，住址及职业：陶位朝，中国南京马乂街395号，教师

6　何时从何所高中或预备学校毕业：金陵大学附属高中，1909年

7　就读大学及时间，所获学位，毕业时间：1910年—1914

* 转引自何荣汉著《陶行知——一位基督徒教育家的再发现》，原表格系英文，藏于伊利诺依大学图书馆。敬一含译，吴琴南校。

年就读于金陵大学，获纽约州立大学文科学士学位

8　从事过的专业工作或其他工作及时间：

9　附送文件：　大学作品记录

10　主修科目：　政治学

11　辅修科目：　经济学与教育学

12　攻读学位：　哲学博士

13　大学期间成功从事的与主修和辅修科目有关的工作：

课程	作为教材阅读或使用的书籍	每周课时		总课时		完成时间及地点	首席导师
		上课或讲座课时	实验课时	上课或讲座课时	实验课时		
政治学	盖特尔	3	20	60		金陵大学 1913年	斯托列特 文学硕士
国际法	劳伦斯	3	20	60		金陵大学 1913年	斯托列特 文学硕士
经济学	巴洛克埃里	3	20	60		金陵大学 1912年	沙尔维斯 文学硕士
教育学	考	3	20	60		金陵大学 1914年	沙尔维斯 文学硕士
第二期的宗教哲学	福楼拜						

14　研究生期间成功从事的与主修和辅修科目有关的工作

1914年9月21日

致拉尔夫·E.德芬道尔夫书信（三封）

亲爱的先生：

我极为高兴地确认已收到您3月29日的来信。我很欣慰地得知正当我准备申请中国教育机关的一项奖学金时，毕业证书已准备就绪，可以寄发给我。兹按规定随函寄奉5美元。

斯皮尔斯博士的小册子《如何不用讲稿而作有效率的讲话》对我帮助甚大，我发现它很有用处。你能代我向他致以最良好的祝愿吗？

你忠实的

陶文濬

1915年4月2日

附一：金陵大学秘书德芬道尔夫致陶文濬

伊利诺依　尚佩恩

伊利诺依大学

亲爱的先生：

金陵大学鲍温校长10月份函告我称先生现在伊利诺依大学就读，你的金陵大学毕业证书应寄往你在尚佩恩的住址。

在寄出证书之前我需要掌握你的正确地址以避免丢失之虞。

非常抱歉此事拖延了这么长时间。其原因是鲍温先生离开南京休假，有关案卷来得较迟，而校董会方面批准毕业证书又多少有所耽搁。

这些证书的费用为5美元，请你在方便时交我。希望早日听到你的回音。

你忠实的

德芬道尔夫秘书

1915年3月29日

亲爱的德芬道尔夫先生：

我于4月4日寄给您一封信并附上5美元，急欲知道你是否已经收到。我没有收到毕业证书。按照我的理解，你在得到我的正确地址后会立即寄发给我，毕业证书早就该到我这里了。你可否告我究竟寄出没有？去年从中国寄出的一些证件就在邮局遗失了，我真惊叹会发生同样的事。顺致良好的祝愿。

最忠诚的

陶文濬

1915年4月8日

附二：德芬道尔夫致陶文濬

亲爱的朋友：

谢谢你4月2日的来信和所附的金陵大学毕业证书费用5美元。我已把毕业证书另行封寄给你。你能否确认该证书已收到？

忠诚的

（原件无落款）

1915年4月12日

亲爱的德芬道尔夫先生：

我十分高兴地确认已收到你3月15日的来信。胡先生和我此前对4月9日没有作过安排，故而我们对你善意的邀请表示十分愉快的接受。但是，很抱歉我不能参加讲演，因为准备定于5月1日的入学考试使我负担过重，没有精力编写讲演的资料。如果合适的话，我可将此项讲演保留到其他时间。故我希望你能告诉我是否能免除此次的讲演。谨向你和德芬道尔夫夫人致以衷心的感谢和良好的祝愿。

你非常忠实的

陶文濬

1916年3月16日

致威特曼

亲爱的威特曼先生：

如果我提到的人们有任何捐赠，烦请你让德芬道尔夫先生将其交给第5大道156号金陵大学司库卡特尔先生，以代替巴来先生信中所说的戴先生。

另外还请您问一下德芬道尔夫先生，是直接为捐赠写信还是写信为我个人打开一条个人接洽的通道更为相宜？

你极忠实的

陶文濬

（此信原件系手写稿，且未标明日期。如果信中所说的巴来先生的信是指巴来先生1916年12月23日的那一封，则此信发出日期当在1917年初）

附：约瑟夫·巴来致陶文濬

亲爱的陶先生：

谢谢你1916年11月22日的来信。我将按你所说的去做，但我不能保证我的信得到预期的效果。稍后我会将我发出的信的副本寄一份给你，以便让你知道已经做了些什么。你当然会理解，倪世春（译音）现在是校务委员，我的信会起好作用抑是坏作用还不好说。

你寄来的邮件中还有你的老友瓦尔杜教授的一封信，现附上给他的答复。你不能说服哥伦比亚的中国学生共同分担此事吗？每人每年5美元会是很好的帮助方式。我宁愿通过中国的学生们赞助一个人也不要靠美国富翁的捐赠来赞助两个人。此外，如果我们走出去告诉人民，中国的学生们正在赞助一个人，那就更容易争取其他的人来赞助一个人。如果采取了任何动作，请尽量让他们立即行动起来，并直接寄钱到纽约第5大道156号外国教会理事会司库戴先生处。我将和戴先生联络，只要有足够的钱到账，就可立即送德庸（译音）先生出去。

我还请求你针对此事争取其他院校的帮助。我曾到安庆作出了此信所附的规划。稍后我将把有关的更全面情况写信告诉你。现在请尽力帮助我们。我们目前极为困窘，如果你能说服你的群体进行捐赠，我肯定能得到所需的款额。

你忠实的

约瑟夫·巴来

1916年12月23日

祁氏汉语字典的新贡献*

不久前我们才见证了祁先生发明的精巧的中文打字机，现在又要迎接他的新汉语字典的来临了。通过打字机的发明，使祁先生领悟了汉字的本质。这种深刻的了解使他想到了简化汉语字典编排的可能性。作为打字机的副产品，这种新结构的汉语字典是去年五月末完稿的。笔者蒙允在出版前精读手稿并对其优点留下深刻印象，愿借此机会将有关这本新字典的情况介绍给广大读者，既可告慰那些对旧字典感到厌倦者，亦可激励那些有志于科学探索者。

老的康熙字典肯定比其他类型的字典有了很大的进步。它对字汇的编排顺序是根据部首的笔画数。这对寻找具有一个无可置疑的部首的字汇而言是不成问题的，而当我们碰上那些具有两个、三个或更多部首的字汇时就会有困难了。康熙字典只采用一个部首，每个字归类时按一个部首而且只按一个部首分类。于是常常出现查了三四个部首才能找到一个字的情况。有时甚至要花上一个小时去找到一个简单的字的所在。这样不仅浪费时间和精力，而且妨碍了学生们对字典的进一步运用。

* 原载 1916 年 12 月英文杂志 The Chinese Student's Monthly（赴美中国留学生联合会出版之《中国学生月刊》）第 12 卷第 2 期。作者署名 Wen. Tsing Tao。英文复印件由何荣汉博士提供，吴琴南译。

因此，简化的首要问题是怎样使人能一发而命中正确的部首。对此，祁先生通过两种办法取得了成功。首先，具有明确的字首和字尾的字汇可以在确定的部首之下查到，而例外则根据类别分组。这些是作者的基本方针，每个读者都应当明了（见实例No 1）。了解构成字汇的字首、字尾及其例外情况的可以很容易地在适当的部首之下查到它们。除了有明确字首字尾的字汇外，那些具有一个以上部首的不规则字汇则被归到构成该字的所有每个部首项下，这就是说，任何单字均可在构成该字的任何一个部首之下查到。这样我们在查找字汇时就不必试探也不会出错。这本字典中所有的字汇查找起来几乎是一样地容易。这种构想并不麻烦，因为只有900个单字重复出现就可以达到目的。

该字典的内部编排给了我们另一种好处。老式字典那种按照子、丑、寅、卯等等任意分部并随意安置部首的办法被删除了。在新字典中，首先按17个笔画分出部首，从1排到17。例如，所有部首为2画的放在第2部，部首为3画的放在第3部，依此类推。其次，字典外侧标以17个边码（1—17）。使人一眼就可发现某一笔画数的部首。第三，在17个部的首页上印出所有笔画数相同的部首,在每一部首的上角处列出数码，标明带有这一部首的字所在的页数（见实例No 2）。其四，页数的编排是连续的，避免了编页的麻烦。按照这种编排方式，查找者所要做的只是数出部首的笔画数，在边码上找到与该部首笔画数相应的数码，然后打开字典，在该部首页上找出这个部首，再看该部首上角处的数码找到其所在页数，然后数出该字除部首外剩余的笔画数，根据此剩余笔画数查出这个字。为确定新系统大致的效率，祁先生和笔者进行了一项试验。其结果表明，英语单词的查找速率大约是每5分钟14个，规则汉字按新方法每5分钟可查10个字，而若按老的方法每5分钟只能查到5个规则汉字，亦即每分钟1个字。

简而言之，就规则汉字而言，新字典的查找效率较旧的字典提高了一倍，而对不规则汉字，则其效率的提高更为惊人，它使我们能在半分钟之内查到任何一个字。

除了上述的主要优点外，还有一些细微之处也是值得重视的。该字典共收入7000字，加上900个重复出现的字，所以总字数达到7900个。选字以常用语源（Source of Familiar Quotation）为基础，采用了简单的同义字和清楚的解释。为避免混乱，只对重要的经典短语加以引用。至于发音，则删除了常见字的注音符号而保留了非常见字的注音符号。此外，每个字还伴有官话罗马化注音。由于暂时还没有制订出成功的标准发音，祁先生不得不采取中国学生字典（Chinese Students Dictionary）中所载的主要是基于威氏法的罗马化注音法。以上就是祁氏新汉语字典的特点。我确信，借助这本字典将会使中国学生的学习得到很大的促进。

中国的道德与宗教教育*

道德与宗教教育问题是老生常谈，其历史与人类社会一样古老。希腊哲人苏格拉底[①]首先以一种哲学化的表达方式把这个问题概括为："美德可以传授吗?"普罗塔哥拉斯[②]认为可以，而苏格拉底持相反的观点。但是，归根结底，他们自己也颇多困惑，因为他们的观点本身自相矛盾，导致这个问题依然不甚明晰。然而，对一个现代的教育者来说，这不再是一个难题。现代教育者要面对的最重要的问题不是"美德可以传授吗"，而是"如何传授美德"。那么，如何在中国传授道德与宗教，如何根据现代教育学的理论更好地传授道德与宗教呢？撰写本文，正是为此提一些想法。

中国的道德与宗教教育的实践

大体说来，目前中国有两类学校：公办学校与教会学校。

一、公办学校。在公办学校的课程中，我们发现，道德教育贯穿于初级小学直到中学，据我所知没有例外。初级小学，所谓的"市民学校"，为时四年。高级小学，学时三年，而中学是四年。

初级与高级小学教授两种道德课程。第一种，个人操行。第

* 系陶行知1916年以英文撰写的论文Moral and Religious Instruction in China（《中国的道德和宗教教育》）。原载1916年11月和1917年1月北美中国基督徒学生会学报Liu Mei Tsing Nien（留美青年）第3卷第1期和第2期，署名W. T. Tao。原文影印件由何荣汉先生提供，敬一含译，吴琴南校。

二种，传统文化。

关于道德教育，1916年1月8日的部颁训令[3]很详细地描绘了它的目标与方法。在个人操行下开设的内容有：孝道、手足之情、忠诚、信誉、爱情、正义感、礼貌、勤奋与整洁。这些对社会与国家的责任是随时间不断增加的。我们注意到，这个训令很注重上述内容的实践环节。学生们被指望培养成为具有进步意识与爱国精神的人。

对小学女生的道德教育包括那些适合她们学习的良好的言行举止，除此之外，她们也学习礼仪。这种教育强调贞节、谦逊和自立，尤其是最后一种品质，在中国女性教育史中是一个新名词。

个人操行教育在初小和高小是一周两个课时，在中学是一周一个课时[4]。

现在我们来看看传统文化的教育。有人主张，传统文化的学习属于宗教教育，其理由就是，这种学习是研读儒家教义。但是儒家教义就其本质而言，乃是一个纯粹的道德伦理体系——一个在中国或多或少被普遍采用的人际关系体系。这个道德伦理体系是非宗派的，因为我们发现，它在几乎所有教会学校都被传授。我们以后会看到这一点。

在初小，传统文化的学习由孟子[5]的学说构成，为期四年。他的文集在高小教育中占有一席之地。部颁训令列示的课程着力于指出正确的道路——圣贤之学说与爱国主义精神的培养。训令试图区分“圣人学说”与“个人操行”，发现这一点让人感觉很有趣。这极有可能是两种倾向共存的结果，即，保存传统美德的倾向与现代强调实践的倾向。

对传统文化的学习始于初小三年级，直至高小。贯穿于其间，每周用在这个学习上的时间是三个课时。在中学，对传统文化更高深的学习依然延续。由于此时它与文化课及其他课程混合起来，我不能明确地给出它每周的课时。

合并花在个人操守和传统文化教育上的时间，我们发现，头两年花在道德教育上的时间是每周两课时，第三年起至第七年是每周五课时，在中学是每周一个课时或多一点。

与外国体制的比较：实现希腊箴言“人必自知”的一个方法是与其他人比较。依据其他国家的教育实践，我们能更好地认识自己。现在让我们鸟瞰一下英国、德国、美国和法国的道德与宗教教育，便可以确知中国的位置。

首先我想说明的是，英国对此类课程常见的叫法是宗教而非道德。课程表中常使用“圣经”这样一个词。在英国一般的小学或寄宿学校，非派系宗教或圣经的学习是课程表的一部分⑥。此外，我们发现，在隶属于英格兰教堂、天主教堂和卫斯理教堂的学校，宗派主义的宗教也被传授。与公立学校一样，这些教会学校受国家支持与控制。它们之间的唯一区别是，公立学校依赖当地财力，而宗教派别的学校依靠慈善团体得到进一步的资金支持。事实上，后者的影响力远远超过前者。据说全国44所师范学院中有31所属于圣公会。

至于在圣经这种特殊教育上所分配的时间，在公立学校和文法学校通常是一周两个半课时。然而，这不能作为典型代表，因为很难找到一个能真正代表英国体制的课程设置。在圣经课程中除了一般的教育内容外，还有教会服务等项目。在所有公立中小学提供的做礼拜服务，与英格兰教堂一致。

正如同英国的情况那样，德国学校传授的也是宗教⑦。我们发现德国有两种类型的小学，每种学制各为8年，另有五类中学，其中三类为9年。几乎每所德国公立学校都是属于不同宗教派别的，比如新教、天主教、犹太教或者兼而有之。这一现象十分有趣。学校的控制权多落入当地神职人员之手，以至于学校虽是公办，教堂对它们的控制却依然稳固。教师显然也是信奉宗教的。他们在师范学校接受为期三年每周三到四个课时的宗教教育。每所学校都有它最忠实的老师，宗教教育的教材由他们编写。在居民稀疏的街区，不同信仰的学生长期在一起接受教育。这些学校被称为混读学校。在这样的学校里，有相同信仰的学生达到十个或者十五个时，他们有权要求得到一个与他们信仰相同的老师。

在德国的各种小学中，宗教教育每周四个课时，中学第一年每周三个课时，其后每周两个课时。

英国和德国的情况都很独特。这两种体制与我们的体制之间几乎没有相似性。一个基本上是宗教性的，而另一个基本上是道德伦理性的。就时间分配而言，表1显示，至少在小学，中国的体制更强一些。此外，中国的体制具有连续性。也就是说，小学与中学衔接紧密浑然一体，而在德国和英国，中学阶段的课程必须将就于小学阶段。

与英德的宗教特色相反，美国的公共教育，公立中小学是世俗的和非宗教派系的[⑧]。30个州禁止支持某个宗教派系学校[⑨]。12个州以宪法条文反对宗派主义的教科书和宗派主义者对公立学校的控制。密西西比州是唯一一个在其宪法中规定圣经不可从公立学校课程中消失的州。只有九个州为此制定法令条文。马萨诸塞州、宾夕法尼亚州和北达科他州的法律只允许每日10分钟的不加解说的圣经阅读。

至于道德教育，21个州为此制定了法律。但绝大多数类型的美国公立学校没有正式的宗教或者道德教育课程。前者由教堂负责，后者由其他相关课程附带解决。

在美国，公立法语小学是世俗的。但是，不像前述学校，它们极为重视正式的道德教育[⑩]。只有世俗的教师才被允许在公立学校执教。由此，在天主教盛行的法兰西，兴起了某个宗教派别的私立学校。但是与美国学校不同的是，这些学校要受到国家在道德、法律与宪法方面的督察，却不享受国家的扶植。法国的中学也是世俗的。然而，在一般的教学时间之外，牧师可以被允许给予那些有这方面需要的学生以宗教教育。

现在，在法美两国，我们发现一些与中国体制相似的特征。和美国一样，中国的学业阶段也是连续的，即，小学教育很自然地导入中学教育而没有任何中断或重叠。在美法两国，公立学校必须世俗化，不受宗教法规限制。虽然有人宣称学校传播对孔子的崇拜，但就其本质而言，这只是一种对本国先贤的尊敬与爱戴，与庆祝华盛顿或者林肯的生日并无多大差异。儒家伦理即使在教会学校也一成不变地传授，它的非派别性由此可得到进一步证明。因此，我们很容易明白儒家学说是否以其本来面目在小学传授应该被视为教学方法问题而非宗教问题。如果承认这个观点是事实的话，那么在与之相比较的两个国家中，中国的体制更像法国，因为在法国而非美国，普遍的趋势是提倡正式的道德教育。

二、中国教会学校的宗教与道德教育。在阐述这个问题时，我试图一分为三来进行，也就是：（一）小学；（二）中学；（三）大学。我必须首先声明，在接下来的讨论中提出的结论是基于过去的个人经验顺便得出的，它主要建立在不同的教会机构的课程和目录所包含的信息的基础上，因此其缺陷是这样一种研究难以避免的。其次，作为研究对象的一些课程，例如华中教育协会、东吴大学、之江大学的课程，不是最新的。读者必须意识到自公布之日起这些机构的可能的改进并据此做出合理的估计。

教会小学[11]。五份课程表中的两份，直隶省的联合教育运动组织的标准课程研究和华中教育协会的课程表，被选来作为教会小学的宗教与道德教育的主流趋势的代表。

直隶和华中的课程表均为时8年。虽然直隶的课程表并没有详细说明某些年级的道德教育的具体时数，然而，在五、六、七年级，我们可以非常肯定地说，它和华中的课程表完全一样。

这些课程表的首要特点是双重特征的存在，也就是说，经常是基督教与儒家学说同时由相同的老师向相同的学生传授。

第二个特点是学生承受的道德与宗教教育的课时量。在直隶的课程表中我们注意到，头两年，宗教与道德教育每周十个课时，第三年起每周八个课时。这当中，第四年每周只有七个课时，是个例外。通过比较，我们显然可以知道，无论是与中国的公立学校还是匹兹堡主教教区（它可以被看作是美国宗教派别小学的代表）的课程安排相比较，它们多花了多少时间在宗教与道德教育上。

第三个特点是死记硬背之辛苦。我们注意到，在直隶省的课程表中，背诵圣经与中国经典的任务一直持续到第六年。华中的课程表并没有为三年级以上的学生指定背诵任务，但是头三年，正是学生最需要体育运动的时候，他们也被迫正而八经地背诵名著。记忆本身并不坏，如果学问大有用处，我们必须知道如何记住它。道德与宗教是一些来源于经验的概念，而非基于书本。它们大多需要保存与发展。前者将借助于经验而得以保存，而后者，虽有不断的正式的背诵，亦将最终消亡。然而，我们在批评时不可过于草率。我们都知道旧瓶装新酒是什么后果。当教会学校使用我们的传统方法时，它们未经训练的老师和教育人员容易倾向于模仿与生搬硬套。

教会中学⑫。关于教会中学的道德与宗教教育，我们只准备在这里讨论大学预备学校。这些学校一般课程四年。在顶尖的这类学校中，东吴大学和福建协和大学时间安排最为充足，一周三个课时用于宗教教育。接下来是之江大学、金陵大学、华西协合大学、沪江大学和圣约翰大学，每周两个课时。文华大学预备学校最宽松，仅一周一课时。同美国的宗教派系学校圣奥拉夫大学相比，除东吴大学与福建协和大学外，绝大多数教会大学预备学校在时间安排上稍少。

在文华大学⑬、金陵大学、福建协和大学、华西协合大学和圣约翰大学的预备学校里，关于中国道德伦理的学习至少在名义上并不具备。这其中的某些学校，将其视为文化加以教授。东吴大学、之江大学和沪江大学的预备学校依然两手并用，这可以从表3中明显看出。

在教会大学，如华西协合大学、岭南大学、圣约翰大学以及金陵大学，那种独具特色的信仰和信条的宗教教育已经被引进的其他同属一系的与宗教有关的教育所取代。尽管与宗教紧密相关，但诸如有神论哲学、比较宗教学、科学与宗教哲学、宗教与国家、宗教社会史，以及宗教和道德的教育等等都不是我们通常所称的宗教教育。他们本质上是哲学、社会学和教育学的研究。因此，很自然地，上述这些学校正在用其他东西取代这些充满活力的课程。它们自身也自然地形成了一个更加自由的团体。这个团体包括华西协和大学、岭南大学、圣约翰大学、金陵大学以及沪江大学。一项对这些机构多年的研究得出一个结论，他们似乎在步美国教会大学后尘。美国原有的教会大学已渐渐发展成为非教会私立大学。

保守的集团由之江大学和东吴大学组成。除了传统的宗教教育课程外，这些大学无意于引进任何其他课程。他们所教授的课程常常是新约全书中的四《福音书》、《使徒行传》、旧约全书的预言书等等，但不超出新旧约全书的范围。然而，为公正起见，有必要再次说明的是，本文中所引用的这两所大学的课程目录出版于1912年，因而自那以后的可能的改进是我们想得到的。但是，就1912年的情况而言，资料的真实性足可证实我的这个分类。在课程设置上，即使是极端保守的教会大学，如美国的乔治敦大学、圣奥拉夫大学，也要比上述两所大学更自由。东吴大学分配给宗教教育的时间甚至比圣奥拉夫还要多，如果不比乔治敦大学更多的话。

仅有的未做分类的教会大学只有福建协和大学和文华大学。现在没有获得任何关于福建协和大学的宗教教育课程的种类的信息。就花在宗教教育上的时间而言，文华大学属于自由的一类，但在所授课程的内容上来看则很难说是如此。

从之江大学的课程上，我们仍能看出该大学同时教授基督教和儒家伦理的二元趋势。我们发现在之江大学，与每周有三小时被用于宗教教育一样，每周有三个小时被用于古典作品如伦理学上。这个特点绝非之江大学所独有，或许其他高校也是如此。

关于道德和宗教的教育理论

一、道德与宗教教育的心理学基础。宗教和道德的教育都是由共同的心理学规律所主导的，具有相同的心理学基础。在人类生活的极早阶段，我们继承了很多明确的取向，以便在特定形势下实行，同时具有明确的目标。这些明确的取向构成了我们所说的人类的本性。在这个概念形成后，对其产生作用的各种力量都被认为是环境的力量。桑代克教授[14]主张，人的本质——人是什么，做什么——是其本性和环境力量持续不断交替影响的结果。这种观点开创了情景与反应之间形成联系的联结学习。这意味着，在特定的本性与特定的环境之间存在着天然联系。例如，我饿了，而面前有一碗饭，我对它的本能的反应便是吃掉它。现在，假设其中某个因素改变了，比方说我不饿了，那我对这碗饭的态度也有所不同，因为情况已经有了变化。

品性也只不过是以类似方式逐步形成的习惯性的联系。因此，道德和宗教教育的问题就在于形成我们所希望的联系。这种联系是介于某种形势与某种本能或对应的一系列本能之间的。任何一种本能的价值就在于它在特定形势下的作用。在道德与宗教领域，取决于它自身在社会环境下如何起作用。随着社会环境在文明程度上的提高，人类的某些本能，比如性冲动，它在人们生活中是普遍而基本的，然而，任其自由发展是与当前的社会环境不协调的，因而必须加以限制。其他本能，比如愤怒，等等，绝大多数时候对于个人和社会来说都是有害的，需要加以消解。最后，我们有各种各样有益的本能，诸如社交、合作，需要予以加强和充实。因此，学校对于学生品格的形成肩负的义务就是改变、重塑、劝导、加强、丰富与发展他们的各种本能，以便他们能以一种和谐和上进的方式适应社会环境。

现在，为了明智地履行这个任务，我们必须认识到联结学习理论的三条规律[15]。

第一，准备律。首先，我们要认识到兴趣这样一个原则。当孩子的态度是愿意行动并有机会那样去做时，他就会满意。相反，他没有作好准备而被强制行动，或者已作好准备却不允许他行动，这两种情况都会让他不满或恼怒。因此教育方法的一个基本原则就是激起被教育者的兴趣。当我们涉及到宗教或者内心信仰时，这个兴趣原则尤其重要。任何外部的对孩子内心的强制都会引起孩子对抗性的反应。

第二，练习律。包括应用律和失用律。当在环境与反应之间建立起某种可改变的联系时，在其他条件不变的情况下，这种联系的强度会因之增长，反之则会消退。以吸烟为例。当我们的嘴唇一碰到香烟，一种关系便会产生。我们越是频繁地吸烟，我们和香烟的这种关系就会越牢固，直到最终这个纽带变得坚不可摧。另一方面，打破任何一个坏习惯的方法便是不再建立任何关系。

第三，效果律。当环境与反应之间有弹性的关系被建立，且伴随着或紧跟着的是满意的体验，这种联系就被巩固了。但如果伴随着或紧跟着的是烦恼的话，这种联系将被削弱。这是道德教育最重要的准则。恶习赋予人的本性的只不过是短暂和即时的满足，却使其不得解脱。应用这个效果法则，我们可以把感到愉悦的状态与那些对社会和其他人有利的事物联系起来，把烦恼的体验与不受人欢迎的行为联系起来。这是道德培养最有效的途径。然而，这三种规律是互相关联的。除开兴趣原则，人们可能发明多种竞赛和惩罚来作用于孩子的心境和“过程中的兴趣”，而这在学校实践中是最应当谴责的事情。

二、社会学基础。随着我们对社会学基础讨论的不断深入，心理规则的作用更加明晰。毕竟，个性只能靠对社会生活的积极参与而形成。小孩子不知道什么叫诚实，什么叫卫生，什么叫信仰，除非一开始他就有了经验。仅仅靠在陆地上学会了几个动作，我们是不知道怎么游泳的。如果我们想学会游泳，我们必须在水中游。因此这就是行动。如果我们想知道如何在社会上表现良好的话，我们就必须参与到社会当中去，去找寻道德的意义，去获得判断力，以便在一个全新的环境下通过已有的经验知道应当怎样做。总之，学校，整个学校就是一个小社会。在这里，道德和精神上的理想都会起作用。在这里，孩子们可以参与社会生活的重要阶段[16]。因为我们绝大部分时间在以书本和言辞而很少以积极的对社会生活的参与来给孩子传授美德与信仰。我们必须承认现有的方法还远远不够。当一个六岁小孩开始学习孟子或保罗时，他可能表现得理解了一些东西，但是，实际上那很肤浅。荀子在批判正规教育时说："小人之学也，入乎耳，出乎口。口、耳之间则四寸耳。"[17]我们可以放心大胆地说，道德理想不能确保良好的行为，而且任何以臆想性运动理论[18]为基础的教育其结果必然令人失望。对于教会学校宗教教育上的基督宗教和儒家伦理学，我们很少或者不能找到冲突的一个原因，就是学校对这两者都是形式上进行讲授而没有实际的参与，于是对行为没有多少影响。

再者，我们努力塑造的小孩子的品格一直处于发展中。他在社会中成长，他的经验处在"不断的重构"状态中，他的兴趣和态度都时刻变化。根据鲍德温的说法[19]，孩子先是把外部事物和自己区分开，然后是把外界事物分成人和无生命的物，第三个阶段是试图表演和模仿前者的行为。通过模仿，小孩子亲自了解并感受到别人的心理，因此为别人影响自己的行为提供了机会。

在这样一个影响的作用下，我们也必须认识到行为发展的四个阶段[20]。首先，我们有本能行为阶段。在这个阶段，小孩子的行为只因疼痛和喜悦的影响而变化。再由此达到这样的阶段，在这个阶段，本能的冲动的行为因社会环境的或多或少系统化的奖惩的影响而改变。

第三，我们已经到了这样一个阶段，即我们的行为主要取决于自身对社会褒贬的预期。最后，在道德发展的最高阶段，理想调控行动，人们以自认为正确的方式行事，而不顾及他的周边社会环境的赞扬或者贬低。对于我来说，第四个阶段意味着成为“好牧人”[21]（耶稣基督的称号）。这可以理解为：“我是好的牧人——我为信徒而放弃生命——我的父亲因我献身而深爱我，我将因此重生。”到此程度，任何事情都是顺理成章的。且继续看吧：“没有人可以剥夺我的生命，我是自愿献出生命。我有权奉献它，也有权重新取回它。”这是如此高尚的道德力量，以至于我们必须把它当成我们发展的最终目标。那些肩负塑造孩子行为责任的人们必须对这个从第一个阶段到最高阶段的演进顺序烂熟于心。当行为有时是孩子唯一可以理解的语言时，他们必须运用自身的影响，采用适当的素材，以使孩子能够不断地取得进步，直到达到最高的道德阶段，以及他能照顾他自己。

三、实用主义基础[22]。和道德与宗教教育的社会学理论紧密相联系的，是这个问题的实用主义方面。根据这个观点，在学与做当中知识与行为之间是统一的。知识是概念和行为的指导，因此行为是知识的人格化。脱离行为的知识是空泛的知识，没有知识的行为是盲目的行为。这两者是一体的，其中任何一个都不能离开对方而单独获得。因此，所有的课程、教室与管理方法必须着眼于性格的最终形成，因为所有的知识都与行为有关。所以，所有的科目与教育方法，因其具有累积影响，必须对健康个性的形成做出贡献。

以历史学习作为例子。学习历史就是根据对过往经历社会因果关系的研究，去调整现在的行为，为未来的行为提供指导。因为它与人际关系有关，历史课的教授涉及到道德目标。又由于它与对精神理想的契合有关，历史不免带有宗教色彩。对其他科目也可以得到相似的结论。因此，如果学校在所有课程中能够采用合适的材料和恰当的方法，将能够而且必然能够对品质形成起到最大的综合效果。提供某些课程以净化心灵，而提供其他一些课程培养良好的行为，这样一种尝试犯了原则性的根本错误，因为它建立在知识与行为脱节的基础上。公立学校与教会学校的道德与宗教课程体系也难免受此诟病。唯一的补救措施是改进教育与管理的素材和疗法，以便道德和宗教的元素能与学校系统融为一体。采用的方法应当以心理规律为指导，采用的材料应当着眼于社会需求，两者的融合过程应当是注重实效的。

表1

它表明了英国、德国、法国、美国与中国的中小学每周在宗教与道德教育上花费的时数。本表材料取自保·摩罗的《中学教育》第80，85，97，98，109页；A. C. 派里的《学校管理概览》第15，42，379页以及中国政府教育公报。

国名	学校	课程	大约年龄	6,7	8	9	10	11	12	13	14	15	16	17	18	19
			学年	1	2	3	4	5	6	7	8	9	10	11	12	13
英国	小学	圣经		2½	2½	2½	2½	2½	2½	2½	2½					
	中学	圣经							2¾	2½	2½	2½	2½	2½	2½	
德国	小学	宗教		4	4	4	4	4	4	4	4					
	中学	宗教						3	2	2	2	2	2	2	2	2
美国	小学	非正式教育		0	0	0	0	0	0	0	0					
	中学	非正式教育										0	0	0	0	
法国	小学	道德		2½	2½	2½	2½	2½	2½	1	1	1				
	中学	道德			In	F.	G.	H.	0	0	0	0				
中国	小学	个人操守与经典		2	2	5	5	5	5	5						
	中学	伦理与经典									1	1	1	1		

注：法国中学的头三年，道德教育贯穿于法语（F）、地理（G）与历史课程（H）当中。

表2

本表是宗教小学与作为美国教派小学教育代表的匹兹堡主教教区，以及与中国公办小学课程表在道德与宗教教育时间分派上的比较。Chr代表除圣经以外的基督教文化，B代表圣经，C代表名著，P代表个人操行，m代表背诵课，T代表总学时。

课程类型＼年级	一年级	二年级	三年级	四年级	五年级	六年级	七年级	八年级
直隶标准课程表（无日期）	Chr3 B	B(m)3 P	B(m) C(m)3 P T 3	B(m) C(m)3 P T 3	B(m)3 C(m)5 T 8	B(m)3 C(m)5 T 8	B3 C5 T 8	B 3 C T 3
华中基督教教育协会课程表，1913 年	Chr 5 C(m)5 T 10	Chr 5 C(m)5 T 10	B 4 C(m)4 T 8	B 3 C 4 T 7	B 3 C 5 T 8	B 3 C 5 T 8	B 3 C 5 T 8	B 3 C 5 T 8
匹兹堡主教教区课程表	B 4	B 4	B 4	B 4	B $3\frac{1}{2}$	B $3\frac{1}{2}$	B $2\frac{1}{2}$	B $2\frac{1}{2}$
中国公立小学课程表，1916 年	P 2	P 2	P 2 C 3 T 5	P 2 C 3 T 5	P 2 C 3 T 5	P 2 C 3 T 5	P 2 C 3 T 5	

表3

本表系教会中学的宗教与道德教育的时间分配之比较。数字代表全年每周课时数。

机构名称	第一年	第二年	第三年	第四年
文华大学预备学校，1915—1916	宗教 1	宗教 1	宗教 1	宗教 1
之江大学预备学校，1912	宗教 2 中文经典 3	宗教 2 中文经典 3	宗教 2 中文经典 3	宗教 2 中文经典 3
东吴大学预备学校，1912	宗教 3 中国伦理 1	宗教 3 中国伦理 1	宗教 3 中国伦理 1	宗教 3 中国伦理 1
美国圣奥拉夫大学，1915—1916	宗教 2	宗教 2	宗教 2	宗教 2

注：表中年份指这些目录的出版时间。

表 4　教会学校关于道德和宗教教育在课程设置和时间分配上的比较

学校名称	大学一年级		大学二年级		大学三年级		大学四年级	
	课程	课时	课程	课时	课程	课时	课程	课时
华西协和大学	比较宗教学	1	科学与宗教	1	宗教与国家	1		
岭南大学	基督道德	1	一神论哲学	1	基督教的证据	1		
圣约翰大学	圣保罗的生活	1	基督教的证据	1	比较宗教学	1	圣保罗与道德	1
金陵大学	基督的生活	$2\frac{1}{2}$	旧约全书的历史	$2\frac{1}{2}$	教会的社会影响	$2\frac{1}{2}$	道德与宗教教育	$2\frac{1}{2}$
沪江大学	旧约全书的历史	2	基督的生活	2	道德与基督教	2	比较宗教学与基督教的发展	2
文华大学	传教士守则	1	圣保罗的神学	1	早期先知	2	希伯来人的历史和基督的生活	2
福建协和大学		2		2		2		2
之江大学	摩西五书 宗教名著	2 3	旧约全书 宗教名著	2 3	基督的生活 宗教名著	2 3	使徒书 宗教名著	2 3
东吴大学	福音书	3	使徒行传	3	先知	2	圣歌	2
美国乔治敦大学	证据和讲座	2	证据和讲座	2	证据和讲座	2	证据和讲座	2
美国圣奥拉夫大学	新旧约全书	2	教会历史	2	圣经	2	证据	2

注：本表使用的大学出版物目录日期分别为：华西协合大学，1915—1916；岭南大学，1915；圣约翰大学，1914—1915；金陵大学，1915—1916；沪江大学，1916；文华大学，1915—1916；福建协和大学，1915；之江大学，1912；东吴大学，1912；圣奥拉夫大学，1915—1916。

注释

① 苏格拉底　Socrates,约公元前470—前399，与柏拉图、亚里士多德并称三大哲人且居首位。强调“美德即知识”，知识的对象即“善”。

② 普罗塔哥拉斯　Protagoras，约公元前485—前410，通译“普罗塔哥拉”，希腊最负盛名的诡辩学家，执教诡辩术达40年之久。其著名格言：“人是一切事物的尺度。”

③ Chinese Government Educational Bulletin.《中国政府教育公报》第2卷第12期，第27页。

④ 见表1。

⑤ 孟子　约公元前372—前289，名轲，字子舆。战国时期思想家、政治家、教育家。将孔子“仁”的观念发展为“仁政”学说。

⑥ R. E. Hughes（休斯），The Making of Citizens（公民的造就）第30，58，194，201，307页。

⑦ 同上书，第66，67，95，100，178，192，201，235页。

⑧ 同上书，第193，237，260页。

⑨ A. W. Weber（韦伯）State Control of Instruction（教学的国家管理）第85页。

⑩ R. E. Hughes（休斯）The Making of Citizens（公民的造就）第106，107，121，192，193，213，227页。

⑪ 见表2。

⑫ 见表3。

⑬ 见表4。

⑭ 桑代克（Edward Lee Thorndike，1874—1949,美国心理学家，教育心理学创始人，机能主义的哥伦比亚学派的主要代表人物）《Original Nature of Man(人的本性)》，第2页。

⑮ 桑代克《Original Nature of Man（人的本性）》The Psychology of Learning（学习心理学）第1—5页。

⑯ 约翰·杜威（John Dewey，1859—1952，美国实用主义教育思想创始人）《Democracy and Education（民主主义与教育）》，第414—417页。

⑰ 荀子（约公元前313—前238，中国古代哲学家），本句引自《荀子·劝学篇》，陶行知英译为：“The common people’s education comes into the ears and goes out through the mouth, and therefore it is only four inches deep−the distance between the ears and the mouth."

⑱ 桑代克 《Original Nature of Man（人的本性）》，第280—293页。

⑲ 鲍德温（James Mark Baldwin，1861—1934，美国心理学家，曾任美国心理学会主席、国际心理学联合会主席）《Social and Ethical Interpretation（心理发展中的社会性和伦理的诠释）》第1章。（1897年）

⑳ 麦独孤（W.Mcdougall）《Social Psychology（社会心理学）》第7、8章。

㉑ 《New Testament. John.（新约全书·约翰福音）》第10章第14，15，17，18页。

㉒ 王阳明哲学，F.G.Henke 英译；约翰·杜威《Democracy and Education（民主主义与教育）》第385—401，第410—414页。

中国在转变中*

新的中国是东西方两种文明的产物。这两种力量的联合赋予中国现状以色和形，并决定其未来的命运和希望。吉卜林先生①不久前写道：

“啊，东方是东方，西方是西方，非到天地立在上帝裁判席前那一刻它们不会见面。”

今天，吉卜林先生会意外地得知东西方确实在中国找到了一个交会的地方。在某些活动领域，这两种文明的会合采取了火山爆发或可怕的战争的形式。其结果是一方的霸权压倒另一方或是一方代替另一方。这对胜负双方都有所拖累。在其他的领域，则采取了联合的形式。有时像是氢和氧的结合，事起突然而且令人震惊，另一些时候则可以比作怀有爱抚的求爱或是婚姻的契约。其必经的过程是仔细的挑选，适应，折衷或调和。就像酵母的作用一样，渐进而有效，其产物是甜蜜而可爱的。

从直接接触之日起，这两种文明从未停止过冲突和联合。它们相互作用并改变着对方。其结果是使生活开始具有更丰富的内容和十分宽泛的多样性。当代中国人生活的一个横断面或许显示出许多世纪主要特征的一个侧面。我们发现中国几乎所有城市都

* 原载1917年3月北美中国留学生基督教青年会出版之英文杂志Liu Mei Tsing Nien（留美青年）第3卷第3期。作者署名Wen Tsing Tao。英文复印件由何荣汉博士提供。吴琴南译。

被中世纪的城墙所包围，我们在那里看到对新生活的渴望以及对约束和烦琐哲学的迂腐陈规的敌意。这是文艺复兴的中心，我们在这里看到观察、对比和批评精神信仰的强烈趋势；这是改革的灵魂，我们由此看到十八世纪工业革命潮水的涌动，我们也不能不看到民族主义和民族意识的喷发，这显示了十九世纪和二十世纪的特征。当我们看到一个内地农民坐在现代的火车车厢里，一面用火刀火石点着旱烟，一面好奇地打听着美国的女权运动或是热情谈论抵制洋货以证明其爱国心时，我们中的许多人会感到惊讶。因此，罗斯教授②要我们相信的“中国是看得见的中世纪欧洲”这话是不十分真实的，毋宁说“今天的中国是中世纪欧洲的文艺复兴和改革、十七世纪、十八世纪、十九世纪、二十世纪都能看得见”。我们看到一幅诸世纪文明转变与混合的生动画面，如果乐意的话，我们可称这为文明的光谱。各大洲和各世纪的文明由此会变得清楚、鲜明并有悦人的差别。

这种现象出现在生活的各个方面——在家庭中、在学校里、在教堂、在社会和国家中，而它可能是观念改变的最好的例证。

中国人的旧生活观念本质上是罗马型的。如果我们按照罗马时期去设想中国人的旧观念就可以很好地理解它，中国人和罗马人似乎在生活观念方面分别得出了相同的结论。他们过去对生活的想法是期望有一个黄金时代，因此这种观念是保守的；期望社会如同一个遵循纪律的机关，因此这种观念是静止的；强调权威的统治，因而要求顺从。另一方面，现代文明的主流源自古希腊，它对未来怀有其乌托邦理想；具有一种社会理想的原动力并且鼓励自由和解放。作为两种文明混合的结果，在今日中国人的精神世界中，并肩存在着保守主义和急进主义，秩序与进步，还有权威与自由。

无疑有许多人在上述两种对立观念中持其一端而互相进行激烈的战斗。同样也要承认有一股巨大的力量像钟摆一样在两个极端之间来回摆动。这些情况我们视之为当然的事，在转变过程中是不可避免的。

然而，这里要提到一件非常值得庆幸的事实，即处在两个极端之间的群体人数愈来愈为众多，而且愈来愈有力量。这些人们认可新旧两种观念的价值。凡是好的必须保存和吸收，凡是不好的必须加以扬弃，不论其来源于新和旧。对他们而言，过去是现在和未来的基础，而未来则必定是过去和现在的目标；对他们而言，没有秩序就不可能进步，而秩序仅仅是作为进步的保障而存在；对他们而言，权力是自由的监护者，自由是目的，相对于自由来说，权力只是一种手段。一言以蔽之，他们认识到明显冲突着的每一种观念都有正确的地方，德国的效率有正确的地方，美国的自由也有正确的地方。这个群体有力地推翻了极端的保守也不断阻止着急进的狂暴盲动，这个群体引领新中国走出危急的转变阶段，正呵护着她迈向伟大的未来。祝愿这个忠诚、智慧而勇敢的民族经受住今天的考验。

注释

①吉卜林 （Joseph Rudyard Kipling, 1865—1936）生于印度，1902年定居英国。曾游历中国、日本并旅居美国多年。英国19至20世纪之交名噪一时的诗人，1907年获诺贝尔文学奖。以描写曾驻缅甸、印度的英军的故事、诗歌而得名。

②罗斯 （Edward Alsworth Ross,1896—1951）美国社会学家。1914—1915年任美国社会学会会长。认为社会现象的直接原因应从人类心理学方面去探索，社会从来就是人类心理的产物。

生活教育的理论及若干实验*

生活即教育

如何解释“生活即教育”？我们可以说，哪里有生活哪里就有教育。好的生活是好教育，坏的生活是坏教育。有目的的生活是有目标的教育。有一定计划的生活是计划好的教育。没有计划的生活是无计划的教育。导向理性的生活是接受理性的教育，而导向非理性的生活则是非理性的教育。

生活即教育的五大目标是：健康的生活是健康的教育；劳动的生活是劳动教育；科学的生活是科学教育；产业的生活是产业教育；艺术的生活是艺术教育；社会化的生活是社会教育。

相反地，口念劳动教育的书本，耳听劳动神圣的宣讲，日常所过的却是轻松、懒散、舒适的生活，这在传统教育观点看来也可以称之为劳动教育，而在生活教育观点看来则不能称为劳动教育。生活教育的意思是生活所原有，生活所自营，生活所必需的教育。它是由联系生活引起的生活的变化。他通过有目标有计划的生活去改造或重构无目标无计划的生活。

自生活教育被当作生活的中心以来，它立即同某些传统教育理论发生了冲突。首先与生活教育相冲突的传统理论是文化教

* 原载1932年10月 Education Review（教育评论）第24卷第4期。作者署名W. T. Tao。英文复印件由何荣汉博士提供，吴琴南译。

育。大战前德国教育的中心在于文化，这种理论在中国有许多鼓吹者。根据生活教育的观点，一切文化仅仅是生活的工具而已。既然文化是生活的工具，它何以能成为教育的中心？与生活教育相冲突的第二种传统理论是教育与训练相互分离。目前在中国的学校中教育与训练分离是很普遍的现象。似乎教育仅仅是教人们去学习书本，而品德的培养则是训练人们举止适当并把事情做好。教育似乎仅仅是培养智力，传授知识；而品德的培养则是训练性格。同时，似乎教育是指所谓的课程活动，而品德的培养则是指所谓的课外活动。因此，在所有普通学校中均有一位仅仅负责教育的教务长；同时还有一位只负责所谓操行的舍监。有一个教育机构将智、仁、勇作为品德培养的目标。那么，留给教育的目标是什么呢？生活教育的要求是：整体的生活必定是整体的教育，每项活动都必须有目的、计划、方法、工具、指导和调查。智力和品格是不可割裂的，思想和品行是不能分开的。就一个人而言，学习、工作和生活是不能分开的。简单地说，教育和品德培养是不能分开的。

与生活教育相冲突的第三种传统理论是教育等于读书。生活教育向我们指出了这一点。一个人过什么样的生活就决定了他需要什么样的工具。书本仅仅是生活工具中的一种，它应该为生活所用，而不应当读死书。因为书本是给人在生活中运用的，所以过什么样的生活就决定他需要什么样的书。

与生活教育相冲突的第四种传统理论是：学校是学校，社会是社会。过去所有学校大门上通常都贴有“闲人莫入”的告白，这样学校就对社会封闭起来。无庸多言，这是旧式的教育。但就连学校即社会这种理论也不能带领我们走多远。当生活即教育的理论被发表出来以后，立即就要求拆毁学校与社会之间的围墙以便使我们能够同人类以及所有事物融会到一起。不仅如此，它还要求把整个的社会或是整个一个乡村当作我们的学校。

和平门乡村大会

（为解决供水问题，作为运用教学做合一原则和社会即学校原则训练人民运用自身权力的一个例证。）

罗马帝国的军队每到一处必做两件事情，一是立即在邻近处掘井；另一件事就是修筑一条通向罗马的道路。这两件事正是我们乡村的教师们应当做的。因此，当我们开办和平学园时，所做的第一件事就是掘了一口井。西方有句谚语说：“一个民族的文明程度可以通过他们的用水量去衡量。”这话是千真万确的。从教育的观点出发，我们可以说：生活教育同样可以用水来衡量。如果没有水我们的五大目标就不能实现。大旱之年对于水的极度需要恰似生活对于教育的需要。如果没有充足的水，则健康的体魄、劳动的技能、科学的头脑、艺术的兴趣以及社会改革的精神均不易养成。这就是我坚持乡村学校应当做的第一件事就是发起掘一口井或是改进一口已有的井的原因。

和平门的水井是我们学校所掘，但奉献给全村使用。不久前，发生了两大问题：

一、每天出水200担（1担约为800磅重）不够全村人使用。于是村民们起得很早去取水，迟来者一点都取不到。此后便日复一日竞相起早，有时为取得够用的水而等待一整夜者也不鲜见。那些夜间没有机会取水的人白天就在那里等着。尽管井已几乎干涸，村民们仍然聚集在井的周围，花费大量精力，一杯一杯地将水注满他们的容器。

二、在井边等着取水的人们常常试图夹塞以便早一点轮到自己，有时发生纠纷得用武力解决，其结果是强手得到大份。

没过多少日子，学校也缺水了。当我们追究原因时得悉了其中的困难。有人建议学校应当限制村民从井中的取水量，这就是说要先让学校取够水，剩下的才向村民开放。我们认识到这样一来就和我们的“社会即学校”、“生活即教育”的精神相冲突了。解决这个问题的唯一途径是召集全村群众大会让所有的人一起来解决它——共同解决一个普遍关心的问题。

这次群众大会于民国十七年十月二十九日下午5时举行。要求每个家庭派一名代表参加。如果男人在家，应当由男人参加。男人如果不在家，就由女人参加。假如男人不在家而女人又必须守家的话，得派一名10岁以上的小孩参加。有人会问，教育尚未普及，召集这样的大会有可能吗？和平门的经验告诉我们，如果有适当指导的话，这是完全可能的。这次会议证明它是公民培训或政府的公众管理培训的最好方式。

钟敲5点时，全村的所有代表准时入席。在会上，站起来发言最多最好的是那些老太太。我和几位经过正规训练的学生在代表中充当顾问，尽可能提供他们所需要的帮助。在选举大会主席之前我向他们讲解了怎样进行选举，同时也告诉他们，老师们和我都没有资格做主席的候选人。我们只做顾问，不做主席。主席必须从他们自己中间选出。结果他们选出了一位13岁的小朋友充当他们的主席。这位小朋友在担任主席的过程之中学着当主席。在主席选出之后，我们用5分钟对他进行教练，并告诉大家现在如何进行讨论，如何表决并通过一项决议——例如，不能有两个人同时站起来发表意见等等。会议中最有意思的插曲是当一位老太婆站起来讲话时，另一位老太婆很激动地也想站起来发表意见，第三位老太婆见此情况忙拉住第二位老太婆的衣襟说：“你最好等那位太婆把话说完！”

当天我们议决如下：

（一）每天让井休息10小时。从下午7时到早晨5时，不允许任何人取水。违反这一规定者罚款1元作为修井用。

（二）每次取水，应依次进行。先到者先取，后到者后取。违规者罚款6角作修井用。

（三）选举刘世厚先生为监察员，负责执行处罚。

（四）选举雷老先生为开井委员长，筹备开一新井。筹集新井资金时，茶馆和豆腐房应当多出。另外还要说服富人多出一些。通过全村人民齐心协力，开凿新井的工作要在最短时间内全面完成。

这几项决议被大会通过。前三项实施得很顺利，没有人违规。这证明人民的力量是伟大的。此后的日子里，取水的秩序极好，没有人为抢先取水而夹塞。这次会议证明了六点：

（一）民众教育应以关系民众切身利益的问题为中心。

（二）教学做合一的原则只有在接受社会即学校的理论时才能付诸实施。这次会议证明社会即学校的理论对于社会和教育的改造是十分有效的指导原则。

（三）事实上，乡村的民众是不难教育或训练的。不要认为老太婆和小孩子不可训练，只要有耐心和智慧，看上去不可能的事情也是可能的。

（四）公众的管理比起学校或由少数成员构成的任何其他机构强有力得多。如果学校仅仅发布命令，社会上能够理解的人少，误解的人会很多，日后将伤害众人的感情，好的动机会带来坏的结果。

（五）培训村民必须有适当的指导。没有顾问们的帮助村民们不可能有很大的改变。和平门的供水问题如果缺乏适当的指导，可能再过四五千年也解决不了。

（六）群众运动的领导者必须和民众一起干，而不是代替他们干。如果要训练中华民国的公民，必须实行这一原则，否则将毁掉我们的工作并推迟国家改革的进程。

与自然的全面斗争

大自然是普遍存在的。我们借以学习控制和认识大自然的学校也是普遍存在的。通常的教室是书呆子的避难所和租界而不是科学儿童工作的地方。学习战斗的地方是在战场上。合上你的书本，去攀爬四川的山岩，你将感受到大自然的宏伟壮丽。

老农夫种稻，老园丁种菜，农妇养蚕，外科医生做手术，泥瓦匠砌墙，木匠做桌子，铁匠打铁，铜匠修水壶，电工安装电灯、电话和电铃，都是同大自然斗争，都是学习控制大自然。

你们对于同大自然的斗争决不能掉以轻心，必须要仔细地观察并且不耻下问。最好是参加战斗而不仅仅袖手旁观。如果条件许可，你们应当亲身在斗争中学会斗争，在控制中学会控制，在感受中学会感受。

几天前，我为母亲买了一只表。这只表走得不大准，所以我将它拿到店里去修理。他们要收我一元六角修理费，我说："可以，但你们修理时我要带几个孩子来观摩，以便让他们取得新的经验。"修表工同意了这一要求。当天下午我找了两位老师带着三个学生去看这位修表工修表，他们从头至尾观看了开表和装配的过程，花费了一个半小时。最后我说："百闻不如一见；百看不如一试。我们自己该拿一只表来做实验。"于是我们到一家店里买了一套简单的修表器械，又花一元钱买了一只钟，在教师的指导下，把它顺利地拆卸开来，最后又装了回去。这只钟的结构和表不一样，因此花费了5个小时才做完这件事情。第二天一名学生拆开了一只旧表，想不到他竟能成功地把它装配起来。在第三天，另一位学生打开了一只夜光表，却无法让它正常工作，最后在老师的指导下终于完成了这项任务。我自己花七角钱买了一只旧表，这表的状况很适宜做实验用。到这时我们对读书的兴趣增长了，我们在参考书中找到了钟表发明的历史和它们的工作原理。同时我们一致决定，在一个月内，如果我们中的任何人戴了手表或是桌上放有台钟，却不会将它们拆卸并装配起来，并且不能解释其工作原理，那么他的表或钟就应当予以没收。这个例子足以代表我们的学习方法亦即是我们搏击大自然的程式。修表工的店铺是我们的学校；柜台是我们的教室；修表工是我们的老师；在那里所用的一个半小时是我们的课时；一元六角钱是我们的学费：两位老师、三位学生和我本人则是学生和校友。回到家里以后，我们六个人又成了其他人的老师。

一首鼓舞小孩子们的歌

1. 小盘古

我是小盘古，
我不怕吃苦。
我要开辟新天地，
看我手中双斧。

2. 小牛顿

我是小牛顿，
让人说我笨。
我要用我的头脑，
向大自然追问。

3. 小孙文

我是小孙文，
我有革命精神。
我要打倒帝国主义，
像个球儿打滚。

4. 小工人

我是小工人，
我有双手万能。
我要造富的社会，
不造富的个人。

创造的教育*

小学教育是全部教育的基础。这些年来，教育过程的概念已大大改变。

一、学校与社会

从前，学校与社会基本上是隔绝的。近来，社会被引入学校，这便如同为了观赏而把一只美丽小鸟关进笼子里。

最近我们已开始将学校引入社会。学校是贫乏的；它以社会为教室，将因此变得丰富。将学校带入社会，以社区为教室，教育过程变得：第一，丰富；第二，自然；第三，真实；第四，经济；第五，与社会进步相协调。

现在我们走得不是太快也并不落后。请一位职业教师到学校十分昂贵，去社区的工厂学习，效果更好，真实而且实用。

二、教育与生活

在人生活的第一阶段，教育与生活合一，是一回事。但当需要到正式的学校读书时，他们彼此开始分离。

后来，据说“教育就是生活”，教育试图把生活尽可能多的

* 原载 1933 年 7 月 Education Review （教育评论）第 25 卷第 3 期。作者署名 W. T. Tao。此系作者在上海出席中华基督教教育会的国际教育委员会和小学教育委员会上的演讲。英文复印件由何荣汉博士提供，敬一含译，吴琴南校。

引进学校。

我相信生活就是教育。你接受的教育取决于你所过的生活。卫生教科书与生活卫生是两码事。因此，我们应当从生活中获得教益。

三、教育与方法

多年以来，教育就是给学生知识；后来，教育就是教学生如何学习。直到最近，教育就是教学生如何工作。这就带来了一个联合，教学做合一。做事的方法决定了学习的方法，学的方法决定了教的方法。

创造的教育是这种方法的结果。创造性教育意味着为创造新的秩序倾注能量。它的意思是指整个社会就是一个学校，也就是说，学校不是指一间屋子和42条板凳。

杜威的思想反省理论有五个步骤：

（一）感觉困难；

（二）审查困难何在；

（三）提出解决方案；

（四）选择一个方案尝试；

（五）反复尝试后证实结论。

这套哲学15年前就已引入中国，并被欣然接受。中国学者欢迎思想反省，所以只是坐在那里空想。他们认识到困难并且冥思苦想。他们从书本与讲稿中感觉困难，这些困难是我们头脑里制造出来的。我提议在感觉困难之前加一个步骤，第一步应当是行动，随之是其他五个步骤，并引起更多的行动。所以，教育应当从行动开始。这时候的困难才是真实的，不是简单地通过书本知识、讲课、事例和数据去感觉困难而是通过行动去体验并伴随着思想反省。

我给这个理论另起新名：反省行动。行动将连接意念与运动纤维，电流就会通过。反省行动意味着脑手并用。我们的社会不再有劳力者与劳心者之分，全是两者兼有。

四、教育与大众

早期的教育，只用耳朵与嘴巴。结果是教育不过几英寸而已，从耳朵到嘴巴的距离。

后来，眼、耳、嘴都用。中国的教育现在就在这个三者并用的阶段。

在新的教育里，手脑相连，行动与思想必须共同进步。苦力只会用手，知识分子只会用脑，结果两者都遭到挫败。两者并用才会导致进步与革新。

这种大众教育有两种途径：（一）教农夫与工人用他们的脑子。（二）教学者与学生用他们的手。照亮我们的电灯是一步一步的思想与试验的结晶。它们是应用思想的结果。反省行动总会带来创新。如果脑和手结合在一起，会构筑一个新的文明，创造一个新的世界。

人生两个宝，
双手与大脑。
用脑不用手，
快要被打倒！
用手不用脑，
饭也吃不饱。
手脑都会用，
才算是开天辟地的大好佬。

五、教育与学生

我们从孩提时候起就得开始这个过程。我的孩子们在这一点上做得比我好。带孩子脱离奶妈的双手，驱逐心中全部的恐惧。他们将成为小工人，小教师，工作的主管。每个人都将有所创造并是一个创造者。

新型的学校不仅仅是一个学校，也不仅仅是一个工厂，它是一个集体生活的地方，是一个社会。它是商店，是学校，是整个生活。（工学团）这个学校决不依赖于房屋、昂贵的设备，宽广的运动场而存在。每个专业都运用科学，双手与大脑。让孩子们把专业当成他们的学校，在工作中学习做工人、思想者和创造者。

我们不能创造一个新中国然后把她交给下一代。我们必须教育他们，使之从一开始就明了自己在创造一个新世界中所扮演的角色。

是实干家而非享受者得到教育。实干者必须学会享受，享受者必须学会实干。

这就是我对中国教育的几点建议。

小先生与识字运动*

教育部最近的统计显示，中国目前有1000万在校儿童，仅为应入学人数的八分之一。然而，随着过去十来年识字运动的努力，至少应有4000万左右的孩子现在能读会写了。尽管确实受到许多因素的影响，但是这个运动中使用的方法的低效却是事实，需要重新考虑。作为个人过去两年思考和试验的结果，我认为“小先生”是一条出路。如果举国推广，那么全国两年内都将得到教育。作为例证，让我接下来举三个例子。

一、十几年前，当我为识字运动积极工作的时候，我母亲也想学念书。我六岁的小孩是唯一有时间帮助她的人。结果，我母亲认识了16个字。就凭着这16个字，我给她写信，她能明白我写的什么。一个六岁的小孩能帮助他的老祖母——这不是“小先生”能力的明证么？我认为，这不仅是中国的真实情况，西方国家的孩子们也同样是如此。

二、晓庄师范学校关闭之后，很多孩子认识到教育的需要，自己动手组织学校。孩子们包下了教学和管理。他们做得如此成功，以致学校现在已经注册。当时我送他们一首诗祝贺他们的成功，我的大多数朋友认为此诗没有可修改之处。他们提了很好的

---

* 原载1934年7月 Education Review （教育评论）第26卷第3期，作者署名 W. T. Tao。此系1934年4月16日上午在中华基督教教育会小学教育委员会上的讲话记录。英文复印件由何荣汉博士提供，敬一含译，吴琴南校。

建议，使我改掉了诗中的一个字。难道这不是对“小先生”能力的进一步证明吗？

三、第三件事发生在去年秋天。淮安一所学校的几个七岁小孩去江苏省各地游览。没有人带领他们。他们自己做计划，靠给沿途参观的学校演讲挣路费。他们甚至能省下钱来买很多书。旅行与演讲都取得了成功。

“小先生”虽然年幼，却能做许多事情。但为了确保成功，学校的老师应该多多帮助。以下事情在这里需要特别提醒一下。(一）工作尚未开展时，村民们或者市民们应当被集中起来并被告知教育的必要性。可以是一次自然的聚会，或者是一次社会性集会，抑或任何可以达成此目的的其他形式。（二）工作一旦真正开始，教师们应当在教学方法上给予帮助。（三）要做辅导工作。最好的办法是使教导别人成为学生们日常工作的一部分。要求他们对所做的工作负责，提交报告等等。这决不是说要增加教师的工作量。他可以少参加会议，避开无用的任务，比如纠正写字或者日常生活波澜不惊的孩子们的单调的日记。对于能够帮助两个更不幸的同龄人或者成年人的孩子们来说，这不仅意味着他会对自己的工作更加熟悉，而且他也在学习如何服务他人——一种服务精神。

任何有助益的设备，像收音机、信件或者电影展示，应当用于服务此项运动。

现在已有几个地方在开展大规模的试验：（一）山海工学团；（二）上海的宝山区；（三）遂平区。后面的地方采用了类似军队的组织结构——五人一组，一个孩子领导其他四个；五组又形成一个更大的单位。如此类推，最后整个单位的最高统帅已是超过15000人的首领了。

你们大家都在基督教小学做事，我希望你们会赞成我的这个计划，并帮助把这个运动推向前进。

1919 年

欧战后德国教育之大改革*

德国自欧战告终以来，政体顿变，而教育上亦受莫大之影响，此吾人不可不研究者也。德国本系联邦制度，由二十六政治团体集合而成，全国面积共二十万八千七百八十英方里，居民共六十四兆[①]九十二万五千九百九十三人。联邦中以普鲁士为中心，其面积为十三万四千六百十六英方里，居民有四十兆十六万五千二百十九人，占全国三分之二，故其政治教育，足为全国之代表。曩者一国，政权执诸君主，今则为社会党所操纵。党员中之声望最著者，为Lassalle与Marse（应为Marx）二人。在一九〇七年国会选举时，其党员有选举权者，已达三兆二十五万八千九百六十八人。迨一九一二年，全国选举人十四兆四十四万二千三百八十七人中，社会党员占四兆二十五万零三百九十九人，实为总数三分之一。按德国有五大政党，社会党Social Democrats其最著者也。该党所抱之政策有四：（一）厉行共和主义，以政权公诸平民；（二）为民除害，一切阶级制及贫富不均等事，皆在排除之列；（三）厉行建设的法律，使国民安生乐业，不致有闲荡

* 本篇原载1919年3月18日《南京高等师范日刊》第三、四版，系陶行知的演讲，由施毓麒、徐枩记录。该演讲记录的后半部分，迄今未能找到。本文介绍德国十一月革命后，从军事专制制度过渡到资产阶级民主共和时期开始的教育。这次改革对由以前各时期演变下来的德国各级学校教育制度，作了具有重要意义的变动，对此后的教育发展，也产生了深远的影响。

之虞；（四）予国民以工作之权，Right for Work使人人咸有职业之自由。

至其对于教育之改革，约有七端：

（一）关于教育宗旨者　昔日厉行军国民主义，务在养成畏神自立为君主牺牲之国民。今则提倡平民教育，脱离宗教之束缚，力除曩日之积弊。

（二）关于教育行政者　一八一〇年教育归内务部Ministry of Ingerfor管辖，一八一七年归入宗教教育医药部，Ministry of Religious,Educational and Medical Affairs,一九一一年始归入文化部，至一九一八年有社会党领袖六人主持部务。至于地方教育行政，向由牧师监察，是以派别繁多，即编辑学校教本各存党见。现在竭力革除，虽穷乡僻壤，尚不免为若辈所把持，而城市中则不得过问矣。

（三）关于学校组织者　从前学制，至为纷歧。即以中学论，有六年毕业者，有七年毕业者。小学复分二种：一为国民学校，一为预备学校。国民学校专为谋生之准备，无上进之机缘。预备学校，组织较良，专为升学而设。然其宗旨在造就贵胄子弟，非平民所得入也。阶级既严，人民程度遂形丘谷。曾有人主张将各邦分歧之办法，改为一有统系之学制。厥后为柏林会议所打消，洎乎今日，方事实行。

（未完）

注释

①兆　数词，今以一百万为兆。

真正之爱国*

(译杜威演讲)

南京为中国东南教育中心点。不佞得来此与诸君相见，至深快乐。且得与青年学生诸君共究真理，共勉责任，有若身在家庭，不知处异国也。今夕讲题为《真正之爱国》，特为青年学生而言。现今世界中心为何物？窃谓最要者为新爱国心。盖处新世界中，必非旧爱国心所能适用也。常人论两地之远近，恒以所须时间为标准。谓费时暂则近，费时久则远。以此念言之，则今日世界面积，较之曩者其缩小不知几十倍矣。以形体言，地球之大小如昔也。以交通言，有火轮、舟车、邮电、飞机，彼此沟通，互相贸易，交换意见，灌输思想。从前视为穹绝莫至者，今则近若比邻矣。吾人姑勿论闭关自守之为善否？第论其为能否？如云不能，则宜如何准备新思想以对此新潮流。昔之专制国家，今皆有共趋共和之势。旧有之爱国心，忠于君主一人者，其能适宜乎？故新爱国心实为最要也。旧爱国心不合于近世者，最著之例莫若德国。彼国人民爱中心为皇帝，全国生命财产为皇帝一人而多所牺牲。今则皇帝已去，此种爱国心亦随而消灭矣。或有不明爱国真义者，谓已无皇帝，则亦无爱国心之必要。是不知共和国

---

* 原载 1919 年 5 月 26 日、27 日《南京高等师范日刊》第三版，系 5 月 18 日下午 7 时杜威在南京高师口字房演讲，南京各学校职教员及中等以上学校学生皆与会听讲，代理校长陈主素致介绍词，陶行知翻译，陈夔勋笔记。江苏第二师范学校新学社编、1919 年 10 月出版的《杜威在华讲演集》第 9—13 页曾刊载过其中的一部分。

民之爱国心，较专制国民之爱国心为尤要也。惟此种爱国心不易培养，何则？专制国之爱国心集中于君主一人，视听有所专属也。共和国则视听形声之外，所谓爱国心者，只精神上之表现而已。且专制国之爱国心，只有服从一端耳。共和国之爱国心，其构成元素非常复杂，细析之，凡有三原则：

（一）想象，想象全体共同幸福与其利害。

（二）理想，熟思审虑，有一定之计划。

（三）自动，自己思维，自下断语。

具斯三者，始足以养成共和国之爱国精神也。由是观之，专制国之爱国心全由升铄，而共和国之爱国心悉自内发也。故专制国所需者，为愚民之服从心。而共和国所需者则为有知识、能力与职责之爱国心也。吾言至此，吾实有不得不郑重而申详之者。盖真心爱国者，必虑远思深顾及全体。宗旨已定，百折不回，为社会谋进步求改良。凡其所为，悉以社会全体利害为本位，而不能有丝毫偏窄之见掺杂其中。不仅谋一己之幸福，并求群众之乐利。非但图一己之健康，兼顾团体之安宁。必俟社会各安居乐业，共享承平，匹夫匹妇无一不获自尽。农田也，则未雨绸缪，而无旱干水溢之患。工厂也，非但察其能否谋生，并究其是否合谋生之道。尝见沪上工厂有幼儿终日劳苦，仅得数枚铜元之劳金者，是岂合于当然之道乎？倘有真正爱国心者，必当谋所以改良农工各业，以安顿此无告之贫民也。吾所以反复叮咛于此者，诚以社会聚处，息息相关，休戚利害罔弗与共，一发牵动全身，失火殃及池鱼。天津水灾，南京即有逃荒之民。东三省鼠疫发生，宁垣遂有传染转徙之苦。吾今再举一事以证之。有某富人雇裁缝匠制衣，彼匠乃一极不卫生尘垢满身者，匠有病而主弗之顾，岂知缝匠之病，乃假新衣而传及富人之子，浸而及其全家。此事虽微，可以喻大。嘉拉先生云：社会须从积极方面做去，利富共赏，而害当共去。盖吾人瞑目兀坐，则个人与社会之关系，不甚觉苦。开目视之，在在皆有关切。力图公益则全体受其赐，苟容污浊则全体蒙其害。视此次欧战之原因，仅以塞国杀一奥太子，而世界大国均被牵入漩涡，国际之关系如此密切，况同国之民乎？夫世之不爱家者，人且轻之，况此同一国之大家庭乎？旧爱国心之误，如德国然，彼视国家在人民之上。而共和国，则国即民有，民即国主也。共和国民应具之爱国心，吾已言之。共和国国民非他，即熙来攘往日常所接触之平民是也。昔商君云强国贵弱民。共和国则反是。国民必具有强壮之体格，欲强国必先强民。今在地诸君是否为强壮者乎？所有子女皆能健全乎？日常生活皆合于共和国民之生活，克享其幸福与快乐乎？盖人生世上，决非牛马可比。做事固要紧，犹必有正当之消遣也。

上之所述，皆为普通爱国心。继是所当述者，则有政治爱国心。专制国国民除服从忠君之外，亦并无所谓政治爱国。共和国国民之政治爱国，甚为重要。所谓政治爱国者，必令秉政者皆能敬谨将事，发号施政必以增进人民幸福为依归，又必令政府自知其为公仆而非主人，时加督察，观其所为是否合正理，是否为群众谋幸福。以上特就国内言之耳。处此世界之国民，又宜具国际之眼光。此可分两节言之。

（一）国际上第一要事，为取人所长。普通人心理，类不喜师法外国，以为与国家体面有关，讳言人善。此实大谬，不知海洋之大，正以其能容众水也。真正爱国者，于他国所发明之事物，当问其于我国有利与否，不当别其国内与国外也。利者，吾将虚衷谦收，大启其门而欢迎之。否则，虽己之所有亦将摒弃而勿惜也。盖师取人长，能助国家进步。不观日本乎？日本之强，不在专制与军国民主义，而在于善师人长。往者，彼国国内有事发生，莫知所措时，则谘访他国，择善而从，而困难以解。因其有愿学之志，故进步之捷有出人意表者。

（二）国际上第二要事，为对敌国方法。无论其为现在或将来之敌国，对付方法，莫善于积极从建设方面进行。欧战之前，德国专以消极方面提起其民之恨恶心，然一鼓作气，旋就衰竭。

中国人民今日对于某国，或抵制货物，或渐绝往来，均属消极之策。尤要者，一面须振兴己国之实业与教育，一面须俟国民尊公道、信正义、爱自由，而反抗不公道、不正义、不自由也。由此二方进行，所谓积极是也。今时间短促，未能详细说明，仅提出下列数端，粗加讨论：（1）强健体魄；（2）卒业后之准备；（3）工业之经济。凡此数端，极与社会有关，盖政治根本在于社会，欲有良好政治，必先有良好社会也。余已言国民对各方面之责任矣。请再言学生对于政治爱国之表示。学生以学为主的，唯能以聪慧之爱国精神输入于政治，凡所研求必以增进国家治化为念，务令做一分事则国家进一分益。然不可为感情之举动，须有目的，有方法，有决心，志之所在往而必达。否则，五分钟之热血固能痛快一时，如火药之爆烈转瞬即灭，又若水然，蒸发立散。然若加以智慧诸械，则火药可成枪弹，水汽可以转机，其利益固无穷也。尤有进者，吾学界中人可奋其智慧，将社会各方组成如机器然，一轮一钉互相组合，即成绝大之势力。若拆放异处，轮自为轮，钉自为钉，则成废物矣！故必有正当团体，互相帮助，庶可达最善之的。余有最后数言欲告诸君者，即现在共和虽犹为试验时代，然余觉一事足以保证其能永存，且能日渐推广者。盖人心均好发表，专制国家仅少数人得发表其思想，而共和国则人人皆得发表其思想，且有实行所想之机会也。夫少数必不能敌多数，故吾敢以此证共和之能永存在，且日以兴也。末复鼓励吾人为家国明灯，当竭其思想能力，使全国人民无一人不受教育，而致国家于富强，如明灯之无所不照也。

1922年

元旦游鸡鸣寺*

鸡鸣寺，
豁蒙楼[①]，
元旦登临共消愁。
不恋人间围炉乐，
湖山风景雨中求。
把伞当风寒侵骨，
一路泥泞滑如油。
中途有客思归去[②]，
劝他努力似牵牛。

一一·元旦

注释

① 豁蒙楼　在南京鸡鸣寺，建于清光绪年间，取杜甫“忧来豁蒙蔽”（《赠秘书监江夏李公邕》）诗意命名。

② 有客思归去　“客”指孟禄，是陶行知在哥伦比亚大学师范学院学习时的老师。1921年9月至1922年1月，孟禄来中国作科学教育的调查与讲学。在此期间陶行知全程陪同。此诗为孟禄告别南京前，陶行知与其同游鸡鸣寺时所写。

* 录自手稿。本全集第一版第7卷544页曾刊过作者表弟曹子云根据回忆复述的同题诗（此次再版已抽去）。该诗时间误差6年，诗文又比手稿少4行，并有若干不同处。现根据手稿重刊。

做事必求效用*

在中国经过各地，感触虽不同，而所见所闻，有乐观的，亦有缺点希望改进的。

中国习惯，甚重视教育。对于教育之信仰心，非常浓厚。观各地私塾之多，即可为证。南京有六百处，广州有千余处，其它尚未暇调查，足见中国人对教育之兴味。而金钱力量，又尽足以办教育。此最为乐观的。但何以仍不发达？其中恐不无障碍：一因政府不良；一因各地方缺少领袖人才，如劝学所、视学员等，类多绅士式的、非真正足为一地方之教育领袖，此即所谓缺点也。

至于各种学校，可分别言之：

一、小学。大概很好。参观之余，觉甚满意。但以人口众多之中国，校数总嫌太少。只有山西一省，已具普及之规模。故必须设法推广方好。其中有两点，当大加注意：（一）如何能使学校教育，影响及于儿童之家庭，而与一般社会接近；（二）中国文字过难，能否设法使其简单，俾易普及，此皆最紧要者也。

二、中学。中国教育最弱之一点，即在于此。中学目的，本在升学，乃各专门学校，因中学学生程度不足，往往设有二年或三年预科者。究其弊，在教授方法不善，不能使学生应用。而课

* 原载《申报》1922年1月6日。系1922年1月4日口译孟禄在东南大学谈话会上的演讲。报道导语两次均以“陶士行”代“陶知行”，可能系歙县口音谐音所致。

程中亦未尽以科学为最要之点。要知当今之世，无论何事，总须有真正科学，方能办理。苟无科学，在平时恐徒供他人利用，一至战争，亦必不能战不能守，何以为国？故中学课程，必须注重科学，且必须使学生咸有一种动机。

三、师范。大概甚好。论起改进来，亦与小学一样，校数太少，女子教员尤须多多养成。高等师范，除此间外，教授多用演讲式，必须改良。

总之，做事必求效用。欲求效用，必先有标准。教育必有标准，然后方有成绩。此等问题，不得不希望大家及时解决。

中国前途远大，余此来调查五月，结果益信余之信仰中国为不谬。

炮竹*

您本领大如天，
吓跑了旧年，
喊来了新年。
忒讨人嫌，
惊醒了我的梦甜。
他应早起来拜年，
将功抵罪，
您该到那儿去声喧，
您该到那儿去声喧。

* 录自手稿。疑为与1922年2月6日《放爆竹》同时的作品。

中国女子教育之既往与将来*

（陶知行先生在神州女学校演讲）

文科生笔记

今天是中国女子教育很重要的一个纪念日，在前清光绪三三年正月二十四日，合阳历一九〇七年的今天三月八日，中国女子在学制上，方始占得一个地位，所以可算是很大的纪念。

中国有女子教育已经有七八十年，（在西历一八四四年）第一个女校开在宁波，是英国人耶稣教徒创办的。在西历一八九七年，中国私人方始创办女子的学堂，这都是很可纪念的。光绪二八年（一九〇二）所定的学制，还没有女子教育。到二十九年，张之洞定学制，是为“奏定学堂章程”，提到女子不能入学校，有两个理由：一、说女子入了学堂，成群结队的满街走，很不好看的；二、女子不可以读外国书，恐怕传染了西洋自由婚姻一切的习惯。所以说女子读书，可在家里，是家庭包括女子教育时期。此时政府虽不承认有女子学校教育，但私立女子学校却已办了好几年。光绪三三年，女子在学校制度上，才有地位。这年三月八日颁布女子师范学堂章程三十六条、女子小学堂章程二十六条上，允许女子入学。当时女子教育的特点可以说：（一）男女

* 系陶行知1922年3月8日在神州女学校的演讲。此稿系安徽师范大学晋启生教授生前1984年11月复制的，复制时有注云：“此文原稿系石印，现藏安师大图书馆，据说系从徽州购来的书中发现的。”编者编稿时，校正了其中的某些误植。以1922年3月《新教育》第4卷第3期上《女子教育在学制上占领地位之十五周年纪念》（载本全集第1卷390—393页）可以佐证这篇演讲确系陶行知所作。

不能同校；（二）学年也不能平等，小学教育，男子有九年，女子只八年，以学年论，女子要低一个年头；（三）男子有中学以上的教育，女子没有中校。这时统计学生，每百个男生，只有两个女生；所以男女生比较起来，男生多四十九倍。

从光绪三十三年到现在，还是退步呢？还是进步呢？若是进步，进步到什么地位呢？这是我们应当知道的。从前外国人，都说中国没有女子教育，照现在说，要叫不深晓中国国内情形的人听见了，都要很惊异。何以呢？因为中国的女子教育，很有大的进步。

没有最近的全国统计，到民国五年为止，女生占学生总数4%；全省的统计要近些，江苏女生有13%；山西女生12.5%。我从南京来，南京的情形知道的比较详细一点，那就拿南京的女子教育的统计报告一下。南京的童蒙馆，有女生13%；幼稚园51%；初小32%；高小19%；中学15%；大学9%。十五年的工夫能够这样的发达，可算进步了。在从前，男女都是分校的。到了现在，幼稚园、初小、高小，都可男女同学了。大学是北大和南高先开女禁的；至于中学，现在北京和广东的中学，都在那里试办男女同学。

讲到中学男女同学，一般办学的人，有赞成的，有反对的；社会上又像唯唯诺诺，那意思是看你们办的什么样？就理论说，幼稚园一直到大学，都可以男女同学了，这不是对于女子教育的观念上一个很大的进步？

男女同学，年限、课程都平等了，我们就可以为满足了么？不是的，因为距我们的希望，还远得很哩！我们还要不断的向前进取。

今再说中国女子教育今后的事业，是我们应该知道，应该负责的。

一、江苏女生13%，要和男子一样多还欠许多人。甘肃百人中，女生不够一个，不过千分之八九的光景。新疆还没有一个女学生的报告。那么应该如何使个个女子有受教育的机会，是不是我们的责任？

二、现在女子，在两等小学里的尚多，在中学就少了，大学更少了。如何使各级学校女子与男子数目的比例得到平等，是不是我们的责任？

三、多数学校的课程，不适于女子与社会的需要。所以课程应该使女子适应社会的举动。如何改良课程使女子所学的能在社会、国家、世界上占重要位置呢？这是不是我们的责任？

四、现在知道中国女子教育情形的人实在很少，我只看见一个美国同志露懿士女士，她对于中国女子教育上，很有研究，她著了两部书，一是《中国女子教育论》，一是《四川女子教育调查报告》，都可为研究女子教育的指南针。无论哪一种学问事业，都应当有几个研究的专家，在那里研究考察。我们中国女界，这样的人很少，我很希望像露懿士女士的中国女子快快出来担负研究调查女子教育的责任。

五、各国对于提倡普及义务教育，是结合女子团体来促进的。中国现在还没有这种举动，所以我希望具有知识魄力的女子，组织一个有势力的团体，去促进一切教育。要求中央政府、省政府、地方政府为教育尽力。凡是我们觉得地方上办的学校不好，我们就极力去改良他。及学龄而未入学的儿童，设法教他入校；若照这样的做去，那必有些效验了！

中国受过女子教育的女子，不下五十万，如每年每人带一个小孩子读书，劝一个老太婆相信进学堂的好处，假使人人都能这样，几年之后，收效当无限量！女子的责任很重大，所以必要给他受教育，因为受过了教育的女子，就知道尽自己的责任了。做母亲的人，自己受过教育的，没有不给子女受教育的。然而父亲自己做了博士或是主人，他的子女或者有不受教育的。所以不普及女子教育，好比一个人缺了一只脚，那么哪里支撑得住呢？其实何尝是一脚，不过藏了不用罢了。所以这个责任，是应男女同负的，提倡女子教育，就是提倡普及教育，也是普及世世代代的教育咧！

女子的责任大，受过教育的女子的责任更大；男子似乎太忙，所以这时候正是女子应该出来做事的时候。我看要在这十五周纪念日以后，比前更有进步，须先有两种的精神：

（一）开辟的精神。我们要在没有教育、没有女子教育和反对女子教育的地方，去办教育。前途的障碍，好比荆棘，要阻止我们的进行，所以我们须用大刀阔斧，砍将进去，一年不成，二年，二年不成，三年，总有一年可以成功。

（二）试验的精神。试验的精神，是进步之母，遇见了一个难题，就要去设法解决这个难题，法子不行，就研究考虑修改，再不行，再改，必有进步。开辟是要使得能够成功；试验是要使得能够进步。我很希望中国的教育和女子教育像飞机一样向前向上，一日千里继续不已的进步。但要想继续不已的进步，就须继续不已的开辟，继续不已的试验。这是我的机会责任，是你的机会责任，是我们大家的机会和责任。

解决上海车务问题的我见*

近年来，上海人口增多，车务问题，遂至复杂。夫车辆之往返，骤形拥挤。人力车也，马车也，汽车也，无不日增月多。即电车一项，虽辆数有加，而乘客仍感拥挤之困苦。长此以往，不独行旅艰难，实亦危险万分。有识之士，所以亟谋解决车务之方法也。

查欧美各国，前因战争之需要，求转运之便利，注全力于摩托载货车[①]（西人称甲克Truck）之创造。今战事告终，摩托载货车之销路见滞，大城繁市乃装配车身，作为乘客之用。试用以来，结果优良，现美国各大城市，一致采用摩托乘客车（西人称白士Bus）[②]。得有良好之经验焉。

当欧美各国采用之初，街车（与上海之电车相仿）公司群起反对；以为摩托白士，将侵夺其营业。讵知摩托白士与电车不独毫无竞争，且能相辅进行。凡电车线所不到之处，可以摩托白士替代之。上下办公时间乘客最形拥挤之时，即可以摩托白士辅救之。若然则拥挤可解，危险可免。诚谋交通便利之无上妙策也！

沪地交通，较之内地，固属进步；即比之欧美各国城市，亦无不及。所惜人口日增，交通日繁。人力车、马车之加增，徒占地位，仍无大补。电车公司虽增多车辆，而于行车之时刻反多不

* 原载1922年4月15日《申报汽车增刊》第21期评论栏，署名：陶。

便。欲谋解决之方，非效法欧美各国城市之采用摩托白士不可。其于便利——稳妥——安适三方面论之，尤为当今解决车务问题之要点焉。

注释

① 摩托载货车　美国称Truck，英国称Lorry，即卡车、载重汽车、运货车，也包括在轨道上行驶的各种运货车辆和铁路上运货用的敞车。

② 摩托乘客车　即公共汽车，又称摩托白士（Bus），现通称“巴士”，或根据车的大小称为“大巴”、“中巴”和“小巴”。这与现在的摩托车（Motor car）不同。

中华教育改进社社务报告

民国十一年二月至六月

进行方针及计划

本年二月八日董事部在上海开第一次会议，议决下一年度进行方针以改进中等教育为主，他种教育得视人才、经济及需要的量图谋改进；十四日并通过本年度预算总数以三万元为限。十一年度之计划即依此方针及预算总数拟订，于三月二日函请董事部核定。当经董事部于三月五日修正通过以后，一切进行即以通过之计划为依据。

研究之进行

本年研究事项拟举办下列数种：一、中学的生物教学；二、中学的数学教学；三、中学的理化教学；四、中学的英语教学；五、中学的公民教学；六、中学的国文教学；七、中学的体育教学；八、智慧与教育测验标准的修正；九、女子教育；十、教育经费问题。以上各门之研究人员，于三月二日推荐于董事部五日通过。三月三十日京津董事在北京大学开会提议加入。十一、国民音乐之研究，当经通过。现在各种研究均已先后进行，兹将其已有报告者略述于后：

（一）智慧与教育测验标准的修正。此事已请南京、北京两

* 本篇系1922年提交的书面社务报告。

高师教授担任。兹据主任陆志韦先生报告，心理测验团先分三组进行，一组赴镇江、扬州、如皋、南通等处，自四月十五日出发至六月底止，共已测验一千余人，下学期当往他处继续测验。

（二）国民音乐。五月四日，本社国民音乐研究部在总事务所开会，到会者有萧友梅、胡适、周作人、梁任公、蔡孑民、杨仲子、易熹、杨昭恕先生及林美德女士。推定萧友梅先生为国民音乐研究部主任，并公请由梁任公、周作人、胡适、蔡孑民、易熹诸先生担任著作歌词，萧友梅、杨仲子、林美德、赵元任诸先生担任编制乐谱，并以所编歌词与乐谱先在北京各学校实验，然后推广。

（三）科学教学。已由张子高、李耀邦二先生开始研究。去年，孟禄博士允许赀遣专家一二人襄助本社研究事业。当于本年二月十六日电请孟禄博士先派科学教学专门人才来华襄助研究，四月一日接到孟禄博士三月二十九日所发海电谓，中华医学部可赀送教员，问本社愿否接受。当于四月三日复电接受，并表示谢忱。六月十四日接孟禄先生函称，洛氏基金会允捐美金伍千元，国际教育社捐美金一千五百元，为赀遣科学专家推士先生来华辅助本社研究科学教育之用。现推士先生定于六月三十日到沪，年会期内即可参加分组会议。

（四）中学课程。五月二日，张仲述先生来函，提议研究中学校课程改进之计划。本月十七日午后三时，京、津董事在总事务所开会，对于张仲述先生之计划，议决照办。张仲述先生拟于七月间由美赴欧考察教育，回国当在十月间以后，即在本社担任中学校课程改进的研究。

调查之进行

本社之调查事业分为三种

一、普通教育调查。四月底已将各种表格寄与各省教育厅、各区学务局、各县劝学所，调查普通教育情形，并分期催填。兹陆续将表格填寄本社者已有多处，预计本年九十月间可以竣事。

二、一地方之教育调查。此种调查须由本地人士自动，本社处于辅助地位。现已着手调查者有无锡、济南、北京三处，兹分述之：

（一）无锡之教育调查。无锡县教育会于三月十一日来函，拟在无锡组织县教育调查会，俟组织就绪，托本社介绍人才襄助办理。旋该会即邀集无锡县小学教员及第三师范学校学生，组织测验委员会，由本社介绍陈鹤琴先生为总指导。调查事项计分四类：1. 教育测验，考察教育之功效；2. 智力测验，查验儿童之智慧；3. 常识测验，检验儿童之知识；4. 学务调查，考核教员、学生、设备、学校行政种种。其测验手续，则分组行之。自六月初开始，十五竣事，计共调查学校近百所，测验高等小学学生二千余人，国民学校学生四千余人，另有详细报告还在编辑中。

（二）济南之教育调查。三月二十八日，接到山东教育厅熊观民科长来信，四月八日接到刘次箫先生来信，谓山东教育调查会不久可组织成立，并托本社介绍调查人才。继以时间匆促，先从济南入手。本社即介绍廖茂如博士主持其事。廖先生复约定俞子夷、王克仁、李勉韶、祝其采诸先生共力从事，于六月二日前往济南，三、四两日即由教育厅约省城教育人员讨论进行，并由廖、俞两先生讲演，以表示调查学校之重要。自五日起，五君分组亲身调查各校普通状况，以及教学情形。至于施行测验，则以言语关系，不能不借重本地人士。所幸该省学校教职员年来赴济南大学、南京高师暑校研究教育测验或学务调查等学程者为数甚多。故于五、六两日午后四时，由教育厅召集于第一师范学校，请廖先生再将测验要点剀切说明，并加以实习。计参与此项测验之人员共分十组，每组三四人不等。十日下午调查完毕，报告毕。廖、俞、王三先生对于济南教育之将来，当时均有意见发表，现正从事整理调查结果，分类编具报告。

（三）调查京师教育状况。本社总事务所既设在北京，则对于北京教育界的现状不能不有明了的概念。调查京师教育分二步进行。第一步调查北京教育之普通情形，于四月底由本社派职员分类调查所有国立学务，局立、私立、教会立以及警厅、步军统领衙门、市政公所所管各学校及私塾，均包含在内。现已调查完毕，拟编为北京学校一览，以供教育界之参考。第二步即为北京教育之分类调查，拟俟麦柯先生到京后即开始举行。

三、各门教育之调查。此种调查与研究有密切关系。现就有人担任者缕列于下：李湘宸先生担任教育行政，郭秉文先生高等教育，陆步青先生中等教育，俞子夷先生初等教育，程湘帆先生国外师范教育，陈鹤琴、廖茂如先生中国的心理测验，黄任之先生职业教育，邹秉文先生农业教育，李宜之先生工业教育，郭秉文先生商业教育，汤尔和先生医学教育，任叔永、张子高先生科学教育，简又文先生社会教育，袁观澜先生义务教育，张默君先生女子教育，麦克乐先生体育教育，洪范五先生学术教育，沈祖莹先生图书馆教育，赵厚生先生华侨教育，程伯庐、王卓然先生日本在华经营教育，刘廷芳先生基督教教育，唐润身先生童子军教育，程湘帆先生公民教育。此外，教科书之行销与教育进退有密切关系，已请商务印书馆及中华书局，将各种教科书在各地最近数年行销之数开示，现已得该馆同意，正在准备表格以便发填。

教育调查专家之来华。孟禄先生为提倡科学的教育调查起见，时为本社募集捐款，为聘请专家之用。六月初孟禄先生来信，谓已捐得美金四千元，并受本社委托代聘麦柯先生来华担任教育调查事宜。麦柯先生定于九月初八来华，将来南京、北京二处从事教育调查。另由孟禄先生募得美金千元，为购置调查设备之用。

编译之进行

一、新教育杂志。二月八日，董事部正式接收《新教育》，改归本社继续办理，十四日与商务印书馆订定契约，印刷、发行归商务印书馆主持，编辑归本社编译部主持，版权仍归本社所有。现已出版四期。

二、研究刊。本刊俟各门研究有结果时，随时刊印。

三、中国教育革新纪实。拟将民国十年之教育，分门敦请素来关心该门教育之人担任著述，已陆续在《新教育》上发表，现拟译成德、法、英、日四国文字，以便汇印分送各国。

四、中国教育概况。此书依据分门调查所得编成统计图表加以说明，并译成德、法、英、日四国文字分送各国。现已从事编辑，半年内汉文可以成书。

五、简章。本社汉文简章通过后，即由胡适之、凌济东两先生译为英文，已经编成汉英合本。复又请傅梦良先生译成日文，李宜之先生译成德文，郭敬中先生译成法文，现陆续寄交本社，不久即可付印。

推广之进行

一、国内特约通信。本社为流通国内教育消息起见，特于三月十三日与国内报纸四十余家举行特约通信。

二、国际教育通信。本社为流通国际教育通信起见，特于三月二十二日敦请熟悉英、法、德、美、日五国情形诸君担任五国国际教育通信，先从此五国入手，以后得随时增加。

三、演讲。专门演讲拟俟研究调查有得时举行，普通演讲拟乘考察之便举行。此种演讲，曾在上海、南京、济南、天津、北京、太原、无锡、安庆各地举行二十余次。

四、全国童子军会议于五月十二、十三两日在沪举行，本社推请黄任之、郭秉文、张剑心三先生代表参与讨论。

五、全国农业讨论会订于七月四日在济南开会，本社与中华职业教育社、中华农学会均在发起之列。

大会之筹备

除上列四项社务分别进行外，依简章所规定，每年须开大会一次。兹将大会筹备情形撮要报告。董事会于二月十四日决定，济南、泰安、庐山、青岛四处任择一处为大会地点，即由董事部决定大会在济南举行，会期定于七月三日至八日。决定后，即于三月二十三日至八日赴济南接洽一切。济南方面在山东教育厅内设立大会筹备处，请熊观民科长为主任，临时事务所方面即推姚文彩君接洽一切。会场借定山东省教育会，开会秩序订定：(一）报告本社进行概况，（二）演讲，（三）讨论教育问题，(四）议事讲演方面，敦请梁任公、黄任之、胡适之、蒋梦麟、麦克乐、郭秉文、邓芝园、卢义思、张子高、范静生诸先生担任。此外，游览泰山由第三中学校校长陈铭鼎先生主持，曲阜由孔府孔静庵先生引导参观孔府礼器乐器，孔府并拟奏古乐以资来宾参考。覃孝方厅长并主张同时举行全省历史文物展览会，以发扬鲁省文化上之真正价值，并指示如何依据已有之文化图谋继续创造山东之新文化，由省公署指拨五千元为组织该会之用，不足之数由私人捐助。

年会规程，由胡适之、陈筱庄二先生及主任干事起草，五月十七日董事会在总事务所开会通过。各地社员，赴会经过国有之京汉、津浦、京绥、京奉四路者，承交通部特别优待，准发免费票，五月九日即将免费票发下。其未发免费之铁路，本社已与交通部接洽，照团体赴会购票办法以来回五折，一次七五折计算。水路赴会社员，承张默君先生代向招商局陈作琴先生接洽，酌量减费。四月二十七日接张默君女士函，并附招商局陈作琴先生函，允各省社员搭船赴济南大会时船票以七折收价。

征集社员。董事部于二月十四日开会，推定征集社员委员，凡十六省，其他各省区之委员由董事部于五月十七日补行推定。本社成立时，基本社员有机关四十六，个人四十九，共有社员九十五名。成立后至六月十五日止，新加机关社员四十处，故现有机关社员八十六，个人社员四十九，共有社员一百三十五名。

经济状况。本社十一年度经费定为三万元，自成立至六月底之收支，另有会计报告，兹不赘述。除社费及本国人士之特别捐外，有孟禄博士经募美金一万三千元，为聘请专家及购备仪器之用。

总事务所之组织。二月八日董事会议决，筹备期内临时事务所设在南京。总事务所于三月二十八日在京开始组织，至四月十二日正式成立，社址暂借北京美术学校，同时另觅相当处所为永久之社址。总事务所成立时，有职员七人，五月十日添请统计生二人，五月十六日聘陈主素先生为事务部主任。职员姓名均见社员职员一览，现共有十人。

董事部。董事部长范源廉先生因赴美调查农业教育与公民教育，请辞董事部长职务，并请梁任公先生代理其董事职务。即于五月十七日董事会通过，并即公推蔡孑民先生为董事部长。

1923年

雪夜回宁*

雪舞满天空，
吹送行人千里风。
断续车声断续梦，
醒来频觉孤寒躬。

雪夜，雪夜，
天女散花清绝；
千里舞送行人。
哪堪断续车声？
车声，车声，
孤寒好梦惊醒。

一二·一·二四

* 录自手稿。上段自注“与青梧合作”。下段是陶行知改写的诗。根据陶行知编入《知行诗歌别集》中的《送葬》、《勉青梧》两诗判断，青梧已在1923年10月8日前去世。此诗写于北京送青梧回南京之时，1923年1月24日。

问天 *

天啊！天啊！
我怎忍不爱他？
谁给我这颗爱他的心，
只是您老人家。
既造一个我，
又造一个他，
也是你老人家。
我若不爱他，
如何对得起您老人家？
倘使有人叫他怕爱我，
或叫我怕爱他，
是否对得起您老人家？

十二年四月

* 录自手稿。

月夜*

愿我床前月，
照君手中笔；
不写客气语，
但传心消息。

十二年四月

* 录自手稿。

清华教育的背景*

几个月以前因为清华停送女生的问题，引起了全国的注意。关心女子教育者函电纷纷，质问清华当局，结果是本年派送五个女生（原额之半）。现在事过了，达了治标的目的就算完了，至于那前因后果，去尽心研究的很少。

本来中国人做事，是急来抱佛脚，治标不治本的。二十一条问题发生了，大家抵制日货罢！未雨绸缪的功夫，谁也不想，谁也不做。所以只顾看水起泡，不去寻源头，等到大水冲坏了龙王庙的时候，搬也搬不及，结果是束手无策，听天待命。

美国退还赔款，已经十四年了。这十四年里头，用这款去留学已回国的，有四百多人。尚在美国的，也有四百多人。将来因这笔款项而受高等教育的，不知又有多少？大家要记得这几千几百人，都是从全国最好的青年里头严格选出来的；而且都是受完美的高等教育，现在或将来做全国的领袖人物的。所以数虽不过全国人口百万分之一，而影响实足以左右全国的前途！

当美国退还赔款的时候，本无所谓条件。后来中国政府自动的把这款作为派学生留美之用。但那个时候中国高等教育还不十

* 本篇原载 1923 年 5 月 15 日《新教育》第 6 卷第 5 期，署名：梁达。据台湾近代史研究所研究员苏云峰提供的 1923 年 3 月 5 日张彭春日记手稿影印件称："知行谈要作一篇清华建议的文章。"结合本全集第 1 卷 434—436 页的文章，可以佐证此篇为陶行知所作。

分发达，于是一面设游美学务处，考送学生；一面又设清华学校，预备学生；都由学部会同外务部办理。专制时代人民是没有机会说话，也没有程度说话的。

当时不设立一个独立的董事会，而归学部与外务部合办这一件领袖教育的大事，已经是大错了！不幸民国成立后，完全归外交部办理，真是大错而特错！外交部的职务，是管外交，怎么能够办理国家的高等人才教育呢？幸而游美学务处裁撤后，清华主持的人，是学过教育的周寄梅，并不是一个外交官。所以设施一切，略有可观。所谓自动的教育，在外面还没有听见过，居然清华先有了。而且他还想逐渐把程度增高，使清华成一个完全的大学。可惜他用人不当，威权过施，以致被人攻击。自他去任以后到去年，今校长曹庆五来代理的四年之中，换了六个主持的人！况且上面还要受董事会、学务处（部里头的学务处不是从前的游美学务处，后详）、审计会、会计科、基金委员会及总次长的干涉，所以就无所谓计划。

在周校长的时代，因为受外交部节制，已经作事不能自由。到周校长去任的时候，因为被人指摘用款，于是外交部派了几个部员组织一个“董事会”，去稽核用途。其实退还的赔款，向由外交部接收，清华不过照章每年制成预算决算，由外交部批准后，去领。到民国九年因校中主持非人，外交部又把董事会改组，由部派二人，美使馆派一人组成。这董事会有协同校长管理清华学校及游美监督处之权。另设审计会，稽核用途。于是不但经济上受节制，连行政上也不自由了。这三位董事，除美国人外，已换过好几次，因为外交部员愿在外交上活动，一放外差，谁还能做董事？

除去董事会外，外交部另有学务处，性质和交通部的育才科相似，专管部辖各校。现在外交部有两个学校：就是清华和俄文专修馆。清华虽另有董事会，但学务处仍有时要过问。

此外，最近又设有基金委员会，因为清华前几年有余款议定存为基金，不能动用，有一个委员会保管。但是听说这三百万基金，现在大半是不值钱的公债票、股票等类。

至于清华的预算决算，是要归外交部批准，所以部里的会计科有权间接过问清华的事。会计科的关不打通，钱是领不到的。

最高的管理清华教育的人，是外交总、次长。总长常换，而且太忙，所以实权是在次长手中。

有了这许多重重叠叠的机关，清华的难办也就可以想见了。幸而中国人是多一事不如少一事，所以只要按部就班去做，大家也不过问。不幸清华的教育，关系的方面太多，不容其保守，于是而事多。

外交部自总长以下，都是常易变动的。而且外交家非必教育家。处此分工精细的时代，要他们办这件关系全国前途的事，本来是苛求！现在的董事和校长也都知董事会非改组不可。但中国人心理，一动不如一静，况且颜面攸关，外交部雅不欲放弃权利，而只想得过且过。现在极力地弥缝，以期不出乱子。今校长之热心整顿，实属难得。不过基础不定，终难建大厦。所谓改革计划，呈部已半载，既不驳，又不准，留中搁起，诚中国人办事之绝妙方法！以致进行停顿。况校长由外交部任免，不论何时可去职呢？

总之以清华教育关系之大，不论外交部如何尽心竭力，终难得百分效率。本来外交部是管外交的，管不来教育，我们也不能怪他。

我们以为清华教育是应当由全国领袖人物组织独立的董事会去管理。

这董事会应当有全权，无论何事不受任何方面的干涉。董事的任期宜长，庶可有远大不变的计划。

关于清华教育的问题甚多，如选考学生问题，派送留学问题，扩张大学问题，男女均等机会问题等，皆须彻底的解决。但一国三公，在外交部管理之下，均无彻底解决的希望！

我们希望外交部能早日觉悟：知道外交家不会办教育，不是可羞的事。把清华交出来，是替中国前途着想。这种因公忘私的精神，可为全国所佩服。第一步的办法，是聘请全国知名的教育家研究董事会组织法，和改革纲要。第二步就是组成独立的董事会。庶乎退还的赔款，一分一毫的用途，都与中国前途最大之利益！

看花*

有目但悦花容，
有情但灌花根，
有手不折花枝，
有泪留吊花魂。

一二·五·二八

* 录自手稿。

中华教育改进社第二次社务报告*

民国十一年七月至十二年六月

目录

* 本篇系1923年8月在中华教育改进社第二次年会上的书面报告。

推行第一届年会决议案
对于万国教育会议之准备
与其他机关或个人之协作
本社所受各方面之协助

进行方针

本社宗旨，已详载于简章，分为三种：一、调查教育实况；二、研究教育学术；三、力谋教育进步。要达到这三种目的，我们采取两种方针：（一）推行力求合作。关于合作方面，现已与国内外多数教育团体或个人互相联络，藉以促进人才物质之经济，消除主义方法之冲突。（二）研究注重分析。因为向来研究教育的人，多用普通方法来解决特殊问题，所以没有相当结果。本社力矫此弊，特聘专家，用科学方法，将教育问题，择要研究。本年度仍本此种精神，以改进中等教育为主。对于施行新学制中等学校之课程，各科教学法之研究，特别加以注意。他种教育，视人才经济及需要，酌量图谋改进。

组织

本年关于组织事宜，有三点可以报告：

一、关于董事选举法之修正。

二、委员会之成立。

三、关于社员资格之修正。

一、关于董事选举法之修正　董事前由社员选举，济南大会议决，改由机关社员选举。

二、委员会之成立　第一次年会在济南开会时，议决由本社组织委员会。拟组织委员会三十一个，业经成立的，有二十四个：

委员会名称	委员数	正主任	副主任	书　记
教育行政委员会	三十三	邓萃英	陈宝泉	陈　容
高等教育委员会	二十五	蔡元培	汤尔和	陶履恭
师范教育委员会	二十七	刘平江	任　诚	陈　纶
中等教育委员会	四十一	程时煃	陆殿扬	汪懋祖
职业教育委员会	三十二	黄炎培	邹秉文	钟道钻
初等教育委员会	十七	俞子夷	孙世庆	吴研因
女子教育委员会	四十	朱其慧	张默君	俞庆棠
公民教育委员会	十	程湘帆	任凯南	贡沛诚
科学教学委员会	十一	王星拱	秦　汾	刘　拓
生物教学委员会	十三	汤尔和	秉　志	雍克昌
国语教学委员会	十三	张一麐	胡　适	黎锦熙
国语字母委员会	七	张士一	庄泽宣	陈鹤琴
历史教学委员会	十五	梁启超	徐则陵	陈衡哲
地理教学委员会	十五	丁在君	翁文灏	李贻燕
美育委员会	十二	蔡元培	陈衡恪	武绍程
体育与国民游戏委员会	二十二	麦克乐	董守义	吴蕴瑞
国民音乐委员会	十三	萧友梅	杨祖锡	易韦斋
心理教育测验委员会	九	张耀翔	陆志韦	陈鹤琴
学校卫生委员会	十八	周颂声	赵士法	胡宣明
图书馆教育委员会	六	戴志骞	洪有丰	程时煃
童子军教育委员会	十一	张伯苓	沈恩孚	李启藩
成人教育委员会	五	黄炎培	凌　冰	简又文
义务教育委员会	十六	袁希涛	陈宝泉	李步青
教育统计委员会	二十	陶知行	张敬虞	薛鸿志

此外尚有国际教育委员会，系十二年四月二十五日组织的，人数职员如下：

国际教育委员会　　十八人　　主任　邓萃英　　书记　汪懋祖

此外有七个委员会尚待成立：

外国语教学委员会

农学教育委员会

商业教育委员会

工业教育委员会

幼稚教育委员会

数学教育委员会

医学教育委员会

三、关于社员资格之修正　依照第一次本社简章，个人社员入社，每年须担任合组费二百元以上。济南大会修正，个人研究学术或办理教育有成绩的人，岁纳社费五元以上，经本社社员三人以上之介绍，本社董事会通过，得为本社社员。此事与社员之增加有密切关系。现截至本年六月底止，有机关社员一百一十八，个人社员八百一十八。本社各处社员之分配如下：

省区域	社员人数
北京	一百八十五人
直隶	五十五人
奉天	六十七人
吉林	九人
黑龙江	四人
察哈尔	二人
绥远	二人
山东	七十一人
河南	三十四人
山西	二十八人
江苏	一百七十九人
安徽	四十二人
江西	四人
福建	十四人
浙江	十六人

湖北	六十一人
湖南	八人
陕西	七人
甘肃	一人
四川	六人
广东	四人
云南	七人
美国	十二人
总数	八百一十八人

总事务所

本社成立之初，曾假北京美术专门学校为临时总事务所。嗣赖熊秉三、孙丹林（时内务总长）二先生之力，由内务部将西四牌楼帝王庙拨给本社，作为永久地址，即现在的总事务所。该庙地方宽敞，殿宇壮丽，足敷总事务所、教育图书馆、教育研究所及职员宿舍之用。且接近电车道线，不久电车开驶，交通很是便利。

经济状况

本社自十一年七月至十二年六月收入总数为四万五千零六十二元九角四分五厘，支出总数为三万八千一百九十九元七角一分九厘。另美币收入一万三千零四十元六角三分，支出一万三千元。细账如下：（见收支决算表）

此外有赴万国教育会议代表旅费等账目，因未得报告，不曾正式出账。

收支决算表

（十一年七月至十二年六月）

科目	月别	民国十一年					
		七月	八月	九月	十月	十一月	十二月
收入之部	社费						
	十一年度	1585.000	750.000	1485.000	1700.000	4756.000	195.000
	十二年度	—	—	—	—	—	—
	捐款	—	1000.00	—	—	—	—
	补助费	—	—	—	—	—	—
	新教育账	72.260	54.660	—	0.780	—	—
	售书	—	3.309	—	—	3.000	—
	利息	—	—	1.940	13.700	—	—
	杂项	—	46.400	—	38.450	—	—
	年会						
	杂费膳费	792.500	—	—	—	—	—
	游览费	1013.000	—	—	—	—	—
	总数	3412.760	1854.300	1466.940	1752.930	1759.000	195.000
支出之部	调查	—	—	—	—	—	2952.310
	编辑	—	—	—	—	—	400.000
	补助	—	—	—	400.000	—	
	薪金	928.000	1253.600	981.400	1246.120	1160.026	1349.400
	旅费	83.100	66.500	27.380	310.650	—	—
	交际	—	75.050	128.952	—	—	—
	邮电	1910	68.966	25.200	178.120	109.938	30.000
	印刷	6.000	14.200	39.600	200.880	209.800	233.800
	文具	0.650	111.920	1.700	19.100	133.100	28.140
	书报	2.250	7.280	7.280	34.760	18.325	16.000
	修理	—	4.320	—	28.210	1.975	1905.600
	设备	8.500	17.150	81.500	292.926	557.734	357.648
	租金	—	—	—	397.000	—	—
	消耗	—	—	—	—	—	—
	杂项	10.152	85.842	71.810	83.359	153.583	78.383
	年会	2512.458	—	—	—	—	—
	年会游览费	1013.000	—	—	—	—	—
	总数	4566.020	1704.828	1314.822	3191.125	2344.481	7351.281

科目 \ 月别		民国十二年					
		一月	二月	三月	四月	五月	六月
收入之部	社费						
	十一年度	2241.000	75.000	1388.750	890.000	455.000	16030.750
	十二年度	480.000	55.000	945.000	1660.000	2585.000	8675.000
	捐款	1532.000	60.000	2.000	900.000	7246.760	11080.760
	补助费	—	—	—	—	3000.000	7000.000
	新教育账	—	6.809	10.720	—	—	205.169
	售书	0.900	—	0.300	0.510	4.676	13.686
	利息	94.390	0.510	—	—	56.690	167.230
	杂项	—	—	—	—	—	84.850
	年会						
	杂费膳费	—	—	—	—	—	792.500
	游览费	—	—	—	—	—	1013.000
	总数	4348.290	197319	2846.770	3980.510	13298.126	45062.945
支出之部	调查	92.760	286.610	—	646.690	216.760	4195.130
	编辑	—	—	—	—	13.000	413.000
	补助	—	250.000	—	24.480	200.142	964.622
	薪金	1021.033	1267.700	1490.900	1242.532	2050.364	15263.365
	旅费	225.210	56.22	211.750	—	360.915	1472.725
	交际	11.000	—	15.160	19.200	25.330	289.837
	邮电	174.325	19.985	83.830	148.488	330.605	1392.969
	印刷	115.700	241.800	119.500	234.322	142.400	1557.502
	文具	94.125	54.940	6720	16.750	122.300	1017.820
	书报	27.090	33.475	10.480	111.480	23.570	303.840
	修理	2110	4.205	3.830	729.570	1151.805	3851.625
	设备	520.275	36.050	5.610	84.613	410.350	2837.518
	租金	—	—	—	—	—	397.00
	消耗	145.675	90.875	62.900	24.625	45.684	406.812
	杂项	138.106	30.712	43.810	10.970	72.950	811.500
	年会	—	—	—	—	—	2512.458
	年会游览费	—	—	—	—	—	1013.000
	总数	2567.409	2172.072	2054.490	3243.720	5256.175	38199.719

收入之部		支出之部	
洛氏基金会捐助推士年薪	$5000.000	推士麦柯来华旅费	$3000.000
孟禄博士捐助麦柯年薪	$4000.000	推士薪金(十个月)	$5000.000
国际教育社捐助麦柯推士来华旅费		麦柯薪金(十个月)	$4000.000
	$3000.000	购心理学仪器书籍	$1000.000
司梯雷特夫人捐助图书仪器费	$1000.000	总数	$13000.000
利息	$ 40.630		
总数	$13040.630		

中学课程改造之研究

新学制实施以后，中学校课程的改造，已成为迫切的事实。本社应此种需求，对于中学校课程改造问题，特别加以注意。本社中等教育研究主任张仲述所拟研究方法如下：

一、初步的调查

（一）现行课程之审查。

（二）各科教科书之分析。

（三）实际教学率之考察。

（四）中学毕业生的出路之研究。

研究以上问题：一方面往各地学校作实际之考察，一方面搜集教材及其他印刷品，以供研究。

二、建设的计划

（一）根据中国社会现在情形，拟订标准。

（二）在课程里增设新活动。

（三）审察中等学校学生性质。

关于第一同第二两项，已经拟有草案，至第三项，是要在实地考察时办的。

三、试验

此项事业，拟于下学年举行，试验的方法，现正着手预备，目的在发现适合国情的真正中国式的教育。

心理教育测验之编造

此项工作，由本社研究员麦柯博士主持。麦柯前为美国哥伦比亚大学师范学院教授。本社与北京大学、北京高师、东南大学等校，商议协助编造测验。十一年下期麦柯博士在南京与东南大学教授及学生编造测验。十二年上期麦柯博士至北京与北京大学、北京师大、女子高师、燕京大学四校心理学教授及学生编造测验。此外各地中外心理学专家本社亦与之联络，协力编造。详细报告，见英文丛刊第六卷第六号，本社编造的（已经印和没有印的都在内）测验共有下面四十二种：

一、智慧测验

（一）柏氏无文字智慧测验，式一与式二，为一年级至四年级用

（二）刘氏无文字智慧测验，式一与式二，为四年级至八年级用

（三）廖氏文字智慧测验，量表A，式一，为四年级至八年级用

（四）廖氏文字智慧测验，量表B，式一，为四年级至八年级用

（五）刘氏文字智慧测验，式一与式二，为八年级至十二年级用

（六）张氏文字智慧测验，量表A，式一与式二，为大学与大学入学试验用

（七）张氏文字智慧测验，量表B，式一与式二，为大学与大学入学试验用

（八）张氏文字智慧测验，量表C，式一与式二，为大学与大学入学试验用

（九）陆氏校正皮奈氏智慧测验量表，式一，为三岁幼儿至成人用

（十）德氏机械智慧测验，式一与式二，为五年级至十二年级用

二、教育测验

（一一）陈氏默读测验，式一与式二，为一年级至四年级用

（一二）陈氏默读测验，式一、二、三、四、五，为四年级至八年级用

（一三）陈氏默读测验，式一、二，为八年级至十二年级用

（一四）白氏英语默读测验，式一、二，为五年级至十二年级用

（一五）克氏英语相反识字测验，式一、二、三、四，为五年级至十二年级用

（一六）克氏英语听解测验，式一、二，为五年级至十二年级用

（一七）安氏英语了解测验，式一，为八年级至十二年级用

（一八）克氏英语文法成语测验，式一、二，为五年级至十二年级用

（一九）俞氏国语作文量表，式一，为一年级至十二年级用

（二十）蒲氏英语作文量表，式一，为六年级至十二年级用

（二一）俞氏楷书量表，式一，为一年级至十二年级用

（二二）俞氏楷书量表，式一，为四年级至十二年级用

（二三）陈氏拼字量表，式一、二，为三年级至八年级用

（二四）德氏算术四则混合测验，式一、二，为三年级至八年级用

（二五）俞氏算术问题测验，式一、二、三、四，为三年级至八年级用

（二六）张氏代数基本测验，式一、二，为八年级至十二年级用

（二七）张氏代数方程测验，式一、二，为八年级至十二年级用

（二八）张氏代数问题测验，式一、二，为八年级至十二年级用

（二九）俞氏整数小数测验，式一、二，实用功课五十八课

为四年级至八年级用

（三十）陈氏普通科学测验，式一、二，为三年级至八年级用

（三一）陈氏科学测验，式一、二，为八年级至十二年级用

（三二）徐氏中国历史测验，式一、二，为六年级至十二年级用

（三三）张凌氏公民目标及测验，为一年级至十二年级用

三、特别测验及有关系之材料

（三四）麦氏康健测验，为一年级至十二年级用

（三五）德氏调查用无文字智慧测验，式一、二，为四年级至八年级用

（三六）查氏调查用教育测验，式一、二，为四年级至八年级用

（三七）麦氏标准游戏运动技能之量表与分数表，为一年级至十六年级用

（三八）朱涂氏评定校舍分数表

（三九）陈氏国语字汇

（四十）陈氏国语词汇

（四一）朱氏测验与统计名词

（四二）德氏标准测验汇记表

科学教学之研究

这件事是科学教学研究主任推士先生担任，调查的方法大半是济南大会时候规定的。

推士先生的调查，在民国十一年十月三日开始：这年上学期，在北方各地方调查，以北京为中心；下学期在南方和中部调查，以南京为中心。现在奉天、天津、北京、济南、保定、彰德、开封、南京、无锡、苏州、南通州、上海、杭州、芜湖、安庆各地方调查都有了精密的调查。

推士先生在各地方调查的主要方法如下：

一、亲自到中学校、高等专门大学校和选定的高等小学，观察教室的教学法和实验室的实验。

二、同科学教员开会共同讨论。

三、同校长教务主任开会共同讨论。

四、同科学教员和教育行政官共同开会讨论。

五、对学生演讲。

六、协助各地方科学教员，组织科学教学改良会。

七、留意着有成绩的科学教员，预备以后合作。

八、征集科学教员的履历，以便编制完备的科学教师人名录，预备以后参考。

推士先生每到一处调查，就作一个详细的英文报告，由本社译成汉文后，送到各本地人士校正错误，然后寄还本社付印。并且同教员通信，请他随时质问疑难。

上面说的科学教学调查，不过是建设方面的准备。还有课程的改造，教科书的审查，实验室仪器的准备，和教学方法的改善等等，都是改善科学教学的根本重要事情。为得要完成这件巨大事业，所以推士先生已同国内的专门家联络，以便合作。前安徽教育厅长函请本社派遣推士先生去，帮他们编造科学教学之标准，以便全省学校采用。推士先生已经到安徽调查完毕，作有很详之计划。

调查之进行

本社所调查的统计，分类列在下面：

一、各省区学务概况调查。这种调查的目的，是搜集各省区最近年度的教育材料，汇成一本书，以备教育界之参考。

二、各县学务概况调查。此项调查，原与第一项并行，以征集各县最近年度之教育统计，一俟调查完毕，亦即付印发行。

三、京师学务概况调查。此项调查，即将京师国立、公立、私立、教会立及外人立之各学校，就其校名、校址、电话号数、设立者、教职员、学生及经费等数目，制定表格，分请京中各学校填写，编就京师学务概况，上年度曾出版一次，本年度亦已出版。

四、全国中等以上学校概况调查。此项调查，即将国内中等以上各种学校校名、校址及教职员、学生、经费等数目，按各省区之次第，分别填列，并将国内教会及外人所立之各种学校附入，以资比较。现已编就印行。

五、全国各学校调查。此项调查，即将国内各学校之校名、校址、通□□调查别立一编，并附以学校分配之地图，俾全国各学校之地址，可以了如指掌，并可□□□对于流通消息及参观教育者指南之用。

六、科学教员调查。此项调查，即将各处自然科学教师之姓名、通讯处、供职之学校或机关，所授之科目及所作之课外著述等，制成表格，函请国内□□填写寄还，以备共同研究科学教育之改进。

七、京师公立小学教员生活状况调查。此项调查于十一年冬，本社发函调查京师公立小学教员生活状况。本社制有教员、生活调查□□□学业经验、教学状况、进款、出款，均在调查之列。调查结果，将在《新教育》□□□。

编译之进行

本社的著述分下列几种：一、丛书，二、测验，三、丛刊，四、杂志。

一、关于教育的书籍，已经出版或正在编译中的有下面几种：

（一）小学课程大纲　程湘帆著

（二）公民教育　杨中明等著

（三）中国教育一瞥录　王卓然著

（四）中国之科学教育　推士著

（五）麦柯演讲录　麦柯著

（六）教育测验法第一集　陈鹤琴、廖世承著

（七）教育测验法第二集　麦柯、刘廷芳著

（八）民国十一年至十二年智慧测验编造经验谈第三集　编造测验者著

（九）民国十一年至十二年教育测验编造经验谈第四集　编造测验者著

（十）民国十一年至十二年非测验之设计之经验谈第五集　从事其他设计者著

（十一）各种试验说明书汇编　编造测验者著

二、测验　各种测验和试验共计四十二种，有已经出版的，有正在预备的，从麦柯先生的报告出版以后，继续又加了七种。

三、丛刊

（一）汉文丛刊

（二）英文丛刊

（三）麦柯先生关于测验编造法之各种丛刊

四、杂志

（一）新教育　这是本社机关报，每月出版一次。

（二）中等教育　这是一种季刊，由中等教育协社发行，本社的中等教育委员会是该社之一分子。

（三）初等教育　这是本社初等教育委员会和旁的小学校共同发行的，是一种季刊。

五、社务报告

这是本社主任干事每年交给董事会和大会的报告。

教育图书馆

本社附设图书馆，宗旨是辅助专家对于教育学术的研究，并帮助总事务所所在地的教员增进普通学识。帝王庙的东殿，已经指定作图书馆用。内部的设备，归戴志骞先生担任筹备，至于应置备图书之选择，由东南大学图书馆主任洪有丰先生协助。原定八月成立，因为时间太促，延到明年春天正式成立。

教育陈列所

教育陈列所的设立，是为把各种实物标本，陈列一处，来表示国内外教育的实况。现在正在筹备，因为时间太促，改定明年春天开幕。馆内陈列打算分五种：

一、历史的陈列

二、历程的陈列

三、比较的陈列

四、特长的陈列

五、模范的陈列

帝王庙的正殿，就是陈列所的所址，所需用的开办费，是由江苏督军齐燮元捐的。

教育心理统计名词之审查

统一教育心理统计等学的专门名词，本为麦柯先生所拟，现已组织三个委员会，担任统一及整理之责，其目标如下：

一、教育名词　孟宪承，郑晓沧，陶知行担任

二、心理学名词　庄泽宣担任

三、统计名词　朱斌魁担任

演　讲

本社为使国人熟悉新教育运动起见，特派专家往国内各处演讲。本社主任干事、心理研究主任及科学教学主任等，皆曾巡游各处，公开学术演讲。又体育委员会之麦克乐先生、卫生委员会之兰安生博士和女子教育委员会之熊秉三夫人，亦至各处参观讲演，甚受社会欢迎。

要求豁免图书仪器税厘之成功

本社因为吾国教育界现在最需要的是吸收外国文化，并使我国科学教学日益进步。特呈请政府，豁免由外国输入我国图书仪

器之一切厘税。此呈蒙政府批准，自民国十一年七月十六日起至十三年七月止，两年之内，得免厘税。

要求政府于宪法中列入教育普及条例

我国是民主国，国民个个应具普通知识，所以教育普及，是很重要的。济南年会时，义务教育组开会举定陈宝泉、袁希涛、方维夏、李步青四先生为起草委员，拟就条呈，请愿国会将教育普及一条列入国宪。此呈于去年呈请国会。原呈所拟议之义务教育年限为四年，国会竟延长为六年。六年期限揆之我国情形，断难实行，不若四年制之为得。

暑假讲习会之筹备

一、施行教育心理测验讲习会　这个会的会期是两星期，打算在八月举行，由麦柯、刘廷芳两先生主持。宗旨是教授现在视学员、师范学校教员，和校长相当的学术，去实施测验。会所在北京师范大学，并在香山慈幼院实地练习。

二、科学教学讲习会　这个会会期四个星期，打算在七月举行，由东南大学和本社合办。推士先生和该校教授担任讲授，并在东南大学附属中学预备各种演讲和实习的实验室。

女子教育之提倡

本社特设女子教育委员会，专研究女子教育情形，以作提倡的基础。熊秉三夫人，现在任委员会的主席，他的热心办事，踊跃助捐，大家都是知道的。熊夫人并周游国内各处，组织分会，以求推广。当清华学校停送女生留美时，该委员会竭力主张恢复，幸蒙采纳。此外本委员会还有几种重大的活动，如同：一、女子教育之调查，二、女子教育各级课程的改造，三、女子教育的筹备等等。

推行第一届年会议决案

推行年会议决案手续，分为三步：

一、去年九月内，因教育部召集学制会议，爰就年会议决案内选出关于学制问题和教育行政组织问题共十案，先期分寄教育部、各省区教育厅、教育会，以便研究。当承教育部印发学制会议各会员参考。

二、就年会议决案择其问题较为普遍而须赖各方面之协助倡导者共二十一案，印发学制会议各会员、全国省教育联合会议各代表、本社各社员，并与议案有关之各机关。

三、以上普通问题二十一案，除分送各处，声请公布，以资宣传而利推行外，更列各该案内所列事项，分别寄请各该机关采择施行。（请参考新教育第一次年会报告号五九五页至六二□页。）

计开

国会	二案
教育部	五十三案（连普通问题二十一案在内）
外交部	一案
内务部	三案
各省区教育厅或局所	三十八案（连普通问题二十一案在内）
大学及高等专门学校	十二案
高等师范学校	十五案
师范学校	八案
女子师范学校	八案
中学校	九案
小学校（送小学校各案请由各省教育厅转发劝学所分发）	十二案
清华学校	十二案（与大学及高等相同者）
中华职业教育社	九案

中华教育改进社	三十八案
筹划全国教育经费委员会	二案
国语统一筹备会	一案
各省教育会	七案

附注

一、以上各案，声请各机关在出版物上公布，以资宣传。

二、议决交由本社办理全国儿童玩具展览会等。其余如组织某种调查团，审定各种教科书，和制定各种课程标准等事，均留交各组委员会办理。

对于万国教育会议的准备

万国教育会议在美国举行，本社曾备有印刷英文中国教育丛刊十七种，交由本社代表带会分送各国代表，并由本社国际教育委员会联合国际教育研究会依据美国宣言书，共同提出议案七种，交与本国代表在万国教育会议席上酌量建议。丛刊及议案种类如下：

一、中国之新文化运动	胡　适著
二、中国近日教育之趋势	刘伯明著
三、中国之新学制	陆志韦著
四、中国之高等教育	郭秉文著
五、中国之中学教育	廖茂如著
六、中国中学课程之改造	朱经农著
七、中国之师范教育	朱斌魁著
八、中国之职业教育	黄炎培著
九、中国之初等教育	郑宗海著
十、中国之女子教育	俞庆棠著
十一、中国之平民教育运动	庄泽宣著
十二、中国十年内之平民教育	晏阳初著

十三、中国之体育　　　　　　麦克乐著
十四、中国之教育心理测验　　　麦　柯著
十五、中国之图书馆教育　　　　戴志骞著
十六、中国之教育统计　　　　　陶知行、薛鸿志著
十七、中华教育改进社之历史组织与事业　陶知行著

所提议的意见书如下：

一、国际公民学　　　　　　　汪典存提
二、编辑教科书　　　　　　　徐则陵、孙世废提
三、普及教育　　　　　　　　袁观澜、陈宝泉提
四、交换印刷品　　　　戴志骞、沈祖荣、洪有丰提
五、世界恳亲会　　　　　　　王文培、欧阳祖经提
六、世界语问题　　　　　　　张士一提
七、国际教育会组织大纲　　　陶知行提

与其他机关或个人之协作

一、与中华农业协进会及中华职业教育社，在民国十一年七月间，发起全国农业讨论会。该会自成立以来，于改造吾国农业的进行，很有成就。

二、与北京、南京各高等专门大学校，合办教育心理测验。

三、与其他学校的教师，研究中学课程及专科教学法。

四、补助专门人才从事教育心理的研究。

五、与东南大学合办全国体育调查，由麦克乐先生及其同人指导。

六、本社朱其慧女士和晏阳初先生所提倡的平民教育，很有成效，本社当加以实力的赞助，使其早日普及。

本社所受各方面之协助

本社自成立以来，时间很短，但已得到各方面的协助，可见现时国人对于教育的改进，已有共同的兴趣。现将国内人士对本

社有经济帮助的，布露于后：

一、指定用途之捐款

教育陈列所经费

江苏齐督军捐助一万元正（已收五千元）

本社派赴万国教育会议代表经费

热河都统公署捐助一千元正

云南教育司捐助滇币七百元（扣除汇费净合北京现洋五百四十六元七角六分）

湖北萧督军捐助五百元正

江西蔡督理捐助五百元正

黑龙江省长公署捐助二百元正

察哈尔都统公署捐助一百元正

河南教育厅捐助一百元正

山西教育厅捐助一百元正

绥远马都统捐助一百元正

研究经费（由孟禄博士在美国所募得之款）

洛氏基金驻华医药部　美金五千元

国际教育社　美金三千元

司梯雷夫人　美金一千元

未注姓名者　美金四千元

女子教育委员会经费

熊秉三夫人认捐五千元正

修理本社事务所经费

中华职业教育社捐助二百元正

二、未指定用途之捐款

周自齐先生捐助一千元正

安徽省长公署捐助一千元正

商务印书馆捐助五百元正

许世英先生捐助二百元正

张叔良先生捐助十元正

盛同孙先生捐助十元正

赵华亭先生捐助五元正

谷重轮先生捐助二元正

曾兆芹先生捐助一元正

杨文昭先生捐助一元正

王少茜先生捐助一元正

张兴文先生捐助一元正

吕云五先生捐助一元正

赵文轩先生捐助一元正

张君翰先生捐助一元正

本社对于王正廷博士亦应表示感激，因在其内阁时代，曾经核准本社请求，由国库每年拨洋三万六千元以充本社常年经费。现本社所拟种种计划能逐渐进行发展，多半得力于此款。此款由江苏安徽国库及上海纸烟捐局拨付。三处只有江苏财政厅按月拨付，实财政厅长严孟繁先生顾全国家教育所致。我们应当特别表示谢意。此外由政府机关或社会团体所获得的帮助，本社亦当表示感谢。去年济南年会，各代表所乘火车，皆由交通部发给免票。又承招商局轮船公司特许本社代表以折价的船票。本社所以能邀集全国代表赴会协商重要问题都是交通部及招商局之力。本社创设教育图书馆，蒙商务印书馆、中华书局、亚东图书馆、群益书社、上海医学书局、北京晨报社、中美图书公司、牛津图书公司赠以大宗图书，最可感激。

现在本社的总事务所，即以前的帝王庙，建筑极为坚固，本社因此无须另外改筑，即能应用。此实赖本社董事熊秉三先生和当时内务总长孙丹林先生之助。

最后的一句话，就是本社机关社员和个人社员对于本社，都有热诚的赞助，很可钦佩；他们又能充分参与本社各种专业的活动，协助社务使有相当的发展，这都是应当受我们感谢的。

将信将疑*

可记得前世？
有没有来世？
要不要今世？
今世啊今世！
除却病愁老，
还有几多日？

十·十九

* 录自手稿。此诗写于1923年10月19日与姚文采共创安徽公学之时。1923—1929年陶行知任安徽公学校长，姚文采任副校长，1929年安徽公学改为私立南京安徽中学，姚任校长，直到1951年。

你也愿意吗*

我愿意我还是五岁，
您只是三岁：
两个小孩子在床上翻筋斗。
一天翻到晚，
也没有人讲闲话。
您也愿意吗？

* 录自手稿。此诗写于1923年10月与姚文采在南京创办安徽公学之时。办学的第二年，陶行知为平民教育去了北京，在与姚的通讯中均称“文采吾弟”。陶行知认为教职员和学生共甘苦、共生活、共造校风、共守校规是办好一切学校的关键。

可以不可以*

前生前日岂无疑？
来生来日等不及。
今生今日还有几？
我愿意：
我和您，
一生一世，
一心一意，
同在一处地，
起时同起，
息时同息，
可以不可以？

* 录自手稿。此诗写于1923年10月与姚文采共创安徽公学时。1924年江浙军阀开战，姚文采坚持继续开学，陶行知特致信祝贺胜利。他们认为“因战停学，为学界的破产”，二人像爱亲生子一样祝愿安徽公学不死。

朋友*

既已携手，
永不分手。
天堂里几个朋友，
地狱里几个朋友。
不管好和丑，
唯有此情长久。

* 录自手稿。写于1923年与姚文采共创安徽公学时。

祝理想之友谊*

替共同生活现身说法，
谊属同乡，
曾同学，同事，同游，同饮，
更可贵同志，同情，同德，同患难。
将互相切磋为国宣劳，
心既相安，
已相师，相助，相乐，相劝，
最难得相知，相爱，相敬，相扶持。

十月廿二日

* 录自手稿。写于1923年，反映出与姚文采的友谊。“共同生活”是他俩当时的共同主张，他们提倡师生共生活、共甘苦和共学、共事、共修养的方法，认为这才是真教育。

我是一朵白兰花*

我是一朵白兰花，
愿人摘去送给他——
送给他。
人山人海多似恒河沙，
只愿送给他。
开也为他；
落也为他。
如果没有他，
从此不开花。
他是什么人啊？
一位活的观世音菩萨。

---

* 此诗手稿不全，前面有被划掉的不完整的诗句，这是诗的最后一节。题为编者拟。《知行诗歌别集》中有《白兰花》一首（本全集第7卷260页），似为此诗的第一节，写作时间为1923年10月。

1924年

不自然*

不自然的社会，
不自然的自己：
硬把个魂灵夹起来挤，
挤得眼泪儿把脸洗。
是的，让你们挤，
挤出诗词书画飞满纸。
让你们挤到底：
挤掉了灿烂的今世，
空忆着渺茫的前世，
呆望着不可捉摸的来世。

十三年春

* 录自手稿。

中华教育改进社第三次社务报告*

民国十二年九月至十三年六月

目 录

* 本篇系1924年6月在中华教育改进社第三次年会上的书面报告。

社员状况

经济状况

进行方针

本年度进行方针，仍照十一年度所规定，以改进中等教育为主。他种教育，得视人才、经济及需要，酌量图谋改进。唯所需改进之事项，必妥为分析，作为分途研究之问题，至少必有一人担负责任。

学术委员会

本社学术委员会，至去年六月，共组织成立的有二十四个；现已成立的有三十三个。各委员会皆由正副主任约同委员对于各种问题择要研究。第三届年会时，各个委员会都有数人依据实际情形提出具体办法，作为会员讨论之根据。

各委员会名称、人数及职员姓名表

委员会名称	人数	正主任	副主任	书记
教育行政委员会	三十四	邓萃英	陈宝泉	章慰高
高等教育委员会	二十五	蒋梦麟	汤尔和	陶履恭
中等教育委员会	四十二	廖世承	陆殿扬	汪懋祖
初等教育委员会	一十八	俞子夷	孙世庆	吴研因
幼稚教育委员会	一十六	江卢岫霙	孙世庆	
义务教育委员会	一十六	袁希涛	陈宝泉	李步青
乡村教育委员会	六	葛敬中	赵崇鼎	
职业教育委员会	三十一	黄炎培	邹秉文	钟道钻
师范教育委员会	二十七	刘平江	任　诚	陈　纶
商业教育委员会	一十三	曹云祥	孙　壮	蔡　正
医学教育委员会	一十四	全绍清	胡宣明	
女子教育委员会	六十	朱其慧	张默君	俞庆棠

成人教育委员会	七	晏阳初	凌冰	简又文
并入中华平民教育促进会				
童子军教育委员会	一十五	张伯苓	沈恩孚	李启藩
公民教育委员会	一十三	程湘帆	任凯南	贡沛诚
科学教育委员会	一十五	张准	秦汾	刘拓
数学教育委员会	七	卫淑伟	王世毅	张济
生物教学委员会	一十三	汤尔和	秉志	雍克昌
国语教学委员会	一十三	张一麐	胡适	黎锦熙
国语字母委员会	七	张士一	庄泽宣	陈鹤琴
英语教学委员会	一十二	张士一	林玉堂	
历史教学委员会	一十五	梁启超	徐则陵	陈衡哲
地理教学委员会	一十五	丁在君	翁文灏	李贻燕
美育委员会	九	刘海粟	郑锦	武绍程
国民音乐委员会	一十二	杨祖锡	易韦斋	
体育委员会	二十二	麦克乐	董守义	吴蕴瑞
教育卫生委员会	一十八	周颂声	赵士法	胡宣明
心理教育测验委员会	一十二	张耀翔	陆志韦	陈鹤琴
图书馆教育委员会	八	戴超	洪有丰	程时煃
蒙古教育委员会	一十五	范源廉	黄成垿	
国际教育委员会	三十	邓萃英	殷芝龄	汪懋祖
世界儿童通信委员会	一十	杨荫榆	刘吴卓生	
教育统计委员会	二十九	陶知行	张敬虞	薛鸿志

中学课程之研究

本社与国立北京师范大学合组中学课程研究班，由本社中学课程研究员张仲述担任指导。研究员有师范大学及北京大学曾习教育学科之高级生，及北京各中学任职教职员，共六十人。本年所研究之问题如下：

一、新课程问题的特别性质

二、欧美现行中学课程的由来

三、最近课程改造的运动和方法

四、现代思想环境的分析

五、中学学生的性质包含他们的社会背景

六、拟定新课程的准绳

七、编制学校生活的新内容

八、实验方法和态度

科学教育之研究

科学教育之研究，由推士及陈裕光两先生担任。兹将陈君关于科学教育之事项报告于左：

一、中学科学测验之研究，费时四月之久，共得八十五个问题。概括中学科学之六种：（一）植物；（二）动物；（三）物理；（四）化学；（五）矿物学；（六）生理卫生。

二、与推士先生计划中国科学教育的问题，并帮同讲演十余次，以为推广科学教育之助。

三、组织科学教学部

本部分为八科：（一）科学教师训练科；（二）物理科；（三）化学科；（四）生物学科；（五）卫生科；（六）自然与农艺科；（七）普通科学科；（八）科学教员会科，现正在进行之中。

四、征集丛书。关于科学教育之特别问题，已函请各家从事著述，现已得《化学实验设备》一种。

五、科学教员暑期研究会（为张仲述君所报告）

科学知识在吾国最为幼稚，欲实施科学教育，必有赖于中等学校及专门大学。吾国各校科学之设备，大都因陋就简，教师终日疲于授课，亦多无自行研究之机会。方今科学新理，日出不穷，教学与实验方法，与时俱进，吾人欲急起直追，自当以辅助一般科学教员，使之增进学识经验为第一义也。

上年冬间由教育改进社与洛氏驻华医社及清华学校代表协商于今年夏间假清华学校地址，举办科学教员暑期研究会，设生物、物理、化学三科。每科各设名额五十名，分中英文两组。凡国内中学及大学专门男女教员均可报名加入。会期则定为七月十日至八月八日，缘今年系属创办故作短期之计划。

是会之主持机关为三处合组之委员会，委员会会长为清华曹云祥校长，副会长改进社陶知行先生。书记洛氏医社祁天锡先生(Professor N.Gist Gee)，委员改进社陈裕光先生、推士先生(Professor G.R.Twiss)、清华梅贻琦先生，张彭春先生经公推为本会主任。

计划既定，则最要之问题厥为聘请指导员。盖无相当之人指导，则研究无从进行也。指导员之聘请，由推士及陈、梅三先生担任推荐。经多方接洽聘定下列诸君：

生物组　沪江大学陈兼善先生
东吴大学胡经甫先生
协和医校Professor A. E. Severinghaus
农业大学钱崇澍先生

物理组　南开大学Dr. P. I. Wold
燕京大学Professor C. H. Corbett
师范大学文元模先生
清华学校梅贻琦先生

化学组　齐鲁大学Dr. W. H. Adolph
金陵大学Dr. E. V. Jones
厦门大学刘树杞先生
清华学校杨光弼先生

指导员聘请略定，遂由祁先生、陶先生分拟中、英文说明书及报名单，分函国内中等以上学校及各省教育厅请酌推教员来会研究。计前后发出通函千数百件，并同时在中英文报登载本会消息，以期周知。

自发函后截至五月底，报名者已逾二百人。为设备所限，势难悉数收录。不得已只可今后报名者少为抱屈。就报名册调查会员所代表之学校计占十七省之多，远至四川、云南皆有人来与会。足证全国学界都感于科学教育之需要，而教师亦都不甘于固步自封，此则深可乐观也。兹将报名分省统计列举于下以见一斑：

直隶	六十二人	湖南	十七人
河南	十三人	广东	九人
浙江	七人	吉林	八人
湖北	八人	山西	八人
福建	六人	江苏	三十五人
奉天	六人	安徽	十五人
山东	二十三人	四川	二人
陕西	二人	云南	二人
江西	二人		

平民教育之研究及推行

平民教育自去年八月朱其慧先生等发起组织中华平民教育促进会以来，进行甚为顺利。本社亦量力所及，辅助进行。现全国成立平民教育促进会的有江苏、安徽、江西、湖北、浙江、湖南、广东、广西、奉天、吉林、黑龙江、四川、云南、山东、陕西、直隶、河南、察哈尔、热河、京兆二十省区。本社直接推人参与的有八省区，间接助成的有五省区。《千字课》为平民教育最重要之工具，本社承朱会长之邀请亦曾推人襄助编辑，于去年九月告成。现正汇集各方试用意见从事修改。大致平民可分二种：一，为可以到校求学之平民，二，为不能到校求学之平民。本社为第二种平民曾研究出一种平民读书处的办法，试行以来，有成有败，现已将成功要素及读书处师范班办法订出，较前觉有把握。至于第二步之平民教育尤为重要。本社正与中华平民教育促进会合作编辑平民丛书数十种，并与国内销行最广之报纸一家，印行《平民周刊》一种，俾读过三个月或毕业之平民，可以继续自修。

英语教学之研究

英语教学问题由东南大学教授张士一先生担任研究。兹将张君报告列后：

要改进我国的英语教学，除行政及师范问题而外，有两种问题要研究：一种是教法的问题，一种是教材的问题。教材问题应先研究，因为若是没有适当的教材，就是好的教法也教不出适用的结果来。因此士一早有意思把教材问题做一个彻底的研究。自从去年九十月间社中把委托研究的办法确定之后，就着手计划，决定先从教材的应用价值上做一个科学的统计研究，就是先要把英语里头的材料研究出他应用上比较的价值来。然后可以根据了这个结果去研究现在所用的教材书，看他们里头的教材究竟合用不合用，使可以改良，这是根本的办法。按美国桑戴克氏（E. L. Thorndike）曾经做过单字的统计表，在他的Teacher's Work Book里头发表。不过单字的意义不一，用法分歧，单字表还不够做我们英语教学上精密的根据，必须再研究出以下几种统计表来，才可以使教材的选择实在立于科学的地位。

一、几个字连用而成的词的统计表

二、用时绝少变动的句子的统计表

三、句式的统计表

四、其他文法上要点的统计表

五、成段文字格式的统计表

六、音素和音组的统计表

这种计划士一曾经详细记载入一小册，并且一面搜集材料为做词表的预备，一面根据桑戴克氏的单字表着手做音素和音组的统计。不料到了十一月里，东南大学的口字房失火，把我所有计划的记载、搜集的材料，和亲手用万国音标记好的桑戴克氏表中一部分的字，都付之一炬！灾后的二三个月内，我在校内预备室尚且没有一定的布置，要做这种铺排较大的统计研究，简直不必说了。因此我的研究就停顿了。到最近，火灾的善后略定，方始能够重整旗鼓去做。现在一方面仍旧进行音素和音组的统计，一方面再搜集材料，预备做词的统计。

并且因为统计的事情很繁，虽是有一个一部分时间的助手，还要用很经济的方法和器具去记载编排，才可以见效较速。因此又研究制成一种一目了然不必试翻的卡片记载器。现在已制成样子，就可从事试用了。按桑氏的单字表十年才成，我的研究自然费时必多；不过想在较短的时间内先做出一个结果来，以后再逐渐修改，我希望在教材问题研究有了头绪之后，再根据这个结果去进而研究教法问题。这样研究的结果，处处脚踏实地，方才可以有真的用处。

调查之进行

一、学校教育调查报告

（一）起缘：本社于民国十一年夏，聘请美国麦柯博士来华，与国内心理教育专家多人，编制各种心理及教育测验。博士在华计一年之久，制成之测验，约二十余种。中有北京师范大学教授查良钊先生所制之教育测验及燕京大学教授德尔门先生所制之智力测验两种，用以调查学校教育，颇为简捷。去岁第二届年会前两星期，由本社邀集各省代表，组织心理测验讲习会，到会者计十七省共三百余人。会毕后，即议定由本社举行国内学校教育调查。应用上列二种测验，于国内教育中心地方数处施行，藉以考查各地方之教育情形，及推行此种测验之应用方法。并敦请查良钊、德尔门二先生为本社学校教育调查主任。复请杨继宗先生协助德尔门先生赴各地方实施测验。查先生则担任京师方面测验，及主持各地方调查进行办法等事。所测验之学生，由国民小学三年级至中学二年级。所测验之学校，为公立私立及教会立小学校及中等学校。

（二）进行办法：由本社先期函请实行调查各处，组织一调查委员会，专司此事。委员会分为二部：

1. 执行委员，2. 测验委员。

1. 执行委员——担任下列各项事务：

（1）规划本地教育调查程序。

（2）与各学校接洽教育调查事宜。

（3）调查愿受测验各学校中各年级之学生数。

（4）邀请测验委员。

（5）预备集会会场及召集测验员开会等事。

（6）收集各学校所认之测验费用。

（7）筹划本地调查所需之经费。

执行委员，由本地方教育行政人员及各学校校长充任。

2. 测验委员——担任下列各项事务：

（1）分任各学校实施测验事宜。

（2）校对测验答案对否。

（3）会同各学校教员核算测验分数。

（三）实行此项调查之各地方，及协助测验之测验委员数与受测验之学生数如下表：

调查地点	测验委员数	受测验之学生数	调查地点	测验委员数	受测验之学生数
北　京	50	7,000	天　津	35	7,000
德　州	25	500	济　南	50	4,000
泰　安	20	500	南　京	100	7,000
苏　州	150	5,000	上　海	210	13,000
杭　州	200	4,000	福　州	175	7,000

调查地点	测验委员数	受测验之学生数	调查地点	测验委员数	受测验之学生数
厦　门	100	3,000	香　港		8,000
广　州	125	6,000	南　昌	70	2,000
九　江	15	500	武　昌	100	4,500
汉　口	100	4,500	汉　阳	100	4,500
长　沙	240	5,000	开　封	100	2,000
太　原	32	2,000	保　定	100	3,000
			总数 22	2097	100,000

上表系由德尔门先生所著之英文《中国全国小学校概况》(Efficiency of Elementary Schools in China) 中择录。此项报告原文为英文，已付商务印书馆排印。另有汉文译本，不久即可脱稿付印。

（四）调查之结果　统计此次测验所得之材料，系按下列二项方法：

1. 按学校之性质分别统计：即按公立、私立及教会立学校，师范学校，附属学校，并分男校及女校等。将学生之聪明（B），年级地位（C），努力（E）等种项分数，分别求出其总结果。此项结果，于德尔门先生所著之《学校教育调查报告》中发表。

2. 按各地方受测验之各学校分别统计：即将每一地方各学校中各年级之Te, Ti, Be, Bi, Ce, Ci，下等分数由原表中抄录，列成总表。以便比较各地方同年级同类分数之差异，并作他项参考。是项统计结果，已将数处统计完成，尚有十余处未克编就。

二、京师学校教育调查

京师方面之学校教育调查，系请查良钊先生为筹备主任。于去岁九月中旬，邀集京师学务局及京兆方面教育界同人开会，组织教育调查执行委员会，公推京师及京兆两方代表为委员会中委员。

共推定委员十六名如下：

京师学务局方面

王化初　　王维藩　　顾孟余　　刘敬舆　　刘浚清

姚书城　　叶学彬　　万子实　　赵崇华　　罗莘田

苏耀曾　　齐次青　　白涤洲　　纪曾绶

京兆方面

张鹤浦　　吴士杰

京师教育调查日程，原定在其他各处之先。嗣因调查起始，种种之筹备未周。又届各小学开学之初，所请之测验员因身当校务教职，无暇担任测验者甚多；其能担任者仅五十余人。而京中各校加入测验之班级较多，故不得不将原定测验时期延长。计自去岁九月中旬起至十一月末始行竣事。京中襄助实施测验之人，大多数皆担任测验二次以上，甚且有担任六次七次八次者。观下列数目即可知矣：

担任测验之次数	测验员数
1	14
2	15
3	8
4	9
5	0
6	3
7	5
8	1
总	55

京中受测验之学校，以京师公立学校为最多，京兆公立学校次之。其校数及受测验之学生数如下表：

	学校数	受测验之学生数
国立	1	506
京师公立	40	5803
京师私立	2	278
京兆公立	5	412
总数	48	6999

此外尚有京兆视学张鹤浦先生担任测验京兆各县小学校。已测验之各县，有：昌平、顺义、怀柔、密云、平谷、通县、三河、蓟县、宝坻、香河等十县。受测验之学生约三百人。其他十县不久亦将测完。测验之结果，俟全部完毕后，即行统计发表。

京中受测验之四十八校，其分数已按各年级统计完竣。详细之结果，将与其他受测验之地方合为一编。兹将其简单之结果，摘要列下，聊供些许之参考：

京师小学48校各年级所得各项测验分数之中点数（Median）

民国十二年秋季调查

年级	年龄中点数 年—月	Te	Ti	Be	Bi	Ce	Ci	F
3	9—7	23	40	39	55	1.8	4.2	34
4	10—	32	44	41	53	2.8	5.0	37
5	11—8	40	48	44	52	4.2	5.7	42
6	12—8	48	51	48	50	5.6	6.2	47
7	13—6	55	53	51	52	6.8	6.6	51

三、科学教员调查

本社于民国十一年夏季，敦聘美国科学教学专家推士博士来华，专任考察国内各学校科学教学情形。博士到华后即拟定一种科学教员调查表，内分经验，学业，科学学力，教学情形，教学课本与方法，专门作业，及常年薪金等共十九项。分寄与国内公私立及教会立各大学专门及中等学校请各校分交各位科学教师填写寄回。计自十一年夏至十二年夏中经一年之久，发出之表格陆续寄还者，计有一百十五校，二百四十八名教师。寄还表格之各项学校及教师数目如下表：

学校种类	寄还表格之学校数目	寄还表格之教师数目
大学校	3	16
专门学校	7	29
男师范学校	23	40
女师范学校	6	7
男中学校	65	137
女中学校	4	6
甲种工业学校	3	5
甲种农业学校	4	8
总数	115	248

去秋，推士博士按原调查表之内容，规划统计格式十二种：（一）经验，（二）学业，（三）科学学力，教学钟点，（五）教学课本，（六）科学教法，（七）薪金，（八）科学教室，（九）科学实验室，（十）科学储藏室，（十一）仪器设置，（十二）教师之专门作业等。

下列各篇统计，已按拟定之格式制成。凡用中文填列之材料，皆译为英文，以便推士博士研究，是项统计之结果，博士于著述《中国科学教育调查报告》之各章中引用之以作说明，各篇之统计总表，将在《新教育》中汇齐发表。

编译之进行

本社的译述分下列几种：一、丛书，二、测验，三、丛刊，

四、杂志。

一、丛书

（一）已出版丛书

1.《小学课程大纲》 程湘帆著

2.《公民学课程大纲》 杨中明著

3.《中国教育一瞥录》 王卓然著

4.《中国全国小学校概况》 德尔门著

（二）正在编著丛书

朱经农先生 1.《初中课程的研究》 2.《小学各科教授法》

程湘帆先生 1.《中国教育行政》 2.《教学指导法》

陶知行先生 1.《平民教育》 2.《边疆教育》

汪典存先生 《社会习惯与训育》

赵述庭先生 1.《中国初级中学实况》 2.《师范生实习问题》

郑晓沧先生 1.《训育问题》 2.《师范教育学科之教育》

3.《英美书报指南》

朱君毅先生 《学务报告与统计》

王奠庵先生 《中等学校训育问题》

段抚群先生 《中等学校数学教学法》

杨荫榆先生 《女子教育问题》

查勉仲先生 《学校调查》

刘亶生先生 1.《教会学校之研究》

2.《学习汉字之心理过程》

高仁山先生 《英美教育制度》

戴夷乘先生 《比较教育学史》

陈鹤琴先生 1.《智学测验》（师范学校用）

2.《儿童心理》

3.《学务调查》

程其保先生 1.《中国教育经费问题》

2.《小学教育行政》

廖茂如先生　　1.《中学教育》 2.《教育心理》 3.《测验》
孟宪承先生　　《国文教学》

二、测验

本社已出版测验，有下列数种：

《中学默读测验》	陈鹤琴编
《小学默读测验》	陈鹤琴编
《小学默字测验》	陈鹤琴编
《初小默读测验》	陈鹤琴编
《小学算术应用问题测验》	俞子夷编
《小学常识测验》	陈鹤琴编
《英文测验》	安达定编
《学校调查用教育测验》	查良钊编
《算术四则测验》	德尔门编
《本国史测验》	徐则陵编
《订正比纳西蒙智力测验》	陆志韦编
《调查用非文字智力测验》	德尔门编
《机械的智力测验》	德尔门编
《中学智慧测验》	刘廷芳编
《大学智慧测验》	张耀翔编
《小学算术混合四则测验》	俞子夷编
《算术练习测验》	俞子夷编
《英文听解测验》	K. ys 编
《英文默读测验》	Prinkley 编

三、丛刊

（一）汉文丛刊

《中国教育统计要览》已付印，不日出版

此外尚有二十余种正在准备付印。

（二） 英文丛刊

《中国最近教育状况》商务印书馆发行

四、杂志

（一）《新教育》杂志编辑状况

《新教育》杂志自第六卷第五期起，改请东南大学教育科主任徐则陵先生担任主任编辑。最初计划，拟自第六卷起，每卷出六期，每年两卷，每期材料酌减。后因此种办法困难殊多，故仍采每卷五期办法。十二年度第七卷开始，计刊七卷一期普通号二三期合刊年会报告号，初拟第四期刊世界教育会议专号，材料已经蒐集完竣，近十万言，正在校阅。乃不幸东南大学口字房失火，本杂志编辑室亦遭波及，所有存稿，均遭焚如。计编辑部损失除历年存储之报纸杂志及用具，悉数付之一炬外，世界教育会议专号稿及普通号论文译稿十余篇，亦均毁去。编辑进行，大受影响。惟极力征稿以图补救，幸著作界能体谅此旨，惠稿者尚称踊跃。因于十三年一月发第四期稿，十三年二月发第五期，至第八卷起复请东南大学教育科助教夏承枫君协助编辑。自第八卷开始于体例内容方面均微有更改。四月发八卷一期稿，五月发二期稿，并与商务印书馆印刷方面相约寄稿及出版日期如下，希望于第八卷内将愆期之三期完全补足。

八卷二期（三月份）	五月二十五日寄	六月二十五日出版
八卷三期（四月份）	六月十日寄	七月十日出版
八卷四期（五月份）	六月三十日寄	七月三十日出版
八卷五期（六月份）	七月二十日寄	八月二十日出版
九卷一期（八月份）	八月二十日寄	九月二十日出版

此后凡前一月份之杂志均于第二月二十日出版，庶几可恢复信用以救已往之损失。本杂志第七卷销数每期约在四千册以上，兹拟于八卷中编《历史专号》以应需要。

（二）《中等教育》

这是一种季刊，由中等教育协社发行，本社的中等教育委员会是该社一分子。

（三）《初等教育》

这是本社初等教育委员会和旁的小学校共同发行的，是一种季刊。

（四）社务报告

这是本社主任干事每年交给董事会和大会的报告。

在江苏施行之社务

本社在江苏施行社务计划如下：

一、要想学务改进，必须有正确的报告；要想正确的报告，又必须有详密的表册。各学校和各县有了详密的表册和正确的报告，然后全省的学务报告和统计才靠得住，等到各省学务报告和统计都靠得住，然后全国的学务报告和统计才有根据。所以这件事要从底下做起，由一校推到全县各校，而全县学务报告和统计可以成立；由一县推到全省各县，而全省学务报告和统计可以成立；再由一省推到全国各省区，而全国的学务报告与统计可以成立。所以本社拟与江苏县教育行政机关，师范学校、中学、小学，各一处合力办理下列统计与报告以资试验。

（一）小学校的模范统计与报告。

（二）中学校的模范统计与报告。

（三）师范学校的模范统计与报告。

（四）县的模范统计与报告。

二、教育问题应有专家分析研究，始能渐就解决。本社现依国内需要及人才能力所及，对于各项研究业已分别进行。唯各项问题性质不同，难易自殊，而建议时期的成熟亦各有迟早分别。兹查研究各问题有下列各项拟以江苏问题为出发点。

（一）教育经费。

（二）体育。

（三）教育行政。

（四）英语教学。

三、本社研究员调查员到江苏时可以就研究所得，随时随地约开演讲或讨论会，与江苏省从事教育的同志交换意见。

四、教育展览会为从事教育人士观摩所必需。本社今年在南京举行第三届年会，拟同时开一全国教育展览会。展览物品分历史的、历程的、比较的、特长的、模范的五种。展览之后，拟将不必交还之展览品交东南大学保存，并由东南大学担任继续发展，以为江苏省教育陈列所之起点。

五、本社从开办以来和江苏都有很密切的合作事业。现在这种关系还是希望逐渐进展的。本年拟继续合作之事有下列各项：

（一）继续与江苏中学小学合办《中等教育》及《初等教育》杂志。

（二）继续协助平民教育之研究。

（三）继续与江苏专家合作编造测验。

六、江苏省教育行政机关对于上列各项外，如有委托事件可随时与本社接洽，本社当量力承受。

七、本社本年度全体计划中拟办各事对于江苏方面有关系者亦甚不少。详情载在本年度计划中，可以参看。

八、本社为处理社务便利起见，拟在南京设一分事务所以便接洽。

教育心理统计名词之审查

统一教育心理统计学的专门名词，本为麦柯博士在中国时计划，现已出版的有二种：

一、《心理学名词》　　庄泽宣

二、《统计名词》　　朱斌魁

正在编辑的有一种：

《教育名词》　　孟宪承

郑晓沧

陶知行

学术讲演

美国生物学家柯脱博士受本社及东南大学之聘，于十二年十月间来华，曾在南京、上海、杭州、济南、北京、天津等处讲演，其讲演题目如下：

一、专门演讲

（一）农业之重要

（二）农业之改造

（三）植物门之进化

（四）有花植物之进化

（五）植物遗传性之进化

（六）天演与遗传

二、普通演讲

（一）生物学为实用科学

（二）植物之机会

（三）植物为国产

（四）植物之将来

（五）植物研究之进化

（六）天演之意义

（七）天演之现象

（八）科学之观念

（九）遗传与反应

（十）新植物

（十一）近世文化之科学规律

教育图书馆

本馆于十二年夏间开始筹备。馆址占东配殿之全屋，面积约二千方尺。所备书架有图书二万以上之容量，桌椅坐位同时可供百人阅览之用。馆内设备由本社请清华学校图书馆主任戴志骞先生计划经营。征集书籍，先由本社请东南大学图书馆洪有丰、朱家治两先生发函至国内外书馆及机关出版处征集，共发函件数百封。上海及北京两处则由本社自行接洽。计陆续收到各处寄赠书籍如下：

商务印书馆赠来图书九百九十二种，共二千余册，其中都系该馆出版之科学书籍、辞典、小学中学课本、英文课本、各种地图、挂图等。

中华书局赠来图书六百余种，共一千七百余册，其中都系该局出版之科学书籍、中小学课本、英文课本、国语课本、辞典、挂图、国学、杂志等书。

中美图书公司赠来西文书一百零一册，大都关于教育、文学、商业等。

亚东图书馆赠来图书四十余册，为该馆出版之新文学等书。

群益书社赠来图书四十七册，为该社出版之科学书籍、英文课本、辞典、文学等。

晨报社赠来图书十余册，为该社出版之丛书、报纸等。

医学书局赠来该局书籍三十余册。

牛津图书公司赠来中西文图书五十余册，大都关于文学、历史等书。

申报馆赠来《最近之五十年》一册。

中华职业教育社赠来职业教育研究一册。

麦柯尔先生赠其著作教育测验西文一册。

英国非利比公司赠来西文书六十余册。

美国麦美伦近宁芝加哥大学印书馆麦根利巴得利公司，纽约图书馆学校袁同礼君，英国罗公司、格兰公司等，以上各处，均有书籍一种或多种寄赠。

上述以外，尚有英、美各大学寄赠章程，书馆寄赠目录，研究会寄赠研究报告等，共计四百余种。此项报告及上列书籍于十二年七月间，由本社请东南大学图书馆朱家治先生来京整理，并由本社职员章洪熙先生协助办理。所有英文书籍均分类登记，并记入登录簿。所有中文书籍均记入登录簿并盖就图书馆馆章。此外尚依据胡适先生所拟《一个最小限度之国学书目》，由章洪熙先生设法购买，现已陆续购齐：该国学书计分三部：一、工具之部；二、思想史之部；三、文学史之部。

十三年春间，本社复请高仁山先生任教育图书馆主任。曾发函至欧、美各大学征求简章及印刷品，刻已收到欧、美各大学章程及印刷品四百余种。从十三年起，蒙商务印书馆、中华书局以及国内各杂志社寄赠杂志周刊多种。蒙陈容先生赠旧杂志十余种。本图书馆现正筹款陆续购买各国教育书籍，一俟组织略具端倪，当即开馆，任人阅览。

教育陈列所

教育陈列所的所址，在帝王庙的正殿，壮大宏丽，开办费由江苏督军齐燮元捐助万元。馆中陈列分五种：一、历史的陈列，二、历程的陈列，三、比较的陈列，四、特长的陈列，五、模范的陈列。陈列所原应在本年度筹备就绪，嗣因平民教育开办伊始推行须人，不得已商得原捐款人同意展缓至今夏筹备。本届年会后即拟积极进行。陈列所中一部分是中华博物学会寄存的。现该会存在所中之标本如下：

（一）剥制标本	九十八件
（二）浸制动物标本	一百七十一件
（三）昆虫标本	六十二匣约二百五十余件
（四）植物腊叶标本	四千五百六十九件
（五）植物标本木材 种籽类	二百六十八件
（六）浸制植物标本	二十件
（七）矿物标本	一千二百二十五件
（八）中外博物书籍	八十余部

推行第二届年会议决案

第二届年会议决案，计百有三十。推行次序可分为四步，兹述之如下：

一、初步整理。推行议决案，第一最要之点，在得各分组会议正确之记录，以为根据。各分组会议记录，编辑组虽曾在年会日刊叠登通启，请各分组自行整理誊清，但以时间匆促，各分组多有未及整理誊清者；故闭会以后由编辑组依据各分组记录及年会日刊代为整理。（参阅《新教育》七卷二三期四页编辑说明）

二、最后整理。去年年会会员中，有以第二届年会议决各案与第一届年会议决各案，有无关联，有无抵触，实际上是否能推行无阻，恐非短时期所能圆满解决者；提出组织整理议决案委员会，将各分组议决案详加整理，经大会通过。故推行年会议决案，必先经此手续。第二届年会闭会后，本社即根据此案组织整理议决案委员会，将各分组议决案由各委员先行分组整理，然后约同全体委员集会，将整理结果报告，交换意见，为最后之决定，依据推行。

三、分别性质推行。年会议决各案，按其性质，除关于本社者外，有关于各行政官厅者，有关于各学校者，有关于社会各教育团体者，有关于言论界出版界者，情形极为复杂，本社于整理议决案委员会整理毕后，将各案刷印函送有关系各机关，说明各议决案于年会时，经全国教育界人士讨论议决，为全国教育界公共意思，请为尽力设法分别推行。兹将函送议决案各处列表如下：

函请推行议决案各处	送去议决案数	发出公文公函件数
教育部	四一	一
外交部	二	一
交通部	二	二
农商部	二	一
各省区督理都统公署	一	二五
各省省长公署	一一	二二

各省区教育厅教育司教育科	二五	二五
各县公署	五	一八五六
各县教育局	一二	一八五六
各大学	六	八六
各高等专门学校	八	一〇〇
各师范大学各高等师范	四	五
女子高等师范	四	一
各师范学校	七	二七三
各女师范学校	二	七〇
各中等学校	八	五八五
各甲种农业学校	一	三八
中华职业学校	一	一
中华职业教育社	三	一
各省教育会	三	二二
新教育杂志编辑部	一	一
中等教育委员会	一	一
职业教育委员会	一	九四
童子军教育委员会	四	一
科学教育委员会	二	一
生物学数学委员会	二	四一
历史教育委员会	二	四六
体育委员会	一	七
图书馆教育委员会	一	一
社员	三	二二五六
各报馆	一	四九
各书肆	三	四

四、调查推行状况。各组议决案函请各处推行后，曾再分别去函调查推行状况，计共发出函表四千九百十二件。各处将本社寄去调查表填缴者截至六月十六日止计农商部一件，各省督军督

理公署四件，省长公署教育厅一件，县公署八件，县教育局十九件，大学一件，师范学校七件，中学七件，中华职业教育社一件，出版界二件，共五十二件，以后尚续有收到，亦未可知。

组织各地方图书馆协会

本社根据十二年年会议决，组织各地方图书馆协会。十三年二月十九日本社致函图书馆委员会主任戴志骞，并通知本社社员在各地图书馆办事者，剋日发起组织图书馆协会，并约北京各图书馆于三月十六日下午二时，在本社总事务所开组织北京图书馆协会筹备会，拟定北京图书馆协会简章八则。嗣于三月三十日复在本社总事务所开成立大会，到会者江庸、杨杰、戴超、冯陈祖怡、查修等三十余人，当将筹备会所拟简章修改通过，并选定戴超为正会长，冯陈祖怡为副会长，查修为书记。又于四月廿日及五月十八日先后在清华学校、北京大学开常会，两次到会会员俱甚踊跃。除讨论进行事项外，并有关于图书学术之演讲。现在北京图书馆协会共有甲种会员十八人，乙种会员三十六人。

南京图书馆协会于五月三十一日在东南大学、孟芳图书馆开第一次会议，到会者南京各校图书馆代表二十四人。由洪范五为临时主席，朱家治为临时书记。当场拟定简章草案，并于六月七日开第二次会，讨论成立事项。

天津图书馆协会于五月二十五日开筹备会，公推王文山先生为临时主席，刘激清为临时书记，到会者各学校图书馆代表十余人。当场拟定简章草案九条，订于六月一日开成立大会。

开封图书馆协会于五月二十九日下午四时，在河南第一图书馆开筹备会。到会者有第一图书馆、河南图书馆、中大、一师、一中、一工各校图书馆代表。推定何日章为临时主席，李燕亭为临时书记。首由主席报告宗旨，次即讨论简章，以北京图书馆协会简章为参考，逐条讨论通过后，即选举正式职员。举出何日章为会长，齐性一为副会长，李燕亭为书记兼会计。议决每月在各图书馆轮流开常会一次。

南阳图书馆协会五月二十六日成立，推定杨廷宪为正会长，李寰宇为副会长，王洪策为书记。

此外浙江图书馆协会已于四月二十六日成立，致函北京协会交换章程，互通声息，此亦图书馆协会共同合作之好现象。各地图书馆协会均在组织，以未得报告，故略。

全国教育展览会筹备经过

本社去年在北京开第二届年会时，曾设教育陈列所。今年七月三日至九日将在南京举行第三届年会，因与东南大学教育科商定合组全国教育展览会，旨在使全国到会社员，明了国内外教育真相，并使江苏省教育界，就近获观摩之益。推东南大学教育科主任徐则陵先生为主任。已于三月五日开始筹备。除关于职业教育展览事宜，由中华职业教育社设职业教育展览部，平民教育由江苏平民教育促进会设平民教育展览部，科学教育由中国科学社设科学教育展览部外，执行方面完全归东南大学教育科主持。会场设在东南大学体育馆，兹将筹备经过情形分述如下：

一、分组筹备。该会为求应征机关了解起见，就征品性质分为二十余组，每组请筹备委员一人或二人，其组名如下：

（一）教育行政组　（二）高等教育组
（三）中学教育组　（四）师范教育组
（五）小学教育组　（六）幼稚教育组
（七）乡村教育组　（八）童子军教育组
（九）义务教育组　（十）儿童玩具组
（十一）教育经费组　（十二）教育心理组
（十三）教育书报组　（十四）学校训育组
（十五）教育统计组　（十六）卫生教育组
（十七）美育组　（十八）教科用书组
（十九）学校建筑组　（二十）女子教育组

（二一）图书馆教育组　　　　（二二）书院教育组
（二三）青年会教育组　　　　（二四）蒙古生活组
（二五）南洋华侨教育组　　　（二六）日本教育组
（二七）英美教育组

各组筹备委员，已于前月分向国内外各机关征求，定六月十日接收应征物品。教育行政组、高等教育组、中学教育组、师范教育组、小学教育组、教育书报组、卫生教育组、教科用书组、图书馆教育组、日本教育组、南洋华侨教育组等，均特定陈列计划及征求事项，分寄各机关云。

二、编造统计。该会为便于参观起见，拟编造各种统计表悬示陈列。现除就已有材料编制外，并特制全国中等学校教员生活调查表一种分寄全国各中等学校，现填就已有二十二省区之多。又制有高小毕业生出路调查表，专在江苏各县调查，填寄者亦颇踊跃。现已从事统计矣。

三、特约应征机关。该会特约国中教育机关数百所，为特约应征机关，此项机关之任务第一为负责应征，第二为负责代征。因全国教育机关甚多，恐难尽悉内容，故请特约应征机关，代为宣布。

四、南洋华侨各校之踊跃应征。该会特设南洋华侨教育一组，曾遍函南洋各校，征求出品。兹闻新加坡各校已组织全国教育展览会华侨学校成绩品征集处，举鲁士毅先生为干事长。雪兰莪亦有同样组织，举李盛铎先生为干事长，霹雳举徐式文先生为副干事长。展览物品不日即可寄运云。

五、蒙古生活之展览。本组由陶知行担任接洽。社中派定尹彤墀专办此事。筹边协会吴史铭、黄成序、顾训忠，蒙藏学校汪印候均极力合作分任征集。武昌青年会师渡尔亦赠以旅行所照的照片。内外蒙各亦有应征者。

六、日人之应征热。该会因国外教育可资参考比较，特致函日本文部省，请向各校征求出品。适日本全国教育视察团来宁，又与该团长汤元一氏解释一切。现日本各县已纷纷将统计书等寄来，学校方面，亦寄来出品多种云。

七、青年会教育出品之特点。青年会教育组，即为全国青年协会智育部主任刘湛恩博士主持。前该会得刘博士来函，该组所需面积甚大，一因各地青年会应征者之踊跃；而此次应征之关于社会教育所用之机器，模型，仪器等，尤多特异之点，为国人所不经见。故不得不一一陈列以资取法。

八、教育行政组之精密调查。该组所编征求事项，分省区县区两种，内容极为精细。已分寄全国各省各县请即填写寄回。现寄到已有多份，最先递到者为湖北黄梅县云。

九、图书馆教育组之调查。该组亦有同样大规模之调查，已寄交各省教育厅转交各馆，其国内著名图书馆，则直接函寄，现填就者亦甚多。

十、童子军教育组之出品。全国童子军联合会尚在筹备期中，各省童子军机关，散漫不易调查。该会特请江苏童子军联合会筹备此项出品，为模范的陈列。各地办理童子军教育者愿以成绩品送会陈列，尤为欢迎。

十一、各机关之赞助。自发起展览会后，各省教育厅皆来函赞助。优良学校亦皆热心应征。而国内大书馆如商务印书馆、中华书局、伊文思书馆等等，凡各组向征求物品，无不立刻应征，尤足为该会得社会同情之明证。

十二、美育组概况。该组由中华教育改进社美育组主任刘海粟先生主持。刘先生与国内外美育界素多接洽，故各方应征者亦极踊跃。

十三、模型陈列之各组。现预计各组用模型陈列者甚多，如儿童玩具，幼稚教育，家事教育，心理仪器，图书馆建筑，学校建筑等，皆有模型，以供观览。

十四、教育书报组征求国内教育杂志。教育书报组除陈列国内外教育专书、年鉴、辞典等，并拟搜集国内各种教育杂志。缘全国杂志以含教育性质者为最多，倘能罗列一室，亦足觇教育出版界之近状。

凡国内各机关（如教育厅、教育局）各团体（各教育会及私人结合之研究团体）所出版之教育性质之周刊、月刊、季刊、年刊等，能以样本或全份寄赠者，该会当永久保存。即现已停版能以旧有各期或样本见寄者，亦极欢迎。

年会之筹备

本社第三届年会，请王伯秋先生为年会正主任，任鸿隽、徐则陵两先生为年会副主任。会议分两种：一为分组会议，每组聘请研究员数人，每人担任一题或二题，根据实际情形，提出具体办法，使该组到会人员，可有系统之商榷与讨论。会毕即请将所提论文报告及会员意见，分别印为丛刊，以广流传。二为全体大会，敦请专家演讲与教育有密切关系之重要问题及关系全局之教育问题。此外有全国教育展览会同时在南京举行。科学教育展览，由中国科学社主持；职业教育由中华职业教育社主持；平民教育由江苏平民教育促进会主持；其余各门教育由东南大学教育科主持。

社员状况

本社社员数目，截至本年六月底止，有机关社员一百一十八，个人社员一千四百七十一人。现各处个人社员来函入社者尚络绎不绝。本社各处机关社员及个人社员之分配如下：

省区域	机关社员数
北　京	二十二
直　隶	十一
奉　天	一
山　东	二十
河　南	七

山　西	二
江　苏	二十一
安　徽	二
福　建	三
浙　江	五
湖　北	四
湖　南	七
陕　西	二
四　川	二
广　东	三
广　西	一
云　南	二
绥　远	一
菲律宾	一
新加坡	一
总　数	一百一十八

省区域	个人社员人数
京师京兆	三百十九人
直　隶	一百五十四人
奉　天	一百零五人
吉　林	三十人
黑龙江	三人
山　东	一百四十六人
河　南	六十七人
山　西	五十一人
江　苏	二百七十七人
安　徽	四十一人
江　西	六人

福　建	二十二人
浙　江	二十一人
湖　北	九十七人
湖　南	二十一人
陕　西	十五人
甘　肃	一人
四　川	二十人
广　东	十五人
广　西	一人
云　南	二十一人
绥　远	三人
察哈尔	三人
美　国	二十四人
欧　洲	四人
未　详	四人
总　数	一千四百七十一人

经济状况

自十二年七月至十三年六月，收入经费共四万五千零三十元零四分，加上十二年六月底结存一万六千四百十九元八角九分五(除去郭秉文先生代垫五十元)。总款是六万一千四百四十九元九角三分五厘；支出经费共四万九千八百九十元七角三分八厘；结存一万一千五百五十九元一角九分七厘。

收入经费：其中捐款六千二百三十七元，有五千元是在齐抚万督军对于教育陈列所经费一万元中，第二批之捐款已在第二次社务报告内布露感谢外，我们尚应该特别标名感谢的是：

尚志学会捐助十三年度经费一千元。

贵州省长公署捐助旧金山万国教育会议派代表经费二百元。

江西财政厅经募旧金山万国教育会议派代表经费三十七元。

还有洛氏基金会捐助推士博士年薪美金五千元，科学教员暑期研究会经费七千元。此款是由洛氏驻华医社直接支付。

经费，除万国教育会代表旅费等特别立出科目外，尚有下列各种用费，不能分别立出科目，夹在各科目内支付的有：

关于图书馆设备及购置书籍等费三千三百零四元九角二分正。

关于与职业教育社在本社合办展览会经费四百八十四元五角九分七厘正。

关于心理测验讲习会五百六十三元九角四分正。

关于平民教育研究薪金及襄助推行经费一千零三十七元四角四分五厘正。

关于中学课程研究薪金及旅费一千三百七十九元六角正。

关于科学研究薪金一千元正。

关于测验材料印费等一千四百二十四元六角一分正。

关于与东南大学合办编造测验经费一千二百五十九元五角三分正。

关于与北京大学师范大学合办教育心理测验委员会经费四百四十七元九角五分四厘正。

关于第二届年会经费三千六百六十八元四角二分正。

关于第三届年会邮电及印刷等费二百二十二元六角六分四厘正。

欲知逐月收支及结存详数，且看下列三表（略）。

学画*

（一）

放出我的魂，
去捉物的魂：
皎皎一幅纸，
何日可通神？

（二）

溶溶池上墨，
跃跃手中笔，
展开一幅纸：
写来意自适。

一三·九·二五

---

* 录自手稿。

见着明月如见你*

秋月悬于青天上，
小虫压在泥土底。
一旦冲破出头时，
见着明月如见你。

* 录自手稿。时间可能在1924年，题为编者拟。

一片散沙*

心里只有家，
四万万人便成了一片散沙。
一片散沙，
问国要亡了，
将何以为家？

同心救中华，
四万万人便成了全国一家。
全国一家，
打倒了不平，
献自由之花。

* 录自手稿。疑为20年代中期为传播平民教育以四海为家之时。

1925年

三花脸的诗*

在上海，大舞台看戏，听见一个三花脸说了四句话，很有趣。我取了他头两句，改了他后两句，先改为“自有天知道”，后又改成现在的样子。

“你说你公道；
他说他公道。”
公道不公道：
心里都知道。

一四·一·三〇

* 录自手稿。1936年版自编的《知行诗歌三集》，将此诗列为首篇，后两行有改动（本全集第7卷371页）。现据手稿重刊。

好向清泉逞诗才*

时不逢兮花不开，
桃园满地是尘埃。
园丁已上诗山去，
好向清泉逞诗才。

末一句可改为“浣纱溪畔逞诗才”，又可改为“好向佳人逞诗才”。杜老《佳人》诗有“在山泉水清”之句。

兄见吾《乌鸦歌》有“谁家有小姐？待我讨来做新娘”之句，说是我客中寂寞之写照。我今大书特书直供出来，想赠诗人，意中明白也，一笑，再笑，笑个不止。

---

* 录自手稿。题为编者拟。此诗写于1925年5月以后。手稿不全，诗前有题注一类的话，末尾几句为：“后二句或可改为：‘料是菜根滋味短，天才何须种菜才！’又依原韵和答之。”

斜阳淡月 *

您可是赶来向夕阳送行？
还是要受夕阳的欢迎？
人家只朝着夕阳喝彩，
谁觉得背后还有您？
您不是出来得太早吗？

我知道了！
西下的太阳是成了功的英雄；
东升的淡月是未梳头的佳人。
他们俩在世界上有一见之缘。
一忽儿，您看这经天纬地的英雄，
便葬在她的银光之怀抱里，
留下一个惨白的人间，
几声悲哀的叹息。

乙丑六月十二日

* 录自手稿。乙丑即1925年。

致蔡元培 *

(1925 年7 月 27 日)

孑民先生大鉴：

接奉台函，诵悉一是。世界教育会联合会第二届年会，前承先生允偕夫人及黄君建中、陈君宝锷等赴会，代表得人，同人方深庆幸。兹闻因有困难，未获成行。又接到大示已在七月二十四日，不及电恳先生仍照原议赴会，曷胜怅罔，但社中同人甚盼先生卒能赴会也。代表旅费，曾于六月二十九日用国币二千元，买就比法郎二万三千八百枚，电汇驻比华使馆。如未收到，请与使馆接洽为幸。专复，祇请

旅安

陶行知　谨启

七月二十七日

* 载《蔡元培全集》第14卷412页，1998年浙江教育出版社版。

1926 年

端午山歌*

钟馗捉鬼很得手，
扫除毒虫要把好扫帚。
游龙船水里翻筋斗，
粽子家家有。
鸭蛋味儿很合口，
香虎、香猫、香珠挂满头。
儿时端午却不丑，
只悔今年轻别久，
不能共饮雄黄酒。
为问汨罗江上友：
“屈原人大再生否？”

丙寅　端午

* 录自手稿。丙寅端午即1926年6月14日。

饮酒歌*

我是酒中仙，
独尊在九天。
寄语百沽斯①，
及时让威权。
我量将他比，
十倍不待言。
小丑宜自知，
配与我争先！

奉告神明帝，
创造新地球；
宝藏无他物，
所出唯有酒。
土地亦是酒，
海水亦是酒，
尽归我所有。

* 录自手稿。原载《牛津英诗》第5卷。

译亨利·加里[2] Henry Carey之《饮酒歌》，A Drinking-Song. The Oxford Book of English Verse 5卷111页，百沽斯Bacchus

15.10.17

注释

① 百沽斯　通译巴古科斯，又称Dionysus（狄俄尼索斯）。在古希腊罗马宗教中，是丰产与植物的自然神，尤以酒及狂欢之神著称。

② 亨利·加里　1687—1743，英国剧作家、诗人。

爱*

意中之人何处产，
心里想呢脑里想？
怎样生的怎样养？
你讲，你讲。
爱从眼中来，
用情只在凝眸望。
活在摇篮里的也在摇篮殇，
敲个钟儿大家送他上天。
我先敲吧，
叮，铃，铛！
叮，铃，铛！（众和）

译莎士比亚Shakespeare之《爱》，Love,The Oxford Book of English Verse P.180

15.10.18

* 录自手稿。英文原文见《英诗金库》上卷197页《情歌》，原载《牛津英诗》180页。

爱与生*

过去之我已非我，
流光既逝不复恤。
回头万事混如梦，
徒留意影空相忆。

未来之我尚非我，
如何可说是我的？
只今一刻属我有，
得来即献与妃丽。

莫说无恒假面日，
莫说轻薄终违誓。
就令此刻等终身，
一心事卿天有意。

译 □ 之文 Love and life. The Oxford Book of English Verse P.432

15.10.20

* 录自手稿。原载《牛津英诗》，原作者名原稿不清。

牧小羊的姑娘*

谁在那儿徘徊？
我的可喜娘——牧小羊的姑娘。
她牧的是一群思想，
把他们洗刷的雪亮，
悬崖也不要他们上。
高岗芳草好喂养，
抱回家来相率入睡乡。

母山之上牧小羊：
谷之阴，谷之阳，
到了深处转平安。
一向天真烂熳，
夜里做梦不怕星儿看。
谁在那儿徘徊？
我的可喜娘——
牧小羊的姑娘。

---

* 录自手稿。Alice Meynell（1849—1922），英国女诗人、散文作家和文艺批评家，通译梅内尔夫人。

小小念头快乐如神仙，
活跃只许在眼前。
她守规矩自会愆，
有个灵魂儿保险。
谁在那儿徘徊？
我的可喜娘——
牧小羊的姑娘。

译 Alice Meynell 之 Lady of He Lambs

15.11.13津浦车上

1927 年

村魂歌（二）（三）*

（二）

你也好，
他也好，
结了婚，
好到老。
怎么好到老？
生儿生的少。
儿多不得了，
儿少是活宝。
男也好，
女也好，
生下两个便够了。

（三）

日也新，
月也新；
结了婚，

* 原手稿不全，只有（二）（三）节，（三）前有划掉的“村魂歌”标题。陶行知自编的《知行诗歌集》中收有《村魂歌》一首（见本全集第7卷50页），疑为此篇的第一节。

人也新。
怎么人也新？
田心谈过心。
他要你的心。
你要他的心。
他的心，
你的心，
一对夫妻一个心。

祭黄花岗里的未婚夫（代作）*

黄花黄啊黄花黄。
黄花黄上黄花岗。
黄花岗！
黄花岗！
黄花岗前泪汪汪，
泪汪汪，泪汪汪，泪汪汪。

黄花黄啊黄花黄。
黄花黄上黄花岗。
黄花岗！
黄花岗！
黄花岗！
黄花岗里我的郎，
我的郎，我的郎，我的郎。

一六·一二·三

* 录自手稿。一周前曾写有《黄花歌》并由赵元任制谱。

新年*

一、为小朋友作

听啊，鸡儿已啼。
看啊，烛影低迷。
压岁钱儿摸着在枕头底。
哥哥起，
姊姊起，
快快起来穿新衣。
炮竹一串，香一枝；
轰醒大家知道：
今日是大年初一！

二、为稍长学生作

听啊，鸡儿已啼。
看啊，烛影低迷。
一年之计始于一月一日。
同学起，
同志起，

* 录自手稿。本篇第二节曾刊载于1928年1月15日《乡教丛讯》第二卷第1期（收入本全集第7卷481页）。现按手稿将一、二、三节一并刊出。

快快起来行过礼：
愿把灵魂共身体，
献与中华民国，
誓从今年今日起。

三、为救国健儿作

听啊，鸡儿已啼。
看啊，烛影低迷。
四万万人活埋在地狱里。
同胞起，
同志起，
快快起来赴前敌。
枪儿一枝，马一匹：
取得国贼头来，
渲染这新年新日。

一六·一二·一〇

莲花*

莲花清清清几许？
万亩池塘，
揖让如群玉。
翠盘莹珠香到处，
风凉不觉人间暑。

仙花自有天仙质，
生在污泥，
不受污泥侮。
花自清清花不语，
结成莲子心中苦。

* 录自手稿。从陶晓光遗物中发现，陶行知用“开明A（20×10）”稿纸写的诗共有25首，大部分注明时间的诗均写于20世纪20年代早期和中期。此篇及以下共四首，因无写作时间，暂定为晓庄学校成立前后，一起编在1927年。

活观音*

一心念着南海水月观世音，
听我诉衷情。
愿您把南海的水灌进我的灵魂叫他常温润。
愿您把南海的月射入我的心窝叫他常光明。
南无观世音！
您何时亲临？
发您大慈大悲心。

* 录自手稿。诗的末后几行残缺未录。

一位舍傅姥*

您不是阎罗王，
为什么要把脸孔儿板？
别人私事也要管，
险些拆散了鸳鸯。
闷得人断肠，
急得人发狂，
逼得人说谎。
岂不是冤枉！
我心里的心事，
总要您有求必应。
我曾经看过您，
您可是姓林？

* 录自手稿。手稿题下圈去“述一舍监之事实”七字。“舍傅佬”指旧时学校里指导学生生活、行为的人。

您与我*

——代新婚夫妇戏作

想当初您是您，
我是我，
唱干舌头无人和。
想后来我心里有了您，
您心里有了我，
平地里起了无数风波。
想现在您是我的您，
我是您的我；
我也就是您，
您也就是我；
两个人化成了一个，
再也不记得世界上还有您和我。

* 录自手稿。

1928 年

月下思亲*

明月不知离人苦，
今夜分明又团圆。
月下一掬思亲泪，
滴作明珠粒粒圆。
离家方识在家好，
万般愁绪欲无言。
屈指儿诗到家日，
正是思儿过新年。

* 录自手稿。写于1928年1月21日旧历除夕前夜。与1935年12月出版《清风明月集》中的《寄小影回家》同时。

除夕 *

一、过得年的朋友

除夕，除夕，最有味是除夕。
一年事业堪回忆：
收入虽少抵得上开支。
清楚账儿一笔。
喜今晚美酒三杯，
有鱼，有肉，有鸡：
吃得一家笑嘻嘻！

* 录自手稿。自编《知行诗歌别集》收有《过不得年的朋友》一首（本全集第7卷293页），此诗可能写于同一时期。“一、”是原文如此。

除夕*

太阳起山燉燉，雅荷海。
好过年了荷荷。
一家儿团圆梅绮紫梭：
鸡鱼肉儿多，
吃得快乐荷荷。

* 录自手稿。这是按流行的南京山歌曲谱《镰刀歌》填的词。时间疑为1928年1月22日。这是讲述富人过除夕的状态。1927年12月1日陶行知写的《农人破产之过程》，则是讲述穷人过除夕的状况。

1929年

革命的教育和革命的艺术携手 *

今天南国社居然到乡下来和我们见面，实在万分地荣幸！我想，我们晓庄欢迎南国社下乡有个很大的意义，就是革命的教育和革命的艺术携手。

因为南国社和我们晓庄的同志有许多相似的精神：第一，南国社的艺术是为民众的，我们的教育也是为民众的。第二，南国社的同志是以教就学、以学就做、以做就教地在努力戏剧，我们也是以教学做合一地在努力教育。第三，南国社的师生同志是同睏稻草、同吃白饭，作事共同甘苦的！我们也是一样。第四，南国社同志是在贫困中奋斗的，我们也是在贫困中想找条出路。所以南国与晓庄，在精神上是不谋而合的，我们怎能不欢迎我们的同志呢？所以今天我们欢迎南国社下乡，实在是革命的艺术和革命的教育携手。那末，我要代表晓庄的人们致谢南国社！

* 1929年初，南国社剧团到南京演出。陶行知于1月20日写信给田汉和南国社诸位先生，邀请剧团到晓庄演出（见本全集第8卷230页）。1月23日下午，陶行知领了几辆汽车，打着“欢迎南国社下乡”的旗帜，接剧团至晓庄。当晚演出前先开了欢迎会，在小朋友致辞和农民代表演说后，陶行知致了欢迎词，接着是田汉答谢讲话。本篇即陶行知的欢迎词（不全），文附一为田汉的答词，均录自折梧著《南国在晓庄》一文，载1929年上海萌芽书店出版的《南国的戏剧》一书。题为编者拟。

附一：希望农友自己搭台自己演剧

田　汉

我们没想到今天会到这儿来，这样非常奇异的一个地方，充满着新的愉快，好像我们是城里人，乡间没到过似的。不，以我个人说，就是生长在湖南长沙田间的，非但我名字叫“田汉”，并且我从小生活在“田家段”。我的祖父是农夫，一直到我父亲时代，才有农人的革命，中国社会近代化，农民渐渐到都市中去了，我们弟兄便是过过田园生活而到都市中来的。

从近代的文化上看，文明仿佛是跟着都会走的，把都市文明设备了、完备的时候就算是发达。这在文学与艺术上也是一样受着影响。俄国到今日，农党（右派）工党（左派）还在对“重农重工”的问题争执着！

文学和艺术也有都市和田园的分别。晓庄的《锄头舞歌》、《镰刀舞歌》便和《卷耳》、《采葛》之类同属农人的唱歌，可是都会的音乐便成为Jaxx（爵士音乐）和Waltz（华尔兹舞）了。

知识者应当到民间去指导农民运动的，农民文学就在表演农民的情绪、痛苦、要求和希望。

但是农民所接触的田园和自然，都是静的，不像工人每天接触的都是都市的，动的，所以他们比较保守些。

这个地方农民确然不同，是进取的，能注意到戏剧艺术，这诚如陶先生所说的革命的戏剧和革命的教育握手，是有重大意义的。不过我们的戏恐怕不合农友和小朋友的口味，因为我们的戏都是城市的戏剧，这是我们抱歉的。不过明天我们安排演一出农民剧，把晓庄的生活、服饰都写进去，或者这是农友们爱看的戏吧？

最后我希望农友们将来能自己搭台自己演剧，以说出自己的痛苦、要求和希望！今日的戏，也许诸位会感动的，因为这虽然不合农友和小朋友的口味，但戏剧也是可以使一般人受到同样感动的啊！

附二：田汉与陶行知的交往

《田汉年谱》摘录

一九二九年一月

十三日　晚，率南国社成员赴南京作首次公演。

二十三日　应陶行知先生之邀，率南国社赴位于南京北郊北团乡的晓庄师范演出。晚上正式开演前举行欢迎仪式。在陶行知致欢迎词后致答词，称赞晓庄“充满着新的愉快”，这里的《锄头舞歌》、《镰刀舞歌》“属农人的唱歌”。提出：“知识者应当到民间去指导农民运动的。农民文学就在表演农民的情绪、痛苦、要求和希望。”“希望农友们将来能自己搭台自己演剧，以说出自己的痛苦、要求和希望。”当晚上演了《生之意志》、《颤栗》、《苏州夜话》等剧。

二十四日　晚，南国社在晓庄增演两出“农民剧”，即左明构思的哑剧《一文钱》和田汉临时编就的《新村之夜》。《新村之夜》剧情是：“一个老农之家，有姐妹两个。可是有个人所不齿的呆儿和妹妹发生了爱恋。忽然有个乡痞前来抢亲，原来是抢姐姐的，可是黑夜之中，误夺去了妹妹。她哪里肯依。后来老农赶来，也被那乡痞所迫，诱以势利，老农反委曲求全，只是女儿不肯屈服在势利的下面。刚好呆子听说她被人抢了，也死命地赶来，把那乡痞和他的帮伙打了个落花流水。结果那女儿便依从到呆儿的那面，她说她愿意嫁了给他，因为他的心好。但老头儿痴了，‘呆儿今朝哪来这样大的力气？……啊，爱的力量可以超过一切的力量啊！’于是在这小小的主题之下便使大家笑着闭幕了。”此剧演员临时凑合，女主角拉当地乡姑陈秋舫担任。

一九三六年十月

一日　下午，由杭州抵安徽歙县。游县城。晚，写当日歙县见闻。此文仍题以《游踪一束》，载18日《新民报·新园地》。

三日　抵达黄山。由陶行知的介绍，住黄山文物社。

一九三八年

二月中旬　与周恩来、董必武、叶剑英、秦邦宪、张发奎、郭沫若、沈钧儒、陶行知、邹韬奋、阳翰笙、茅盾、艾思奇、李公仆等二百〇三人及全国抗敌救亡总会筹备会、上海文化界救亡协会等三十二个团体联合组成筹备会，发表《启事》，发起举行钱亦石先生追悼会。

十月十四日　与邓颖超、陶行知等出席在儿童保育院举行的庆祝新安旅行团成立三周年暨第二团成立招待茶会，并致贺词。

一九四〇年十月

与郭沫若、赵清阁、应云卫、左明等同游重庆北温泉，并访问陶行知任校长的育才学校。后游缙云寺，作七律一首赠赵清阁。

一九四一年七月十一日

与郭沫若、沈钧儒、茅盾、郁达夫、陶行知、柳亚子、胡愈之、老舍、邹韬奋、阳翰笙、夏衍等二百六十四人联名发表《中国文化界致苏联科学院会员书》，表示响应他们关于全世界文化界一致起来反对文化与科学最恶毒的敌人——法西斯强盗的通电，“更其奋发，更其坚决的加强我们的斗争，更其紧密的同苏联全体人民携起手来，扑灭我们共同的敌人！”

一九四六年

二月十七日　下午，出席在育才学校办事处举行的中国诗歌音乐工作者协会成立大会，并与欧阳予倩、臧克家、光未然、何其芳、贺绿汀、马思聪等二十五人当选为该会理事。……

三月十三日　与郭沫若、沈钧儒、茅盾、陶行知等十九人联名致电西安《秦风日报》和《工商日报》，对他们三月一日西安学生游行后遭国民党法西斯特务捣毁表示慰问，对特务暴行表示愤怒。希望他们“再接再厉，共同争取民主自由之实现。”

三月十五日　晚，出席生活教育社为生活教育运动开展十九周年而举行的庆祝大会。

五月十五日　与宋庆龄、郭沫若、茅盾、冯雪峰、郑振铎、陶行知等被聘为“抗战八年木刻展览会”赞助人。

七月五日　晚，出席郭沫若、茅盾、陶行知发起的为美国新闻处费正清博士回国而在记者刘尊祺公馆举行的欢送会，并在其纪念册上题七绝一首。

七月上旬　与郭沫若、陶行知、沈钧儒、许广平等发起签署《致美国人民书》，呼吁美国人民阻止政府“破坏中国人民争取和平民主的机会”。签名者有文化、工商、教育各界名流多人。

七月二十五日　上午，前往泰安路佛光疗养院看望翦伯赞。后得知陶行知中风消息，即赶往爱棠新村十三号，陶行知已溘然逝世。遇闻讯赶来的周恩来、邓颖超、沈钧儒等，周恩来嘱咐文化界的朋友们“都得保重”，“再牺牲不得了”。

七月二十六日　上午，出席在徐家汇路上海殡仪馆举行的陶行知遗体入殓仪式。

八月三日　发表《安息吧，伟大的灵魂——悼陶行知先生》一文。说：“我们要从危难中保卫陶先生的事业，这不是单为着纪念陶先生个人，而是为着整个人民。陶先生的事业恰是整个人类争取普遍进步的事业，特别是中国人民从其特殊困难环境中自求普遍进步的神圣事业！”表示要赶写陶行知生前曾托自己创作的话剧《武训》。

九月二十日　陶行知先生生前创办的由生活教育社主办的武训补习学校开学。与郭沫若等被聘为该校教授。

十月二十七日　上午，出席在震旦大学礼堂举行的陶行知追悼大会，为主席团成员。在会上恭读用诗歌体写成的祭文，称陶为“和平民主的坚贞斗士”、“地狱里的中国儿童的救主”；表示要将他“未完成的工作”“接过来继续创造”，“庄严地勇敢地走向民主战场。”祭文载28日上海《文汇报》。

同日　发表《陶行知先生的抒情时代》一文，说：陶行知作为“一个优秀的大众诗人”，他的诗是“质实明了的。但因救世救人之情太急太切，有时不免偏于说理。……诚然，陶先生的诗是不能以‘诗人的诗’来衡量的，他的诗是‘圣者的诗’，他用每个人能懂的语言，大家心里要说的话，号召我们为求知、求真理，为民族解放，做迫切做的事。”还分析了他不同内容的抒情诗。

* 此件由田汉之子田大畏提供。题为编者拟。

我对南国戏剧艺术的感想 *

旅京同志要我代表说几句话，现在我谨以十分的热忱对南国来京的同志表示热烈的欢迎。

知行由乡间来，一面又代表乡下人欢迎诸位。从乡下来的，是田汉，这样，就是田汉欢迎田汉。乡下人是会手艺的。比如这把扇子，就是乡下人的艺术，就是乡下少奶奶的扇子。诸位是洪先生少奶奶的扇子①，是艺术；可是见这把扇子，可知乡下人的艺术了。

南京有两三个月没下雨，不像上海常常得雨的。在这边的乡下，田间是很荒的，需要雨的。现在下了雨了，他们都快乐极了，高兴极了。南国的同志到南京来，就像南京的乡下人望雨一样，现在诸位来了，我们就像乡下人得了雨一般的高兴快乐。今天欢迎诸位，就是有这种寓意的。

我从前在上海看戏，觉着我是我，戏是戏，中间没有一点融洽、感动。台上是台上，显不出戏的人生的意味。我觉着那些戏，那班演戏的人，都是假的。这些戏与他的观众有很大的界限，不能打成一片。这是我的一个很大的感触。

---

* 原载1929年7月6日南京《中央日报》副刊戏剧专号《南国特刊》第1期。1927年7月2日田汉率南国剧社到达南京，陶行知作为旅京代表出席当晚的欢迎会并讲话，本篇即讲话的纪录。记录者为阎折梧、姜敬舆，附有后记："此稿匆促书成，未及请陶先生校正，容有错误，由笔记者负责，并请陶先生与读者指教！"

上次在京看南国社公演，感触就完全不同。觉得南国社的戏是感人的，是与观众打成一片的，台上与台下分不清界限。观众与戏中人共同喜乐，观众与演员共同过着艺术的生活。

这就是我对南国社的戏剧艺术的感想。这也就是南国社戏剧艺术的伟大与深厚和与别的戏剧不同的地方。

今天是大家欢迎诸位到首都来，但我尤欢迎诸位到乡间去。我代表乡下人向诸位诚恳的希望着，我希望诸位不要使我们失望，一定要请到乡间给我们一点欣赏的机会。

现在我代表旅京同志来欢迎诸位，一面我再代表晓庄的乡下姑娘们、农妇们、老头子们、少年们……再向诸位致热烈的欢迎的意思。

注释

① 洪先生少奶奶的扇子　洪先生即洪深（1894—1955），现代著名剧作家和戏剧活动家。《少奶奶的扇子》为王尔德原著，洪深于1925年翻译改编，并导演此剧，由南国社演出。

附：艺术与艺术家的态度*

田　汉

艺术本来是一种吃力不讨好的运动，不过这却不是像感伤主义者那样一味地伤叹着，它是热烈地希冀着社会的同情和爱好戏剧者们的帮助。起初我们是几个穷人的苦干，现在居然承诸位先生给予我们这样的同情，所以我们非常地感谢。

人类的精神（human spirit）是进化的，而社会上的进化太

* 原载上海《中央日报》1929年7月7日《南国特刊》第二号。选自《田汉文集》第14卷194—197页。

慢了。艺术只是向前进，是由这个阶段跳至别个阶段的。所以艺术常常是推进社会的原动力。社会尚未进化到某一个阶段时，艺术便早告诉出什么是should be[①] 的了，它是暗示着将来的社会的。但是，还须得声明的是，艺术家对于现社会的不安并非什么党，什么派，仅是在反抗而已。这一点就是我们所决定的态度。不过现在还相差太远，总还望先生们爱护幼花样的，苦心孤诣地来指示，使我们得依照着正路而走，这又是我们自己不得不惭愧的地方。

陶知行先生自己是从民间来的，所以他希望南国到民间去。南国的开始本来是开始于电影的事业。在四五年前我们曾拍了一张《到民间去》的片子。在这张片子里面，我们便早答复了陶先生的问题。这张片子在南京也曾开映过，不过那时还没十分完美罢了！现在事隔四五年，而这张片子中的时代犹尚未过去，在现在仍然是可以开映，这在营业上固然是可以引以为荣而值得骄傲的事，但是在宗旨上则不免感到悲哀了，因为在四五年前所希望着的社会至今犹未能达到啊。现在的社会委实进步太慢了。

陶先生希望我们到民间去，可是南国却没有能够达到民众。去年大雪时我们在晓庄演戏，农民并不见得能十分接受。当然哟，他们对于南国的欢迎是仍然有的，他们对于南国仍然是拍着掌，但这仅是一种客气，他们委实不能十分地懂得呵。这一点并非农民之耻，而是南国之耻。那次公演后，有一个小兵给我们来了一封信，里面说及南国并不是民众的，而是为少奶奶和少爷们的。这点我们很惭愧，此后我们决计要归于民众，所以先生们嘱将票价卖得高一点，我们是不敢应命的。那次小兵的教训，其代表的背景太大，而我们所做到的太小了，是以南国现在一天一天地在走近民众了。

陈大悲先生对于陶知行先生的抗议，这是都市对于乡村的冲突。去年有一位俄国诗人叫做叶贤林（Esenin）[②] 的，他为了都市和乡村冲突，因此生出了苦闷。当然他的自杀中尚还有社会和恋爱的动因，但都市与乡村的冲突总是最大的缘故。他的死说起来也很艺术的，他将自己的动脉割开了，而以钢笔引着流下来的血液写他最后的一首诗，血液流完了的时候，他便与世长辞了。

这都市和乡村的冲突在我们也曾感到，这意义的确很重大，并且是国际的（International）。这点我们南国很感到苦闷。我们的戏大部分是属于都市的，所以这次我想将《南归》赠给陶先生，这是描写乡村生活的，虽然不见得十分完善。同时以《火之跳舞》赠给陈先生，这是描写都市劳动者的。

葛先生的演词太将南国理想化了。本来穷并不是南国的耻辱，南国的耻辱乃是没有出息，我们不能发现自己的路途而勇敢地走去。葛先生希望南国的戏剧能像扇子样的挥出了大风，可是南国的扇子太小了，简直吹不起大风。然而我们并不失望，我们始终希望着，我们自己在不断地努力。

最后，我们这次演戏，自己以最诚恳的态度来从事。这次演的《莎乐美》是王尔德的杰作，当时在英国是被政府所禁止着上演，因为其中的故事是背叛《圣经》的。英国人不是信仰宗教的吗，所以这剧本被禁止了。后来《莎乐美》在法国上演了，王尔德自己甚至要改入法国籍，这点可以看出王尔德希望自由、叛道、及反抗的精神了。

《莎乐美》在外国演了不知几百次了，而在中国则这次还是第一次。我的《莎乐美》的译本在民国十一年就成功了，至今已七八年了，未曾有人演过，这次我们也是因为有了很好的约翰、莎乐美、和希罗底的。这剧本对于反抗既成社会的态度最明显，所以我们拣这个剧本。那么，我们谨以最诚恳的态度来感谢社会并进一步地希望对社会有更多的认识，而给我们以更多的原谅与同情，使得我们有更多的进益。

注释

① should be　应该那样。

② 叶贤林　1895—1925，今译作“叶赛宁”，苏联诗人。

咏心*

侬心有三厢：
慈母坐中央；
忆的是秋子，
爱的是晓庄。
诚意常供奉：
夜夜烧心香。
永期共性命，
顷刻不能忘。

---

* 录自手稿。“侬”指汪纯宜，“秋子”指陶文渼。此诗写于1929年6月陶文渼去世后。

凤阳歌*

凤阳公打锣，凤阳婆打鼓，每人轮流各唱一段，公唱婆随，双腔二人合唱。

（一）婆唱

我打鼓，你打锣：
打锣哎打鼓听我来唱歌。
别的歌儿我也不会唱；
单唱哪一支凤阳歌。
凤是凤阳歌哎绮雅海。
（双腔）得儿浪荡飘一飘。
得儿浪荡飘一飘。
得儿浪荡飘飘一飘又一飘。

---

* 录自手稿影印件。这是1929年为晓庄剧社演出需要，根据流传的凤阳花鼓曲调填写的二人双腔演唱稿。同年1月南国社到晓庄演出之后，晓庄成立了晓庄剧社，陶行知为社长，叶刚、谢炜启、陆维特等30余人参加。陶行知创作了《香姑的烦恼》、《爱的命令》、《死要赌》等剧（迄今未找到）。并亲自登台演出，在田汉创作的《苏州夜话》中饰老画家，在《生之意志》中饰老父亲。后来，剧社正式建立了剧务、导演、化装、布景等组织，于同年11月去镇江、常熟、嘉定、宝山、杭州等地演出，很有影响。刘平著《戏剧魂——田汉传》一书204、205页有叙述。

（二）公唱

道晓庄，唱晓庄：
晓庄哎本是个好地方。
自从有人好吃又懒做，
十年倒有九年荒，
九是九年荒哎绮雅海。
（双腔）同前

（三）婆唱

我可怜！我可怜！
心里哎好一似滚油煎。
人家的丈夫缫丝又种田；
我家的丈夫只会抽大烟。
抽是抽大烟哎绮雅海。
（双腔）同前

（四）公唱

我命薄！我命薄！
一生哪一世讨不着好老婆。
人家的老婆挑柴又挑水；
我家的老婆是个小脚婆。
小是小脚婆哎绮雅海。
（双腔）同前

（五）婆唱

我命苦！我命苦！
一生哪一世讨不着好丈夫。
人家的丈夫苦吃又苦做；
我家的丈夫专门欢喜赌。

欢是欢喜赌哎绮雅海。
（双腔）同前

（六）公唱

我命苦！我命苦！
一生一世讨不着好媳妇。
人家的媳妇养鸡又养猪；
我家的媳妇只会打花鼓。
打是打花鼓哎绮雅海。
（双腔）同前

（七）婆唱

好哥哥！回头波！
一家的儿女都要读书哟。
抽烟哪赌博害得咱不和。
戒掉去种田大家都快乐。
都是都快乐哎绮雅海。
（双腔）同前

（八）公唱

好妹妹！说的对！
抽烟赌博都是我的罪。
我再不改过烂手又烂嘴。
你肯饶了我回家一床睡。
一是一床睡哎绮雅海。
（双腔）同前

贺陈志潜、王文瑾两同志结婚*

天也欢喜，
地也欢喜，
人也欢喜：
欢喜您心里只有一个他；
他心里只有一个您。
更欢喜他和您，
多福多寿多儿子，
儿子又生孙，
孙又生儿子，
子子孙孙生到无穷期：
一半儿像他；
一半儿像你。

儿有男儿女儿；子有男子女子；故儿子系包含男女均衡之义；与古人多福多寿多男子之祝，实不相同了。

一八·一二·二八

* 录自手稿。

1930年

偕毅远等夜游法国公园*

（一）代几种得意人唱

夜的花园，
　正好流连。
您看那天上明月，
　和我们一块儿团圆。

夜的花园，
　正好流连。
您看那三三两两，
　怕明日地角天边。

夜的花园，
　正好流连。
只要心心相印，
　哪管得萍水姻缘。

夜的花园，
　正好流连。
已到了人间乐土，

* 录自手稿。

眼波儿把心事传。

夜的花园，
　正好流连。
春宵一刻值千金？
　千金难买心中甜！

夜的花园，
　正好流连。
尽此夜如胶似漆，
　何须羡天上神仙？

（二）代几种伤心人唱

夜的花园。
　怎好流连？
您不闻唏嘘喔咽？
　惊断了我的心弦。

夜的花园。
　怎好流连？
您不见花愁玉惨，
　决溃了我的泪泉。

夜的花园，
　怎好流连？
也许是如胶似漆，
　恨明日地角天边。

夜的花园，
　怎好流连？
也许是惊巢鸾凤，
　求不得枝栖安全。

夜的花园，
　怎好流连？
也许是她已嫁人，
　最伤心是鸯失其鸳。

夜的花园，
　怎好流连？
也许是月老疏忽，
　错配了美满姻缘。

夜的花园，
　怎好流连？
也许是礼教吃人，
　自嗟薄命自相怜。

夜的花园，
　怎好流连？
也许是今生无望，
　月下共结来生缘。

夜的花园，
　怎好流连？
也许是看破红尘，
　愿将恩怨还于天。

夜的花园，
　怎好流连？
也许是无路可走，
　死了倒比活着甜。

夜的花园，
　怎好流连？
也许是烦恼难堪，
　要蹈东海以长眠。

夜的花园，
　怎好流连？
抬头看见天上月，
　一生能有几回圆。

十九年夏

人间最苦是生离*

去年今日榴花红，
初共□□醉酒中。
今年今日花如旧，
恼煞分飞西与东。

乐莫乐兮心相知，
人间最苦是生离。
愿将天地同缩小，
从此不辨东与西。

世间何物最无情？
谁教火车轻发明？
自从载得榴花去，
便教□□独飘零。

* 录自手稿。此诗与1935年出版的《行知诗歌别集》（即《清风日月集》）中的《别离》、《伤别》诗的意境相似，其第二节诗句与《别离》的第二节仅一字之差。中间的□□，是被剪掉的空白，似指人名。题为编者拟。

1931 年

贺辛甫世叔六十寿辰*

辛甫老世叔：

好久好久没有向您老人家请安了，不须我担忧，您一定是有福气的。听说三月廿八日是您六十岁寿辰，我没有孙悟空的本领，否则是要驾着筋斗云来向您和老太太道贺咧。东京寿屏买不着，现在把我心灵里流露出来的一首贺诗奉请教正。千里毫毛，物轻意重；得你称赞几句，也好像是喝了寿酒了。

祝您和老太太

长生不老！

晚

村川重信　拜贺

附呈　贺诗一首

敬祝辛甫世叔六旬大寿

天上飞来一燕子，
飞到长江便不飞。

---

* 录自手稿。原件未落写作时间，据信的内容及署名判断，当写于1931年的初春。信中所附贺诗，陶行知在他处还有另纸书写，标题为《贺辛甫世叔六旬大寿》。

仙鸟亦知未来事，
化作寿星娱老矶。
口吐黄泥成八卦，
神仙到处是瑶池。
老孙筋斗翻不到，
临风献颂最依依。

The Concealed Deer
（藏鹿）*

Liehtse（列子）

There was a woodcutter in Cheng, who came across a frightened deer in the country and shot and killed it. Afraid that other people might see it, he hid it in a grove and covered it with chopped wood and was greatly delighted. Soon afterwards, however, he forgot the place of hiding, and believed it must have all happened in a dream. As a dream, he told it to everybody in the streets. Now among the passers-by there was one who heard the story of his dream and went to search for the concealed deer and found it. He brought the deer home and told his wife: "There is a woodcutter who dreamed he had killed a deer and forgot where he hid it, and here I have found it. He is really a dreamer."

"You must have dreamt yourself that you saw a woodcutter who had killed a deer. Do you really believe that there was a real woodcutter? But now you have really got a deer, so your dream must have been a true one," said his wife.

"I've found the deer by the dream," answered the husband.

---

* 译列子著为英文。未注明时间，疑为1931年春从日本回国后为商务印书馆译书的文稿。英文经田明远校阅。后附中文。《藏鹿》系《列子·周穆王》中选段，列御寇著，晋张湛注。

"What's the use of worrying whether it is he who was dreaming, or I who was dreaming?"

That night, the woodcutter went home, still thinking of his deer, and he really had a dream, and in that dream, he dreamt that he had gone back to the place of hiding the deer and also had found the finder of it. Early at dawn the next day, he went to the finder's home and found the deer. The two then had a dispute, and they went to a scholar to settle it. And the scholar said to the woodcutter:

"You really killed a deer and thought it was a dream. Then you really had a dream and thought it was a reality. He really found the deer and is now disputing with you about it, but his wife thinks that he has dreamt that he has found a deer shot by someone else. Hence no one really shot the deer. Since we have the deer before our eyes, you may divide it between you two."

The story was brought to the ears of the King of Cheng, and the King of Cheng said, "Ahah! Isn't the scholar dreaming again that he is dividing the deer between two disputing people?"

藏　鹿

列　子

郑人有薪于野者，遇骇鹿，御而击之，毙之。恐人见之也，遽而藏诸隍中，覆之以蕉，不胜其喜。俄而遗其所藏之处，遂以为梦焉，顺涂而咏其事。旁人有闻者，用其言而取之。既归，告其室人曰，向薪者梦得鹿而不知其处，吾今得之，彼直真梦者矣。室人曰，若将是梦见薪者之得鹿邪，讵有薪者邪，今真得鹿，是若之梦真邪。夫曰，吾据得鹿，何用知彼梦我梦邪。薪者之归，不厌失鹿，其夜真梦藏之之处，又梦得之之主。爽旦，案所梦而寻得之，遂讼而争之。归之士师，士师曰，若初真得鹿，妄谓之梦；真梦得鹿，妄谓之实。彼真取若鹿，而与若争鹿。室人又谓梦认人鹿，无人得鹿。今据有此鹿，请二分之，以闻郑君。郑君曰，嘻，士师将复梦分人鹿乎。

陆军军官学校训词*

Sun Yat-sen（孙逸仙）

The Three Principles of The People,
Believe in surely we would,
Give birth to New China,
Lead to World Brotherhood.
My Comrades,
I now call,
People's Vanguards you are,
Shall obey the principles
Day and night, near and far.
Have diligence and courage,
Be loyal and true,
With vanity in heart and action,
Fight all our way through!

* 未注明时间，疑为1931年从日本归国后为商务印书馆译书的文稿。当时的大部译稿在"一•二八"随商务印书馆被焚而烧毁。中文系孙中山写。原文："三民主义，吾党所宗；以建民国，以进大同。咨尔多士，为民先锋；夙夜匪懈，主义是从。矢勤矢勇，必信必忠；一心一德，贯彻始终。"载《孙中山全集》第10卷300页。系1924年6月16日孙中山在黄埔军校开学典礼上的训词，由胡汉民宣读。后谱为中国国民党党歌。

百花生日 *

人人都说花可爱，
折得一枝鬓边戴。
复活已无由，
花儿头上愁。
照花鸳鸯镜，
花面喜相称。
明日花入箕，
问君知不知？

花儿好，
不要摘，
摘花坏于做小贼，

花儿好，
不要折，
折花的人把福折。

* 录自手稿。诗的第一节曾以《百花生日赠摘花友》为题另写一纸，注明时间为“二十年百花生日”。百花生日有三说：农历二月初二、二月十二、二月十五。根据前后稿判断，此处从“二月十五”说，按1931年换算公历，时间应是4月2日。

手里花不如瓶里花，
瓶里花不如盆里花，
盆里花不如园里花，
园里花不如山里花。
你若是爱花，
须到山里去看他，
莫要摘回家。
如果摘回家，
便是杀了他！

梅花*

梅花呀！
你记得每一瓣里面有我的眼泪？
因为你是我用眼泪培养的。
你若被人摧残，
我还是用眼泪祭你。
我的眼泪永远的跟着你。
愿你在我的眼泪里活，
在我的眼泪里死。
□□呀！我眼泪浸透的□□呀！

* 此诗手稿不全，第一句的前一行写有“四二”字样，疑为1931年4月2日百花生日。题为编者拟。

红线 *

风月老人牵红线，
牵来牵去忒讨厌。
串上线，
万里来相见。
断了线，
恩爱变成怨。
说变就要变，
一点儿不欠！

二〇·四·八

* 录自手稿。

爱之翅 *

爱之翅，
看不见，
却会变！
平时如白鸽，
飞去飞来守时刻。
变时如夜莺，
一去归期莫能定。

二〇·四·一一

* 录自手稿。

爱之翅（改作）*

人人有副怪翅膀，
看不见，
却会变。
爱神升座如驯鸽：
飞来飞去守时刻。
爱神退位如夜莺：
一往归期不可定。

* 录自手稿。稿前有“亭子集卷三”字样。

回来了*

您不见狼拖去的小羊，
已回群中？
在咩咩的欢声里，
牧羊者痛饮三盅！

您不闻被拐去的独生子，
已回家乡？
姊姊惊说：“弟弟来了。”
妈妈便抱着喊一声：“心肝！”

廿·四·十二—十三

* 录自手稿，稿笺中缝印有“怡春堂”字样。此次发现陶行知用这种纸笺写的诗共24首。本诗之后还有8首未注明写作时间，一并排在后面，至《又题云雪合影》。

人的怪翅膀*

人人有副怪翅膀：
眼睛看不见，
却是顶会变。
爱神来了信如鸽：
飞回有定时，不教人思恋。
爱神去了浪如莺：
一旦飞出去，不知何日见。

---

* 录自手稿。

花儿好*

花儿好，
园中看！
摘花的小朋友非好汉！

* 录自手稿。

静坐 *

莲花趺坐，
拨无弦琴：
开眼见天；
合眼见心。

* 录自手稿。

题兰 *

（一）

窗前种幽兰，
春来发一箭。
好花不在多，
终朝看不厌。

（二）

兰自含清香，
开落为谁忙？
愿与共幽独；
到老不回乡。

（三）

兰自怀素心，
何处觅知音？
愿结同心契，
尔我共忘形。

* 录自手稿。

（四）

疑是花中仙，
偶然降九天。
愿了人间事，
更结天上缘。

重逢*

浑欲仙！
浑欲仙！
仙透毫毛千万千，
一见乐无眠。

人将圆！
月将圆！
圆到三生无量年，
魂游天外天。

* 录自手稿。

祭姊（代作）*

觅觅复寻寻，
不见昔年人。
昔人何处去？
塚上草已青。
青草含生意，
音容独消沉。
相隔一抔土，
便生两世情。
念念何能已？
令我生悲辛。
叶落觉人近，
鸟啼疑呼名。
回首一盼顾，
天际见白云。
白云自娆娆，
认得纤手招。
愿附双飞翼，
从此共逍遥。

---

* 录自手稿。

何当来高风，
人影随云消。
但见云外月，
清辉似相识。
含涕向嫦娥：
姊氏方奚适？
嫦娥前致词：
“玉宇侍父膝。
昨闻王母言：
‘君情世无匹。
精诚动天地，
鬼神为之泣。
今生不再见，
后会总有期。’”
觉来知是梦。
辗转泪流急。

题云雪合影*

悠悠岭上云，
散作满天雪。
几日不见君，
心里如刀切！

* 录自手稿。

又题云雪合影*

窗前常有雪，
案上梅长开；
雪花疏影里，
仿佛玉人来。

抬头见白云，
落下心中影；
愿乘长风去，
飞上玉皇顶。

* 录自手稿。

吴稚晖与张学良*

大宝贝，
小宝贝，
宝贝失地不为罪，
大宝向他三呼万万岁。

国亡宝贝在，
相呼万万岁。
好老是个大宝，
大宝是块糟糕糟糕！

* 录自手稿。在两节诗的中间，写“吴稚晖与张学良”，似应为题目，故放在标题处。此诗写于1931年九至十月间。

1932年

献给自由世界之创造者*

——申报六十周年纪念

做人只做自由人，
敲钟只敲自由钟。
众生共走自由路，
海阔天空路路通。

不除庭草斋夫

* 作于1932年4月30日，手迹原载自编集《斋夫自由谈》。此次编者对原题做了小改动。

布谷*

布谷布谷，快快布谷。
如不布谷，没米煮粥。
如要煮粥，快快布谷。
布谷煮粥，煮粥布谷。

* 录自陶晓光保存的手抄件。曾载生活·读书·新知三联书店1981年出版的《行知诗歌集》。

1933年

锄头造好造斧头*

白银到手众心欢，
大家飞过饿门关。
饿门关外遇妈妈，
小孩搓泥捏娃娃。
娃娃玩破小孩愁，
大家打铁造锄头。
锄头造好造斧头，
开天辟地造自由。

* 录自手稿。题为编者拟。手稿末句“造自由”曾删改为“蒸馒头”。此稿写于1933年3月15日《新锄头歌》之前。

1935年

“小先生”教育普及运动*

（陶行知述，牧泽伊平译，《教育》昭和十年6月号）

普及教育的要旨　我们从事的普及教育运动，是为了全人类的一种文化运动。这个运动不仅是为了中华民国，也是为了整个中华民族的一种文化运动。

“小先生”是什么　小先生的“生”，是“生活”的意思。这个“生活”的涵义，指“前进的生活”、“向上的生活”和“文化的生活”。先过那一种生活的便是那一种生活的“先生”，后过那一种生活的便是那一种生活的“后生”。“后生”和“先生”在学习时都是“学生”。年幼的孩子，如果比父母先过文化的生活，这个孩子就有做父母的先生的资格。

小先生的大本营及其总动员　小先生的大本营在哪里？它就是全国的小学校、私塾和民众学校等等。现在，中华民国有25万所小学校，35万所私塾和约5万所民众学校。这些小学校、私塾和民众学校，即是一所所小先生养成所，一所所小师范。今天，小学生有1100万人，私塾学生有700万人，民众学生有近百万人。

* 本篇摘录自斋藤秋男著《陶行知与日本》一文，据称：作于1935年4月23日，题为《中华民国的“小先生”教育普及运动》，由牧泽伊平翻译成日文，刊载在《教育》昭和十年6月号。牧泽伊平译后记说：“这篇文章曾经在新加坡《星洲日报》和厦门《华侨日报》上发表。在友人叶维奏氏、林承志氏两位的帮助下，我将该文翻译过来。译文中的错误由我负责。”——转引自周洪宇编《陶行知研究在海外》一书，1991年8月人民教育出版社出版。

文章从略部分为“小孩能教小孩之铁证”、“小孩能教大人之铁证”，文字与本全集第3卷225—229页所载相同。

一旦小先生大本营的总动员令一下，便可编成1900万人的小先生队伍。一个小先生教一人，立刻可以培养出3800万个小先生。

小先生的细胞分裂　小先生的教育组织像一个活的细胞。细胞是通过分裂来繁殖的。一个细胞分裂成两个，两个细胞又分裂成四个，四个细胞再分裂成八个，直到不能分裂为止。小先生的传授也是如此，一人教一人，就培养了两个小先生。两人再去教，就培养了四个小先生。四个人再去教，就培养了八个小先生。今天，中华民国的1900万个小先生分裂一次，就可得3800万个小先生，再分裂一次，就可得7600万个小先生，还分裂一次，就可得15200万个小先生。只要细胞分裂个三次或四次，中华民族的生活教育就可彻底普及了。

过去四五十年义务教育未完成的任务，只要分裂一次，中华民国的义务教育立刻就完成了。

小孩子能做“小先生”吗　普及生活教育所要树立的第一个信念，便是小孩能做先生。自古以来，小孩是在教人。但正式承认小孩为小先生是一件最摩登的事。这正式的承认，到现在，还只是限于少数的实验学校。我们必须使大家承认小孩能做教师，然后教育才能普及。小孩的本领是无可怀疑，我们有铁打的证据保举他们做先生。

（下略）

1936年

一·二八*

一·二八，一·二八
十九路军能厮杀。
大炮小炮向外轰，
一发一发又一发。

一·二八，一·二八，
海上义军顶括括。
少将打倒打大将，
不许日人过北闸。

一·二八，一·二八，
只有秦桧头上滑。
我们都要学岳飞，
冲上前去杀杀杀。

一·二八，一·二八，
古庙好险要倒塌。

* 录自手稿，写于1936年，与该年11月出版的《知行诗歌三集》中的《纪念"一·二八"》同时。

小孩快些长起来，
供奉众人做菩萨。

一·二八，一·二八，
血花冲洒一·二八。
谁要忘了一·二八，
便是一个小忘八。

普及教育之要义与普及什么教育*

一、普及教育之要义

（一）整个民族向前进　不仅是学龄儿童及失学成人之普遍入学。

（二）整个生活向前进　不仅是普遍识字，或文盲之普遍消除。

（三）整个寿命向前进　不仅是四个月、一年、二年、四年之义务教育。教育最重要的成就在使众人养成一种继续不断的共同求进的决心。我们要对众人养成的态度是活到老，做到老，学到老。

二、普及什么教育

普及工以养生、学以明生、团以保生的生活教育。在现阶段，中华民族解放运动是我们的中心生活，即为我们的中心教育。做什么工？做民族解放运动所要做的工。求什么学？求民族

* 原载1936年2月《中国教育学会第三届年会报告》。此系节录该书附录《中国普及教育方案》中十八条原则的前两条。1935年元旦《湖北特教》半月刊创刊号曾发表《中国普及教育方案之商榷》；同日《中华教育界》第22卷7期，以及稍后的3月1日《生活教育》第2卷1期发表了《中国普及教育方案商讨》。这两篇文章与教育学会报告所附文章的内容相同，只是与节录的这两条原则有些微差异。这差异表明此时陶行知对于“生活”与“教育”同一性的理论有了进一步发展，中国现代化和生活教育的同一性在于使中华民族的解放运动不断“向前进”。

解放运动所要求的学。结什么团体？结民族解放运动所要结的团体。总之，我们所要普及的是民族解放运动的生活教育。

枪炮保护洋货 *

枪炮保护洋货，
减税通过，
打败了土货，
把农村戳破。

二五·六

* 录自手稿。

闹钟*

——为香港三日刊作

一下下的敲，
一声声的闹，
要把新的唤醒，
要把旧的吓跑。
闹，闹，闹，
闹得旧的不敢再来到。
敲，敲，敲，
敲到新的不会再睡觉。

* 录自手稿，写于1936年6月。

魂绕钟山 *

是鸟儿进笼；
是鱼儿上盆；
是兽儿入栏；
是活人牵到牢门。
不！是心灵上了脚镣，
是爱情自己挖坟！

投入到撒旦的怀抱，
别了自由之神。
月亮将上东山，
太阳已近黄昏。
我唱着这个歌，
魂灵儿绕了钟山一万层。

---

* 录自手稿。手稿用的纸笺上有“上海艺学社制”字样。这是1936年7月11日离别香港时写的。“东山”指广东，“钟山”指南京。

消灭那吃人妖怪*

爱妈哟！爱妈哟！
爱啊爱啊大家爱，
爱您所爱的小孩。
个个教成自动小工人，
联合起来创造人世界，
消灭那吃人妖怪。

慈母哟！慈母哟！
流啊流啊大家流，
流您爱流的热汗，
一滴一滴滴成糙米饭，
一吃一吃吃饱穷光蛋，
背起您留下的重担。

* 录自手稿。题为编者拟。

前进的青年 *

青年！青年！
最前进的青年！
你要带着落伍的人们，
一起向前！

青年！青年！
最前进的青年！
你要知道联合战线，
不许轻剪！

二五·七·十二

* 录自手稿。本全集第7卷539页，只有一节。

印度诸王 *

皇帝要娶皇后，
太子要配公主。
两相情愿不算，
还得总督允许。

二五·七·二〇

* 录自手稿，写于香港去欧洲途中的考尔夫邮轮过印度之时。

枉自称男儿*

"枉自称男儿，
甘受倭奴气。
不战失山河，
万世同羞耻。
吾侪妇女们，
愿往沙场死。
将我巾帼裳，
换尔征衣去。"

枉自称堂堂男子，
却甘受东洋欺负。
不战而失国土，
不要脸的东西！
我们妇女同胞，

* 录自手稿。1936年9月22日为留法学生会和妇女救国会写。前节引用何香凝1935年的《为中日战争赠蒋介石及中国军人的女裙有感而作》（《何香凝诗画集》第6页，人民美术出版社1963年版）。后节是为便于翻译成法文，陶行知先译成的白话诗。1936年3月8日陶行知在《妇女大众战歌》上专门介绍何香凝在上海妇女救国会游行示威前的演讲词："走出闺房，跑出厨房，剥下不抵抗军人的军衣，让我一齐穿上冲向民族自救的战场。"1937年12月28日陶还用英文写了《裙子》诗。

却要上战场杀敌。
裙儿送给你穿，
和你调换军衣。

一声*

人人都说女儿好，
我说女儿不大好，
一声爸爸令人老。

二五·十·二

* 录自手稿。1936年10月2日写于巴黎。

对纽约中国学生的演讲词*

今天我从寓所乘地道车来到这里。在那地下车中时，当然颇觉闷人，可是这地下车奇怪，走了一忽，会走上地面，便觉身心俱爽。我当时便联想到这正是象征着中国的前途。中国现在被日本的重重压迫，这比我们在地道车里还要百倍气闷。但是我想只要全国民众联合一致地向前走，向上走，我们总会有出头的日子！

我从前是一个书呆子。书呆子在学校的时候是读死书，死读书，读书死；书呆子做了先生是教死书，死教书，教书死！但是，我近年来的态度改变了。我改变态度的理由非常简单，就是因为日本对中国的继续不断的侵略。他的政策是要吞并中国，是要中国人做亡国奴。书呆子虽呆，亡国奴却不愿做，所以我宁愿不顾一切来从事抗日救国的运动。

谈到抗日救国，我们先要知道日本的大陆政策。日本侵略中国的野心，是无有止境的！他夺取了我们的东三省，又进据热河，继又侵略冀东，再又进行所谓华北五省独立，福建独立，及内蒙古独立等等运动。近又窥视察哈尔、宁夏、甘肃、新疆一带，同时他又造成所谓成都事件、北海事件，及汉口事件作为进

* 1936年11月14日，纽约中国学生抗日救国会在万国公寓会堂举行欢迎陶行知、陆璀大会。此为陶行知在会上的演讲词。原载1936年11月28日纽约《先锋报》。

一步侵略的口实。总之他的目的是要吞并整个的中国。他吞并了中国，还要侵略亚洲各国以图称霸世界。我们且看他侵略中国的情形：最近我曾看到一个日本出版的地图，已把中国的东北各省、内蒙古换成了日本的颜色，福建的颜色是画成台湾一样，华北五省是画成将做台湾的样子。我今天把这地图从陈翰笙先生那里借来，为的是要给大家看个明白。上海小学生曾做了一个算术题目，知道中国现在在日本势力控制下的土地已等于二十二个江苏省，这是一个多么惊人的事实！我们现在且看这些被日本侵略土地上有些什么：那里有大森林，有大量的铁矿和煤矿，有大量的棉花出产；那里还有一万万的人民，也就是一万万要被迫而作“以华制华”的肉炮弹。

我们再看这一万万人民在日本统治下的生活状况：农民的土地大批的被没收，还被强迫种鸦片，工人被强迫做苦工，工时长，工银少，人民被屠杀，同时还要被强迫去打仗去流血。譬如最近绥远边境，和傅作义军队打仗的不是日本人而是被日本指挥的蒙古人、满洲人，换句话说都是中华民国的人民。这种以华制华，利用中国人打中国人的政策，是日本灭亡中国的毒辣手段！至于在日本统治下东北四省的青年学生，更是受着种种的压迫，史地教科书已完全改编，日本文则为必修课，学生不但思想言论不得自由，而且一有怀疑即被拘捕失踪。

关于日本之大陆政策，吞并中国之决心，以及东北各省同胞之生活情形已大略述及，现在再述中国今后之出路：

中国之唯一出路就是抵抗。我们只有抵抗才能生存，不抵抗只是死路一条。关于这点，可拿生物学上的理论来证明：我们身上保护生命的军队是白血球，它的功能是和病菌——一切侵害生命的微生物——奋斗。譬如白血球遇到了虎烈拉及伤寒病菌来侵害的时候，只有拼命抵抗以维护人的生命，是不能丝毫退让的；一个民族也是一整个的有机体，维护民族生存的是整个的军队。一个民族被压迫被侵略时只有抵抗，只有拼命抵抗。所以根据生物学的理论，我们中国之出路，只有抵抗。一面抵抗，一面准备，在抵抗中去准备，这种准备，才是最有效的。同时，所谓抵抗不是少数人的，是要大家联合起来共同去抵抗的。凡是中国的民众不分党派信仰都要有抗日的效能，保证抵抗的胜利。总之，中国的出路只有抵抗，只有联合抵抗。兹再略述最近国内及海外侨胞联合抗日救国运动的情形：去岁十一二月间的中国学生运动是中国民众抗日救国运动的先锋。首先响应这种运动的就是上海的文化团体。当时我们上海文化界同人之响应这种运动有两个理由：第一我们深信这次的运动实具有救亡图存的伟大意义；第二我们深信青年对于时代的激战具有比较灵敏的感觉及反应。后来这种运动深入乡间，于是一般农民也都觉醒了。妇女界同胞在此次运动中极为英勇，许多农工商学各团体的运动，都是妇女们作先锋。此外，在这次运动中，还新添了一支生力军，就是小先生。所谓小先生是中国的一个怪东西，他不但对于中国的普及教育尤其是女子普及教育方面有很大贡献，并且对于中国最近的抗日救国运动也有很大的助力。例如去年平津学生运动兴起后，长辛店良乡便有小先生救国革命团体的组织来响应这运动。对于这种抗日救国运动，不仅小先生参加，还有许多老先生也参加了。例如上海九七老人马相伯先生天天还在那里写文章，唤起民众抗日救国；又如上海名律师沈钧儒先生今年已六十三岁了，是积极的在领导民众抗日运动，并且在游行示威的时候他是每次亲自出马的。在这种全国抗日救国的紧张情绪当中，农工商学各界、老幼男女大家都起来了，都在抗日救国的同一目标之下联合起来了，于是本年六月一日在上海成立了全国各界救国联合会。这次我个人就是代表该会出席比京世界和平大会，并与欧美侨胞交换抗日救国意见。九月廿日，全欧华侨抗日救国联合会在巴黎成立，到会代表四百余人，一致牺牲成见，站在一条战线上共同抗日。兄弟此次来美的目的，一为和旅美侨胞交换抗日意见，并联合一致行动；二是认识同情于我们的外国朋友，使他们对于我们这种民族解放运动有明确的了解。

最后，我还得再申说一句，就是抗日救国必须大众联合一致，这联合二字是非常重要的。不过谈到联合有一点须得注意，就是大家要破除成见，不要彼此猜疑，不要存着“以为”的心理。因为世间许多事，我“以为”你怎样怎样，你“以为”我怎样怎样，这“以为”之间便发生许多误会。所以我方才到会的时候，曾写了几句未完的小诗，就是：“我以为，你以为，你我之间出了鬼！”这种“以为”的心理，是我们应当避免的。国难如此，全国人民应当联合起来，开诚相见。这样才能达到抗日救国的目的，才能保证抗日救国的最后胜利！

附一：欢迎陶行知先生与陆璀女士*

（《先锋报》社论）

中华民族，由于相逼而来的内乱外侮，更是提高了他们的民族觉悟。到现在，不分党派，不分阶级，一致团结，抗日救亡的要求，已经浸润入每个有天良的中国人的肺腑。这种全国各界各党派大联合的趋势，表现出中华民族的团结统一，其广大将超过以往任何时代。

这种广泛的统一御侮的运动，倡之于中国共产党和陈铭枢诸先生，而由去年十二月十六日的北平学生大示威开始实现于群众行动，由今年六月成立的全国各界救国联合会奠定其基础。

陶行知先生是全民救国阵线的一个中心人物，是全国各界救国会的领导组织者。他的刻苦耐劳，世人以之拟印度的甘地。然而甘地是主张不抵抗的，而陶先生却是以其特立独行的人格，抓住中华民族的急切要求，以抵抗暴日，来与邹韬奋、章乃器、沈钧儒诸先生奔走于各党各派之间，推动平民大众，进行空前的全

* 原载1936年11月21日美国纽约《先锋报》。

民族团结的工作。

陆璀女士，是去冬学生运动的英勇先锋。以一弱女子而能不为鞭笞殴辱所屈服，团结救国之志，愈接愈励。吾民族之伟大奋斗与组织之力量，其久遏未宣者，因女士之以身作则的倡导而渐以发扬，由青年学生而上及于军政当局，下达于广大深厚的工农群众。

可是广泛的全中华民族的团结，以抵御强暴，虽然人同此心，心同此理，而这种团结仍未达事实上的完满的程度。这是陶先生和陆女士现在奔走号召所要完成的任务，这更是国内的各界救国会和学生联合会所特别咐托陶先生和陆女士赴海外来的使命。

在中国，全国联合已有了各界救国会为其雏形。在欧洲的侨胞，全洲华侨的联合已因为陶、陆两位的推动而有了全欧华侨抗日救国会为其轮廓。而在美洲和占美洲首要位置的美国，虽有散布各埠的抗日会，然仍无综合统一机关，这是我们最大的缺憾。在这个时候，特别是在暴日又勾结汉奸，在绥远对中国举行新的武装进攻的时候，陶、陆两位来美国了，这是如何令一切爱国侨胞欢欣鼓舞的事！

本报与全美侨胞，在建立全美抗日团结，在由全美团结的成立与欧洲、南洋和国内共同结成空前的不分阶层、不分党派的全民抗日救国大联合的前途上，谨对陶先生陆女士致民族的欢迎礼！

我们欢迎陶陆两位，同时即是欢迎他们所代表的所象征的祖国的团结御侮的兄弟姊妹诸姑伯叔。我们祝：

陶先生和陆女士健康！

抗日救国全民空前神圣联合万岁！

附二：陆璀报告中国学生救亡运动*

此次代表全国学生救国联合会出席日内瓦世界青年大会，因此机会得参加这历史上空前的全欧华侨大团结的抗日救国大会，感到非常非常的高兴。现在我谨代表全国学联向大会致最大的庆贺。

今天我被分配到的工作是报告全国学生救亡运动的情形，为五分钟的时间所限，我只能作简单的报告。

我们全国学联纲领的第一句就说："中华民族空前的危机把我们学生从课堂召唤到街头，从书本引导到斗争。"这就是说中国学生运动的起因是由于中华民族的危机，而造成这中华民族空前危机的是日本帝国主义的进攻。

但是日本帝国主义的进攻并不是自去年十二月始，为什么我们的救亡运动到去年十二月才开始呢？九一八以后，我们学生也曾起来向政府请愿，我们得到回答说"政府一定要抵抗"，我们也相信政府一定要抵抗。同时五年来，尤其是塘沽协定以后，客观的环境实在困难，这就造成了我们表面的沉默。但是五年一年一年的过去，只看见日本帝国主义的进攻一天加紧一天，到了去年，日本强盗的枪尖已直接指到中国北方。去夏在所谓河北事变，结果订了何梅协定以后，北方的中央军悉数撤退，党部完全解散。北方，尤其是平津一带，整个的亡国气象。日帝鉴于武力占领东北之后引起世界舆论的非议，乃改变方式，以收买汉奸，造成北方的所谓自治，来变相的占领北方。到去年十一月左右，自治运动酝酿已到表面化，五省半独立的政府一时盛传即将成立，北方危机已到千钧一发的关头。到了这个时候，我们学生是再也不能沉默了。我们明知道我们是处于日本帝国主义和汉奸的

---

* 载1936年11月21日美国纽约《先锋报》，原题为《青年救国领袖陆璀女士报告学生救亡运动》。

枪尖之下，我们明知道我们要起来的话，生命安全毫无保障，可是，为了要解救我们中华民族的危机，为了不能忍受我们祖国被宰割，我们是不顾面对着刀枪鼎镬，站起来了。（掌声雷动）

我们学生没有武器，不能直接和日本帝国主义作战，我们只好第一步以罢课游行和示威来作为一个民族解放斗争的召唤，来作为民族斗争的先锋。北平学生这就发动了英勇的“一二·九”“一二·一六”二次大示威，参加人数第一次在一万五千以上，第二次在二万以上。……北平学生示威后，天津、杭州、上海等地马上起来响应，紧接着这运动马上普遍到了全国，不要说武汉、南京、广州等大城市，连偏僻的甘肃兰州等地的学生也起来作热烈的游行示威。

这次的学生救亡运动简直是空前的广泛、热烈和英勇。可惜为时间关系，我不能详细的描述，我只举几个例子：北平清华、燕京两大学是在城外的，在“一二·一六”的大示威中，因城门被关闭，他们竟拿年青人的身体合力把铁皮包的城门都冲破了，进城与城内大队汇合，在正阳门举行二万人以上的民众大会。天津的同学结队冲日本租界，日本人骇得把租界用电网封锁起来。上海的同学为了到南京去请愿，路局不肯给车，他们自己开。一路铁轨拆毁，他们甚至在这样的大冬天，雪深没胫的时候，到雪堆里，到冰冻的河里，去找寻路轨。从上海到无锡只三个钟头的路程，他们一直开了四天四晚，四天四晚中间，受尽了饥寒困苦。在开封的学生为了要南下请愿，在车站上整整的忍受了三天三晚的饥寒。

但是我们更明明知道，单靠我们学生运动是不够的，非赶快唤起民众，把救亡运动推进到广大的民众运动不可。因此，我们又组织扩大宣传队，下乡宣传，平津、上海、广州、杭州、济南、武汉各地学生都有同样行动。我们每日走五六十里路，睡泥地，吃最粗的饼，冒着风沙寒冷，向民众去宣传国难。现在报载北方农民抗日组织如雨后春笋，这一定是平津学生寒假里十四天艰苦宣传的结果。

但是，我们的学生救亡运动是受到很多的中伤和诬蔑的。现在我不妨向大家报告报告我们运动中的口号，也就是我们的要求。

刚才我已讲过，北方的所谓自治运动是我们这次全国学生运动的导火线，所以我们第一个口号是：

一、反对“华北自治”。

二、反对日本帝国主义的进攻。

三、要求政府改变过去的妥协外交，实行革命外交。

四、要求政府接受民众要求，立刻对日宣战，武力收复失地。

五、要求言论集会结社等抗日救国最低限度的民主自由。

但是要和日本打的话，决不能自己在内部再打自己，所以，我们又：

六、要求停止一切中国人杀中国人的内战，枪口一致对外。(鼓掌)

七、要求全国民众不分党派不分阶层的一致团结起来打倒日本帝国主义。(鼓掌)

我敢相信这是全国民众一致的要求，也就是在场各位一致拥护的主张。

但是不幸政府对我们却有误会，因此我们受到很多不必要的牺牲和损失，我们曾有很多的同学被捕入狱，最近则改变方法，大批的开除救亡领袖的同学。要是我们都承认学生是民族解放斗争中的生力军的话，我们就不得不承认这些不幸的现象非但是学生本身的损失，也就是中华民族前途的损失。因此，我乘此机会向诸位侨胞作简单的申诉，希望全欧侨胞对此作正义的呼吁。

最后，我特别要提出报告全国学联的情形。全国学联由平津学联和上海学联共同发起，经四五月的筹备，在五月三十日正式成立。现在在学联影响下，学联领导的基本学生群众，至少已有二十万人。加入学联的地方除广西全省以外，还有平、津、上海、南京、武汉、广州、青岛、济南、杭州等二十个城市。

我们的纲领只有一个：抗日救国。我们的要求也只有一个：抗日救国。我们的行动也只有一个：抗日救国！（鼓掌）

诸位，我虽然可以代表全国学生向大家保证，在民族解放的斗争中，我们学生一定站在最前线，战斗得最英勇，是没有疑问的。单靠我们学生的力量是不够的。现在全国各阶层的民众都已起来，我们海外侨胞也已组织起来了。

我诚恳的希望，从此以后全国上下能够一致紧密的团结，团结得像一个人，再和世界上一切同情我们的友人和爱好和平的力量挽起手来，共同把日本帝国主义打倒。（鼓掌）

以为歌*

你以为，
我以为，
你我之间出了鬼：
有鬼掣我肘；
有鬼拖你腿。
心灵正要渡河，
桥梁被鬼炸毁：
扑龙通儿掉下水。
大家都倒霉，
这还能怪谁？
若想不见鬼，
除非是
你我从此不“以为”。

《先锋报》发表时，有如下注文：“这‘以为’两个字，是陶先生在纽约发现的。一天陶先生有一位朋友请他在广州楼吃

* 原载1936年11月28日美国纽约《先锋报》。注中讲的是1936年11月10日太平洋关系研究所的陈翰笙在美国纽约广州楼为陶行知、陆璀洗尘的事。《先锋报》注中“两个朋友”指美国中华学会、成志社的林倖圣和纽约中国银行的陈佩月。陶行知当晚写了头3行，后加写成6行，最后写成13行。这13行的全文是2000年才找到的，以前流传的只有9行。

饭。吃了一半的时候，又有两个朋友来吃饭，就一同坐下谈天。甲友和乙友立刻用英文谈得很起劲，后来陶先生用国语问乙友尊姓大名府上贵干，乙友用十足道地的北平语对答如流。甲友大为吃惊说：我以为你是土生，只会说英文，你这国语是从何学来的？乙友把他怎样回国上学的历史说了一番，最后告诉甲友说：我也以为你只会说英文，所以从来没有和你说过中国话。甲乙两友人据说已经认识二年之久，都被‘以为’两字引起莫须有之成见。陶先生联想到抗日救国也因彼此‘以为’而生出许多阻碍。你以为我捣乱，我以为你通敌，弄得大家咫尺千里，十分隔阂。其实同是中国人，哪有不爱国的。只要大家开诚布公的谈个明白，就能接近了。所以要想团结御侮，必定要破除‘以为’的武断心理。那天（指 1936 年 11 月 14 日陶行知对纽约中国学生的演讲——编者）未完的小诗，现在已由陶先生写出交来。今并披露。”

二五·十一·十五·纽约

中国工人的抗日精神*

中国工人受日本工厂主惨酷压迫。上海日本纱厂之华工宿舍，以仅容六个小床铺之斗室，三床相叠，共得十八位，而复使日夜班工人轮流睡眠，六张床之地位竟宿至卅六人。每十八人中，有侦探一人，窃听工人讲话。工人亦不得读任何书报，一经查出即遭开除，即行路亦不得两人相偕，否则立招厂中警察殴虐。每星期工作时间，中国工厂为八十四小时，而日本工厂则为九十六小时。此外工人尚受包工制之剥削。工人极微小之工资，更多受一度之克扣。新招的工人通称“生手”，每日工资一角八分。实际上新手入厂后月余即可成为熟手，而日本工厂“生手”之期限竟延长至半年之久。此为克扣工资之又一方法。

中国工人在此种重重监视及剥削之下，更表现出其英勇沉毅的抵抗精神。梅世钧烈士事是其一例。梅为日本纱厂工人，曾参加一·二八抗日战争，彼身怀一参战纪念相片，被日人查出，施以殴打。但梅烈士工拳术，反将两日人击倒。该两日人吹警笛招

* 这是1936年11月16日下午，陶行知偕陆璀、梅翌强、陈其瑗到纽约《先锋报》报馆参观时，对报社人员的讲话记录。《先锋报》的报道中说：陶先生等四人“驾临本报，全体工作人员，均异常兴奋，竞前迎迓。”陶先生的讲述“浅白生动，听者忘倦。随有先锋排字工友询问救国战线之进展如何。先生云前途极为乐观。但联合阵线非一日所可成功。法国之人民阵线，交涉达二十八次。此种工作如添柴煮水，添柴不可间断，则冷水必有沸腾之时。”原载1936年11月21日纽约《先锋报》第3页。

来六七人，将梅烈士殴毙。全场工人闻讯大忿，然因侦探四布，彼此不能交谈。五六个工人乃在厕所中聚议，决定驱逐日人，占据工厂。此五六人出而号召，顷刻四千余人起来行动，厂中日人至此乃对工人作揖打拱，丑态百出，而工人之沉毅英勇，则可见一斑。

上海工人在极端困苦压迫之下，不断努力求学，以充实抗日知识。一日本厂女工每日由浦东来回渡江，复步行八里往工厂作工十三小时，回家先尚在补习学校读书一小时。工厂午饭时间，假得附近小学教堂，招集工人读书二十分钟。数月后此学习之工人中，有两人变为教员，因再开两班，共达一百五十余人。作教员之人，又另求学教读之方法。此种辗转传授，在上海工人中已成普遍现状。

抗日救国的民众教育提纲*

1. 何种义务教育可以救国？
2. 学校怎样办民众教育？
3. 学校教师怎样指导学生运动？
4. 师范生应受什么训练才能做现代的教师？
5. 什么是民众永久的力量？
6. 因爱国运动被开除的学生应怎样办？
7. 新文字。

---

* 录自手稿。系1936年11月16日草拟，为11月21日在哥伦比亚师范大学开设讲座的讲授提纲。题为编者拟。

对纽约全侨的演讲*

主席，各位侨胞：兄弟现在有两件事要先向诸位说。第一件是兄弟代表全国各界救国联合会欢迎纽约全侨抗日救国联合会加入本会。第二是兄弟和梅翌强先生与陆璀女士受全欧华侨抗日救国会的委托向诸位问安。

全欧华侨抗日救国会是九月二十日成立的，到有代表四百余人，经过情形非常之好，希望与美洲侨胞和国内同胞大家联合抗日。

今天我从中国来看诸位，大家讨论救国的道理。但是实行比谈论还重要。我希望大家将来来中国看我，我们在战场上相见，把日寇打出山海关，收复东北失地！

九一八至今已五年，拿手指一个一个来算已有五年！五年之中日本夺取了东三省、热河、冀东、察北，现在又要绥远、宁夏、甘肃、新疆、华北，一直到整个中国。

我们现在受这种空前的压迫，有什么路可走呢？

我们有三条路走！
一年三百六十五，

* 本篇系1936年11月22日下午在纽约华侨学校大礼堂举行的全侨欢迎大会上的演讲词。原载1936年12月8日纽约《先锋报》。

五个指儿数。
要想不做亡国奴，
三条路。

第一条路是经济抵抗。不买日本货，断绝日本经济供给。

一年三百六十五，
五个指儿数。
第一条路是什么？
宁可不穿裤，
不买东洋布。

第二条路是教育抵抗。教老百姓知道日本要亡中国，我们要救中国便要抗日。每一个已经有知识的人不要再读死书，而要教每一个工人农民明白中国一定要抗日。

一年三百六十五，
五个指儿数。
第二条路是什么？
不再读死书，
要教大多数。

第三条路是武力抵抗。这即是梅先生所讲的。

一年三百六十五，
五个指儿数。
第三条路是什么？
丢掉怨、恨、妒，
保卫绥远去。

有些人也赞成抵抗，可是要少数人包办。但包来包去便会只剩下一个大光棍，这是不行的。

人人都说要救国，
最是包办要不得。
包办包成大光棍，
光棍如何能救国？

既不要包办抵抗，便要大众起来抵抗。

救国救国又救国，
只有大众能救得；
大众一起联起来，
才能创造新中国。

大众起来便要大联合。

四万万人的公意掌舵，
八万万只手儿摇桨，
有祸同当，
有福大家享。
看啊！
前面来了一只怪船，
这分明是海盗来劫抢。
朋友们！
不要胡思乱想。
只对准着那只船冲去，
肃清了海盗再讲。

联合要防离间。

人人都说团结好，
东洋火把两头烧。
兄弟姊妹自相杀，
只见洋人哈哈笑。

联合要宽容，不要自己相杀，自己杀好了，日本人便来吃我们的肉。

人人都说团结好，
只有怨恨忘不了。
你杀我来我杀你，
亡国滋味要尝了。

不只要宽容，还要不猜疑，要坦白，不要你怕被我利用，我怕被你利用。一不坦白，一猜疑，你我便一步两步的离开，联合不成了。

人人都说团结好，
只有猜疑忘不了。
大家都怕人利用，
一盘散沙造成了。

人非圣人，必有错误。小错要互相原谅，大错就要好意的批评。被批评的也要接受批评，错则改之，不可说批评是破坏联合。要是大家一味马虎敷衍，便会弄成一团糟。

人人都说团结好，

只有批评受不了。
马马虎虎相敷衍，
结果只是一团糟。

联合要有中心。

人人都说团结好，
没有中心干不了。
请问中心是什么？
日本帝国主义先打倒！（全场鼓掌）

联合要解放大众。

人人都说团结好，
竹杠只对大众敲。
若想真正打东洋，
大众肚子要吃饱。

只是口讲联合，耳听联合，不是最好的联合。必定要做到在战场上联合，一面作战，一面联合，才是真正的联合战线。

人人都说团结好，
若不抗战联不了。
局部抵抗总动员，
一处起火处处烧。

现在什么地方在抗战呢？现在绥远正在抗战。所以我们要以绥远为中心，大家起来联合援助绥远。现在绥远的傅作义将军，从前他保涿州，粮尽弹绝，非常困难。有位教过他的先生叫他投降。他说："你从前教我的时候，没有教过投降这一科。"这是他十几年前对抗张作霖进攻的事。我曾有首诗赠他：

军人救国不要命，
不要命！
只有断头将军，
没有投降将军。

我相信傅将军这次一定会抵抗的。但是只是他一部分抵抗，即断头也不能收最后的胜利。我们必定要帮助他，帮他军火、飞机、金钱。有钱的出钱，有力的出力，帮助绥远！

我现在要问大家赞成物质上帮助绥远的，请举手！（全场一致热烈举手）

现在还有第二个地方在抗战，那便是上海日本纱厂中的五万工人罢工。

日本工厂压迫中国工人非常厉害。工人不许说话，不许读书，犯的便被开除。三十六个工人分两班轮流住一间房。这房内只能容下三层相叠的床铺十八个。每个房内有两个侦探监视。

不久以前有个在日本纱厂做工的工人梅世钧，他的姓就是梅兰强先生的"梅"，梅氏公所的"梅"。梅工友曾经参加一·二八抗战，留着一张军服的照片做纪念。这照片怀在身上，被厂中检查身体的时候查出。日本人说他当过兵，一定是捣乱分子。那时两个日本人，一个便一拳朝梅世钧打去。但是梅世钧是会打功夫的，便接住拳头把这个日本人拉倒在地。第二个日本人又一脚踢来，梅世钧又捉住他的腿把他扑通打倒。两个日本人趴在地上吹警笛叫来六七个日本人。梅世钧虽勇，可是敌不过这么多人，于是便被毒打而死。

梅世钧的死，不是一个人的死，他是代表中国四万万五千万人抵抗奋斗而死的。这种抵抗精神，就是中国复兴的精神。（全

场鼓掌）

上海工人，几次起来罢工示威为梅世钧报仇。此次五万人罢工，可以说就是同梅世钧报仇，把日本纱厂厂主赶出中国！这也是对日抗战。

现在罢工工人，无衣无食，也要全国的帮助。

罢工风潮，现已传到青岛、天津，这是经济抗日战争！

我现在要问赞成帮助上海工人抗日罢工的请举手！（全场举手，鼓掌）

现在时间不早，大家都很疲倦了，但是兄弟还有一件事不能不对诸位讲，那便是抗日救国的教育。我们在国内组织了一个国难教育社，同全国各界救国联合会、全国学生抗日救国联合会，定了一个教育老百姓抗日救国的三年计划。我们要请求大家对我们这个工作表示一下意见，来做我们的鼓励。我现在问大家赞成这一个国难教育的请举手。（全场举手，鼓掌）

附：陆璀对纽约全侨演讲词*

主席，各位亲爱侨胞：

小妹此次代表全国学生救国联合会到美国来，得和诸位侨胞见面，非常荣幸。在美侨胞抗日救国的热忱，素为国内民众所钦仰。这次陶先生和我到纽约后，目睹侨胞为援助绥军抗敌通电国内及踊跃捐款的热烈状况，使我们非常感动。如果全国民众都能像在美各位侨胞一样热心抗日救国，日本帝国主义的打倒是不成问题的。

我既然是代表国内学生出来，诸位一定希望我先把国内学生运动的情形报告，诸位一定已听到自从去年十二月以后，北平、

* 原载1936年11月28日和12月5日美国纽约《先锋报》。系1936年11月22日下午在华侨学校欢迎大会上的演讲。

天津、上海、杭州、汉口、广州各地学生风起云涌游行示威和下乡宣传，那到底是为了什么？很简单，因为我们学生和诸位一样，不愿做亡国奴，不愿做日本人的奴隶。为了不愿做亡国奴，所以不得不起来拼死的作抗日救国运动。

诸位，让我们先回头来看一看国难的情形。五年前的九月十八日，我们失去了东三省。东三省有三百万方里我们祖国的土地，有三千万我们亲骨肉的同胞。五年来，日本帝国主义的铁蹄踏遍了东北三百万方里的国土，日本帝国主义的毒手大量的屠杀着我们东北三千万亲爱的同胞。我们农民的土地被没收，工人失业，或则在最恶劣的条件下作日本鬼的牛马。我们的青年学生和知识分子被逮捕，受酷刑和屠杀。整个的村庄被炮火洗平。然而日本帝国主义拿了东北三省不够，又夺取热河，夺取热河不够，又进攻华北。从去年夏初起，就在华北造成所谓自治运动，阴谋变相攫取华北。

当时何梅协定的订定，中央军的撤退黄河以南，叫民众不能不怀疑政府已准备放弃华北，至少是河北和察哈尔二省是准备出让了。当时平津一带汉奸横行，丑剧百出。日本军队不断地增加，天空中日本的飞机结队地向民众耀武扬威，轧轧的声音把我们的耳朵都要震破。学校里的珍本书籍和贵重仪器连夜地装运南迁，钉箱装运的声音响彻深夜。到了这个时候，我们学生是感到忍无可忍了。华北有这么广大的土地，有六千万同胞，有我们亲爱的学校，中央即能放弃，我们学生亦不愿放弃。我们不愿我们六千万无辜的同胞沦为日本的亡国奴，我们就不得不起来，要求政府武装保卫华北，要求全国总动员来驱逐日本帝国主义出境。

这样，北平的学生就发动了十二月九日和十六日的两次大示威，参加人数总计在三万五千人以上。北平的天气又不比广东暖和，尤其是十二月里，那是简直冰天雪地寒风刺人，又加大批的军警拿水龙皮鞭刀背来对付学生，但学生仍勇往直前，毫不畏缩。在一二·一六的大示威中，因城门被军警关闭，城外的学生竟以最大的勇气和毅力，用身子把城门冲破和城内大队汇合。（略）在天津，学生结队冲日本租界（略）。上海的学生响应北平学生示威，往南京请愿，因路车被阻，路轨拆断，他们自己开车，一路自己修理车轨，在冰雪中整整艰苦奋斗了四昼夜（略）。广州学生举行大游行，给当局枪杀好几人（略）。其余杭州、汉口、南京、开封……各地学生都有同样行动。寒假中平津学生组织广大宣传队下乡宣传，一路步行，在乡村中一边走一边宣传了十四天（略），结果被军警武力解散才被迫返校。以后汉口、上海、杭州、广东、广西各地学生都纷纷组织宣传队下乡宣传。这唤起民众教育民众的工作到现在还是在继续着。

我还不得不向诸位报告，我们学生为不愿同胞作亡国奴，起来作抗日救国运动，目的是非常纯洁非常正当的，但因当局对我们不谅解，所以我们惨遭许多压迫和摧残。北平一地被捕去学生达二百人以上，有的上着脚镣，监禁在陆军监狱，关了二三个月才放出来。有一位十八岁的中学同学郭清，因热心学生救亡运动，被学校当局指名叫公安局捕去，在拘留所内重病未获医治而死。临死时他留下了一句叫人永不能忘的话：

“我是中国人，我要救中国！”

连看守他的巡警都感动到泪下。现在“我是中国人，我要救中国”这一句话已为全国学生以及全国民众抗日救国的中心口号。

现在全国学生已经为抗日救国而联合起来了，组织了全国学生救国联合会。广西全省和国内其他二十个中心城市都派有代表参加。（略）

有的人板着面孔教训我们学生“学生的本分只在念书，跑到街上游行示威干吗？”他们也同样教训商人“你们只要安分做买卖”，对工人农民说“你们的责任是做工耕田”，就好像国家大事，只关少数人的事，和我们毫不相干。但是天下太平时候，国家让少数人包办包办还不要紧，现在日本帝国主义已经把刀子搁到我们颈子上，国家亡了，亡国奴的滋味可得我们大家尝，因此我们是不得不管的。

要说我们学生只是胡闹了一阵子没有用，我们来看一看事实。自从北平十二月示威以后，全国各阶层的民众纷纷起来响应我们，各地文化界救国会、职业界救国会、妇女界救国会、工人救国会……如雨后春笋般蓬勃，那都是学生运动所引起的。这种种救国组织的勃起造成了全国抗日救国的高潮。现在日本进攻绥远，我政府之所以不得不采取强硬的态度，未始不是全国民众强烈的抗日救国要求和民众抗日救国的高潮所促成。而追溯这全国抗日救国高潮的形成，就不得不归功于去冬开始的学生救亡运动。

现在为了日本进攻绥远，和我绥方军队的英勇抗战，尤其中央方面的决心为绥军后援的表示，都显示着中日间非正式的大战——由局部战而爆发到扩大的全面战，就将到来。这就发生这样一个急迫的问题，要是中日正式战，我国有战胜的把握吗？

这就有各种不同的见解。有的人老是说，日本有多少飞机，而我们只有多少；日本的大炮口寸怎样大，我们的却怎样不及它；日本有多少坦克车，而我们……因此就归结到“我们万万打不过日本”。这种人是一方面把日本的武力估计得天般的高，一方面又迷信武力决定一切。这种人无以名之，名之曰“恐日派”或则是“唯武器论者”。

也有一种人和上面的一种人差不多，看去似进步了些，实际是半斤八两。他们说：“因为我们今天还打不过日本，所以我们还必须准备。”准备多少年才能抗日呢？有的说五年，有的说十年，有的说五十年。这种人我们名之曰“准备派”。准备充分的力量，那原则是对的，但我们却先得看一看事实，准备得要有时间。如果日本人能不急于进攻，我们也许还可以有时间来准备，但事实是日本人迫不及待的要吞并全中国，以完成他和西方的侵略者共同发动第二次世界大战的准备。九一八以来五年中日本已夺去我国土五分之一，去年起更加速度的向我全面进攻，使我们不要说从容准备，连喘息机会都没有。在这样的情形之下而谈准备，那只有亡国。

至于我们现在就和日本打，打得过打不过呢？我们敢说，一定打得过。第一即就日本的武力说，也决没有那些“恐日派”所估计的那么高。第二点，过去的事实证明，决定双方胜负的不只是单纯的军器力量的对比，而是在于民众的力量。这是尤其至要的一点。

这里有一位蔡廷锴将军的代表梅先生作证明。当初蔡将军领导下的十九路军在上海英勇作战的时候，很多人故意耸人听闻，说不出数天中国军队必败。结果呢，日本挟其二百架飞机，无数坦克车，和三倍以上的兵力，和我们的军队作战到一个月另六天，直到我们自动撤退，日本的军队不能夺取我军防地一寸。这表示了什么？这一方面表示了我军士兵作战能力的高超，一方面充分的表显了民众的力量。当十九路军作战的时候，全上海的民众都热烈的为十九路军后盾，全国各地的民众都热烈的为十九路军后盾。军队和民众的力量结合起来，这就组成了所向无敌的伟大的力量。

再讲东北义勇军。我们知道，在东三省的日本关东军，军器是何等的精良，装备是何等的充足。但我们东北的义勇军以最旧式的农民打鸟枪起来抗争，四五年来却已发展到十五万有组织有枪械（从日本军夺来）的义勇军队，叫日本鬼子的军队空有着飞机大炮，对他们无可奈何。这是为什么？因为东北义勇军是和民众结合起来的武力，是有三千万广大民众做后盾，因此就造成了摧毁不倒的铁军。

而且，诸位，我们的军队是为保卫祖国而战，军心是越战越旺的，日本的兵却是为少数人作牺牲，所以大多数毫无斗志。在上海战争中，很多日兵不愿战，要归去，给上级军官枪毙。在东北，日本军常常喝酒，酒醉后，痛哭的表示想家，不愿在中国的东北为他们本国军阀作牺牲品。在日本军队里面，反战的情绪是潜伏得很厉害的，一等机会就会爆发。我们的军队是越战越军心坚固，日本的军队是越战军心越涣散，这是有事实证明的。

为了时间关系，不能再详细地说了。还有一点很重要，那就是在将来持久的中日战争中，我们必须采取游击战术……（略）这种战术在东北义勇军方面已收了很大的成效，我们只要能充分的发展这种游击战术，我们是一定有胜利的把握的。

在现阶段上，还有两点非常重要必须着重指出。最后关头已到，必须立刻动员全国一面在绥远抗战，一面在最短时间内完成全国作战的准备。为了达到抗日战争一定的胜利，我们国内已决不容许再有任何方式的内战。我们决不能一方面打日本，一方面自己还打自己。我们决不能在大敌当前的今日，还消耗一粒子弹在对内的战争上，必须立刻把所有的军队都联合起来，枪口一致抗日，这是第一点。第二，上面已说过，我们要抗日战争的胜利，必须使民众的力量和武力结合起来！这就得动员全国民众，组织民众，并尽可能的武装民众。这样，最后的胜利就一定是我们的。

诸位，绥远已经在抵抗了，中央也决心援助了，这是多么叫人欢欣鼓舞的事。但是我们不能忘了，绥远东北还有我们的东三省，我们的热河，这二百余万方里的失地还在敌人手中，我们单单防守绥远还不够，还应该乘此机会，向东北出兵，收复我们失去的土地！

海内外的民众，联合起来！政府能不能够贯彻到底，能不能够不止于防守绥远而且能出兵收复失地，全看我们民众有组织的督促力量如何。我们要赶快团结起来，为抗日战争的后盾，收复失地，打倒日本帝国主义！

十二月运动一周年纪念*

这一年的奋斗经验告诉我们说，我们民族解放运动的路线，是正确的。中国的唯一生路是立刻抵抗日本的侵略。要想保证抵抗的胜利，必须联合各党各派一致行动。这联合的第一步是停止内战，武力统一的迷梦必须打破，安内必先攘外。要使愿意抗日的力量都有机会发挥，则不必去安内而内自安了。有人要想把抗日救国的力量一起压到地下，则到处成了地雷，什么时候，什么地方会爆发起来，谁知道？这次西安的事件是最不幸，但我们要避免同样事件以后之发生，必须大开抗日大门，使有力量抗日之人都有用武之地。换句话说，唯有采取全国各界救国联合会主张，方能避免内战，把枪杆一齐对外，以保障中国主权领土之完整。

最后，我要说的是上海抗日救国七领袖之被捕。当绥远孤军御敌的时候，七领袖正在筹划援助傅军，忽于十一月二十三日被捕。现在查明七位先生是沈钧儒、章乃器、邹韬奋、王造时、史良、沙千里、李公朴诸先生。他们当中三位是律师，两位是教授，一位是银行家，一位是主笔，他们纯粹是爱国分子，都是中国不可多得之人才。正在国难当头的时候，偏偏要把救国的领袖

* 原载1937年1月2日纽约《先锋报》，标题后注明“接续上期”。经几次查找，尚未找到载前部分的1936年12月26日的纽约《先锋报》。这只是全文的后半部分。

拘禁起来，实在是不能叫人理解。东北军每一人都要打回老家去，他们的血都沸了，为什么一定要强迫他们移到福建去，使得他们感觉无路可走，只得铤而走险？

全国都是抗日分子了，捉去七个人有何用？全国的军队都是抗日斗士，消灭东北军有何用？为保存抗日救国的实力起见，我希望政府毅然放弃武力安内的迷梦。我们必须使四万万人的抗日力量有出路，那末这力量才不致成为自己炸自己的炸药。倘若固执成见，将错就错，那么西安一类的事件，上帝也难免，并且恐怕是愈演愈近，从自己的圈里炸出来了。这于谁都不好，只是便利了日本的侵略者。如果联合起来，于大家都好，只是于侵略者不利，我们为什么不干呢？

现在，我要在这一周年纪念的日子，纪念为中国民族解放运动而死的斗士，特别是郭清、梅世钧、鲁迅三先生。郭清先生是一位中学生，死的时候说："我是中国人，我要救中国。"我愿中国人都听清楚这一位青年的遗嘱。梅世钧先生是日本在上海设立的大康纱厂里的一位工友，他是和日本工头奋斗而死的。他那奋斗到底威武不屈的精神，是我们争取国家自由平等之必要条件。鲁迅先生是中国民族大众解放的导师，我们要遵照他的指示，拿着真理的火把照着整个民族向前进。我们要踏着诸烈士的脚迹，拿铁和血来铲除我们的敌人，并创造出一个自由平等的中国。这样才是真正的纪念日。

纽约时事谈话会讨论西安事变及抗日救国*

纽约　自从西安事变发生后，关心国事者，无不尽力探讨这事变之内容，与祖国救亡运动之前途。十二月廿七日下午一时，在纽约时报方场南京楼举行时事谈话会，不期而会者，有陶行知、陈翰笙、胡秋原、周培源、冀朝鼎、梅翊强、陈其瑗、吕超然、陈光润、左敬子、余辛日、赵千里等十余人。兹将各人谈话述下：

△陶行知先生：今天是一个茶话会，请大家根据自由讨论精神，交换一点关于时局的意见。我们一方面要说自己心里要讲的话，一方面要尊重别人不同的意见，使大家彼此多一些了解。西安事变发生后，大家都很担心，恐怕内战爆发。现在蒋先生放出来了，内战的危险暂时可以避免，但前途暗礁正多。怎样可以消除内战，怎样可以把日寇驱逐出中国，请大家开始讨论。

△冀朝鼎先生：现在外交政策应当以整个救国政策为根据。绥远抗战成绩很可使我们乐观。南京外交部拒绝日方一部分要求，亦是好的。西安事变以前，全国视线是集中在抗日问题，尤其是绥远抗日问题。西安事变一来，全国视线转移到内部问题上去。现这事变解决，我们在对避免内乱的结果表示满意之下，应当尽力使全国视线转回到抗日根本问题上去。我以为日本一方面

* 原载1937年1月2日纽约《先锋报》第1—3页。

内部政潮有困难，一方面欧洲外交最近对日不利发展，如果中国现在停止绥远抗战，采取苟安的政策，那末我们会上日寇的大当。因此全国上下现在应当集中力量继续绥远抗战，乘胜前进，取消非战区伪政府，收回冀察已失的权利，并准备进一步的恢复东四省失地。所以，我以为绥远问题是目前抗日救国的一个中心问题，我们应当使全国视线，集中在进一步发展绥远抗战的问题上去。

△陈光润先生：西安事变之解决或对时局有一种转机，蒋张想已有默契。南京对张之第一、第二条件，抗日及收复失地，当有接纳之可能，至于第三点容共，想南京还要考虑。大概联合战线比较以前更有希望。

△胡秋原先生：和平解决，是最好的；因内战避免了。但我希望，蒋张默契是建筑在救国的志愿之基础上。西安事变后将是中国转变之关键。事变发生原因，虽然是很复杂，可是主要的原因，是南京政府和蒋先生的政策和中国人民的意志，有些距离。西安事变能和平解决，是很好的。可是如果没有治本的方法，虽然目前一时高兴，但是同样毛病或类似的毛病，还是会发生的。何况日寇的威胁，还在面前呢？治本就是要对日抵抗，对内保障人民爱国自由。全国人民应要求政府对外抗战，对内开放民权。

张学良的动机如何，及他有否资格提出他所提的抗日要求，我们暂且不管。可是张氏的要求，是中国人民的要求。我们不以人废言。反之，即令张氏放弃了这些要求，中国人民还是要实现这些要求。

如果政府能改变政策，那末便是新中国之开始。不然，只是蒋张合作，而政府之一切政策如故，则西安事变不但是笑话，是中国之耻，并且中国前途更未可乐观，所以中国人民应要求政府改变政策。

还有一个严重问题必须注意的。日寇对中国的军事进攻，引起中国人民的反抗和列强的反对，因而引起日本政治之不安定。

西安事变中，日本对我政府表示好意，也有更大的阴谋，也许日本以后要用更巧妙的政治、经济方法来掩护军事进攻。而这也会使政府中若干领袖发生一种幻想，以为中日问题可以和平解决，而实行中日经济合作之类。所以一方面，西安事变之和平解决我们应该欢欣，他方面我们更应加倍努力，揭破日寇阴谋。

△陈其瑗先生：有些人以为西安事变之解决，是个人威信问题。但稍加分析，便可看见蒋先生之得释，多半由于（一）多数人不满意于张学良之扣留手段，虽然他最初所提的抗日要求如何正确；（二）全国人民不愿内战，同时各方面军事领袖，如广西李、白，山西阎锡山，山东韩复榘，河北宋哲元等，亦表示不愿参加内战。

这个惊动中外的事情，能够得以和平解决，这是不幸中的大幸。但是政府当局，在西安事变教训后，而仍不彻底转变过去误国政策，那末，对于民族解放和联合抗日运动的前途，是很不利的。刚才有几位已经谈过，政府对内和对外政策都应当改变。可惜现在，政府还是宣布对外政策不改变。对内政策方面，还是不肯释放七位救国领袖和九七老人马相伯先生。至于“剿共”一节，政府如不停止这民族自杀的内战，如何集中力量对外呢？须知这次西安事变之得和平解决，是由于全国人民一致对外，停息内战的要求所致，试看各地迎蒋游行之际，群众都有高呼“打倒日本帝国主义”和各样的抗日口号，这便是一个明证。我们赞成南京政府和蒋氏对张学良采取和平宽大的政策，但同时我们要求蒋氏对全国人民爱国运动，也要采取和平宽大政策，对全国各救国党派与爱国领袖，也要采取和平宽大政策。因此，我们要继续忠告政府从速彻底改变外交及内政政策，停止“剿共”及一切内战，开放民众抗日爱国自由，特别是要释放全国各界救国联合会的七位领袖及马相伯先生。

△左敬子先生：陶先生说要知道学生方面意见。可是我所说的，还是个人意见，并且与其说是意见，还不如说几个疑问而

已。事变一步一步的发展，错综变化，真使人摸不着头绪。张之动机不必多论他，张之主张是不是对的呢？如果是对的话，何不坚持到底呢？如果说他的提议内容是不对的话，为何今日在座诸先生说他是能代表全国民众的要求呢？西安事件的结果，蒋张好像是释嫌互相联合了！我们还弄不清楚，他们是表面上的混合，还是能真正“真诚团结”呢？

一月三日纽约中国学生抗日会时事讨论会开会，互相交换意见，题为“什么叫做联合战线”，由陶行知、胡秋原二先生演讲。这会下午四时至六时在大同公寓举行，务望对这问题有兴趣的人，出席参加讨论。

△梅翊强先生：西安事变这样解决，避免了内战，是全国人民要和平及要抗日之结果。所以无论西安事变怎样解决，中国人民是要继续抗日，才可以救国。因此我们要使华侨方面，把视线转回到抗日问题上。同时使政府知道如不抗日，人民总不满意的。政府要使人民满意，只有抗日。

△陈翰笙先生：我有两点意见。第一，所谓中日经济合作，这个政策就是日本武力侵略的目的。绥东战事以后，日本财阀很多反对以武力侵略而赞成用外交手腕。东京外务省亦以打仗太危险，不满于关东军之粗莽行动。日本有政治头脑者多主张利用中国亲日派，一步一步的用外交方式来侵略。原来打仗并不是日本的目的，以经济合作之美名，来灭亡中国，才是日本的目的。我的意思，我们不可因军事暂时缓和，就忽略外交方面的重要。第二，我是绝对赞成统一而抗日的。但中央政府及冀察政委会内均有抗日的人，亦均有不抗日的人。现在政府内有参加过“五四”运动的人物，亦有被“五四”运动所打倒的安福系人物，有参加“三一八”运动者，亦有被“三一八”运动所打倒之政学系。同一政府内，不能有抗日的和不抗日的人。既是统一，就必抗日。既是要抗日，就不能包容亲日派之政学系及安福系。我想大家所谈的联合抗日战线，决不应联合政学系。中央政府今日只有先从

肃清“知日派”之政学系及安福系开始，才能表示抗日的决心。

△周培源先生：我今天参加这会是偶然的，遇见老朋友冀先生，他便请我来参加。在座诸位，好几位是我所久仰的。我是学科学的人，对于政治是门外汉，所以只发表一些普通意见。现在最大问题是抗日，其中有三件事情，我要提出请教。第一件是军事指挥统一的问题，第二是怎样联合政治战线，第三是如何拒绝经济侵略。这三件事情有连带关系的，譬如不武装抵抗，则中国政治战线无从联合起来，而日本之经济侵略，可以步步进展。抵抗则政治联合可以成功，而“中日经济合作”亦可打破。武装抵抗要有准备，无准备固难抵抗，但准备太久了，亦是不行的，因为我有了二千架飞机时，日本就有一万架飞机了。我们知识界中人，应当设法促进政府实行积极抗战政策。

△赵千里先生：西安事变，与其“张大其词”说是抗日救国问题，不如说是张学良个人的问题。我刚才听到各位批评中央的政策，但中央亦有他的困难地方。如果中央动员抗日，其他方面会不会和中央合作呢？共产党红军会不会乘机在后方打起来呢？因此联共的问题，中央是不得不考虑的。还有抗日需要统一，因此，在中央之外另立政权，这是很不好的。

△吕超然先生：西安事变问题，吾人在报章上已发表许多。现在中国无论什么，政府只有抗日才能得民众拥护。不然，就是由天降下来的上帝组织一个中国政府，苟不抵抗日寇，亦不能存在。蒋政府若不根本上改变他的政策，他的政权必不能维持下去。中国今后只是一条抗日的路。否则，第二第三的西安事变，难保不继续发生，国家前途就不堪设想了。在华侨方面，只希望中国富裕，对于任何党派皆不抱成见。不管甲党也好，乙党也好，只求中国富强，不问其他。不过对于某党当权做得不好，当然会不满意，就希望别一党上台。华侨这种意见，差不多和陶先生的意见一样，亦可以说与全国民意没有分别，现在只可用民主好方法来召集一个救国会议，来解决一切国家问题，抗日救国问

题也包括在内。

△余辛日先生：西安事变是不是完全“张学良个人问题”，如刚才赵先生所说呢？这是值得商榷的。我以为张氏的扣留手段，吾人固不能赞同。可是西安事变并不是简单的张氏个人阴谋，可从下列诸点看出：（一）事变之初，张氏提出三大抗日要求来号召，这并不是偶然的，这是因为这些要求是东北军和全中国人民之要求；（二）广西军政领袖表示拥护中央，但同时要求抗日；（三）中央军杨虎城部亦拥护张氏抗日要求。因此当局在西安事变幸而和平解决之后，应该学得这事变的教训，顺从民众抗日要求，根本改变过去政策。

刚才赵先生说中央如动员抗日，怕其他方面不合作。这亦是值得研究的。自从宁桂事件和平解决以来，中央曾宣布已经得到统一。广西李、白表示拥护中央，他们所要求的只是抗日。中央如欲试验李、白是否诚意，最好中央自己采取对日抗战政策。当中央对日抗战之时，李白如不合作，则全国人民必拥护中央而反对李白。至于赵先生所说“共产党红军会不会乘机在后方打一下”的问题，我最近看见毛泽东先生致全国各界救国联合会的信中说：“我们无论何时也不会进攻南京中央军或其他军队，如果他们不向我们进攻，不阻碍中国军队抗日的话。”他又说“如果南京中央军或其他军队实行抗日或不压迫群众爱国运动，我们准备以自己一切力量诚恳的帮助他们。”共产党力量是基于民众之上，因此该党的言行是不能不一致的。同时中共领袖王明先生在《为独立自由幸福的中国而奋斗》论文中，有以下明显声明：“中国共产党赞成建立统一的中华人民共和国，赞成召集用普选权选举出来的全中国的国会，赞成组成全中国统一的国民政府。”我相信各党派与全中国人民现在所要求的，只是要求政府开放民权，集中全国各党各派各民众领袖，来按照对外抗战国防，对内和平民主的原则，来扩大巩固和统一中央政权，决没有人主张排斥南京政府而号召另立政府。共产党方面既已有放弃旧仇宿恨联合抗日之光明态度与坚决行动，南京当局还有什么理由不停止“剿共”，实行国共合作和实行与各党各派联合救国呢？抗日需要统一，这是对的，可是统一必须在对外抗战和对内民主中求之。国难严重至此，我们很希望南京当局能以民族利益为重，根本改变对内对外的政策，特别正在西安事件得以和平解决之后，我相信政府当局现在再无理由来进行任何内战，而应当与民更新，实行对日抗战的政策了。否则适中日寇“以华制华”的毒计，陷国家民族于万劫不复的惨境！

△陶行知先生：抗日是中国的唯一出路，这是大家公认的。肃清政府内亲日分子，是很对的。我们不能和亲日者联合。在抗日联合中，国共合作是很重要的，为国民党起见，为共产党起见，为中国民族起见，国民党与共产党应该合作。大家都要抗日，为何还不停止剿共呢？这是一个具体的问题，我们应当在具体的问题上，发挥联合抗日的原则，我们要在抗战上求联合。绥远抗战不应随便了结，而要全国动员的来保卫绥远，再进而收复失地。

日寇在冀察的中日经济合作，即是经济侵略之毒计。我们必须反对中日经济合作，以施行经济抵抗。中国抗日运动必须四管齐下：（一）军事抵抗，（二）经济抵抗，（三）文化抵抗，（四）政治抵抗。

召集救国会议，树立真正的民主政治，当然是负有国防责任，政府不用怕人民，因为这就是人民的政府。我们要一个救国会议，树立一个真正民主政府，来保障中国领土之完整。

对于七位救国领袖被捕，也是一个具体问题，要在这上面发挥我们的原则。政府如释放抗日志士，人民对于政府亦能增加信仰，这事不能放过。我看见中国报纸，上海市对于七位领袖加以莫须有鼓吹“阶级斗争”之罪。我可以绝对保证，这七人不会这样的。我和他们态度一样的，我们是鼓吹民族解放斗争，而绝不鼓吹阶级斗争。我们应该注意此点，政府应该释放救国犯。

△陈其瑗先生：我想补充一句，我们对九七老翁马相伯先生，亦要特别注意，要求政府立即释放。

△陶行知先生：吕先生提议要把谈话发表，赵先生说不好。我以为我们不必采用决议。大家的意见，很多有宝贵的价值，可是有哪一位不愿把谈话发表，可以立即通知记录。

1937年

陶行知、陆璀共同募捐启事*

自一二·九学生运动以来，我中华民族联合抗日运动，日益蓬蓬勃勃，在全国规模上积极开展。迨去夏全国学生救国联合会及全国各界救国联合会相继成立，整个运动更有长足之进步。现国难益急，救亡工作迫切万分。联合会自当群策群力，艰苦奋斗，然因工作之艰巨，常感经济之困难。行知、璀受全国各界救国联合会及学生救国联合会之委托，由欧至美传达国内救国运动之消息，并与侨胞交换抗日救国意见，同时亦望能酌量筹募捐款以应急需。现虽遭七领袖被捕之不幸事件，但一切救亡工作仍在积极进行，唯工作千头万绪，在在需款。行知、璀等感侨胞救国之热忱，愿为将伯之呼吁。捐款用途如下：一、推行国难教育。二、推广救国运动宣传。三、营救救国运动中被捕或被压迫之民众。四、慰劳参加救国运动中被难同胞。为侨胞交款便利起见，敬托纽约公报、纽约商报、先锋报代收转交行知、璀共同签发正式收据。汇齐后汇交全国各界救国联合会及全国学生救国联合会，同时将捐款人台衔及捐款数目登报公布鸣谢。我海外侨胞对抗日救国运动素抱极大热忱，对全国各界及学生联合会之请求，

* 原载1937年2月6日纽约《先锋报》第3页。后有编者按语：“陶、陆两代表这个为国内救国联合阵线的呼吁，定能得海外爱国侨胞的同情。本报对于两代表代收捐款的委托，极乐意接受。望本报读者本其素日救国热忱，踊跃捐助。”

谅蒙一致赞助。深望各界侨胞解囊乐捐或代为转募，数目不拘多少，总期集腋成裘。如蒙乐助，不胜盼祷。敬致民族解放敬礼！

全国各界救国联合会代表陶行知 鞠躬
全国学生救国联合会代表陆 璀 鞠躬

中华民国二十六年一月廿八日

陶行知、陆璀鸣谢启事 *

行知、璀自代表二救国联合会开始募捐后，承各方侨胞踊跃乐助，不胜感谢。截至四月底止，共收到美金466元。兹将第一批捐款人芳名及捐款数目，先行公布并致谢忱！

陶行知、陆璀同敬启

廿六年五月一日

* 原载1937年6月12日纽约《先锋报》。捐款人名单及捐款数目此处从略。

大众教育方针*

中国过去教育走错了路，只造成了新旧书呆子，致整个中国成为书呆子之国家。过去中国有两种人：一是头大手小，一是手大头小，两者不相调和。今后中国教育，应使头脑与手足两者相联盟，用脑同时使用手足，平均发展。教育虽在造成一个人之自立，但仅造成个人之自立尚不足，必须使自己自立以外，同时教育大众，共同负起国家社会的责任。大众之事，自己固然应该去做，同时应该唤起大众去做。只求个人富贵，不管大众的事固然不可，大众之事，想由一己包办亦不对。青年在学校的时候，除了教育其自立之能力以外，同时须培养其教育大众，与大众共同负责，不要存包办之思想。此即中山先生唤起民众之意思。能如此，国家一定能复兴。日本帝国主义一定可以打倒。建国中学创立之宗旨（即："除奉行总理之三民主义遗教外，并厉行爱国教育及生活教育。"——编者抄注）极其正确，愿依大众教育之方针努力。

* 原载1937年8月16日旧金山《少年中国晨报》第4页。系1937年8月15日出席中国国民党驻美国总支部主办的建国中学校开幕典礼的演讲词。

War in China*

1. What is Japan?

2. To what extent is the Japanese people exploited?

3. Will Japan stop her aggression on China?

4. What is in the population pretext?

5. What is in the anti-communistic pretext?

6. What is in the sending civilization China? China's past, communism pretext?

7. What is the significance of the Si'an event?

8. What part does the communist party take in the present fight?

9. What part do the capitalists take in the present fight?

10. What part do the women play in the fight?

11. How long will the Chinese resist?

12. What are the terms of peace? Manchuria?

13. How to guarantee our success in resisting?

14. Can China be other than a democracy?

15. Can the war forced upon China be confined to China?

16. To what extent will Great Britain help China?

---

* 这是1937年11月21日陶行知在多伦多三次集会上的演讲内容，现根据英文手稿第一次刊出。中译文是根据全集第10卷主编庞曾潄的译文校订，题目是编者拟。

17. Can Canada help China?

18. What is the condition of the Chinese minority in Canada and how can you help them?

附中译文：

与中国抗战有关的十八个问题

1. 日本是怎样的国家？

2. 日本人民被剥削到什么程度？

3. 日本停止对华侵略吗？

4. 以人口作托词的用意何在？

5. 以反共作托词的用意何在？

6. “向中国输送文明”和以中国的过去、中国的共产主义为借口的用意何在？

7. 西安事变的重大意义何在？

8. 中国共产党在抗日战争中的作用是什么？

9. 中国资本家在抗日战争中的作用是什么？

10. 妇女在抗日战争中的作用是什么？

11. 中国人民将能抵抗多久？

12. 和平的条件是什么？仅仅是满洲里［指中国东北地区］吗？

13. 如何保证抗日战争的胜利？

14. 中国除民主外会有其他出路吗？

15. 强加于中国的战争是否仅仅限于中国？

16. 英国援华将达到什么程度？

17. 加拿大如何援华？

18. 中国人在加拿大的处境如何？你们能怎样帮助他们？

Chinese-American Friendship *

A

1. Chinese-American friendship.

2. Chinese democracy periled.

3. Smoke screens.

(1) Over population;

(2) Prevent Communism;

(3) Non cooperation;

(4) Sending civilization.

4. Imagine China's situation in terms of the U.S.A.

5. Chinese unified resistance. Women, children, farmer all arise.

6. The role of American people:

(1) As a signatory to the 9 power treaty.

(2) As a trader.

(3) As a democratic people.

(4) As a society. A true friend understands China, inter prate China help China support China by supporting the society.

* 这是陶行知1937年11月26日在美国中国人民之友社的演讲提纲，英文根据手稿第一次排印，中译文是在庞曾漱译文的基础上校订的。

B

1. Under-standing New York Times Shanghai Correspondent Abend, under trained soldiers. To save domestic and international face. Life and death struggle! Liberty and slavery struggle!

2. Upholding the treaty.

3. Embargo.

4. Boycott.

5. Positively aid China by aiding the society.

6. Darkness before dawn! Bleeding attendant the birth of a new life.

C

1. Falling of green leaves on Mother Earth.

2. Running of a snake through grasses.

3. Singing of silver.

附中译文：

中美友谊

（一）

1. 中美友谊。

2. 中国民主处于险境。

3. 战争烟幕的借口。

（1）人口过多；

（2）防止共产主义；

（3）不合作；

（4）输送文明。

4. 请美国设身处地想想中国的处境。

5. 中国人民团结一致抗日，妇女、儿童、农民都行动起来了。

6. 美国人民将发挥重要的作用。因为它是：

(1) 九国公约签字国之一；

(2) 一个贸易伙伴；

(3) 具有民主的国家人民；

(4) 一个真诚友好、明了中国、理解中国、帮助中国的社会，通过支持这个社会来支持中国。

(二)

美国人民如何发挥作用?

1. 像《纽约时报》驻上海记者阿本德那样理解中国的战士：未经充分的训练，为了拯救国内和世界和平，他们面临生与死的搏斗，自由与奴役的搏斗。

2. 支持九国公约。

3. 禁运军火去日本。

4. 抵制日货。

5. 积极援助，通过援助社会援助中国。

6. 黎明前的黑暗，一个新生命必将伴随着流血而诞生。

(三)

1. 绿叶飘落在祖国大地，

2. 潜伏着的危机正在显现，

3. 终将听到银铃般的歌声。

Chinese Culture *

(Chinese culture from a teacher's point of view)

1. Culture as fruits of work. Hands make the brain and create culture.

2. The hands that produce culture or make culture possible are deprived of the fruits.

3. Chinese and western cultures meet.

4. In the whirlpool of great changes.

(1) Rediscovery of the hands for the scholars.

(2) Rediscovery of the heads for the farmers and workers.

(3) Rediscovery of culture as a means to further emancipation instead of as a toy to play wish.

(4) Rediscovery of culture as a common appreciation by all who participate in its creation rather then being enjoyed by a few.

(5) Rediscovery of culture as a basis for further creative efforts rather than as something created once for all.

---

* 这是陶行知1937年11月26日晚8时在纽约市布鲁克林第七街（Brooklyn Academy of Museum）讲演的《论中国文化》。讲演以后与会者在讨论中用哲学的观点议论了有关问题，事后陶行知整理为40个问题记在《衔备忘》13—093—094—095—096以及13—089上。英文是根据手稿第一次刊用，中译文是庞曾漱译，题目为编者所拟。

附中译文：

论中国文化

（一个教师关于中国文化的观点）

一、文化是劳动人民的成果，双手造就了大脑，从而创造文化。

二、使文化成为可能或产生文化双手，文化果实被剥夺。

三、中国文化和西方文化的融合。

四、在时代伟大变革的漩涡中：

(1) 为学者们重新发现双手；

(2) 为工农重新发现大脑；

(3) 文化的重新发现是进一步解放的工具，而不是可供游戏的玩具；

(4) 文化的重新发现是为供一切参与创造文化的大众共同欣赏，而不是只供少数人享用；

(5) 文化的重新发现是进一步创造的基础，创造不是一次就了事的。

中国的政局*

1. 民众运动未开展
2. Air forces
3. Chiang's determination
4. Wang's connection
5. Democracy
6. Severing of diplomatic relations
7. Russia's policy
8. Shanghai as an economic boomerang
9. Usefulness here or return
10. Mrs. Sun and Chiang coming
11. Four power's pact
12. Embargo now

附中译文：

中国的政局

1. 民众运动未开展

* 这是1937年11月29日或12月1日陶行知撰写的英文论文提纲，这里根据手稿第一次排印。中译文由田明远译。题目为编者所拟。

2. 中国空军的力量

3. 蒋介石的决定

4. 汪精卫的关系

5. 民主

6. 外交关系中断

7. 苏联的政策

8. 上海如同经济上的回飞镖①

9. 利用上海或退出上海

10. 宋庆龄和蒋介石相互关系的变化

11. 四强公约（英、美、苏、中）

12. 从现在起禁运军用物资给日本

注释

① Boomerang, 回飞镖　飞去来器，澳大利亚土著使用的一种结实的木棒，有一定曲线，如不打中目标，可飞回原处，一般用以类比自食其果的事例。

Place of Education in China fight for Liberty *

1. Collective Security

a. Imperialists do not want collective security. They want individual security.

b. International security makes war impossible by preventing neutrality to war makers.

c. Without collective security by Franklin you will not have American liberty.

d. Make your government listen to the people constitution right, revolution.

2. Oxford Pledge

a. Evasion from reality.

b. Chinese do not sign.

（1） Fight for our liberty.

（2） Fight for others' liberty.

---

* 这是1937年12月28日下午陶行知出席美国学联开会时在纽约州东南部的Poughkeepsie（波基普西）的演讲。现根据手稿第一次刊出，中译稿出自庞曾漱。牛津誓言是美国学联在美国密西西比州北部城市牛津（密西西比大学所在地）发表赞成美国保持非交战国的中立地位的声明。纽约教师联盟也以1800票赞成、40票反对，通过了类似赞同美国保持非交战国中立地位的决定。针对以上情况，陶行知宣传集体安全以改动中立法案。第二天他还向一个与会者祝贺22岁生日时说："牛津誓言将还给牛。什么时候我将说：我们能抓住纳粹狐狸，把法西斯主义关进箱里，将日本的天花瘟疫隔离。"

Let the Neutrality Act go to the Neuter gender!

Let the Oxford Pledge go to the ox!

附中译文：

教育在中国为自由而斗争的意义

（演讲提纲）

1. 集体安全

a. 帝国主义者不顾集体安全，他们只要个人安全。

b. 防止对战争罪犯采取中立态度，国际安全才能使战争成为不可能。

c. 没有罗斯福总统的集体安全政策，也不会有你们美国的自由。

d. 使你们的政府倾听人民的呼声，这是宪法的权利，革命的权利。

2. 牛津誓言

a. 牛津誓言逃避现实。

b. 中国人不会在中立法上签字：

（1）誓为我们的自由而战！

（2）誓为他人的自由而战！

让中立法案滚到中性动物一边去！

让牛津誓言滚到牛那儿去！

Pet-ti-coat *

You claim yours to be hero
But bow to China's foe
By order to retreat
You let mountains and rivers go

My petticoat is fit for you
Let women face the foe
Give us your uniform
Toward the battlefield weep

Pet-ti-coat says:
What makes you think so
The North has lady Lee
Down South is maiden Ho

* 针对当时美国出现中立主义思潮，陶行知在向美国学联作了演讲之后用英文写了Pet-ti-coat和Wave两首诗。Pet-ti-coat系根据何香凝1935年《为中日战争赠蒋介石及中国军人的女裙有感而咏》诗的第二次改写。1935年何香凝把自己的一条裙子寄给蒋介石，并附诗一首，强烈地鞭挞了蒋介石的卖国行径。1936年5月3日何香凝在广州告知陶行知，陶并抄录了这首诗。第一次改写是1936年9月22日在巴黎。英文是根据手稿排印，中文系庞曾漱译，末段曾由田明远校阅。这首诗也列入陶行知1938年撰《出国纪事》目录中。

Then China's Joan of Are
Whose name is Miss Lu

With pet-ti-coat
They have fought foe
What a disgrace
To let me go
Leave the heroine
And go to the wavering hero
No
No
No

附中译诗：

裙　子

你声称自己是英雄，
却向中国的敌人卑躬屈膝。
借口下撤退令，
让大好河山沦陷。

我的衣裙正合你身，
让女人们面对敌人。
把你的军装给我们吧，
我们要奔向战场杀向敌阵。

衣裙说：什么使你这样想？
"北方有李女士，①
南方有夫人何，②

还有中国的贞德，[3]
她就是小姐陆。”

穿着裙子，她们已在和敌人拼搏。
让女人去战斗，多丧失体面！
让女英雄去冲锋，自己做个动摇者？
不！
不！
不！

注释

① 李女士　冯玉祥夫人李德全。
② 夫人何　廖仲恺夫人何香凝。
③ 中国的贞德　陆璀。

Wave*

They rule the wave
They will not be slaves
Forgetting others' liberty
They make slaves

Slaves are human beings
They are not bulls
When time comes
He will want the rule

附中译诗：

波　浪

他们统治波浪，
他们不做奴隶，
若忘记他人的自由，
他们就制造了奴隶。

* 这是陶行知1937年12月28日向美国学联演讲后写的两首诗之一。按英文手稿排印，庞曾漱译成中文，原无题，题为编者所拟。

奴隶属于人类，
他们不是牛群，
一旦时机来到，
他们就会动摇统治。

1938 年

Toronto Again *

(Last Verse)

That art is best
That gives soul's range no bound
Something to the beside the form,
Something beyond the sound.

附中译诗:

重返多伦多

(末段)

艺术最美好,
激起心灵无限波涛。
形式不拘　无边无际,
非形非声诉奥秘。

* 英文写于1938年1月18日，诗前用英文写了《柯克兰湖》，诗后写了“多伦多艺术陈列馆亚瑟—希斯默”字样，可能是《柯克兰湖》的作者。根据手稿排印，中译文系庞曾漱译。

Lecture *

1. Koreans will have the final say
2. Manchuria
3. What Canada can do
4. Excuses
5. Possible outcome
6. Guarantee of interest: Honesty
7. Form of government: Democracy
8. Removing Japanese made label
9. Incident
10. Guerrilla affair
11. Position of Hongkong

附中译文：

演讲提纲

1. 朝鲜人民将获最后发言权

* 这是陶行知1938年4月1日在加拿大萨斯喀彻温省里贾纳市写的第四次提纲手稿。分别在加拿大俱乐部、CKCK电台、师范学校和市政大厅，根据不同的对象选择其中不同的题目演讲。其中第九条的事变指"卢沟桥事变"。中译文系庞曾漱译。

2. 满洲问题（中国东北）

3. 加拿大能做之事

4. 借口

5. 可能的结果

6. 权益的保证：忠诚

7. 政府的组成形式：民主

8. 撤去日本制造的商标

9. 事变

10. 游击队事件

11. 香港的地位

游击十六字诀*

贼进我退，
贼停我扰，
贼避我攻，
贼退我进。

* 陶行知于1938年4月19日于温哥华写在《衔备忘》上。这里根据手稿排印。

唱救国之戏以救唱戏之国*

唱戏是一种崇高的艺术，一舞一动，不能丝毫有差。现在我们争取民族解放，是排演一出伟大的历史戏，世界是布景，中国是舞台，日本是配角，中国人是戏中的主人翁，而整个人类都是看戏人。我们都以演戏的艺术来争取我们的自由，自然可以叫座。各路华侨演戏筹款救国，敬夫先生[①]与夫人登台现身说法，唱救国之戏以救唱戏之国。将来白面汉奸、花脸强盗一经打倒，则我四万（万）五千（万）人可以大唱太平戏了。

注释

① 敬夫先生　陆敬夫，时任驻西雅图中国领事。

* 录自手稿。

再到金山*

也曾腾云驾雾，
也曾飘洋过海。
日子算是八个月，
二十万里跑了来。

跑来做什么？
恭喜大家大发财。
一万一万又一万。
千千万万买公债。

多多的买，
快快的买。
左手拿出去，
右手赚回来。

金元宝固然好，

* 这是陶行知1938年4月30日在美国旧金山写的。第二天，在参加旅美华侨统一义捐救国总会举行的露天宣传大会上，陶行知演讲时拆字并朗诵多首自己创作的诗。这是其中的第一首。朗诵时还有粤语翻译。此诗原已发表者错漏甚多，现根据手稿重新整理。

银元宝也不坏，
千只万只滚进来。

八个月翻山过海，
二十万里跑回来，
　　　　跑回来，
恭喜大家发大财。
金元宝、银元宝，
千千万万滚进来。

去时桂花香，
回时桃花开。
八个月翻山过海，
二十万里跑回来，
欢送日本军阀进棺材，
　　　　　　进棺材。
机关枪，大炮弹，
千千万万夺过来。

万里大路*

从前有万里长城，
现在造万里大路。
义气冲天哼哟嗨，
百万工人齐发怒，
枪炮子弹来无数。
一路开的自由花，
两旁栽的平等树。
翻山过岭如龙眠，
千架钢车来复去。
倭子听见看不见，
鞭长莫及空羡妒。
自由大路自坚固，
千年万年来复去。

* 1938年4月30日写于旧金山，是5月1日陶行知在露天宣传大会上朗诵的九首诗之一。现根据手稿重刊。

飞到日本去*

千万海岛，
上上下下。
中国飞机顶刮刮！
曾在台湾去轰炸，
对准飞机场放炸弹，
一炸就是四十架。

你别急，
也别怕。
且等一两月
看我们把东京轰炸。

粉碎军阀，
粉碎皇家，
粉碎汽油池。
对着军舰丢下，
对着飞机丢下，

* 1938年4月30日写于旧金山，是5月1日陶行知在有两千人参加的露天大会演讲中朗诵的又一首诗。现根据手稿重新整理。

对着火药库丢下，
对着皇宫丢下，
再问他害怕不害怕？

我们不像他们，
不对小孩轰炸，
不对妇女轰炸，
无辜百姓不必怕。
我中华民族，
自有他的伟大。

皇宫倒塌，
兵工厂粉碎，
天皇躲在地底下，
再问你称霸不称霸？

自由的中国，
平等的东亚，
不容你再称霸！

帮胜不帮败*

打胜仗，
嘻嘻哈哈！
打败仗，
啊哟姆妈！

最后胜利属我，
小小失败不怕它，
帮胜不帮败！
帮胜不帮败！

* 1938年4月30日写于旧金山，5月1日陶行知在露天演讲大会上朗诵。根据手稿刊印。

杏花时节忆江南*

江南仲春时节，辄多细雪。临水人家，榆杨早叶。竹篱茅舍之间，簇拥杏花两三株。云酥烟润，描画都难。偶然放晴一二日，则阳光曦和。春草蔓生水滨，荞麦菜花，平畴上黄紫相间。蜂群嗡嗡然，陌上乱飞。时有村妇，穿夹衣，卷短袖，斜插杏花一枝于髻边，提洗衣筐而出，虽居乡间，而情景自陶人欲醉也。

今江南最富庶之区，胥在倭寇铁蹄下。遥想空村无人，断井颓垣，烧痕宛在。饥犬垂尾，四处觅食。时在青草丛中，触骷髅而起。若杏花仍随细雨而开，则道旁一树，都是鬼境矣。

---

* 原载1938年5月2日旧金山《少年中国晨报》第8页。署名：水。1936年3月15日致吴树琴信中开始用这个笔名。

奴才也办教育*

古今天下，只有教人爱民的教育，没有教人卖国的教育；也只有教人做志士做圣贤的教育，没有教人当汉奸当奴才的教育。反过来说，卖国的人，不能办教育，当汉奸当奴才的人，也不能办教育。

可是，滑稽的事，就摆在面前。北平伪组织，已经有一个教育总长汤尔和了。要产生出现的华中伪组织，陈中孚当教育部长，也由倭寇开了支票。这样的教育总长，不知道他把什么当教育，难道也是孝悌忠信礼义廉耻？

汤尔和是个学医未成的人物，曾在北（洋）政府当过短期的教育总长。自九一八以后，凭他认识几个日本浪人，就以做汉奸找出路，结果也没找到发财机会，还是来谈教育。陈中孚呢，是前冀察政委会的外交委员，干专门逢迎的勾当，根本不懂教育。未知他不干别的要干教育，是何用意？天下学教育的人，真要气炸了肺。

* 原载1938年5月3日旧金山《少年中国晨报》第8页。署名：水。

各国运往日本的战略物资统计 *

	1936年	1937年
美国	47.9%	54.4%
英国	19.9%	17.5%
爱尔兰	8%	7.4%
德国	3.7%	3.8%

自美国运去的商品

铜	92.9%
油类	60.5%
汽车及零部件	91.2%
□铁	59.7%
生铁	41.6%
机器发动机	48.5%

总计：1936年505896日元

1937年1003769日元

苏联：1936年给日本的物资占2.2%，

1937年未给任何物资！

---

* 陶行知1938年5月4日在洛杉矶5000人群众大会上演讲时用的统计材料，为呼吁对日禁运提供了证据。根据英文手稿整理。

也算孝子*

——敬赠读书郎□□的同学们

遍地发瘟，
妈妈病倒在床。
叫他去请医生，
他说功课忙。
叫他去买药，
他说功课忙。
妈妈死了，
他写讣文忙，
写祭文忙，
“泣血”忙，
亲戚朋友老师都称孝子忙。

附：

城里发瘟，
妈妈病倒在床。
叫他烧点开水，
他说功课忙。

---

* 录自手稿。这与本全集第七卷644页的《笔伐平时教育》有些诗句不同。《衔备忘》中一首未标题的诗，与这两首也是大同小异，也是写于1938年5月9日，现将该诗附后。

叫他去请医生，
他说功课忙。
等到妈妈死了，
寒门不幸忙，
罪孽深重忙，
称孤哀子忙。

《先锋》八周年*

去年纪念，
联合战线。
今年纪念，
同上前线。
明年纪念，
长白山前相见。

二七·五·十二

* 录自手稿。写于1938年5月12日由洛杉矶去博尔德水坝的汽车上。

长白山前相见*

——《先锋》八周年纪念

去年战线联合，
今年同上前线。
要问明年如何，
长白山前相见。

曾在纽约小住，
想是三生有缘。
常问几时出版，
得着三读不厌。

自从中日开战，
东西南北走遍。
有情自能追踪，
二十万里不远。

---

* 这是陶行知在参观美国博尔德水坝时写的《先锋报》八周年纪念诗之一。录自手稿，题为编者所拟。

外交官树新榜样*

插着中国旗，
船属日本人。
来买美国铁，
去杀中国人。

领事来注册，
上船看底细。
说的日本话，
船主认作日领事。

一五又一十
泄露了秘密。
中国海员仗义，
日本船主革职。
另派中国船主，
没收日船一只。

* 1938年5月13日陶行知写于自博尔德去芝加哥的火车上。根据手稿整理，题为编者所拟。

干的无声无息，
算是有胆有识。
我在金山亲见，
无空上船可惜。

不流血，
打胜仗。
没收日本船，
扣在太平洋上美国港。
国际公法又一章，
外交官树新榜样。
论功行赏，
应升任海军大将。

一九三八年五月二日，黄朝琴总领事扣留没收冒插中国旗之敌船广源号于旧金山港。

衣联五周岁（续）*

如今有衣联，
何事为先？
人生最重是人权，
饿者都要饱饭吃，
冻要衣穿。

如今有衣联，
力量万千。
团结一心争人权，
洗尽人间罪恶，
辟地开天。

* 根据1938年5月25日和6月1日手稿整理，题目为编者拟。此诗前部分载本全集第七卷652页。

抗战一周年*

——在中国驻德使馆纪念会上的演讲提纲

一、读历史，写历史，造历史。七月七，是中华民族造历史的又一年。

二、七七的意义：

（一）打破日本的妄想，

（二）打破世界的误解，

（三）造成中国的统一。

三、我在美国的这一年：

（一）华侨由分裂而联合统一，义捐，买公债，当裤子，唱歌。

（二）美国人民由孤立政策而接近集体安全。

（三）美国对日本接济占了54.4%。

四、国民外交：

（一）多方进行，分工合作；

（二）演讲员除游击队外有七百人；

（三）连餐馆老板娘都干；

（四）与老“番”做朋友。

五、捐款买公债：

（一）华侨按期捐，千元以上；

* 这是陶行知对“西旅”的自我总结。根据手稿整理。题为编者所拟。

（二）红十字会再振作；
（三）救济箱；
（四）一碗饭运动。
六、研究：日本经济研究。
七、抵制日货运动与拒运。
八、美国与中日，供给日本54.4%（军火）。
九、舆论稍有转变。
十、日本之穷途：
（一）抵抗在中国，
（二）海军比英美相形见绌，
（三）准备金将尽。
十一、日本之阴谋：
（一）说中国赤化以孤立中国；
（二）火把两头烧以分裂中国。
十二、抵抗到底，必定胜利。
十三、在自由的战场上歌唱！

西旅通讯录*

这本通讯录是陶行知西旅归来时于1938年8月21日至26日在法国邮船上编制的。这是一个长22公分、宽18公分、共76页、封面印有"ADDRESS"字样的黑皮小本，除去空白页，实用66页。除63至66页系陶行知回国后亲笔书录的以外，其余多选自《衔备忘》（选用条目上面画了两个圆圈）。小本上的笔迹出自多人之手，除本人抄录外还请了不少旅伴代为摘抄。因而错漏甚多，加之多种外文，辨认颇费功夫。通讯录总共有人名和团体名397个，这是研究陶行知社会关系的一份重要史料。这个小本是在陶晓光的遗物中发现的，由陈贻鑫拟定题目并翻译整理。整理仍按原有顺序并注明实用页码，除略去重复的人名及电话号码外，未作更动。由于地址是从载于《陶行知全集》第10卷的《衔备忘》中抄下来的，为便于查对，特注明全集第10卷的页码。

——编者

[第1页]

巫理康　Moe Lai Gong（粤语口译）美国俄勒冈州波特兰市西南第二大街308号
10卷560页19—069

彭　飞　Fee Pang　华工合作会代表　美国加利福尼亚州旧金山市华盛顿街876号

10卷561页19—073

黄　垣　Wong Foon　洗衣工会临时主席　美国旧金山杰克逊街617号

10卷561页19—073

方君璞　梅岭学校　美国加利福尼亚州奥克兰市第七街272号

10卷562页19—078

张恨棠　Benjamin Fel　美国旧金山市威特摩尔街115号公寓2号

10卷566页19—094

［第2页］

叱咤社　美国旧金山市克莱街761号第10室

10卷570页19—109

黄朝琴　C.C.Huang　美国旧金山市中国领事馆领事

10卷571页19—116

翁布伦　Bren Wong　加利福尼亚州洛杉矶市喷泉大街6683号

10卷572页19—118

刘兆光　S.K.Lau　美国加利福尼亚州格伦代尔市布鲁德布绿德街1831号

10卷573页19—122

［第3页］　**仰光**　Rangoon

吴文举
许善明
张永福　军光之友
李文珍
邱新样

［第4页］

China Campaign Commission　中国抗战委员会　美国华盛顿

特区维多利亚西南大街34号　Chinese Embassy　中国大使馆　美国华盛顿特区波特兰广场西1区49号

10卷325页12—006

Consul General　总领事　美国华盛顿特区新卡文迪许西1区79号

New Education Fellowship　美国华盛顿特区塔维斯托广场中央西1区29号

刘昌报　（致公堂）克利夫兰广场

黄　济　（国民党）英国利物浦克利夫兰广场20A黄云山公所

10卷475页17—018

黄轩秀　（英国利物浦黄云山公所书记）

黄　宏　（英国利物浦黄云山公所成员）

10卷475页17—019

[第5页]

Florence Bonson　佛罗伦斯·崩松

Honcon Baugh　鸿赓（鲍）美国纽约第6街1313号

Mrs. Leah Benesch　里赫·宾利斯夫人 美国马里兰州巴尔的摩市诺尔沃克街2901号

10卷356页13—007

Eve Benesch　艾维·宾利斯 马里兰州巴尔的摩市

10卷357页13—009

利物浦华侨拒日救国后援会　（英国）

10卷471页17—002

周曰宾　比利时布鲁塞尔　斯塔索特街103号

王经珂　G. K. Wang　比利时布鲁塞尔巴莱路43号

10卷486页17—061

[第6页]

司徒一平　Yi Ping Szutu　副领事　加拿大安大略省渥太华市下

洛特街278号

10卷368页13—053

M. J. Coldwell　柯德威尔，加拿大国会议员　渥太华众议院议事堂

10卷418页15—004

D. Frank William Schofield　法兰克·威廉·斯科菲尔德博士 加拿大安大略省渥太华市

10卷420页15—010

温瑞琪　W. S. Kee　旅店司理　加拿大安大略省蒂明斯市

10卷421页15—015

刘孔衢　Lew C. S.　加拿大安大略省蒂明斯市李氏餐厅

10卷421页15—016

[**第7页**]

余　标　Bill　Foo

余爱丽　美国克利夫兰　Cleveland

10卷338页12—060

Chalie Chow　邱夏利　加拿大科克兰加里宾馆

10卷425页15—029

Geo Chiu　邱吉奥　加拿大科克兰加拿大饭店

10卷425页15—029

杨继吾　Ernest Young　加拿大安大略省诺斯贝市主干道71号

10卷425页15—031

李学韶　Bitly Lee　加拿大安大略省诺斯贝市大陆饭店

10卷425页15—032

伍振强　C. S. Kin

李崇三　Howard S. Lee　加拿大安大略萨德伯里

10卷426页15—033

[第8页]

朱健香
朱世爵 } 美国加利福尼亚州蒙特雷市华盛顿街372号广东楼

10卷236页09—032

Helbert Biberman 赫尔伯特·比伯曼 美国加利福尼亚州洛杉矶市好莱坞区德隆公路3259号

10卷238页09—038

黄　正 Wong Jang 加拿大安大略省阿瑟港

10卷428页15—042

Henry Lee 李亨利 加拿大安大略省威廉堡新普森街圣保罗咖啡店

10卷431页15—054

Miss Leina 列娜小姐
Miss Wish Page 维希·佩吉小姐 } 加拿大安大略省阿瑟港

韦兰市57大街奥斯托咖啡馆

10卷431页15—055

黄　益 加拿大安大略省韦兰市57大街奥斯托咖啡馆

10卷405页14—058

常伊玛 Eva Mal Chen 芝加哥大学

[第9页]

陈奕好 Eva Mal,University Chicago 美国芝加哥大学

张宗麟 香港九龙邮政信箱1629号陈彬和先生或K. Y王先生转

John G. Lee 李约翰 加拿大汉密尔顿

10卷406页14—063

[第10页]

朗多尔夫科 Randolph Coyle美国海军陆战队总部任职的官员，加拿大大不列颠省维多利亚市厄普兰鲁滨伍德船坞

10卷549页19—026

吴汉杰 加拿大安大略省汉密尔顿的沃尔德
10卷406页14—064

李剑侠 Lang Lee 加拿大安大略省东温莎城市萨得维奇街211号
10卷407页14—065

王　益 Yick Wong 加拿大马里托巴省温尼伯71291舍布温街535号
10卷442页16—015

崔显黄 Sam Wang 加拿大马里托巴省布兰登市萨德维奇街211号
10卷444页16—022

梁松生 Leung Zong Sang 加拿大马里托巴省布兰登市
10卷444页16—022

Brandon Indian Residential School 布兰登市印第安人寄宿学校
10卷444页16—023

[第11页]

郭伦力 华侨拒日救国会 加拿大科克兰湖加中友协第114号邮政信箱

马佩琼 Bessie Mah 加拿大大不列颠哥伦比亚省坎伯兰 邮政信箱第10号

刘克勉
陈　富
李孤鸿
雷　锡
林　泉
伍云波
谭介甫
江　操
李　南
林　棠

（以上诸人）Chinese Pagoda People (Friends) 中国佛塔楼朋友

10卷608页20—062、—063

马本称 Wah Hing Land Co. 华兴兰公司 加拿大大不列颠哥伦比亚省纳奈莫市松树街57号

10卷546页19—016

[第12页]

Star Café, Harry Lee 星星咖啡店李哈瑞 加拿大新不伦瑞克省费雷德里克顿里根街75号

10卷507页18—013

Arand Café, Turney Lee 阿朗德咖啡店李图林 加拿大新不伦瑞克省费雷德里克顿约克街91号

10卷507页18—013

W.Gordon Mocutoneon 加拿大魁北克省蒙特利尔詹银曼斯2080号

10卷507页18—016

Wetstern 加拿大魁北克省蒙特利尔高山街1461号公寓5号

10卷508页18—019

黄盘远 Chas Wing（广东台山人） 加拿大安大略省布莱恩德河13号

10卷513页18—038，注有："在车上遇"

宋稚铨 Thomas Soong 加拿大萨斯喀彻温省穆斯乔市西河街43号

10卷518页18—059

黄钜传 Markn Wang 加拿大萨斯喀彻温省穆斯乔市西河街36号

10卷518页18—059

关念宗 Peter Quon 同黄钜传

[第13页]

黄宇富 Geo. Y. F. Wong 加拿大萨斯喀彻温省穆斯乔市咖啡店

10卷519页18—063

麦邦传　Bong Mark—In League（在人民联盟之内）加拿大萨斯喀彻温省穆斯乔市东20街227号

10卷520页18—066

陈洲文　Chan Moon　加拿大萨斯喀彻温省萨斯卡通市C.S.大街436号

10卷520页18—068

陈藉扶　Emest C. F. Chan　加拿大萨斯喀彻温省萨斯卡通市北第2大街152号

10卷521页18—069

余荣润　Eddie Wing　加拿大艾伯塔省埃德蒙顿市101A大街10049号

10卷521页18—069

马长宗　ED. C. Man　加拿大艾伯塔省埃德蒙顿市97街11339号

10卷522页18—074

陈文慧　同马长宗［这是陶行知《衙备忘》18—074页圈定本录漏抄的］

［第14页］

周有喜　Ernesh Chow　加拿大信托银行转交艾伯塔省埃德蒙顿市101A大街10004号　红鹿皇家咖啡馆

10卷522页18—075

余和风
邝　廷 Qong
余　文
马　灼

（以上四人）加拿大艾伯塔省雷德迪尔地区中央大街306号广东餐馆

10卷522页18—076

吴喜林　D. E. Hillam　学习飞机制造业的35名中国人之一，加拿大艾伯塔省雷德迪尔地区

10卷523页18—080

林寰举 James Lim 加拿大艾伯塔省卡尔加里中央大街360号广东餐馆

10卷524页18—083

李裕华 Harry Lee 加拿大艾伯塔省卡尔加里中央大街214号中兴公司

10卷524页18—083

马文辉 Mah Fay 加拿大艾伯塔省卡尔加里东北第5大街1615号

10卷526页18—091

[第15页]

George King 金乔治 加拿大艾伯塔省卡姆罗斯镇

10卷527页18—095

Pon Tong 盘棠 加拿大艾伯塔省休恩顿镇（卡姆罗斯100公里）

10卷527页18—096

[第16页]

Hedley Warr 赫得利-沃尔 Dean Close School 封闭学校校长，英国英格兰洛斯特郡切尔滕纳姆自治市瓦登山路4557号

10卷216页08—093

Harold Joseph Laski 哈诺德-约瑟夫-拉斯基（1893—1950）英国政治家、教育家、主要的工党成员、伦敦经济政治学院教授

10卷8页02—005

张似旅 Chang S. L, China Institute 英国伦敦 中国研究所 戈乌尔西公园路91号

10卷8页02—007

熊式一，夫人：蒋彝（仲雅） 英国伦敦 西北3区上公园路50号

王礼锡，夫人：陆晶清 英国伦敦 西北3区上公园路50号

10卷8页02—008

M.T.Pieris**皮里斯**　锡兰　科伦坡《锡兰观察报》

10卷9页02—012

[**第17页**]

Mrs.Corbett Ashby　科贝特-阿什贝夫人　国际妇女联盟月刊　英国伦敦西南1区沃克斯霍尔桥路19号

10卷19页02—052

Mrs.A Vincent A.　文森特夫人　英国伦敦　西北6区布罗德赫斯特A11号

10卷11页02—018

陈　灿　Chin Kong　英国利物浦8区福克涅克斯大街花园76号

10卷456页16—071

Clare Soper　克莱尔·索普尔　British I.P.C.　英国国际和平协会　英国伦敦西南格文诺18号东方新闻社

10卷457页16—076

D B.Clulow　克鲁洛　英国伦敦　西南格文诺18号东方新闻社

10卷458页16—077

[**第18页**]

任　光　Paul K Gneng　法国巴黎　洛蒙德第2大道洛蒙德饭店

10卷456页17—072

Johnson　约翰笙　法国巴黎　第3区卡明里斯路7号

Louis Dolivet　路易斯·多里维　法国巴黎拉帕以爱斯克2区布鲁塞尔第6路P寓5层楼

10卷10页02—013

Committee Barbusse　巴比塞委员会（巴黎圣维克多路）〔集会于法国议会两院议员举行会议的国际议事大厅〕

10卷10页02—014

[第19页]

B.S.Fong　美国加利福尼亚州旧金山市　克雷街749号

K.E.Zilliacus　齐力亚库斯　日内瓦国际联盟

10卷7页02—001

Laurin Zilliacus　劳林·齐力亚库斯　芬兰赫尔辛福呵斯

10卷7页02—001

巴黎中国学生会　巴黎第6区王子路28号

10卷13页02—025，507页17—066

王海镜　Wang Hai King　法国巴黎第5区陶赖尔路8号

10卷13页02—025，487页17—066

J.Metalnikov　J.迈达尼可夫　巴黎巴斯德研究所

10卷43页03—011

Men Constance　法国巴黎　拉斐耶特路237号2楼

[第20页]

方炳文　法国巴黎　第5区列斯佩塔路21号

10卷第480页17—039

雷子声　比利时城市综合大学基金会在巴黎的地址：第6区巴赫路13号

10卷486页17—064、17—065

王庆元　（总编辑）法国巴黎　比尔依雅弗可特·塔拉维斯尔路19号

10卷487页17—067

Rambel Lement Mondial Des Etuchients　巴黎第14区邦勒发德阿拉荷路97号

10卷488页17—071

[第21页]

Paul Geheeb　保尔·格希布　瑞士维尔索莫里埃研究所
10卷460页16—087

中国常驻R.U.P. 的代表团　瑞士日内瓦　查多特兰德广场2号

Dr.George Horace Gallup　盖洛普博士（1901—1984）　民意测验研究所
10卷606页20—054

[第22页]

Mrs.E.K.Schiele-Collins　希勒·柯林斯夫人　瑞士日内瓦法兰西大街14号

[第23页]

叶露德　Ruth L. T. Yap　美国夏威夷地区檀香山　夏威夷大学
10卷204页08—045

Herr K Boeke　赫·K.博克　荷兰比茨多佛
10卷458页16—078

张国枢　旅和华侨救国后援会、旅和华侨会馆［“和”即荷兰］荷兰鹿特丹卡腾特里希特·斯特拉特·洛蒙布克5号
10卷459页16—084

张国桓　（海牙华侨救国后援会，负责交际）荷兰海牙 贝斯特马克142号
10卷479页17—034

[第24页]

王以康　King F.Wang　荷兰海牙　斯特洛特40号
10卷480页17—037

郑天锡领事　（郑弗廷）中国驻海牙领事
10卷480页17—038

保卫中国同盟： China Defense League　香港汇丰银行转

秘　书： 希尔达·赛利文·克拉克

会　长： 宋子文

主　席： 孙逸仙夫人

司　库： N.H.Frank 弗郎克

10卷604页20—048

郑洪年： 香港　抗定特路41号

10卷608页20—061

[第25页]

M.T.Piris　M.T.皮埃里斯　锡兰科伦坡　锡兰观察报

谭　赞　Tom Y.Chan　美国芝加哥　阿契尔大街2214号

余琴和　美国芝加哥　克拉克街431号

10卷324页12—001

Seamas Davin　西马斯·达温　爱尔兰都柏林　上山街13号

10卷472页17—005

Joseph Ellis　约瑟夫·爱丽斯　爱尔兰海员与港口工人联合会

10卷473页17—009

[第26页]

邓　辉　Henry H.Den　美国伊利诺州尚佩思市春田东路602号

徐　中　Chung Hsu
须　括　Tiea Shu
（以上二人）美国伊利诺州尚佩思市赖特东路207号

[第27页]

董　霖

杨伯鹏　尚佩思棒球击球手美国伊利诺州尚佩思市

Charly E.Lassen　查理·拉森　俄勒冈州塞勒姆奇马印第安人学校高级管理

10卷201页08—033

Jose M.Homs　约瑟·霍姆斯　Illinois Alumni　伊利诺制铝厂　美国纽约

Pablo Homs　巴布洛·霍姆斯　美国纽约白宫路44号

10卷194页08—005

John Swift　约翰·斯威特　面包工人联合会

爱尔兰都柏林　加鼎纳街　罗威37号

10卷473页17—010

[第28页]

Meheralli　谟罕拉里　英国伦敦　贝尔锡兹大街8号

10卷648页21—027

Subhas Chandra Bose　苏巴斯·钱德拉·博塞　印度国大党第51届主席

印度加尔各答　爱尔精路 38/2号

10卷648页22—028

J.B.Sinha

Gaya Braksh　辛哈先生和布拉卡什先生　印度巴德拉　伦列达办公室转

Dr.Suresh Chandra Baner Ji　苏瑞什·钱德拉·巴拉基博士

印度加尔各答　哈里逊路170号

10卷681页23—005

RabindraNath Tagore　罗宾德拉纳特·泰戈尔博士

Prof.Chanda　钱达教授　印度博普耳本格尔山帝克当

10卷682页23—012

Mahatma Gandhi　默罕特默·甘地先生　印度沃德哈地区谢冈

10卷692页23—050

[第29页]

Dr.Zakir Hussain Khan　扎克尔·胡赛因·汗博士　新德里喀洛尔巴格加米亚米尼亚

Chinese Students

Vereinary College,Vepery Madras　马德拉斯韦培里兽医学院

Chivkonzer　契夫康扎尔　科伦坡倍托第十字大街10846号

戴文龙　Thai Van Lung（violin）越南西贡　理查德路58号
10卷670页22—007~008

谭少海　Harold Tom　香港油麻地柯士顿道15号商联公司

[第30页]

林百全（泉）及子Pak Tsun and sons 科伦坡莱福大街38号
10卷674页22—022

Mr.Paul Mathew　保尔·马休斯先生［与陶行知、戴文龙于1938年7月27日同在苏伊士上船］

"EUREKA"　［"我发现了"，美国加尼福利亚箴言，一件奇遇想起了这个箴言。］印度马德拉斯基尔巴克
10卷675页22—025

王和汀　Wang Ho-Ting　马德拉斯M.D.P灌溉分支总工程师转

[第31页]

D.Y.Chu朱　加尼福利亚州帕萨迪纳市南卡塔里娜大街344号加州工艺学院
10卷575页19—132

Miss Eugenia Savage　尤金莉亚·沙瓦吉　美国加尼福利亚州洛杉矶市　西35街1062号
10卷575页19—132

黄惠珠　Pearl H,Wong　美国加尼福利亚州洛杉矶市　西36街1016号
10卷239页09—043

［第32页］

戴有光 香港永和街28号赵晓恩转

［第33页］

Enrique Chew 赵松 墨西哥D.F阿帕尔塔得2257号

10卷292页11—002

余荣超 美国得克萨斯州埃尔帕索

10卷262页10—060

Maria Linsa Kang 玛利亚·林莎·康

龚 稳
梁社章 墨西哥周城致公总分堂

10卷264、265页10—068，10—070

王 五 墨西哥周城 市邮政信箱2716号

10卷266页10—074

吴邦植 墨西哥 邮政信箱2710号

10卷267页10—079

余天一 墨西哥 邮政信箱2716号

10卷267页10—079

Sra Cuca Garcia 斯括·库卡·加西亚太太 妇女民众阵线 墨西哥科勒东塞列斯94号

10卷268页10—084

［第34页］

张天元 T.Y.Chang 中国驻墨西哥总领事馆

10卷269页10—086

余受之 中华学校校长 墨西哥

10卷271页10—094

苏 明 六小孩 面包工人 墨西哥

10卷275页10—112

关荣珍 五小孩 铁路工人 墨西哥

10卷276页10—114

Jose Rivera Albaran 约瑟·里维拉·阿尔巴林学生代表

墨西哥科利马州曼萨尼约港（这是墨西哥出口废铁到日本的唯一港口）

甄 业 John H.Git

10卷292页11—002

张巨贤、黄焜振、李子祥

10卷299页11—030

严万里、关礼勋、廖仲雅

10卷299页11—030

Rutilio Riestra 鲁提略·埃斯特拉

[以上九人等系1937年9月25日到墨西哥城车站为陶行知送行者]

[第35页]

Parkhurst,Helen 帕克赫思特，美国纽约东89街108号（学校），东88街东40号（宅）

10卷105页04—153

M.E.Forsyth 福赛思小姐，美国纽约 第123威维利广场西13街113号

10卷104页04—149

陈庆云 Harry W.Chan 抗日救国会委员，美国纽约摩特街63号

10卷75页04—035、167页06—087。

Workers Centre 工人中心 纽约第2街144号

肖元恩 Hsiao,Y.M.C.A 中国留美学生青年会总干事

10卷95页04—115

District Director Ellis Island [埃利斯岛，美国纽约湾一岛屿]

[第36页]

American Student Union　美国学生联合会　美国纽约市东19街112号

10卷329页12—024

Roberta Lowitz Regent　罗伯塔·洛维兹·里根，美国纽约东77街345号3D公寓

Prof.Harold Ordway Rugg　美国教育学家罗格教授　美国纽约西终89大街600号

10卷81页04—057

Jean.S.L（简.S.L）　纽约第5大街200号

[第37页]

Grace Lee　李格雷斯　纽约（南下会堂）

B　纽约第12大街35号9楼

Tsung Yao Chen　陈春瑶　纽约毕飞里路2536号

Tang　谭　纽约运河街191号

S. H. Han S. H.　韩

Hodges　**霍杰斯**　纽约

[第38页]

H.S.Chen　纽约西113街556号

Teachers College　纽约教师学院

Kao **高**　纽约

Mukerji　**木里克吉**　纽约西街318—212号

Paul Garrison Monroe　保罗·加里森·孟禄　纽约

Bank of China　中国银行　纽约华尔街40号

Spoorer　纽约东10街129号

[第39页]

Esther Carroll　艾司特·卡罗尔 美国纽约东第24街339号3j公寓
10卷89页04—089、135页05—084

Solomon　所罗门　美国纽约西114街614号
10卷147页06—005

Meng（孟）

Hu（胡适）

Crane　克然　美国纽约南方疏通（Sutton）广场14号

Nanking Royal　南京皇家宾馆

John Dewey　约翰·杜威　美国纽约东72街320号
10卷76页04—040

[第40页]

Chinese Consulate　中国领事馆　纽约

林语堂　Ling Yu-tang　美国纽约中央公园西7C公寓230号
10卷105页04—153

Chinese Republic News　纽约公报　美国纽约公园路108号
10卷105页04—153

Claremont R.Club　[这是陶行知在纽约住所那条街上的俱乐部：克莱蒙特路俱乐部]

Y. F. Wu　纽约西122街600号

C. Y. Chen　纽约

China Today　纽约《今日中国》
10卷47页03—028

Redefer　雷迪弗·P.E.A美国进步主义教育协会
纽约西第90街310号
10卷69页04—009

[第41页]

Joseph Cadden　约瑟夫·卡登　美国纽约西40街8号

陈翰笙　Chen Han-seng　Institute of Pasific Relation太平洋国际关系研究所

纽约东第52街129号

10卷80页04—55，105页04—155

徐永英
余辛日　Chinese Vanguard New York纽约《先锋报》（华文报）
陈其瑗

10卷47页03—028

China Institute　中国研究所　纽约市西57街119号

10卷78页04—048

[第42页]

Mr.C.T.Yao Tonging　姚同音先生　美国纽约第57街5号

Julius Loeb
Doilie Fenistivn　Friends of Chinese People 中国人民之友社168 W 23 ST.N.Y.纽约西23街168号
R.Howeel
Jean Stanley

10卷89页04—089

陈宗尧　Tsung Yao Chen　美国纽约布鲁克林布弗尼路2536号

10卷100页04—133

张惠良　C.William Chang 东里省街245号 美国纽约

10卷100页04—133

陈畹华
绮　华　纽约
卓　华

10卷100页04—134

[第43页]

赵不凡

崔爱华 (Farm Bud Chu)：美国纽约莫特街47号
[全集第7卷有题赵不凡三女图]
10卷101页04—137

Chinese Journal 纽约商报 美国纽约运河街196号
10卷105页04—153

Chinese National Daily 纽约民气报 纽约伊利莎白街20号

黄卫青 Wai Ching Wong 纽约民气报
10卷105页04—153

Chinese Republica News 纽约公报 公园路108号
10卷105页04—153

Y.M.C.A.Young Men's Christian Association 基督教青年会

Barbara Benson 巴巴拉·本森

Copenhaver Eleauor 伊列奥我·哥本哈维尔 美国纽约列克星敦广场600号

Mac Farland Elizabeth 伊丽莎白·麦克法兰
10卷105页04—153

[第44页]

Dr.William Heard Kilpatrick 克伯屈博士及夫人 美国纽约 晨边车行道106号
10卷105页04—153

刘恩初 纽约华侨学校 纽约莫特街19号
10卷90页04—093、116页05—006

黄剑农 纽约华侨学校、中华公所
10卷116页05—007

周镜墀 Chow Kan Chee 波士顿中华公所主席

阮本华 Roon Gzrn Mon 波士顿中华公所成员

10卷119页05—020

Rose Weiss　魏璐诗［波兰人，后为我国外文局专家］

美国纽约　西23街168号或26街235号

10卷129页05—060，188页07—040

松井治　Haru Matsui（日本人）

10卷129页05—060

Mary Ergan　玛丽·艾尔甘（非洲人）纽约

西第40街8号

10卷133页05—076

［第45页］

W.E.Hocking　**霍金**　美国马萨诸塞州剑桥市奎因街16号（麻省理工学院也在这里）

10卷153页06—029

Alonzo O Briscal（Ph.D）　阿隆佐·O.布利斯喀尔 哥伦比亚大学哲学俱乐部 哲学博士

10卷156页06—044

周宇凡　三民晨报，美国伊利诺州芝加哥　阿契尔路2127号

10卷165页06—079

雷百川　P.Lonie　宾夕法尼亚州费城　北第16街242号

10卷166页06—083

陈　全　Chen Ching　美国宾夕法尼亚州格兰塞德北凯斯怀克大街10号

10卷166页06—083

陈锦洲　Chan Kuon Chow　宾夕法尼亚州费城　露斯街932号

10卷166页06—083

梅友卓　Moy You Cheek　美国芝加哥温特瓦斯大街2216号

10卷167页06—086

[第46页]

简侠魂S.G.Kan（**简**） 美国芝加哥71街东2108号
10卷168页06—090

Harold D.Lasswell 哈罗德·D.拉斯维尔 芝加哥 芝加哥大学
10卷179页07—003

陈 培 Chan Pay 美国克利夫兰华侨中唯一知识分子，翻译

方富杏 Fong Foo Hong 克利夫兰华侨抗日会会长
10卷182页07—014

黄经善 Wang G.San
黄芹波 K.P.Wang
李社则 Duck Lee
（以上三人）美国纽约州布法罗259号
10卷183页07—018

余星和 布法罗抗日会会长

黄起快 Wong Jimmio 布法罗抗日会成员

钟 骧 Chong Shin 布法罗抗日会会员
10卷183页07—019

[第47页]

Miss Bogdish Loeb 罗布·包迪什小姐 美国纽约州东风景区 摩摩利尔寓所
10卷187页07—034

Ruth Haefner **鲁丝·哈夫勒** 美国俄勒冈州波特兰市加菲尔德7624号
10卷207页08—059

George L.Masten 乔治·L.马斯腾 美国俄勒岗州波兰特市北第8街2224号 社会与经济研究理事会主席
10卷212页08—077

Madie Lippe **马迪埃·李佩** 美国俄勒岗州塞勒姆南13街1758号
10卷213页08—081

苏世庭 [1937年12月8日曾与陶行知夜谈下午2时到夜12时]

美国纽约市派尔街22号第25公寓

10卷376页13—086

[第48页]

Harrison Brown　哈里孙·布朗　纽约市西45街2号国际教育研究所转

10卷377页13—092

韩寿萱　S.H.Han　纽约市西114街622号第34公寓

10卷377页13—092

Mr.Garsia　加西亚美国纽约市西89街27号Mendosa转

10卷393页14—012

Roberta Lowitz　罗伯塔·洛维茨　美国纽约市东77街345号3D公寓

10卷396页14—021

Chinese Warkers Club　华工中心　美国纽约康纳尔街172号

10卷496页17—101

Eichelberger　艾克尔柏格国际联盟协会　纽约西40街8号

10卷505页18—006

Mr.Atkinson　阿特金森先生基督教和平联合会　纽约市第5大街70号

10卷505页18—005

[第49页]

邝炳舜　加利福尼亚州旧金山市克莱尔街749号

10卷248页10—001

司徒俊蒽　加利福尼亚州旧金山市华盛顿街824号

10卷248页10—001

陈中海　美国旧金山市 斯托克顿街827号

10卷251页10—016

陆　军　美国旧金山市克莱街972号

10卷253页10—022

杨启聪　美国旧金山市昃成街605号刘益多转

10卷261页10—056

Rewi Alley　美国旧金山保罗亨利路17号第22公寓　上海工合组织

［第50页］

N.P.Atkinson　（美国反战反法西斯联盟，与［第48页］基督教和平联盟的同名者不同）

美国华盛顿州西雅图巴罗麦大楼610号

10卷204页08—046

陆士寅　Z.Y.Loh（即陆敬夫，中国驻西雅图领事）美国华盛顿州西雅图　哥伦比亚街411号

10卷230页09—008

尤永增　Y.C.Yu 美国加州旧金山市克莱街881号

10卷235页09—028

何少汉　美国加尼福利亚旧金山奇尼街805号

10卷235页09—028

Anna Louise Strong　安娜·路易斯·斯特朗　美国纽约市埃尔文广场30号或西31街4号

10卷606页20—056

［下面是她父亲的地址］

Sydney Strong　华盛顿州西雅图加菲尔德路508号

10卷230页09—008

［第51页］

Frank Dunlavey　弗兰克·邓劳威　得克萨斯州加尔维斯顿C大道2024号　全国海员联合会

10卷306页11—060

P.F.Kennedy　肯尼迪　美国得克萨斯州休斯敦　U大道6717号

10卷308页11—067

张子田 （国民党常务委员） 加拿大安大略省多伦多市伊利莎白街20号

10卷360页13—021

黄卫青 Wai Ching Wong 加拿大安大略省多伦多市西皇后街149号《醒华报》

10卷361页13—026

李瑞门 加拿大安大略省多伦多市

10卷361页13—026

Merwyn Marks 梅尔温·马尔克什 加拿大安大略省多伦多市瓦尔姆路141号

Lee Leen 李林 加拿大安大略省多伦多市 伊利莎白路17号裕记和通公司

[第52页]

吕超然 纽约公报 纽约公园路108号

10卷75页04—036

司徒美堂 Chee Kung Tong（致公堂）美国纽约市 莫特街22号

10卷83页04—065

于峻吉 James Tsune Chi Yu 美国纽约洛克菲勒中心中国慰劳总会

曹祖彬、蔡承新C.H.Tsai

香港中国银行兰姆博士转

[第53页]

Richard M.Fenley**芬雷** 美国纽约盖普大道70号 教会和平联盟

Borothy Mc.Cornell 纽约第4大道268号 美国和平与民主联盟

10卷601页20—033。

Granich格兰里奇，Locust Place（杨槐广场），Huguenot Park（胡格诺派教徒公园），Stalen95（史大伦95号） 美国纽约 斯退特莱

因95号黑格雨恩特公罗卡广场斯特

John Taylor　美国纽约长岛Sunnyside 朝阳第48街3910号

10卷596页20—016

[第54页]

赵百语　（松子）中国台山斗山人 墨西哥市 华大药房陈基医生转

李栋伟　Lee Tonway 广东台山人 墨西哥市 卡里多罗勒斯维多利亚94号公共事务第20部墨京银光影业公司

10卷269页10—087

[第55页]

林焕庭　加拿大温哥华中华会馆主

谢志如　加拿大温哥华达权社（即致公堂，最后送陶离温哥华）

李希环　加拿大温哥华致公堂盟长

10卷231页09—010、09—011

林筱堂　Ling Shaw Hong　致公堂总堂书记

周道缉　Chow Jip Dal　达权总社社长 加拿大维多利亚

李　晃　Lee Fong　致公堂总堂正外交

10卷232页09—015

黄文甫　Foon Sien　致公堂温哥华约克街2162号 大汉公报

10卷231页09—010

刘光祖　加拿大维多利亚皇后大街940号

10卷373页13—020

[第56页]

Miss L.O.York 约克小姐　纽约东17街341号

杨虎城　Young Hu-Cheng

谢葆贞　Sie Pao-Cheng　陕西西安书院门21号

杨拯中

Frank W.Price**富兰克·毕来士**　美国弗吉尼亚州莱尔沃德彭尼路1208号法院大厦

朱广炜　Gee Kwang Way　温哥华中华学校校长 华侨歌咏团书记

10卷543页19—001

黄文炳　Bing Wong

黄惠民　Moore Whaun

10卷547页19—020

[第57页]

Han Chun Na　香港九龙太子道208号楼下

Yick Wong　王义克　加拿大温尼佩省学尔布恩街535号

Rolph Hetzel,Secretary to John.L.Lewis（秘书）

John L.Lewis　华盛顿特区康奈特克大道1106号

10卷325页12—008

Y.F.Lewis刘　中国大使馆

[第58页]

Joz Eng**子吴**　美国伊利诺州芝加哥朗多夫西街85号何塞楷

Grace Y.Wu,　美国伊利诺州芝加哥朗多夫西街75号何塞楷

[第59页]

余荣煦La Garan tea　墨西哥奇瓦瓦州华雷斯城　阿帕拉塔多第56大道塞普堤蒙布拉第301街16号

10卷303页11—045，（在11—034上立写有余荣煦的签名，右上有“16”，再右立行写有“保正号三百零一号”字样。）

关崇雅Nanking Cofe　墨西哥奇瓦瓦州华雷斯城　塞普堤第229街16号

10卷303页11—046

[第60页]

Ralph Emerson　鲁夫·爱默森　华盛顿西北区K街1627号海员联合会

10卷325页12—008

M.Duffy杜菲先生　华盛顿特区亨利奇大厦402号

10卷326页12—011

Helen M.Loomi**海伦·M.露米**　美国华盛顿特区宾夕法尼亚大道945号中国咨询服务社

Captain Coyle **柯伊勒**　美国华盛顿特区　丹巴顿大道3107号

[第61页]

周　灵　Chow Ling 加拿大大不列颠哥伦比亚省维多利亚

10卷550页19—030

Cusie Makel Nippe　鲁希·马克尔·尼佩

聂瑞杏、聂瑞锡　加拿大大不列颠

哥伦比亚省维多利亚戈利大街1605号

10卷551页19—033

华人农业会社　加拿大大不列颠哥伦比亚省维多利亚 卡莫朗特街547号

10卷553页19—042

[第62页]

梅友卓夫人　芝加哥 温特瓦斯大街2216号

朱尊吾

吴扶汉　(1938年5月22日与梅友卓、朱尊吾一同送陶行知离开芝加哥。)

10卷593页20—002

李圣伟　芝加哥

胡　松　美国伊利诺州芝加哥温沃斯街2255号

［陶行知在《衔备忘》19—162册特别写上：“代我洗衣服，坚不要钱，应写字送去。”10卷583页］

［第63页］**［从此页起至66页均是抵达香港以后加上，全是陶的亲笔。］新加坡：**

袁伯荫　岭南分校岛节律40号

肖尔嘉　新加坡北桥路899号《生活新闻》

陈嘉庚

胡文武

［第64页］

菲律宾

洪敏乔　怡朗华侨妇女救国协会 伊朗邮政信箱210号

吴文炳　菲律宾宿务岛邮政信箱411号

王振水　吴文炳高足。宿务中华中学校附小五六年级

张克我
施守壁　纳卯中华学校中国学生协会纳卯分会、纳卯妇女慰劳会（华侨）
许敬堂

菲律宾纳卯邮政信箱158号

陈清泉　纳卯华侨抗敌后援会　纳卯市邮箱315号

［第65页］

烈山五姓联宗　菲律宾 菲律宾马尼拉列王街874号邮政信箱869号

杨静桐　菲律宾马尼拉宾郎多阿尔瓦多街522号中国港澳协会

杨肇根　杨静桐转

黄鼎铭
黄泰柟
陈曲水　Chinese Commercial 华商学校
郑士美

菲律宾怡郎邮政信箱210号怡郎华商学校

陈淑谦 吴文炳先生转

尤玉英 五岁，捐500元，宿务华侨小学幼稚园

尤奕和 尤玉英的父亲。菲律宾宿务岛邮政信箱411号吴文炳转

[**第66页**]

中国妇女慰劳自卫抗战将士会斐利滨（菲律宾）分会

Philippine Chinese Women's Relif Association,C/o Chinese Y.M.C.A.P.O.Box1934Manila P.

菲律宾马尼拉邮政信箱1934号中国青年会转

桂华岳 Kwei Hwa Yo,P.O.Box2197Manila P.

桂华生 Kwei Hwa Son,P.O.Box2197Manila P.

菲律宾马尼拉邮政信箱2197号

游击战中有我血*

你解散是命令，
我们救国是责任。
一二九以来，
各地游击中有我们的血。

* 这是为抗议蒋介石通令解散或整编各地民兵武装而写。根据手稿排印。题为编者拟。

回国三愿*

我有三件大事要做：

（一）创办晓庄学院，以培养高级人才。

（二）在港创办中华业余补习学校，以教育方式，发动侨胞救国。

（三）创办一难童学校，选拔有特殊才干之难童，作人才幼苗之培养。

* 这是1938年秋，由欧美回国，途经香港时的谈话。原载1946年7月26日《新华日报》。题为编者拟。

一片雄歌震八荒*

（一）

个个戎衣带酒香，
中华儿女亦能狂。
白云如马山风起，
一片雄歌震八荒。
喝吧，同志！
喝到最后一滴酒，
战到最后一滴血。

（二）

亦是乾坤至妙文，
朝来策杖且观云。
江山今日争奴主，
练就三千艺术军。

* 录自手稿。题为编者拟。这是陶行知西旅归来，1938年10月1日抵汉口，2日与田汉、万籁天、辛汉文、马彦祥、刘保罗、李一风等戏剧界的朋友聚会时写的。10月8日及10日又据此诗意境写了《赠田汉》诗两首，见本全集第7卷第672页、673页。

圣之时者也*

对汪[①] 主和，
对冯[②] 主战，
对蒋[③] 和战皆主。

向共骂国，
向国骂共，
向蓝[④] 国共都骂。

注释

① 汪　汪精卫。
② 冯　冯玉祥。
③ 蒋　蒋介石。
④ 蓝　蓝衣社，即“复兴社”，社员制服为蓝衣黄裤。

* 录自手稿。1938年10月18日写于自奉节到万县的轮船上。

巅奇滩险*

江中滩上滩，
岸上山外山。
如此好风景：
奇在山巅，
险在滩尖。

* 录自手稿。1938年10月25日写于奉节至万县的轮船上。题为编者拟。

《凭栏处》初稿*

白云半片，
分明留在西陵面。
为何过了巫山峡，
在白帝城边，
还与你相见？
你又惜别，
夜，
无月，
怎忍不留恋！

* 录自手稿。写于1938年10月25日至万县的轮船上。原无题，疑为《凭栏处》（本全集第7卷686页）初稿。

误国的责任*

应干的不干，
应多数人民干的少数人包办。
应大干的小干，
应快干（的）缓干。
应省钱干的浪费的干，
应好好干的作弊的干。
应真干的他假干，
应精神的干他没精打采的干，
应合理的干他蛮干。
都应负误国的责任。

1938年11月6日

* 据手稿整理。原题为《以抗战建国纲领监察》，写于参加国民参政会会议期间。现题为编者拟。

朴诚勤俭*

朴

十一月十一，十一月十一，

人人都穿粗布衣，穿衣还要把布织。

诚

十一月十一，十一月十一，

但愿人人心儿一，一心抱住大目的。

勤

十一月十一，十一月十一，

淡淡水儿长长流，自古成功在不息。

俭

十一月十一，十一月十一，

力气金钱须爱惜，公家一文汗一滴。

* 录自手稿。1938年11月11日于重庆为世界大战停战纪念日写。

如何可以得到最后胜利*

（一）民为贵，决心，互信
（二）抗战决心
（三）全面抗战　政治　经济　军事
（四）全面教育　服务即宣传

分析｛
（五）日本国力之检讨
（六）中国国力之检讨
（七）世界局势之推测
｝

主观：全面抗战　民为贵　决心　互信
客观：军事战　财力
　　　　　　　人力　组织　政治教育
　　　　　　　动员
　　　经济战　交通
　　　政治战　地方组织
　　　教育战

* 录自手稿。系在桂林一个训练班上的演讲提纲，写于1938年12月11日。

对海防华侨的演讲提纲*

一、目前抗战情势

军事　　中　　日

经济　　中　　日

政治　　中　　日

国际

1.英美矛盾

2.美内部矛盾

3.英苏、美苏矛盾

甲、全世界援助

乙、华侨团结

丙、和平阵线在造成中

二、华侨中心任务

甲、了解抗战到底是中国救亡之唯一途径

乙、了解团结到底与抗战到底的相互作用

丙、即知即传，使整个华侨都造成团结抗战到底的生力军

丁、有力出力，有钱出钱，赞助抗战

戊、不买日货，不卖日货

* 录自手稿。写于1938年12月25日。题为编者拟。

己、干国民外交

庚、纠正妥协论调，拥护正确真理，以造成救亡国策

三、华侨青年的出路

甲、中国有出路，华侨才有出路；华侨有出路，青年才有出路。华侨青年要参加救国运动

乙、学一个专门

丙、研究社会政治经济

四、怎样进行自我教育

甲、和进步的人做朋友

乙、看书报

丙、共同求进（保险公司）

丁、钻进大众的生活里去

戊、参加救国的行动

己、除青年病老了病

愿学凯末尔*

中国两个宝：
造谣与信谣。
愿学凯末尔，
一世聋到老。

---

* 录自手稿。写于1938年。题为编者拟。手稿将凯末尔的“末”字笔误为“耒”字。凯末尔（Kemal,1881—1938），土耳其共和国第一任总统（1923—1938）。他使土耳其取得完全独立，并着重发展民族经济，实行社会改革。1934年土耳其共和国大国民议会授予“Ataturk”（意为“共和国之父”）为姓。

1939年

别琴 *

谁还呆站在飞机场?
　　我看得明白:
这分明是琴娘。
　　你看我从你的面前飞去,
心里有何感想?
　　当白云张开大嘴把我一口吞下,
你可慌张?
　　以为我是一只白鸽,
总会飞回家乡。
　　以为我是一只风筝,
牢牢的抓在你的手中央。
　　我觉得你有绳子捆我,
这绳了是拉得万里长。
　　倘若这铁鸟不把我带回来,
也不要失望。
　　有墨翟给我的爱钩,
任凭你远隔重洋,
　　或者是阻绝千山,
我有力钩你到身旁。

---

* 录自手稿,1939年2月23日写于重庆。陶行知偕吴树琴于1939年2月6日夜抵昆明,15日晨陶行知先期赴渝参加国民参政会。此诗记述在昆明机场与吴分别的情景。

老鼠闹新房*

何处脚步响？
半夜烦新娘。
起来看一看：
原来是老鼠闹新房！

1939年2月28日

* 陶行知在北碚时，沈兹九曾将新房让给他住，房中有三个老鼠洞。沈对陶行知说："夜间必封鼠洞，否则不能安眠。"1939年2月28日，陶行知作此诗追记其事。录自手稿。题为编者拟。

结婚通告 *

前世有缘，无法奈何！
我也爱他，他也爱我。
教学相长，如切如磋。
好来好往，朝朝暮暮。
万里长征，好事多磨。
苦中有甜，彼唱此和。
国难当头，理宜节约，
替代钻戒，丹心一颗。
不要媒公，不要媒婆，
两相情愿，终身合作。
主不请客，客不恭贺，
敬告亲友，大家呵呵！

* 这是1939年3月4日陶行知与吴树琴到重庆北温泉公园游览时合撰的结婚通告。当时两人拍了一张合影照，打算上半年宣布结婚，后因育才学校招生工作忙碌，以致婚期延至同年12月31日。举行婚礼时，陶行知宣读了夫妇二人合写的这首诗，但未在报刊发表。1999年6月吴树琴寄来了当年二人合写并由吴笔录的此诗手稿影印件。上面有："右合撰结婚通告写给衡夫爱存 琴 二八·三·四温泉公园"等字。全集第11卷第611页所载《结婚证书上的题诗》，陶行知既曾书写在自己的结婚证书上，同时也在亲友、同学结婚时书赠祝贺。

教育过程*

观察世界，
说明世界，
变化世界。

感觉困难，
迎接困难，
解决困难。

1939年3月9日

* 录自手稿。题为编者拟。

我对于战时教育的认识*

（一）

小孩们！
拿出我们的力量，
干一点小生产。
生产，生产，
种少而成多，
打倒小东洋。

（二）

小孩们！
拿出我们的力量，
种几棵小青菜。
种菜，种菜，
青菜豆腐汤，
把日本打败。

---

* 本篇手稿共有诗13节，其中5节已编入《儿童节歌（三）》的一、二、四、五、六节（本全集第7卷716—719页）；这里抄录的是未编入的8节。题目为原有，署名陶行知。每节的序号为编者所加，其中六、七节的首句为“孩子们”，均改为“小孩们”。写作时间在1939年的三四月。

（三）

小孩们！
拿出我们的力量，
干一点小试验。
试验，试验，
试出小真理，
粉碎日本店。

（四）

小孩们！
拿出我们的力量，
干一点小建设。
建设，建设，
建设儿童城，
防御日本鬼。

（五）

小孩们！
拿出我们的力量，
干一点小创造。
创造，创造，
造成无敌国，
赶出矮强盗。

（六）

小孩们！
拿出我们的力量，
干一点小教育。
教育，教育，
即知即传人，
团结是生路。

（七）

小孩们！
拿出我们的力量，
抵制日本货。
抵制，抵制，
谁买日本货，
不与他合作。

（八）

小孩们！
拿出我们的力量，
日货要抵制。
抵制，抵制，
货物销不去，
摇动他经济。

我们是不愿做亡国奴的小孩*

我们是不愿做亡国奴的小孩！
要把日本打败！
谁个有财宝，
劝他献出来。
谁个有力气，
劝他把力卖。
谁贪日本货，
劝他不要买。
谁个要分裂，
劝他备棺材。
谁个不识字，
劝他读书要赶快。
谁个年纪老，
劝他学学赵老太。
谁个年纪小，
劝他学学李国屏的慷慨。
拿出我们的小力量，
把日本打败！

* 录自手稿。写作时间在1939年三四月。题为编者拟。

我们是不愿做亡国奴的小孩！
要把中国兴起来！
干点小实验，
好和阿尔比比赛。
干点小战术，
汉奸活捉来。
干点小生产，
种麦又种菜。
干点小建设，
鸡窠盖一盖。
干点小制造，
玩的东西无须买。
干点小创造，
儿童虽小有的是天才。
拿出我们的小力量，
把中国兴起来！

我们是不愿做亡国奴的小孩！
我们要在炮火当中长大起来。
我们的责任是
帮助大人把日本强盗赶出东海！
我们的快乐是
把我们的小小力量贡献出来！
把我们的失地收复回来！
把我们的新中国新世界创造起来！

郭家有嫂如贤母*

每逢佳节思苦儿，
苦儿更比黄连苦：
冻无衣，
行无履，
饥无食，
玩无侣。
耳闻读书声，
羡彼受夏楚。
漂亮膺上选，
貌丑无与语。
只因爹娘早不在，
哥哥无力娶新妇。
街头巷尾讨饭吃，
惯唱莲花打花鼓。
荒年贫病如双斧，
少小难免填泥土。

川中山水甲天下，

* 录自手稿。作于1939年4月。题为编者拟。

郭家有嫂如贤母。
安得嫂身化千万，
苦儿个个有嫂相爱抚。
衣暖食饱居之安，
上进前进莫能阻。
或能文，
或能武；
或为人民作忠仆，
或守国门如龙虎。
愿嫂长作普照灯，
愿嫂常洒遍润雨。
愿嫂再添寿五旬，
眼见儿孙中流作砥柱，
创造中华大民族，
协和万邦自作主。

怎样办教育*

一、教育的认识

（一）教育是战斗的

（二）教育是大众的

（三）教育是生活的

（四）教育是科学的

（五）教育是集体的

（六）教育是行动的

（七）教育是计划的过程

（八）教育是力的培养

（九）教育是觉的启发动员

（十）教育是教学做合一

（十一）教育为社会服务是在大社会里干的

（十二）教育是五马小孩的乌托院（邦）

二、怎样办战时儿童教育

（一）三民主义、抗建纲领、教育会议训词为最高原则——造梯子，民主的集团

* 这是为妇女干部训练班准备的第二讲提纲，写于1939年6月27日。录自手稿。题为编者拟。文中的“五马”的“马”是“看”、“想”、“玩”、“谈”、“干”五字注音符号之韵母。

（二）引导小孩过战时生活——在生活中认识，在行动中去追求真理

（三）帮助小孩组织起来，小孩的集团生活，检讨过去，把握现在，创造将来

批评，计划，实行

（四）做小孩的母亲

慈爱，怄气，引导，不要做后母，要做亲母，做爱迪生的母亲

（五）四种培养

手脑相长的小工人

追求真理的小学生

即知即传的小先生

百折不回的小战士

（六）五马，不要把小孩残废了

（七）两只脚，都向前

（八）三种组织：

1. 学校小孩

2. 保育院小孩

3. 社会小孩

（九）要儿童文学，不要干咸菜的文字

（十）不要使小孩脱离小孩群，不要使小孩脱离社会的群众，（五马孩子，无［乌］托邦）不要使小孩脱离中国的小孩，脱离世界的小孩

（十一）干儿子与中华民族的儿女

（十二）妇女工作不要脱离战时生活，小孩——小同志，为小孩服务，能聚能散，在炮火中长大起来！

（十三）避免认识的错误——病孩，丑孩，顽皮孩

（十四）方法上的错误

打不出真理来

越打越笨

不要你哄，不要你捧，只要你懂

（十五）小孩的先生——面前人，无常师

（十六）小孩的课本——活的书

（十七）小孩的学校——大社会

（十八）小孩的同学——

（十九）小孩的学生——前后左右都是

温泉讨论生活教育*

一、定义 of life, by life, for life（可译为：生活之教育，以生活影响生活之教育，为着应济生活需要而办之教育——编者译注）

二、基础、生活、哲学的基础的基础

（一）历史的生活——发展的生活——从农业文明到工业文明的生活——从半殖民地半封建到自由平等的生活

（二）联系的生活——政治经济文化互相关联的生活——乡村都市关联的生活

（三）生活决定教育，不是教育决定生活

（四）生活的变化即教育的变化

（五）生活的矛盾即教育的矛盾

（六）生活的量的增加到某种程度可以突然起质的变化，即教育的量的变化到某种程度可以突然起质的变化

（七）社会物质环境通过生活才有决定的意义

三、发展史 中国传统教育、美国教育 } 不适

* 录自手稿。这是1939年7月30日在重庆北碚温泉讨论生活教育会上的发言提纲，共14条。编辑中将序号的甲、乙、丙改为一、二、三。

（一）想像力与现实肉搏
（二）概念
（三）二者活用
教育法
1. 教学合一　教中有学
2. 教学做合一（在做上统一）
3. 在劳力上劳心
4. 生活即教育（历史的，联系）
5. 社会即学校（历史的，联系）
6. 工学团——集体主义的自我教育
7. 即知即传　学中有教
　充分的发展□矛盾
运动
1. 乡村教育
2. 普及教育
3. 国难教育
4. 战时教育
5. 全面教育
四、生活教育与政治
（一）任务的决定者
　　病害决定医生的任务
　　帝国主义——日本帝国主义
　　半封建的条件
　　自由平等之要求
（二）政治贯彻在生活之中，笼罩在生活之上
（三）政教学做合一（目的与方法）
　　教学做用合一（同上）
五、任务　根据我们的技术
　　　　　反侵略

推进民主

巩固团结

抗战建国合一

战时生活即战时教育

六艺：礼=组织

乐=□乐

射御=武艺

书数=文

中国教育政策

1. 补充（政、军、文）不够，要造新的人才

2. 义务教育　态度技术内容要改进

3. 民主的教育法有待促进

4. 师严道尊之建立

5. 自我教育（集体主义）之正确

6. 加强政治教育，集体教育，实践教育，正确

六、生教与普教

（一）知识为公

（二）以知与人己愈知

（三）量的增加起质的变化

七、生产教育

（一）生产者教育

（二）工学团

八、教学做合一

理论与实践统一

学校与社会统一

先生与学生统一

生活与教育统一

不是标语统一便算统一

利害冲突的要经过斗争方得统一

九、生〔活〕教〔育〕社

（一）总与分社之联系

（二）分社设立

（三）社员教育之检讨

1. 民主的检讨

2. 经济

3. 教学治事

十、研究所

十一、育才学校

十二、战时教育

十三、各地工作报告：

（一）新旅

（二）英国

（三）香港

（四）大别山

（五）孩〔子〕剧〔团〕

（六）新加坡

（七）海防

（八）菲律宾

（九）云和〔属浙江〕

（十）广东

（十一）桂林

（十二）重庆

（十三）延安

十四、慰劳死难同志家属

育才三圆圈校徽的内涵*

——三位一体的多元运用

1. 集体生活
   - 全校一体
   - 世界一体
   - 古今一体
2. 智仁勇
3. 知情意
4. 工学团
5. 教学做
6. 文化工具，劳动工具，战斗工具
7. 感觉困难，分析困难，解决困难
8. 认识社会，适应社会，改造社会
9. 行，知，衜
10. 师，生，众
11. 老，壮，少
12. 左，中，右
13. 自然——劳动——社会
14. 头脑，双手，机器
15. 艺术，科学，哲学
16. 天时，地利，人和

* 录自手稿。手稿中画有育才校徽。写于1939年9月30日。题为编者拟。

17. 新大学：明大德

新大众

止于大众之幸福

18. 大德：觉悟，联合，争取解放

19. 空间，时间，人间

20. 海陆空

21. 检讨过去，把握现实，创造未来

22. 正反合

肯定，否定，否定之否定

23. 真善美

24. 德智体

25. 抗战三阶段：防御，相持，进攻

26. 民族，民权，民生

27. 大众福禄寿

28. 自由，平等，幸福

29. 身修，国治，天下平

30. 百战百胜

求学——虚心

工作——不断

战斗——团结

31. 动植矿

32. 你我他

说百姓话*

本是老百姓，
要说百姓话；
百姓将饿死，
大饼不空画。

* 录自手稿。题为编者拟。1939年11月为李敷仁在西安创办的《老百姓报》写。

1940年

用手也用脑*

做工如作战，
用手也用脑，
头儿埋起来，
活路造不了！
高高兴兴干，
难苦受得了。
集体能自觉，
创造更巧妙。

* 1940年育才学校社会组的小朋友们要修一条环山马路，选定五一劳动节开工，取名劳动路。陶行知写了这首诗勖勉他们要“用手也用脑”。选自《孙铭勋教育文选》第56页，1984年重庆出版社出版。

西游回忆录*

（一）中华经济研究社之创立［1937年11月17日12时30分于美国首都华盛顿洛特斯饭店］

（二）五分钱的捐款

（三）洗衣工友　最有团结　洗衣歌　八磅姑娘　新安捐请外国孩子做先生［1938年5月20日于美国芝加哥］

（四）胡适秋柳诗（1938.4.14）［于加拿大温哥华］

（五）我的国民外交观

（六）四位学者之正义电［1937年12月6日于纽约，电文见本全集第6卷349页、468页］

（七）从墨西哥看美国［1937年8月29日—9月29日陶行知在墨西哥进行抗日宣传］

（八）废铁之山［1937年9月30日于美国休斯敦。参阅本全集第4卷393—394页］

（九）马墓巡礼马陵24748［1936年10月23日记下墓址，30日拜谒］

---

* 此稿是陶行知1940年准备写《西游回忆录》的纲目。据《衔备忘》记载和手稿笺印字，可知此稿系11月9日写于育才。编者整理时参阅了作者1938年8月24日，在从科伦坡至香港的法国邮轮“霞飞号”上草拟的19篇回忆文章稿目和以后的遗篇——《出国纪事》。著作纲目内容已编入《陶行知西旅长编》。为了便于读者查考，编者尽可能地在每条纲目之后加上时间和地点并以“〔〕”号为记，以与正文相区别。年代一律改用“公元”，外国地名尽量改用现行通用译名。

（十）罗素答客问［1936年11月1日］

（十一）教唱歌［1937年8月11日于美国旧金山，11月6日于纽约］

（十二）马可·波罗之家乡［1938年6月29日夜于意大利威尼斯］

（十三）伽利略之家［1938年6月29日于意大利佛罗伦萨］

（十四）墨梭利尼之四张地图［1936年8月3日于吉布堤］

（十五）拆字演讲：洪、和、平、五、春、中、朝、萌。［1937年5月30日下午于美国纽约］

（十六）八时后之地道车

（十七）墨西哥之农人旅馆［1937年9月22日于墨西哥首都］

（十八）R与托罗茨基

（十九）Cardenas总统之见客［1937年9月20日于墨西哥首都］

（二十）尼嘎拉［1938年1月11日于加拿大安大略省的韦兰］

（二十一）马利老板娘之统一战线［1938年1月20日于加拿大柯切兰市］

（二十二）洛杉矶唤起禁运［1938年5月4日于美国洛杉矶］

（二十三）加拿大希望我们做和尚［1938年4月23日、4月25日于加拿大维多利亚、美国西雅图］

（二十四）西赛尔昏倒［1938年2月12日于英国伦敦］

（二十五）Macleod的Pandy故事［1938年2月14日于英国伦敦］

（二十六）我对于申包胥运动之答复［指对1937年12月27日冯玉祥来电回应］

（二十七）倒退十年［1937年1月16日于纽约］

（二十八）垃圾阵线［1937年6月3日于纽约］

（二十九）以为歌　林侔圣　陈佩月［在广东楼的会见，1936年11月19日于美国纽约］

（三十）王宝川与熊式一［1936年10月18日于英国伦敦］

（三十一）火车上之博士茶房

（三十二）美国之大学毕业即失业（哥大子路上的麻工学生，一首歌）

（三十三）苏墓巡礼［1938年7月21日于希腊雅典］

（三十四）阿比西尼亚之英雄（罗马之金狮子）

（三十五）金字塔上的歌声［1938年7月26日于埃及开罗］

（三十六）Suzuki之悲剧［即“索索奇”，参阅本全集第4卷202—206页］

（三十七）新加坡保卫耳朵（教育代剪）［本全集第4卷197—201页］

（三十八）火烧丝袜

（三十九）牛津誓词送还给牛［1937年12月28日于美国纽约州的波基普西］

（四十）美国小姐穿丝袜顾问

（四十一）洗衣艺术（竹笋看不起父亲）

（四十二）红人文化与中国文化［1937年7月14日于美国俄勒冈州塞勒姆］

（四十三）王老板（庆元）［1936年10月3日于法国巴黎］

（四十四）双十节中法联欢［1936年10月10日］

（四十五）西班牙国际义勇军中之中国战士［1938年3月7日于美国纽约，7月15日于巴黎］

（四十六）爱尔兰之国策［1938年2月18日于爱尔兰都柏林］

（四十七）泰戈尔会见［1938年8月11日于印度博尔普尔］

（四十八）甘地之会见［1938年8月14日于印度谢冈］

（四十九）波士之会见［1938年8月10日于印度加尔各答］

（五十）印度火车上之告白［1938年8月11日于印度加尔各答至博尔普尔的沿途车站］

（五十一）如日方升之印度［1938年8月13日于印度沃尔塔］

（五十二）谢葆真金山会见［1937年8月23日于美国洛杉矶长滩］

（五十三）美国学者援助七君子之波折

（五十四）全欧抗日救国会之创立［1936年9月20日于法国巴黎］

（五十五）世界青年大会［1936年9月1日于瑞士日内瓦］

（五十六）四十天□□下

（五十七）一万五千尺上

（五十八）海德公园［1936年11月1日于伦敦］

（五十九）［先］船坞后墓地　诗在海德公园（饥民前进到伦敦）（1936年11月1日）

（六十）李瑞门之好义［1938年3月28日于加拿大苏圣玛丽］

（六十一）德人艰苦［1936年9月20日于巴黎，参阅本全集第10卷27页02—084］

（六十二）荷兰之小贩［1938年2月24日于荷兰阿姆斯特丹］

（六十三）反侵略大会在布鲁塞尔　诗［1936年10月23日于伦敦　诗题：和平与战争，本全集第7卷592页］

（六十四）比因古之华工［1936年10月3日于巴黎］

（六十五）巴士德研究所［1936年10月6日于巴黎］

（六十六）土生华侨（1936年10月14日）［在巴黎，据海员救国会告知："玛丽皇后号"轮船打电话来：海员不能上岸，中国人不能上岸上船，土生华人能上岸上船］

（六十七）伦敦South Hill Park 43号B房［1936年10月18日于伦敦］

（六十八）长名Mr. S. M. Kumeramangalam［1936年10月22日于伦敦］

（六十九）回忆之回忆（上海工人　诗　1936年10月24日）

（七十）剑桥一夜［1936年10月23日于英国剑桥］

（七十一）英爱苏故事（1936年10月24日）

（七十二）沙士披亚之家［1936年10月29日于英国伦敦福特顿镇87号］

（七十三）Waldo之家（我住的房被日本人住了）

（七十四）松井春HaRa Matsui［1937年1月2日于纽约。本全集第10卷130页05—061页为“治松井”］

（七十五）向达［1936年10月30日于伦敦，1938年9月17日于香港］

（七十六）王礼锡与小鹿［1938年6月21、22日于伦敦］

（七十七）东伦敦的一个学校——赵邦荣（1936年11月3日夜十时）

（七十八）James King man 暴虐之女飞寄信纸［1936年11月4日于英国南安普顿］

（七十九）Southamptom 上船（1936年11月4日）信英Gant

（八十）Normandie（1936年11月4日）［于英国南安普顿］

（八十一）孙先生蒙难室［1938年2月15日于伦敦］

（八十二）杜威［1936年12月7日于纽约，参阅本全集第10卷115页05—001至116页05—005］

（八十三）先锋　纪念诗（1938年5月12日）［于洛杉矶去波尔德水坝旅途之中］

（八十四）联合公所　龙岗、昭伦、方邝。

（八十五）Seattle 中国领事唱戏（陆敬夫）［1938年4月25日于美国西雅图］

（八十六）中国农业公司B.C.［1938年4月22日于加拿大维多利亚］

（八十七）加拿大之移民（1938年4月2日）［于加拿大里贾纳］

（八十八）回到旧金山（1938年4月30日）［于美国旧金山］

（八十九）印第安人（1938年4月30日）［于加拿大布兰登］

（九十）都城博物馆（1938年3月27日）［都城又名“多城”，博物馆又名“皇家博物会”。于加拿大多伦多］

（九十一）多嘴妇之封口（1938年3月27日）［于加拿大皇家

博物馆，17世纪英国人用以惩罚多嘴妇的刑具。参阅本全集第10卷535—536页］

（九十二）大树

（九十三）Hockey （1938年3月28日）［于加拿大苏圣玛里］

（九十四）Esther 印象　教人同情中国

（九十五）牧师诗（1938年4月11日）［于加拿大艾伯塔省的拉科姆比］

（九十六）苏格兰与中国人之创造［1938年4月14日于加拿大温哥华。本全集第10卷541页］

（九十七）笑话（1938年4月14日）

康健之堡垒*

把健康之堡垒，
建立在毛坑上，
建立在垃圾桶上，
建立在厨房里，
建立在井水源上。
最要紧的是：
建立在头脑里，
在大众的头脑里。

1940年11月18日

* 录自手稿，与北碚澄江镇小学教师讲。

三台洞听泉*

风来天欲晚，
游兴不可抑。
无语入三台，
听得山泉滴。
疑是桃花源，
寻觅无踪迹。
泉水解人愁，
与泪一齐滴。

* 录自手稿。疑为1940年约请孙锡洪担任育才自然组主任时写于四川三台。

以一当万*

旁边的兄弟倒下来了，
剩我一人！
剩我一人，
誓以一人当万人！

* 录自手稿。此篇及以下三篇，是从陶晓光遗物中发现的陶行知手书，均无写作时间，现一并编在这里。

无题*

择吉开张先交易，
自由恋爱啥稀奇。
问谁去做证婚人？
上有苍天下有地。

* 录自手稿，无标题。

小职员的四头生活*

来要来在前头，
去要去在后头。
拿的是零头，
触的是霉头。

* 录自手稿。

奇怪*

年成坏，
要求雨。
年成好，
卖儿女。

奇怪复奇怪，
年成好，
人们却要把儿女卖。

* 此诗手稿末行还有被画去的“人笑”二字，似未写完。题为编者拟。

1941 年

写字送音乐组学生*

（一）音乐是世界语，学会之后，便能与人类谈心。

（二）留心不要把艺术当嫁奁。

（三）有陪笑之音乐，有哭丧之音乐，有助消化之音乐；我们的音乐是战斗之音乐，创造之音乐。

（四）什么是革命的音乐？阔佬的跟班变成大众的号兵。

（五）把音乐之神从大出丧、大结婚、大宴会中迎出来，送到巷头，送下乡村，送上战场去。

1941年1月1日

---

* 录自手稿。写于育才学校音乐组在重庆对美国播音之前。

给陶晓光写的证明书*

陶晓光，年二十三岁，男，安徽歙县人。于民国十九年冬季至民国二十六年秋，在上海自然学园学习无线电，前后六年半，成绩尚佳。本园出版儿童科学丛书一百零五册，晓光担任无线电部门编辑，出书亦属合用。后于民国二十七年冬入本所担任研究工作亦甚称职。特此证明。务希查照。

前自然学园指导员
生活教育社晓庄研究所所长 陶行知

中华民国三十年一月　日

* 录自手迹原件。

写字之指导*

（一）看人写

（二）看字帖　爱书法

（三）自己写

（1）拿笔｝笔在纸上跳舞，有节奏而有意义

（2）运笔｝用美术字写有意义之文

（3）笔法

软笔法　摆笔法

转笔法　骨断筋连

逆笔法

蹲笔法

一笔法

立笔法

回笔法

（4）笔诀

如锥画沙，如印印泥，

如屋漏痕，如悬针，

如玉筋，如川江摇橹，

如公孙大娘、裴旻将军舞剑。

* 录自手稿。与此稿同时还写成《书家年表》，但迄今未找到。

（四）字体发展之历史

（1）古文

（2）大篆

（3）籀文

（4）小篆

（5）隶

（6）八分

（7）飞白

（8）章草

（9）行

（10）草

1941年7月9日

1942年

证明书*

为证明事：查程本海同志系安徽绩溪人。当五四运动开始，即致力于国民革命，在上海青年中从事实际工作。至民国十二年组织绩溪学社。半年后，与胡梦华、许士麒诸同志联合上海之上大、中公、震旦；南京之东南、金陵；天津之南开；北京之北大、燕大、清华之徽籍青年同学，组织徽社，出版《徽音》月刊，号召全徽及皖南青年参加国民革命。北伐时，在上海南京一带作秘密工作，运动青年民众协助革命军，尤为勇于任事。民国十六年以后，加入乡村运动，努力基层工作，在农村中，以通俗方式，宣传三民主义。查其生平，对于徽州之政治文化，颇多贡献！尤其在青年中起有模范作用。因其服膺三民主义而身体力行，故受其影响而参加革命工作者甚众。在著述及实践两方面，均有独到之成绩。对于铨叙条例致力国民革命在二十年以上而有成绩之规定，甚为符合，特此证明。

陶行知

* 这是陶行知1942年春应当时在安徽省教育厅工作的程本海的请求手书的证明。程本海抄自原稿照片，见程1968年3月5日在台北所写《陶行知先生与我》一文（载台湾《艺文志》第152期——1978年5月号）。

孝顺媳妇*

从前有一个孝顺媳妇，不叫公公的名字。她的公公的名字是老九。媳妇连韭菜的“韭”字和吃酒的“酒”字都不肯说出来。一天老九有两个朋友来拜访，老九不在家，留了一句话托他的媳妇转达：“等你公公回来，请你对他说：‘张老九，李老九，今天逢着九月九，家里有韭菜炒肉，来请老九去喝酒。’”

这两人躲在门外，要听她怎样说。

不多时，老九回家，媳妇告诉公公说：“张八一、李四五，今天逢着重阳日，家里有扁葱炒肉，来请公公喝一杯。”

* 录自手稿。此篇及以下四篇纸笺相同，手稿下端均并列有若干单字，似为编语文教材中的课文生字。写作时间在1942年。

人生（一）*

有有无无且耐烦，
劳劳碌碌几时闲。
人心曲曲湾湾水，
世事重重叠叠山。
古古今今多改变，
贫贫富富有循环。
将将就就随时过，
苦苦甜甜总一般。

* 录自手稿。

人生（二）*

急急忙忙苦追求，
寒寒暖暖度春秋。
朝朝暮暮营家计，
昧昧昏昏白了头。
是是非非何时了？
烦烦恼恼几时休？
明明白白一条路。
万万千千不肯修。

* 录自手稿。

多谢朋友送火腿*

火腿蒙你送，
全家初甚欢。
柴烧三担尽，
水煮一缸干。
肉像枯荷叶。
皮同破马鞍。
牙关三十六，
个个不平安。

* 录自手稿。

派款 *

民团本是一件好事，但是土豪劣绅常常利用民团刮钱，弄得老百姓没得好日子过。四川的土豪劣绅顶坏，与军阀勾结，变成小军阀。这副对联就是他们的小照：

为军队派款：团总派，甲长派，浮派，滥派，指名官派，胡闹鬼派，硬起心肠由你派。

藉公事收钱：场上收，乡下收，明收，暗收，不怕手收，只怕天收，谨防尸骨没人收。

* 录自手稿。对联前面的几句话写好后又用笔圈涂了一下，整理时仍保留。

1943年

赴碚离渝前应办之事*

一、通信处完全编成

二、致下列各人之信

（一）蒋夫人

（二）康心如

（三）卫君儒

（四）陈辞修

（五）李鹤龄

（六）缪剑霜

（七）张军光

三、要见的人

（一）刘航琛

（二）戴自牧

（三）李组绅

（四）胡　好

（五）王儒堂

（六）黄次咸

（七）孙瑞璜

（八）徐立人

* 录自手稿。该手稿不全，写作时间可能在1943年6月。

四、处理钱的问题

（一）汇款与陆叔昂

（二）提款9000元交中国银行汇碚

五、处理其他问题

（一）寄存箱子皮包稿件

办事精要 *

（三）新境界之创造

窗户破纸，久待糊新。今日动员将破纸一扫而空，虽未糊上新纸，已觉焕然一新。故已破者当彻底破坏之；已烂者当使之烂个干净，以待新境界之创造。

（八）不急不息

“不急不息”这一原则，具体地说，即是“步步为营，节节进攻”。朝着大目的进行，不使虚度一天；一天之中，不使虚度一刻。休息便完全休息。完全休息便是为进攻而休息，便是息而不息。倘休息时不完全休息，则便是进攻时不能专心进攻。休息之时思进攻，进攻之时思休息，则终日劳碌难以制胜。

---

* 录自手稿。题为编者拟。这是陶行知在重庆管家巷28号育才办事处火难之后，为育才校庆写的若干条。这里只有其中的（三）和（八）条，其余均未找到。在（八）条之前特注明“卅二·七·十二（续）”字样，说明该条写于1943年7月12日。

林间谈话*

三二·九·十七

报告之部

（一）马家沱之地业已完成捐助手续

（二）石膏像之款筹成

（三）省教育厅要再加五十万基金

（四）前方演戏接近实现

（五）音乐演奏可买提琴一架

（六）《手脑相长歌》、《自立歌》、《锄头舞歌》、《镰刀舞歌》、《儿童工歌》、《儿童节歌》，配合原谱译成了英文。

（七）买了十万元布

（八）太平洋学会 Carter 先生之夫人系 China Aid Council 主席，带去本校之文件。

* 录自手稿。“林间”指合川草街子育才学校校地凤凰山上之林间。当年曾命名为“普希金林”。此稿似乎是在校务会议上的讲话提纲。

1944 年

当尽力帮助以成全其志*

——致安娥

安娥先生惠鉴：

接奉四四来信，得悉贵恙多时，至为系念。

大为[①]之信，不易辨认。我因为筹措经费，建立经济基础，争取生存，常住重庆。致孩子们生活学习不易兼顾，不免有些闲言冷语，大为感到不安，所以有离开之意。我在半月之内，将回校一行，再与大为面谈，以定去留。但无论去留，我当尽力之所及帮助，以成全其志，而少纾你病中之遥念。不过，我以为境由心造，一心向上，则可造成乐园；若心魂不定，中无所主，则可造成苦海！乐园和苦海皆为自己造成，我可以使大为避开苦海而创造乐园，使他得尝人生共同创造之乐。

贵恙（肋膜炎）似宜以静养为宜，而易于康复。专此奉复。

顺颂

痊安！

陶行知谨启

民国卅三年四月十三日

---

* 此件系田汉和安娥之子田大畏提供。大畏说："这封信是若干年前在母亲的遗物中发现的，陶先生对我的关心，令我十分感动。""陶先生信中所谈有关我的事，我的记忆已经模糊了。情况大致是这样：我是文学组学生，四四年初，年纪较大的同学开始离校走向社会，我那年三月写给母亲的信中可能也表示了想离校的意思，诉说了一些'苦恼'。母亲于四月四日写信给陶校长"，并附上大畏的信。题为编者拟。

注释

① 大为　即田大畏，在育才学校时改名大为。

某先生传*

不为天下先：坐后让前坐，看电影。

不与人争：吃小馆，付钱决不争。

己所不欲，勿施于人：鸡蛋不与人吃。

---

* 录自手稿。写于1944年4月27日。

送××归国*

您的家儿近，
我的家儿远。
传言长房[①]能缩地，
而今赖特[②]已缩天。
出国听败仗，
回家看胜利。
待你再来时，
朝发扬子江，
夕到佛尔加。

注释

①长房　费长房，东汉方士，传说卖药翁壶公授他竹杖与符，能治病驱鬼，并有缩地术，千里之遥瞬间可至。

②赖特　Frank Lbyd Wright, 1867—1959，以富有创造天才而闻名于世的美国建筑师。“已缩天”指他在纽约修的古根海姆博物馆，该馆没有分隔的楼层，而用螺旋形的斜坡一直到顶，实现了他多年来所设想的连续空间。

* 录自手稿，作于1944年5月29日，疑为赠苏联援华抗日的飞行员。

让我们与民主结婚*

民主该到哪里去？卖报的小孩、流浪儿、前线逃出的难童、童养媳、砍柴的、拾煤渣的、擦皮鞋的，伤兵医院、壮丁队，不上咖啡馆，不上大烟铺。

生出光明，吞没黑暗；
生出热情，烧去冷酷；
生出力，征服法西斯。
创造新中国！
创造新世界！
创造新民主。
民主第一，
民主至上。
人民是自己的主人，
人民是国家的主人，
人民是世界的主人。

* 录自手稿。1944年6月21日写于重庆。手稿上诗的左边有旁注，现放在诗前。

一本武训结良缘*

从来父严子必贤，
德性学问有渊源。
进化原则重发展，
但愿后来皆胜先。

陪都两见成知己[①]，
一本武训[②]结良缘。
蟠桃十万凭君摘，
文化为公寿万年。

注释

① 陪都两见成知己　指在重庆两次晤见段绳武。

② 一本武训　指段绳武费十年心血编成一本《武训先生画传》。段去世后，他的夫人把全部画版捐赠给生活教育社，并将此书再版。1945年陶行知又把画传译成英语出版。

* 录自手稿。作于1944年9月6日。题为编者所拟。

民主第一*

让民主钻进一切
　　　渗透一切
　　　叫一切发酵
让一切钻进民主
　　　渗透民主
　　　叫民主发酵
让民主统治一切
　　　一切受民主之统治

让我们歌颂民主
　　　歌颂民主穿着战袍出现
　　　歌颂民主以两次胜利答复一个失败
　　　歌颂民主以最后胜利答复一切失败
让一切向民主谈心
　　拿心中事告诉民主
让民主向一切谈心
　　拿心中事告诉一切

* 录自手稿，作于1944年9月6日。当时的政治环境难以刊载这首诗，10月10日连同《让我们与民主结婚》一并简化为《民主第一》的八行诗，收入大孚版的《行知诗歌集》（见本全集第7卷849页）。

动员一切
唤醒一切起来为民主作战

民主是我们的大饼，要吃得饱
是我们的衣服，要穿得暖
是我们的家，要居得安适
是我们的农场工厂，要工作得有意义
是我们的学校，要学得有进步
是我们的生命，要活得合理、崇高
把创造力发挥到最高峰

让民主和我们中间没有阻碍
没有隔阂
没有挡路的石头
让民主和我们夹攻一切阻碍
一切隔阂
一切挡路的石头

让我们和民主恋爱
民主是我们唯一的爱人
跳舞，依自由的旋律跳舞
和她接一个热烈的吻
我拥抱着她
她也拥抱着我
是她拥抱着我走向生路
让我们和民主结婚
生出民主的我们
我们的民主

武训赞*

大仁大智，
大彻大悟；
贯彻始终，
教育为公；
愿力无穷。

讨饭兴学，
做工自养；
他是真
　泰山岩岩。

* 录自手稿，1944年9月6日写于重庆。

创造生活奖学金*

一、本奖金为纪念邹韬奋先生而设，定名为创造生活奖学金。

二、创造生活奖学金，初期暂定为国币三百万元。

三、创造生活奖学金应以资金方式生息生利按期拨发，但不得用本。

四、创造生活奖学金由韬奋先生纪念委员会推举三人至五人保管处理之。其保管处理情形，每半年报告纪念会。

五、创造生活奖学金以资助贫寒优秀学生为目的。

六、创造生活奖学金名额如下：

（一）小学程度五十名；

（二）中学程度五十名；

（三）大学以上程度五十名。

七、创造生活奖学金之发给，依如下之根据：

（一）小学程度学生：失学者须受非文字测验；在校者须受非文字测验并受学业考试。

（二）中学、大学程度学生须经学科考试。

（三）研究生须缴著作或研究报告以备审查。

（四）上列学生均须是家境贫寒有妥人证明，经保管委员会

---

* 录自手稿。系1944年11月6日在重庆生活书店讨论如何纪念邹韬奋时所写。

核定，方为合格。

八、上列学生得自行申请，或由认识之校长、教师保荐，或由保管委员会自动选拔。

九、奖学金保管委员会得聘请专家评定测验。

十、创造生活奖学金每年发两次，于春秋二季始业前行之。

十一、创造生活奖学金每名金额暂定为每人每年一万元。

十二、保管委员会得视学术研究需要拨给特殊奖学金。其金额多少不定，资助专门学者在国内或国外从事专门学术之研究，以期促成学理之发现与技术之发明。

算是送给你的精神勋章*

——致陶晓光

晓光：

昨日托永利转上一信，据说明日起飞，大概与此信同到。

你的十月十日、十月十八、十月廿二、十月廿八四信先后于前两天几乎同时到。一至六号图片及十三张礼物均收到无误。昆明的礼物已托新行代收去了。这给了我们无上的兴奋。我在朝会报告并与绘画组座谈。张震同志现任绘画组生活指导，提议：大家向陶晓光先生看齐。这就算是我们送给你的精神勋章。

英国大使馆文化代表Mr.John Blofeld 现在印度，请即去见他，他可能帮我们带东西来。现开上三方面人，你可去接洽：

① Mr. John Blofeld, C/0 China Relations Office, 8 Council House Street, Calcutta.

② China Relations Office，同上。

③ Mr. W. P. W. Barnes, Friends Ambulance Unit, China Conroy, Gndia Office, 1 Upper Wood Street, Calcutta.

上面三处，我今天同时写信介绍了你。Barnes 先生主管育才鱼肝油精，至今未到。现买外汇200盾，今寄去与他作寄费，倘有余请他留下，为难童买物。待我再开单来。

Blofeld 先生月底回华，你须即日与他接洽，托他帮忙，大致

* 录自手迹影印件。题为编者拟。

有希望。

附上书单，请酌量购买，托Mr. Barnes 用印币余款买。

敬颂

康健

衔

卅三、十一、十五

1945年

原子弹　民主弹*

原子弹，
不可以包办。
如果要包办，
便算是疯狂。
公开啊，赶快公开啊！
免除第三次大战。

民主弹，
是管制好的原子弹。
是穷苦人过冬的破棉袄，
是老百姓充饥的粗茶淡饭。
制造啊，大量的制造啊！
爆炸啊，大声的爆炸啊！
温饱四万〔万〕五千万，
唤醒四万〔万〕五千万，
教育四万〔万〕五千万。

1945年10月26日

* 录自手稿。诗旁注有："进步公司出版约好。"题为编者拟。

原子为公 *

战争已经结束，
还要实施军训。
说是要充实力量，
救大家的命。
广播出去，
难免军备相竞。
倒不如原子为公，
肃清这国际政治病。

1945年10月27日

* 录自手稿。题为编者拟。

武训先生纪念会特刊词*

本刊，是为着普及教育而发行的，是为着更广泛的展开普及教育运动，而作为《民主教育》月刊的副刊而发行的。

创刊之始，恰好碰着武训先生诞生107周年纪念，我们就取着这一位普及教育先导来做榜样，出一个特刊，是有如下几点理由和意义的：

一、武训先生是抱有为着新生的一代着想，解脱人类苦难，创造人类幸福的宏愿。所以，本刊深望人们都能够如武训先生一样，抱有为着新生的一代着想，解脱人类苦难，创造人类幸福的宏愿，来提高人类智慧，增进和平幸福。

二、武训先生是抱有忠于自己为大众的主张，实现自己为大众的主张，贯彻到底的精神。所以，本刊深望人们都能够如武训先生一样，抱有忠于自己为大众的主张，实现自己为大众的主张，贯彻到底的精神，来和大众创造更多更好的福利事业，以利人群。

三、武训先生是抱有一往无前、百折不回、愈困愈奋、创造新历史的毅力。所以，本刊深望人们都能够如武训先生一样，抱有一往无前、百折不回、愈困愈奋、创造新历史的毅力，来和大

* 原载1945年12月1日民主教育副刊《普及教育·武训先生纪念特辑》创刊号，是以编者名义发表的。

众扫除人类障碍，创造新中国新世界，以建立起平等的互助的光明的新社会。

四、武训先生是抱有为着一件大事，而用尽毕生的力量来完成的心志，终能显现出他的高远境界，愈久愈加光明的行谊。所以，本刊深望人们都如武训先生一样，抱有为着一件大事，而用尽毕生的力量来完成的心志，能显现出你的高远境界，愈久愈加光明的行谊，来和大众站在一起为一件于国家于民族于人类有贡献的事业和运动，奋斗到底，以提高其行谊，而扩大其人生境界。

普及教育运动是一件大事，需要武训先生的宏愿，需要武训先生的精神，需要武训先生的毅力，需要武训先生的行谊，以提高其境界，而工作，而努力，而创造人类的新智慧、新精神，而得到和平、幸福。

生活教育社的当前任务*

二十世纪是人民的世纪，民主的世纪，民主的世界。民主的世界里必须有民主的中国。创造民主的中国，必须有民主教育为之前导。所以本社当前的任务，是普及民主教育，教育人民在真正实行民主上学习民主。

* 原载1945年12月1日民主教育月刊副刊《普及教育》创刊号第3版。生活教育社计划自1945年12月1日起至1946年11月30日止开展征求新社员十万人活动，这是作为此次活动总队长的陶行知对各分队介绍生活教育社的当前任务。题为编者拟。

让千古奇冤昭雪*

流血！
流胜利血！
先生在流血，
学生在流血，
人民在流血。
流吧！
流成血的鸿沟，
满鸿沟是血。
使内战魔渡不过去，
不能把中国毁灭。
死吧！
让死尸像桥梁样堆，
让自由神走得过来，
叫千古奇冤昭雪！

* 录自手稿。这是闻讯昆明发生“一二·一”惨案后于12月4日写的。12月7日略加修改后成为祭诗的第一段。题目为编者所拟。

1946 年

出版界顶呱呱 *

出版界，
顶呱呱。
笔杆联合起，
废去出版法。
废去出版法，
出版一定发达。
好书人人有得读，
中国不再出王八。
王八尽变活菩萨，
哈、哈、哈、哈！
出版界，
顶呱呱！

1946年2月7日

* 录自手稿。题为编者所拟。

致驻印诸友 *

兹委托

育才学校驻印代表陶晓光君主持本社在印宣传普及教育运动之要义，并代收侨胞捐款。特此证明。此致

驻印诸友

生活教育社理事长　陶行知

民国卅五年二月十九日

* 录自手迹原件。

贺汪达之和杨南深结婚*

天也欢喜，
地也欢喜，
人也欢喜。
欢喜他和你，
如鸟比翼，
如枝连理，
共造新家庭。

相敬相爱相扶持，
在学习上同心，
在工作上协力。
把这力光大，
化为民主团结力。
安居乐业造新邦，
欢乐更无比。

再进一步，

* 汪达之和杨南深于1946年初在苏皖边区的淮阴结婚，陶行知手书此诗祝贺。原件存汪之子汪心一处。题为编者拟。

创造新人类。
多福多寿多儿子，
儿子又生孙，
孙又生儿子，
子子孙孙生到无穷期：
一半儿像他，
一半儿像你。

达之
南深 同志结婚誌喜

黄山陶行知祝

儿童与儿童文学*

一、要为新时代的儿童而写作，给孩子们丰富的有益的养料。

二、要通过作品，让孩子们接受民主教育，增强民主观念。抗战胜利后，最重要的是争取民主，反对独裁，争取和平，反对内战。

三、要认识和尊重儿童的力量，鼓舞儿童到大自然和大社会里去翻滚。

四、要向儿童学习，学习他们的思想、行动。儿童园里无老翁，老翁个个变儿童。还要学习儿童的语言文字，便于写作。

五、希望儿童文学工作者，要学一点教育学，还要学一点心理学。这两门学科会帮助作者认识儿童的心理和生理上的发展；同时，了解如何教育儿童的方法与技巧。

---

* 这是1946年6月9日，在上海位育中学会议室，成立“中国儿童读物作者联谊会筹备会”上应邀所作演讲的要点。摘自李楚材著《陶行知和儿童文学》一文，载1986年6月少年儿童出版社出版的《陶行知和儿童文学》一书第277页。另将蒋风、韩进著《中国儿童文学史》（安徽教育出版社出版）一书的有关文字作为本文的附录。

附：陶行知支持成立“中国儿童读物作者联谊会”

蒋风　韩进

1945年抗战胜利后，经过八年离乱散处各地的原上海儿童文学工作者，回到了全国儿童文学的中心城市上海。1946年5月24日，经陈伯吹、李楚材倡议，又征得陶行知和陈鹤琴的赞同，召集了何公超、仇重、贺宜、沈百英、金近、黄衣青、鲍维湘和韩群等十余人，聚会于上海南京路大三元粤菜馆楼上，商谈抗战胜利后的儿童文学建设。大家一致认为战后儿童文学“必须反映时代，指导儿童注意政治，注意社会”，并“用儿童的口语来传达儿童所能了解的意念”。“大家希望把所有的儿童读物作者组织起来，成立‘中国儿童读物作者联谊会’”。经过准备工作，“中国儿童读物作者联谊会筹备会”于同年6月9日成立，到会24人，通过了章程草案；并请陶行知先生到会演讲“儿童与儿童文学”。

人同此心 心同此理 *

“人同此心，心同此理”。学生的反内战运动，是生活的反应。教师单靠捐款，不能过日子。学生因为打内战而无法继续求学，所以生活使他们叫出来的。内战不能再打了，工厂倒闭，经济崩溃——政府支出100元中，有98元是靠印钞票来维持，这批费用是支出在内战的费用上。钞票多发，生活膨胀，老百姓都饿死。学生的反内战运动，就是表现了每个老百姓的要求。今天，没有一个人不要和平，不反内战。要是有人打击反对内战的人，他就是好打内战者。

* 原载1946年6月18日上海《文汇报》。系该报记者采访陶行知，征询对当时上海学生反对内战运动意见时的谈话。同时发表意见的还有马叙伦、闵刚侯、许广平。

生活教育社计划*

本计划期于一年中完成下列各项：

一、动员全国社员就地推进普及教育运动。

二、举行普及教育研究会十二次。

三、举行普及教育及教育讲习会十二次。

四、在全国扼要地点建立普及教育实验区十处。

五、特约学校五百所散布全国试行小先生普及教育。

六、出版普及教育半月刊二万份，使二千县每县可得十份。

七、出版老少通千字课一百万部，计四百万册。

八、出版老百姓文库十万部，每部一百份，计一千万册。

九、出版老百姓日报一万至十万份。

十、出版小先生指导书十万册。

十一、出版武训先生传十万册。

十二、编武训兴学歌曲一套。

十三、编武训舞一本。

十四、编武训话剧一本。

十五、编武训电影一本。

十六、组织武训歌舞队十队。

---

* 原载1946年10月26日上海《文汇报》第3版。系陶行知最后拟定的一个宏伟的生活教育计划。

学者有其校*

研究人民的学问，
为人民的幸福而教导。
要达到文化为公，
学者有其校。

---

* 原载1946年8月2日《文汇报》第8版，系陶行知的最后遗墨。这首诗与《各有所归》的（二）相同（见本全集第7卷1012页），只是第二行末尾两字一为“教导”，一为“报道”，而前者是对的。

附　录

陶行知校订的《儿童科学丛书》的目录

奇异的音	（一）	白桃编	1932年
奇异的音	（二）	白桃编	1932年
奇异的音	（三）	白桃编	1932年
奇异的光	（一）	白桃编	1932年
奇异的光	（二）	白桃编	1932年
奇异的光	（三）	白桃编	1932年
奇异的光	（四）	白桃编	1932年
奇异的光	（五）	白桃编	1932年
望远镜		白桃编	1932年
显微镜		白桃编	1932年
玩轮轴		吕镜楼编	1932年
斜面与螺旋		吕镜楼编	1932年
玩齿轮		吕镜楼编	1932年
重心作用的把戏		吕镜楼编	1932年
钟摆的原理及造法		吕镜楼编	1932年
钟表装拆法及其原理（上）		董纯才编	1932年
钟表装拆法及其原理（下）		董纯才编	1932年
儿童的电机工程学（四）		丁柱中编	1933年
我们的地球（三）		丁柱中编	1932年

我们的地球（四）	丁柱中编	1932年
我们的地球（六）	丁柱中编	1932年
氧气	陶宏　编	1932年
氢气	陶宏　编	1932年
氮气与硝酸（上）	陶宏　编	1932年
氮气与硝酸（下）	陶宏　编	1933年

《儿童科学丛书》，由丁柱中、陈鹤琴主编，上海儿童书局于1931—1933年陆续印制发行，共101册，在陈秀云处现仅存的51册中，有陶行知编撰的二册，已编入《陶行知全集》第5卷；他人编写由陶行知校的25册。

马克思逝世五十周年纪念会缘起*

卡尔·马克思于1883年3月14日逝世，今年适为其逝世五十周年。在此短促之五十年中，马克思之学说所给予世界之影响至为重大。而五十年来，世人对于马克思，无论其为憎为爱，为毁为誉，而于马克思之为一伟大之思想家，为近世科学的社会主义之始祖，则殆无人否认。迩年来我国以反对共产党之故，辄联而及于马克思之思想与学说，寝且言者有罪，研究者亦有罪。此种观念，亟应打破。何也？一种思想之产生，一种学说之成立，断非偶然之奇迹。吾人如能基于纯正研究学术之立场，则无论为附和或为反对，但于此种思想学说，都应切实研究，唯研究乃能附和，亦唯研究乃能反对，盖真理唯研究乃能愈益接近也。今以反对共产党之故，遂及于马克思之思想与学说，则为盲目，为思想上之义和团。同人等今基于纯正之研究学术立场上，发起纪念马克思逝世五十周年会，一以致真挚之敬意于此近代伟大之思想家，同时亦即作研究自由、思想自由之首倡，并打破我国学术界近年来一种思想义和团之壁垒，是为启。

---

* 原载1933年3月13日《申报》。文中“同人等”系上海学术界的蔡元培、叶公绰、江问渔、陶行知等百余人。

中国教育学会第二届年会记略*

（摘录）

日期：民国二十三年一月二十五日起二十六日止。

地址：首都中央大学

公推主席团：杨亮功、庄泽宣、陈剑脩、张伯苓、刘廷芳。

出席者：会员，机关代表及来宾。

二十五日上午开会仪式（略）

二十五日下午会议（略）

二十六日上午会议

主席：陈剑脩　速记：杨炳勋等

宣读论文

陈礼江宣读《各年龄左手书写能力之比较实验》论文，就已印成论文单行本，提出要点，报告举行实验二十二次经过情形，及自小学七岁至大学四十八岁儿童与成人智力测验之比较状况。

杨亮功宣读《教育局长之研究》论文，并提要报告。谓教育局长既负全县教育行政，而对于地方将来文化之振兴，所负之使命亦大，故对于局长之资格经验待遇□□等等，都须研究，并就已向苏、浙、皖、鲁、湘、鄂六省调查的结果，作简略之报告。待遇方面最大者（江苏）一百二十元，最小者河北有一县，仅十二元。

* 原载1934年2月12日《大公报》第十一版《明日之教育》第六期。

许本震代表陶知行宣读《中国普及教育急成计划》论文议案

（一）部颁中小学课程新标准提付研究案（附办法，拟组织委员会分组研究，俟下届年会报告其结果）：议决指定几个中小学，加推举会员数人，共同组织委员会研究中小学新课程标准，将研究结果于下届年会提出报告。

（二）临时动议中央教育经费应占国家收入总数之若干百分比，地方教育经费应占地方收入总数之若干百分比，拟请政府规定案：议决由理事会指定委员，组织委员会，搜集各国教育经费百分比及国内各省教育经费百分比材料，加以研究，报告理事会，向政府建议。

（三）现行会考制度亟应讨论解决案：各会员与邵爽秋、马容谈等都有意见发表。吴研因报告教部向各省教育厅调查结果，及行政以外之大体意见。对于小学会考，都感困难；对中学会考，认为需要，唯方法要改。教部现在对于小学已暂免会考；对中学会考办法，已经修订公布。故会考制度，似已不成问题，仅为方法上之研究问题（如会考必须的材料，学科，以及记分，核算成绩办法等等）。黄建中谓小学会考制度，非所赞同，唯中学会考，尤其是高中普通科，因此程度各一，乃便于升学，并引证美国中学有会考制度，加以说明。主席谓此案交由理事会派员与中国测验学会共同研究，俾得有相当结果，其名称不必定为“会考制度之研究”。众无异议。

（四）大学教育学系之方针及课程应如何规定案：因此案在讨论专题中，已有此一题作为中心研究问题，遂不再讨论。

（五）拟组织“民族精神”教材委员会，从事研究搜集民族精神教材，以便编入教科书案（附办法，拟由本会组织委员会，并会同各大学教育院系，从事研究编辑，以便将来编入中小学国语、历史、公民各科教本内）：议决交理事会斟酌办理。

二十六日下午大会闭幕

主席：杨亮功

报告

杨亮功主席先报告陶知行寄来《中国普及教育急成计划》论文中提要之文字多张，俟印成随后再寄送。继报告北平师大李蒸校长来电庆祝本会，并致意欢迎下届年会在该校举行。又湖北教育厅长程其保亦来电欢迎下届年会在鄂开会，并负责招待会员住宿。

议案

下午报告后，继续讨论会务。议案如下：

（一）本会下届年会日期及开会地点案：庄泽宣谓，本会年会开会，期仅两日，为多所研究起见，主张乘年会开会时，由会与一个大学合办暑期讲习会，仿闽教育厅办法，一面集中研究问题，一面为专门演讲，先接洽那一大学合办暑期讲习会，即在彼处开会。袁敦礼谓，本人系北平师大教授，今既据云有李校长来贺电，故可代表北平师大愿与会合办讲习会。各会员讨论地点问题，经提出五个表决，结果北平（二十八人举手）杭州（十六）无锡（十）庐山（七）青岛（六）。大多数主张以北平为第一地点，杭州为第二地点，交理事会决定一个；郑晓沧主张加上无锡，交理事会；刘廷芳主张将五个地点一律交理事会，写明表决人数之多寡，排定次序，由理事会指定，庄泽宣、陈剑翛赞成，众无异议。至年会期，定在明年暑假举行。

（二）本会会所问题案：主席报告陶理事知行来函提议会所地点有二：（甲）和平门外万寿菴，（乙）通济门外近郊之村庄，请择一处，并在此处办一实验小学校。各会员有主张建筑会所者，有主张租房者，有主张与其他学会联合建筑者，有主张兼办实验学校者。庄泽宣、童润之、郑晓沧、欧元怀、郑通和、马容谈等均另有意见发表。经主席表决，一致决定本会要有会所；至如何设立会所办法，交由理事会酌定。要否附设实验小学一层，交下届年会讨论。

（三）请募集基金聘请专人案：议决原则，通过交理事会。

（四）请增加团体会员及永久会员案：通过；并议定一次缴三十元（连入会费五元在内）者为永久会员。一次缴二百元以上或〔和〕每年缴五十元者，为团体会员。通过此案后，会章须加修改，由主席指定刘廷芳、庄泽宣、陈礼江三人，另室修改会章继续讨论。

（五）编纂本会丛刊案：通过。

（六）本会设立驻会干事案：议决交理事会遇必要时再设。

（七）拟请大会规定分会会章以求本会组织统一案：议决交理事会继续拟订。

（八）编辑本会会员与教育相关之图书目录案：议决交理事会办理。

（九）请理事会继续进行编订教育书报提要与教育名词之审定案：通过。

修改会章

（十）议决修改会章中之条文如下，未修改者不录：（甲）加第四条（本会会员分个人会员、团体会员两种）。（乙）第四条改为第五条（凡对于教育有专门研究，或从事教育工作有贡献者，由本会会员二人以上之介绍，经本会理事会之通过，得为本会个人会员）。加第六条（凡教育团体或机关赞助本会工作，由本会会员二人以上之提议，经本会理事会之通过，函请加入者得为本会团体会员）。第五条改为第七条（个人会员入会时纳入会费五元，每年纳常年费二元，但除入会费五元外，一次缴纳二十五元者，得为永久会员，免纳常年费）。加第八条（团体会员入会时，纳入会费二百元以上，并每年纳常年费五十元）。第六条改第九条（本会设理事会，由个人会员及团体会员之代表——每团体一人——公选理事十五人组织之，计划本会进行事宜，任期一年，连选得连任）。以下第七条改第十条、八至十三改为第十

一条至第十六条。（会章共加三条）

选举理事

继散票选举，大家主张本届改选理事十五人，由十五人自动抽签，分一年二年三年者三种，以便下届改选时改选三分之一。

改选理事结果，依票数多少为序如下：刘廷芳、庄泽宣、郑西谷、郑晓沧、陈礼江、杨亮功、许恪士、邵爽秋、陈剑脩、常道直、张伯苓、欧元怀、陶知行、孟宪承、杜佐周十五人当选为理事；谢循初、艾伟、程其保、陈鹤琴、郭一岑五人为候补理事。

闭会词

由张伯苓致闭会词，申述中国办理教育之利弊，及以后教育谋救国之意见，及本人对本会之希望。

教育部与市政府公宴

晚间七时，教育部与市政府在教育部大礼堂公宴。席间教育部长王世杰氏致辞，述说本人莅任后所决定之方针与特别注意的各种教育问题，及年来教育部之主要工作。教育会同人公推理事欧元怀答辞。

中央党部王陆一氏于次日午间，公宴散会后未离京之会员。

中国教育学会第四次理事会议*

中国教育学会第四次理事会议于二十日下午四时，在苏州花园饭店举行，出席者欧元怀、陶行知、杨亮功、郑西谷、刘廷芳、陈剑翛、邵爽秋、常道直（陈剑翛代）、孟宪承、郑宗海、庄泽宣（孟宪承代）、陈礼江，主席刘廷芳，纪录陈礼江。

报告事项

一、常务理事会提出报告：㈠来函加入为本会团体会员，并已缴费者，有河南教育厅、广州中山大学、北平师范大学、安徽大学、安徽教育厅、浙江教育厅、燕京大学已允加入。而尚未缴费者：上海市教育局、湖北教育厅、中央大学。㈡个人加入为永久会员，并已缴费者，有陈剑翛、汪典存、孟宪承、庄泽宣、刘廷芳、舒新城、林宝权、黄冀等八人。

二、常务理事陈剑翛、杨亮功先后报告：㈠本会与南京分会联合招待全国考诠会议教育机关代表情形。㈡中央民众训练委员会召集本会负责人员谈话内容。㈢理事常导之来函，对于本会近来分发原有会员入会书请加解释。㈣会员董任坚函告本会下届年会（本年夏间），拟与中华儿童教育社等团体，联合在北平师范大学举行，并利用会期创办讲习会一节，当提交下届儿童教育社决定。

---

* 原载1935年2月18日《大公报》第十一版《明日之教育》第57号。

三、中国物理学会征求本会，对于该会提出我国现行度量衡单位名称、改订办法之意见。

四、会计理事报告，本会截至二十三年十二月底止，共存大洋一千三百三十七元七角，所有收支款项，已刊入第四期会友通讯中。在本年一月份收支者，均未刊出。

五、生产教育研究组报告研究经过，并附送稿件一册备查。

六、师资训练研究组与大学教育学院系方针及课程研究组，各报告研究进行情形。

七、理事陶行知报告，前中华教育改进社产款书籍，荡然无存，无法交涉，由本会接管事由。

讨论事项

一、推定选编教育图书要目委员案。决议：推杨亮功、邵爽秋负责办理。

二、上海分会提，世界教育会议本会应否正式加入，并欢迎下届在我国开会反对在日本开会案。决议：世界教育会下届会议，闻已决〔定〕在伦敦举行，本会应即加入，由常务理事会办理入会手续。

三、上海分会提，团体会员会费过巨，一般教育机关不易负担，请改为一次缴纳者自五十元至二百元，较易吸收团体会员案。决议：依照上次理事会决议案，团体会员会费得分期缴纳。(余略)

四、决议（略）。

五、生产教育问题研究将届完成，应如何处理案。决议：仍交生产教育委员会负责整理，限四月底完成，并加拨大洋二百元，如有不敷之处，由该委员会垫付，将来由稿费内拨还。

六、师资训练及大学教育学院系方针及课程两问题研究结果，应由各地分会速即函送常务理事会转各组整理案。决议通过。

七、常务理事会根据各地分会来函介绍新会员案。决议：经详细审查，通过会员如次：黎照寰、裘维裕、王凤喈、蒋振、傅严、杨衔锡、徐则敏、费景瑚、张绒元、张雪门、黄伯琴、李元鸥、桑粲南、李全坡。

八、规定下次理事会会议日期及地点案。决议：定于四月初在上海龙华南江苏省立上海中学举行。

英商电气音乐实业有限公司致陶行知*

敬启者

先生所灌唱片销路尚佳，但至本年六月底结算，在此期间贵版税所得额尚未能超过前预支款数目。兹将清单奉上，祈　查收是荷！惟望商业情形转佳，　贵片之销路猛增，于下次附奉清单时有版税奉上也。此致

行知先生台鉴

英商电气音乐实业有限公司启

国历廿四年八月一日

* 原件存南京陶行知纪念馆。唱片为灌制的《锄头舞歌》和《镰刀舞歌》。

国难教育实施的路线 *

柳　湜

（一）

“非常时期，应该有非常的教育”，这一个基本概念现在就连最顽固、最落后的教育者也不敢出来反对了。可是“非常时期”是一个什么样的时期，则因各人的看法不同，不免生出不同的结论。自然，所谓“应该有非常的教育”也随着前者的结论，而要生出非常的差异了。这种空洞的概念，我不想在这里讨论它。现在我要谈到的是由陶行知先生拟定的那一个国难教育方案，因为它的认识与主张，可以说最最接近了大众的意见，在当前民族斗争总的任务上，它最大限度的反映了客观实践的要求。我个人对于它，在总的原则方面，几乎没有什么不同的意见可说。

因为国难教育的涵义是包括学校教育与广大的大众教育的全体，是把全国民的教育作为一个总体规划的，所以它的范围，就与过去我们所谈的教育问题不同。这可说是中国空前的一种创举了。因为它包含内容的广大，所以这方案中提出的只能是些最高的原则，这种原则在乍看起来，它不免是抽象的，但是它却替各种教育具体实施的方案奠定了一个坚固的基础。

这原则指示了我们今后全国民教育的总路线，在这总的指示中，它要求：

一、根本改革目前的学校教育；

二、建立学校以外的大众教育。

---

* 本篇原载1936年2月22日《大众生活》第一卷第15期。

（二）

自从这一个方案提出后，已引了很多人的注意。舆论大致是同意这一个方案的。北平学联拟定的那一个“非常时期教育草案”，就明显的是受了这一个方案的暗示与影响。全国各地教育团体或个人对于这一个方案加以讨论的也不少。一般的意见是同意这些原则，但对于实施这一方案的办法则不免有些踌躇，因为它太广大了，觉得有些不容易下手，舆论方面能提出具体的实施对案的，好像也还不曾有过。

许多人在等候着，想听听具体的办法。

这是当然的现象，并不能责备人家抱这种等待心理的不对；同时也不应就对这方案的现实性怀疑，因为这是一种教育的变革，并不能幻想用一昼夜之力使它创造完工，对于实施具体的办法，也不能在一个短时期就规划怎样详尽的。国难教育的建造到底不是筑房子一样简单，绝不是一个工程师在绘图室里可以打出一张样子来的。

但是，这是不是说国难教育就没有一条实施的路线可循呢？不！自然它有它的实施的道路。

（三）

国难教育建立的意识的斗争期，现在可说快要过去了。在一般原则方面是容易取得各种各样人的同意的。斗争的场面是在实施中，斗争最最尖锐的部分，尤其在学校教育方面；因为这里要拆毁旧的建筑，必然要碰到许多阻力。许多人也会拿出一幅反民族解放的图样冒充新建筑的标本。在建立大众教育方面，虽然也会有人出来阻止，但因过去所谓平民教育的园地，本还是块荒园，要造什么的建筑，只要人手多，也容易开始着手的。

整个的斗争的场面最热闹的自然发现在学校方面。这一面的战火，也许要掩蔽斗争的全面。这里的主力是学生大众与进步的教师，进步的社会教育者的联合，与一切腐烂的落后的势力战斗。

另一战斗，在范围方面是最广大的，但斗争参加者是一切不愿做亡国奴的知识大众，以散兵线、游击式的战术，各个击破每一角落的腐烂、落后的势力；斗争既不密集在几块地方，社会的声援又比较广大，则部分的取得胜利，自然要比较容易。由许多胜利集合而为全体的胜利的条件，也较优越的。

争取国难教育实施的斗争场面是如此，至于路线呢？

我看出有两条道路：一条是纵的，一条是横的，但请注意：不是走那一条路！而是二者并进！二者的综合！

纵的就是指由上而下，先有了一个全国的或某几省的国难教育实施的总工程处，规划各领域各级教育的计划，并指挥各领域各级的工作。

横的是各地各角落的进步的知识者，或现有的教育团体，自动的独立的活动起来，动手工作。

要使国难教育方案不是成一种空洞的条文，要谈具体实施的办法，这两条路线就要综合的运用。在当前的阶段，纵的方面的意义，还集中在号召一点上，具体的工作的指导，自然还谈不上。这时要求最迫切的是各地各角落的教育团体，或个人的响应，不是空口同情，等待命令，而是就自己的认识、能力，本着国难教育方案，马上动手做起来；不管做得好不好，做到几分之几，尽管大着胆子做去。我们要知道，国难教育不是依靠目前的国家来推行，不是采取一种雇佣的关系，它是一种自发的、意识的民众救亡工作，你感到"匹夫有责"，你就组织团体参加进来，不必等待什么才动手的。

在今日社会缺乏组织、组织困难的时候，不仅大众教育要采自发的独立进行的路线，以配合纵的指导，即学生大众在争取新的教育，也不必什么事都等学联的命令。自然，有了学联的地方，我们要遵照学联的意见做，因为它是代表学生大众集体的意见，是更看得远，更正确的；但是如果没有学联的地方，或者学联的组织不健全，学联工作困难的地方，每一个学校，或几个学校联合起来，就应该单独的干起来。

只有横的方面有广大的、坚实的实际的工作，纵的领导才能建立起来，才能健全起来。

(四)

如果对于国难教育实施的路线有了以上的了解，那末，我们对于国难教育的前途就不会做出悲观的判断了。

我们不会痴心妄想有一个什么“学者”、“巨人”提出一种非凡的办法来，一昼夜把这一种工程完成。

我们不会对当前腐烂的落后势力生出不应有的恐惧。

我们不会愁没有人才，没有钱，办不起来。

在当前，我们对于各地的文化团体，尤其是对于国难教育研究和推行的团体，自然认为非常的可贵，我们要支持它，希望他们邀集专家，举行各种讨论，编制总的及某一方面的教育方案，编辑各种教育的读物及各种宣传材料，进行扩大国难教育的宣传号召，与各学校及各地自发的大众教育的团体发生亲密的关系，派人到各学校及各地去调查或帮助各校各地组织和工作；在经济方面也设法尽可能的给与帮助，训练各种工作干部等。但是在另一面，则盼望各学校的学生大众，社会各角落的知识大众自己赶快动员起来，认清这一方案实践的道路。

(五)

关于学校教育变革的问题，要具体的说来话长，我想现在就不谈它罢。至于学校以外的所谓大众教育，我们要自己动手来做，应该怎样着手呢？

我以为：

第一，各地已有的民众教育、补习学校、工人店员等读书班，识字学校、小先生工学团，及农村小学、地方图书馆等地方的工作者，及与这些组织有关系的知识者，赶快起来督促这些团体或个人接受“国难教育方案”所指示的原则，成立国难教育讨论会，马上开始改变以前教育的目的和教授内容，推广教育范围，把这些团体变为国难教育大众教育部门的一个小细胞。

第二，各地失业的业余的知识者、小先生，自动的召集同志，组织国难教育讨论会，利用自己的社会条件，或成立半日学校、夜校、星期学校、读报班、书报阅览室、家庭欢学团等等。

第三，各大中小学校学生普遍的利用学校的房屋，开办各种民众学校。大中学校学生组织学生团到大众中去作直接的巡回教育宣传，并帮助地方组织。

第四，热心教育的人士，及省市县国难教育主持的机关（如果已经成立的话），应选择适当的地点开办各种学校、读书班，如工厂区、矿山区、盐场、森林公司、窑场、兵营、店员、农村巷堂等区域。

这种教育的细胞组织，在最初是由各地自己生长的，渐渐应该由孤立而取得地方的联络，成立各级地方的组织，再形成全国的最高级的指导部。

在经济方面，开始时以最少的开支着手，教育工作者取纯义务性质。教育用品，一方面向外界募捐，一方面想法子动用地方上可以动用的款子，在工厂、商店、公司、学校，可向这机关当局提出津贴的要求。

教师自己的教育，在开始非常重要，因为自己的认识不够，不独对大众取不到信仰，反而毒害大众，所以先要使自己对于中国当前的形势，及民族解放的路线，有一个正确的大概的观念。这怎样办法呢？

一方面是把同工作中的朋友，组织讨论会，多订几份观点正确的杂志，多买几本必要读的社会科学或文学的书籍，自己加紧研究。

一方面是和进步的朋友、师长，或你认为可求教的作家通信，要求他们的帮助。

在教人的方面，从最低级的教育细胞起到较高级的细胞止的课程，大致是：

一、以百分之四十的时间讨论当前活的时事。认识汉字的可用通俗刊物、报纸、传单、小册子，不识汉字的完全用口说，或留声机、说书、唱歌、话剧的表演等。

二、以百分之三十讨论他们的生活。

三、以百分之十讨论救亡工作、组织、各种战术。

四、以百分之十演讲民族解放的历史，各国革命的经过，中国民族解放的过去与前途等。

五、以百分之十教授拼音的新文字。

（六）

我对于国难教育抱着浓厚的兴趣，我对它的前途并不悲观。在目前具体做出各方面的实施方案，固然有必要，我想也许有人在研究，在起草了，但是如果忽视了整个的实施的路线，那方案只不过是一种图样的成功，是没有实践的效力的。

认清我们的道路，是今日国难教育者最最重要的要求。救亡不是来凭热情、期望可以成功的，成功是在有正确的认识，找着了达到成功之路，迈步前进。一切不愿做亡国奴的知识大众，起来罢！我们每人有建立一个教育细胞的责任！

送陶行知先生出国*

方　直

出国为什么要送？是不是客气？

不，报纸是大众的喉舌，我们怎敢把大众的喉舌，做个人的人情。我们送陶先生，不是因为陶先生是自己的朋友，我们要送他行，是他这次出国负有大众的使命，所以大众的喉舌要出来说话了。

陶先生自己对本报记者说得清清白白（见全集第四卷《扩大联合战线是当前救亡的唯一政策》——编者），他所负的是什么使命，大众还要向他交待什么呢？

似乎没有话要说了，我们只望陶先生在国际上取得最大的同情回来，但还有一点要向陶先生说，就是希望陶先生特别注意散处在世界各地的侨胞，除告诉他们祖国的实况外，还要激发他们一起来救祖国，请陶先生把救亡联合战线的种子，散布到世界各角落里去，要他们组织起来，成为一条保护祖国的世界阵线。并且要他们注意国内的每一事变，彻底明辨是非，要以国民一分子的资格出来说话，使国内的救亡运动和国外的外围线紧紧的结合起来。

陶先生！大众祝你沿途健康！胜利归来！

* 这是1936年7月11日《生活日报》短评。方直是马叙伦的用名。

中国代表团参加世界青年大会*

由国联同志总会、召集之世界青年大会于一九三六年八月三十一日至九月六日在日内瓦大会议厅开会，到会国家计三十五国，共出席代表八百余人。其宗旨在：

1. 供世界各国青年对国际局势交换意见之机会，并协谋得防止战争，组织和平之国际协作的共同计划。

2. 本互相了解、互相尊重意见的精神，讨论世界各国青年相互协作的具体可能性，以谋达到上列目的。

3. 加强青年自身组织间的联络，加强青年与国联同志会间的联系。

组织方面：大会处于国联同志总会系统之下，并以其主席为主席。各国参加大会之准备及代表之选举事宜，须由该国国联同志分会处理。且须求得该会的青年团体与国内其他接受大会宗旨的青年团体的合作。不论其政见与阶级性如何，须以能包有每个接受大会宗旨的青年团体的代表为目标。各国代表团之人数以五十人为限。彼等有发言及投票权。经各该国青年协会主席介绍，可作大会列席者。列席代表不得超过五十人。

大会采用之言语文字，与国联及国联同志会所定者同，即英文及法文。发言者亦可用其他言语，唯该代表团须译成英文或法

* 摘自巴黎中国书报社《中国代表团参加世界青年大会报告书》。

文。若大会中谙德语者占相当的数目，亦可兼用德文。

大会议程包括：

1. 青年代表陈述本国情况。

2. 聘请著名学者及国际名人作下列各种演说、讨论：

A. 世界各国及国际联盟讲坛：（a）和平的组织——和平的转变问题；（b）集体安全与军缩。

B. 世界经济及社会组织讲坛：（a）经济形态；（b）社会形态。

C. 和平之道德上、宗教上、哲学上，以及其他方面的基础讲坛：（a）旧教的（天主教）、新教的（基督教）及哲学的观察；（b）国家主义与共产主义的观察。

3. 小组委员会：第一组属于政治问题，第二组属于经济社会问题，第三组属于宗教问题。各组讨论结果，以报告方式送至第四组审议，然后再以决议方式付大会讨论。

中国代表团出席大会的共二十人：由法国赴会者有王海镜、徐寿轩、朱伯奇、何德鹤、刘汀业、王檠、王静如、陈柱天；由英国赴会者有胡秋原、侯雨民、钱钟书、钱清廉、伍启元、杨季康（女）；由中国直接赴会者有陶行知、陆璀（女）；由美国赴会者有蔡葵（女）；由瑞士赴会者有谢劲健、潘济南、王冷樵。团长王海镜，法文秘书朱伯奇，英文秘书钱清廉，中文秘书陆璀。

九月一日上午第一轮大会，听取各国代表报告各该国青年运动之现况。陆璀代表中国向大会作五分钟的报告。

九月二日下午第一组讨论如何加强国联使成为更有效的国际和平组织时，中国代表王海镜发言，指出日寇侵我与破坏和平之种种暴行及我国青年与全国民众反日运动之英勇坚决；并申述远东和平所以受日本之威胁，由于西方各国对日本之放纵及国联本身组织之不健全。中国人除已开始用自己的力量，在奋斗中求中国之自由外，深望世界人士加强国联之组织，尊重集体安全之原则，对侵略者加以有效的制裁。须知远东和平无保障，西方各国亦难高枕无忧。

九月三日下午徐寿轩在第二组作了“中国最近经济及社会的动态”的发言。

在九月六日最后之总结会议席上，将六日来之讨论，结晶为具体之决议为今后工作之基础。大会最重要之决议为设立“国际青年代表大会委员会”，以执行大会之决议，继续促进各国青年团体之合作。中国方面推选王海镜、陆璀为国际青年代表大会委员会的委员。大会闭幕时，王海镜登台代表亚洲青年发言。

中国代表团除参加世界青年大会的统一活动外，还在九月四日下午四时，假中国驻国联代办处招请各国代表茶会，王海镜、陆璀均有演说。大会期间，中国代表团散发了刊物，有法文刊《中国青年》（巴黎中国国联同志会、中国出版社、中国学生会、中华民众抗日救国会合编）；英文刊《中国与和平》（胡秋原著）；《海外华侨所受条约之苛遇实况》（朱伯奇著）。还致电绥远傅作义主席、《申报》、《生活日报》分转国民政府、全国各界救国会，共赴国难。

世界和平大会给了我们什么*

钱俊瑞

在本年三月里英国的薛西尔勋爵和法国现任航空部长谷特等国际有名人物发表第一次宣言，说明“和平已到危险关头”，世界上一切爱好和平的力量，应当团结起来，进行巩固和平的工作。到八月十七日又发表了第二次宣言，说明世界和平运动的组织者要求全世界的和平志士，抛开一切政治主张的差异，一致联合起来，完成保障和平巩固国际联盟的任务。在那时他们宣布，从九月三日到六日在比京举行的世界和平大会，目的只在讨论和平问题，他们所关心的也只有如何维持和平的问题而没有别的。

很欣幸的我因为出国考察之便，能够出席这次历史上空前的大会。薛西尔爵士屡次声明这次的和平大会是全世界人民的和平大会，绝不是政府的外交谈判；他竭力声明这次各国政府人员参加大会的绝不是以政府的代表参加，而是以人民团体代表或是个人名义参加的。当然的，我以及别的中国朋友们之参加这次大会，也是以人民团体代表参加的。在这里，我们看到全世界的人士（连国际上有崇高地位在国内高据要津的人们在内），都愿意用人民的力量，来推进甚至改造政府的政策，求得真正的和平。

大会是在九月三日晚上八点半开始的。先由薛西尔爵士致开

* 原载1936年11月21日《大路周刊》第27期。陶行知是参加这次世界和平大会的中国代表团团长。

幕词，谷特·赫礼欧阿特里（英工党领袖）、希维尼克（苏联职工会领袖）、诺尔贝克（军缩会议秘书长）和中国代表，都有简短热烈的演说，到会的代表有四千九百多人，代表三十五国，他们所代表的国别团体，有七百五十个，国际团体有五十个。

从九月四日上午起，大会全体代表就分别出席各个委员会提出报告，参加讨论。各委员会工作由代表自由认定参加。大会共分十四个委员会，计有总委员会，文艺科学委员会，航空委员会，经济委员会，退伍军人委员会，合作社委员会，宗教团体委员会，职工会委员会，教育委员会，体育委员会，妇女委员会，国会工作委员会，青年团体委员会，另外有一个国际农业会议。

中国代表团所参加的委员会有总委员会和文艺科学、经济、退伍军人（由留法华工代表出席，留法华工多数是参加过欧战的退伍军人）、教育、青年和国际农业会议。我们在各个委员会里都提出关于中国问题的报告。当然，因为时间的关系各国代表的报告都是非常简单的，我们所能做的报告也很简短。然而中国代表的报告无疑的受到各国代表的热烈欢迎。在这里我们感到一种伟大的国际的友谊和同情。一般说来，在日内瓦所常见的各国绅士们对于中国代表的蔑视和冷淡，在这里是看不到的。当中国代表报告完了的时候，各国代表总忙着跟你拉手，跟你照相。最妙的是极少数的英国绅士们，他们见我们多说话多主张，颇有些讨厌，然而因为多数代表对我们抱有深切的同情，他们也就不便阻挠我们讲话。群众热烈的鼓掌把他们绅士的高贵风度吞灭了。

这次大会有一个最大的特点，就是大会全体代表的注意都集中到西班牙反动势力的叛乱，和希特勒的撕毁条约，力图向外侵略两件事上。不错的，西班牙的内战确乎是目前欧洲情势的关键，同时希特勒的野心勃勃（你看，他在纽伦堡召开大会，鼓吹侵略，和我们的和平大会竟唱起对台戏来），确乎是欧洲和全世界的大患。所以大会里面，尽管有少数稳重的人物（以英国代表居多）对西班牙问题多方避免，尽管他们设法不让西班牙代表出席大会和加入执行委员会工作，然而全场代表听到西班牙代表的演讲，就没有不欢呼鼓掌的。大会代表对于德国的谴责，也尽了幽默之能事。

大会有一部分的领袖们，不喜欢我们说到日本。然而我们偏要每次讲到日本。他们不愿意中国代表团说什么日本帝国主义，这一点我们是让步了，我们常用东方的侵略者来代替我们的民族敌人。还有，多数代表既然只注意到欧洲问题，我们就更有必要向他们提醒东亚和平的重要。所以我们在总委员会的末了一次会议中，就郑重地提出下面几点：

第一，和平是不可分割的，东亚的和平和欧洲的和平有非常密切的联系。远东的和平已经被侵略者破坏了五年了，远东侵略者的侵夺中国主权和破坏远东和平，无疑地已经影响全世界。我们希望到会的代表，和全世界和平的友人对于远东和平的遭到破坏，不要隔岸看火。因为这把火已经蔓延到欧洲和整个世界。

第二，中国代表团对于大会的四大原则可以说完全同意。不过我们得重复申明，我们对于第一个原则（确认条约义务的神圣不可侵犯）必须保留一个补充。我们认为真正的和平，一定要建筑在民族完全平等的基础上面，侵略和压迫决产生不出和平。我们认为国际条约中只有相互平等的条约才能保障和平，一切不平等条约只是侵略和战争的祸根。我们要求在第一个原则之下，应当为一切弱小民族保留其修改或废止不平等条约的权利。当然，这种修改或废止的目的绝不像希特勒的毁约是一样为了侵略，我们的目的是在解除对于弱小民族的压迫和束缚，以求得真正的和平。我们敬告各位代表和全世界的人士，占全世界人口过半数的弱小民族，假如他们因为得不到平等待遇而不能参加到和平阵线上来，世界和平运动便完全没有希望来完成。

第三，中国代表团愿意提醒各位代表，中国目前进行着的民族解放运动，不单是为了中国民族自身的独立和解放，而且是为了世界的和平。中国的救亡运动，应当看做世界和平运动中最重要的一环。我们为了解除远东的危局，为了四万万五千万人口的安全，为了全世界的和平，我们敬向大会建议：

（一）我们要求大会加强国际联盟，发挥其促进和平、遏止侵略与战争的机能，对于东方的侵略国家切实引用盟约第十六条和十七条加以有效的制裁。

（二）九国公约和凯洛格公约签字国家应立即采取有效办法遵照大会第一项原则，保障该公约的神圣不可侵犯。

（三）大会应号召全世界人士对中国民族解放运动，予以物质和精神上的援助，奠定远东真正和平的基础。

（四）由大会号召太平洋各关系国家在国联机构以内，签订互助公约，确立太平洋集体安全制度。

我们说完以后，全场热烈鼓掌。当翻译员把我们的意见翻成法文的时候，有一位荷属东印度的代表伸过手来向我拉手，热诚地说："你说得很对。不过我有一点不能同意，你想依靠国联，你知国联是个无用的东西吗?"我告诉他："对不起得很，我觉得你的意见是不对的，不错，国联本是个无用的东西，我们中国已经受够它的累。不过国联在今天还是一个和平的机关，而且是唯一的国际规模的和平机关。我们要争取和平，一定要运用一切可以促进和平的工具。假如我们不想运用国联，不想加强国联的和平作用，恐怕明天国联又会变成侵略者的工具，英国一部分保守党拼命要拉德意加入国联，那是个可怕的预兆。"过后，一位比国的代表也跟我大辩了一阵，大会多数代表觉得国际友人中对于国联很多还残存着这种褊狭的观念是很有害的。

大会对于我们的提案虽然没有作个别的决议，然而我们的意见已经得到全会的同情是无疑的。在这里，我们应当提到各殖民地代表共同提出的议案。这个提案是由南非，美洲黑人，印度，荷属东印度，巴力斯坦，突尼斯等处代表签署，他们首先对于大会并未专设殖民地问题委员会，认为遗憾，因为这个问题对于世界和平的前途关系非常重大。他们要求大会采纳下列几个建议：

一、取消一切歧视人种的法律，因为这种法律破坏社会的和平；

二、确认各国妇女在政治和社会地位上一律和男子平等；

三、确认殖民地人民不问人种，不问肤色，应有独立组织工会，合作社，政党与和平团体的权利；

四、确认殖民地人民有用其固有的文字，享受教育的平等权利；

五、反对一切鼓吹人种优劣和有色人种应被征服的学说、宣传和教育。

在总委员会议席上，美国黑人团体代表和印度代表都发表动人的演说博得大多数代表的同情。这种强有力的舆论就使得大会所作的决议比较更有利于我们这些弱小民族。我们看大会通过的宣言，对于侵略者的谴责和民族地位的平等，已经特别注意了。大会的宣言是这样的：

“这第一届世界和平大会，有三十五国，七百五十个国别团体和四十个国际组织的代表四千多人参加，这样就使大会得到宗教团体、参战退伍军人、工会、合作社组织、知识分子、妇女和青年组织，以及一切政党如保守党、自由党、民主党、社会党和共产党等一切和平力量的热烈赞助。

“我们团结的口号是：和平已到危险关头，必须拯救和平！我们曾经提出的四大原则，现在仍然是世界和平运动的基础。(一）承认条约义务的神圣不可侵犯；（二）用国际协定来裁减军备，禁止以制造和贩卖军火来营利；（三）建立集体安全和互助制度，来加强国联使能防止战争；（四）在国联机构内建立有效机关，改善以引起战祸的国际情况。

“我们三日来聚首工作的结果，更令我们相信，最大多数的人类坚决否认战祸是不可避免的说法。当此紧急关头，我们的世界和平运动恳请世界各国人民都起来积极保障和平。我们以热烈的希望号召一切未曾加入这个伟大运动的人们，都来参加这个运动。我们的运动是绝对不干涉内政的，我们唯一的目的，就是要保证一切民族，不问大小，绝无差异地，完全平等地，得到和平。我们唯一的敌人，就是蹂躏国际公法，危害世界和平的侵略者。

“我们在国际规模上联合一切爱好和平的力量，这个初步努力应是我们工作的起点。今后每个国家将设立一个中心机关配置一切和平力量。我们请求所有洞悉目前严重局面的人们，由我们的初步成功所鼓励，坚决地去完成我们已经着手的任务，我们要求他们在自己的国度里，在自己的团体里，在一切人群中进行工作，以求世界和平运动四个伟大原则的胜利，并且创造有力的民众运动，以阻止军国主义的力量，用最新式的武器使人类自趋灭亡。”

我们与世界和平运动的其他领袖们谈话的结果，更使我们相信中华民族在国际上的友人对于我们的期望是非常殷切的，他们对于我们的同情是非常深厚的。只要我们自己努力，全世界人民对于我们的援助是没有问题的。

中国的大众诗人
——陶行知*

萧　三

陶行知先生屡次自己声明他不是诗人。人们都说，这是陶先生的谦虚。我却认为这正是陶先生之所以为真正的诗人。陶先生之所以别于其他“诗人”的是，陶诗别有风格，非常通俗，大众化而又富有“诗味”，读了令人兴起，令人深思，这正是我们时代和我们大众所需要的诗。陶先生纵不愿意也就成为了大众的诗人。我们读：

有人说我是诗人，
我可不懂。
唱破了喉咙，
无非是打仗的号筒，
只叫斗士向前冲。

——《诗人?》

陶先生是这样了解诗和诗人的任务的。在这一了解之下，陶诗是中华民族抗日救国联合战线之有力的工具。

* 原载《救国时报》，转自1983年10月新华出版社出版的《萧三文集》153—156页。

四万万人的公意掌舵；
八万万只手儿摇桨；
有祸同当，有福大家享。
看啊，前面到了一只怪船，
这分明是海盗来劫抢！
朋友们，
不要胡思乱想！
只对着那只怪船冲去，
肃清了海盗再讲。

——《联合战线》

这是怎样清楚明白而又细腻入微地解释抗日救国联合战线之必要的一首鲜见的好诗！

陶先生不是拿诗作玩意儿耍的。他的每首诗都针对着时局，都针对着民众的需要，所以他的诗不是空话。国事多难，民情艰苦，诗人善感，乃发为诗。脍炙人口的“思梅曲”是何等沉痛悲壮的呼声！“今年的‘九一八’”是何等诚挚的号召！即如他在今年中国的所谓儿童节时做的那首歌，内中有几句是：

四月四，四月四，小孩也能做大事；做什么大事！教新文字！

新文字是大众的文字。他要讲大众的真心话。他要写大众的心中事。认也不费事，写也不费事，学也不费事。笔头上刺刀，向前刺刺刺，刺穿平仄声，刺破方块字，要教人人都识字。

这不是宣传新文字一首最好的诗歌吗？但是即在每个个人的问题上，陶先生也总能见到大处，始终不忘民族解放。譬如他为某君因失恋而寻死写的一首诗的末尾说：

现在时代不同了，
我想说给你听：
为个人而活，
活得不高兴；
为个人而死，
死得不干净。
只有那民族解放的大革命，
才值得我们拼命。
若为意气拼命，
为名利拼命，
为恋爱拼命，
问我们，究有几条命？

——《送给唐纳先生》

陶先生是民族解放革命斗争的歌者，这差不多在他的每首诗内都看得出。

谁的心儿好？
谁的心儿坏？
只需看那枪杆儿
还是向内，
还是向外，
便自然了解。

这是如何简明透彻的句子！在全欧华侨成立抗日救国会的大会上，陶先生便显出他的真正的“诗人—讲坛”（Poet Tribune）的本领。在本报招待出席大会代表的大会上陶先生又逞其即席赋诗的天才。至于陶诗之善讽刺，例如和胡适游桂小赞也总不离一片救国苦心。陶诗人真可人！谁都知道陶先生是热心的大众教育家，但是我们要同时指出：陶先生是“政治的抒情诗人”！

为限于篇幅，此地只能简单地从诗歌文艺的本身方面说到我们为什么推崇陶诗的原因。

中国自从盛行白话文以来，散文小说方面的成绩有《阿Q正传》、《子夜》、《春蚕》等杰著为代表。诗歌方面成绩也不少。但直到现在许多新诗都是没有“成形”的。这因为从五古七律等旧形式“解放”以后，一般诗人绝对“自由”，于是诗的拍、节、律完全解体，因此至今许多新诗都是没“章法”的所谓散文诗或“白诗”。

为要使中国的新诗成形不能不批评地接受从《诗经》到唐诗、宋词、元曲诸珍贵的民族的文学遗产，尤其不能忽视民间固有的大众的通俗的唱本、弹词、大鼓词等形式。大众诗歌要有大众的形式，然后才能将新的内容传播到大众去。本来是很明显的：诗歌之有效，在于它能唱出来、念出来使人听得懂，而且悦耳，乃能动心。陶诗在这一点是有其成绩的。我们希望中国的新诗人，有新的内容的诗人在这一方面多多努力！在如何找到适当的形式，使内容得以最好地、很艺术地表现出来这一方面多多努力！

纽约纪念中国大众教育十周年*

一、纽约纪念中国大众教育十周年

纽约讯：三月十五日为中国大众教育纪念日，亦为生活教育纪念日。民国十六年大众教育与生活教育在中国南京附近之晓庄开始实验。这运动从实验而传布全国，现在是开始向世界推进。一九三〇年春天中国全国教育会议决定之二十年普及国民教育计划书及五年普及成人初步教育计划书是根据这运动的主张起草。其次便是乡村师范之设立及师资培养方法之改进，多半是由于这运动之影响。在十年来之知识分子下乡运动中，晓庄同学实为开路先锋。数年前教育部颁布小学课程标准之总则系采取生活教育之理论。近年来，生活即教育、社会即学校、教学做合一、在劳力上劳心、手脑相长的理论，对于中国教育之改造，益见具体化。最近发现之传递先生、小先生，再加上新文字的推广，是更能助成中国人之大联合，以为中国自由与世界和平努力。这些原则与方法渐得世界人士之注意。因他们对殖民地与半殖民地，被压迫民族，及独立国中文化被剥削之大众，及世界爱好和平人士，自觉觉人都有参考采用之价值。现本埠中国、美国、印度、日本、高丽、斐利滨各民族对于大众教育生活教育赞同之人士发起于三月十四日晚（星期日）八时在西十二街六十六号新社会学

* 本篇为纽约《先锋报》的报道和社论，原分三次刊出。

院开纪念会，有杜威、陶行知二先生演讲，陆璀女士唱歌。入门票分每人五角及二角五分两种，收入尽归小先生发祥地之山海工学团。

（原载1937年3月6日纽约《先锋报》第3页）

二、《先锋报》社论：中国大众教育十周年

中国大众教育运动，在陶行知先生和他的同志不避艰苦压迫的提倡促进之下，到现在已经有了十年进展的历史，已经成了中华民族抗日救国运动的一个伟大的推动力量。他的十周年纪念，是值得每个爱国的中国人庆祝的。现在适值陶先生代表全国各界救国联合会来美联络宣传，本星期日纽约的纪念会得到他的亲临参加，更是令我们侨居纽约的中国人民感觉荣幸，而同时也特别感觉到联合全民抗日救国的立场上，对于大众教育运动，有拥护、学习，而将其推行于大众中的必要。

教育本来不应当是少数人的特有权，而须普及于大众。可是大众教育，并不限书本和课室，大众的社会即是大众的学校，大众的生活即是大众的教育；要使大众教育进步必须同时使大众生活的改进；并且，由于大众生活的改进必须依靠大众自己的奋斗，因此大众教育也就必要大众自己去建立发展。在暴日侵凌蹂躏我中国的今日，不但大众的生活日入于悲惨恶劣之境，即整个民族的生命有危于累卵之势，因此大众教育运动，也就与全民联合抗日救国运动，亲密的结合而融为一体。

以上所说，不只是大众教育在理论上的进展，而是许多部分的广大群众，在努力实行上所得到的成绩。从这些成绩，大众教育已经得到了许多可宝贵的方法和工具。如“小先生”、“传递先生”、“工学团”、拉丁化中国字等等，来保证大众教育更长足的推进。我们海内外的爱国大众，除了一般的对大众教育运动表示赞助，对于大众教育的一般理论力求了解外，尤其应当本着大众教育的“教学做合一”的原则，拥护这些实际方法和工具的推

广和应用。

华侨不只是中国大众的一部分，而且是一向推进救国运动的一个主要力量。大众教育运动在华侨中推行，是巩固扩大我们华侨的救国力量的最锐利的工具。推行适合于各地华侨情况的拉丁化文字，来谋救国救己的知识的迅速提高；应用各埠华侨学校的学生作小先生运动；适应华侨各种职业的情况来采用“传递先生”、“工学团”等制度……这些是可以与抗日保侨的宣传组织配合着，并且融合起来同时推进的。我们很希望乘着陶先生在美的机会，联合一切热心教育与努力救国的人士和团体来共同发动华侨中的教育运动，来推广华侨抗日救国的事业。这是我们在纪念中国大众教育运动十周年的一个诚恳的希望。

（原载1937年3月13日纽约《先锋报》头版）

三、大众教育十周年纪念盛况

美国教育名宿杜威、孟罗（禄），及中西各界领袖所发起之“中国大众教育十周纪念会”，于十四晚在纽约新社会研究院礼堂举行。是晚天气寒冷，冰雪满地，而中西人士赴会者达六百余人。杜威博士演讲《教育与社会改造》，赞美中国大众教育之成绩。陶行知博士演讲推行大众教育之经验，听者无不动容。陆璀女士唱中国民歌，发扬大众文化。加罗女士登台鼓吹捐助大众教育之推行，当场得一百四十二元，以纽约华侨衣馆联合会捐二十元为最多。

（原载1937年3月20日纽约《先锋报》第3页）

救国六君子狱中来信*

行知、璀两同志先生：

接到你们二月十八日的信，我们是如何的快乐、如何的兴奋。我们所引为遗憾的，就是我们自被捕以来，被迫而不能从事于救亡运动，坐视你们及全国同志艰苦奋斗而不能出力。

回想我们被捕到现在，转瞬就要满四个月了，其间的曲折经过或许在数万里以外的你们还不很明了，我们不能不向你们作一个简单报告，以慰你们的远望。

去年十一月廿二日深夜二时左右，上海公安局的侦缉队临时会同捕房的探捕，将我们七人逮捕了。没有法院的拘票、捕房也没有奉到中国当局什么公文。我们于是像被绑票一般捉入捕房了。二十三日，捕房将我们送解法院，公安局代表当堂请求移提，但法院以犯罪事实未明，请求原因复杂，既没有证据，又没有拘票，遂裁定将我们交付辩护律师保释出外，命公安局详具事实，改期再行询问。

不料法院马上受到了外界的影响，不顾对律师的裁定，不待定期的开庭，突然出尔反尔，签发拘票，于是我们于当天（廿三日）深夜一时左右，又被公安局的侦缉队与捕房的探捕拘入捕房了。这一次当然是预先已经安排好了的。结果是法院非法把我们

---

* 原载1937年5月1日纽约《先锋报》。陶行知、陆璀2月18日的信未找到。

交公安局提解过去。

我们押在公安局共有十天，并且曾经讯问过一次。所谓“勾结赤匪”、“煽动工潮”、“推翻政府”、“危害民国”，一概没有证据，并且根本上我们没有这种嫌疑，当局把我们怎样办？几费心思，终于十二月四日把我们押解苏州高等法院，罪名是“危害民国嫌疑”。

我们自被羁押在苏州高等法院看守所以来，先后曾经检察官侦问过六次，所问的问题与我们所答的大概，兹分述如下：

（一）推翻政府问题——我们向来主张全国团结，在中央领导之下，抗日救国。因为看见日本帝国主义的侵略日益迫切，我们督促政府抵抗则有之。我们不但没有推翻政府的企图，抑且无反对政府的意思。

（二）“勾结赤匪”与停止内战问题——我们为主张抗日救国，所以主张全国团结；因为主张全国团结，所以不愿内战发生，以分散抗日的力量。在去年西南问题没有解决的时候，我们表示西南应在中央领导之下，一致抗日，不应引起内战。至于剿共问题，我们也只表示如共党能在中央统一指挥之下，对日抗战，那么为节省国力的消耗，增强对日的力量计，似应停止剿讨。

（三）人民战线与联合战线——我们主张民族联合战线则有之，绝对没有主张人民阵线。人民阵线是以反抗法西斯为出发点，而联合战线则以全民族联合抗日为出发点。我们完全因为鉴于国难的严重所以主张全国同胞，不分党派，不分阶层，不分性别，联合起来，团结起来。至于日本报纸说我们倡导人民阵线，那是他们想离间我政府与民众间的感情，以便其“分而治之”的侵略阴谋。

（四）煽动工潮——去年上海日商纱厂的罢工，大家都知道是因为工人不堪日本资本家的残酷剥削、为经济所迫。我们事前毫不知情，自然谈不到煽动。我们不过在罢工发生之后，看见工人的饥寒交迫，惨不堪言，稍有募助，以资救济。因为力量薄弱，计前后我们所捐，总数还不到千元。这也完全本着人类互助之义，同胞相救之情，没有一丝一毫其他的意思。

（五）救国会组织问题——我们承认我们是救国会的负责人。救国会的宗旨完全是团结御侮。救国会的行动都是苦心孤诣要联合全国的力量，在中央领导之下抗日的。救国会是要救亡图存的，而不是危害民国；是要拥护政府抗日的，而不是要推翻政府的。我们相信救国无罪，所以我们相信我们无罪。

（六）西安事变问题——西安事变发生在我们被捕后二十天，我们当然毫不知情。至于要求释放我们，那是出于他人的意思，我们绝对不能负责。

侦查期间原为两个月，依法得延长两个月。我们的羁押，曾经延长过一次，所以到下月三日无论如何侦查要告一结束了。如果不起诉，我们不久便可恢复自由；如果起诉，那么起码要再拖延五个月以上。依法律而言，四个月来侦查的结果，我们没有丝毫犯罪证据，当然不应起诉。但万一如有意外变化，检察官居然提起公诉，那不但是我们私人的不幸，并且是司法独立的不幸，团结御侮前途的不幸。我们认俯仰无愧，唯有坦然处之而已。

其次，我们要报告你们一些在狱中的生活。依据看守所男女有别的规则，史良先生与我们是分开羁押的。她是押在看守总所。我们是押在分所。我们住的分所是新造的几间房子，与别的犯人隔开，中间还有一个小院子。我们六人分三间房子居住，沈、王一间，李、沙一间，邹、章一间。另有一间为我们吃饭看书及接见之用。因为我们心地坦白，所以精神非常愉快。我们定了一个羁押生活表，早晨起来须作健身运动；饭后或散步或谈话或唱救亡歌曲；下午五时则在院子里打排球；其余的时间，则著作的著作，翻译的翻译，看书的看书，写字的写字。每人轮流值日，并公推沈为家长，章任会计，王任文书，李任事务，沙任卫生，邹任监察并协助文书与事务。看守所的人员对我们都很同情。其间因为西安事变，时局严重，曾停止接见家属有两个多月。现在可以接见家属了，但朋友仍不能进来。

你们恐怕最关心我们的身体。我们可以高兴地告诉你们说，我们个个的身体都比从前强健，个个的精神都比从前旺盛，我们的身体虽不自由，我们的精神却被强迫长期休养了。请你们勿念。我们养好了身体，出来更可以为民族解放运动加倍努力奋斗。我们心里不安的，倒是怕你们太劳苦呢。

行知先生自称为监牢候补犯，一点也不差。如果没到国外去，这次捉入监牢决不会比八人少一个。什么时候回来，我们认为至少须看我们的事件如何解决而定。如果我们宣告无罪，恢复了自由，足见国内局势已经转好，我们到那时还许赞成你们回来。如果我们还是要继续坐牢，那么我们认为你无回来候捕之必要，你们还是在国外做救国工作为好。……敬祝为民族解放运动努力！

沈钧儒　韬　奋　章乃器

李公朴　沙千里　王造时

一九三七·三·十九

江苏高等法院检察官起诉书*

（1937年4月3日）

被告沈钧儒（男，年六十四岁，律师，住上海愚园路桃源坊五十一号）

王造时（男，年三十五岁，律师，住上海地丰路七号乙）

李公朴（男，年三十六岁，量才补习学校校长，住上海愚园路亨昌里二十四号）

沙千里（男，年三十五岁，律师，住上海爱文义路五百二十四弄十四号）

章乃器（男，年四十一岁，大学教授，住上海台拉斯脱路慈惠村二十四号）

邹韬奋（男，年四十二岁，《生活星期刊》主笔，住上海辣斐德路六百零一弄四号）

史良（女，年三十三岁，律师，住上海辣斐德路辣斐坊一号）

陶行知（男，余未详）

罗青（男，年三十六岁，现无职业，住首都玄武湖寰洲三十五号）

顾留馨（男，年二十九岁，经商，住上海公共租界爱文义路一五二八号）

---

* 原载1937年4月4日上海《大公报》。

任颂高（即任崇高）（男，年五十七岁，小学教员，住上海杨树浦临清学校）

张仲勉（男，余未详）

陈道弘（同上）

陈卓（同上）

右开被告，因民国廿五年度侦字第十四号危害民国一案，业经侦查终结，认为应提起公诉。兹将犯罪事实及证据，并所犯法条，叙述于后：

犯罪事实及证据

缘沈钧儒、王造时、李公朴、沙千里、章乃器、邹韬奋、史良及在逃之陶行知等八人，因不满意于现政府，在上海以联合各党各派抗敌御侮为名，倡人民救国阵线口号，先组织文化界、职业界、妇女界各救国会，嗣又联合大学教授救国会、学生界救国会、工人救国会、国难教育社等团体，组织上海各界救国联合会，并发表刊物，以资号召。未几复扩大范围，组织一全国各界救国联合会，于民国二十五年五月三十一日，假上海公共租界青年协会开成立大会，发表《全国各界救国联合会成立大会宣言》、《抗日救国初步政治纲领》。同年七月十五日，沈钧儒与章乃器、陶行知、邹韬奋四人，又发表一小本刊物，标题为《团结御侮的几个基本条件与最低要求》，主张停止内战，释放政治犯，并与红军议和，建立一统一之抗敌政权。维时，逃窜在西北之共产党毛泽东，在报纸上见及沈钧儒等所发表之言论，遂亦具函回答，引为同调。沈钧儒等得此响应，自分所愿获偿，乃益图扩展，复遣罗青担任组织江苏各界救国联合会。从此动作日趋急进，并刊行《救亡情报》，对于中央施政方针多所抨击，用以削弱民众对于政府之信仰。适上海日商各纱厂发生工潮，沈钧儒等认为有机可乘，复藉此组织罢工后援会，募集款项，接济各工人，意在使其与救国会取一致行动。当经前上海市公安局派员会同上海公共租界及法租界捕房，将沈钧儒、王造时、李公朴、沙千里、章乃器、邹韬奋、史良等七人拘获，除史良于取保后逃匿外，遂以沈钧儒等涉有“勾结共产党，组织非法团体，煽动罢工罢课，扰乱地方秩序，图谋颠覆政府”各嫌疑，连同证件移送侦查到院。嗣同案被告史良亦于侦查中，自行投案，同时罗青亦在江阴县被获，送由军事委员会军法处转送归案侦查。正办理间，复有顾留馨、任颂高、张仲勉、陈道弘、陈卓等五人，以上海各界救国联合会代表名义，具呈请求回复沈钧儒等自由，当以该顾留馨等均系上海职业界救国会会员，任颂高并兼任该会理事，不无共犯之嫌，因予一并侦查。兹经侦查明晰，认本案各被告共犯以危害民国为目的而组织团体，并宣传与三民主义不相容之主义属实。

上述犯罪事实，依左列各证据认定之：

一、《全国各界救国联合会大会宣言》内有：“列强攻苏之误，中国之剿共亦误”，“少数别具肺肝的人们，依然认为苏联和共产党是中国民族的主要敌人”。证以《救亡情报》中，类此主张者，亦不一而足。查共产党祸国情形，为人所共见，其宗旨与三民主义显不相容，被告等竟组织团体主张不应讨伐，并公然指责政府历来剿共为错误，其有意阻挠中央根绝赤祸之国策，极为明显。

二、前项宣言，除主张立时释放政治犯外，并称：“各党各派立刻派遣正式代表，人民救国阵线，愿为介绍进行谈判，以便制定共同抗敌纲领，建立一个统一的抗敌政权”等语，证以《抗日救国初步政治纲领》亦有“迅速的建立起来一个统一的救国政权”字样，核与章乃器交与罗青《共产党致国民党书》所载“我们赞助建立全中国统一的民主共和国”，“拥护全国统一的国防政府”各节，如出一辙。查被告等同在国民政府统治之下，沈钧儒与罗青并自称“亦系国民党党员”，明知国民党为中华民国建国之惟一机构，国民政府为中华民国之唯一政府，乃竟侪之于各党各派之列，妄倡人民救国阵线，自称“愿为介绍谈判”，曰“立时释放政治犯”，曰“立刻派遣正式代表”，曰“迅速建立一个统一的救国政权”，措词荒谬，肆无忌惮，其不承认现政府为有统治权，并欲于现政府外更行组织一政府，已可概见。

三、沈钧儒、章乃器、陶行知、邹韬奋四人所发表之《团结御侮的几个基本条件与最低要求》刊物内有：“和红军停战议和共同抗日”，“这里所谓各党各派，主要的自然是指中国共产党”，“现在共产党已经提出了联合抗日的主张，国民党却没有表示，这结果会使一般民众相信倒是共产党能够顾全大局，破除成见。”陶行知于《生活》杂志所著论文，亦明认“红军为中国三大集团之一”。其有意为共产党张目，并削弱民众对于政府及国民党之信仰，可见一斑。况经讯以“共产党是无国籍的，是抱世界主义的，怎能救国?”据沈钧儒答：“我们没有研究到这个问题”（二十五年十二月二十三日讯问笔录）。又讯以“中央军队于一二八及长城之役，参加抗战时，红军均在后方乘危反攻，何能更与合作，并究以何法保证其不生后患?”被告等对此亦均不能为充分之解答，仅谓：“合作之后，如敢倒戈，不难用政府及民众力量制裁之。”更就李公朴所述“我就书报上看来，他（指共产党，下句同）是主张抗日的，但他是否真有抗日决心，还是一个问题”（同上期，讯问笔录）。参互以观，是共产党是否具有抗敌御侮决心，尚不可知，乃被告等既侪国民党及现政府于各党各派之列，同时复主张“所谓各党各派，主要的自然是指中国共产党”。其蔑视政府，故为有利于共产党之宣传，已无容疑。

四、沈钧儒、王造时、李公朴、沙千里、章乃器、邹韬奋、史良、顾留馨、任颂高等，虽佥称伊等所主张之人民救国阵线（亦称民族阵线，联合阵线，民族联合阵线，救国阵线，救亡阵线，统一阵线），与共产党所倡之人民阵线口号不同，并据邹韬奋提出其自著之《生活日报》以为证明；然据共同被告罗青供述："现在名词还未统一，人民阵线，人民救国阵线，救国阵线，统一阵线，民族阵线，联合阵线，都是一样的。"（二十六年一月十九日讯问笔录）即查阅邹韬奋所提出之《生活日报》，内有："为明了起见，不可再用人民阵线这个名词，应该用民族联合阵线"云云，不但不能证明人民救国阵线与人民阵线系属两事，反可证实人民阵线口号，亦久已为被告等所沿用。此外尚有在章乃器家搜获之中国学生救国联合会情报第一号，其中载有"发表宣言并募集款项，援助西班牙人民阵线政府"，"欢迎美国人民阵线来沪"等语，足见人民救国阵线与人民阵线，实系同一之名词，已无疑义；更证以周守彝、程嗣文、甘爽等所组织之火花读书会，其宗旨为反资本主义，确系共产党团体，并曾加入职业界救国会，编为一四三三组，以周守彝为组长，亦经江苏高等法院第二分院认定周守彝等系以危害民国为目的而组织团体，判处罪刑，有案可稽。而职业界救国会系加入上海各界救国联合会，上海各界救国联合会又系加入全国各界救国联合会，复为被告等一致承认之事实，是该救国会成立时，即容纳有共产党分子在内，自极明了。再查人民阵线系共产党标语，含有阶级作用、党派背景，及对内革命之性质各点，已为被告等所不否认；而西班牙内战，系由共产党所主持之人民阵线而起，又为显著之事实。被告等偏以此种标语为号召之用，且其主张联合各党各派尚未实现，即先欲援助西班牙之人民阵线政府，一面指责我国之剿共为内战，一面复援助他国人民阵线之内战，谓无国际背景、政治野心，其谁能信？

五、共产党毛泽东答复沈钧儒等信函（系印刷品）内有："南京政府五月五日颁布的宪法与国民大会组织法、选举法，我们认为是反民主的，根据这些法律组织的国民大会，我们不能承认他有代表全国人民和民意的权利"，"我们认为这种国民大会的存在是有害的"，"我们希望你们及全国一切救国团体，派代表参加苏维埃政府"。其抨击宪法一点，尤与被告等所称"含有制礼作乐的宪法是多余的”等语，若合符节。矧查毛泽东信内所述，不但无自动取消苏维埃政府之表示，且希望各团体能派代表前往参加该伪政府，被告等以其系对于救国会所表示之响应，竟将是项反动刊物由章乃器授与罗青，命其担任组织江苏各界救国联合会（见罗青历次供述），乃犹饰称“并无危害民国之犯意”，又谁能信？

六、被告等除坚不承认有鼓动学生罢课情事外，对于组织工人罢工后援会，则并不否认，并称“工人救国会亦加入上海各界救国联合会之内”等语，其用救国会名义，散发《为上海三百五十万市民请命》传单，亦有“这二十余万的工人，都可训练为冲锋陷阵的英雄”之语，对于智识简单之工人，竟不惜多方煽惑，以遂其不法之企图。乃被告等犹以“意在救国”，并无其他作用，斤斤置辩，显属虚饰之词。

七、在邹韬奋家搜获共产党刊行之《斗争报》，其中虽曾批评“章乃器是叛卖阶级的史太林派”，并称：“反对章乃器们的救国阵线没有政治野心，没有夺取政权的企图，引入爱国一途，减少斗争的力量。”纵令果如所言，亦不过谓伊等之主张，与极端左倾之杜洛斯基派有别，仍与三民主义不能相容，殊难以此为被告有利之证据。

八、被告等虽称伊等与第三国际并无关系，然查人民阵线即系第三国际第七次代表大会所通过之口号，其关于中国成立人民阵线议决案，内有：“在中国必须把扩大苏维埃运动与巩固红军的战斗力，与在全中国开展人民反帝运动联结起来”；“苏维埃应当成为全中国人民解放斗争的中心”。又中国共产党对于建立中国人民阵线内有“在救国名义下，并发动反现政府的斗争”；“反对现政府及国民党”（见附卷二十六年二月四日《中央日报》）被告等所倡之口号，既系本于第三国际大会所通过之议决案而来，其于各种刊物内复屡言“讨赤不易成功”，“不相信国民党可以包办救国”；并于《团结御侮的几个基本条件与最低要求》第五项载有“我们赞成中国共产党和中国红军这一个政策”之语，尤显与前述第三国际议决案相一致，自无解于危害民国之罪责。

九、上年十二月十二日西安事变，据张学良所提出之八项主张，内有“容纳各党各派负责救国，及立即释放被捕之爱国领袖，立即召开救国会议”等项，被告等对此虽坚称“毫未与闻其事”，并谓：“上年五月三十一日全国各界救国联合会成立之时，尚未闻西安有救国会”等语，此查上年五月六日《救亡情报》创刊号，即有“西安学生悲壮的救国运动”，“西安各学校均有救国会的组织”之记载；该《情报》第二十五期，对于成立西北各界救国联合会情形，记载尤为详悉，并称“全救会宣言和纲领我们翻印了二千多份，已普遍散发”等语，足见被告等所称“西安并无救国会”一节，显系有意诿卸。又同年十一月二十二日第二十七期《救亡情报》载有全国各界救国联合会致西安张学良电报，“（前略）望公本立即抗日之主张，火速坚决要求中央立即停止南京外交谈判，发动全国抗日战争，并电约各军事领袖，一面对中央为一致之督促，一面对绥远实行出兵援助，事急国危，幸即图之！”此电拍发后，为时仅浃旬，即有西安事变发生，而张学良之通电，又明明以释放该被告等为要挟。且核其彼此所揭橥之主张，亦复完全相同，其双方互相联络之情形，已堪认定。虽被告原电仅系怂恿张学良联合各将领督促政府对外出兵，尚不能证明西安暴动系出于被告等所策划，而其勾结军人，谋为轨外行动，驯至酿成巨变，国本几乎动摇，名为救国，实则害国，要属无可讳言。况查抗敌救国，政府自有整个计划，纵令被告等果具爱国热忱，亦当于政府领导之下，竭诚献替，一致进行，以期有济。乃竟假联合各党各派为名，私立救国联合会，其所倡另建抗敌政权一节，尤与张学良通电所为改组政府之主张，适相吻合。此外又复散发种种刊物，鼓吹人民救国阵线等谬说，淆乱听闻，使人民与政府间起分化之作用。是其以危害民国为目的而组织团体，并宣传与三民主义不相容之主义，更属罪证确凿，灼然无疑。

十、罗青承认担任组织江苏各界救国联合会属实，并称："与章乃器接洽时，沈钧儒、邹韬奋亦一同在座。"此外复在身畔搜获有：（1）《全国各界救国联合会大会宣言》；（2）《抗日救国初步政治纲领》；（3）《团结御侮的几个基本条件与最低要求》；（4）《共产党致国民党书》；（5）毛泽东油印回信；（6）江苏各界救国联合会筹备会木戳等件，足证其参加以危害民国为目的之团体为不虚，依法应认为共同正犯。顾留馨、任颂高自认系上海职业界救国会会员，任颂高并兼任该会理事，一面复与张仲勉、陈道弘、陈卓等五人，分持上海各界救国联合会传单，以该救国会代表名义，具呈请求回复沈钧儒等自由，经将该传单及顾留馨所持救国会刊发之《国难新闻》，分别扣押在案，均足以证明参与犯罪，委系出于共同之意思，自亦应以共同正犯论。

所犯法条

综上所述，本件被告沈钧儒、王造时、李公朴、沙千里、章乃器、邹韬奋、史良、陶行知、罗青、顾留馨、任颂高、张仲勉、陈道弘、陈卓共同以危害民国为目的而组织团体，并宣传与三民主义不相容之主义，依刑法第十一条、第二十八条，系共犯《危害民国紧急治罪法》第六条之罪。除陶行知、张仲勉、陈道弘、陈卓等所在不明，已予通缉外，合依刑事诉讼法第二百三十条、第二百四十三条提起公诉，并将人卷及证件，送请查收，依法审判。

此致

本院刑事庭

计送　卷十二宗，证据物件（详目录）。

被告　沈钧儒　王造时　李公朴　沙千里

章乃器　邹韬奋　史　良　罗　青

（以上八名在押）

顾留馨　任颂高（以上二名在保）

中华民国二十六年四月三日

江苏高等法院检察官翁赞年

中国共产党中央委员会对沈、章诸氏被起诉宣言*

(1937年4月12日)

日本帝国主义的疯狂侵略，国民党的不抵抗政策，造成了数年来沉重的国难，大好版图，沦亡异域，民族生命，危若累卵。

于是稍有热血之人，莫不奔走呼号，以解除国难、解放民族为己任。沈、邹、章、李、王、沙诸先生，则为此种救国运动之民众爱戴之领袖。诸先生以坦白之襟怀，热烈之情感，光明磊落之态度，提倡全国团结，共赴国难，停止内战，一致抗日，此实为我中华男女之应尽责任与光荣模范，而为中国及全世界人民所敬仰。然亦即因此而遭日寇之愤怒，去年十一月以莫须有之罪名，被逮入狱，铁窗风味，于兹五月。国民党政府此种举动，非特为全国民众所反对，亦为世界有识人士所不满，甚且国民党内部爱国人士亦多愤愤不平。西安事变之八大要求，以释放沈、章、邹等先生列其一，良有以也。

西安事变和平解决，三中全会表示国民党自愿放弃其错误政策之端倪，全国人士亦正以诸先生之能否无条件开释以判断国民党有否与民更始之决心。不期四月三日，苏州法院竟以“宣传与三民主义不相容之主义”之罪状而起诉矣。并扩大此案而通缉现在美国讲学之爱国老教育家陶行知先生等七人矣。此种极端错误之举措，实为全国团结一致抗日之重大障碍，实足以窥见国民

* 原载1937年4月24日《解放》周刊创刊号。

党——至少其中一部分人士之畏惧爱国运动之心理，及蔑视民权之态度。

吾人对此爱国有罪之冤狱，不能不与全国人民一起反对，并期望国民党中有识领袖之切实反省。

至于控诉沈、邹、章诸先生为宣传与三民主义不相容之主义，尤为荒谬。盖沈、邹、章诸氏所主张固极简单，不外将孙中山在民十三时代之主张重行提出而已。倘吾人熟读国民党第一次代表大会宣言，及孙中山先生在国民党第一次代表大会上演说，以之与沈、章、邹氏言论相比，实不能看出其中有任何之矛盾。沈、章诸氏之主张，固与革命的三民主义内容相同，而今日国民党所需要者，亦正为重新发挥革命的三民主义。倘以沈、章各氏“宣传与三民主义不相同内容之主义”为起诉理由，则除非对三民主义给予另一种解释，但此种另一样解释，非特绝不能受中国四万万五千万人民之欢迎，抑亦将为对孙中山先生之遗教为重大之侮辱。

国民党在三中全会，虽承认举国一致和平团结之原则，然而对民众渴望之爱国自由与民主权利，固未有具体之回答。吾人为中华民族之解放与进步计，自当要求国民党之彻底放弃其过去之错误政策，而此种彻底转变之表示，应由立即释放沈、章、邹、李、王、沙、史诸爱国领袖及全体政治犯，并彻底修改《危害民国紧急治罪法》开始。危害民国之治罪法，只能适合于汉奸及日本帝国主义之间谍走狗与乎挑拨内战之祸魁，而不能施行之于爱国之民众及领袖也。此种反对日寇及汉奸之运动，固不能只依靠于一纸法律，而必须有全国民众之自动的参与。倘民众无民主权利，则欲唤起民众，亦将束手无策。

吾人要求立即释放沈钧儒、章乃器、邹韬奋、李公朴、王造时、沙千里、史良及全体政治爱国犯，立即取消陶行知等及一切政治犯之通缉令。

吾人要求立即彻底修改《危害民国紧急治罪法》!

吾人宣言，真实之抗战准备，唯有给予民众民主权利！

中国共产党中央委员会

纽约全体华侨抗日救国会为营救爱国领袖致孔祥熙王正廷函*

庸之特使
儒堂大使 钧鉴：

敝会为纽约全体华侨各党各派抗日救国组织，以联合海内外民众，实行武装自卫，反对一党专政，促进国防政府积极抗日，扫除一切卖国汉奸为宗旨。成立以来，对于祖国抗日救国运动，以及救灾慈善事业，无不竭尽绵力予以援应。侨民远离祖国，寄食异邦，饱受家室离别苦况，尝尽帝国压迫滋味，平日心之所寄，目之所注，无非是希望祖国早日驱除外患，恢复失地，成为完全独立自由幸福之国家，俾侨民有以安身托命之地而已。故传闻政府有与人民合作抗日的消息，则色然而喜，听到抗日运动惨被亲日汉奸摧残，则愁焉而忧，徒以远隔重洋，侨民苦衷，未能达于政府左右，兹幸星轺莅此，特将我侨平日之志愿，与夫最近对政府之请求，敬为我两使陈之。

自从三中全会宣言，政府决定对内和平统一，对外保全主权政策之后，吾人方冀政府立将释放一切爱国政治犯，驱逐亲日汉奸，起用抗日将领，开放抗日自由，联合一切抗日力量，以示政府共同抗日之决心，有以慰全国人民之期望。乃最近江苏法院竟

* 原载1937年7月3日纽约《先锋报》。孔祥熙当时作为特使参加英皇加冕礼后去法国和美国。王正廷时任驻美大使。致函者还有衣联会、华工中心、华侨互助会、华侨反帝大同盟、工人保障会、中国海员救国会等抗日救亡团体。

将沈、章诸人提起公诉，复对陶行知等七人予以通缉，而孙晓邨等亦以救国会事被陷缧绁之中，实使海外侨胞益滋疑惑。敝会同人特请两使转达政府，立即释放沈、章诸人，取消陶等之通缉，赦免一切爱国政治犯，切实保障救国自由，肃清亲日汉奸，起用抗日将领，以增厚全国抗日之力量。此吾人所期望于政府者一。

抗日救国，首重团结，团结之道，必须还政于民。不然，政权为一党一派或一人所独占，摒弃其他政党及一切爱国人士，日与团结御侮之道相背驰，如此，抗日救国何日始能实现。是以全体侨胞咸望早日开放政权，与民更始，对于政府所拟开之国民大会，尤望其本此宗旨进行，以示大公。不料政府所颁布之国民大会选举条例，竟然不合民主精神，近日虽经政府稍加修改，但对选民资格限制仍复綦严。最近公布美国侨民选举代表结束，则更违反民主，凡非国民党之团体，其选举权均被剥夺，舆论尤为哗然。敝会同人代表爱国侨民公意，膺请两使转达政府，当将选举条例予以根本上之修正，重行选举，使海外侨民，不论属何党何派，均有选举之权。此吾人能期望于政府者二。

以上所陈，均系目前政府应办之事，亦为中国救国切要之图。敬希两使速为转达政府早日施行，抗日救国前途实深利赖。顺颂

旅祺

纽约全体华侨抗日救国会谨启

六月廿九日

旧金山市抗日总会将召开宣传大会请陶行知及陆璀演讲*

本埠中华民国国民抗日救国总会，以平津失陷，情势危急，政府正准备大规模抗战，亟应加紧宣传工作。特定明日星期日下午一时，假座大中华戏院开宣传大会，敦请现抵本埠之陶行知博士及陆璀女士两代表演讲。查陶行知博士为我国著名大众教育家、中国新文字研究会理事会主席、国难教育社指导部主任、全国各界救国联合会执行委员、出席世界和平大会中国代表团主席，与被捕现获释之救国会七领袖同为全国所知名。陆璀女士为北平国立清华大学学生，去年代表全国学生救国联合会，出席日内瓦世界青年大会，旋来美向中西各界社团演讲抗日救国问题，现与陶博士同抵本埠。抗日救国总会随开大会，请其演讲。闻明日大会并由胜寿年男女剧团演白话剧，及由陶、陆两君唱其自编之国难歌曲，藉以激动民气。想届时必有一番热闹也。

* 原载1937年8月7日旧金山《少年中国晨报》第4页。

《先锋》八周年纪念歌*

（调寄田汉、张曙所作新安旅行团团歌）

陶行知词

张　曙曲

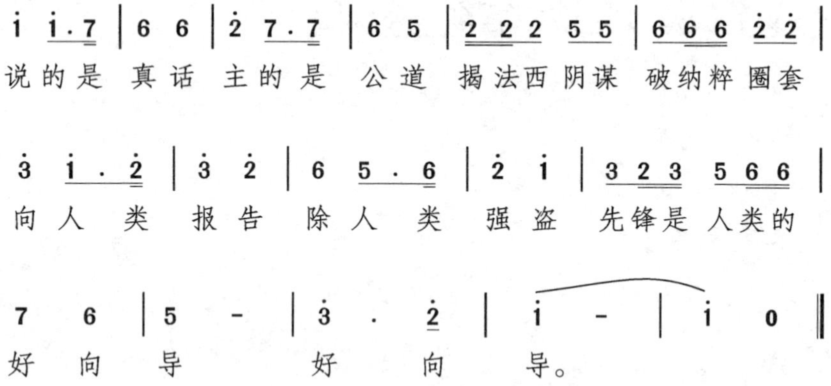

注：1938年5月11日陶行知在美国的洛杉矶去博尔德水坝在旅途汽车上写的词。

五马歌

（祝新安旅行团三周年纪念）

陶行知词

任　光曲

5 5 5 | 5 0 | 5 0 | 5 5 5 3 | 2 - |

我 们 是　一　群　穷　光　蛋

我 们 是　一　群　穷　光　蛋

我 们 是　一　群　穷　光　蛋

我 们 是　一　群　穷　光　蛋

我 们 是　一　群　穷　光　蛋

2 - | 5 5 3 | 2 5 3 | 2 2 1 | 6 - | 6 - |

呀！　要 把　眼 睛 儿　打 开 来　看　呀！

呀！　要 把　脑 袋 儿　拿 开 来　想　呀！

呀！　要 把　光 阴 儿　腾 开 来　玩　呀！

呀！　要 把　嘴 巴 儿　张 开 来　谈　呀！

呀！　要 把　双 手 儿　拿 开 来　干　呀！

6 3 5 | 6 - | 6 - | 5 6 3 | 2 - | 2 - |

在　山 上　看　看，　在　水 上　看　看，

对　中 国　想　想，　对　日 本　想　想，

打个 球 儿　玩　玩，　唱个 歌 儿　玩　玩，

对　国 事　谈　谈，　对　世 事　谈　谈，

在　城 里　干　干，　在　乡 下　干　干，

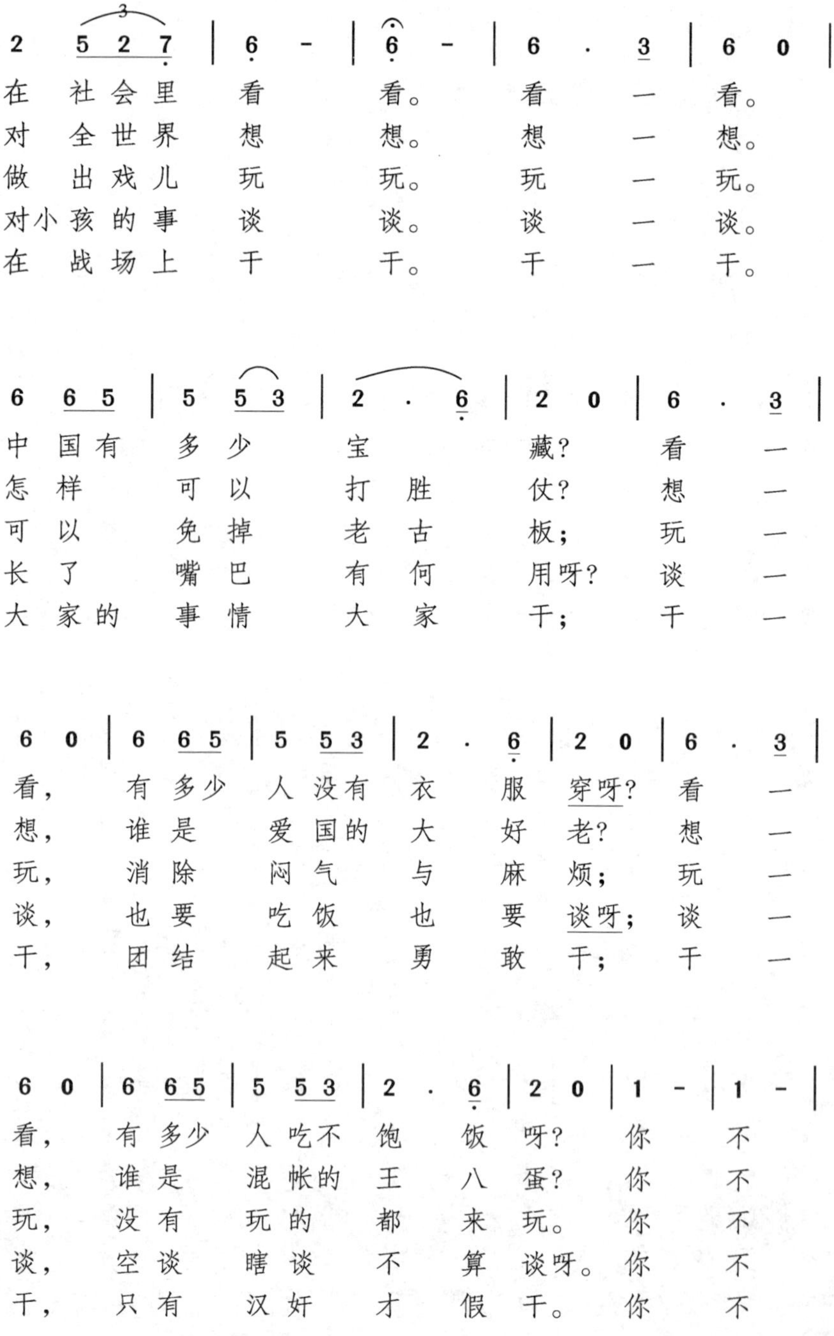
2 5 2 7 | 6 - | 6 - | 6 · 3 | 6 0 |
在 社会里 看 看。看 一 看。
对 全世界 想 想。想 一 想。
做 出戏儿 玩 玩。玩 一 玩。
对小孩的事 谈 谈。谈 一 谈。
在 战场上 干 干。干 一 干。
6 6 5 | 5 5 3 | 2 · 6 | 2 0 | 6 · 3 |
中 国有 多 少 宝 藏？ 看 一
怎 样 可 以 打 胜 仗？ 想 一
可 以 免 掉 老 古 板； 玩 一
长 了 嘴 巴 有 何 用呀？ 谈 一
大 家的 事 情 大 家 干； 干 一
6 0 | 6 6 5 | 5 5 3 | 2 · 6 | 2 0 | 6 · 3 |
看， 有 多少 人没有 衣 服 穿呀？ 看 一
想， 谁 是 爱 国的 大 好 老？ 想 一
玩， 消 除 闷 气 与 麻 烦； 玩 一
谈， 也 要 吃 饭 也 要 谈呀； 谈 一
干， 团 结 起 来 勇 敢 干； 干 一
6 0 | 6 6 5 | 5 5 3 | 2 · 6 | 2 0 | 1 - | 1 - |
看， 有 多少 人 吃不 饱 饭 呀？ 你 不
想， 谁 是 混 帐的 王 八 蛋？ 你 不
玩， 没 有 玩 的 都 来 玩。 你 不
谈， 空 谈 瞎 谈 不 算 谈呀。 你 不
干， 只 有 汉 奸 才 假 干。 你 不

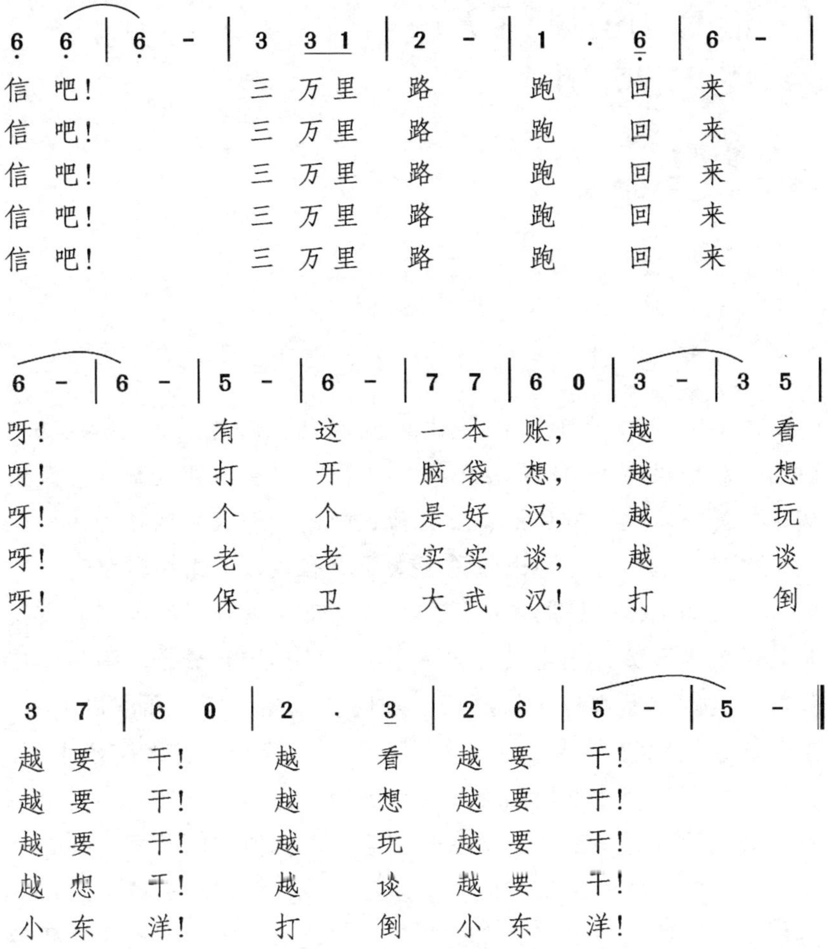

注：五马之“马”，是“看”、“想”、“玩”、“谈”、“干”五字注音符号之韵母。陶行知原题为《小孩进行曲》，后误为《三万里歌》、《五万里歌》。

危难中的陶行知在我家辞世*

（摘要）

任宗德

1946年4月，陶行知先生由重庆回到上海之后，更加积极、更为广泛地投入了争取民主和平的人民运动。他四处奔走，到处演讲，为反内战、争和平、反独裁、争民主而大声疾呼。作为民盟中央常委，陶先生为民盟做了大量卓有成效的组织联络、宣传教育方面的工作，开展了广泛的社会活动，得到了广大上海市民尤其是公教人员、文化人士和青年学生的拥护和赞誉。国民党特务对他的跟踪监视也更加严密。那时，陶先生经常在演讲之后、工作之余，到我在上海的新居原法租界的爱棠新村来座谈小憩。除了与我商议育才学校和续办大孚出版公司等事之外，陶先生也不时谈到他对时局发展的忧虑和期望；谈到他与国共两党领导人交往中绝然不同的感受和体会；谈到他发表演讲之后群情激奋的热烈情景；谈到他与国民党特务巧“捉迷藏”的惊险遭遇。我每每被陶先生不畏强暴、不怕牺牲、为国为民奋斗不息的精神所感染；深深为陶先生追求真理、追求进步、热情乐观、自强不息的信念和风范所折服。

6月间，陶先生说他住在虹口区那边很杂乱，认为我家所在地爱棠新村相对来说比较安全，提出想搬到我家来住一段时间。

* 原载1997年《炎黄春秋》第三期。作者任宗德是第六、七届全国政协委员。

我欣然同意。很快，他就搬到我家来住了。

我家是一幢三层楼的洋房。一层是客厅和饭厅，二三层楼各有两套卧室。我和家人住二楼，陶先生和我的另一位朋友俞世堃住在三楼。每天早晨8时，我和陶先生、俞先生一起吃早点，说几句感兴趣的话题，饭后各自去干自己的事。晚上6点钟又一起吃晚饭，交换一天的见闻和信息。

7月间，陶先生的老朋友，好战友李公朴、闻一多先后在昆明惨遭国民党特务杀害。噩耗传来，陶先生愤怒不已，严厉声讨抨击国民党反动政府的法西斯暴行。当时社会上盛传陶行知已被蒋介石国民党列入必欲谋害的“黑名单”，国民党特务已着手准备暗杀陶行知。我和朋友提请陶先生多加警惕防备。对此，陶先生表现得异常冷静，坦荡自如，视死如归。

7月25日晨，和平时一样，我们聚在饭厅准备吃早点。8时过了，陶先生还未下楼来，我就让俞世堃上三楼去请他下楼来就餐。不一会儿，俞世堃慌忙跑下楼来，急切地连声说不好了，陶老师犯病了！我即上楼到陶先生卧室一看，发现陶先生在卫生间靠着马桶半躺在地上。走近一看，陶先生头发热，面带赤，口喘气，病状十分严重。我于是立即给沈钧儒先生打电话，告诉了陶先生的病情，请他和他儿子沈谦（著名的西医内科专家）尽快赶到我家来设法诊治抢救。沈老一听就急了，连忙说我们即刻就到。同时，沈老迅速将此事打电话报告了周恩来。我又打电话通知了陶夫人和沙千里、史良等。不一会儿，沈老沈谦父子、周恩来和李维汉等同志先到，陶夫人和他们的儿子陶晓光，以及史良和沙千里等民主人士均相继急忙赶来我家。

周恩来一到，立即上楼对陶先生的病状进行了察看。沈谦诊治完毕，断定陶先生是脑溢血严重发作，病人濒临绝境，抢救为时已晚。沈谦给陶先生打了一针，但不见有任何反应。沈谦说，没有办法抢救了。我怀疑是国民党特务暗害所致，沈谦说看来不是，是严重的脑溢血，可能与陶先生的高血压病有关。沈谦问我这之前陶先生有无病痛的迹象，我说没有看到呀，陶先生这几天也从未讲过身体不适。我也不知道他患有高血压症，如果知道就好了，我们会刻意照应预作防治的。沈谦说，可能是太劳累、太紧张使血压急剧升高导致了脑溢血。我说送医院吧，沈谦说不必了。周恩来问沈谦还有什么抢救的办法吗？沈谦就又给陶先生再检查了一遍，对周恩来说送医院也没有什么办法抢救了。这时陶先生由大喘变为小喘，热汗变为冷汗，片刻之间就溘然长逝了。大家将陶先生的遗体放平，围着遗体默哀致悼，热泪纵横，为中华民族的英才早逝而哭泣。

当即，周恩来做出决定，将陶行知先生的遗体送到殡仪馆，举行公祭。周恩来说，陶行知先生的逝世，是中国人民的一大损失，是人民革命运动的重大损失。陶先生虽然不是遭暗杀的，但也是在反动派的威胁迫害下牺牲的。我们要深切悼念陶行知先生，同时要使悼念活动成为对国民党打内战、搞独裁、行暴政的声讨和抗争。我们要举行仪式，隆重祭奠三天。出殡之日，民主大游行，人民大示威，以表继承陶先生的大业宏志，以慰陶先生在天之灵。遵照周恩来的指示，我们立即对陶先生的悼唁活动进行了安排和筹备。

在周恩来的指导下，在民盟中央的主持下，陶行知先生的祭奠出殡仪典，举办得既庄重肃穆，又声势浩大。对陶先生的追悼活动，确实成为了对革命先烈、民主斗士的全民公祭，成为一场针对国民党反动派的民主大示威，有力地推动了国统区人民革命运动的发展。我积极参与了全部殡葬仪典的操办，出资出力，守灵游行，以表达我对良师益友陶行知先生无尽的哀思。

哀悼陶行知先生 *

现代教育社

"今天，教育者的第一任务在促进民主运动；扩大教育的影响就是扩大民主运动的影响！"

不幸，一个晴天霹雳，噩耗传来。陶先生突于今日（7月25日）中午12时3刻去世了，我们不敢相信这消息，但是事实终于证明这消息。

今天，陶先生死了，领导中国新教育运动走向民主的主帅死了，他是死于脑溢血吗？我们正如听到噩耗初传时一样，我们不敢信。我们不敢猜疑陶先生的死并不由于病，但是我们突然想到高尔基的死。

陶先生死了，我们忍着无限的哀痛，我们不哭，陶先生的死使我们更勇敢，使我们更坚决，我们要以陶先生的奋斗精神作为我们的精神，以陶先生创导的事业作为我们的事业。我们回忆陶先生曾建立"生活教育"学理，曾以毕生的精力从事教育改造，创办晓庄师范学校，倡导小先生制度普及教育，创办山海工学团，扩大普及教育运动，领导国难教育运动，领导救国教育运动，建立生活教育社，倡导民主教育运动，又从事国民外交的活动和民主运动的实践。一连串伟大艰辛的工作，证明他精力多充沛！但就以这些创获而论，传统的落伍势力给予他多少的打击！

* 原载1946年7月26日《教育阵地》第10期。

晓庄师范封了，晓庄同志杀的杀，逃的逃了。陶先生更为了救国而被通缉，为了领导民主运动而被恐吓。但是，陶先生自己怎样呢？一个运动被暴力压迫的时候，马上积极提出更进步的一个运动。陶先生是不怕威胁和迫害的，他认识历史的发展，他懂得时代的潮流，他以他的睿智和毅力，他自己做，并且领导同志和认识新教育魅力的同人向着一个正确的目标迈进。

恶流和暴力本来是暂时的，懂得历史的人也懂得这个道理，所以陶先生勉励教育同人不畏缩，不后退，要以争取民主为当时教育运动的首要任务。但是，我们的导师却在一种迫害和威胁下与世长辞了！

我们谁能不悲哀！但是，我们感动于陶先生精神的伟大，我们还不应该单单表示悲哀。因为，陶先生的精神常在，陶先生的人格不死。要为中国新教育努力，以教育来推进民主，是陶先生留给进步的教育同人的努力的方向。

陶先生死了！我们不哭，我们更勇敢，我们更坚决。暴力和传统势力是和陶先生搏斗过的，今天，也正在和进步的教育同人搏斗。我们要学习陶先生的搏斗精神和搏斗方法，争取新的教育和民主的胜利，来完成陶先生的遗志。

哭行知*

邓初民

行知！我向来没有直呼过您的名字，无论当您的面，或是写信给您，总是称您先生。称您先生，是尊之之辞，我一向从心坎里尊敬您，所以对您不自禁的甚至是不自觉的要用“尊称”；但直呼行知，直呼你的名字，是亲之之辞，尊而不亲，友谊还是片面的，我怎能对你只有尊而不亲的片面友谊呢？你在生前，我只能在你的身边，感到亲切，感到温暖。你死了，我感到如同死了亲兄弟亲手足一样的悲痛，不，比死了亲兄弟亲手足更加悲痛。我情不自禁的要叫你行知了。

行知！你真的死了吗？我在做梦吧！

行知！你实在太辛苦了，应该休息了，就你个人说死了也好，不死你怎会休息，怎肯休息。

但是，行知！你不能死，我不愿你休息，你死了，我总在哭，我有时黯然流泪，有时放声大哭。你早就离开了重庆，也就是说早就在重庆没有了你，但我恍惚这几天才没有了你，又恍惚像丢失了一件什么东西一样的徬徨不安。尤其是觉得在今天的中国，在今天的任何地方，如果没有了你就将没有一切。

行知！你不能死，大家也不愿你休息。你死了，大家也在哭。认识你的人在哭，不认识你的人也在哭，听吧！无数没有父

* 原载1946年8月3日《民主星期刊》第45期。

母的儿童，因为失掉了他们慈爱的保姆在哭；无数为独立、和平、民主事业斗争的青年，因为失掉了他们伟大的导师在哭；无数革命文化教育的战士，因为失掉了他们勇敢的先锋在哭；全中国苦难的人民，因为失掉了他们忠实的朋友在哭；那好像刚从奶儿的口中夺去了奶头一样的育才那一群，社会大学、生活教育社那一群，更是哭得死去活来，如丧考妣。

行知！今天的中国，今天的任何地方，硬是不能没有你，没有你就将没有一切。

行知！你真伟大啊！不，你真平凡！你穿得平凡，吃得平凡，住得平凡，平凡得像一个劳工一样，平凡得像一个老农、老圃、老妈子（甚至“生活不如老妈子。”见陶诗句）一样，做一句话说，平凡得像一个老百姓，乡下佬——勤劳质朴的人民一样。人民是平凡的，人民是伟大的，人民创造一切——人民创造劳动，人民创造生产，人民创造生活，人民创造历史，人民创造一切近代文化与文明，人民创造过瑰丽堂皇的皇宫，人民也创造过暴君独夫的坟墓。人民主宰一切，人民决定一切，人民是太平凡了，人民也是太伟大了。

行知！你真平凡啊！不，你真伟大，你的人格伟大，你的精神伟大，你的行动伟大，伟大得像一个劳工一样，伟大得像一个老农、老圃、老妈子一样，做一句话说，伟大得像一个老百姓，乡下佬——勤劳质朴的人民一样。你是伟大的，你也是平凡的。你创造一切——创造晓庄（原为小庄，陶改为晓庄），你创造劳山（小庄之后有老山，陶改为劳山），你创造生活教育社，你创造育才学校，你创造社会大学，你创造新教育、人民教育，你创造小先生制，你发表《创造宣言》，你要创造新的人、新的中国、新的世界。你主宰一切，你决定一切。有人把你比做两千年前的孔仲尼（两千年前的孔仲尼，两千年后的陶行知——郭沫若先生这样说），但孔仲尼没有你这么平凡，也就没有你这么伟大。又把你比做孙中山（你是孙中山死后的一位孙中山——也是郭沫若先生这样说)，但孙中山或者比你更伟大，却决没有你这么平凡。

行知！今天的中国，今天的任何地方，怎能没有你呢？你怎能死？怎能休息呢？我是不让你死，不让你休息，大家也是不让你死，不让你休息的。奇怪的是偏有人要你死，要你休息，甚至要像对付公朴、一多一样把你暗杀，但这已经不是人了，已经是自绝于人类的暴君独夫了，已经是自外于人的法西斯、刽子手了。因为你爱人人，人人爱你，“你只知道人民的疾苦，没有丝毫野心夺利争权”，“你真是不缁不磷，不屈不移，不厌不倦”(均郭沫若先生语)。你有赤子的大真，你有母亲的慈祥，你对我的爱护，尤其无微不至！你担心我的生活困难，担心我的交通不便（因我住半山)，你担心我的体胖而又年老，尤其担心我的脑溢血症，你买海藻精（治脑溢血症药）送我，我丢了一瓶，你又送我一瓶。怎么我没有得脑溢血症，你反而得了脑溢血症，怎么我没有死，你反而死了呢？这是想不到的，这是弄错了的，这是应该我代替你死的。

行知！除了我，你还常常担心伯赞，伯赞还在病中，你死了，你不怕增加伯赞的病况与痛苦吗？行知！你的一切是我的秃笔写不出的，写不完的，你平凡而又伟大，你伟大而又平凡，你的绝顶平凡处，就是你的绝顶伟大处。但我曾说过你一生只做错了一件事——要我来主编你发行的《民主星期刊》，你一生只认错了一个人，把我当做你很好的助手（这是你去年夜晚同伯赞来我家中要我编《民星》时我对你说的，言犹在耳，简直是昨天)。我一直没有把《民星》编好，我对你是负疚的。但你偏说我在那里，《民星》在那里，民主一日不实现，《民星》便一日不停刊。为什么我还没有到上海，《民星》也还没有搬到上海，你就撒手了呢？民主还没有实现，《民星》也还没有停刊，你就停止了一切呢？

是的，你并没有死，你永远不会死，你的精神，你的遗志，你的事业，将永古千秋长留于壤间。

你没有休息，你永远不会休息，你的精神，你的遗志，你的事业，时时刻刻都在召呼着你的后死者来继承，来扩展，来发扬光大。

但物质的你，躯壳的你，形象的你，离开了我们，我们的悲泣痛哭，是禁不住的。行知！你听吧！我在哭，大家也在哭，普天下人都在哭啊！

一九四六·七·三十一于寒热病中

愿大家承继陶行知先生伟大的精神遗产*

余之介

陶行知先生虽然死了，可是他那创造的精神，韧性的战斗，笃实践履的作风，亲人民、恨敌人的态度，却永留在人间，在每一个前进小孩、青年、教师及正义的老百姓身上。

陶行知先生对于人生、教育以至于政治，是一伟大的思想家，同时也是最忠实的实践家，他是一理想主义的现实主义者。他正视现实，把握现实，而把他的理想跟现实结合起来，不断地创造，求进步。

他爱小孩，无数贫苦的小孩；爱青年，无数失学失业的青年；爱百姓，无数勤劳像牛马样的老百姓。就因为他具有这样的“热爱”，三十年来，就像传教士一样，教育着人民，不觉厌倦，也从不罢休！

在陶行知先生的锦囊中，没有“难”字，没有“苦”字，也没有“败”字，他永恒是乐观的前进，所谓仰头乐干（不是埋头苦干——陶先生语），他存着打破“九九难关”，没有走不通的路，一定要达到“成功”的理想。“学习，学习，再学习”，“活到老学到老”，求真知，说实话，做善事，教到、学到、说到、做到的学习态度，我们都应该承继下来，而有加以发扬光大的必要。陶行知先生，就因为这样，才成为伟大的人民朋友，前

* 原载1946年8月15日《读书与出版》月刊第5期。

进教师的导师，最忠实的孩子和青年的保姆。

我不悲哭，我要讴颂！

“大哉行知！大哉行知！

行知之前，几无行知！

行知之后，无数行知！”

八月一日于病榻上

先生是并没有死的*

周　文

陶行知先生富有创造性的新教育主张，为中国开辟了一条伟大的新教育途径。它在解放区已经普遍地成为新的现实了。

行知先生所主张的“生活即教育”，“社会即学校”，在解放区的各种学校，已经把它具体化为：与社会结合，与生产结合，与家庭结合，而在敌后则加上与战争结合。在那里所教的东西，无论社会科学、自然科学，都是和实际密切联系的，例如对敌斗争，减租，生产等等。学生在上课之外，实际参加一切运动，并且学地雷、熬硝、纺线、种地、文化娱乐等等，而推广这种教育的，是行知先生所主张的小先生制。这个制度在解放区已经成为广大的群众运动了。由于普遍实行小先生制的结果，在那儿展开了子教父，父教子，妻教夫，夫教妻，妹教姊，弟教嫂，亲戚教亲戚，邻居教邻居，造成了伟大的群众路线的学习热潮，文化在解放区迅速提高着。由此可以看见，行知先生的主张是完全合乎中国国情的，是新教育上卓越的创造，是引导社会向前进步的指针。

先生为中华民族的独立和平民主，领导新教育运动，三十余年，全国人民正需要先生继续领导向前的时候，先生竟在黑暗的法西斯统治之下横遭压迫而长逝了！这损失实在是无可补偿的。

* 原载1946年8月3日《民主星期刊》第45期。

但全中国人民将永远承继先生的事业和精神，在目前，解放区的人民将继续根据先生的教育方针，用实际行动来纪念先生，而在不久的将来，先生的伟大主张，必将在全中国人民坚决斗争中普及于全中国。

陶先生是并没有死的！

四万万人的教育*

孙铭勋

陶行知先生一生所筹划所创造所矢志不渝的工作，其中心目标，无非是在使四万万人能够受教育，如果有人不相信这个说法而硬要怀疑他有什么个人的欲望或什么政治的权利企图的话，那不是低能的无知，便是恶意的污蔑。

当他在美国留学将要回国的时候，许多朋友会合在一道来各人谈各人回国后的志愿，他只有简单明确的一句话："要设法使四万万人能够受教育。"

他回国六七年后，感觉到在那象牙之塔的教育宫里，没有什么人民教育的出路，就大踏步地走入乡村，那便是开办晓庄学校，他要培养一百万个乡村教师，去创办一百万个乡村小学，改造一百万个乡村，以复兴中华民族。在他的这一号召之下，无数有血性有热情的青年，团聚在他的周围，决心献身于乡村教育。那时候，师范生都是住在农人的家里，要"和马牛羊鸡犬豕做朋友，对稻粱粟麦黍稷下功夫"，规定每一个师范生在一年之内要找到几个农人和几个儿童做好朋友，经常和他们生活在一道，帮助他们工作，了解他们的身世家景与要求，而解决他们的困难，在年终时要写报告，为这几个农人和儿童写出一篇详细的传记。在某一年的双十节，他作的一副对联便是："为破坏牺牲，为建

* 原载1946年8月3日《民主星期刊》第45期。

设牺牲，中国人民，背着两个十字架；向儿童瞄准，向农人瞄准，乡村教师，献来一颗双瓣心。”

这样还嫌不够，进一步，他号召师范生要把农人和儿童当作爱人，要用追求爱人拥护爱人的精神去待农人儿童。当晓庄剧社成立的时候，他曾用一双热恋着的青年男女献身于乡村教育的题材，写了一幕《爱之命令》的剧本，到处公演。他又代农人代儿童向教师们发出呼吁：“不要你的金，不要你的银，只要你的心。”

这样一个以培养全心全意为农人为儿童服务的师资的学校，竟不见容于当时的政治当局而遭受了封闭；先生本人也受到通缉而避入租界，后来连租界都不能住，逃到日本，贫病交迫。九一八后又才回到上海。“一·二八”时，晓庄曾一度恢复，但淞沪协定签字后，中央政府从洛阳搬回南京，又不言不语地把晓庄强占去了。先生乃在沪郊创办工学团，提出小先生的办法。用小先生的力量，可以攻破大先生所不能攻破的重重难关，使教育的功能，像水银泻地无孔不入一样，由小先生灌注到每一个穷乡僻壤的农人和儿童，对于传统的教育制度之班级年限考试文凭等等限制穷人入学的办法，表示极大的反感，而提出“来者不拒，不来者送上门去”的办法。在他的一首小诗里，有：“你没有功夫来学，我教你在牛背上哼”的句子，就是小先生送上门去的具体表现。

这个教育界的普罗米修士，要在人民的脑细胞里点燃起智慧之火，那些以执行愚民政策为能事的宙斯们，对此当然是不表欢迎，因而工学团受到种种的困厄，不能大量发展。经过塘沽协定何梅协定等丧权辱国的媚外条约而激起“一二·九”的狂涛以后，先生即置身于国难教育的前导，七七以后，先生即致力于战时教育，为了使具有特殊才干的儿童不会在不适宜的环境中枯萎下去，因而创办育才学校，又为了使千千万万的在业青年有补习深造的机会，因而提倡社会大学。

凡此一切，都无非是要使四万万人民能从落后愚昧的境域里跳出来，能从半殖民地半封建的痛苦中翻过身来，虽然先生的工作是事倍功半，但这绝不是先生的责任，而完完全全是那些宙斯们的罪恶，终久一定要有一天，四万万人都要能够受教育，到那时，受到顶礼膜拜的绝不会是宙斯，而一定是身受千灾百难的普罗米修士，要完成这一工作的责任，如今是移交到我们无数后死者的身上了。

要写的材料是太多太多，只有等待心绪宁静以后。这里，且附上一副挽联：

吸孔丘孟轲卢梭杜威之精华爱儿童爱人民新兴教育风行四海

为科学民主和平团结而创造反恶浪反逆潮终身劳瘁光耀千秋

悼行知先生*

李敷仁

爸爸寒儒死　妈妈为人佣　天降麒麟子
田舍作福星　美国得硕士　金陵当先生
“老虎教务长”(注)　桃李满阶红　晓庄办师范
戴月荷锄耕　生活教育者　通缉被查封
山海工学团　提倡小先生　古庙活菩萨
农民老少通　国难教育社　抗日会群英
笑看通缉令　救国成罪名　金陵王气衰
国都上山城　武训出重庆　育才培英雄
堂堂参政员　特务紧跟踪　大呼民主治
慨然入民盟　胜利回上海　方期来日长
一病竟不起　噩耗举国殇　呜呼陶先生
举世并无双　呜呼陶先生　举世并无双
我办百姓报　他也费心肠　万里寄题字
字字刻心上　动员老百姓　自举梨花枪
万众办教育　万众上学堂　小先生□□
孩子王□□　身背教育囊　送来文化香

* 原载1946年8月11日延安《解放日报》第4版。

送到牛背上　送到妈炕上　先生不曾死
心思万古长　先生不曾死　万人记心上

1946年虎口余生写于延安

注：陶先生1917年回国，任金陵大学教授，年才24岁，办事认真，同学爱之，因呼为老虎教务长云。

继承陶先生，学习陶先生 *

翦伯赞

陶行知先生逝世的消息，现在已经传遍中外，每一个想望和平想望民主的中国人民，对于这一代大师之死，无不认为是中国民主事业的创造中的一个不可补偿的损失。

死者不可复生，悲痛也是徒然。我们现在如果要追悼陶先生，第一，就是要继承陶先生的事业，使他的事业继续发扬光大。自然，像陶先生在生前所担当的任务，要找一个人来代替，那是不可能的，现在我们只有发动成千成万的人来代替他。正如陶先生写给育才师生最后的一封信上所云：

"我提议，为民主死了一个，就要加紧感召一万人来顶补。这样，死了一百个，就有一百万人；死了一千个就有一千万人。死了一万个，就有一万万人肯得为民主牺牲，而中华民族才活得下去。此地我们现在第一要事，是感召一万位民主战士来补偿李公朴先生之不可补偿的损失。只有这样才是真正的追悼。"

陶先生的这个提议，是为补偿李公朴先生之死，现在陶先生自己又死了，这种感召成千成万的民主战士来补偿陶先生之不可补偿的损失的责任，就落到我们身上了。因此我提议，一切因陶先生之死而被感动的人们，现在，应该擦去眼泪，走上争取和平与民主的前线，去填补陶先生的岗位，因为只有这样，才是陶先

---

* 原载1946年8月15日《读书与出版》月刊第5期。

生所承认的“真正的追悼”。

要代替陶先生，就要学习陶先生，因此第二个要紧的事情，就是要总结陶先生的思想和经验，作为我们为人民服务的教程。关于这一点，我和胡绳先生谈到过，胡绳先生说：

“如果要从陶先生的著作上去获得对于陶先生之全部的了解，那是不够的，因为著作，只是陶先生的余事。要真正了解陶先生，需要从他的实践生活中去体验。只有从他的实践生活中，才能看出他的坚贞的人格，真诚的情感，朴素的生活，刻苦的精神，博大的慈爱，和实实在在不屈不挠的革命精神。”

胡绳先生对陶先生的这种认识，完全是对的。为了要总结陶先生的思想和经验，我提议，凡是认识陶先生的朋友，那怕就是一面之交，都希望能把自己所看到的陶先生，以及和陶先生接触的感想写了出来。这样，陶先生就会从无数的侧面被显现出来，使我们获得对于他的全部了解。

继承陶先生，学习陶先生，就是真正追悼陶先生。

陶行知先生最值得学习的地方*

郭沫若

一、他有信仰，不是信仰神，而是人民。

二、他能够把自己忘掉，专门替人民谋利益。把生活水准放得很低，与一般的穷苦青少年共同甘苦，但也并没有到狂简的地步。

三、替人民谋利益并不是盲目的、感情的，而是有目的意识、有计划的。他采取了教育事业，便在这一项事业上劳心劳力，献出了自己的一切。不必每一个人都要搞教育，但最值得学习的是这种明智的献身精神。

四、他能够经得起折磨、打击，毫不灰心，毫不畏缩。但他处事接物也并不躁进操切，总想减少阻碍，免使弄成僵局。能屈能伸，不卑不亢，最宜学，也最难学。

五、他的诗文是真感情，真见识，而能够摆脱文人习气，平易近人地用现成话表示。排除了不必要的矜娇持短饰，因而也就每每恰到好处。

七月三十日

* 原载1946年8月15日《读书与出版》月刊第5期。

怎样开展陶行知先生所遗留给我们的教育事业*

方与严

陶行知先生是人民教育家，是民主运动的拓荒者，是人类思想的解放者。无疑的，他留给我们的教育事业，是民主的教育事业，是人民自己的教育事业，是人民解放自己的教育事业，是人民争取做主人登上“主人”宝座的教育事业，是人民自己集体创造幸福自己集体享受幸福的教育事业。

他的教育事业是如此迫切需要，是如此光明伟大，是一切有血性有志气有正义感的人士所乐于支持所乐于发扬光大。总计先生所遗留我们的教育事业，有如下诸端：

（甲）陶先生亲身创造的教育事业

一、生活教育

生活教育的理论是随着晓庄学校创校之创始而创始，随着晓庄学校之发展而发展。生活教育社之名义是由于《生活教育》半月刊之出版。生活教育运动，是晓庄学校一开始即进行着，依中国国情需要而发展为：

（一）乡村教育运动；

（二）普及教育运动；

（三）国难教育运动；

* 载1946年10月27日《学生日报》第二版。

（四）战时教育运动；

（五）全面教育运动；

（六）民主教育运动。

生活教育社同人，时时秉着本社的：

"自觉性之启发，
创造力之培养。
教育之普及，
生活之提高。"

的宗旨，专心一致为人民服务而工作而学习而努力。

二、晓庄学校

是生活教育运动的发源地。在民国十六年三月十五日创校在南京和平门外晓庄，一块青草地上，从四大空中、一无所有中，这样开始生活的，也就是这样开学的："从野人生活出发，向极乐世界探寻"，是当时立下的宏愿。"他头上顶着青天，脚下踏着大地，东西南北是他的围墙，大千世界是他的课堂，万物变化是他的教科书，太阳月亮照耀着他工作，一切人，老的、少的、幼的、男的、女的，都是他的先生，也都是他的学生，晓庄学校生来就是这样的一副气骨。"

晓庄学校创设的宏愿："晓庄是从爱里产生出来的，没有爱便没有晓庄。因为他爱人类，所以他爱中华民族，爱中华民族中最多数而最不幸之农人。他爱人只从农人出发，从最多数最不幸的出发；他的目光，没有一刻不注意到中华民族和人类全体。……晓庄没有爱便不能奋斗，便不能破坏，便不能创造。……所以晓庄和晓庄的同志的总贡献——破坏与创造——如果有的话，都是从爱里流露出来的。"晓庄学校是这样存心爱人类，亦为人类所爱戴。晓庄同志足迹所到之地，即晓庄精神——破坏与创造——所到之地，为人民服务，为人类造福，此心此志此行，将随中国需要，而演进于无穷，努力于无穷。

三、晓庄研究所

它创立在民国二十七年冬。研究略具成绩者，有：教育本质，生活教育体系，教学做合一体系，地球基本运动原理，小型炼钢炉，内燃机之改造等专门问题，正待继续前进。

四、育才学校

是一所选拔特殊才干难童，作“人才幼苗”培养之实验分组学习的新型学校。创造于民国二十八年七月二十日。它的主旨是：“我们要引导学生团起来做追求真理的小学生；团起来做自觉觉人的小先生；团起来做手脑双挥的小工人；团起来做反侵略的小战士。”

它的课程：普修课，依照部章进行。特修课，则因个性之适合与才能之发展，现分七组学习：

（一）音乐组：早在为创造而歌，为民主而歌，为老百姓而歌而共同努力。

（二）戏剧组：早在为创造而演剧，为建设而演剧，为民主而演剧，近正向着土语方言剧努力。

（三）文学组：早能把握现实题材，为创造而创作，近更能向人民学习，发扬人民文学的路线行进。

（四）绘画组：早能把握现实题材，创造连环画、连环木刻等。近更能为大众而画，为民主而画而努力。

（五）舞蹈组：在本校成立最晚。惟本组主任戴爱莲先生有志于提炼世界舞蹈艺术精华，创造中国新舞蹈。

（六）社会组：早已依照以普及教育改造社会手段的方向进行。近更能从普及教育工作中和人民打成一片，与附近老百姓血肉相连，患难与共。

（七）自然组：早向着向大自然进攻、向大自然追问、向大自然探讨、自造仪器的方向进行，要以科学的精神和方法来解决人生问题，创造人生幸福的路线向前继续迈进。

其他如农艺组、工艺组等等视社会之需要，时代之需要，亦在规划筹设之中。

（乙）先生赞助创立之教育事业

五、山海工学团

一名山海实验乡村学校。创立于民国二十二年十月一日。主旨在：

工以养生，
学以明生，
团以保生。

在普及教育史放着“即知即传”的灿烂光辉的有名的“小先生”制，就是在山海工学团时代创立起来的。八一三时，毁于炮火。已由地方人民自动捐款建筑茅房购置校具，于今年秋初复校。为人民自办教育之好榜样。陶先生继续赞助，以底于成。

六、佘儿岗小学

是晓庄被封后为小学生自动起来解决自己教育问题而创办的儿童自动学校。当时陶先生曾用小诗赞勉他们：

有个学校真奇怪，
小孩自动教小孩。
七十二行皆先生，
先生不在学如在。

八一三后，敌寇陷南京时，亦遭焚毁。今夏亦由当地老百姓筹款复校，陶先生亦力助其成。

七、新安小学

为三万里长征的新安旅行团诞生的学校，为穷孩子自动创造新出路的新型学校。创校于民国十八年六月六日，日寇蹂躏淮安时，同遭浩劫。胜利后，复校，正在与人民合作，积极改善人民生活的途程上行进。

八、社会大学

是高等补习教育性质，为在业青年解决进修，自动追求长进而自己筹款，自举校董，自聘校长而创办之学校。创校于今年一月十五日。它的大学之道是：

大学之道，在明民德，在亲民，在止于人民之幸福。
是我们创造之新主张。
什么是民德？
要目有四项：
觉悟，联合，解放，
还有创造——要捣碎痛苦的地狱，
创造人间天堂。
……
农场，工场，会场，商场，广场，战场，娱乐场，
都是我们数不尽的课堂。
我们要各尽所能，各学所需，各教所知，各得其所。
我们要自由，自动，自强。
我们要民有，民治，民享。

九、今后的希望

要继承陶先生的遗志，必得要继承他发展他的教育事业，是有两条路线：

（一）提高的路线：

提高现有育才学校，向上发展为大学，向下发展为幼儿园、托儿所，以创造一完整生活教育系统。

（二）普及的路线：

1. 厘定四年普及教育计划，普及全国教育；先生已手定一年计划，开始实施，因先生逝世而中阻。

2. 要向横的发展，全国到处都能创立社会大学，普及提高各在业青年之高等教育。

先生传世，事业继承，有赖于先生生前社会贤达之集体支持，本有钱出钱，有力出力之旨，必能发扬光大，必能服务人群，造福人类。

纽约美教育界举行陶行知追悼会*

中国伟大教育家陶行知先生追悼会，于1946年12月9日下午8时，在纽约百老汇120号大街，贺雷士·曼公会堂举行，由杜威博士及冯玉祥将军担任名誉主席，威廉·荷兰德担任主席，罗格博士、克伯屈博士、特克斯贝利博士任副主席。开会后先宣读育才马副校长及陶夫人来电，继由与会人士分别演讲陶氏生平：

罗格博士演讲："陶博士在1914—1915年间伊利诺大学学生时的生活"（罗格博士因事未出席，委托费正清博士代为宣读）。

杜威博士演讲："1919—1920年间东南大学时代的陶行知博士"。

克伯屈博士演讲："1929年晓庄学校时期的陶博士"。

哈斯先生演讲："1930—1940年陶行知参加的爱国工作"。

温费尔先生与兴顿先生演讲："1940—1944年育才学校校长及生活教育社理事长的陶博士"。

戴爱莲女士演讲："1945年—1946年间，她——育才教师所见的陶博士"。

援华会总干事毕莱士女士演讲："陶行知先生在上海逝世情形及陶氏事业未来的计划"。

---

* 原载1946年12月10日纽约纪念中国民主教育家陶行知委员会印发的资料（由刘在康翻译）和1946年12月30日重庆《新华日报》。

王莹女士和刘良模先生合唱陶氏生前喜爱的四首歌曲：《锄头舞歌》、《镰刀舞歌》、《义勇军进行曲》及《你这个坏东西》。

最后，冯玉祥将军演讲："中国人民对于陶博士之哀感"。

参加大会的有美国教育界名流三百余人，并印发悼念文字数页，会上并进行募捐支持育才办学。

戴爱莲女士拟在1947年三四月间，在美举行舞蹈表演，为育才募款。

附：中国民主教育家陶行知纪念委员会

名誉主席	副主席	财务
约翰·杜威	克伯屈	休姆博士
冯玉祥将军	罗　格	
	特克斯贝利	

顾问委员

艾　伦	哈　斯	苏伦斯·罗辛格
卡特夫人	威廉·希顿	甘霖林
朱启新	威廉·荷兰德	戴爱莲
道格拉斯	路易斯·克洛杰	海伦·邱童
费正清	刘良模	沃特森
冯玉祥夫人	保尔·孟禄	温裴尔德
毕莱士		

陶先生的待人治事*

启　纲

"经师易得，人师难求。"陶先生是"一代人师"。不止此，而是"万世师表"。所以，他的为人处事，值得我们学习的地方很多。我现在用"爱、大、精、深"四字来说明他整个的一生，当然是不够的。但也可从此看出一般，作为我们今后学习的借鉴或准绳。

先说"爱"吧！"爱"，是人类生命团结进步的原动力。没有"爱"，人类将驱于分裂而毁灭。陶先生整个的生命，都可看出"爱"的流露。他在"晓庄三岁敬告同志书"中说："晓庄是从爱里产生出来的，没有爱便没有晓庄。"在这里可以看出，晓庄的"爱"，亦即陶先生的"爱"。正如当育才学校，步入断粮绝水的阶段，友人劝他停办，说他是"抱着石头游泳"，而他则说是"抱着爱人游泳"，不但不停，而且要支持发展。没有这种"爱"的精神流露，焉能有今日的育才学校？……在这里，我们也可以看出他的"爱"，是为广大的人民，苦难的儿童，以及整个民主事业而发的。所以他在同文中又说："因为他爱人类，所以他爱人类中多数最不幸的中华民族；因为他爱中华民族，所以爱中华民族中最多数而最不幸的农人。他爱农人，只从农人出发，从最多数，最不幸的出发，他的目光，没有一刻不注意到中

* 原载1948年7月25日《生活教育通讯》新九期第三版。

华民族和人类的全体。”这不是什么个人庸俗之爱所可比的。

所以，他劝告那些沉醉在个人爱情里而失恋悲观的人们说：“为个人而活，活得不兴，为个人而死，死得不干净。只有民族解放大革命，才值得我们拼命……若为恋爱拼命，问我们到底有几条命？”但他也不是反对恋爱，而是主张“用革命来指挥恋爱”。“用革命至上论来克服恋爱至上论。”这才算是“前进的青年”。人与人之间的相处，他是以“但愿爱你，不愿害你。如果害你，便是害己”相待的。但他对于整个人类的相处，也不是无原则的，泛爱的，由于他爱人类多数中的不幸者，所以也恨人类中的败类者。因而他向“民主小姐求爱”，也向“法西魔王宣战”。他爱“民主战士”，也恨“战争贩子”。为爱“民主和平”呼吁而逝世，痛恨“独裁内战”而愤死。恨因爱起，因“爱”而生“恨”。“爱”与“恨”是矛盾统一的。因有这些，所以大家称他为“爱满天下”的陶老夫子，一点也不夸张。

次说“大”，这是指他的气魄宽宏伟大；他生平的大志，是要“从野人生活出发，向极乐世界探寻”的。在一九二六年，他在中华教育改进社时，发表改造全国乡村教育宣言中说：“本社的事业范围很广，但今后的主要使命之一即在厉行乡村教育政策，为我们三万万四千万农民服务。我们已经下了决心，要筹募一百万基金，征集一百万位同志，提倡一百万所学校，改造一百万个乡村。”这不能不说是一个伟大的宏愿。而他的学习求进态度是“学习，学习，学到人所不知，人所不能”。不怪乎他能有所创举、发明，成为人民大众的专家、博士。他的教育理论是：“生活即教育，社会即学校。”解放了教育的时间、空间、对象。扩大了教育的视野。人类“从古至今，有生活就有教育”。个人“出世便是破荒，进棺材才算毕业”。这不是三五年的学制时间，所能绝尽教育之能事的。“青天是我们的圆顶，大地是我们的地板。太阳月亮是我们的读书灯，二十八宿是我们的围墙。人民创造大社会，社会变成大学堂。”教育的空间，亦不仅限于狭小的圈子，由于生活力的使然，必然冲开了“校门，村门，国门……使整个中华民族和整个世界，都成为真正的学校。”传统教育，成为少数有钱人的专利品，而生活教育却是以大众为对象，他是为“大众自己办的教育，为大众生活解放而办的教育。”这都是他大处着眼，大处着手的地方。当他的事业，受到反动派威胁的时候，或在团体中，个别分子违反了集体利益而要被开除时，他还要给予最后“再教育”的机会。这种诲人不倦的教育精神，以及大量容人的宽宏气魄，是非常人所能办到的，所以他能成为当代的伟人。

再说“精”。这是以他的对人虚怀，处事细心的认真态度而言。他能伟大而不骄傲，精细而不马虎，正是平凡中的伟大地方。能够处处抱以“向人民、儿童学习”的虚心态度，虚心到承认“一无所知，一无所能。”唯其如此，所以他才能学习到“人所不知，人所不能”的境地。他能“大处着眼、着手”的大刀阔斧去干，但也能从“小处着眼、着手”的实事求是，不好高骛远的去做。他认为一切的创造、发明，都是从微细的地方做起的。所以他说：“事事顺从儿童起，不从儿童不成功。”他反对一般人的马虎态度，笼统头脑，什么“大概”呀！“也许”呀！“差不多”呀的反科学说法，而代之以什么人？事？缘故？方法？时间？地方？数目？动向？的治事治学八位顾问。甚至他在日常生活上告诫大家，不要满不在乎，要注意到：“大便盖盖，如不盖盖，大便炒菜；吃下肚里，细菌作怪；”以至“碰得不巧，棺材盖盖。”他更不许随地吐痰，唯恐“细菌干了飞到肺里去，肺里处处都戳破。”成为“不幸一命呜呼去，都是随地吐痰的罪过。”所以他又提倡“用公筷分菜。”注意到地面、立体、时间、空间的“四度整洁”。故又有人称他为“卫生博士”。这些微细精确的地方，亦可说是他成功一切大事的要诀。

后说到“深”。这是指他的认识深刻、远大、彻底而言。在他的“创造年献诗”一文里，充满了一切治事治学的哲理，他把一切事物的发展变化，阐述得入情至理。在“民主往那里去”一文里，他把整个新社会的道路和组织，透视得清清楚楚，明明白白。在中外古今的教育界中，没有人说过的，但他却先知先觉的发明了“生活教育”、“教学做合一”、“小先生制”、“即知即传”等，并指出“教育为公”的康庄大道。当八股文与语体文做斗争的时候，他提出“文章好不好，要问老妈子”的批评标准，而建立了他为人民大众而写而歌的“陶派诗”。所以他今天的一部行知诗歌集，能称为一部“人民经”（郭沫若先生语）都是他的“人民意识觉醒得比任何人早的缘故”（同前）。这里所说的“早”，也就是他认识深刻，有先见之明的缘故吧！不然，他的独特卓越见解又由何而来呢？

总起来说：“爱、大、精、深”是他与众不同的卓越独特之处。常人有一项之长，而他确有数项之长，故他不愧称为“完人”。

最后我们用邓初民先生的话来说：“做陶行知难吗？不难，只要我们虚心向陶先生学习，人人都可成为陶行知。”

一九四八年六月于陶先生忌辰纪念前作

纪念陶行知先生逝世两周年*

刘清扬

行知先生长眠地下转瞬已是两周年了。在这两年以来，中国人民大众的苦难流离，肝脑涂地的惨痛，行知如于地下有知，不知将会如何的沉痛和愤激！行知先生，他不但始终是人民大众中的一员，而且他的爱护人民大众，实远过于爱护他自己。行知先生自从有生以来，他的学习，工作，与奋斗，无不是为了广大的下层人民！他的知行合一，实事求是，以行代言的精神，始终是一贯的。谁能说这样的知识分子，是自外于大众人民，而肯自尊为四民之首的特殊阶级呢？

三十年来的老友，不但相知已深，而在事业的联系之下，永在共患难相策勉中努力。当前年的今日，一个突然的噩耗传来，使我如遭晴天霹雳！

从此后，在很长的岁月里，常使我在默念中，怀着一颗沉重而忧郁的心！在理智和感情上，至今我还不肯承认行知先生已经死去，因为他不但给我们留了不少的伟大事业，而且他更留给我们以永生的典型精神。所以每到了行知先生的祭辰，我以为如只写一纸空文的哀悼，是不足以挥洒我内心沉痛的热泪的，因在志同道合的知友中，而遭遇这样不能弥补的损失，实在不仅是个人的伤痛，所以我一再的沉默隐忍，总希望在环境许可之时，决志

* 原载平津教育学会联合会编印的《陶行知先生逝世两周年纪念特辑》。

以继承他的精神，努力于教育事业，以培植优秀的青年而分担他遗留的责任，并永志不忘其为人。

与其说行知先生是教育家、民主战士、学者和诗人，毋宁干脆就说他是一位象征真理，而有真正人性的真人！凡是一位能有真正人性的人，他的爱与憎，必然也是真实的。所以他主办教育，争取民主，倡导学术，发挥诗意，也无不是真爱和真理的表现。我与行知先生有着将近三十年悠长的友谊，在他一切的公私生活和言行里，除了因他过分的热心为人，而践踏了自己的健康，不知爱惜自己而外，实在使我们找不出他有任何自私的劣迹，显然他与一些说着好听，做着丑恶！沽名钓誉的名流政客之类，不可同日而语，朋友们对于行知先生伟大的人格，生前的事业，以及留给社会人类永垂不朽的遗迹，在厚厚一册《陶行知先生纪念集》中，已有详尽的记述，似无需再多赘叙，但还有使我不能已于言者，乃是自从我与行知先生相识以来，他慈祥真挚，厚爱于人的精神，至足使人追忆。每逢“五四”纪念之日，我总不免要回忆到当时与行知先生开始的相识，他给我的印象是永远深刻不忘的。所以我常想，在一个时代转进的浪潮里，虽有优秀青年的奋起，也须要有优良导师的指引，然后才能给与热血青年以南针和鼓励。因此使我常忆起“五四”时期，陶先生所给与当时我们那些青年的指导和协助。

“五四”时期陶先生已任东南大学教务长之职，我去拜访他时，他开始给我的印象是：冷静，沉着，诚挚，亲切的精神，而满怀着对青年热爱的真情，并给以正确的指示，我向他领教，当在我由北南下，鼓动起京沪学运蓬勃高潮以后，但他绝不以我之激起各地民运狂潮为罪大恶极，相反的倒给我以亲切诚挚的慰勉和奖励，所以更增加了我的自信和勇气。当时，行知先生所执行的教育，就是为求民族解放，而培植青年的民族□□□正气；为要争取民主自由，而鼓励青年有作主人的毅力。他深信，如青年学生不能获得自由发展而领导着人民大众向前进，欲要民族解放和民主自由，显然是不可能的。所以当时陶先生掌教的精神，实堪与北京大学的蔡孑民校长，遥遥相及。

行知先生的为人，以毕生的努力，纯以一个洁白的人格，真挚的人性，质朴的心田，爱护着广大人民，并且真真实实的从服务于人民大众做起，是言行合一的。他不承认人民大众应该长此作封建统治者和专制独裁压迫之下的奴隶，所以他不惜奋斗牺牲，数十年如一日，他努力于教育大众，培植人才，俾使人人能够翻身而起挺然自立。他以泛爱众而亲仁的伟大精神，始终不与人群大众分离，无论其言行举止，你找不出他有半点是由个人出发，而取巧投机，所以他才能获得广大人民的爱戴。他不只是人民的教育家和民主的教育家而已。他实在是身体力行，不言而教的模范，这也正是实行他自己的主张——“生活即教育”。

行知先生的热心教育事业，并不是专为给资产阶级的儿女造智慧，好使他们更便于压迫或剥削下层的贫苦人民。相反的，他格外注重于劳苦大众和农民的教育。所以他特别注重普及教育，更曾经亲自奔走于各省各县，推行平民教育工作。民国十六年在南京创办晓庄乡村师范学校，更切实注重农村，而普及训练农民，以提高其知识。陶先生的愿望，是不只培植农民的知识，提高其生产能力，尤其要解放全中国农民，以及东亚和全世界的农民，他是根本要使劳苦大众，努力于生产的人们站立起来，再不要忍受统治者或资产阶级的压迫和剥削。像陶先生这样专为劳苦大众服务的知识分子，他是迥然不同于那些自尊自贵，自命为优等民族的名流志士们的。所以他才能以毕生的奋斗，努力于提高劳苦大众的知识，改善他们的生活，以促进社会制度的革新。如果所有的知识分子，都能像陶先生这样服务于人民，为大众谋福利，便是把智力劳动者和体力劳动者看为同类而无高下的分别，他们都能为了被压迫的同类而奋斗，也就不会成为统治者或剥削者的帮凶工具。尤其在这急剧变化进步革新的阶段里，也就不会有什么知识分子、自由主义等等的争执，而且若是知识分子，都能有了像陶先生这样的思想认识，社会上也就不会再有知识分子特殊名称的存在，世界也就成了理想的世界了。

在“五四”运动的十八年后，我们又重在抗战流亡的患难之中，共同努力，为了追求民族解放，民主自由，真理和正义，时时都在坚忍不拔，流着无尽的血汗，向前迈进。但在光明的前夕，黑暗而荆棘的长途是艰苦的！无论在任何环境里，都不免有鱼目混珠、口是心非、投机取巧之辈，专对着实干苦干者，施行种种阴谋诡计，侮蔑、忌妒、倾轧和排击。为此只有行知先生常常以正义和同情心，给与切实苦干者以安慰和鼓励，是尤其使人感念的。

回想在战时大后方的重庆，我因困苦劳累过度，将要病倒之际，也只有行知先生深切的体味到我的痛苦，他怀着满腔的热血，和一颗真挚的热心，用严肃的态度，命令我必须立即停止工作，要我绝对休息，并且要加增我的营养，他竟不断补助我的经济，赠我药品。凡这一切，不但是本着他一贯服务于人的精神，更为了追求光明，所以他诚心诚意的爱护和协助着他所深知而相信的同志。这实不是普通的友情，或假冒伪善的前进者所能作得到的，我曾屡屡身受此厚惠，既感且愧！当答谢他的殷望，誓必鞠躬尽瘁于社会，而发扬行知先生的遗志。

行知先生经常穿着一身旧蓝布的中山装，一件褪了色的外衣，一双毛底布鞋。每日的奔走活动，常是以步代车，至多是乘坐公共汽车，而绝不乘坐人力的交通工具。他为了负担着育才全校师生三四百人的生活教育经费，所以必须耗尽心血，终日奔驰。因在抗战时期，物价腾贵，学校竟无固定的经济来源，所以行知先生纯以武训乞讨兴学的精神，竭尽全力，努力撑持。他的物质生活，衣着既如上述的俭朴，饮食在学校中，是与同人、学生吃着一样的粗菜淡饭，如在外面奔走到饥饿疲劳之时，也只是进到小饭馆，吃一餐贱价的饭食，这是我常常亲眼看到的。一个人的精力是有限的，何况在经常过度的消耗之中，而竟无补充营养的可能。因此在抗战的末年，行知先生的精神，已颇有颓萎难支之势，并且又患血压高的病症，所以每在一聚会的场合，他常是少有意见发表，而在打瞌睡。我早已深切感到，为他的健康担心。但为了他的责任重大，无人能以代替，虽然他常关怀到别人的健康，但竟不能爱惜到自己，还依然是力疾从公，不肯稍为休息。并且再加上内战烽火弥漫，反动力量的横暴无忌，而在连续的惨案压迫刺激之下，他竟不能支持，而致造此不可补偿的损失。

行知先生一生的奋斗努力，实象征了博爱与真理！他是完全为了大众而生，更为了大众而死的。他为了扶持人民大众的解放不遗余力！他的言行不但是理论与实践合一，尤其更充满了为世界人类爱好和平的精神，所以他的友好很多，并不限于中国国内，凡是国际间爱好自由和平的人士，更多崇敬其为人。但在今日，中国抗战胜利以后已近三年，反而遭受了更严重内战的摧毁，国际上美国帝国主义者称霸的野心，竟加紧扶持欧亚德日及一切法西斯残余的重复兴起，它既危害了我们中国人民的生存，更威胁了世界人类的安全。凡这一切的罪恶，无不是美国帝国主义者所赐予！所以我们中国人民的呼吁反美扶日运动，不但为了拯救自己，而更是为了世界人类的灾害，在如此风云险恶之际，我们实应群策群力，以挽此危机！凡是行知先生生前的友好，如欲追忆其伟大的人格，能不努力完成其扶持人民的力量，争取自由民主，及反抗帝国主义的侵略，消灭法西斯残余，而造福于被压迫人群的遗业。

一九四八·七·廿于北平

纪念人民教育家陶行知先生 *

潘汉年

"五四"运动以后，能够认识教育应该是为人民大众服务，而且勇敢地在反动统治下为这个理想而斗争的，陶先生是第一个。

我们记得，当毛泽东同志领导土地革命，在江西建立根据地的时候，陶先生在南京创办晓庄师范，实行为工农服务的方针。那时候，他编制流行于全国的《镰刀歌》《锄头歌》，充分表现陶先生贯彻知识分子必须与劳动生产结合的思想。在政治上陶先生领导全体师生拥护中共反帝反封建的口号，因此，"晓庄"终于被国民党封闭了。

以后陶先生不屈不挠，继续创办社会大学、育才学校，自始至终坚持教育为人民服务的方针。但是在反动的国民党统治下，陶先生的理想是不断遭受压迫与打击，无法完成。今天，大半个中国解放了，不久全国要解放，——在中国共产党领导下，在毛泽东同志的新民主主义文教思想指导之下，教育为人民服务的理想，才能有保证地具体实现，这是可以告慰于长眠地下的陶先生的。教育界的战士，应该继续完成陶先生未竟之志。

七月廿日

* 原载1949年7月25日《解放日报》第二张《陶行知先生逝世三周年纪念特刊》。

怀念人民教育家陶行知先生 *

李信慧

三年前的七月是一个多难的七月，继李公朴、闻一多二先生在昆明被害后，人民教育家陶行知先生又于二十五日患脑充血逝世。陶先生一生为劳苦大众教育及民主实践而奋斗，他不断的培植国家的干材和训练民主的战士，凡认识他的人都觉得他的死不只是教育界的损失，也是整个民主阵营中莫大的损失。今天我们在解放后的上海，在各地捷报频传的时候，在政协即将开幕的前夕来追悼陶先生，我们除了兴奋外还觉得无限的哀悼。

追悼陶行知先生，我们每人都会记起他创办的晓庄师范。在创办晓庄时他说："要为中国三亿四千万农民服务，要设立一百万个学校，要改造一百万个乡村，为我中华民族创造一个伟大的新生命。"在晓庄三岁告同胞书中他说："晓庄是从爱里产生出来的，没有爱，便没有晓庄。因为我爱人类，所以我爱人类中最多数而又最不幸的中华民族。因为我爱中华民族，所以我爱中华民族中最多数而最不幸的农人。……"他又说："有了爱便不得不去找路线，寻方法，造工具，使这爱可以流露出来，完成它的使命。流露的时候遇着阻力便不得不奋斗——与土豪劣绅奋斗，与外力压迫奋斗，与传统教育奋斗，与农人封建思想奋斗，与自

* 原载1949年7月25日上海《新闻日报》。文中提到陶行知与李信慧谒马克思墓的时间有误，应为1938年6月25日。

己带来的伪知识奋斗。”这些话里表现着陶先生的中心思想。爱满天下，是陶先生做人的基本精神。

晓庄被封闭已经十八年了，无数的农民都在不合理的统治下失去了求知识的机会。前几天报上有晓庄师范得到南京军管会的扶助下期即将恢复招生的简讯。这消息不但是农民们的福音，关心陶先生所创办的事业的人听了这消息也感到无限的快乐和兴奋！陶先生地下有知，一定会高兴得像他生前那末嘿嘿嘿的笑了吧！

追悼陶行知先生大家都会想起育才学校。陶先生办育才的动机起于1938年8月他和任光及我同船从马赛返国的时候。在船上有一个四五岁大的法国孩子。这孩子很有音乐天才，不论他听到什么音乐便手舞足蹈的跳起来了，他的一举一动无不合乎节奏，任光是研究音乐的，当然很注意这个孩子。可是爱儿童，尤其是时刻不忘中国贫苦儿童的陶先生就对我们说：“中国也未必没有优秀的儿童，只要去教育他们，培植他们，发展他们的天才，他们也可以成为大音乐家、艺术家、科学家和文学家等。”那时他虽有这个感想还没有决定为这些苦难而有特殊才能的儿童设立一个学校。回国后他在桂林看到很多人去战时儿童保育院领养儿童，来领的人都是选择那些眉清目秀的孩子，有一个有音乐天才而生癞痢头的孩子却没有人要，看到这样的情形，陶先生便下决心办一个育才学校。他要在这许多流离失所的难童中选择有才能的孩子。除了教他们普通中小学课程外，给他们特殊的教育，使他们能发展他们的天才，尤其是那些形体上有缺憾而有天才的儿童。他要培养和保全中国的幼苗，训练为民主实践而奋斗的小战士，有志者事竟成，育才学校在重庆办起来了。可是教育这许多的孩子，在物价一日千变的重庆，给他们吃，给他们穿，是一件艰苦的任务，陶先生为了他们不辞劳瘁，终日奔走。他的心血一半为了育才而耗尽了。现在育才已在千灾万难中长大起来了，又从遍地荆棘的小道走上了平坦的大路。此后在人民政府的领导下，我们应该帮助和设立无数的育才，以培植和训练新的干部。

追悼陶行知先生，我记起了他在香港创立的中华业余夜校。他的目的是以学校的方式来发动华侨青年参加抗日。我曾在这学校里担任过一些课程。学生的程度自初中到大学，其中有不少是香港中华书局的印刷工人，也有银行及海关的职员。办了两期因经费缺乏而停止，虽然这短短的二期，革命的种子已在这许多青年的心地上种下了根，开了花，结了果。学校停办后有许多学生去内地参加救亡团体，也有去延安抗大继续求学的。后来陶先生在重庆办的，和他逝世前计划在上海办的社会大学，和中华业余学校是差不多性质的。我希望不久的将来有人能为中国的职业青年多设立几所社会大学，帮助他们进修，使他们有认识和跟上这个新时代的机会。

追悼陶行知先生，我想到1938年7月，我因参加在巴黎举行的世界和平大会，在伦敦住了半个月，有一天陶先生到我的寓所去找我，说要带我去一个好地方。他带我坐地下车走了许多路才到海格公园。当我知道了这园名后，才晓得他是领我去瞻拜马克思的坟墓的。这园内有许多有钱人葬在那里，墓前有很好的碑及精工雕刻的石像等陈列着。陶先生说："马克思的墓很难找的，好在我以前和吴玉章先生来过一次，现在是识途的老马了。"我们走过了许多好的坟才找到一块小小的方地，下面埋了无数的尸骨。陶先生指给我看马克思和他的家人及他们的忠仆海伦所葬的地方，谁也不会想到这一代伟人竟会葬在贫苦人民的义塚地上。陶先生说："他的坟表示着马克思活着为无产阶级的利益而斗争，死后也要和他们长眠在一起的意思。"这和陶先生为了爱农民而爱晓庄，遗命将他葬在晓庄的意思是一样的。

陶先生不是共产党党员，可是他崇拜马克思，他每次到伦敦总去马克思的墓前凭吊。那天我们还在园门口买了鲜花献给他。我请陶先生站在墓前照了一张相。可惜这张相片在香港为日人的炮火所毁，否则倒是一件很宝贵的纪念品。

追悼陶行知先生，我们不得不想起他在生活教育社告同志书中告诉大家要准备迎接困难，克服困难的话。他一生艰苦奋斗，不急不息，不屈不挠，乐观地，坚决地，为民族解放而奋斗。目前我们虽然在解放战争上已获得基本上的胜利，可是在解放区及待解放区我们一定还要遭遇到无数的困难，只有不断的在心理上准备去迎接这许多困难和设法克服它们才能得到最后胜利，和建立起新的社会及新的中国。

安息吧！陶先生！在老解放区、新解放区和待解放区，你的生活教育社的同志，你的学生，你的朋友们，都在以行动来表示大家的哀悼，继承你遗志，发扬光大你的教育理论，在人民政府的支持下完成你的理想和计划。

祭陶行知先生*

刘季平

一、陶先生，你教导我们说："民为贵，人民第一，一切为人民。"你教导我们"和老百姓一起，为老百姓办事，为老百姓歌唱，为老百姓画画。"现在，请你放心，人民的公敌已经倒下去，人民的时代已经到来，毛主席正在更大声地号召我们，"为人民服务"。我们一定要消灭一切骑在人民头上奴役人民的旧势力和旧思想，努力实现你的理想。

二、陶先生，你教导我们说："民族未得到解放之前，要联合起来争取民族解放。民主未得到之前，要联合起来争取民主。等到人民的基本自由已经得到之后，就要依据民主原则共同创造，创造新自己，创造新家庭、新学校、新中国、新世界。"现在，请你放心，中国人民解放运动已经取得基本胜利，快要取得全国胜利，新政协筹备会已经在紧张地工作着，人民民主专政的联合政府不久就将成立，毛主席正在领导着我们克服一切困难，为肃清残余敌人，建设新中国而奋斗。我们一定要动员组织工人、农民，争取团结小资产阶级、民族资产阶级，战胜一切国内外敌人加给我们的困难和我们自己在主观上的困难，坚决完成这一艰巨的历史任务。

三、陶先生，你教导我们说："要发展民主教育，要办人民

* 原载1949年7月25日《解放日报》第二张《陶行知先生逝世三周年纪念特刊》。

的教育，人民办的教育，为人民自己幸福而办的教育，要把整个中国社会变成一个无形的社会大学，要启发人民和小孩的觉悟性，解放人民和小孩的眼睛、头脑、双手、嘴巴、空间、时间，培养人民和小孩的创造力，教人做主人，做自己的主人，做国家的主人，做世界的主人。教人在争取民主的生活中学习争取民主，在创造民主的新中国的生活中学习创造民主的新中国。”现在，请你放心，各地人民政府都已经或正在用大力教育人民，发动人民，组织人民，展开中国历史上所从未有的大规模的群众运动，提高人民的觉悟程度，让人民自己起来争取做主人。你的理想在老解放区已经开始实现，在新解放区、待解放区也将快要得到实现。

四、陶先生，你提倡工学团，你提倡劳动，你提倡科学教育，你非常关心如何改进和提高农业生产，你更关心中国如何从农业文明渡到工业文明，你希望中国人民得到基本自由以后，要把款子多用于发展对国民经济有利的工业，你常常谈到抗战教育之余，要着重提倡民主教育，民主教育有了眉目，便要多提倡生产教育、科学教育。现在，请你放心，你这个希望，中国人民也不会忘记的，中国共产党二中全会的决议已经指出：今后中国教育将围绕着生产建设这一中心任务，并为这一中心任务而服务。为此，我们正用大力推动各地教育人员学习，打通思想，准备有计划地促进各级学校按照各地实际需要，向着这个方向改进。我们相信，虽然好多学校似乎有些积重难返的样子，但大势所趋，一定可以做出显著成绩的。

五、陶先生，你用尽毕生精力，受尽各种磨折和困难，苦心孤诣为普及大众教育而奋斗，创造了许多普及教育的新方法，留下了一个光辉灿烂，然而在过去反动统治下无法彻底实现的中国普及教育方案。现在，请你放心，中国人民只要把眼前的若干困难基本上克服下去，经济生活上开始获得若干改善，便一定会起来自动要求提高文化。毛主席亦已号召我们在最近将来除去恢复和发展人民的经济事业外，还要用大力恢复和发展人民的文化教育事业。我们一定要结合各地的具体情况，随着群众运动的开展，更好地研究你留下的方案，推广你留下的方法，展开一个中国历史上从未有的大规模普及教育运动。

六、陶先生，你一方面提倡普及教育，一方面又提倡人才教育，你号召我们培养“人才之幼苗”，使有特殊才能的幼苗不致枯萎，而且能够发展成为专才，然后回到老百姓中去，为老百姓造福利，为国家民族谋幸福。你在千辛万苦中筹办育才学校，你发表创造宣言，号召我们用血、用心、用生命来灌溉满山幼苗，使成参天大树。你又提出单轨出发、多轨同归、换轨便利的学制主张，并创办补习大学、夜大学、社会大学，使一切有各种特殊才能的工人、农民和小孩都有充分发展的机会。现在，请你放心，新中国的人民与政府，一定要按照你所指出的方向，一步一步向前做起来。

七、陶先生，你不仅是一个最忠实的人民文化教育事业的工程师，而且是一个一切从劳动人民出发的新教育思想的创造者。你倡导生活教育学说。提倡“教学做合一”，强调“行是知之始”，号召“在劳力上劳心”，“以教人者教己”，你在反人民的社会里，为人民的世纪开辟了人民教育的大路。这一切，都是千古不灭的人民自己的真理，正如郭沫若先生所说：“两千年前的孔仲尼，两千年后的陶行知”，你结束了一切从统治者出发的旧教育历史，揭开了一切从人民出发的新教育历史。现在，请你安息吧！人民的时代已经开始了，中国人民以至世界人民一定能从一切反人民的教育理论中解放出来，向着你所教导的方向大踏步迈进的。

八、陶先生，你不仅是一个新教育的理论家和力行者，而且是一个最纯正的人民自己的教育家的典范，你是人民的化身，你永远站在人民中间，从人民的方面出发，讲人民自己的话，为争取人民大众的利益而奋斗，你这种高贵的品质，已经成为一种天性，我们一定要向你学习，一定要把你这种精神发扬光大起来，成为全中国所有人民教育工作者的共同的天性。

陶先生是属于人民的*

吴耀宗

陶行知先生的人格，就像一座高山；当你站在他的面前，他只是一堆堆平凡的泥土，一棵棵平凡的树木，但当你站远一点，看见他的全貌，你便觉得他的伟大。在过去三年中，我常常想到陶先生，常常看见他所造就的人才，和他所建立的事业。他的影响是愈来愈深远了。

陶先生是属于人民的，他站在人民的立场，同他们合一，向他们学习，宣达他们的呼声，指示他们的方向，而他自己却站在斗争的最前线，为他们牺牲。“高山仰止，景行行止，虽不能至，心向往之”，这就是我今天纪念陶先生逝世三周年的时候的感想。

* 原载1949年7月25日《解放日报》第二张《陶行知先生逝世三周年纪念特刊》。

在古迹上刻字是庸俗的做法*

丁　丁

少年陶行知和朱家治、章文美出游歙县西南的长庆塔，见章文藻手里拿着小刀正在塔身上刻字，章文藻刻了六个半字：章文藻到此一游，游字还未刻完。（以下是陶劝阻刻字时的对话）

陶文濬：学兄，你这是干什么？（章不答）

陶文濬：请你不要在塔身上刻画。

章文藻：不碍事，我刻几个字留作纪念。

陶文濬：刀功还可以嘛！不过，这可是座完美的古建筑，大家要爱护。

章文藻：刻几个字有什么关系？

陶文濬：你刻几个字，他刻几个字，许多人都来刻，这座古塔还像个什么样子呢？

朱家治：你破坏古塔！

章文美：那不是文藻弟么！不要争啦，都是自家人。

陶文濬：哦！原来是令弟。那就请你不要刻了吧！读书人应该明白，不但自己不在古迹上刻画，看见别人刻画，还应劝说几句。

章文藻：本来我没想刻，不知怎么的，看着看着，忽然来了

* 摘自丁丁《长庆塔下》文，载安徽少年儿童出版社1989年6月版《陶行知青少年时代的故事》。1908年陶行知曾同章文美一道投考杭州广济医学堂，1911年动员朱家治到金陵大学读书。

一个念头，就在塔上刻起来了。

陶文濬：你无非想留个纪念。我以为，到塔前来观赏风景，把美好的印象记在心里，就是很好的纪念。如果你还有什么感想，回去写一篇游记，那是更好的纪念。在古迹上刻写自己的名字，是比较庸俗的做法。

章文美：文藻弟，我给你介绍，这是文濬学兄，他是崇一学堂的高才生，对什么事情都要研究一番。为了留个永久纪念，你回去写一篇游记如何？

朱家治：好得很，回去写一篇游记，比刻上“到此一游”高雅多了！

陶文濬：要是不写游记，起码可以写一篇日记。常写日记能帮助自己思考问题，激励自己进步。

章文藻：好！诸位学兄说得对。谢谢你们的帮助。

下观而化*

张国良

徽州府城东门外，上问政山的路口，有一幢县城隍庙（现已拆掉），茂林修竹，映带左右，是一个小小的风景区。庙里有一座戏台，台上正中挂着一块横匾，写着“下观而化”四个大字。有一次，我跟陶先生和几个同学前去游玩。我问陶先生什么叫“下观而化”？陶先生说：“台上演着劝善去恶的戏文，所谓善有善报，恶有恶报，使台下看戏的人受到感化，存心做好人，这就叫‘下观而化’。但是如今官绅地痞，鱼肉人民，弄得民不聊生，真是做人难，难做人，这块匾额不过是冠冕堂皇，欺骗人民，束缚人心罢了！”

有一天，我随陶先生及几个同学到郑村糟坊去索取旧账簿。正巧郑村村口搭台演戏，祠堂门口挂灯结彩，灯上贴着“五谷丰登”四个大金字。我问陶先生台上为什么不挂“下观而化”四个字。陶先生说：“明明有‘下观而化’四个字显现着，怎么不看见呢？”我再仔细观望，实在没有啊！陶先生笑着，领我们到戏台底下穿梭地绕了几个圈，只见台底下摆着十几张方桌，每张方桌围着十多个人，有坐的，有站的，大多是农村人模样。每张桌上摆着一个方铜盒，大家纷纷拿钱下注，原来这里是赌场。这些农人不看台上演戏，专在台下赌钱。陶先生说：“你们看清了

* 摘自张国良文《再记我所知道的陶行知先生》，载1984年5月《行知研究》第11期。

吧，今年是丰收年，搭台演戏还愿，庆祝五谷丰登。农民们勉强交了地主的田租，缴了官家的钱粮，剩下一点点血汗钱，就被吸血鬼钩来赌博，把钱化掉！”我问：“官府为什么不来捉赌呢？”陶先生说：“我家黄潭源离郑村不过三五里路，郑村的情况我还清楚。郑村有个豪绅，名叫郑景贤，他会唱京戏，每次上台客串轰动各村农民赶来看戏，他勾结官府，趁机公开聚赌引诱农民，坐收渔利，弄得农民把一年的辛苦血汗钱在赌博上化掉了，这就是真正的‘下观而化’啊！”

陶行知的学习方法*

民　胞

1910年秋天，汇文书院和宏育书院合并为金陵大学，陶行知即从汇文书院直接升入金陵大学文科学习。他深知争取来的学习机会不易，因而学习格外勤奋。他和同班同学徐养秋的学习成绩不相上下，但学习方法却不一样。徐对陶的学习方法很有看法，还有点不服气。

一天晚上，陶行知约徐养秋在校园内散步。徐劝告陶："你的学习根底好，可也不能自恃聪明，对专业课不肯多花时间，连听课笔记也不整理，这会影响成绩的。"

"谢谢你的提醒，我不是自恃什么，而是没有那么多的时间，除了课堂学习外，我还要广泛地阅读书报，从博中求深，用新知识来丰富自己。"

"这点我并不反对，可是教授的论述，你仅记提纲，未见你课后整理过笔记，因而感到你对教授的讲课不够重视。"

"教授讲课我是用心听的，只是我反对死读书，反对人云亦云，反对因循守旧，主张独立思考，联系实际，追求新思想、新知识。"

"我还觉得，你的社会活动太多。你把这些时间都用在学习

* 原载《陶行知青少年时代的故事》一书，安徽少年儿童出版社1989年6月出版，原题为《到南京求学》。

上多好，我就不愿参加学习以外的社会活动。”

“参加社会活动也是学习，这是知而行的体现问题，知而不行，学习又有何用？”

“一个人的时间有限，我看你的学习和工作都很繁忙，不影响你的专业学习吗？”

“只要有计划，把各种学习安排妥当，就能应付自如，不会顾此失彼了。”

“我倒很想知道你的计划，请你介绍介绍。好吗？”

“凌晨起来跑步，早饭前自学或写作，上午听课或上图书馆看书、翻阅资料，下午听课或听学术报告，若还有时间就参加文娱、体育和社会活动，晚上有时参加社会活动，有时找人聊天或参加辩论。”

“那么假日又如何安排呢？”

“星期天或其他假日，我常组织一些同学去爬山或远足，以锻炼体力和意志力。下个星期天去爬紫金山，欢迎你参加！”

“你的确善于组织，我也成了你们爬山运动的追随者了。”

陶行知在金陵大学的成绩优异，同学们都认为这是他聪明过人、根底深厚的缘故，却很少有人知道他平日最讲究的就是计划和实效，无论是学习或工作，都用“算学”方法来处理，收效特别显著。

有一次，同学同乡姚文采找到陶行知说：“文浚，这几道算题怎么做？我和枝一同学讨论，简直是越弄越糊涂。”

陶行知看了看题目说：“你俩做算题就没有用‘算学方法’，任何问题都要一个一个地去解决，决不能囫囵吞枣，一口吃不了一头大肥猪！”

“我们是遇到难题就先搁下来，等其他好算的题做完了再来解决难题，谁知难题挤在一起就更难解决了。”姚文采向陶行知诉说了自己的苦恼。

“首先，思想上要不怕难，不怕就不慌，这样，容易找到解决难题的途径。第一步求什么，第二步在已知基础上又求什么……最后取得正确答案。”

姚文采在陶行知指点启发下，逐一解决了难题，高兴地说：“你的鬼点子真多，经你一说，难题也不太难了。”

“不，这不是我的专门发明，这是‘算学方法’。不仅算术难题要这样去解决，做别的事都可用这个办法。你如果掌握了，保你一生受用无穷！”

茅以升谈陶行知*

张伯棣

1985年4月16日下午，笔者在茅老家访问时特地请他先谈陶行知，茅老笑了，说："你可以得一点资料。"

"您和陶先生是怎么认识的？"我问。

茅老虽然89岁高龄，但思路清楚，记忆力非常好。他当即回答道："1922年秋，我去南京东南大学就任工科主任，陶先生是教育科主任，开会碰头，这样就认识了。当时他名叫陶知行。"

"您第一次见到陶先生时，他给你的是什么印象？"我接着问。

"很质朴。"茅老说。

"东南大学是现在哪一所大学的前身？"

"是南京工学院。"茅老回答并补充说："东南大学的前身是南京高等师范，扩大后更名为东南大学，设有文理科、教育科、工科、农科和商科五个科。陶先生本来就是南京高等师范教育科主任。"

"您在美国留学时见过他没有？"我继续问。

"没有见过面，但是我在美国时知道他。他是哥伦比亚大学杜威教授的学生。"回答这个问题后，茅老讲了一件往事。他说：

---

* 这是张伯棣值北京陶行知研究会1985年举行学术年会之际献上的短文，写于1985年9月22日，文末有茅以升亲笔写的"茅以升阅 1985年9月24日"。编者对本文有所删减。

“东南大学实行学分制，修满学分就可以毕业。我教工程的科目，有一天陶先生来看我，拿来一本书，说是从图书馆借的，名叫《学校建筑》（英文版）。陶说这本书对教育科的学生很有用，问我能不能教这门课。我答应了，于是我就开了这门课。来选课的都是教育科的学生，开始时人不多只有二三十人。后来就增加到一百多人。陶先生也来听课，他坐在前排，很仔细地听，大概来听过三次课。他对我提了一点意见，他了解学生的心理。至此，我和陶往来很多了。

1924年，东南大学工科和南京的河海专门学校合并，改名为‘河海工科大学’，我为校长，从此我离开东南大学，就同陶先生没有往来。

1925年，我调北京工作，1926年，有一天在西四路上，碰见陶先生，大为惊喜，才知道他创办平民教育，平民教育会就在阜成门帝王庙，他邀我去他处，只见庙内有历代帝王画像，他的办公室是一间旧房子，陈设很简单。当天，他留我在那儿吃饭，和我说平民教育问题。那次见面后不久，1926年在南河沿欧美同学会又见过面。当时我住在北池子，我也请他到我家吃饭，到1927年夏天，我到天津北洋大学教书时，陶先生也由北京去南京办晓庄师范学校去了。”

不除庭草斋夫陶行知*

曹聚仁

（一）

《涛声》周刊所刊的新旧诗，都是有意境的。陶行知先生的诗，尤其别开新面，明白如话，风趣环生。我跟行知先生的因缘，大半由于王琳兄而来（琳兄乃是他的入室弟子，目前，正在南京主办晓庄师范，继承着他的遗志）。我生平有一小志愿，便是想做柳敬亭（明末说书家，原姓曹，驰声一时），想旅行全国，作科学通俗讲演。提到这一小志愿，师友莫不引为笑谈；行知先生却极力鼓励我，叫我到晓庄师范去作第一回尝试，刚准备就绪，而晓庄师范已被封闭，陶先生也出国了。其后十年，一九四四年冬天，已经准备在赣州民众教育馆开讲我自己的长篇小说《灯》，以及时事述评。招帖已发，说明书也都印好了，恰逢敌机夜袭，警报频频，又作罢。胜利后回上海，碰到了陶先生，他问我："你这柳敬亭生涯如何？"我提及往事，为之怃然。

行知先生的社会观点和教育主张，跟明末清初的颜李学派极相近，因此，他的教人与立身，和先父曹梦岐先生完全相同。王琳兄也是先父的弟子，他也说："梦岐先生是乡村带泥土气的陶行知，陶先生也是吃过面包的曹梦岐，着眼乡村文化，注重生活

---

* 本篇第一节录自"二十世纪中国作家怀人散文"，《曹聚仁集》第107、108页，马蹄疾、陈漱渝主编，1997年5月知识出版社出版。第二节见曹聚仁著、曹雷编《听涛室人物谭》一书第207页至209页，1998年10月上海人民出版社出版。

教育，行而后知，主张实践躬行，那是一样的。”

陶先生是对农民生活发生了兴趣的人，正如冯玉祥对大兵生活发生了兴趣。他和胡适博士一般，都是杜威的弟子，把实验主义的教育文化带到中国来的，而且走的都是改良主义的路。改良主义，缓进派社会主义，大都从教育文化上下工夫，有如奥文之于新哈蒙尼（New Harmony）。奥文的伟大社会革命的实验是失败的，但他在另一方面却意外成功，报答了他的努力。数十年来，新哈蒙尼一直是美国西部的科学与教育的中心。陶先生的工作也是如此，从晓庄师范、湘湖师范到山海工学团，一直成为东南乡村教育的中心，替新中国准备了许多下级干部人才。他的学生戴伯韬，便负责上海教育文化的工作。陶先生可以说是中国的奥文，一个中国的“太好先生”(Mr. Toogood)，要问我的社会观如何，我也可以回答你一句：我是属于奥文派的社会改良主义者。

(二)

我正在执笔写稿时，某电台正在播某小姐唱的《锄头歌》；电台中人根本不知道这是南京晓庄师范的校歌。“手把锄头锄野草，锄去了野草好长苗呀”的歌词，出于晓庄师范校长陶行知兄之手，根本不是什么民歌，那位小姐唱得那么肉麻，陶兄地下有知，一定会叹息不已吧！

在五四运动前后，青年群众以高度热忱向往于西洋文化；杜威教授正如鸠摩罗什一样在适当时候出现在中国。那时，大家的胃口特别好，只要是西洋文化，便生吞活剥地消纳下去。杜威在中国所得的光荣，不仅远远超过了后来那些东来的学者，亦为中西交通以来所未有。杜威在中国讲学两年又两个月，他的学说指示了一种研究学问的方法——实验主义。又转变了一个教育方法的路向——教育即生活。

继承这一方法的乃有胡适的新考证学。在实验杜威的教育学说方面，有他的弟子陶知行。陶知行为了宣扬生活教育，毅然离开东南大学走向社会去，连自己的名字，也从“陶知行”改为“陶行知”了（陶兄与胡适都是皖南人，乃是小同乡）。

和俄国革命前期的“到农村去”的自觉运动一样，我们也都着眼在乡村建设，大家都认为只有建设旧农村，农村现代化，中国才会有救。我这个从农村来的土老儿，和漂过洋、吃过牛奶面包的陶行知兄成为好友，主要点即在于此。

晓庄师范的校歌，乃是低沉的雄壮的男音，绝不是肉麻当有趣、使人闻之作呕的女高音，我听了这么娇娇滴滴的浪音，只有立即把收音机关掉，表示我的抗议。

陶行知的晓庄师范，灾难重重，晓庄在南京被封闭，到了上海近郊，也不顺利，湘湖命运比较好一点，恰又已到了抗战时期。

陶行知先生，他既已明白“行而后知”的大道理，便老老实实和农民共同生活，脚踏实地去做一个现代的农民。有一回，他从南京到上海来，到大光明戏院去看电影。收票的因为他穿一双套鞋，没穿袜子，不让他进去。他就默不作声，站在一旁看着；一会儿一位摩登“狗儿”来了，也不曾穿袜子，却让她进去了。他问收票的，她穿袜子吗？那人无话可说，只好让他进去。

我在上海办《涛声周刊》，喊着“脱下长衫，莫做奴才”的口号，陶兄倒真的脱下长衫了。

陶氏的工作，在标榜“耕者有其田”的南京国民党政权之下无法生根；但得道多助，他的工作，倒为新中国准备了许多有用之才。陶兄的学生戴伯韬，就在上海解放初期主持上海市教育工作（新中国建立后，晓庄师范已在南京复校了）。

就在我们在上海提倡大众语时，陶兄写了许多民歌式的新诗，《锄头歌》只是一个例子。比白话更“白”，比新体诗更“新”，明白如话，风趣横生，正和大众语桴鼓相应。我生平有一小志愿，便是想做柳敬亭（柳敬亭是明末大说书家，原姓曹，驰声一时，为士大夫所重），准备旅行全国，作科学通俗讲演。提到这一小志愿，师友莫不引为笑谈；陶兄却极力鼓励我，叫我到晓庄师范去作尝试演出。哪知准备就绪，晓庄师范却被封闭了；陶兄也出了国了。

胜利后碰到陶兄，他问我这个柳敬亭生涯如何？提及往事，为之怃然！

陶行知营救刘季平*

徐明清

1934年，还发生了一件事。这年秋天，我曾携陶先生的亲笔信，去泰山会见冯玉祥将军。此行的目的是为了营救原晓庄师范党支部书记、教联负责人刘季平。

刘季平是晓庄师范有名的学生领袖。1930年5月29日晚，他奉市委的指示去金陵大学发动师生参加“五卅”全市“五罢”(罢工、罢课、罢市、罢操、罢岗）大行动，因在现场散发传单被捕。陶行知先生也因晓庄师范学生运动的株连，受到通缉，亡命日本，无法营救刘季平。刘被捕后，被关押在苏州十字监，因参加地下“特支”活动被敌人察觉，当年冬被转到镇江麒麟巷侦缉队关押。后与家庭取得联系，其父刘逸东去镇江探监，在送给狱中的食物中巧藏钢锉。1931年除夕夜，他利用看守防范松懈，与同监4名难友一起锉断铁镣越狱潜往上海。

到上海后，已是傍晚时分，当时他沿着一条马路漫无目的的往前走，忽听背后有人轻轻地叫他了：“力花，力花……（曾用名，初入晓庄师范时名焕宗，后名剑雄，后又名力花)”。他头也不敢回，心想，怎么会这么巧遇见熟人呢，就又加速往前走，没想到那人竟赶上来，连着说：“力花！我是与严！”方与严！晓庄师范的同学！他心头一阵惊喜，赶紧回头和方与严相见，说：

* 摘自《明清岁月》第107—110页。

"真巧，能遇到你！"第二句话又说："身上有钱没有，我两天没吃饭了。"方与严马上陪他到一个馆子去吃饭，后来，又找到旅馆开了房间。临睡时，方与严才发现他的每只脚上还带着镣索，好在是冬天，穿了棉裤，把镣索绑在腿肚上一点看不出来。第二天，他们换了个旅馆，买来了钳子、锉子。晚上，等客人入睡了，关起房门咔嚓咔嚓地锉脚镣。为了避免别人怀疑，他们先发制人找来茶房问："还有没有别的房间？这个房间老鼠闹得厉害……"茶房说："对不起，请将就一晚吧！"茶房走了，他们就大干了起来，一个晚上通过两人的努力，才锉下一只脚镣。第三天又换了旅馆，如法炮制，这才把第二只脚镣锉了下来。他这段越狱的经历，当时在晓师的进步同学中传为佳话。

后来，在方与严的帮助下，他去广州某师范任教。"一·二八"事变后，又从广州来到上海，受"文委"嘱托，与丁华筹建"教联"，主管《教育新闻》和苏区教委工作。1932年6月的一天，刘季平正为苏区教育起草文件，刚写了题目和头几行字，突然遭到巡捕房的搜寻，他们发现稿件上有"苏教"字样，再次逮捕了刘季平。

季平被捕后，陶先生一直积极设法营救。一天上午，陶先生正在自然科学园开会。大约10点钟左右，突然接到季平从狱中送来的一封信，说当天下午两点，法庭开庭审判，要有律师出庭辩护，才可免陷于绝境。法院已代找到律师，但必须在下午两点以前交付500元大洋……陶先生看完信，立即停止开会，设法筹款。他以4小时的时间，竟然筹借到500元（银元），在下午两点以前按指定地点交清了大洋。由于有律师辩护，季平被判5年徒刑，送押上海法租界马思南路监狱。

季平在狱中化名徐建人，我曾化名徐继人，以他妹妹的身份去监狱看他。每次送些食物、书报，隔着铁丝网和他说几句话。走时总有个看守悄悄地跟着我，原来是季平同志做通他的工作，让他递送自己交给组织的信件或文章。季平在狱中一直坚持学习，坚持和敌人斗争，并写了不少文章。1933年春，因他在狱中组织“大狱啸”斗争，又被转到山东烟台模范监狱关押。

得悉刘季平被押往烟台后，陶先生再次设法营救。他首先想到了冯玉祥将军。在晓庄师范时，冯将军曾派士兵协助晓庄军民抗击匪徒的骚扰，并亲自来晓庄参观，他和陶先生的友谊甚笃。

冯将军还是一位传奇人物。他曾发动政变，囚禁曹锟，驱逐废帝溥仪，并邀请过孙中山先生北上共议国事。他拥护统一，反对内战，热爱和平，倾向进步，是一名有着相当实力和影响的人物。在南京国民政府中，蒋介石最畏惧的人就是他。陶先生找冯将军帮忙，原因在此。他知道，伪山东政府主席韩复榘是冯将军的部下，烟台在山东境内，只有韩复榘可以起到作用，说话有效。很快，陶行知先生写了一封书信，交付与我，嘱我前往泰山，将此信交给避隐泰山的冯玉祥将军。

经党组织同意，我拿着陶先生写的亲笔信，于1934年深秋从上海坐火车专程到了泰安。那时交通不便，我又由泰安步行到了泰山冯玉祥将军的驻地。

一个卫兵领着我去见冯将军。冯将军和他的夫人李德全一道来到了会客厅，满面和蔼的笑容，不像其他军阀那般严肃。我说明来意后，将陶先生的亲笔信呈交给冯将军。他迅速地看完了信，表情忽然变得冷峻起来。“太不像话！进步青年都给他们抓完了。”他将信扔到前面的一张八仙桌上，气愤地说道。

冯夫人把信收起来，招呼我坐下。她苦笑着对冯将军说：“看来他们不但要抓进步青年，他们还要抓进步中年，进步老年，可能我们也是他们抓的对象喽！”

我坐下来后，才有时间从容地打量冯将军。他穿着老百姓那种白土布衣服，黑色土布鞋。身材高大，而且魁梧。我暗想，就凭着他这一幅长相也能镇住一般的人，更何况，他眉宇之间还透露出一股正气哩。

晚上，冯夫人将我安顿在泰山下睡了一夜。

早晨，冯夫人曾告诉我说，冯将军今早已派人去跟韩复榘交涉，让我先在泰山呆几天，不要急。没事的时候他们领我在山上转转。

在冯将军家吃的饭食给我印象深刻。冯夫人称那个东西叫做“煎饼”。具体做法是这样的：将柿子从树上摘下来，洗净，和玉米一起，放在石磨上磨碎，磨匀。再将这种软泥状的玩意做成圆饼，放在平底的铁锅上烤熟。吃起来又香又脆，再喝上一碗稀粥，确实很好。她还带我到附近农家参观“煎饼”的制作过程。

冯夫人曾带我在泰山四周转了一转。她说，泰山是一座文化山，历代的帝王都到泰山拜天、祭天，到处都有石刻。四周的风景也不错。可是，现在这泰山也不得安宁……

她还说，韩复榘现在是“山东王”，虽然以前是冯将军的部下，可现在也不一定能听冯将军的。

我在泰山呆了几天，心里一直不安。不知道此行到底能把事办成办不成，这可关系到刘季平的安全。每天冯夫人都和蔼地笑着安慰我：“不要急，事情总会慢慢好起来的，一定要有耐心。”

大约过了四五天，卫兵回来说冯将军的信已经呈交给韩复榘，韩复榘推托说：“模范监狱受中统特务控制，势力很大，地方上干涉不了，故没法帮忙。”

辞别冯将军夫妇的时候，他们安慰我，并且要我转告陶先生：只要大家都努力营救，事情总会朝着好的方面发展的。如果有可能，他们还要尽力帮忙，决不会让陶先生失望的。

听了他们的话，我很受鼓舞。临走前，冯将军还让我带一包烤脆的煎饼回上海给陶先生尝尝。

冯将军后来为营救刘季平又做了许多努力，但终无结果。直到1937年第二次国共合作，季平同志才由党中央交涉获释。

陶行知先生和英美烟厂女工读书班*

朱冰如

1934年春天，上海女青年会办的浦东女工夜校请来一名教师，她就是徐明清老师。徐老师是伟大的人民教育家陶行知先生的学生，是中共地下党员，又是上海市“教联”的领导人之一。她来校之后，不仅教我们学习文化知识，而且给我们灌输革命思想。她是我政治上的第一位启蒙老师，使我开始懂得革命道理。在徐老师的帮助下，我于1934年春，加入了中国共产党。

那时我是沪东区英美烟厂三厂女工。每天早晨从浦东摆渡过江，赶到浦西十里路远的英美第三烟厂上班。下午五点钟放工回家，六点钟又到浦东女青年会女工夜校读书。以后，我当了小学生又去当小先生，每晚七点以后还去徐先生处受更深的教育。我白天做工，晚上既做学生又做先生，边学、边教，“教学做工合一”。

1934年，厂里吃中饭时，规定放工人出车间一小时吃饭休息。男工们多到厂外荡马路，女工们多数到栈房外面的楼梯上休息。趁这个空隙的时间，我把自己在学校里学到的抗日道理、时事形势，向一道休息的女工友宣传，她们很喜欢听。这样我又想到为什么不利用这个时间教工人识字呢？当我把这种想法告诉徐

* 原载《沪东地下党领导的工人夜校》一书110—120页，编者作了删节。朱冰如原名朱秉瑜，“冰如”是陶行知为她改的名字。改名后她一直用此名。

老师时，她认为很好。徐老师为我作点准备，在纸上写好方块字，在中午休息时教大家认认。我就这样在栈房外教工人识字，当起了“小先生”。来学习的人逐渐多起来，栈房外也不大适应了。随后徐老师提出了更高的要求——创办英美烟厂三厂中午读书班。又动员了几位女工加入小先生队伍。我与张德珍、陶根英、杨红南等商量，决定借用工厂对面弄堂里的一所“青白小学”的教室，做我们学习文化的课堂。得到徐鸣玉大姐的协助（徐是该小学校长的夫人，烟厂工人），当我们向周渊天校长商借教室时，周校长非常同情和支持，欢迎我们中午去办读书班。教室问题解决了，可是没有教材怎么办？徐明清先生特地领我去见伟大的人民教育家陶行知先生。这是我第一次见到陶先生，只见他身穿一套学生装，戴着一副黑边眼镜，脸上露出和蔼的笑容，亲切地与我们握手问好。又热情地问我们有什么困难，当我提出要求时，他就爽朗地答应了。陶先生平易近人的态度，把我见大人物时的紧张心情一下子打消了。他说：“你们做得好呀！课本有困难全部由我赠送，满足你们的要求。”后来，周校长向我提出了两个要求：一是请陶先生为“青白小学”向工部局备案；二是请陶先生给青白小学写一幅校训。陶先生为了今后好开展工作，满足了周校长的全部要求。备案的问题不出一周就解决了。写校训时我在场，我磨好了墨，只见陶先生饱蘸浓墨静思片刻，在宣纸上写下“手脑相长”四个刚劲有力的大字。后来学校把它镂刻在木匾上，悬挂在青白小学礼堂内。

教室和教材的问题解决了，免费学习的消息在厂内传开。但“女子无才便是德”的封建思想阻碍了一部分女工学习，我又对这种旧观念进行了分析教育，这样来申请入学的女工姐妹就有七八十人之多。我把他们编成两班，由我和张德珍、陶根英轮流上课。姐妹们又高兴又激动地带着微笑的脸来到学校。半小时识字、半小时演讲的中午女工读书班，在兴高采烈的掌声中开学了。

中午读书班打出了陶先生的牌子，就能公开活动了。每天中午一放工，大家匆匆忙忙地在工厂附近马路上买点稀饭、面条之类充饥，就连奔带跑地到青白小学上课。我们把自己从徐明清先生处学到的知识向姐妹们传授。我们教得认真，她们学得起劲。又读书，又唱歌，女工们学习兴趣浓厚。我们在实际教学过程中，自己也逐步摸索到些经验，边学边教，活学活教。师生感情融洽。女工们把我们小先生既当亲人，又当尊长。工厂中要求学习的女工越来越多，青白小学教室里无法容纳，我又去离工厂较近的一所小学借了教室，中午读书班一下子发展到一百八十多人。课本又是陶先生赠送的。陶先生的生活艰苦朴素，而对我们读书班却大力资助。读书班的成长壮大与党组织领导，与陶先生的呕心沥血的谆谆教育培养是分不开的。我认识到生活教育是在生活斗争中求得解放的教育，自己去寻找解放自己的道路。我们工人掌握了文化，好似掌握了一把钥匙，可以去开科学的门，开民族解放的门。我们办读书班的宗旨，是向广大劳苦大众宣传爱国主义。当时全国形势很紧张，日本帝国主义侵占了我国东三省，紧接着又侵占华北。蒋介石国民党政府提出不抵抗政策，叫喊“攘外必先安内”，残酷镇压全国人民的抗日运动。我在党领导下，参加各项革命活动，散发和张贴传单，轰轰烈烈的抗日救国运动，成为我党的中心工作。我参加了群众性的歌咏队。由“音联”的吕骥、孟波、麦新等同志教唱革命歌曲，学会后带到读书班里教唱。“剧联”由徐韬、樊籁天、崔嵬等同志到浦东女工夜校来教戏。我和杨树浦女工夜校小先生徐佩玲、曹竹英同学同台演出过好几出独幕剧，如《放下你的鞭子》《两升米》等。用文艺形式教育群众，激发群众的爱国热情，扩大宣传的广度和深度。不仅在浦东演出，还巡回到上海郊县梅陇镇、大场镇演出。用讲故事的方式，在女工读书班里介绍剧情。

陶先生是当时救国会的领导人之一，又是“国难教育社”的领导人，社会工作非常忙，但他总是不辞辛劳，在百忙中每星期到读书班来二、三次。他经常坐在下面听我和陶根英等小先生上课，当听到我们讲得不完整时，他就起来补充，有时他就亲自上课。他怀着对工农群众的真挚感情，以略带安徽口音的上海话给女友们讲课。他上课深入浅出，生动风趣，有时还唱起歌来，学生们很快就被吸引住了。他在讲解当时全国抗战的发展形势时说，这一场战争是难免的，日本帝国主义要灭亡我们中国，把中国老百姓沦为亡国奴。我们不做亡国奴，要团结抗日，一致对外，有钱出钱，有力出力。讲着讲着，陶先生激动起来了，便放声唱起《锄头歌》："……革命的成功靠锄头呀！锄头锄头要奋斗呀，咿嗬嗨，呀嗬嗨，光棍的锄头不中用呀！联合机器来革命呀！咿呀嗨，呀嗬嗨……"。大家静静地听完后，都感动得热烈鼓掌，有的欢笑着在揩眼泪。陶先生见此情景，也禁不住笑了起来。女工们很愿意听陶先生的课，而且也非常尊敬他。她们说：我们出娘胎以来就未见过这样好的先生，和我们写字间的先生完全两样。工厂里的职员像凶刹神，架子很大，是压迫我们工人的。陶先生是大知识分子，但平易近人，看得起我们。陶先生平时经常辅导我们几位小先生，教我们如何上好课，如何提高教学水平；教我们教育法和拉丁文。有一次在喝茶时，陶先生借用自己改"知行"为"行知"名的例子，讲解了"实践出真知"的深刻哲理。有时我与他在路上同行，他也会抓住机会帮助教育我。同时，张劲夫同志也经常来帮助我们搞好教学工作。我们女工中午识字班越办越兴旺，楼上两个教室坐不下了，可还有女工要求来。陶先生与我们一起再创"小小先生制"，就是要我们在学生中再培养几个教学骨干，让她们到几个点去教女工识字，以便能使更多的女工受到教育。

我们上课只有大体的安排，没有严格的计划。我们每次上课都首先看看有没有陌生人在楼下，如有不认识的人来，我们就教工人识字。反之，我们就给女工讲形势，宣传抗日。1934年至1936年，办女工识字班是很艰苦的，我每天早上五点起床，马马虎虎吃点早饭，就从浦东摆渡到浦西汇山码头，然后步行半小时到工厂。做工到中午，在路上吃碗稀饭充充饥，就到青白小学为女工们上课，下了课又上工。下了工回到浦东家吃顿饱饭。饭后，我自己在浦东女青年会女工夜校读书。我先为该校初级班上课，一小时后，徐先生再教我，到半夜才能回家睡觉。我当时一点也不感到苦，只想到为党工作，不要出问题，心里很愉快。

女工们通过中午班的学习，思想认识和阶级觉悟提高很快，她们逐步认识到工人们受压迫受剥削的根本原因，也逐步认识到只有团结斗争，才能从根本上改变自己的地位。我们这些处在旧中国最低层的女工，每天辛勤劳动，为帝国主义和资本家卖命。英美烟厂是帝国主义办的，厂里任意延长劳动时间，生活上没有保障，经济上受剥削，政治上受压迫，而且比男工受苦更深重。记得1935年春天，英美烟厂工人举行罢工，要求资本家增加工资，我们女工读书班的姐妹们是一支向资本家斗争的重要力量。陶先生知道我厂罢工后，给我作了指导，要求不达目的不要复工。于是我动员大家要团结战斗，在罢工中读书班的同学要起带头作用。为了防止坏人对读书班进行诬蔑、捣乱，就暂时停课。通过一传十、十传百的相互联系，推选了一位不是读书班的女工朱妙珍代表工人与厂方谈判。这次罢工斗争一直坚持到取得胜利才复工。

读书班的情况在外界传开后，经常有知名人士和进步人士来青白小学看我们上课，有的还主动为大家演讲抗日救亡形势，教唱《义勇军进行曲》《新女性歌》《大刀进行曲》《九一八小调》《毕业歌》等歌曲。女青年会全国协会总干事邓裕志先生和我们一样在马路边买碗稀饭吃了就给女工们上课教歌，与女工打成一片，真是难能可贵。歌声振奋了精神，鼓舞了斗志，增强了战胜日寇的信心。同时也丰富了学习内容，此事也在厂里传开，革命歌曲代替了几十年来流行的“哭七七”等悲惨俗气的民间小调。我还组织一些女工姐妹参加声势浩大的“三八”妇女节纪念大会。1935年12月21日“上海妇女救国会”成立，我动员带领了读书班女工姐妹们去参加了这次大会和大会组织的游行示威活动。还参加了“一·二八”淞沪战争四周年纪念活动。及至前几年我才知道，我的这些活动，都受到在厂特务的监视。

1936年2月初，“教联”解散，筹备成立“国难教育社”，这是由地下党领导的我党外围组织。“国难教育社”的上层领导人有陶行知先生、沈体兰、刘良模、吴耀宗等知名人士，“国难教育社”党组织的成员有张劲夫同志、王洞若同志。我也是党组织成员之一，是以工人身份参加的。在成立大会上，我和张劲夫同志分别代表工人和农民发言。我发言的题目是：“我们需要什么教育？”以后我担任“国难教育社”的常委。在常委会上，陶先生和王洞若等同志发起了研究新文字活动。在研究过程中，我边学习新文字，边在女工读书班里推行新文字。“即知即传”，做了新文字教学的小先生。

有几次，我接受党交给的任务以及陶先生的嘱托，化装成一个阔小姐外出（去杭州营救徐明清同志），不能上课，陶先生怕我不放心学生，去信叫我见机行事，一定把事情办好再回来。并说：你的学生我会给她们吃糖的。陶先生关心读书班胜过关心自己的子女。1936年夏天，陶先生应邀去英国伦敦参加世界新教育会议，介绍了中国大众教育，其中介绍了我的小先生情况。随后他又作为国民外交使节，作欧、美、亚、非二十六国之行。他还给我来信，念念不忘读书班。并说：“你学而不厌，诲人不倦的精神，我在世界新教育会议上作了介绍。”叮嘱我要把读书班办好。1938年8月14日印度民族运动领袖甘地会见陶行知，甘地请陶行知在印度作有关大众教育问题的演讲，并要陶先生写成文章寄给他。陶先生在回国途中，用英文将我的教学经验以《女工们的接力教育》为题写成文章，编入《中国的大众教育运动》一书，寄给甘地。甘地在文章上加了按语说：“我不得不认为这份具有指导意义的小册子在我们印度是非常有用的。”

在党的领导下，在陶行知先生直接指导和其坚忍不拔的革命精神鼓舞下，我们的读书班一直支持到一九三七年“八一三”上海抗战爆发才被迫停止。前后四年多的时间，小小的读书班不仅在工人中传播了文化知识，而更重要的是对工人进行了启蒙教育，撒下了革命的种子。

我与陶行知先生*

张申府

我认识陶行知先生并不很早。

民国二十四年冬，北平各校学生为反抗日本帝国主义，在12月9日举行游行。全国学生继起响应，于是构成一二·九运动。

接着，各地学生感到要达到抗日目的，必须施行抗日教育。若干大学学生都与教授合作商讨改革教育问题。各校教授合组的文化界救国会也有同样准备。我初在北平文化界救国会负学术部责任，那时已被推草成非常时期教育方案。

同时，上海文化界救国会也发表了救国教育方案。

后来晓得那个方案是行知先生拟的。这恐怕是我注意行知先生的开始。

二十六年抗日战起。我在八月下旬到了南京。但行知先生已出国去了。

我逢见行知先生大概是在汉口，参政会第一次开会的时候，现在已不大记得了。

但二十六年我还在南京的时候，行知先生生活教育社的朋友在上海办了一个《战时教育》（好像是旬刊），尤引起我的注意。后来在汉口续刊，始终为我所宝爱。

* 原载《二十世纪中国文化名人文库·张申府散文》483—485页，中国广播电视出版社1993年版。

在汉口时，若干教育团体发起组织全国战时教育协会，我与生活教育社的朋友们，更加密切了合作的关系。我与朱启贤君认识也始于那时，也是为的战时教育的缘故。

到了重庆以后，当然与行知先生比较常见面了。至少在救国会主脑会议的时候，常是可以见着的。

后来行知先生办成育才学校，我也被邀去讲过两次话。就在育才北碚乡下的部分，我也去过一次，住了一宿。

抗战结束后，彼此将分手，行知先生好像特别有殷勤之意。我也总觉似有负于他，总想对他应有所助益。只惜至今未能如愿。

三十五年夏（7月中），战后我第一次到上海，没住几天。行知先生曾函约我为若干中学讲讲话。我因回京期已定，也未能从。到了隔月第二次赴沪之时，行知先生便已辞离人间了。

行知先生是一个实行家。素常沉默寡言。但他那个干法，简直不知道还有什么人赶得上。很可以说："今之墨者也。"

数中国今日的教育家，行知先生简直是一时无两。我虽有时也好谈教育，如前所说，在抗战以前与抗战初期，其实，我对教育，也只能说是外行，纵有理想，却未必有办法，比起行知先生，简直惶惭到无话可说。

行知先生在教育上，有理想，有办法，能创造，能奔走，而且尽力为之。因此在教育上，留下了辉煌的遗业，炳然在人间。继起有子，纵有困难，必会日上。

对于行知先生的教育理论，我也自愧未尝甚深研究。对于他的生活教育说，世人似殊多误解。照我所了解，教育不但不能，也不应离开生活；不但生活可以给人以教育，给人以直接的教育；而且教育正是为的生活，也应为的生活；教育应教给人生活，教给人一切生活所需，更教给人推进生活，使生活前进向上。

普通必以为，生活不得教。那实大错特错，误尽苍生。

我不相信，行知先生会说，教育即是生活，生活即是教育。我相信，行知先生也相信，教育一定比生活，日常所谓生活，多点什么，只是生活，一定代替不了教育。

我相信，教育要教给人创造，或引导人创造，启发人创造，而且在创造上学创造，这才是行知先生的教育思想。

1947年6月1日

忆陶行知先生 *

苏子休

1939年的夏天，当我从国民党区的一个师范学校毕业出来的时候，我深深的感觉到所学的那一套教育理论，在中国广大的农村中无法实用，愈工作就愈感空虚无味；为了解决这个困难的问题，于是我尽量设法找进步的教育书籍来研究，接着在几年的摸索中，我证实了陶先生教育理论的伟大。虽然他是一位外国留学生，可是他没有一点洋气，在他的教育工作中，他不把资本主义杜威派那一套教育方式整个地搬运到中国来，而是真正把握着中国社会的历史发展的特点，把旧有的教育理论，批判的接受，合理的运用，因此，创造出做学教合一、手脑并用的新的教育理论、教育作风。在这伟大的教育思想下，影响着许许多多青年往中国新教育的方向前进。

记得1941年的秋天，经过朋友的介绍我到北碚草街子育才学校去住了十多天。在一次教员晚会上，陶先生说："人家说我办这学校太苦了，每天跟着物价追、物价跑，把腿都跑坏了，结果同学们还吃两顿稀饭。但挨着肚子过活还不算苦，最苦是要了解这个'苦'字，今天，你们看这个苦字的口上，偏偏梗塞一头野草，使我们想说的话都说不出来，这才算苦啊！"不一会，黑夜里的另一角落上，拥来一群育才学校师生领导的荷花火炬游行队

* 原载1946年8月12日延安《解放日报》。

伍，群众举出代表向陶先生致敬，在热烈的群众要求下，他很激昂的讲了这样的几句话：“我们要团结全中国一切不愿做奴隶的人们，组织起来，高举光明的火炬，突破法西斯黑暗统治的重围。”今天，这几句话我还深深记忆在心中。

当我今年四月底离开重庆前，中国学生社开第一届代表大会的时候，重庆到处都是特务，找不到会议场所，后来找到育才学校，陶先生立即慷慨的答应了，并欢迎我们到那儿去开会。在这次大会上，还请他讲演了一个题目：“文化下凡”。他在演讲中，主张文化下乡，希望知识分子多到农村去，踏踏实实的为老百姓服务，他说：“别讨厌牛粪臭，我们就是要在使用一筐一筐的牛粪上，去学习他们的经验，去提高他们的文化。”这几句话，给当时在大城市跑来跑去的民主青年指出一条新的道路。这次的讲演，我记得清清楚楚，他声音非常洪亮，身体也很健旺，不像一个将死的病人，谁也不会相信他会病死。然而，他死了，他死在昆明、西安、南京、上海一片特务横行暗杀声后；我知道，他的死，一方面是为了要办育才学校，不得不与官僚资本家操纵高涨的上海物价拼命；另一方面，是由于他的好友李、闻二先生被特务暗杀消息的正义的激动。他是在国民党特务统治的黑暗下窒息死的。他死得太冤枉，太可惜。我们没有别的，只有用一切爱好和平的人民力量，团结起来，行动起来，反对内战，反对特务，粉碎国民党法西斯好战分子向人民屠杀的恐怖，争取和平、民主、自由、独立新中国的胜利，这样才能告慰陶先生于九泉。

胡风回忆陶行知二三事*

（一）

（1940年）2月4日，已接近旧历年关了。我在抢挤中搭上了一时开的车回北碚，在车上遇见了章靳以、姚蓬子等，他们都是和我一样赶回去过年的。

想到我在重庆过了一年多繁忙紧张的生活，工作效果（更谈不上成绩了）实在是不理想，和在武汉的一年简直不能比。虽说是出了四期刊物，但我自己写的文章太少，又要被M讽刺为“可怜的收获”了。这里有主观的原因：精神散漫，无法集思。客观的原因是杂事太多，时间都被割裂掉了。唯一使我比较满意的是，在刊物上发表了一些被读者欢迎和喜爱的作品。这些作品将带着它们的新鲜气息在祖国大地传播。

回家后第二天，我应陶行知校长的邀请去育才学校参观访问。从早晨出发，步行约三十余里，十一时到了草街子，学校就在这里。见到了陶行知、魏东明、陈烟桥、白危、章泯等人。下午对全体儿童讲了话，内容都记不得了。晚上，和白危、陈烟桥、魏东明等到镇上吃饭。草街子是一个不小的镇，据说赶场时从各乡来的人很多，很热闹。现在从重庆疏散到这里的工厂和机关就不少，不过都散在各地，平日在街上很少见着人。

---

* 摘自名家自述丛书《胡风回忆录》，北京人民文学出版社1997年出版。第一节见该书第184、185页，第二节见203页。周恩来到北碚的时间为1940年9月22日，23日离去。

第二天上午参观学校各部分，还对文学组儿童们讲了话。这个学校是陶行知这位生活教育倡导者的实验园地。他和某些民主人士不同，是身体力行的学者，在文化界享有很高的声誉。我对他很敬佩，对他的事业我一直是表示支持的。他主张教育从生活出发，劳动与教育合一，对儿童教育的全面发展，以使学生的个性特征能得到最高的发展。学校里设有艺术各科的初学课，想从小培养学生们的艺术才能，请的教师也都是在这些方面有特殊才能的人。我想是会有成绩的。

下午，辞别了魏东明夫妇、白危、陈烟桥等人，到家时已四点多了。

（二）

周恩来副主席到北碚来了。决定由陶行知出名邀请一些客人，记得我也附了一个名的。由我请复旦诸人到北碚聚餐一次，到了有二三十人，都是在北碚的文化人和复旦的教授们。陶行知主持，并请周副主席讲话。现在能记起的只是由于当时正是蒋介石酝酿第二次反共高潮之前，他讲话的主要意思是鼓励团结、进步、坚持抗战的信心，反对分裂、倒退、投降的危机。

在政治上麻木无知的我，并没有认真地记住周副主席指示的内容，加以思索和体会，事后也没去访问到会的人尤其是有代表性的人，征求他们的感想综合起来向副主席报告。我只是高兴地和重庆来的几个人跟着他到北温泉住了一夜。我想，如果别人都和我一样，那他到北碚一趟所花的时间和精力在群众中产生了怎样的影响，就无从知道了。我在第二天送他上车时汇报了一点估计：国民党在文协的代理人，已经不是王平陵而是姚蓬子了。

我与育才*

沙　汀

（一）

到重庆的当天，我就去观音岩张家花园57号找“文协”的熟人。首先会见的是宋之的和以群。之的同志立即把我邀约到他在南岸华裕农场的家里去了。不久，还陆续见到杨骚、白薇、欧阳山、陈白尘、罗烽、白朗等。

约莫三五天后，我去看望郭老和阳翰老。我向郭老谈了些敌后和延安的情况，他所关心的熟人的近况，以及我来重庆的具体任务。在我向他探问重庆的政治情况时，他严肃地提醒我：“我的信他们都偷着检查啊！”意思是要我不可掉以轻心。

我还特别去化龙桥《新华日报》看望了章汉夫同志，向他转达周扬同志的问候，并希望在今后的工作中得到他的帮助。

在红岩村办事处，接见我的是秦邦宪同志。关于我的工作，他叫我到曾家岩50号找徐冰同志联系。徐冰是八路军驻重庆办事处办公室主任，协助周恩来同志处理日常具体事务。有关重庆文艺界的情况和工作，后来一般都是我直接向他请示汇报。

接上关系以后，我就开始在重庆文艺界进行工作。除在延安接受的两项任务外，主要是了解住在重庆的原“左联”盟员的情况，并与他们联系，然后再去周公馆（即周恩来常住的曾家岩50

* 文中的（一）、（二）、（三）摘自沙汀的《我在抗战后方琐忆》第六节、七节及十一节。题目为编者拟，订正了一两个勘误之处。原载《四川文史资料集粹》第四卷43、44、48页。

号）向组织汇报。文艺界的同志多数都住在南温泉、北碚和草街子，我已经通过宋之的和以群同志了解到了大概情况。

徐冰同志在谈到动员文艺工作者去延安的问题时，特别叮嘱我，主要是延揽几位戏剧界的专门人才，并指名要动员章泯前去延安。叫人高兴的是，没有多久章泯同志竟主动地跑进城来找我。我首先提出，组织上希望他到延安去。他满口答应了，还应允从育才学校戏剧组拉两三位教师同去。随即告诉我失掉党的组织关系的经过，要我代他设法接上关系。后来，我向徐冰同志反映了，很快就得到解决。

（二）

由于会见章泯一般在育才学校，所以北碚黄桷树复旦大学、通俗读物编刊社工作的文艺界人士的情况，我大体都有所了解。与胡风同志也有了联系。我还挤时间到民国路看望了巴金同志。随后同姚蓬子也见了面，他在编《新蜀报》的副刊《蜀道》。这家伙说话嗓门很大，总是哇啦哇啦，口沫乱溅。

大约一个多星期以后，在一个事先约定的时间，我去曾家岩50号汇报。汇报是在底楼正房里进行的，算是我到重庆后第一次向周恩来同志汇报工作。一开始心情有些紧张，当我提到原“左联”、“剧联”的同志，而用语不够准确时，他总是立刻加以纠正；如果介绍得不够充分，他还进行补充。这真使我受益不浅，最主要的是得到很大鼓舞。

从此，我就成了党同文艺界进步人士的联络员了，凡是政局、战局的变化，文艺界一般动态、生活和工作情况，通常由我分别传递，借以发挥党的领导作用，加强党群之间的关系。

（三）

大约1940年9月，周恩来同志决定去北碚、草街子走一趟。当时国际形势骤然紧张起来，知识界不免忧心忡忡，对抗战前途产生了一些疑虑。北碚、草街子一带，知识分子比较集中，好些进步人士都希望恩来同志去一趟，澄清混乱。为了求得此行能有较完满的结果，组织上派我提前两三天去北碚，同陶行知、胡风、靳以等一些熟人联系，作出安排。于是我约以群一道提前去了。

徐冰和其他一两位同志于三天后陪周恩来如约到达北碚。座谈会是在北温泉召开的，参加的人士中最引起我注意的是梁漱溟、颜行这两位先生。

恩来同志对国际形势的发展变化及对抗日战争和国内形势可能产生的影响，作了深入具体的分析和系统论述。听众反应极好。会后是聚餐，五张大圆桌，几乎都坐满了。

第二天，周恩来同志去育才学校参观。一到育才，我就跟徐冰同志一道去章泯家，找沙蒙、舒强和一位忘记姓名的戏剧系青年谈话。尔后，他们全都去了延安。

我带着“鲁艺”音乐系负责人吕骥的嘱托，找贺绿汀同志谈过两次话，希望他到延安去。他不愿意，后来到苏北找新四军去了。

还应艾青之邀，我同育才文学系的同学谈过一次文学创作问题，他们有些发言叫人惊喜交加。

他是人民的导师 也是人民的学生 *

——我所知道的陶行知先生

小　娥

似乎是在小学念书的时候，就知道有陶知行这样一个名字，他是干什么的，却不太清楚，在我脑子里，他是和运甓的陶侃放在一起的。

卅三年冬，敌人一直追到独山。大批的学生由黔桂线直逃到陪都来，那时我在学生救济会任职，我们要扩大学生救济的工作，增设一个巴县学生救济委员会；经济方面由国外捐款维持，在事业上我们需要几位对青年问题有热忱有了解有兴趣的人士给我们一些建议和指导，那时陶行知先生遂被聘为这个委员会的主席。这时我才知道他就是我小时记忆中的陶知行。现在他相信手脑并用的重要，主张在实践中求知识，所以他把“知行”二字倒过来，改名为“行知”了。当时觉得这人有点怪，岂知等到拜访了他以后才知道陶先生之“怪”尚不止此。

陶先生住在较场口附近的管家巷育才学校内，这是一条既脏且狭的小巷，进了巷口还要下几十层石阶，转四个弯才到育才学校。两扇破旧的大木门敞开着，里面很像一个破庙，看不到几间整齐的房屋，也不知课堂在哪里，院子里有几个穿旧棉大衣的小孩子跑来跑去，心想这大概就是学生了。在等候传达通报的时候看见墙上贴了许多当日的报纸，《新华日报》也赫然在内，这在

* 原载1946年10月7日《学生日报》第二版。

重庆不能不说是“怪”事。再看另一张木牌上贴着许多壁报，上面有论文，有歌，也有漫画和木刻，都是学生的创作，难道就是那些穿旧棉大衣的孩子们的手笔！我真想跑过去仔细在他们脸上搜寻一点天才的迹象，传达出来唤我上楼了。只得随他到了一个相当狭的楼梯口，墙上贴着一张大纸，上书“未经允许，请勿登楼”，大概也是陶先生的手笔。上得楼来我被领进一间很小的卧室，里面有一个床和一张桌子，一个二十岁左右的青年在里面，似乎是这个屋子的主人。穿过这间屋子，才进入一间较大的房间，沿壁四围都是书架和书箱，占据了全屋四分之三的地方，中间一块不满方丈的地方放了一张书桌和一个床，书桌前坐了一位穿粗呢中山装黑布鞋的中年人，这就是陶先生了，显然地这间屋子就是他的卧室兼办公室。

我在他对面坐下，说明了来意之后，他既不一口答应，也不客气的推辞，只干干地说：“我没有工夫”。弄得我不知如何是好，只得硬着头皮把准备好了的一些恳请帮忙的话又说了一遍，最后陶先生算是答应了，我松了一口气辞别出来。我终于见到了这位久已闻名的“怪人”。

此后却伤了我的脑筋，陶先生确实很忙，常常不能来会，我去看他又常不遇。学校里的人说校长每天出去很早，回来很迟，又时常到北碚分校，因此很难碰头。有一次在路上遇见陶先生，我想和他约一个时候谈谈学济会的事，他说次日要到北碚去，半个月以后才回来。我问他为什么要去这样久，他说要用点时候去物色几个天才儿童。我问他次日几点钟动身，他说早四点上船。“为什么不坐早八点的公共汽车去呢？”我问陶先生。他说坐船便宜，而且学校有许多东西要带，所以每次来往都坐船。“那么我今晚来看你吧，你几时回去？”回答是“晚十一点以后”。我只好暗叹一口气，放弃了这个机会。这位先生不但性情怪，干劲儿怪，而且也健康得古怪。

每次去看陶先生，总是讲完公事立刻告辞，不敢多讲闲话，一来是因为他很忙，无法多谈；二来他总是若有所思似地在想着事情，空气紧张得很，使你找不出话题来。有一次我们做了几百顶蚊帐给学生用，我去报告他，他问我用多少材料多少钱，我一五一十地算给他听了，又马上立起身来准备告辞，他忽然叫我等一等。我只得又重坐下，见他皱着眉，口中念念叨叨地用铅笔算了一阵，又烦恼地摇摇头，我实在闷不过了，问他做什么。原来他捐了一笔款，预备给育才的学生做蚊帐，算了算又不够。于是我给他建议帐顶另用一种材料可以省些，又帮他量量床的尺寸，可以比我们所做的稍小一点。这样算了一番居然够了，陶先生高兴得展开了舒坦的笑容。这是我第一次看到陶先生笑，笑得那样天真，那样慈祥，好像看见孩子们已经在洁白的帐子内安睡了。

又一次我到育才去看陶先生，正值政治协商会议将要举行的时候，我见他拿着一本杂志样的东西向一个二十岁左右的青年人气冲冲地说："我在外面从事政治活动，是我个人的事，和学校没有关系，你们这刊物是纯学术性的，不要涉及政治问题，你们应该绝对清楚，我不愿意用学校做政治活动的工具……"我为育才的孩子们庆幸，他们所享受的才是真正的教育。

离开重庆将近半年了，今年七月为了参加女青年会一个全国性的集会到上海又遇见陶先生被请来演讲，我被派给一位美国代表任翻译，所以对于这篇演讲印象很深。讲题是《社会教育与建设新中国》，陶先生说我们要对所教的对象有爱，有同情，有了解，用民主作风去培养他们的独立与创造的精神，重视老百姓与小孩子的创造力，并且呼吁我们今天应该为和平而教育。最后陶先生为我们读了一首他的近作：

民之所好好之，民之所恶恶之。
为人民服务者，拜人民为老师。

陶先生的确是一位“怪”人，当我们都向历史上的“领袖”效法的时候，他却叫我们向老百姓学习，向小孩子学习。

和陶行知在育才学校的日子*

汪刃锋

育才学校是陶行知于1939年在重庆开办的。校址有两处：北碚草街子古圣寺为校本部，管家巷28号为分校。学生都是抗战期间来自全国20几个省份的难童，他们原在教养院里，后由陶先生聘请各方面专家帮助挑选而来。这些难童最小的八九岁，最大的也不过十二三岁，但都有一定的兴趣爱好和艺术才能。这些学生在校的学习和生活所需以及学校教师的生活薪给，都靠陶先生向社会人士劝募解决。所以，陶先生为了向各界民主人士募集办学经费，踏遍山城，不仅奔波劳累，而且还受到国民党特务的跟踪监视和破坏阻挠。

陶先生的日常生活是非常俭朴的。我们育才学校的师生，生活极其艰苦。每天是两顿稀饭一顿干饭，小菜经常是蚕豆煮烂后拌少许盐和辣椒，四川人管它叫胡豆。陶先生和师生们吃同样的饭菜，有时早晨出门赶不及吃早饭就吃两个鸡蛋。陶先生的衣着十分朴素，他夏天经常穿一套毛蓝制服，春秋穿一套夹的旧学生装，袖口已经磨得起了毛，冬季出门总是穿上他那件还是从美国留学回国时穿的礼服呢旧大衣，脚下总是穿一双旧布鞋。陶先生朴实无华，不修边幅，留着平顶头，待人热情，和蔼可亲。他每天起得很早，睡得很晚。有时，他一清早就夹着公文包匆匆走下

* 原载《四川文史资料集粹》第四卷，1996年四川人民出版社出版。

管家巷分校的台阶，为育才学校的200多名难童学生的学习和全校师生的生活物资去操劳奔波。

抗战时期陪都重庆的育才学校，是一座民主斗争的堡垒。从全国各地汇聚到重庆的民主人士、权威学者有的到育才学校来参观访问，有的在校做报告发表演说，有的为学校解囊相助，所以育才学校里的民主气氛很浓，师生均受到民主进步思想的熏陶和教育。此外，很多文学艺术界知名人士在育才学校教过课或作过报告，由于他们中很多人都具有民主进步思想，不满国民党的独裁统治和国民党对学术文化事业的摧残，因此他们通过文学艺术形式和自己的教学活动，开展民主运动，从而使育才学校这一民主斗争的堡垒，基础更加坚实。记得当时在育才学校任课的文化界知名人士有任光、艾青、章泯、贺绿汀、沙蒙、水华、力扬、邹绿芷、张望、王琦、马思聪、黎国荃、李乃忱、徐行、梅健鹰、庄言、吴晓邦、盛婕、戴爱莲、许士骐等。

育才学校当时有文学、戏剧、自然科学、社会科学、音乐、绘画六个组。艾青任文学组主任，陈烟桥任绘画组主任，章泯任戏剧组主任，贺绿汀任音乐组主任。当时，育才学校以发扬学校民主、学生民主自治为己任。学校的六个组都发挥着各自的优势和职能，运用文学艺术和教育的手段进行斗争。

1941年德国法西斯进攻苏联时，重庆笼罩着国民党散布的失败主义气氛。陶行知先生为了使育才的学生正确地认清国际形势，破除迷雾，并给学生以分析问题、进行辩论的锻炼，他组织育才学校的学生进行了一次国际形势的大辩论，辩论的焦点是德苏战争究竟谁能获得最后的胜利。

在这次辩论开始之前，社会科学组的教师把学生分成两派，分别做准备，找论据。辩论开始了，“站在德国一方”的同学陈述了希特勒发动闪电战的厉害，德国飞机、大炮之多，当时希特勒席卷了欧洲，进而用欧洲的人力、物力来进攻苏联，苏联抵挡不住。站在苏联一边的学生则认为：苏联举国团结，上下一条心，用持久战术终能消灭法西斯德国；而且苏联的抗战是正义的，得到同盟国和全世界人民的援助，而德国的侵略行径是不得人心的，德、日、意轴心国已日暮途穷，必失败无疑。所以苏联红军定能保卫莫斯科，取得反法西斯战争的最后胜利。

这次大辩论进行得非常热烈，许多来宾听了学生辩论发言。来宾中有军政界、文化学术界的知名人士，如翦伯赞夫妇、冯玉祥及夫人李德全、重庆北碚区区长卢作孚等。这次大论战，使许多来宾大为赞赏，有的即席讲话发表感想。给我印象最深的是冯玉祥的讲话。他说：你们这些青少年，在陶校长的教育培养下真了不得，你们都说得头头是道，有根有据，把第二次世界大战以来的国际形势分析得有条不紊。我在你们这样年纪时，后脑勺还拖着一条小辫呢，什么国家大事，一概全不知道，只是觉得自己的命不好，挨饿受苦。可是你们今天在座的小朋友，不过十几岁，却能说出有些成年人也说不出来的道理，并且能说出苏联必胜、法西斯德国必败的理论根据。你们将来的前途是不可限量的！

冯玉祥讲完话，大家报以热烈的掌声。陶校长最后讲了几句话，感谢来宾的鼓励，勉励同学们要努力学习，将来做一个对人民有用的人。

1941年皖南事变后，国民党对各民主党派加紧挑拨离间，企图各个击破。这时，一些爱国的民主党派和民主人士酝酿着联合起来反对国民党一党专政。一天傍晚，各民主党派以及许多民主人士聚集在重庆上清寺张澜的花园里开会。在绿茵茵的草地上，大家席地围坐成一个大圈子。张澜宣布开会，说明此会的目的是要把战时在陪都重庆的各政治党派、团体和个人联合起来，成立为争取实现民主而斗争的政治联合阵线，当时确定这个阵线的名称叫“中国民主政团同盟”（即中国民主同盟前身）。大会当场推选了张澜、章伯钧、陶行知、黄炎培、沙千里、史良、李公朴、方与严、章乃器、胡子婴、罗叔章、马兆民等人负责，又推选陶行知担任教育委员会主任委员兼管宣传部工作，秘书长由章伯钧担任。大会决定：凡参加会的都是发起人。还决定办《民主报》，由李公朴、闻一多二人负责昆明支部的工作。后来又办了一所社会大学，由陶行知、李公朴担任正、副校长，校址就设在管家巷28号育才学校分校内。

当时，国内外的政治形势很紧张，国内的政治斗争也非常激烈。国民党派出了大量的特务暗探跟踪民主人士。有一次，陶行知很风趣地告诉我说，一天他路上饿了，在通远门里一家卖牛肉汤的小饭铺里吃便宜的牛肉面，一个国民党的特务跟踪而来，也走进这家小饭铺，一屁股就坐在了他的旁边，也要了一碗廉价的面吃。陶先生说："我见此情景，幽默地讥讽这个特务说：'你太辛苦了，你这份差使是苦差使，跟踪我没有什么油水呀，只好吃这份廉价的面食了！'那个特务很尴尬，强作笑容，无可奈何地叹口气说：'跟着你先生硬是不得行，捞不到一点油水呀！'"陶先生说完，爽朗地笑起来，表示了他嘲弄国民党特务的快慰心情。

当时住在管家巷育才分校的李公朴，除了担任社会大学的校长之外，还做民盟的组织工作。一天晚饭后，大约八九点钟左右，忽然李公朴来找我。他对我说："刃锋，请你出去陪我走走！"我会意地笑了，说："你这一大把胡子，一走出门，国民党特务就认出你来了，怎么办？"李先生想了想，诙谐地用围巾把胡子围了起来，说："你看，现在怎么样？"我说："你在学列宁的化装是不是？"于是我陪同李先生外出，走访了几处民盟小组。李先生做了一些关于开展当前政治斗争的指示。事后我又陪同李先生回到了管家巷育才分校。

记得是1940年，有一天陶行知校长在育才学校的朝会上向师生们宣布了一个好消息，说今天要请周恩来做报告，嘱咐全体师生要认真地听。那天下午，周恩来来到育才学校，向育才和刚成立不久的社会大学的全体师生以及生活教育社的同志共

400多人做报告，一些向往革命、渴求进步的青年闻讯后也来聆听。这样一来，把管家巷28号楼上楼下挤得水泄不通，连院子里也站满了人。育才学校的师生，在陶校长事先的严密组织下，从楼上到楼下，从教室到陶先生的卧室门口，都布置了纠察队，以保护周副主席的安全和维持报告会会场的秩序。会场虽然也混进了一些国民党特务，但由于有了陶先生的周密安排，使他们没法搞破坏。

周恩来一走进会场，群众便用热烈的掌声欢迎他。他精辟地分析了国内外形势，指出中国抗战必胜的前途。他说，对中国抗战的前途，有些好心肠的人都很着急，我可以告慰诸位的是，大家急不得，急躁行事就要出毛病，我们中国当前正像是在悬崖峭壁上行驶的汽车一样，要耐心，要警惕，要慢慢地行驶。急不得，一着急，在这危险的路上就要出岔子。因此，我们主张国共两党谈判协商，团结合作……

周恩来的这个报告，从下午两点钟开始，一直讲到天黑。育才学校的楼上楼下以及院子里都打开了电灯，灯火辉煌，一片通明。周恩来讲话虽长达四五个小时，但他却毫无倦意，越讲情绪越激昂，精力越充沛。大家听了心情非常振奋，深受教育和鼓舞。

1945年2月22日，全国闻名的文化界进步人士郭沫若、茅盾、老舍、陶行知、沈钧儒、柳亚子、冯雪峰、马寅初、徐悲鸿等人发表了有300多人签名的《陪都文化界对时局进言》，陶先生是《进言》的发起人之一。他同时推动了育才学校不少同志签了名，记得育才学校在《进言》上签名的有：教务主任方与严，文学组的诗人力扬、邹绿芷，绘画组的许士骐、刃锋、王琦，戏剧组的刘厚生，舞蹈组的戴爱莲等。

1945年8月15日，日本宣布无条件投降了。消息传来，全重庆市沸腾起来了，群情振奋，欢欣鼓舞。

抗战虽然胜利了，但国内的形势仍然是十分严峻和复杂的。

国民党反动派纠集了几十万嫡系部队，并拉拢和收编伪军，阴谋准备进攻各个解放区。面对国民党反动派发动内战的阴谋，民盟委托陶行知先生发起召集了有民盟、共产党代表、各界知名民主人士、左派教授和学者参加的座谈会。座谈会在陶宿舍里举行，由陶先生亲自主持。到会的人我现在还记得的有：沈钧儒、李公朴、章伯钧、章乃器、阎宝航、史良、胡子婴、罗叔章、曹靖华、郭沫若、侯外庐、邓初民、翦伯赞、胡绳、方与严、马兆民等。

座谈会上，首先由共产党代表（姓名忘记）分析日本投降后的国内形势。他指出在我国的日本侵略军的装备和部署有三种级别：日本关东军是甲级配备，主要是针对苏联的；华北占领军是乙级配备，主要是为了对付我八路军和民兵游击队的；华中日军是丙级配备，这才是对付国民党军队的。当日本投降之后，国民党加快受降步伐，加快夺取城市，甚至命令日军不要放下武器，和他们一起反共。在这种情况下，争取时间就是胜利。我们党中央已经做出了决议，派出了一万名干部，连夜奔赴东北，兵分两路：一路从华北出发，另一路是海路，从山东半岛渡过胶州湾去东北。我们要接收日本关东军的甲组配备来武装自己，统一华北，统一华中，一直到解放全中国。这是我们党的英明决策和宏伟的部署，希望得到各位朋友和各位同志的政治上的配合，我们要和国民党做坚决的斗争，争取最后的胜利。

共产党的代表发言之后，历史学家翦伯赞发言。他说：用历史观点来看，我国3000年以来，历来都是由北而南地统一中国，只有明太祖朱元璋是由南而北地建立大明王朝的。我觉得在中国共产党英明决策之下，由北而南地统一中国，是当今历史的必然。

国民党在全国人民要求和平、民主的压力下，被迫于1946年1月在重庆召开了有共产党和其他民主党派参加的政治协商会议，会议通过了和平建国纲领和改组国民党政府等五项议案。各民主党派、各人民团体和民主人士联合组成的“政治协商会议陪都各界促进会”，准备隆重庆祝这一民主斗争的胜利，我代表木刻界参加了庆祝大会的筹备工作。

筹委会委托我制作在重庆较场口举行的庆祝大会的设计图。我立即设计了一张大会会场图，还为会场主席台设计了一幅象征人民争取民主胜利的会标。图案的中央是一个朱红色的“V”字，一支金箭横穿在“V”字上。主席台设在较场口大圆盘的中央，不到两米高，台前挂着横幅和那象征着人民胜利的“V”字形标记。

1946年2月10日清晨，我怀着愉快的心情带领育才学校绘画组的几名学生，赶往较场口会场去布置主席台。临出校门时碰到了陶校长。陶先生对我们说，要提高警惕，预防国民党特务的捣乱和破坏，叮嘱我们要尽一切努力保证把会场布置好。陶校长还特意组织育才学校戏剧组和绘画组年纪较大的男学生去会场担任纠察队员，维持会场秩序。

我们把会场主席台全部布置完毕后，时间大约在9点钟左右。这时主席团的成员陆续到来，我记得走上主席台的有郭沫若、李公朴、沈钧儒、阎宝航、施复亮、胡厥文、章乃器、陶行知、方与严等。9点半钟，司仪宣布开会，奏《义勇军进行曲》。这时较场口已经人山人海了。

就在大会刚刚礼成的时候，国民党重庆市党部派来的一帮特务、打手横冲直撞，爬上主席台，劫持了会场。他们挂上国民党党旗和孙中山先生像，还带来了乐队，在台上奏起了三民主义的国歌，叫嚷着要人们唱国歌，行鞠躬礼等等。这时台下的国民党特务也同时骚动起来。台上有个满脸横肉的彪形大汉，似乎是个特务头目，他跟我对视了半晌，仿佛发现我不是他要找的对象，于是就冲施复亮奔去，把施复亮往台下拖。施复亮大声怒斥暴徒说：“你们这些暴徒简直是法西斯，你们是一群打手，是一帮骗子，还谈得上什么民主、宪政？”台上闹得越来越乱，暴徒们毫无顾忌，喊打连天。大会主席团的李公朴被打伤了。郭沫若也被轰下了台。郭沫若丢失了眼镜，正在寻找眼镜时，一个特务打手冲过去要打郭沫若。这时有人喊道“他是政协代表，打不得！”国民党的警察听说郭沫若是个“官”，怕打伤了他不好交代，立即拥上来，把郭沫若护送出重围。这就是当时震动全国的重庆“较场口事件”。

较场口事件发生后，我们立即将受伤的李公朴先生送进重庆市第二医院。他的头部受了伤，治疗后头上扎了个绷带。李先生的精神还很好，他躺在病床上让我给他画速写像。我给他画了一张。李先生诙谐地对我说：“这很有纪念意义。”

较场口事件发生后的第二天，重庆的《新华日报》、《新民报》、《民主报》、《大公报》等纷纷报道较场口事件的真相。陪都各界民主促进会秘书处也于事件发生后立即发出通知，召开了紧急会议，选出四位代表向国民党政府请愿，要求面见蒋介石，严惩凶手，保障人身安全。第二天又在重庆大梁子“星五聚餐会”召开有国共两党代表团出席的中外记者招待会。由各界代表控诉国民党反动派破坏重庆谈判、政协决议，制造较场口流血事件的卑鄙行径。各界代表在讲话中一致要求严惩较场口事件的唆使者和肇事行凶的罪魁祸首。

这次中外记者招待会开得声势浩大，正义凛然，苏联、英、美以及当时民主阵营的其他国家报纸都报道了较场口这一重大政治事件。

陶行知是较场口庆祝大会的组织者，他为这次民主斗争贡献了不少力量。在重庆的各次民主斗争中，陶校长总是注意发动育才学校的师生投入到运动中去，使大家受锻炼，并做出贡献。在较场口事件中，育才学校的学生奋力保护了一些与会代表突出重围，使他们未受伤害。陶先生还运用他的影响，多方联系，约请许多民主人士在《民主周刊》上发表文章，及时报道了较场口事件的真相。

当时陶先生担任中国民主同盟重庆支部的主任委员。他聘请邓初民、胡绳主编《民主周刊》，委托马兆民主编民盟的机关报《民主报》。这两份报刊，在当时的民主运动中起到了很好的宣传作用。

有一天晚上，陶先生约我出去。我们拐到通远门内一家小铺子里，陶先生已经约好一位朋友在这里喝牛尾汤。陶先生要了一大盆牛尾汤，还有几样小菜，我们三人一同吃起来。那位客人很健谈，他对当时的政治形势分析得很透彻。他加重了语气对陶先生说："您可以用您在国内外的崇高威望，争取您的国外朋友和有国际威望的民主人士，支持我国当前的民主运动，迫使国民党政府不敢贸然发动内战，争取通过政治解决的办法实现联合政府。"陶行知先生不仅在南洋众多的华侨中有影响，在美国亦有威望。陶先生欣然接受了这位客人的意见。后来我才知道这位客人就是当时《群众》月刊的主编于怀（乔冠华）。

1946年7月，蒋介石背信弃义撕毁了政协决议和停战协定，大举进攻中原解放区，发动了全国规模的内战。与此同时，蒋对各民主党派和进步人士也进行了血腥的镇压。7月11日和15日，两位伟大的民主战士李公朴和闻一多，在昆明被国民党特务暗杀。这时候，重庆的天空也是乌云滚滚，重庆的民主党派和进步人士随时有陷入国民党魔掌的危险。这时陶行知不顾个人安危，仍旧勇往直前地为民主事业奋斗。

一天，陶行知一清早走出大门，直到天黑以后才回来。他踏着沉重而疲乏的步子一步一步地攀上楼梯。他路过我床前叮嘱我说："汪先生，我进屋睡一会觉，等夜里12点后请你进屋叫醒我，我有件事要请你帮忙给办一办。"我点头答应。不久，就听到陶先生在屋里打起鼾声。

这夜前半宿，我没敢入睡，生怕耽误了陶先生的事。夜12点一到，我便去敲陶先生卧室的门："老夫子，老夫子！"（我们都尊称陶先生为"老夫子"。）陶先生醒了，打开卧室的门，我进屋坐在一张椅子上。这时陶先生还有些倦意，躺在床上，枕头垫得很高。陶先生说："对不起，汪先生，我就不下床了，我口述，请你给我记一份材料。"我找到纸和笔，陶先生躺在床上，闭着眼睛，聚精会神地想了想，对我说："我说一句，你就记一句吧！"

我替陶先生记述的内容现回忆如下：

美国加利福尼亚州世界人权保障同盟
杜威博士：

您是一位民主战士，同时也是一位民主和自由的保卫者。希望通过您，通过您的国际威望和影响，伸出友谊的手来，有力地支援我们民主党派和为民主与自由献身的战士，以抵抗国民党的血腥屠杀。国民党的独裁统治是世界上最残忍、最野蛮的法西斯暴力，它企图使中国人民永远处在水深火热之中！我们觉醒了的人民，坚决为争取中国的民主和自由而斗争，使中国也能像二百年前的美国那样，在林肯总统的领导下，把民有、民治、民享的权利归还给人民，使和平、民主与自由永远植根于中国的土地上。

杜威博士！过去我曾聆听过您的教益。今天我作为您亲密的朋友，我愿把我的祖国从黑暗的统治中解放出来。同时把我的祖国建设成为一个具有充分民主自由的国家，把当前统治中国的法西斯细菌永远消灭。作为您的亲密的朋友，希望通过您，用您的威望和影响，使美国政府制裁国民党政府的倒行逆施，迫使他接受人民的愿望，使我国实现联合政府的原则，从而走向和平民主新的未来！如能这样，则国家幸甚，人民幸甚！

您的亲密的朋友　陶行知

我记录完毕，又给陶先生重读了一遍，陶先生签了名，让我送到《民主报》社用电报发出去。

陶行知在为中国的和平、民主、自由而奋斗的道路上撒下了汗水，留下了足迹。陶行知虽然早已和我们永别了，但他为民主而战的光辉事迹，却永远留在我的记忆里。

我们的育才学校*

泓　秋

嘉陵江畔凤凰山上，有一座古庙，就是我们的校址，我们的乐园。我们是在那儿长大的。是陶校长在那儿伴着我们长大的。

古圣寺里的育才学校，是个异样的学校：她像一个大家庭，也像是一个社会。生活在那儿，我们是幸福的一群。

1939年，育才正式开办。那时我们有一百多个小孩子，全都是来自各保育院、教养院、慈幼院的难童，都是无依无靠的孩子。但是我们走进了育才，就像重新投进了母亲的怀抱，感觉到温暖感觉到亲切，我们开始接受新教育的陶冶。

在这里领导我们的先生都和我们生活得一样，年轻的先生就是我们的大哥大姐。同学们共分六组：属于艺术部门的有音乐组、戏剧组、绘画组、文学组，属于科学部门的有自然组、社会组。除了每组的特修课程以外，有按程度分班的普通功课，所有的教材和教授的进行法都是经过教师们商讨而编纂制定的。学生上课，笔记是必须准备的，但我们没有考试制度，决不用考试的分数威胁同学。有时举行测验只是为了看一看我们究竟学到了多少，如果测验的结果有多数同学成绩不好，那就是教师的责任，他一定要想出办法来解决这个问题。

除去在教室所学的功课之外，我们尤其注重课外的学习。每

* 原载1946年10月27日《学生日报》第四版。

一组的同学得领导全校作关于这一部分的学习。譬如文艺组要负责经常举行艺术讨论会、诗歌朗诵会等造成全校的文艺气氛，绘画组开展览会，音乐组要领导大家组织合唱团，戏剧组要帮助各组成立剧团，自然组发动谈天会，利用晚上的时间，领导大家认识天象，供给自然科学的常识。社会组的责任更大，要时刻帮助大家认识时事和一般社会科学知识，供给大家材料，譬如用小黑版写新闻提要，画出地图帮助了解局势，出版周报，举办座谈会、讨论会、辩论会，提供大家对于世界的认识的材料。至于壁报，更是多得很，各组有组报，有各种专题的壁报，更有一个全校性的大壁报，不拘形式，不拘内容，但是只有一个原则：对大家有益。

经过一个时期，同学们的自学能力增强了，学校就鼓励大家对各人有兴趣的问题更深的探讨，从简单的开始，逐步发展，只要有兴趣，各方面的问题都可以大胆尝试。

此外，我们自己整顿自己的生活，我们注意怎样使我们生活得更好，怎样使个人的生活态度走向理想的道路。为了这个目的，我们举行竞赛，提出奖励，开生活检讨会，毫不容情的把我们的缺点解剖出来。

同时我们也进行较缓和的个别谈话，同学与同学之间，先生与同学之间，都有通过这个方式，使得彼此了解，彼此信任，彼此能互助，能亲热。因此，个别谈话，在育才是很风行的。每当黄昏的时候，有人在树林里、山头上或田埂上坐着、站着、兜着圈子，在那儿谈着一切，也可能是解释误会，也可能是争论什么问题，也可能是在进行批评。总之我们的心与心时时刻刻在接触，在交换，在靠拢，常常在黑夜里，在月色下，大哥大姊们给我们讲着故事，告诉大家怎样做好孩子，怎样做一个有用的人，使我们感到非常亲切。这绝不是“教训”的方式可以做得到的。

我们自己学着管理自己，我们有严密的学生组织，有健全的学生自治会，有热心为大家的干事。我们在这里培养工作的能力，培养大家肯为工作献出自己的精神。

除了自治会，我们还有一个庞大的组织，专门作农村工作。每个同学都到农村去，到识字班去，本着普及教育的精神，把我们自己所知道的，教给老百姓。由于我们这样的刻苦的工作，我们的工作有了收获，我们的识字班像雨后春笋一样从周围蓬勃地延展开去，我们得到了他们的信赖与爱戴，他们与我们之间发生血肉的关联，陶校长死了，他们的悲痛比我们更深，学校要搬了，他们诚恳挽留，不让我们离开他们，因此我们决定留一部分人在那儿继续工作。

我们的学校所以不同于别的学校，因为是从生活中间结晶出来的教育，是活的，不是死的。陶校长主张“生活即教育，社会即学校，教学做合一”，是生活教育的理论，也是教育的经典，我们的学校不在于培养超人的小专家，而是要培养有创造能力的人，而是要培养有打开宇宙宝库的钥匙的人。

陶先生死了，我们怎么能不怀念他。

回忆重庆社会大学*

杨　乔

从“民主讲座”到“社会大学”

1945年冬天，每逢星期六，在重庆和平路管家巷28号育才学校驻渝办事处（以下简称“管28”），由陶行知主持的“生活教育社”等社团出面举办“民主讲座”，请当时在重庆的各方面的知名进步人士演讲政治时事问题。周恩来曾来这里报告过国内外形势。

在“民主讲座”，我们听过翦伯赞、华岗、邓初民、宋云彬、许涤新、章汉夫、张友渔、何其芳等教授的专题报告，也听过冯玉祥、秦邦宪、邓发、柳湜（陕甘宁边区政府教育厅长）等的讲演。

听“民主讲座”，在当时的重庆，是一件极为不寻常而又危险的事。当时，国民党反动派在重庆的控制很严，对“管28”特别注意，曾派了一批特务进行捣乱。为此，“民主讲座”采取了对策，对听讲者实行严格检查并须经可靠人介绍。凡来听讲的，都须持“听讲证”，在入口处验证入场，以防坏人混入。

我至今还有印象：有一次，冯玉祥来演讲，他穿一件短棉布

* 原载《四川文史资料集粹》第四卷，1996年四川人民出版社出版。

大衣，腰间还系了一条皮带，他的讲话很风趣，声音很洪亮。就在冯玉祥讲话中途，特务在围墙外掷砖头进行破坏。

广大要求进步的青年男女，站在民主运动的前列，积极参加“民主讲座”，如饥似渴地学习革命理论。但渐渐地大家对这种内容比较单一、时间间隔较久的讲座感到不满足，要求进一步组织起来，系统地学习马克思主义和中国革命的理论。

在陶行知、李公朴和方与严的支持下，金秀堤、翁维章、陈作仪、陈仁愫、周西平等人积极奔走，经过商量筹划，发起了创办“社会大学”的倡议。成立校董会、募集经费、聘请教授、借用校舍以及办理招生等一系列事务，从开始筹备（1945年12月23日）到正式开学（1946年1月15日），只花了20多天，一座崭新的民主大学就在山城重庆创立起来了。

创办社会大学是陶行知教育理论的一次新的实践（他认为夜大学是一种在职业青年和失学青年中普及大学教育的好形式），其精华体现在社会大学的办学宗旨、教育方针、学制课程、学习方法等各个方面。

重庆社会大学就是靠穷办法创办起来的“草棚”大学。社大一无校舍，二无基金。没有校舍，借；没有基金，学生自己筹。陶校长说：“承认中国是从农业文明开始过渡到工业文明，经济极端贫穷。我们必须发现穷办法，看重穷办法，以办成丰富的教育。”

社会大学是1946年1月15日开学的。分政（治）经（济）、新闻、文学、教育四个系，学生有近200人。推选陶行知、李公朴任正副校长。学生来源，绝大多数是当时在重庆的在职男女青年，这些人都是思想上倾向民主进步、向往革命的，是经由民主党派、共产党组织和各种进步团体内的进步人士介绍推荐而来的。当时在社大担任教授的有：邓初民、翦伯赞、华岗、章汉夫、张友渔、陈翰伯、宣谛之、潘天觉、于刚、何其芳、力扬、徐苻、骆宾基、曹靖华、孙起孟、潘菽、方与严、孙铭勋、许涤新、侯外庐、罗克汀、章乃器、何思敬等数十人之多，他们都是深孚众望，为青年人所爱戴的有真才实学的学者名流。

新型的民主大学，培养人才的摇篮

办学宗旨　陶校长认为，办好一所大学，必须具备三个条件：要有热心的教授，要有好学的学生，要有正确的办学宗旨。他借用“四书”上的一句话，加以修改，赋予新的内容。他改成：“大学之道，在明民德，在亲民，在止于人民之幸福。”在社大开学典礼上，他进一步阐述了“明民德”的内涵：“要使人们头脑觉悟，自己起来做主人，自己团结起来，联合起来，要不让公仆造反，要公仆为老百姓服务，去谋求自己的解放，达到捣毁旧的、痛苦的地狱生活，创造新的世界、新的生活。这就是我们新的人民大学之道，就是社会大学的宗旨。”

教育方针　陶、李两位校长商议后提出：以人格教育、知识教育、组织教育、技术教育等四项为社大的教育方针。李副校长具体解释人格教育是以革命的人生观和正确的宇宙观的建立为中心，而这又是四项教育的重点、核心。知识教育以社会科学，特别是政治经济学为主。组织教育就是培养和发展每一个人的组织能力。技术教育着重自动的、集体的学习方法。

坚持民主办学　社大设有董事会和校长，但最高决策机构是校董、校长、教授和学生代表共同参加的联席会议。在校长领导下，从日常的教务活动安排到各项行政事务工作，也都由同学们自己动手，分工包干，充分当家作主，故同学们的主人翁感特别强。

新的学制　社大的学制主要有三个特点：（一）按学生的特长和兴趣爱好分系。第一期分四个系，入学学生计政经系74人，文学系54人，教育系40人，新闻系29人。第二期，因学生流动，减少了教育系。（二）上夜课。社大学习是在每晚6时半至9时50

分，上四节课。社大实际上是个夜大学。（三）修业期限，每学期16周，全部修业8个学期，共计二年零八个月。第一学期因受胜利复员影响，提前两周结业。

课程设置　社大的课程分类：一是公共必修课，各系都要学，采取上大课的办法进行。当时公共必修课有翦伯赞的《中国通史》，华岗的《中国近百年史》和邓初民的《中国政治问题》。二是各系专修课。当时政经系有许涤新的《经济学》，王昆仑的《现代政治问题》，侯外庐的《中国学术思想史》，罗克汀的《哲学》，章乃器的《现代经济问题》，何思敬的《宪法》；文学系有徐荇的《语文学》，宋云彬的《中国文学史》，杨晦的《文艺思潮》，胡风、何其芳的《创作方法》，骆宾基、艾芜的《作品选读》，黄芝岗的《民间戏剧》，力扬的《诗与习作》，曹靖华的《苏联文学》；教育系有孙起孟的《教育法》，潘菽的《普通心理学》，李公朴的《十字教育》，陶行知的《民主教育》，方与严的《生活教育》，孙铭勋的《幼稚教育》（新闻系将在后面提到，这里从略）。三是专题讲座，即把原"生活教育社"举办的星期六"民主讲座"改为社大的专题讲座。专题讲座有全校办和各系办的两种，非社大学生也可听讲。

学习方法　社大实行"自学为主、教授为辅"，提倡"学、教、做"结合，强调"主动、实践、集体"。各系均编成学习小组，实行学习互助，开展课堂讨论，进行专题研究。当时，专题研究比较风行，题目都是结合实际选定的。如"中国封建社会问题"，"哲学问题"，"文学上的现实主义问题"等。此外，校、系学生自治会还组织有读书研究组、笔记组、时事研究组、戏剧研究组、音乐研究组等，自由选择参加。各系都办有壁报，每周一期，刊载同学们的学习心得和研究报告。也有社会实习，如新闻系曾到《新华日报》社实习。

学期终结时，从五个方面进行考核、考试。（一）对本学期的每门课程，根据"学、教、做"结合的精神，写出心得体会，说明学到了什么，教给了别人什么，做到了什么，作一个学习总结。（二）问题回答。实行开卷考试，可以翻阅资料，允许交换意见，留给撰写时间，但要求写出自己的真正认识。（三）各小组写出小组学习总结，作为集体的答卷。（四）组织集体专题研究。每个专题组织3至7人不等，自选题目，自由组合，分头准备，集体研究，写成报告。（五）每人写一篇一学期来的学习、生活的态度和作风上的自我反省。

采取这样的学习制度和方法，同学们都很有长进，觉悟不断提高，积极参加了当时革命斗争的社会实践。如在当时重庆著名的“沧白堂事件”和“较场口事件”中，社大同学就参加了组织和保卫工作。

社会大学是在中国共产党的支持和赞助下，培养和造就人才的摇篮。

由于共产党的支持以及陶、李两位校长的关注和号召力，云集在重庆的、有真才实学的名流学者，有许多担任了社大的教职。这些教授都是“国宝”，因此社大的师资在国内是第一流的。

回忆新闻系的几件事

我当时选读新闻系，立志要做一个人民的新闻战士。我们新闻系全系同学只有29人，在楼上一间教室上课。当时设备比较简陋，但同学们上课却很自觉，都能聚精会神地听讲。来授课的老师，百忙中抽空来给同学们上课，有的老师距学校较远，不辞辛劳步行而来，他们大多是尽义务不拿报酬，有的教授把社大酬谢给他们很少的一点车马费，依然捐给了学校。

新闻系所开专业和教授名单，就我记忆所及，大体如下：张友渔讲授《时事分析》，陈翰伯讲授《新闻学概念》，宣谛之讲授《社论研究》，潘天觉讲授《苏联的新闻事业》，章汉夫讲授《美国的新闻事业》，于刚讲授《报馆管理》。

有几件事，我至今记忆犹新。

1946年4月8日后的一个夜晚，张友渔来上课，新闻系全体同学怀着异常不安的心情，关心着叶挺全家、王若飞、博古、邓发等的下落。4月8日从重庆飞往延安的飞机因延安机场雾大又无雷达设备，无法降落，不幸在山西兴县黑茶山撞毁。那晚，我们上课也没了心思，有的女同学急得几乎要哭了。大家异口同声询问飞机的下落。张友渔操着浓重的山西口音说："至今还没来消息，同志们再耐心等一等。"说时表情显得很沉重的样子。张友渔当时在中共驻渝代表团和《新华日报》社工作。

我还记得，章汉夫曾作为秘书，和董必武一同到美国旧金山参加联合国大会，出国一个时期。回国不久，即来社大新闻系开了一门专业课：美国的新闻事业。他讲课很是诙谐幽默。他谈到美国的报业托拉斯。美国一份大报，每天出几十张，大部分是广告，报纸的生存全靠广告收入维持。美国的家庭主妇很爱读《小黑猫》之类的长篇连载。记者专门投读者所好，千态万状报道下去，直到"小黑猫"病后住进医院，读者纷纷打电话到报社询问或慰问"小黑猫"的病情，等等。美国社会的物质条件比较富有，但它的核心是金钱支配一切。美国社会的痼疾如凶杀、抢劫、吸毒、种族歧视、贫富悬殊、失业等，是无法克服的。

新闻系受到《新华日报》社多方面的帮助。如教课方面他们来了好几位，有章汉夫、张友渔、于刚、熊复等。社大第一期学期快结束时，还特地邀同学们到化龙桥报社实习。从编辑部、校对科、排字房一直到印刷厂几道环节，仔仔细细让同学们参观学习。那是一个夜晚，我们整整实习了一个通宵。

那天夜里，还在报社吃了夜宵，特别为我们社大实习的同学加了菜，我记得有红烧肉和炒鸡蛋，是大碗大碗的，要我们尽量吃。那时报社自己养着大肥猪。

实习完毕，走出报社大门，已是第二天清早了，太阳刚刚从东方升起来。报社送给我们当天出版的《新华日报》，人手一份，报纸是草绿色的四川土纸。我和同学们在路上谈论着实习中的种种收获，由化龙桥经半山、牛角沱、上清寺、两路口、枣子岚垭，漫步回到了邹容路住处。这次实习留给我印象极深，真是终身难忘！

陶先生不死*

（1946年7月29日 南京）

李维汉

陶行知先生，人民大众最亲切的朋友、尊师和领袖突然地被夺去了！

人民的陶行知先生，二十多年来，呼吸于人民大众之中，全副精力交给了人民，真不愧“俯首甘为孺子牛”，“鞠躬尽瘁，死而后已”！要看人民勤务员的榜样，就看陶先生。

正因为陶先生呼吸于人民大众之中，他能孜孜不息，站在时代的先头。他改“知行”为“行知”，倒转“教育即生活，学校即社会”为“生活即教育，社会即学校”之后，从晓庄师范、山海工学团等实践中，创造了“大众的，科学的、民主的”生活教育的理论，和许许多多因时因地制宜的大众教学方法。另方面，他从人民的教育走上人民的政治，由生活教育社，而救国会，而民主同盟，成为领导的中坚，为抗战为民主而教育，先后创办了育才学校与社会大学。晓庄时代他是农民的朋友，而以后又是工人的朋友，农民须与工人联合的思想，早在抗战前，他就成熟了，并从实验主义者日益成为辩证唯物论者，从旧民主主义战士成了新民主主义战士。陶先生永远前进着，不息地前进着。

对人民忘了自己，对朋友与人为善，对青年诲而不倦；对敌

---

* 原载1946年《群众》第十二卷第二期。

人有最大勇敢，对困难有最大顽强；同时又有高度的机灵，深刻批评和纠正过一部分青年的左稚行动。一部生活教育史充分表现出陶先生的创造天才，而陶先生的文章、讲演和诗歌则代表着人民的意志、需要和感情，传来人民的呼声。

人民是真正伟大的，是一切力量的源泉。陶先生全心全意为人民服务，教育了人民，又锻炼了自己的思想、才能、道德、文章，成为一代完人。

陶先生不是共产党人，却是共产党人应该学习的榜样。

陶先生从人民手中被夺去了！为什么死得这样早，这样突然？我不愿意说什么，我只引出一个闻名的外国人的一句话："陶先生是间接被杀害了的！"

继承陶先生的事业，学习陶先生的作风！

人民是真正伟大的，陶先生永远不死！

陶行知不死*

1947年7月23日　上 海

黄炎培

（一）

吾真不懂，
办的是教育，
教的是民众，
是妇女，是儿童，
教他们清清白白地做人。
有了手，要做工。
老师是谁？是大众。
教什么，学什么，做什么，
是一贯的新的作风。
只有这些，
也没有敢触犯什么法律，
也没有跟人家比英雄。
然而，然而，
晓庄终于被封。

* 原载1953年《红桑》诗集首篇。

（二）

先生！这是什么世界？
白的，你偏不许说它是黑。
这世界当然属于有钱有势者，
广大的群众，让他们糊涂过去，不好么？
你偏要教得他们明明白白。
教他们站起来，天下不从此多事么？
谁在要你卖力？
这是谁的国家？谁要你教他们爱国？
你还要教他们曲是曲，直是直，
你这位先生，简直是要不得。

（三）

先生，有钱有势人不要你，
自有人要你，
广大的群众要你，
穷人们要你，苦人们要你，
小孩子们要你，
大人先生不要你，
小先生要你。
先生去了，
千千万万人哭你，送你，
一年一年不断地在想你，
想你，永远想你。
光是想你，够么？不够，
要追上你，

来！来！大家追上你。
晓庄不灭，
先生不死，
永远供养在广大的群众，穷人们，苦人们，
小孩子们赤裸裸的一颗心里。

全 集 附 录

一

生活教育七十年缩影

（1927—1996）

中共中央乡村教师运动决议案*

（一九二五年十二月二十三日）

中国民族革命潮流之高涨，已经影响于乡村中一般思想落后的被压迫农民群众。他们已逐渐有了组织农民协会，改良自身生活的要求。中国的革命运动，工人是主力军，农民是主要的友军，我们必须格外注意此占全国人口百分之七十以上的农民，引导他们与工人联合，协力一致为他们自己的利益而奋斗，而且参加民族革命，所以我们在现在，应当特别努力督促各地同志发展我们的乡村工作。为要发展我们的乡村工作，我们应当首先注意于在乡村中知识比较进步而有领袖地位的乡村教师，提高他们的觉悟程度，介绍他们加入我们的团体。乡村中教师多系青年，穷苦被压迫不能升学的师范中学学生，他们在乡村中，过很苦的生活，受恶劣的风俗习惯所束缚、压制，所以应当很容易同情于我们的主张。他们若站在我们方面，对于我们的工作有很大的裨益：

一、乡村教师往往可以做我们农民运动的着手处，在落后的中国乡村里，有些地方乡村学校在最初一期可以做这种运动的中心，所以我们在乡村教师中间的工作，第一要紧的便是引导他们做反抗地主的宣传，做农民协会运动组织农民反抗劣绅土豪，要

---

* 本篇选自《中共中央文件选集·第一册》（1921—1925）541—543页，中央档案馆编，中共中央党校出版社1989年8月第1版。

求减租，宣传我们的农民政纲（C. P告农民书）。

二、我们应引导乡村教师参与地方政治运动，教他们利用各种机会对于农民宣传全国及地方政治，使他们努力的参加全国的民族解放运动。

三、我们应使他们多多加入C.P，C.Y或者国民党，并且要十分的注意的去训练他们。即使在广东农民协会运动已经有相当发展的地方，也应当注意这些乡村教师，否则他们亦容易为土豪劣绅所利用。

四、他们可在乡村青年学生中宣传我们的思想，使不受封建社会旧思想的影响。

五、我们应当联络乡村一般小学教师，引导使参加教育局与教育会为自己利益奋斗，提出他们自身权利的要求，如增加薪水，要无功加俸养老恤金等等。

六、他们可以用种种方法输入革命思想于青年农民中间，此等青年每易输入军队，所以亦便是我们军队运动之途径。

我们应当即刻开始进行此项乡村教师运动，每个同志应注意与此等教师设法通信谈话，介绍刊物课本，务使多接受我们的思想。同志应设法使此等教师进行组织联合会，一般穷苦的私塾教师应包括在此联合会之内，同志应常用联合会的名义，召集各种形式之会议，多作我们的宣传；在可能时，我们应办理宣传乡村教师之定期刊物，发行此类之小册子。对于乡村中反动思想之塾师，专教青年以不适用之学问，乃至包揽词讼之术的，我们应联合乡村教师，与以打击。对于以传教为目的之教会学校教师，或与同善社一类迷信团体有关之教师，亦应与以同样的打击，务使他们在乡村中完全失掉信仰与势力，以免妨害乡村中革命运动之发展。

十二月二十三日

关于陶行知及其生活教育*

蔡元培

（一）在晓庄师范学校演说词（一九二七年十月二日）

今天承陶校长及诸同学欢迎，感激得很，前次诸位要我到此地来演讲，后来因为事务繁忙，致未果行，非常抱歉。我对于现在，真是挂着一个空的董事长的牌子，因为第一件，此地校里很重要的原则，教法、学法、做法合一，我就没有做到。不过我极相信此法是有至理，而且是很自然的。比如雏燕的能够飞，一方面老燕子要教雏燕飞，雏燕看见老燕的怎样飞法，于是就效着做同样的飞法，终于雏燕亦能飞了。在这一件很小的事内，就可以看出教、学、做是应当合一的。又如小猫要学大猫捕鼠，大猫一定要做捕鼠的姿势给小猫看，这也是寓有教、学、做应当合一的原理在里边。我们小的时候，说话、跑路和其他做的事情，父母并不是认真的要来教我们做，把说话和跑路当作一种功课，不过因为有父母在旁边说话、跑路，我们就在自然而然的中间受父母的暗示、同化而学会了。这也可以知道教、学、做是应当合一的。

中国学校开创得最早，在舜的时候已经有学校了。不过从前

---

* 录自《蔡元培全集》。浙江教育出版社出版。“（一）”载第6卷第70—72页，系程本海记录稿。“（二）”载第11卷311页，为1927年10月27日复胡适函的部分内容。“（三）”载第8卷76—77页，系1936年6月10日《教与学》一文的摘录。“（四）”载第16卷462页，为1936年3月23日的日记。题为编者拟。

的私塾学校里所教的是些四书、五经，和家庭的生活实在是格格不相入的。这种便是以前私塾的坏处。诸位现在在此所读的书，都是以每日的生活为根据的，这种制度实是现代教育方法中最好的一种。当我出洋到德国的时候，杜威先生恰在芝加哥开办一个学校，这个学校一切功课，也是根据于实际生活的，从实际生活上讲到世界一切的学问。我的小儿进了法国的一个农业学校。平常的农业学校，都是空口讲而不实习的；但该校却和普通的不同，该校学生都能穿木头的鞋子，能够锄地挑粪。小儿在该校毕业出来时，身体比从前好得多了，头脑里关于从前给习惯所薰染成的一切不平等思想也都除掉了。于此可见教、学、做合一是很有功效的，不过我在当时是很觉得，而没有将他结合成教、学、做合一的思想。

中国目下最重要的问题，便是经济了。我们睁眼一看，便看见许多不做工、不劳力的，所享的权利反多；终年劳动者，所享反少。所以现在的理想，对于农人，便须耕者有其田，那便可减少许多关于田主与佃户间的纠纷与不平等。对于工厂、商店，现在都是厂主与店主得利多，而厂工与店伙得利少，这也是一种不平等的事。我们以后须使工人自己做工厂的股东，把工人与厂主打成一片，分不出一点不平等的痕迹来。商店也是如此。

中国农人占全国国民总数的最多数，所以我们现在要想改良一切制度，都应当在农人的头上做起。现在诸位到此，都抱有大志改良乡村教育，这是我所非常赞同的。不过我不能和诸位共同生活，我是很抱歉的。但我在旁边总当极力帮助诸位成功，敬祝诸位努力。

（二）劳动大学即“教学做合一”主义

惠书敬悉。大学委员会所讨论之事，未必涉及有政府与无政府问题，劳动大学与无政府主义尤无关系。现在校长为易寅村（培基），乃是章太炎之弟子，向来喜搜罗旧书，亦颇以目录学自负，近年始参加政治活动。彼不解西文，更不知无政府主义为何物也。劳动大学，实即陶知行所提倡之“教学做合一”主义。弟甚赞成陶君之主义，想先生对彼所办之农村学校，亦必极端赞成也。

（三）借鉴小先生的教与学

不教不学。上述的两种教师，一种是“教而不学”的，一种是“学而不教”的，还有一种是“不教不学”的，这种“不教不学”的教师，于所教的学科，既没有彻底的了解与持续的研究，又不谙教学的方法；或则敷衍了事，或则背诵教本，或则摭拾陈言，自误误人，害人不浅。这是属于教师方面的。学生方面，除了上述的“学而不教”的学生之外，也有不教不学的学生。所谓不教不学的学生，第一是“不学”，不研究学问，不感到学业的乐趣。第二是没有学问足以教人，更没有觉到有教人的必要。青年们呀！我们中国平均一万个人才有一个大学生，一千个人才有一个中学生，你们是一千个人里面或者一万个人里面最幸运的。你们不但自己要努力求学，你还得将你所学的教给一千个人，一万个人。现在有一位陶行知先生竭力推行小先生制度，可以备诸位借鉴的。

（四）陶行知来商三事

陶行知来，商三事：

一、向工部局借音乐队，再奏一次Brackner的交响乐，请傅有任指挥。

二、要我签名，与吴稚晖等发起上海话新文字的传播。

三、陶君将于六月间往英国参加新教育同志会，需旅费、考察费、上海事业安顿费约八千元，嘱代为筹措。

我最崇敬的蔡董事长*

程本海

记得民国十六年三月间，蔡元培先生曾为全国首创的第一所试验乡村师范学校（即国人所称南京晓庄师范）做了一件空前绝后的大事，就是他以毛笔书写《我们的信条》。共有四百字之多，计条屏四幅，裱挂在学校的大礼堂中。由于信条内容新颖，意义深远；出自名家手笔，字体挺秀，令人喜爱。凡是前往学校参观的人，起初看见宫殿式的校舍和犁宫，有焕然一新之感！一进礼堂，那秀丽的书法，一幅幅映入眼帘，细阅词句，不同凡俗，绝非深奥，更富亲切之感，且油然兴起振奋之情。尤其教育界人士承认过去的教育是失败了，不得不依照此“信条”及“校训”和“对联”所揭示的，应如何努力，从头做起呢！？

蔡元培先生是试验乡村师范的董事长，他接受陶行知校长的教育改革意见及其抱负与理想，亲书“教学做合一”为校训，悬挂在礼堂。另由陶校长书写：“以教人者教己；在劳力上劳心。”内涵新意义，启发新教师，作为对联，配合校训，使大家有个新观念，迈步前进，为教育辟一新纪元！

当年（民国十六年），笔者是陶行知先生创办的晓庄中心小学校长。同时，在晓庄学校大学部（设有幼稚园、小学部、中学

---

* 原载台湾《传记文学》31卷2期，1997年8月。尾注“六六·七·七”即1977年7月7日。

部、大学部、研究所等）研究各科“教”“学”“做”活动及编辑晓庄丛书。曾经代表陶校长，自南京前往上海蔡先生公馆洽请为晓庄书写《我们的信条》。此事在晓庄同仁看来，兹事体大，因并非仅为学校增加一装饰品，而对全国教育界人士前来参观者能予以至大且深远之影响。因此，我为此——“我们的信条”以及“校训”之书写问题，先后往返蔡先生公馆三次。在洽谈间，获益良多，卒能如愿以偿，完成使命，快慰何如！蔡先生给我的印象太深了，我深信他具有“温良恭俭让”之美德，至今已整整半个世纪，但仍历历在目，且将永垂不朽！

最后，仅将母校礼堂（犁宫）所悬挂的四幅条屏，即“我们的信条”，抄录于左，作为我对最崇敬的蔡先生之怀念。

我们的信条（略，见本全集1卷74—75页）

民国十七年暑期，笔者携带《在晓庄》原稿（晓庄丛书之一），前往上海蔡公馆，请蔡元培先生为本书题署封面，以便将书稿送交上海中华书局印行。这一天很巧，蔡先生刚从外面返家，尚未休息，即洽谈此事。他随手把文稿从头到尾翻阅一遍，同时，看了晓庄全景及作者个人活动照片共四帧，觉得满意，很高兴走进书房，拿起毛笔书写“在晓庄”三个大字，以及上下款之后，便递给我。我连声表示至诚的谢意，起立告辞，他一直送到大门口，使我铭感非常，鞠躬而返。即前往中华书局接洽出版事宜，一切进行顺利，深感愉快。按此书于民国十九年一月发行，民国廿一年十一月五版。我于民国卅四年双十节后一日在新赣南正气中学教书，正准备疏散至安远时，忽然收到钟杭荣同学自江西南昌寄给我这一本早已绝版的书，真是喜出望外！值得一记的。如今，我以无比兴奋的心情，愿将母校董事长蔡元培先生亲笔题署的“在晓庄”书名，影印附刊于本文之殿，永作怀念。

六六·七·七于台北植物园

一件有兴味的事 *

——参观南京晓庄学校的所见

梁漱溟

现在我要来报告在南京有兴味的一回参观，很合我们意思的晓庄学校。晓庄学校有三点很合于我们意思的：（一）有合于教育道理；（二）有合于人生道理；（三）注重农村问题。

这学校名晓庄乡村师范学校。主要的目的，在养成乡村小学教员。晓庄学校，是它的简单的名称。学校的内容则包括：

小学师范院一所	幼稚师范院一所
中心小学八所	中心幼稚园四所

* 此系1928年夏在广东省立第一中学教职员工大会演讲的第三部分。原载《梁漱溟教育文录》，1935年10月，山东邹平乡村书店出版。

蒋介石与陶行知*

冯玉祥

向蒋介石介绍陶行知

一九二八年九月我在南京三牌楼住。那一天我不见客人，蒋介石同他的夫人带了野餐与一棵很长的人参来看我。我的副官对他说："不见客。"蒋说："你们不要管。"他一直到楼上，蒋说："我们出去吃野餐。"我说南京城外我不熟识，只有陶知行先生办的晓庄师范是在和平门外，这是我所知道的地方。蒋说："好，我们就去那地方。"后来我们在晓庄师范参观并给蒋介石介绍了陶知行。到了十八年因为我认识陶知行，蒋反对我，也把陶知行的晓庄师范给封门了，我真想不到蒋会这种做法。

蒋介石把救国七君子下狱

先是一九三六年七月十五日沈钧儒、章乃器、陶行知、邹韬奋发表了《团结御侮的几个基本条件与最低要求》这篇文章，真是震动了全中国各界的人们的心。大家都希望按照他们这篇文章去做，并且希望马上就实行。到了十一月廿三日那一天，上海救国会领袖沈钧儒等七人都被捕下监了。（编者：1937年4月3日，陶行知、罗青等与七君子一起被提请公诉，陶行知等同时被通

* 选自冯玉祥的《我所认识的蒋介石》23—24、56—59、230—232页，黑龙江人民出版社1980年版。本文及文内标题系编者拟。

缉。）那几天也正是驻华北的日本军队大演习。十月廿六日，就有红军的将领致书与蒋介石及西北的各将领说：“国势垂危，不容再有萁豆之争。”他们希望蒋介石悬崖勒马。那是因为蒋介石十月廿二日由南京飞到陕西，廿九日蒋介石对记者发表谈话：“共产党不以民族利益为本位，不论其标榜什么，政府决贯彻一向方针。”也因为西北军、东北军将士多倾向抗日，蒋介石就调蒋鼎文带着中央军入了陕西，为的是监视张学良和杨虎城的行动。

这年十二月四日，蒋介石到西安。蒋对张学良、杨虎城说：“无论怎样，此时须讨伐共产党，如果反对这个命令，中央一定给一个严重的处置。”这是蒋介石知道张学良和杨虎城不愿意打内仗而愿意对日本人作战，蒋介石才给他讲这种话。到了十号那天，蒋介石在西安的省党部向着西北军和东北军的将领们说话：“我们最近的敌人是共产党，日本人离我们远得很，如果远近不分，便是前后倒置，那就不算革命。”他说完了，一点好的印象都没有，一散会，许多军官大骂蒋介石。也因为九日的午前，西安市的学生举行“一二·九”周年纪念游行，蒋介石下命令叫军警开枪镇压。就因为这样，大多数的人们都说：“日本侵占我们的土地，杀了我们的同胞，又在华北大演习，蒋介石说：‘离我们远可以不闻不问。’像七君子这一类的人们变成了救国有罪，一意的发动打内仗，这不是疯了吗？这简直的变成了神经病的人。”不论文的武的，不论老的少的都在这里像大祸临头一样，彼此相问：这可怎么好？这是当时社会的实在情形。我为了七君子的事，写信给蒋介石请他赶快放出来。蒋去西安，我给蒋打电报，再三再四地对蒋说：“非赶紧放出七君子不可。”蒋叫陈布雷见我说：“不久一定会放出来。”我对陈布雷说：“这不是久不久的事，全国人都说‘救国有罪’，这还得了，万不可再迟，应当快快地放出来，才对呢！”陈布雷说，他马上见蒋去说。

蒋介石用黑名单杀害陶行知

就在下关打了人民代表后，不多几天，特务机关开出了一个要暗杀的黑名单，第一名就是陶行知先生。一些民主的朋友都知道这件事，陶行知也知道。政权在蒋介石手里，他有大量的特务人员，他要打谁就打谁，他要杀谁就杀谁。既然有了黑名单，他还跑得了吗？因此，陶行知先生就下了决心，他自己随时要为和平为民主被蒋介石打死的。他就把他多少年来的文件、书札、诗稿等等的东西，一连整理了几天几夜，预备着死。同时，在陶行知先生住的地方经常有五六个特务员带有手枪、炸弹，盯在门口。同时上海各地都在抓人，失踪的失踪，活埋的活埋，陶先生就在这种情形下，在一个厕所里，一头栽下来，死了。像这样一位几十年不曾见过的民主自由教育家，这样的就被独裁者给迫死了，总有一天会有人和蒋介石算账的吧?!

陶行知先生在重庆北碚附近的草街子办了一个育才学校。那个学校的小学生，都是河南、安徽、江西、湖北各省的难民的孩子，有些是由战时儿童保育院挑来的天才儿童。这些孩子们甘苦与共，陶先生和讨饭一样各处的向人家募捐，不是为他自己乃是为这些孩子。对于这刻苦的教育家，政府应当帮忙才算对。但是经常有几个特务包围这个学校，等着孩子一出来，特务就去问："你们先生说了什么?"问长问短，学生和先生都莫名其妙，为什么来用特务到学校捣乱。

说起陶先生办教育来，他真是一位伟大的教育家，我不能不把我所知道的事写在这里。有一天，我到草街子里去看陶先生。也是午后两三点钟，正是杨耿光（杨杰）先生的女儿，约有十一二岁，拿着耿光先生一封信到陶先生这里来上学，走路有点跛。陶先生问："你的脚怎么啦?"女孩子说："皮鞋里有个钉子把我的脚扎了。"陶先生叫她快把鞋脱下来，看看脚后跟被钉子扎的洞，直流血。陶先生的夫人先用酒精，又用棉花浸上碘酒，把孩子的脚擦了，放上膏药条；行知先生就用个小锤子丁丁当当地把鞋子的钉子给碰进去，用手摸了又摸，真正平了，然后交给孩子说："今天不要穿了。"拿这件事情来看，杨耿光先生又没有去，他的女儿只拿一封信来，而陶先生对着孩子是这样的爱护！这样有爱心的校长，我还是头一次看见这样好的热心的教育家。不但不奖励他，而生生地迫死他。

有一天，我同陶先生看见他们音乐班里有个小学生叫陈贻鑫，弹琴、唱歌都非常好，就是头上没有头发，是个光亮的秃子。我对陶先生说："我们要解除民众的痛苦，说是容易，做则很不容易。看陈贻鑫没有头发，觉着多么痛苦。若真能帮助他长出头发来，那可是真的帮了他的忙。"后来看见黄次咸先生说，在荣昌有个朋友是由法国学医回来的，能治头上没有头发的病，就托黄先生去问，可不可以给治一治？那位先生回信说："既是陶先生的学生，我愿意捐药和工夫，只要有人捐路费和住的地方，那就可以。"我说："为了陶先生的学生，我愿意负责来回的路费。"黄次咸先生说："为了陶先生的学生，我愿意捐宿食费。"果然把医生请了来。小学生吃了药，两个星期没起床，脚都是肿的，吃了多少药呢？只有半个大米粒那样的大。经过两个月的治疗，乌黑的头发长得满满的，半年以后，那头发长得好极了。陶先生说："这个光亮的秃学生长出好头发，比我自己是个秃子长出头发来还要高兴呢。"由此可以看出陶行知先生真是爱人如己，谁想这样被人敬爱的陶行知先生会被蒋介石迫死了！

《团结御侮的几个基本条件与最低要求》的发表经过*

张宗麟

1936年6月，我为送陶行知先生出国讲学，来到香港，适逢救国会《团结御侮的几个基本条件与最低要求》在香港起草讨论。原稿是潘汉年、胡愈之起草的，参加讨论的有潘汉年、邹韬奋、陶行知、胡愈之，列席的有金仲华、柳湜和我；地址在《生活日报社》。恰好第二天我要回上海，所以初步拟定稿由我带回上海，交给沈钧儒、章乃器。过了几天，潘汉年、邹韬奋也回到上海，他们在上海的讨论我没有参加。又过了几天，《团结御侮的几个基本条件与最低要求》由沈钧儒、邹韬奋、陶行知、章乃器四人联名发表。

* 手稿摘录。转引自张沪的《往事如潮》，载1995年8月18日《北京晚报》，张沪系张宗麟之女。

为人口统制与教育讨论的三次回顾*

张劲夫

（一）

记得最初引起我对仲衣先生注意的，是他用“子钵”的笔名在天津《大公报》上著文批评陶行知先生教育主张的时候。那时他所持的论点与批评态度，虽然我们未尽赞同，但他当时表现的浓烈的时代正义感，坚持他所认为的革命立场，与对先进导师革命理论的热烈拥护精神，却是非常值得我们敬佩的。比如当时陶先生用《子钵先生捉虱子》一文回驳时，他立即写了一篇《陶行知先生的黄色烟幕弹》反攻。虽然他的刀锋是指向错了，有些近于无的放矢，可是他的与改良主义倾向作斗争的英武气概，是迄今令我难忘的。在他与陶先生笔战的第二年夏天，他率领北大学生到上海参观，生活教育社同仁和他开了一个座谈会，畅谈了当前的教育问题，并领他参观陶先生领导主办的教育事业，于是他才真实得知陶先生的主张，并不是如他所想象的那般无聊无用，特别是生活教育社一班青年对大众教育的献身精神，努力埋

---

* “（一）”摘自《悼尚仲衣先生》。原载1939年7月31日《大别山日报》。“（二）”摘自《从他身上吸收光和热》，1949年7月14日写于杭州，转引自1981年9月江苏省教育学会《纪念陶行知先生文选》。“（三）”摘自《怀念尚仲衣先生》，原载中共广东省党史资料征集委员会、中共广东省委党史研究委员会1989年5月编辑出版的《尚仲衣教授》。

头苦干以及在实践上重视对理论的研究探讨奋发进取精神，给了他很大的感动。自此以后，他便与生活教育社同仁结下了很好的因缘，大家分在南北，共同为新教育运动而努力。

不久以后，仲衣先生到广西大学去教书，并兼任中山纪念学校的校长。为了聘请教员，仲衣先生到了上海，我们又见了好几次面，不过因为时间匆促，并未能畅谈什么问题便分手了。便在这一年夏季，我因事到了桂林，得有机会与仲衣先生相处了约一个月的时间，畅谈了多方面的问题，使我对仲衣先生有更深的了解。这与1930年我们晓庄学校被封闭，同学们遭受颠沛流离之苦，身过尚教授之门，但闻钢琴铿锵之声而不能进入教授之门的情况，简直是前后判若两人了。因此使我深深感觉这个时代太伟大了，多少出身于反历史道路阶层的人，今天都在这个伟大的历史新时期中，逐一转向到推动历史前进的方向去。仲衣先生便是如卡尔所说的"那些卓然得到整个历史运动之理论的彻悟之资产阶级思想家——之转向普罗列达里亚"中的一位英勇有为的先进者。

在我离开桂林不久以后，仲衣先生便到广东中山大学任代理教育研究所所长之职务，此后也就未再得到有关仲衣先生的任何消息，只是最近才知道他被选为生活教育社的理事，并在韶关积极组织生活教育社分社，接着便是他在汕头覆车身亡的噩耗。

（二）

据我所看到的纪念文章，还没有一篇能对陶先生有全面深刻的了解与恰当的评价，有的简直是侮辱曲解。生活教育社有几位同志的看法也不深刻。如对陶先生在《中华教育界》上发表的教育出路文章的看法，说真理在子钵方面，这是肤浅的认识。陶先生是在什么环境什么条件下做工作？是在什么情况下前进？很显然，在他处于艰难环境中能够用一种拓荒者精神、探险家勇气向前摸索探寻，他的总方向自始至终是对的（由朴素的为劳苦人民服务，走到在前进政党指出的正确政治方向下为劳苦人民服务）。他一直是在前进，而且是跑步前进。他长期接近人民，与人民有联系；接近实际，与实际有联系，因而他能向人民向实际学习到取之不尽，用之不竭的学识真理。他之所以积极乐观，始终不疲倦，其根源在此。连当时的子钵先生，后来到了上海一谈，他已自动改变了他对陶先生的看法。当时子钵就那篇文章来把陶先生作整个评价是不妥当的。

（三）

1934年，仲衣先生用“子钵”笔名，在天津《大公报》上的副刊《明日之教育》上，著文批评陶行知先生的教育思想，这在当时是有一定影响的。我已记不清陶先生是怎么回敬的，但有一点我还留有印象，即陶先生说：“从前的晓庄，现在的工学团与小先生普及教育运动，都是要为劳苦大众和他们的小孩努力服务。天高皇帝远的子钵先生哪能知道？我也要引子钵先生自己的话来说：‘事实却是一种顽固的东西’，绝不是一笔可以勾销的。”是否由于陶先生这一回击感动了“子钵”先生，或是还有其他的原因，“子钵”先生于1936年来到上海，专程拜访了陶先生。陶和仲衣先生恳谈后，推荐王洞若同志和我，再与仲衣先生深谈。我的回忆印象，仲衣先生当时内心有一种热烈的真理追求，并要以整个身心投入到为此而奋斗的行列中去。因此在交谈中，不仅平等相待，而且一见如故。经过交谈，在相互关心的问题上取得了相同的看法，也就很自然地种下了友谊的种子，无形中有了一种为共同理想同呼吸、共命运、脉脉相通的联系了。

后来，他向我们提出一个要求，他已决心离去北京，准备接受广西之聘，任广西大学教授兼中山纪念学校校长之职，希望派几位同志去任教，帮助他推行国难教育。因他提的态度恳切，我们就同意派了杨寅初、王慕祥、陈光宇等几位同志去（王、陈是地下党员）。除曾聘请杨东莼同志去任师专校长外，并又聘请陈望道、邓初民、千家驹、祝秀侠等进步教授去广西大学任教。这时广西表面上似乎开明，实际上对青年学生控制很严。

1937年春，华南救国会吴涵真先生到上海找到国难教育社，希望派一位同志去推动国难教育，并协助做一些解决当时两广救亡运动内部对逼蒋抗日的不同看法。吴先生当时是华南救国会的领导成员，对外办了一个九龙儿童书店，很佩服陶先生对推动国难教育之热心。我们经过研究后决定要我去。约在4月前后，我到了香港，经过吴先生介绍，见到了李章达、何思敬、杜君慧等华南救国会的领导成员。具体负责安排接待工作的是连贯和饶彰风同志。我和全国学联唐守愚同志一起到广州、桂林。在广州活动很困难；到桂林，桂系不得不接待，但又派人监视。这时真正热情接待我们俩的，是尚仲衣先生。他要我俩到中山纪念学校去座谈，提供讲台；还招待我们俩去月牙山和尚庙吃月牙山豆腐。仲衣先生抱着满腔热情，冒着风险，不计后果，勇敢做出这样的安排，使我深为感动。

生活教育在粤东*

何国华

百侯在粤东山区大埔县境，是闽粤赣边的重要城镇。20年代初，爱国爱乡的杨德昭先生在上海发起，并于1925年秋办起百侯中学。30年代间，百侯中学成为陶行知倡导的生活教育园地之一，陶先生曾把百侯中学看做是“生活教育之友”、“吾道有邻”的一所学校。

1933年春，十分赞赏陶行知教育主张的杨德昭，为适应形势，改革乡村教育，诚心聘请陶先生来百侯复办中学。陶先生另有更重要任务，他转介绍前晓庄师范小学部主任潘一尘、晓庄师范学生程今吾（安徽绩溪县人，解放后任中央教育部司长、北京师大党委书记，文革期间被四人帮迫害致死）、唐文粹（后曾任新四军科长，皖南事件中突围时壮烈牺牲）、朱泽甫（中共地下党员，解放初任烟台党校负责人、儿童读物作者，现在北京师大）、程本海、黄瑞符、钱寒康、郭昌修、糜仲照、杨宗衍、杨儿塞、丘夺标、杨鸿传、徐寿安、王子建等同志为教师。这使得大革命前后曾有过革命光荣传统，以后被迫停办的百侯中学重新燃起了进步教育的光芒。他们以生活教育为指针，一反旧的办学思想，掀起了一股改革教育和普及教育的热浪，汹涌地冲刷了封建传统教育，以崭新姿态出现在粤东地区，其影响已远远超出粤

* 选自安徽《行知研究》1985年第2期，文字有少量删节。

东山区一隅。

30年代初的大埔县百侯乡，入学儿童不到学龄儿童的百分之二十。程今吾等同志到侯中后，即成立“百侯乡村教育促进会”，使侯南原来分房分姓办的四间初级小学和杨氏高小学校合并为百侯中心小学，作为侯中的附小。当时，百侯中学即由初中部、艺友制师范班、小学部和民众教育馆四大部分组成。

初中部由郭昌洛、程今吾分管生活、学习和成绩考核。它实行减免学费和勤工俭学以及部分工读生制（学校设工厂和农场）。除本县外，潮汕、梅县、闽西南一带青少年和一些归国华侨纷纷慕名而来。1933年第一届就招收了四个班共约二百名学生。

艺友制师范班于1934年春开办，是为进一步推行生活教育，改革乡村教育而设的小学师资培训班。先后由唐文粹、朱泽甫任主任，招收来自四省八个县市的学生38人。老师们采取晓庄师范学校那种边学边教，边教边学，“师傅带徒弟”的办法，以百侯中心小学为实验园地，在“做上学”、“学上做”，且以陶先生“捧着一颗心来，不带半根草去”的精神教育学生。他们进步很快，接受了生活教育的教育方法，继承了生活教育的良好传统。毕业生多受聘于外地，积极从事推广生活教育，他们从未动摇献身教育事业的决心。1939年侯中开设了幼儿园，由艺师毕业生去该园开创工作。1936年以侯中、艺友师范校友为骨干力量组成业余“时代剧社”（它是地下党的外围组织），一直到解放初期，该社相继演出如《屠户》、《放下你的鞭子》、《白毛女》等进步话剧，为宣传党的政策、活跃农村文化生活作出了一定的贡献。

小学部即“百侯中心小学”，由唐文粹兼任主任（后由杨作龙继任）。该校教师为进一步推行生活教育，特于1937年组织南京、上海教育参观团（共8人），前往山海工学团、嘉定农校、南京燕子矶小学等地参观学习。

民众教育馆是为适应普及民众教育的需要而设立。它设在百侯街头，后迁至街尾。首任馆长是杨树荣，还设有常住馆员。生活教育开始实行后，侯中及附小全体师生下决心按陶先生的“小先生制”去开展普及教育运动。他们计划在三年内分四期在百侯全乡（约一万五千人）普及教育。这件伟大的工作由民众教育馆总其成。它主要负责管理民众夜校，还为群众代写书信、文帖、解答问题、出版墙报、报导时事，积极宣传抗日救国思想。

百侯中学初中部在程今吾等同志领导下，从各个方面采取措施以贯彻陶先生的生活教育理论。正如当时初一级学生杨应彬同志所写：“这批搞‘生活教育’的老师一到百侯，立即使山乡沸腾起来，一切都非常新颖。比如编班，就不论原来学历而按考试的成绩”（杨应彬：《良师·益友·楷模》，刊于1982年8月22日《羊城晚报》）。那时，招生简章中写明：“少爷小姐最好不要来报名”，校本部张贴了一幅大标语使人们明确学校的教育目标，它这样写道：“革命青年要有创造的精神，科学的头脑，艺术的兴趣，健康的体魄，劳动的身体。”学校大门张贴了陶先生写的对联：“镰刀到处无荆棘，锄头底下有自由”。校内处处可看到陶先生亲笔书写的条幅、标语，例如：“生活即教育，社会即学校”；“以社会为学校，奉自然作宗师”；“教学做合一”；“手脑双挥”；“以教人者教己，在劳力上劳心”；“亲民亲物亲赤子，问古问今问未来”等等。他们提倡解放思想，认识社会，认识生活，自动自觉，生动活泼；强调实践，紧密联系实际；培养学生“大事必闻，小事必问”，征服自然，改造社会的精神。他们在教学教育上采取的途径主要有：

首先，改革教学内容和教学方法。他们一反过去读死书、死读书的做法，大胆革新教学内容。例如，那时初中第一届班主任、语文教师程今吾，“他只从国民党政府教育部审定的课本中挑选少数内容较好的课本，大量选读的是课外文章。鲁迅的《野草》，高尔基的《海燕》、《我的大学》和《给初学写作者的一封信》等等，都成了我们的讲义。”（杨应彬文）同时，一反过去填鸭式教学方法，例如，“今吾同志那种启发式教学方法也显得十分新鲜，新的语文课开始，他先让大家默读一遍，把不懂的生字难句写到黑板上，然后让同学们自己讲解，讲对的给以肯定，讲不全的予以补充，讲错的加以纠正。最后，指定一位同学把全篇讲解一遍，他再作重点提示。不是先生讲，学生听，而是互教互学，这样，一下子就把师生之间的界限拆除了。这种教学法，大大活跃了学生的思想，激发了同学们用自己的努力去敲开知识大门的热情，对我们养成后来几十年的自学习惯起到了良好的影响。”（同上）

其次，认真培养学生良好的阅读习惯、自学能力和写作能力。他们既重视课堂教学，又认真指导学生课外阅读，组成“文学”、“哲学”、“社会科学”等学习小组。初中的课程表上，每周排有一、二节阅读课，让学生到图书馆去自由借阅图书。据当时初一班学生杨亦肖回忆说：“班主任程今吾老师总是以身作则，平日固然手不释卷，每逢阅读课，他更同我们一起捧书本专心致意地阅读。”（见《广东教育学会通讯》第五期，1983年11月版，第28页）学生阅读和讨论了大量被禁止的马列主义论著和苏联文学名著。这亦如杨应彬所写，在今吾同志的“循循善诱指导下，看进步书籍成了我们的癖好。《毁灭》、《铁流》、《士敏土》、《资本论大纲》、《唯物辩证法入门》都成了大家争先阅读的热门书。一时间，啃大部头的进步书籍成为这班初中学生的浓厚的学习风气。”

学校同时严格要求学生写读书心得、笔记、日记和作文。日记写每天观察所得或写读书心得，规定每天上午第一节课前交班主任批改，于下午打扫清洁后即发还学生。程今吾天天于课余认真抽查批改学生日记。他用符号划下错别字和漏字，让学生自己改正。他还“十分注意培养学生的写作能力。他的两个方法给我们印象很深。一个是，他严格规定，每人每天必须用小楷写一篇日记，用寸楷写一页毛笔字，由他逐篇评点。他提醒我们，无论如何不要把日记写成流水账，要学会观察社会，分析事物，一事一记，把一天中自己感受最深的东西写出来，可以写记叙文，可以写议论文，也可以写成诗歌、书信。这样，尺幅寸笔便成了任凭我们思想鱼跃鸢飞的阔海长天。每本日记本写完，他还要我们把前面的几篇和后面的几篇重看一遍，看有哪些进步，哪些不足。他就像高明的游泳教练，带领着我们在知识的海洋中游泳。第二个办法是，鼓励我们自由结社出壁报，四五个人，两三个人，甚至单枪匹马都可以成立一个社，出一份壁报。一下子，《曙光》、《前进》、《海燕》、《浪花》，各式各样的壁报如雨后春笋，贴满了学校的墙壁。学生们的思想就像冲破牢笼的飞鸟，‘向辽阔的天空举翔’”。（杨应彬文）

为培养学生自学能力，教师和图书馆管理员们又教会学生查字典和辞书的方法，使得他们“在初中两年当中，已经能够应用自如去查找《辞源》、《辞海》、《四角号码》和《学生字典》了”。这些能力的培养，为学生离校后自学和从事工作打下良好的基础。如杨应彬于十三岁（1934年）那年暑假跟老师去上海，在静安寺路赫德路口程家住宅见到陶行知先生时，陶先生赞赏他聪明活泼，要他就日记体裁，写出由百侯到上海的旅途见闻和感想。陶先生对此书稿读后极表满意，一字未改，为它取名曰《小先生的游记》，且亲自题写了书名，撰写了序言，交由儿童书局出版，一时传为佳话。书局把该书稿酬五十银元寄给远在百侯的作者母亲。时值岁末，杨母不只度过一个愉快春节，还得以偿清了一笔多年的债务哩。又如另一位学生杨培新，自学成才，未及弱冠之年就写了一本《货币学》著作，现任国务院经济研究所副所长，是一位著名的经济学专家了。

第三，重视学生的高尚的道德品质和良好生活习惯的培养。学校一开始就重视诚实、友爱团结、不损人利己的教育，还教育他们热爱劳动，如让学生自己种菜、做饭，更严禁学生抽烟、赌博、喝酒和其他不正当的活动，甚至不惜采取最高处分“开除”来制裁屡教不改的学生。毕业学生至今皆无抽烟的嗜好。这正如当年初中第一届学生杨亦肖同志说："至今，我们的许多同学都是滴酒不沾，口烟不吸的，更不要说赌钱了！"

第四，重视课外校外活动，培养学生创造能力和独立工作能力。如杨亦肖回忆说："我们学校许多会议都是在老师指导下由学生自己主持的，由学生当主席，由学生轮流发言，进行讨论表决。"各班每天举行"晨会"，就由学生轮流当主席，作报告，做记录。每天下午放学前举行"整理性谈话"，检查一天学习和生活，开展批评，互相帮助，共同提高。让学生参加拟订全校教学计划，独立进行学术研究、文娱、旅行活动。正如杨应彬所回忆："不仅通过校办的小工厂、小农场，而且通过野外生活、社会活动，让我们把书本知识和实际结合起来，使我们在学校时期就开始培育了走向现实的信心和勇气。在百侯中学学习时，我们最有兴趣的莫过于野外生活了。每过两三个星期，他（指程今吾）就带着我们，抬着米、菜、锅到野外去，百侯自然风景秀丽，青山，绿水，碧草，红叶，当地文人曾为它起过许多雅号。在野外生活中，上常识课，可以认识自然景物；上生物课，可以采集各种标本；上语文课，可以在饱览秀色之余，写诗歌，写散文；上绘画课，还可以师法造化，即景写生，梅滩霜叶，滑漱雪花，东廊晚霞，西岩朝翠，都成为野外生活中吟哦歌咏的场所或对象。一天下来，个个满载而归，自己的头脑又充盈丰富多了。"

第五，提倡讲普通话运动。无论在校内或校外，师生间、同学间都必须讲普通话，形成了一种风气和纪律。全校师生还订立《普通话守则》，它规定凡说一句土话就罚金一分，形成一种人人讲普通话的良好环境，而且幼儿园小朋友也无例外，参与了推广普通话。还影响了社会，乡里不少群众也爱讲普通话。侯中学生从而学会了讲普通话，他们毕业后不管走到何方，都能消除语言隔阂。

第六，民主平等的师生关系。教师们重视示范作用，本着陶先生"以教人者教己"精神，处处以身作则。如戒烟、讲普通话，都能给学生树立良好榜样。学校设有工场、农场，师生同劳动。他们轮流当炊事员，一起打球、游泳，凡宣传、演戏等活动，师生莫不在一起。师生间建立起一种民主平等，情感融洽，亲密无间，教学相长，团结一致的关系。这在当时不能不说是一个移风易俗的创举。

教师们极其关心自己学生的成长。杨应彬回忆说："我和十多位家庭贫苦学生，在非常困难情况下读了半年就无法继续下去，准备辍学了。今吾同志知道后立即和其他老师商议，决定由学校免去全部学杂费用，老师捐款送书，还组织我们把课本包得好好的，保护得干干净净的，下学期低价卖给下一班的同学，以便买点纸笔文具。就这样，我们在今吾同志和学校的大力帮助下，读了一年半的初中。"

第七，大力开展普及教育运动和小先生制。1933年前后，在普及教育方法上，陶先生认为老法子行不通，他说："即使人口不增加，小学一百年也不能普及"。因而他提出推行"小先生制"，以攻破"先生关"。1933年夏，程今吾等同志到百侯后，即照"小先生制"这个法宝去开展普及教育。他们计划三年分四期普及全乡教育，其规模之大，传播之广，时间之久，影响之深，收获之大，实属罕见。

当时无论经费、师资、校舍、设备等都极其困难，而且在长期受封建落后意识束缚的山区里，思想意识上的阻力更大。但他们迎着困难而上，一方面争取联络各界人士；一方面动员中小学生，向他们提出"即知即传人"、"反对守知奴"、"不愿教人的不配费我们的心血"、"不愿教人不配受教育"、"以教人者教己，在劳力上劳心"等口号和要求，而且规定从小学三年级起担任小先生是每个学生的必修科。师生共同努力，进行声势浩大的宣传，深入各家各户进行动员。结果出人意料，各式夜校如雨后春笋，全乡民众夜校和家庭夜校达77所，小先生达700人，学生达3000多人（其中女性1500人），实际入学每日达1795人，有七八岁小娃娃，也有七八十岁的老太太，多是二十岁以上乡村妇女。家庭夜校中出现不少儿子教妈妈，孙子教奶奶，婆媳、母女一起学习的动人事迹。百侯从此成为一个南方普及教育运动的著名地区。正如陶先生在《百侯中学复校十周年纪念》颂歌里所称赞："南风之薰兮，吾道有邻。……百年之大计兮，树人多。无所往而不施教兮，德泽广被。……杨氏不为我兮，记取百侯之精神。"

当年该校师生一起排除万难，从1933年直到"七七"抗战，推广小先生制，积极推行识字运动并取得良好效果。当时著名的小先生有杨应彬、杨培新、张力克、刘兆伦、萧明、杨震等同志，其情况正如其时小先生杨应彬所回忆说：班主任程今吾同志"号召大家做'小先生'，在家庭、邻里之中，开展识字运动，自己的母亲、婶子、婆子、姐妹，都可以成为识字班的学生，结合着识字运动，还进行了普及科学知识，破除封建迷信的教育。'小先生'也要'以教人者教己，在劳力上劳心'。为了教别人懂，自己就要先懂，就要学会把生活中的事物用知识和文化的语言来表达，这种学习远比单纯的课堂学习强多了。"又如另一位小先生杨亦肖回忆说："1933年冬，寒假开始后，我们第一届的几位同学还组织了一个生活创造团，我们实践了小先生制，还办起了一间民众夜校，没有汽灯，没有黑板，我们就向学校里借；没有经费买不起煤油，我们便拿了红帖到街上向商人募捐，后来又写了红榜向捐款人鸣谢。我们还深入到各家各户去招生，我们克服了许多困难，也得到很多知识和锻炼。通过当小先生，我们自己对学习也更认真，更用功了。参加这个生活团的有杨应彬、杨俊贤、杨文等同学。后来他们都写了记叙文在《一个南方的普及教育运动》一书中发表。"

这本《一个南方的普及教育运动》是由陶行知校订，并亲笔题写书名，1934年由上海儿童书局出版。它较全面地介绍了当年百侯普及教育的情况，也生动地反映了一大群小先生为普及教育、开展识字运动而不断克服困难的聪明才智和一往无前的勇敢精神。全书以四分之三篇幅汇集了76篇小先生所写报告。如该书所指出：它“是小先生的经验谈，好像一幅幅的有声有色的活动影片一般，张张有趣，片片好看，会使你惊奇，会使你觉得有意料不到的伟绩。你会确确实实的信任小先生是值得试验的方法，是普及教育运动的良剂。”

尤其值得大书特书的是当时百侯村中广泛流传着陶行知作词的《锄头舞歌》、《镰刀舞歌》、《自立歌》、《晓庄师范校歌》等歌曲。他本人也把百侯看做是自己倡导生活教育园地之一，经常和侯中师生保持通讯联系，指导他们开展教育工作。例如他于1934年1月4日给潘一尘写的一封信（全文刊于《一个南方的普及教育运动》)。陶先生在信中赞扬“百侯办得有精神”，认为“这种消息才是新年最好礼物”。陶先生还“报告侣朋、张健、小桃等小先生之成功”。而且“希望百侯中学将民众教育运动定为必修科，并从中学生跳到小学生干起来”。该信公布后，给侯中“全校师生以重大的刺激”。“每一个学生都在议论着侣朋、张健、小桃等。……小先生运动一发而不可收，中小学生九百余人总动员，向文盲进攻，蓬蓬勃勃，勇迈直前”。（见该书第23页）

此外，陶先生于百侯中学复校十周年时，特地热情地给侯中写贺词《百侯中学复校十周年纪念》，并为侯中作校歌。它们给侯中师生和百侯群众以巨大鼓舞。

1934年夏，陶先生介绍来的程今吾等同志相继离开百侯（至1936年秋已全部离去）。但是，他们所传播的生活教育思想种子已深入人心，有的被继承下去，结下累累硕果。

生活教育给侯中师生养成了具有自己特色的革命学风和思想，这就是师生具有全心全意办好人民教育的事业心；民主、团结，艰苦朴实，勤奋好学，追求进步的思想作风和革命的传统。帮助他们打开了眼界，激发了救国救民，强烈要求革命，奋发向上的精神。这也就是陶行知先生所赞扬的侯中精神。生活教育在百侯开了花，结了丰硕的果实。它提高了人民群众的文化水平，培养了大批革命干部。正如杨亦肖同志所说：“就以我所在的第一届这一班来说，在1933年下学期开始编班时约30余人，据解放后统计，其中党员人数就占一半左右，不少都在党、政、军部门起了骨干作用。”如杨应彬等八名学生于1935年春跟着程今吾到广西去参加革命工作；有的留在家乡参加党的外围组织“时代剧社”、“读书会”，开展抗日救亡活动；有的在学校为维护生活教育优良传统继续做斗争；有的在海外参加了革命。抗日战争开始后，侯中和艺友师范学生纷纷奔赴抗日前线，如刘兆伦、张义衡、萧赐培、杨煌眉、杨石生、杨采珍、官书勉、李莲荆等人通过反动派重重封锁前往抗日圣地延安；张伟烈、杨裘志、杨旋、刘平章、杨国锋（烈士）等参加了新四军；杨仿南等参加了东江纵队；杨应彬、杨景仰分别加入了地下党领导的战地服务团；肖明、杨苑芳等同学长期隐蔽从事革命活动。在解放战争期间，不少当年侯中学生为人民解放事业流尽了鲜血，如杨建伦（闽粤赣边纵副政委）在1948年10月茂芝战斗中光荣牺牲；杨铁（十三团连长）于1948年8月围攻饶平新丰战斗中壮烈殉职。刘登楚、张海宏、丘鸿耀相继在反动派狱中牺牲。杨宝森、郑加卿、杨洋也在解放前夕英勇牺牲了。全国解放后不少学生在党政军中担任要职，有的成为学者、专家、教授、工程技术人员。如杨微尘（培新）成为我国著名经济学家。又如杨延篪为西安交通大学副教授，被选为全国劳动模范。杨超群现任广东地质局代总工程师，他是花岗岩专家，世界上花岗岩的四种分类法中，第四种就称为“杨超群分类法”，等等，真是人才辈出。百侯乡解放后有文化之乡、干部之乡的美誉，这不是偶然的。

论生活教育及其他*

——谢觉哉日记摘抄（1938—1947）

1938年4月25日　　晴　（在兰州）

夜往观新安旅行团筹款剧，至十一时才回。

1938年5月8日　　晴

昨夜新安旅行团来，与谈国民党大会宣言纲领约二小时。

1938年5月15日　　晴

晚新安旅行团七八人来请我讲三民主义。

1938年5月17日　　晴

为新安旅行团题词：

以艺术武装你们的手口，以理论武装你们的头脑，从工作中锻炼你们成为铁的战士。

1938年5月20日　　晴

新安旅行团夜放《夏伯阳》片，因天雨未放完。

1938年5月21日　　晴（在兰州）

* 摘自《谢觉哉日记》上、下册，人民出版社1984年1月版，题为编者拟。

夜往观《夏伯阳》片。

1943年6月29日　　晴（在延安）

浏览《行知教育论文选集》毕。

这是一教育革命杰作。我们教育必须这样办，且已是这样办。

有两点不足的地方：陶说："人人在劳力上劳心，便可无废人，便可无阶级。征服天然势力，创造大同社会，是立在同一的哲学基础上的。……然后万物之真理都可一一探获，人间之阶级都可一一化除，而我们理想之极乐世界乃有实现之可能。"（《在劳力上劳心》）劳心劳力"不"分家的阶级教育，必非阶级社会所能容许。陶先生在答复一位朋友的信上说："……你仔细想过之后，便知道这样的看法，是机械的看法而不是发展的看法，是静态的看法而不是动态的看法，是等待的看法而不是追求的看法。你心里的理想的社会，不是从天上落下来的，而是人类依着历史发展的趋势努力创造出来的。真正的生活教育，自古以来一直存在到今天，即发展到今天，而且还要一直存在下去，发展下去而达到最高的生活即最高的教育。为着最高的目的而忘了发展的过程和为了发展的过程而忘了最高的目的，都是错误。"（那位朋友说："真正生活教育的实现，只有在没有人剥削人的制度里存在。"）

陶先生在这里只认生活教育在发展，发展的过程不可忽视。而在《劳力上劳心》文中却说"人间之阶级都可一一化除，而我们理想之极乐世界乃有实现之可能"。前者似承认生活教育过去有、现在有、将来"没有人剥削人的社会里"就会达到"最高的生活即最高的教育"。后来又似拿生活教育即在劳力上劳心，做直接推翻阶级社会的手段。而不知道在劳力上劳心是成无阶级社会的教育，而不是推翻现有社会阶级以进行无阶级的教育。推翻阶级要斗争，即使其斗争在今后某些地域的条件，可能不是激烈的流血。

陶先生在《中国普及教育方案商讨》上说："民国二十四年一月一日下令预告全国民众限二十四年十二月三十一日前读毕教育部指定几种《千字课》之一种。至四月一日、七月一日、十月一日下第二、第三、第四次预告令。第一次预告令下后，即令小学生、茶馆说书人、电影院广告与警察到处逢人宣传，劝其早些求学，不要临时抱佛脚；并说明二十五年一月一日即有识字警察手指《千字课》，站在城门口、车站、码头及交通孔道，临时抽验来往行人，检查他们的头脑如同检查行李一样，不识字的要罚愚民捐铜元一枚。预令里还要说及二十五年一月一日以后，家里、店里、工厂里、任何机关里，如有无故不识字的人，按人数每人每月罚银一元。由家长、店主、工厂经理、机关主持人缴纳。识字成人或学生对其负责，而不识字之亲友不肯施教者，罚守知奴捐银一角并公布之。"

陶先生的建议，幸未被政府采纳，如被采纳且严厉执行，除替官吏警察乡保开一弄钱的门路外，陶先生将为众怨所归。陶先生忘记了现尚有无数万没饭吃、没衣穿、没屋住的同胞。没尝到人味，那能顾到认字？除非站在城门口、车站等处的警察，不是不识字的罚铜元一枚，而是认识几个字的赏饭一碗。即令人民都有求学的可能了，而要这多课本，这多数的人也不是限定短的日子做得到的。边区算是政治条件具备，也粗有经济条件，然而普及教育还要等等。

上面两点，陶先生当已感到而不愿说，不便说，"知其不可而为之"。革命应由多方面努力，有多方面的力量，向反革命堡垒进攻。生活教育运动，是摧毁旧社会堡垒一支有力军队，我们不希望陶先生的理论与行动全同我们一样，因为这于革命没有益的。

应该研究陶先生的教育学说在各抗日根据地实验，为"百年树人"之计，同时也希望在大后方的进步教师不畏艰难地做，总也可造就一部分力量。

陶先生的教育学说是革命的，是成功的。

陶的诗，可为新诗家取法，录数首如下：

根据大众语，来写大众文。文章和说话，不能随便分。一面动笔写，一面用嘴哼。好听不好听，耳朵做先生。

文章好不好，要问老妈子。老妈高兴听，可以卖稿子。老妈听不懂，就算是废纸。废纸哪个要？送给书呆子。

滴大众的汗，吃大众的饭，大众的事不肯干。架子摆成老爷样，可算是好汉？

大众滴了汗，大众得吃饭，大众的事大众干。若想一个人包办，不算是好汉？

1943年9月14日　　旧历中秋　　晴

午赴交际处，宴新来边区之张宗麟、恽子强。张为生活教育的教育家；恽是代英弟，教员。他俩自上海经敌后来此。

1944年3月20日　　晴

张宗麟君来谈：伊自延川视察归，他说：我以前对边区认识不够，见秧歌队描写县区乡长，以为不免戏剧化，及亲看见才知有甚于描写者。比如：民众有事来请调解，去找一科：“喂，一科在那里？”一科同志即应声出，和原被告坐下来就谈。开饭了，大家去厨房吃饭。我问：“你们每天有这么多老百姓吃饭怎么开支？”回答：“我们也吃老百姓，我们下乡，老百姓不肯要钱的。”

一个移民来找区长，区长起身说：我是区长，来人就坐在区长凳上。区长问：“你们几人？”“四个——一个婆姨两个娃娃。”“居进窑没有？露地难受。”“住进窑了。”“带的粮够否？”“还有。”“那么，明天替你雇牲口走！”“好。”——我以为区长和他认识，后见区长找移民册看，才知并不知他姓名。

1944年6月23日　　微晴

张宗麟同志报告在延川视察情状，很生动，深入。

1945年3月11日

生活教育社同仁在交际处座谈教育，没有去，听说谈得很好。

1945年7月10日　　阴雨

昨晚柳湜同志来谈，更深才去。

柳谈关于作风方面的：

一、同事间欠亲密甚至隔阂，在此四年，没有友谊，以前喜讲话，现在少讲，要想过才讲，有些话藏在心里。上下关系同样(似乎看不起外来知识分子)。

二、没有注意培养人才：某些人堆一些事；某些人轮不到事；动员及生产任务多，破坏人家作事计划；做那事的人也没注意要他久于其本□，有成绩；没有有计划的干部教育。

三、负责人责任不明：当厅长的坏了事，或所用的人坏了事，可以不负责，也不应他负责。

四、头子太多，主管机关反处于无权地位，举绥德文教会及边区文教会为例。

五、人员还可以简些，但要能专心做事，不要加以生产任务——生产只是调剂身心，懂点劳动观念，不可专以此解决生活。

六、各厅处生活苦乐不均，事务方面不民主，也不集中。

七、办事迟缓：厅与厅的事不决，签呈主席仍交厅与厅去商量。

八、对某某态度，言语不满。

1945年10月6日　　晴

上午柳湜同志来谈。

五日晚宗麟送我从延（安）大（学）后山回，诗以谢之：

高高的坡
　　窄窄的路
　　　　加上暮色的苍茫。
你一步步地扶我而下
　　忽在我前
　　　　忽在我旁。
你说是奉行闻令
我说你为人周到，一片热肠。
天晚了，本想赶点捷径，
　　谁知道我出了一身汗
　　　　又累你帮个大忙。
谢谢
　　愿你夫妻俩安康。

六日夜

1945年10月23日　　晴

解（放区）代（表会议）筹（备）委（员）会起草纲领的方式颇好。党与非党自由提意见，自由争论，没有党拟好的痕迹——本也没有预先拟过。今后凡政策问题应先自由讨论，党内如此，党外更应如此。不只为着团结，同时是集思广益，于党有益，于非党也有益——得到进步。

民主进行曲（陶行知词）

调——“义勇军进行曲”

起来！
不愿做奴隶的人们！

拿我们的生命，
争取我们新的自由。
民主团结，
到了最需要的时候，
每个人被迫着发出最大的吼声！
起来！
起来！
起来！
我们万众一心，
要做中国的主人，
前进！
前进！
前进！
进！

1945年11月16日　　阴

“战争改变一切”。这一次大战的特点，有无产阶级国家苏联参加，有各国的共产党参加，即意味着世界人民为着自己解放而参加。中国人民从战争中解放了，认识了自己。“……民主团结到了最需要的时候，每个人被迫着发出最大的吼声……”这是住在大后方的陶行知先生写的。

1946年8月8日　　晴

书陶行知先生追悼纪念册：

热爱老百姓，学习老百姓，指导老百姓，成为老百姓的教育家与革命者，受到老百姓的永远爱戴，昭示老百姓的永远模范。

1946年8月11日　　阴

追悼陶行知先生。

1946年8月12日　　晴

一九四三年六月看《行知教育论文集》，写了一点感想，虽推尊他而不甚满。今知不满的两点，陶先生早已改过。钱俊瑞文上说："他（陶）善于自我批评，善于改正自己错误。当他发现实验主义的认识论有错误的时候，立即把自己的名字知行倒过来改为行知，表示从实验到认识、在实践中认识的正确观点。当他发现教育救国论有错误的时候，他就以自己的实际行动——直接参加和领导民主运动与救国运动，并正确的把大众的教育作为群众的政治启蒙，成为放到战场上去的有力武器。"上午休息，下午看陶先生遗著展览。陶先生不只是特出的教育家革命者，还是位革命的文学家。

钱老（即钱来苏，又名太微、拯，东北人，1931年入关，1941年到延安。老同盟会员，诗人。——摘抄者注）挽陶诗：

国有大盗思窃国，窃不得手杀主人。明戕暗害凶可指，盗不就缚气杀君。君身虽死神不死，千百万人继君起。古来大盗称独夫，今盗蛮横顽石比。独夫独到亲戚叛，顽石顽到锤下烂。主人主人起铸锥，千锥万锥石成灰。顽石成灰大盗除，和平民主始可图。国归主人建独立，平等不再为洋奴。昨日死一陶行知，今生无数陶行知。卫民除暴承大师，生于斯□死于斯。聚族团结盟于师，在天之灵实鉴兹。

1946年8月13日　　晴

看陶著知道打烂砂锅问到底，问是"纹"的谐音。我们说话，知其然而不知其所以然的真多。

1946年8月14日　　晴

看完《古庙敲钟录》

生前被推崇，总不如死后被推崇之甚。

1946年8月15日　　晴

题陶行知先生《古庙敲钟录》（即仿其诗体）

古庙钟，无人敲。铸得那么大，悬得那么牢。问它的年纪，比庙前古树的年轮还要高。

古庙钟，旧也敲。先生念八股，和尚上供糕。还有那张胡子，吹熄烟灯鼾声做鬼号。

古庙钟，今大敲。小孩子唱歌又扫地，农民们带锄也带刀。男女老少教着学着做着，做着学着教着，惊醒古老梦，个个是英豪。

1946年8月19日　　晴

往交际处开行知先生纪念委员会，并张宗麟同志。

昨致钱老信：我们都已暮年，碰着历史大转弯且很快转弯的时代。我们的伟大处是还在跟着走，政治节操上没甚对不起人。我们的渺小处，是历史的因袭负担重，原来没打算咬碎它，弃其渣滓，取其精华。因此，似长处又似短处。你曾一度被呼为爷爷的那位（陈）复君（原育才学校音乐组学生——摘抄者注），“哭老夫子”哭得很好，以不满二十的流亡女孩，写得出这样文字，虽说由于她聪明，没受过传统文字的束缚，许是其重要原因之一。曾和一秧歌剧作者谈，我说剧作得好只是唱词有些不好念。平仄阴阳不谐，他说是的，我们也知道只是没有词汇可用。恐不仅此。做新诗的人少研究过旧诗，不是从旧诗中扬弃出来的。因此，像你这样旧诗作者来革新诗运，是份所应当罢……

1946年9月1日　　雨

国际青年节、记者节。

重读《行知教育论文集》。陶行知先生说现在教育是轮回教育，先生学了教学生，学生学了又教学生，只学教而不做。

我们工作同志如果只依照上级党部的决议传达，对党员如此，对非党员也如此，省级如此，县级如此，直到乡市还如此，不翻成对象能懂的话，更不翻成对象正在做和接近做的事实。那么，工作会停止于传达，也可谓轮回传达。

1946年9月2日　雨

陶行知先生说，不会烧菜不算学生，不会煮饭不算毕业。又说：从前人为着应试，要学点煮饭、烧菜、骑马、打拳的本事，现比前还不如了。记起小时读书，吃了饭去上学，放学回家吃饭，常绕着妈妈烧菜、煮饭，不免搀几手进去，及就别家私塾，吃喝全要自己动手，因而弄饭菜并不很外行。长征时我才感到吃饭的人不知道做饭，谁都吃惯了饭，能做饭的却不多。延安的机关、学校吃得不好的，多由于做得不好。这是基本问题，定要吃得相安，才能心身舒畅，工作有劲。前几年不少机关弄饭菜谱，后来不大搞了，恐是这号人才缺乏吧。又，"从实际出发"，"理论与实际结合"，"打开脑筋"等喊得不少了，喊的自喊，做的自做，喊不要这样的人，常就是这样的人。不是有心作伪，而是没有习惯。他习惯于把人家的知识传来传去，不习惯于考虑、怀疑，更不习惯于根据自己的经验，此时此地的条件来分别接受。这不是几句口号所能纠正的，要有绝大的勇气与觉悟，才能克服自己的毛病，否则就靠自幼没有沾染此种坏习。

行知中学今天开学，不要是改的名字，而要是改的实际。如果学生都学会了烧菜、煮饭、扫地，回到农村、回到机关，把这套本事拿出来，就建立起了那里的基础事业。这是第一课。第二课是把学校周围农村划入学习范围，学与做合一。现在某些干部，要打陶行知药针，向他猛喝一声：你有毛病，你的知与行是脱节的，你是盲干，没有用脑。至于未来干部——学生，那就谨记着：不要叫他再走错路。

1946年9月4日　阴　夜微雨

参加延安中学易名为行知中学典礼，上午座谈，下午学习。

李敷仁先生说：共产党最大因为它能吸收人类的好东西，中国两个伟大人物，鲁迅与陶行知，这里办了鲁迅艺术学院，现又办行知中学。行知四大发明：生活与教育结合，社会与学校结合，教与学结合以做为中心，小先生制。

不是常识，每个学生要有几件常能。

边区一切条件具备，缺乏的教育工作人员的积极性，农民的身手，科学的头脑，改造社会的精神。

1946年9月12日　　阴

上午参加座谈行知中学。

1947年1月1日　　晴

抄田汉寿徐老诗：

懋师人中圣，乃产卑湿地；二十村学究，三十有大志。断指争国会，肉食惊民意；辛亥创长师，艰难尝已备。始在化龙池，再营渤潭寺；人才相继出，高风良未坠。当时及门人，亦有师所弃；今方假民主，卖身干禄位。四十赴欧洲，初习横文字；角逐少年场，发愤废眠睡。归来报祖国，革命正火炽；伤哉桃李花，十中死三四。一片外婆心，满腹哀时泪；愤然投烈火，举起人民帜。仓皇入莫京，风雪炼卓识；五十学游泳，自谓得奇致。愈觉生命强，不觉有难事；六十参长征，七十司鼓吹。但为解放战，不知老将至；湘徐与皖陶，教育之双瑞。陶死徐虽老，犹能兼人食；学生遍天下，春风无不被。寒极暖亦近，雪深草弥翠；海上举金尊，共为老人醉。

续范亭寿徐诗（八首录四）

长征二万五千里，出死入生风暴里，抗战八年老益壮，青年孰若徐公美。

少骑公马多徒步，不要随从来照护，携带两个冰馍馍，一天开会好几处。

曾记秋风八月寒，军民集会延河干，七旬老将水中舞，多少青年瞪眼看。

精神仿佛陶行知，革命党人一老师，当代毛公亲受教，而今禹墨正匡时。

1947年2月11日　　晴

看陶行知诗集录一首《八位顾问》：

我有八位好朋友，肯把万事指导我。你若想问真名姓，名字不同都姓何：何事，何故，何人，何如，何时，何地，何去，好像弟弟与哥哥；还有一个西洋派，姓名颠倒叫几何。若向八贤常请教，虽是笨人不会错。

生活教育社在桂林*

魏华龄

生活教育社，为教育家陶行知所发起，继承原晓庄师范、山海工学团、国难教育和战时教育的精神，于1938年12月15日在桂林成立。社员分赞助社员和工作社员两种，第一批共发展社员189人，到1939年上半年增加到2400多人，除桂林教育界人士外，还有晓庄校友和各方面知名人士，如黄炎培、邵力子、沈钧儒、杨东莼、徐特立、田汉、范长江等。除个人社员外，新安旅行团参加生活教育社结为集体社员。

在成立大会上，通过了《生活教育社社章》，确定社的宗旨为"探讨最合理最有效之新教育原理与方法，促进自觉性之启发，创造力之培养，教育之普及，及生活之提高。"社务有如下九项：调查生活需要，设计教育方案，编辑教育材料，研究专门问题，试验教育方法，推广探讨所得，介绍社员服务，促进社员互助，指导社员进修。

根据社章，选举陶行知、李任仁、邵力子、黄炎培、汪达之、刘季平、戴伯韬、吴新稼、沈钧儒、顾颉刚、雷宾南、杨东莼、张宗麟、田汉、胡兰畦、杨寅初、王洞若、尚仲衣、周月宾、陆璀、张劲夫、唐柯三、徐谷荪、方与严、林砺儒、崔载阳、徐特立、俞庆棠、潘一尘、张敬仁、孙铭勋、唐现之、蒙古

* 选自1999年《桂林文博》。

代表一人等33人为理事；陶行知当选为理事长，王洞若、刘季平、戴伯韬、方与严等13人为常务理事；邱昌谓、杜重远、范长江等15人为监事。在成立大会上，陶行知发表讲话，他总结了生活教育运动12年的历史，号召生活教育社同志承担四种任务：一是力求自己长进，把自己的团体变成抗战建国的真正力量；二是影响整个教育界共同进步；三是普及抗战建国的生活教育运动；四是普及反侵略的生活教育运动。并号召大家凡是有群众的地方都是进行教育的地方。

在理事会之下设常务干事会，组织部常务干事为刘季平（中共），编辑部常务干事为戴伯韬（中共），服务部常务干事为王洞若（中共），调整设计部常务干事为杨东莼（中共），总务部常务干事为杨寅初（国民党，中山纪念学校代理校长）。由于杨寅初的安排，生活教育社的办公地址设在中山纪念学校。最初负责日常社务的是王洞若，其后，刘季平、程今吾来到桂林，乃由刘季平、程今吾主持生活教育社的日常工作，程今吾担任生活教育社的中共支部书记（秘密），受八路军桂林办事处领导。这样，生活教育社从一开始就在中国共产党的领导下进行活动。

生活教育社的活动主要是在广西和桂林，桂林是生活教育社的活动中心，但又不止在桂林和广西。根据社章，各地社员在30人以上者，得设立分社；30人以下5人以上者，得组织共学服务团；不满5人者，得组织通讯处。当时，全国各地先后建立了分社或通讯处达10余处，如四川、浙江、安徽、上海、香港、山西、贵州、重庆、陕北等地都有生活教育社的组织。由于桂林是活动中心，负责联系和推动各地分社工作，起到总社的作用，但对外仍只称生活教育社，并未冠以“总社”的字眼，社章上也只有“分社”的条文，而无“总社”的规定。

生活教育社成立后，主要开展了以下活动：

一、开展研究工作。先后开展研究的课题有：① 战时普及国民教育问题（包括难民教育、难童教育）；② 战时建设教育的研究；③ 游击区教育的研究。1939年1月成立了晓庄研究所桂林办事处（研究所1938年冬在重庆成立），王洞若任办事处主任，刘季平为研究员，对《生活教育研究提纲》、中国儿童运动的理论与实践和战时教育等问题进行了研究。

二、与新安旅行团一道，组织“岩洞教育服务团”，开展岩洞教育，使桂林的每一个山洞成为一所战时民众学校。在七星后岩的崖壁上至今还留有一条“敌人在轰炸，我们在上课！”的石灰标语，这是岩洞教育的历史见证。勾适生写了《桂林的岩洞教育》，童常写的《桂林的岩洞》、《儿童唱歌团在岩洞》等通讯曾先后在重庆《新华日报》发表，左群《警报是我们的上课钟》在桂林《救亡日报》上发表。

三、编辑出版报刊和教育读物。生活教育社社报《西南儿童》，1939年6月5日在桂林创刊，陆静山主编，该刊以小学中高年级读者为对象，号召全西南儿童、全中国儿童团结起来，打败日本侵略者，创造新中国。《少年战线》（陆洛主编）则是《西南儿童》的姐妹刊，不过以少年朋友为主要读者对象罢了。社的内部办了一个《生活教育通讯》，每月一期，任务是加强与各地社员的联系，交流工作经验。此外，以刘季平、赖少其为主编出版的《工作与学习·漫画与木刻》杂志，是生活教育社与漫画家、木刻界抗敌协会联合创办的。由陆洛主编，新编出版了五套幼稚园读物，其中一套《幼年文库》共10册，受到小朋友特别欢迎。

四、推行小先生制，恢复新安小学。陶行知推行生活教育，特别借重小孩子的力量，借重新安旅行团的力量。在桂林，成立了广西小先生推行委员会，组织小先生义务教人读书识字，同时也做抗日救亡的宣传动员工作。1940年初，在桂林恢复了新安小学（原在淮安，是生活教育的实验基地），这是一所实践生活教育和小先生制的新型学校。新安小学所在地的桂林西郊致和村，当地六七十岁的老百姓，至今仍留恋着当年新安旅行团的小先生们。

五、开展抗战宣传教育工作。① 经常与中国农村经济研究会、国际新闻社、青年记者协会、晓庄研究所等团体联合举行时事报告会、座谈会，邀请来桂著名人士作学术报告或形势报告；② 与文化供应社、国际新闻社等团体联合组织每周一次的读书会，学习讨论党的文件和国际问题，然后分工撰写稿件，统一宣传口径；③ 创办实验成人教育班，开设半工半读师范班；④ 与晓庄研究所联合召开中国教育问题讨论会。

1941年春皖南事变以后，桂林和广西的政治形势日趋恶化，八路军桂林办事处被迫撤离，生活教育社被国民党当局认为“分子复杂，言行左倾”，为此，负责生活教育社的刘季平、程今吾都先后撤离桂林，社务交由操震球兼管。不久，工作被迫停顿，生活教育社移往重庆，继续活动。新安旅行团和新安小学共48人分批撤离桂林，经广州湾、香港、上海转苏北解放区，参加了新四军。

生活教育社延安分社成立*

在延安的生活教育社社员，为了研究教育理论，交换工作经验，并且帮助边区政府推行普及教育运动，特于日前发起成立生活教育社延安分社。9月15日上午9时，在文化俱乐部茶亭，召开分社成立大会，到会社员22人，来宾14人。首由主席董纯才同志报告开会意义及生活教育运动十三年来的历史，次由魏东明报告生活教育理论的要点及抗战以来生活教育社工作情形。来宾讲演有罗迈、董必武、徐以新、周扬等同志。时至12点半，即休会聚餐。下午社员继续开会，讨论分社组织及工作任务，决定发动社员研究教育理论，参加教育工作，帮助推行普及教育运动，以及与总社及各地分社交换工作经验意见。最后推选分社理事9人干事3人。至下午4时散会。

* 原载1940年9月22日《新中华报》第三版，作者：明。这是生活教育社公开成立后的第一个分社。“社员22人”的名单在1938年11月29日陶行知的《衔备忘》(本全集第10卷719页)。

中共中央宣传部关于向全国教育界各小派别小团体推广统一战线工作的批示*

（一九四〇年十月三十日）

（一）为了击破敌伪奴化教育，为了抵制国民党顽固派教育统制政策，争取教育与学术研究的民主自由，为了逐渐推广新民主主义教育的影响及其研究，我党必须积极向全国教育界各小派别、小团体以至个人，推广统一战线的工作。

（二）教育界各小派别中，以陶行知所领导的生活教育社，黄炎培、江问渔所领导的中华职业教育社，晏阳初、陈筑山所领导的平民教育促进会，梁漱溟所领导的乡村建设派等最有历史和地位，其中尤以生教社和职教社的活动范围较广，影响较大，这些派别今天都站在抗日民族统一战线之内，不过由于他们的阶级地位不同，从而他们之间对于抗战与民主的立场及态度也有显然的差别。

生活教育社是小资产阶级的革命民主派，有许多前进的青年和革命知识分子参加在里面，他们今天的教育活动可以说是为民族民主革命为大众服务的，是新民主主义教育的亲近朋友。职业教育（社）是很有历史且颇有地位的一派，该社的教育主张及实

---

* 选自《中共中央文件选集第十二册》（1941—1942）536—539页。中央档案馆编，中共中央党校出版社1991年6月第1版。

施，一般地是为民族资产阶级服务的，它团结了社会上比较开明的一部分上层分子，并在他的活动地区里也得到一部分职业青年的欢迎。平教会是在美国金融资本（其活动基金为美国石油大王洛克菲勒所捐助）及中国大资产阶级影响下的中间派，他拉拢了一些作家和学者，吸收了一批热情青年，其中不少是在艺术上和教育工作上表现了开明的和进步的。乡村建设派是靠近于大地主阶级的中间派，是这些教育派别中最右的一派，但也有一部分政治幼稚而又纯洁的青年参加在里面。

如果把他们的思想主张存而不论，则上述各派人士所以能够在教育战线上获得一定的地位和影响，是有两方面的原因：一方面是由于他们的实际努力，他们不断的在实际上努力实行自己的主张，扩大自己的影响。另一方面是由于国民党在政治上和教育上的黑暗，特别是教育战线上它的统制政策与排他主义，使得一部分教育工作者和许多青年不得不另找出路。所以这些派别都或多或少的吸引了一批青年及知识分子，由此，我们也就不能把平教会派和乡村建设派的成员都看做名副其实的平教主义者或乡村建设主义者，更不能把他们同他们的领导人物一样看待。

（三）除了上述四个较大的教育派别外，国内教育界还存在着因学业出身而结合的许多小派系，例如留美派，留法派，师大派，南高派等等，还有各种研究性的学术团体，如自然科学的社会科学的。还有许多无派无系的学者，自然科学家和教育家。

这些团体派系和个人之间，无疑的存在着各种各式的复杂的特点，阶级的社会的地位不同，政治倾向不同（或“不问政治”），学术思想不同，生活习惯不同，个人感情也有不同等等，但在今天情况之下，多数人是有民族意识和民主要求的。

（四）应该以不同的策略和不同的方法，同上述各种派别集团以至个人建立统一战线。对生活教育派，要亲密的同他们合作；对职业教育派要争取同他们合作；对平教派赞助其某些进步办法，批评其错误主张，并影响和争取其进步分子；对乡村建设派批评其上层，影响其下层；而对其他的小团体派系以及某些无派无系的个人，则应该依据具体对象，从具体的问题上，以不同的策略和方法去接近他们，同他们建立统一战线。

（五）教育界的统一战线，自然是抗日民族统一战线的一个侧面，并且最后应该服从于抗日民族统一战线的政治方针，但必须认识教育界的统一战线有他自己的特殊目的，自己的特点，自己的活动领区。因此共产党员去进行教育界统一战线工作的时候，应该直接从教育事业出发，并且为着教育事业而活动，而不应该从政治出发或强人从事政治活动，应该以教育活动者的面目出现，而不应该以政治活动者的面目出现，这样才能在教育界展开广泛的统一战线。

（六）依据上述的方针政策和方法，各级党的组织应该尽可能的动员适合的干部和党员，去从事教育界的统一战线工作。有可能时并须参加到各种派别派系和集团中去，对于能够实际参加教育界活动的党员和干部，必须注意使他们能够长期的保持自己的活动地位。

（七）我们应该研究教育界中各种派系特别是上述各派别的教育理论与实际，并批判接受他们在教育事业中某些积极的作法和经验，以丰富我们的教育建树，对于他们中愿意到各抗日根据地服务于教育的热心分子，应该欢迎他们并帮助他们前赴各根据地。在这方面尤其要注意吸收生活教育社及职业教育社中的人员。

中宣部

十月卅日

周恩来同邓颖超访问育才*

9月22日，周恩来同邓颖超到北碚会见陶行知、陈望道（中国现代社会科学家、翻译家）等，并去育才学校看望师生，介绍当前形势。

* 原载《周恩来年谱》468页。中共中央文献研究室编，中央文献出版社、人民出版社1989年3月第1版。周恩来、邓颖超访问育才学校，时为1940年。题为编者拟。

周恩来同陶行知等会晤斯特朗*

12月23日，周恩来同张君劢、梁漱溟、左舜生、陶行知、章伯钧、黄炎培、邹韬奋在沈钧儒寓所会见美国著名作家安娜·路易斯·斯特朗。几天内同斯特朗长谈数次，揭露国民党顽固派正在酝酿投降和内战的阴谋，预言即将发生更大的反共事件和战争。但嘱咐她：这些材料暂时不要发表。要等我捎信给你，同意你这样做时再发表。还说：我们不希望过早地暴露这些冲突而加剧摩擦。不过，我们愿意把这种资料交到值得信任的国外人士手中，以便在蒋介石展开更加疯狂的进攻时及时揭露。我们担心这种进攻。

* 原载《周恩来年谱》479、480页。中共中央文献研究室编，中央文献出版社，人民出版社1989年3月第1版。这次会晤时为1940年。题目为编者拟。

关于争取江浙民族资产阶级问题的指示*

（一九四一年一月十四日毛泽东致周恩来、叶剑英）

恩来、剑英同志：

苏北根据地的工作对全国有重大政治影响，而对民族资产阶级的正确政策，成为我们建立苏北模范抗日根据地的中心问题之一。如果我们能以正确政策争取民族资产阶级，在抗日民主方面与我们合作，在国共斗争方面保持中立，则不仅对孤立大资产阶级有极大帮助，且使我们的新民主主义政策得以开始在全国注目之地区具体实现，对于目前阶段整个革命进程是有帮助的。因此请你们除对生活教育社人员加以联络，鼓励他们去苏北外（这是主要方面），同时亦对黄炎培、江问渔、张一麐、褚辅成等江浙民族资产阶级之代表加以联络争取工作，向他们说明苏北事件真相，说明我们在苏北的各种政策，征求他们对苏北问题的意见，约请他们派人和介绍人到苏北去办教育文化事业，去投资兴办实业，并说明我们欢迎他们派人和介绍人参加苏北的政权工作和民意机关工作，以便经过他们，扩大我们争取江浙民族资本家的范围，并帮助我们巩固苏北根据地。

毛泽东

* 选自《中共中央文件选集·第十三册》（1941—1942）6、7页。中央档案馆编，中共中央党校出版社1991年6月第1版。

陶行知教育思想讨论的结论稿*

李维汉

（一）从教育看政治，陶行知在政治上经历过的路程五四前是资级教育学者，五四以后有四个时期，从五四后到一九三〇年晓庄封闭年间，他幻想用乡村教育来改造中国社会。他的理想的社会是“乡村变为西天乐国，村民都变成快乐的活神仙”。这社会里，“农民已经自立自治自卫”，“实行把民权操在手中”，运用国家的权力以“执工业上之牛耳”，而使国家“从农业国进到工业文明”。

怎样，用什么方法，得使中国现社会改造成为这理想的社会呢？他的答案是：“我们应当秉着美术的精神，去运用科学发明的结果，来支配环境，使他们现出和谐的气氛。我们要有欣赏性的改造，不要有恐怖性鬼脸式的改造。换句话说，我们改造环境，要有美术的精神。”于是他提出培养一百万个“具有科学的头脑、农夫的身手、改造社会的精神”的教师，派他们到百万乡村里去，从事乡村教育以改造乡村。（以上见《中国教育改造》）

民主主义的要求，改良主义的方法！他不理解中国需要一个

* 据中共中央党史资料出版社1986年4月出版的李维汉著《回忆与研究》下册所载《中央研究院的研究工作和整风运动》一文中称：“1942年2月27日教育研究室召开陶行知教育思想讨论会，我作了总结发言。”李维汉时任中共中央宣传部副部长兼中央研究院中国教育研究室和新闻研究室主任。陶行知教育思想讨论会于1942年2月24日至26日举行，李的总结发言在26日。本篇录自陶晓光存原本抄印稿。

反帝反封建的民主革命，才有可能去实现经济的改造社会，也不理解教育同政治的关系。

第二时期，晓庄事件和九一八事变，刺激了他，使他开始接触政治，提出“教育是与国难赛跑”。六大训练中包括了“军事训练”与“民主训练”。但他对当时的统治者，还希望以自己的温和的山海工学团式的普及教育运动去取得他们的同情。

第三时期，“一二·九”尤其第四时期“七七”以后，他有了明确的政治方向，他已经把生活教育的目的，用明白而正确的词句写了出来：

“我们在十二年当中干了什么事？三件事，还没有作完。一是反洋化教育，二是反传统教育，三是在半殖民地半封建的国家建立争取自由平等之教育理论与方法。”

“我们之所以反对洋化教育及传统教育，是要开辟一条大路让这半封建半殖民地争取自由平等的教育可以出来。三民主义是我们的工作的最高指导，从一个半殖民地半封建国家变成一个自由平等的民有民治民享的国家，是要军事政治经济教育几方面配合好，才能达到目的。”（《战时教育》四卷三期《告同志书》）

这是新民主主义的教育，也是新民主主义的政治。

（二）陶行知教育思想的发展　以前是杜威主义。

第一时期是乡村教育时期，第二时期——普及教育时期，第三时期——国难教育，第四时期——战时教育。

生活教育的理论与方法，在第一时期里，基本上已经完成。第二时期，主要在方法上有新的发展（即知即传，工学团，小先生制和传递先生制），那是普及教育的实践所促成。第三、第四时期，在理论上有新的发展，主要的在于赋予生活教育以新的意义。如：“从定义上说，生活教育是给生活以教育，用生活来教育，为生活向前向上的需要而教育。从生活与教育的关系上说，是生活决定教育。从效力上说，教育要通过生活才能发出力量而成为真正的教育。”（抗战中）

关于生活教育的本质或性质，他说生活教育“是民族解放，大众解放，人类解放的武器……生活教育理论是半殖民地半封建的中国争取自由平等的教育理论”。他指出，教育应当是“战斗的，生活的，科学的和大众的”。（以上《战时教育》五卷五期）

而在此以前，一九三六年他已经指出生活教育具有下面六个特点：一、生活的；二、行动的；三、大众的；四、前进的；五、世界的；六、有历史联系的。生活教育理论上这些重大的发展和进步，是生活教育发展的第三、第四时期中，陶行知政治思想前进的结果。陶行知教育思想的发展是循着这样的道路：

杜威主义——生活教育——新民主主义政治——新民主主义教育，与其说他是从低级的生活教育到高级的生活教育，不如说他是从生活教育到新民主主义教育。没有新民主主义的政治观，不可能有新民主主义的教育观。

（三）关于生活教育理论和方法中若干问题的商榷

（甲）三个基本思想：

(1) 反对与生活脱离的洋化教育和传统教育，主张生活教育。

(2) 反对教育和文化归小众独占，主张普及教育、大众教育和大众文化。

(3) 反对为读书而读书，主张教学做合一。

基本上是唯物主义，因而是革命的。但偏重生活与感性认识，偏重做上学与经验，辩证唯物主义不足，直观唯物主义和实验主义的成分，在他那里还占着地位，但前者在逐渐增长，后者在逐渐减小，从发展中看陶行知，他很可能走上彻底的唯物论，下面来具体的看看。

（乙）第一个问题——生活教育偏重生活与感性认识。他反对洋化教育和传统教育，也就是反对买办教育和封建教育，是很彻底的。这是五四文化革命精神的继续，陶不但继续了这精神，且在教育战线上创造了新的东西，举起了生活教育的旗帜——教育革命的大旗，打通教育与国情、社会和生活的间隔，生活决定教育，教育要有目的，要从生活吸取资料，要通过生活。

对于什么是生活教育，在陶，有初期的和后期的两个定义：初期的定义是："生活所原有，生活所自营，生活所必需。"

后期的："给生活以教育，用生活来教育，为生活向前向上的需要而教育。"

后一定义比前一定义进步，因为直观唯物主义和实验主义的成分，在后一定义中比在前一定义中减少了。前者自发性很浓厚，后者已注重教育的能动性、生活教育的作用，但生活不等于教育，生活要由人来改造，而教育者也要受教育，马克思批评费尔巴哈的话，也可以用来批评陶行知的。陶在初期把教育看成"生活的影子"，教育同生活不能摩擦，因为他是影子，生活与生活摩擦的火花，才是教育。很明显的减低了教育的作用。什么是生活摩擦的火花？就是生活的经验。限制在这上面，便是实验主义的残渣和直观唯物主义倾向。

两个定义中都仍存在着一个根本的缺点，就是他把"生活"抽象化和一般化，忽视了阶级社会里"生活"是依阶级划分的。

把教育看成"社会经验的改造"或"教人经营生活的工具"，都犯着这同样的缺点，在阶级社会里，教育是教人经营生产斗争，尤其经营阶级斗争的武器。不是唯一的武器，而是主要的武器之一。

假如把他的关于生活教育的抽象定义撇开不谈，而把他在后期给生活教育所作的许多具体解释拿来研究，例如"教育是民族解放，大众解放，人类解放的武器"，"教育应当是科学的"，而科学则"包括自然科学和社会科学"。又"为了争取生活之满足与存在，这行动必需是有理论，有组织，有计划的战斗的行动"。这些解释已经不是"生活即教育"所能包括的了，这已进入了新民主主义教育的领域，已不是本来意义的"生活教育"了。

"社会即学校"是从"生活即教育"来的，所批判"生活即教育”的，也可用来批判“社会即学校”。

在共产主义社会里，是否即是“生活即教育”？这个问题可以研究。在共产主义社会里，精神劳动与体力劳动的分裂已经消灭，而趋于一致。但，各种科学的必然规律的认识，人类数千年文化成果的接受，只通过生活，不通过教育，是不够的，承认共产主义社会有教育的必要，才能承认那时也有学校的必要（张健同意后者，反对前者）。

（丙）第二个问题——教学做合一，偏重做上学与经验。要把“现代文明的钥匙……活用的文字符号和求进的科学方法，从少数人的手里拿出来交给大众”，“文化是大众创造的，被小众所独占，现在应该将文化从小众手里解放出来，……对大众解放，使整个文化成为大众的文化”。

这是唯物主义，革命主义的。

从普及教育到大众教育，是阶级观点的进步。

“即知即传”，小先生制和传递先生制，乡村师范，工学团等等办法，都是适用于普及教育和大众教育的方法，在我们这里也可以灵活的运用它们，但假如把整个教育的目标都放在普及教育和大众教育上面，就不对，人才教育即干部教育，在今天还占着重要的地位，即在社会主义社会亦然，陶的过去思想中，有这缺点。

（丁）第三个问题

教学做合一，是教学方法上的一个重要发明。这方法是解决教学中理论与实践统一的武器。

教育方法的原则应该是：

（1）教育以做为目的，或如陶说的“以做为中心”，不是为学而学。一般的学习，业务的学习——做什么学什么。

（2）教学的真正统一也要求教育以做为目的。这就是说教育要以实践为目的，才能克服教条主义，教与学才能真正统一起来。

陶的基本意思，我看也是这样，但有偏向。

教育，尤其对干部，有两个方面：从实际中教育，从理论上教育，陶的偏向在于只提出“从做上学”。行是知之始，理论是经验的综合，反转来理论又是行动的指南，陶很长时期忽视了后一层，后期意识到了，但没有强调，没有给它定式化。

把“做”当作“必有事专”，当作“实践”，而主张教育“以做为中心”，完全正确，但如果把“做”当作“劳力上劳心”(按原来的意义)，在今天的社会里，这就会降低教育水平，不是提高教育水平。教育要同劳动生产联系是对的。

“劳力上劳心”的“劳力”在陶有两种用法：“实践”与“体力劳动”。亲民亲物，是唯物的革命的，但要防止成为事务主义，晓庄师范多少有这毛病。

“以教人者教己”、“做什么事用什么书”，像“从做上学”一样，有其正确的一方面和偏向方面。

(戊) 陶的人格教育观——讨论中忽视了。

(1) “人中人”与“大丈夫精神”的人格教育，不做人上人，也不做人下人——完全对。

(2) “立足点要平等，出头处求自由”——“自主，自动，自得，”“个人由自己的意志，……团体由团体的意志……”这样强调出头自由，与前条矛盾，育才的注重个人天才与兴趣。

(四) 我们怎样研究和学习陶行知

一、从发展中来研究他，才能真实的了解他。

二、把他的学说放在现代中国的社会里来估价，才能分别他的正确性，革命性，与某些偏向和幻想。

三、把他的全部学说思想，同他的实际教育活动来对照，就知道他的理论和方法，是从普及教育和大众教育的经验中提炼出来，把它用在大众教育和普及教育，基本上完全适用。因为普及教育和大众教育，主要是语文教育和常识教育。

四、他的后期政治思想，基本上是新民主主义的。这影响了他的教育学说，但当作新民主主义教育的理论和方法，还须给以必要的补充、改造和发展。我们这里——根据地有这样的条件。

五、陶的作风是反主观主义、反宗派主义和反洋八股的，我们应该学习他。

六、要学习陶忠实于事业的精神和批判创造的精神。

陶的阶级立场：他本人是小资产阶级知识分子，试验主义教育时期五四以前是民族资级的教育思想家，晓庄时期代表农民，更后已具工农联合的思想（关于锄头歌的问题），所以提出“教育是大众解放的武器”。还会进一步的。

材料的缺点：理论与方法未能按历史的顺序。

论文集必须在顺序上采编年制，附一个生活教育运动简史学说与方法夹在中间提要点。

生活教育社十五周年*

徐特立

生活教育社所提倡的生活教育与小先生制，是实际的，同时又是革命的。因为它是实际的、与生活打成一片的，就看不出有什么惊奇处。从好新喜异者看来，生活即教育的理论和实际，都值不得我们推重。因为生活即教育，不过是美国实利主义的教育，是杜威的再版。这种估计，只有离开中国的实际和离开边区的实际而泛论学理，或有片面性的真理。如果把生活即教育看为是对中国的病症下药，那么就值得我们特别尊重该社的实际精神和革命精神。因为中国不独国民党的复古教育离开生活太远，而我们的教条主义和党八股其理论和原则既非从综合实际的经验得来，而教育的目的也只是为教育而教育、为学习而学习，没有针对着我们的需要和可能的条件。换一句话来说，就是与我们生活无关，工作无关，学非所用，而用非所学，无目的的学习，无计划的学习，过去存在，现在还是存在。常有同一个人，曾经进过抗大，又进过陕公，还进过马列学院和党校，经常的住学校。生活教育社是教学做合一。我们某些同志经常住学校，尤其是无目的的住学校，是不对的。我们总务科的同志自己轻视总务工作而旁人以事务工作人员轻之，不知道总务工作需要有经济财政和组织的学识，至少也需要了解会计制度。但是我们的总务工作人员

* 原载《解放日报》1942年3月15日第1版。

只是做而不学。在延安的女同志大部分是中学生，但是保姆一职却无人担任。由于偏重空洞的学理而忽视本身的职业，以致托儿所不能建立，致使每一个女同志都要自己育儿，结果每一女同志都成为保姆了。

我们需要远大的慷慨激昂的不顾一切牺牲的精神，献身于革命的事业。但如果没有美国的实际精神，必然会成为革命的夸大狂，必然会见远而不见近。我们最高的领导者——泽东同志所著的《论持久战》、《论新阶段》及其他一切文件，都是经过数易其稿完成的，且常是自己亲手校对。生活教育社的创造者——行知先生他所主张的教学做合一，就字面看来只有三个，但是经过长期的研究，只完成教学合一二字，越数年又加上一个做字。他们的脚踏实地不自夸大的实际精神，据斯大林说，这种实际精神却是美国式的，同时也是列宁工作作风之一方面。我们某些干部，尤其好自夸大的干部，高视阔步，轻视资产阶级的一切，并其实际精神而轻之，对于实事求是者，或指为狭隘的经验，或讥之为事务主义，不知不觉自己成为官僚主义。因此缺乏实事求是的精神，和对于自己业务的忠实。某些干部手所做的和心所要求的常不一致，因而不安心工作，其要求学习是一回事，自己的业务又另是一回事，学与做分开，以致学问无实际而不能深入。工作无学识来帮助，也成为蛮干或敷衍，自己的前途的损失固大，而对于革命的损失也并不小，生活教育社所提倡的教学做合一似乎是针对着这类同志而发。但该社成立在十五年前，而我们的教条主义也不是今天才有，而且不是独有的东西，虽在苏联也免不掉，所以斯大林也提倡美国的实际精神。我们应该知道新社会是从旧社会产生的。我们的教条主义有他的历史根源。假使我们不从每一个问题，每一个工作中去检查，那末我们反教条主义的决定，将使他的本身也会变成教条，只供人们背诵而已。因此我们反教条主义主要的是行动问题。生活即教育是以生活为教育的目的。所以它的教育不是无的放矢。生活即教育是要从综合人类历史的经验而得出教育的原理。所以它不是从冥想中产生出来。生活教育的刊物是它的理论，而晓庄师范及山海工学团是它的实际。所以生活即教育，不只是原理且有方法，有行动。陶行知原名知行，一旦发现了自己的错误，竟把自己的名字倒转，其革命的精神值得我们学习。列宁的工作作风是俄国的革命精神与美国的实际精神。陶行知却有中国革命的精神。共产国际估计中国共产党是最有战斗力的一个党，但这样的一个党还有教条主义，还有主观主义和党八股。由此我们知道这是人类的一个大弱点，尤其是小资产阶级中的知识分子，常以书本当实际，以自己的理想当事实，以读马克思的书籍当自己的理论，以引证马克思主义条文来解释自己主观的意见当客观的真理，实际上是马克思主义的修正者。今日我们纪念生活教育社，希望生活教育社诸君在我们边区发挥晓庄师范的精神、山海工学团精神，而不是只读陶行知的著作。如果只在书本上去找教育，我们也还有马克思主义的书籍可读，因为只是原理必不够，当有具体的实际例子作对象，才不会脱离生活。在边区的学者，边区与他们的生活环境，应该在此实现生活教育。

延安庆祝生活教育社十五周年*

为纪念生活教育社十五周年，生教社延安分社与新教育学会，于17日下午1时在延大礼堂联合举行纪念大会。到会有中央宣传部，中央研究院教育室，边区教育厅，延大师范学院，边区师范，保育院等机关学校代表二百余人。首由董纯才同志致开会词，简述生教社历史。继请徐、罗二部长讲话。徐特立同志着重指出生活教育创始人陶行知先生的中国式的不屈不挠的革命精神与美国式的实际主义的作风，最值得我们学习。而陶先生的虚心学习他人的优点和不断改进自己的短处，尤应为我们所摹仿。罗迈同志指出陶行知先生和徐特立同志是中国新民主主义教育的两面大旗。我们研究生活教育学说时，应按着它发展的历史顺序，并把握着它的基本精神，而不应咬文嚼字断章取义。陶先生不仅继承了“五四”文化革命以民主科学反对“老八股”的精神，而且还进一步发展为反对“洋八股”。这是我们今天反对教条主义、党八股，整顿三风时所应特别学习的。最后他号召大家学习陶先生在任何艰难困苦的环境下，仍能忠实于自己终身事业的精神。徐、罗二同志并一致号召全延教育工作同志，要虚心的热烈的来研究陶先生的学说。后由张健同志报告生活教育学说。最后分发新教育学会草拟的生活教育研

* 原载1942年3月18日延安《解放日报》报道。

究提纲，决定各小组详加研究，多提问题，将来请罗迈同志作结论。

关于《致斯大林大元帅的信》*

王造时

一九四一年四月十三日苏联和日本签订了一个互不侵犯协定，并发表了宣言相互尊重“满洲国”及“蒙古人民共和国”领土的完整与互不侵犯性。当时苏德战争还没有开始，并且在同年一月间苏日两国还订立了第三次商务条约，那时距日本帝国主义十二月八日进攻珍珠港的日期还远。中国正在抗战，汪精卫组织了汉奸傀儡政权，进入了很艰苦的阶段。日苏互不侵犯协定一发表，一般人不明了它的真正意义，感到震动。在重庆救国会重要负责同志开会讨论这件事情的结果，认为救国会运动是由于日本侵略东北而起的，中国抗战也是为着这个问题。苏联虽是我们最好的友邦，但是这个协定实在对中国是一个“打击”，大家认为有公开表示的必要，当场推举我起草，张申府审查。我随即拟了一个致斯大林大元帅的公开信，表示该项协定妨害中国领土与行政的完整，认为是很大的遗憾。张申府看过之后，旋经开会修正通过。当时我们七个人，除邹韬奋因生活书店被压迫已潜往香港外，我们六个人都在重庆参加会议（记得王炳南、张友渔同志等也参加会议）。开会决定由沙千里誊清两份，于次日在史良家里签字。签名的有沈钧儒、章乃器、史良、李公朴、沙千里、张申

---

* 选自叶永烈编《王造时　我的当场答复》，第216、217页。中国青年出版社1999年1月出版。本文系根据手稿整理，原题为《日苏互不侵犯条约的问题》。这是摘录的与陶行知有关的部分。

府、刘清扬、胡子婴和我九人。记得陶行知声明对致斯大林大元帅的信是赞成的，但不赞成公开发表，故未签字。签字的信有两份，一份由沙千里派人送苏联大使馆潘友新大使转交斯大林大元帅，一份由我送交国民党中宣部部长王世杰，由中央社发表。我第二天就送给王世杰，他答应可以发表，第三天我就乘飞机离重庆回江西去了。但是经过桂林衡阳没有看见报纸发表，回到吉安仍然没有看见发表。（后来听说国民党反动派拿到香港去发表了，陶希圣著的中国抗战时期的外交那本反动书内，还把这件事情列为独立的一章，极尽污蔑之能事。）

过些时候接到沈钧儒来信，大意说，自你离渝后，此间谣言纷纷，盼速来渝面谈一切。我因事没有马上能去重庆；过了些时候去出席参政会时，先去见沈钧儒，谈到这个问题，颇为痛心。他并且说外面有谣言，说我们拿了国民党的钱。我愤然说，你拿了没有，你相信我拿了没有？他说我不相信，但事是做错了。我也觉得错了，但是没有向党在重庆的负责同志表示过。我从什么时候觉得斯大林同志做对了，我们做错了呢？是在一九四一年六月二十二日希特勒进攻开始之后，我才恍然大悟。

恢复救国会问题*

王造时

（一九五七年）三月廿七日的晚上，我在北京蒙周总理召见。

在谈话中，周总理曾经问我是否考虑恢复救国会的问题，我答复说要问沈钧儒、史良和其他与救国会有关系的朋友。

周总理说，“当初解散救国会是一个错误”。毛主席看见了民主党派抗美援朝的联合宣言没有救国会的名字，认为是一种损失。周总理说我（编者注：指王造时）当初反对解散是对的。我答复说，我当初也不是绝对反对解散，我当初的意见是，如果其他民主党派解散，救国会就应当解散；如果其他民主党派不解散，可见民主党派还有历史任务，救国会也就可以考虑不解散。

与周总理谈话之后，我在北京就与下列各人交换意见。

首先，我到史良家里，把周总理对于这个问题的意思向她报告，并问她的意见（其时，沈钧儒晚上要休息，沙千里已去莫斯科治病）。那天晚上，顾执中与我同去，在途中汽车里，我因为晓得顾是积极主张恢复救国会的，所以我就对他说，等一下你见到史良时，你不要把你的意思当作我的意思，说成是积极恢复的。到了史良家以后，史良表示沈钧儒和她都没有功夫来搞救国会，而且救国会许多朋友都已经参加了民盟，人家说我们在民盟

* 选自叶永烈编《王造时　我的当场答复》，第221—225页。中国青年出版社1999年1月出版。

里面，还是阴魂不散。周总理向你提出这个问题，是表示对你的客气。她认为没有恢复的必要，竭力劝我参加民盟。顾执中是积极主张恢复的，当时他说我也是积极主张恢复的，我当即加以纠正说，我要看各方面的意见再决定，我个人没有成见。当时在座的还有闵刚侯、萨空了两位。

接着，我到粮食部看章乃器，征求他的意见，他表示对民主党派已经不甚感兴趣，连民建会也想退出。

我也与张志让谈过，因为千家驹曾经告诉我张志让到现在还没有参加民主党派，如果有救国会，他倒愿意参加，所以那天我去看他。他表示大家可以多谈谈。

三月廿九日下午六点钟，闵刚侯、张定夫请我吃饭，在座的有张志让、潘震亚、林亨元、韩学章等，我也把周总理的话向他们报告了。因为张副部长、刘部长（编者注：即中共中央统战部副部长张执一和中共上海市委统战部部长刘述周）在七点半要到前门饭店来看我，我就吃了两三样菜匆匆地走了，他们后来怎么谈，我就不晓得了。

我与罗隆基第二次谈话时，我向他也提到了这个问题，他说沈钧儒、史良不赞成，恢复救国会是有困难的，如果我愿意参加民盟，他表示欢迎，但不如史良那样热情。潘大逵当时也在座，他觉得恢复救国会有困难，认为我还是做无党派的民主人士为好。

我跟章伯钧第二次见面时，也谈到这个问题。他说，可跟救国会有联系的朋友多谈谈，如果我愿意参加民主党派，除了民建会以外，都会欢迎你的。特别是和他有关的民盟和农工民主党会欢迎你。

三月二十九日晚，中央统战部张执一副部长和上海统战部刘述周部长到前门饭店来看我。那天晚上，我们谈到许多问题，从七时半开始，一直谈到快十一点，所谈到的问题，涉及到我与周总理的谈话，与救国会朋友的谈话，致斯大林的一封信的问题，救国会的问题，《前方日报》的问题，自由出版社的问题，出席参政会的问题等等。关于救国会的问题，我对他们表示，如果党有意要恢复，我愿意积极去搞，如果党没有这个意思，也就不要因为我现在没有摊子而来恢复这个摊子。至于像我这样一粒小芝麻，摆在什么地方，或是摆在民盟，或是摆在无党无派，我都没有成见。张副部长说：不能由我们决定恢复不恢复。如果由我们来决定，那就等于你们是奉命恢复，这个问题还是你和救国会的朋友多去商量商量好，如果大家都主张恢复，那我们是欢迎的。

后来顾执中又来看过我，他对史良所说周总理的话是客气（话）的看法，（表示）不同意。他认为以周总理的地位，是不会随随便便提出这个问题的。我把我对于张、刘两位部长所说的话告诉他，我也把张副部长说的话告诉他，我说我要多与救国会的朋友交换意见之后再说，他说他愿意去找章乃器再谈谈。还有李烈钧先生的前秘书张宓公，以前也是同情并支持救国会的。他也来看过我，在我的寓所还与顾执中见过面。他也认为周总理提到恢复救国会的问题是有意义的，我应该积极起来，以救国会的组织去团结还没有团结的力量，特别是海外华侨的力量，来帮助党搞好社会主义建设事业。至于说要利用江庸、薛笃弼，那更是无中生有，他们都与救国会无关，而且在政治上过去毫无渊源。

回到上海之后，我与陆诒谈过，他是赞成恢复的，但是没有顾那样积极。我与彭文应也谈过，他对于这个问题不感兴趣。我与刘良模、胡子婴等在开会的场合中也提到过，请他们考虑考虑，但是没有细谈。孙大雨和我闲谈时，我也提到这个问题，他没有参加过救国会，他说革命已经成功了，国家已经富强了，还用救国会的名义干什么。

在上海宣传工作会议的前些日子，我到华东医院去看病，看罢病以后，我去看了当时在医院里疗养的刘述周部长。他问我恢复救国会的问题，怎么样了？我说跟有些朋友已经谈过，有些朋友还没有谈。他说如果你们主张恢复，我马上就可以向中央反映，我说还是多交换意见才好。我记得与杨兆龙闲谈时，也谈到救国会的问题。我说我怕麻烦，对恢复救国会的问题并不积极。他说，你可以搞政治，也可以搞学问。两者不可兼得，还是搞学问吧。后来，接着开宣传工作会议和政协会议，也就没有时间找其他的朋友谈了，而且我平常因为家事，很少去回看人家，多是人家来看我，我并没有为这件事积极活动。

总之，在周总理与我谈话之前，我是绝对没有恢复救国会的念头，也没有和别人谈过恢复救国会的问题。我与救国会有关的人交换恢复（救国会）问题的意见，完全是在见了周总理之后，想要知道各方面对这个问题的态度。我的态度是第一要看党的意图，第二要看救国会有关朋友的意见。如果党不支持固然无法恢复，如果救国会当年负责时的朋友不参加，我单干也干不了。而且我深知民主党派内部矛盾很多，很伤脑筋。去搞救国会于个人没有什么好处，而且我自信还可研究学问，有自己安身立命之路，所以我对恢复（救国会）的问题并不甚积极。

我和救国会*

章乃器

我从1928年“五三”济南惨案发生后，就发表文章揭露反共反苏亲日路线招致日本侵略的因果律，要求蒋介石及早回头，重新实行孙中山先生的三大政策，抵抗日本侵略。可是文章尽管一篇一篇地发表，国土还是一片一片地丧失，内战也还是一次一次地打下去！于是我就想到单是发表文章决不够，而有联合一班有志之士共同奋斗之必要。这就是我发起救国会的动机。

救国会是从一个十人小组开始的，（据史良回忆：救国会是一个在中国之命运的转折关头成立起来的政治组织。——编者）现在记得起姓名的大概是沈钧儒、邹韬奋、陶行知、李公朴、周新民和我。小组的推动者大概是周新民，而公开召集的是沈老。当时所用的是叙餐会形式，每一二星期叙会一次，上次决定下次会的日期和地点。

第一个公开出来的是文化界救国会。时间可能是在1933年日军侵占辽、吉、黑三省之后又进犯热河的时候（时间是1933年12月——编者）。“文救”发表宣言要求政府停止内战，抵抗侵略，责成汤玉麟死守疆土，不得任意后撤。宣言写好后由我们先签名，再广泛征求签名，以后就根据签名名单发通知召开成立会，通过章程，推选理事会，但具体经过，都记不清了。

* 节录自《救国会》430—450页。中国社科院出版社出版。

我记得文化界救国会成立在讨论名称时，沈老说：不要加“抗日”、“反日”字样；如定名为“抗日救国会”或“反日会”，日本人拿到文件便向政府交涉，要求解散组织，甚至抓人，日本浪人也可以直接来捣乱；定名为“救国会”，敌人便无所借口了。这点大家接受了。

接着公开出来的是妇女救国会、大学教授救国会、职业界救国会和新闻记者救国会。学生救国会和工人救国会都没有公开出来，但有组织。

大学教授救国会公开出来的人是王造时、潘大逵、张定夫等；妇女救国会公开出来的人是史良、沈兹九、胡子婴、罗叔章等；职业界救国会公开出来的人是沙千里、何惧等，它以原有组织蚁社为基础；新闻记者救国会公开出来的人是顾执中、陆诒等。

进一步就组织上海各界救国联合会，那里面除了上述的救国会以外，还有国难教育社，代表人是陶行知。学生救国会由谁代表记不起来了，工人救国会的代表是陈钧。学生和工人救国会的代表也不经常出席会议，因为他们不但不宜于公开，而且怕暴露。

成立这一连串的救国会，但没有租下一处会所，也没有刻过一颗印子。文件就在每人的皮包里，办公就在每人的职业办公室里或家里。开会呢，主要是在饭馆里，当时去得最多的是功德林和觉林两家素菜馆，因为比较洁净，价钱也便宜；市青年会也常被我们利用来开会。全国各界救国联合会是在圆明园路青年会全国协会开成立会的，吴耀宗好不容易为我们安排了一间中型的会议室。

救国会初期也没有专职人员，后来才有一个支生活费的干事，那就是石不烂。《救亡情报》出版后，有三个支生活费的工作人员，其中刘群是编辑。

救国会的活动主要是发宣言，开群众大会和示威游行的次数不很多，会员的组织活动主要的是叙餐会。

当时发表宣言是比较轻松的。开一次理事会，一谈宣言的主要内容，意见一致了就起草。由于我出笔快，起草的任务就经常落到我的头上，因此便给我一个“宣言专家”的徽号。速度的确是很高的；一般的宣言，往往是边讨论边吃饭边起草，吃饭完了，休息一下，坐下来开会就传阅稿子，再讨论一下，修改一些文句，就通过了。当场就有人负担送印的任务，第二三天就印出来了。我的稿子喜欢自己校，紧急的我就自己跑到印刷厂里去校。当时的印刷条件相当好。除了生活书店经常来往的几家印刷厂之外，我主管的中国征信所还有一个小型的印字房。几家事业企业动员一下油印，产量也不小。宣言印好后。按照议定的名单和份数，从印刷厂直接发给各发行单位。

我们当然不能满足于发表宣言，认为那是秀才们的纸上谈兵。我们要开群众大会，要示威游行，但问题是条件太困难。就我记忆所及，开群众大会和示威游行，只有三次是比较成功的。

第一次是文化界救国会刚成立，宣言刚印好，我们要把会的旗帜打出去，就采取飞行集会的方式，在南京路开群众大会，接着就示威游行。我们要在一清早就发动，八时半前结束，使得大家可以照常上班。理事会推举我为总指挥，我们在南京路的一个大旅馆里租了一间房间作为指挥部，头一天晚上就把指挥部人员集合在那里，摆了两桌麻将牌作掩护。集会地点在冠生园门前，参加群众分成十人左右的小组，赶七时前埋伏在周围的弄堂里。宣言、传单、标语等印刷品另有专人管理，同各小组群众有联系，但不接近，以免露形迹被没收。我们要在七时半巡捕还没有大批上班以前集会，迅速放鞭炮，喊口号，贴标语，发宣言、传单；即时组成几个大队，先分东西向游行到福建路、浙江路、山西路、河南路，再向南北分开，继续游行。由于行动敏捷，半小时后群众手上已经没有印刷品——当时巡捕抓人的“罪证”，大家可大胆地边走边喊口号，并向路旁的商店作简短的爱国宣传；甚至遇到巡捕，也可以很友好地向他们讲话：大家都是中国人，大家都爱中国，都不愿意做鬼子（避免说日本）的奴隶。这样，他们至少是可以保持善意的中立态度的。这样，各路都顺利通过，到八时半前自动解散，各自上班去了。

这次行动是成功的，没有一个人受伤或被捕。当时参加的群众估计有二千人，游行时还有不少人临时自动参加的。

我记得的另一次相当成功的行动，大概是1935年日寇进犯华北的时候，保守派认为敌人只满足于攫取关外领土的幻想破灭了，敌人要灭亡全中国的野心又一次大暴露了！我们要借市商会的大礼堂开群众大会，我亲自去和商会的秘书长严谔声交涉，居然一说就成。这使我对于严谔声有了新的认识，也使我对于统一战线工作有了新的认识——应该大大地放大圈子放手干。

开会的时候，大礼堂挤满了人，连走道、窗外走廊、门外连接马路都站满了人群。大会由沈老主持，我们大家都讲了话，群众中也有人上台讲了话。王造时的讲话特别动人——这是他的特长，我们许多人都不如。会毕出发游行的时候，沈老由于过度兴奋，从主席台上一跃而下，跌了一跤，我们赶过去搀他时，他已经起来奔向队伍去了。游行队伍前面两个壮汉举着两面大国旗——这是抵御警察特务的一种武器，他们怕被指摘为侮辱国旗。沈老和我们都走在前头。队伍朝北走向虹口——有许多日本人居住的旧日本租界。商会和巡捕房的人都劝我们不要向北行，以免日本浪人捣乱，要流血。我们没有听从。队伍沿途除了喊口号、发传单以外，还特别向路旁的日本商店宣传：我们不反对你们，我们反对的是日本的军国主义者；他们是我们的敌人，也是日本人民的敌人，我们愿意和日本人民合作，共同反对日本军国主义者。一路平静无事。到虹口公园门口，我们再集合开了一次大会，才将队伍折回南行，沿途相机逐步解散，以保证群众的安全。

这是人数最多的一次行动，游行队伍后来发展到一万几千人至二万人。因为许多北四川路的商店都已经知道我们在市商会开会，我们的队伍经过他们的门前，一经宣传动员，他们就关了店门全体参加游行了。有的人还号召他们的左右邻共同行动，有的人路过熟人或同行的店铺时，也动员他们加入。这是在市商会开会的一种好处。

最后一次相当成功的行动，是1936年10月送鲁迅的遗体进墓地。当时大概是由地下党安排而由许广平大姐出面，指定沈钧儒、邹韬奋、史良和我四人扶柩，灵柩上面还盖了写着“民族魂”的大旗。胡风和萧军临时出来反对，认为我们都仅仅是民族主义者，不配为国际主义者又有国际地位的鲁迅扶柩。在许广平大姐的坚持下，仍旧按照原定方案进行。我们在殡仪馆里举行了公祭后，就扶着灵柩出门，群众整队跟在后面，大概有五六千人。回来时，在路旁的一块广坪上，我们开了一次大会，内容是把悼念鲁迅和救国运动联系起来。记得当时有一个被指为特务的人，被一个青年打倒在地上，我们怕出事，把两人隔开了。

我们这一群人的社会地位无疑地范围了救国会活动的性质。救国会的文件和集会，游行中的标语、口号，都只限于要求政府停止内战，共御外侮。最尖锐的口号，也只是笼统地主张打倒汉奸卖国贼。打倒蒋介石、推翻国民政府的口号是提不出来的，我们满腔的怒火都只能隐藏在内心的深处。否则不但本身马上遭到迫害，组织马上遭到毁灭，而且还要失去我们所要争取的社会上层人物的同情。

全国各界救国联合会大约是在1936年5月末成立的。那时候，我们的情绪已经有了飞跃的升腾。在第二天，又来了几位十九路军的代表。他们怎样进来的呢？是谁介绍的呢？现在都记不清了。只记得他们的调子很高，这就进一步对我们已经飞跃升腾的情绪起了作用。从而，在“全救”的文件里，就暗含着组织抗日政府的要求。文件是我执笔的，但如何提法，我也忘记了。“全救”有多少位代表，有那些方面的代表，选出了多少位理事，理事是些什么人，我都记不住了。人选大概是，除了上海我们这一群以外，南京有孙晓村、曹孟君，湖北有何伟，广东有何思敬，西北有王炳南，山东有张语还，北京有张申府、刘清扬等等。

潘汉年代表党在我们面前出现，就负着纠正“全救”文件左偏的使命。他提出了一个由沈老、韬奋、行知和我署名的文件的初稿，文件初稿最后经我们订正，叫做《我们对于团结御侮的最低要求》。初稿的调子太低了，我们接受不了，经过多次的修改才定稿。胡愈之参加了修改的工作，执笔的是我。我当时没有深入去理解何以只由我们四人署名。那时一切事情都从负责精神出发，绝不考虑个人的权利和名誉。后来造时提出质问，我们才觉得有些不妥当，但已经无法纠正了，造时也不要求纠正。

“全救”的成立的确使国民党惊慌了。不止是文件的措辞有些“左”，全国性组织的出现也是他们所不能容忍的。于是，上海市长吴铁城就先出手了！

吴铁城通过他的秘书长李大超，打电话给公朴为吴铁城邀沈老、韬奋、公朴和我四人到市政府便餐。饭后，吴铁城便谈起“全救”的事情，说我们要组织抗日政府，就是要推翻国民政府。我们请他冷静些，不要听信特工人员的情报，无事生非；“市长既然说政府是要抗日的，那末，现政府就会转变为抗日政府，有什么推翻另组的可能和必要呢?”他说：“你们有了全国性的组织，又有独立的主张，那就是对抗国民政府的，那不是要另组政府又是什么呢？现在我宣告你们的全国各界救国联合会为非法，命令你们：一，立刻写好通告解散全国各界救国联合会；二，把所有印刷品送到市政府来，以备销毁。否则今天便把你们拘留起来！”他还用嘲笑的口吻说：“嗐，你们要做民族英雄吗？那就让你们尝尝民族英雄的滋味吧！”

我们从容镇定地回答他：“全国各界救国联合会，如同它的名称所表示的，是全国各地的救国会的代表联合组成的，我们没有权力解散它；印刷品已经统统发出去了，没有留存的了。市长要逮捕我们吗？那应当依法由法院出拘票来拘捕。市长邀我们来吃饭，就把我们扣起来，这绝不是市长所应该做的，传出去是要闹笑话的。”我们还特别愤慨于他的用嘲笑姿态对待民族英雄，我们不约而同地集中火力攻击他这一点。我们说：“国难深重，市长不嘲笑汉奸卖国贼，而嘲笑起民族英雄，这使我们感到吃惊！市长难道怕民族英雄太多吗？民族英雄有什么罪过？”

吴铁城看到我们没有被吓倒，而他的“失言”倒被我们抓住了，有点窘了。这时公朴又去同李大超办一个私人交涉，责备他不该诱扣我们。公朴说：“救国会的朋友们一定会说我出卖沈老等，我无法交待。”这样弄得李大超呜呜地哭起来了。吴铁城更窘了，他自己下台阶了：他改口要我们保证做到解散“全救”。我们拒绝了他的要求。我们说：“我们只能保证我们自己一不躲避，二不逃跑。”于是，我们就告辞回来了。

吴铁城的下一手是通过我的职业岗位对我施加压力，他向我所从业的浙江实业银行总经理李铭提出警告不应该容留章乃器这样的人。李铭就找我谈话说：“看来救国会今后也不大可能再有什么活动了，因为政府已经决定取缔了。你还是出国吧，银行已经决定出钱送你到英国去留学，这里的薪水照发给你安家。你到英国去学习三五年回来，那时不但银行需要你，国家也需要你。你好好地去同救国会的朋友们商量商量吧！”我那时情绪高昂，同时对于银行工作的确也有些厌倦了。当时就回答他：“那还是让我辞职吧。我不能让银行受累，但也不能离开救国会，那是关系国家存亡的事业。我也用不着同别人商量，我不能在这时去英国，谢谢你的好意安排。”这样我就在一两小时之内办好了辞职手续。回家后才告诉胡子婴辞职的经过，同时打几个电话通知救国会的朋友们。

但是，盛气之下作出的决定总是免不了要留下后患的。果然不久就发生了中国征信所的问题。中国征信所是我主管的一个银行界公共事业——一个信用和市场调查机构。它采取董事长负责制，我是代表银行担任董事长的，我离开了银行，便不能再任董事长了。征信所是我首创的；在我的领导下，它打垮了三家日本人的信用调查机构和一家美国人的信用调查机构，成为全国的独占事业；它还出版《行名录》，压倒了英人《字林西报》独占了几十年的《行名录》。这都可说是为中国人吐气扬眉的。我在征信所里的威信很高，取得了无异议的全权，使我能在里面培养了一批爱国青年，而且还掩护了不少的革命干部。它已经成为救国会的一个重要据点。所以，我离银行前不同征信所里的朋友商量，作一些善后的措施，实在是荒唐的。

我从银行辞职后，便召开征信所董事会，提出辞职。我这时已同中国银行的代表祝仰辰恳谈过，告诉他我要推荐他为继任人。要他接受方针、政策不变和重要人事不变的两个条件。他都欣然同意了。谁知他就职不久，就背信弃义，要撤换秉承董事长、负实际工作总责的秘书葛师良，而且声称要清洗救国会分子，以后绝对不许职工参与政治活动。这可把全所的职工弄火了。他们派代表到我家里来讨论对付办法。于是就决定罢工反抗。代表要求我去征信所作动员报告，我照做了。这次罢工便公开由我领导了。

罢工的口号很简单：不许祝仰辰摧残救国会力量。震动了整个金融界。

这时，祝仰辰的后台张公权已倒，宋子文攫取了中国银行，自任董事长。他是暗中表示同情救国会的。宋庆龄大姐几次捐来的几千元，据透露就是从他那里募来的。他刚取得了中国银行，也需要收揽人心，他就派人找我谈判。我同他在中国银行董事长室见面了。谈判的经过很顺利。他先指责祝仰辰无知，说已经决定把他撤回去，不让他再任征信所的中国银行代表，跟着就要求我办理善后——复工和推荐董事长继任人选，罢工就此胜利结束。我推荐了新华银行的孙瑞璜继任董事长。

中国征信所的斗争是胜利了，但这就暴露我们在银行界的潜在力量。这自然要使国民党反动派惴惴不安，构成以后迫害我们的一种因素。

反动派之所以迟迟不动手，大概还想找出我们同党的联系，以便一网打尽。但由于我们的交往方面复杂，保护色多种多样，又很审慎，使他们没有得逞。到了1936年10月为鲁迅送殡举行的大游行，他们认为不能容忍了，所以在11月就逮捕我们了。

救国会运动有没有党的领导？有。但是既不具形式，又不留痕迹的。从运动的初期到中期，始终没有人用党员的身份同我们联系。那时党在上海的地下组织尽遭破坏，当然更没有用党组织的名义来同我们接触的。

大概一直到1936年——救国会运动的后期，冯雪峰才以党员身份同我们接触。我只记得他安排了一次我和鲁迅的会见，但也没有事前对我有什么交代——没有提出会见的性质和任务，所以会见的结果并不好。以后便是潘汉年，他倒是以代表党中央的名义，向我们提出四人署名的小册子的初稿的。以后是严希纯，那是我离开银行以后了。他是以党组织的名义同我们联系的，见面时主要是交换一些消息。他曾经向我要去一篇用米汤写的关于中国货币金融的文章，据说是发往苏联的。他曾经批评我有农民思想，那大概是针对我的倔强的不妥协的主义吧。他的党籍最后仍然是一个谜，因为他死后的讣告没有说明他是党员。

周新民大概是1936年离开上海的，离开后，沈老才向我透露，他离开是怕暴露太多了，出危险，我这才知道他是党员。钱亦石的上海市地下党市委的职务，我是到解放后才知道的。钱俊瑞在我们被捕以前的接触中，始终没有暴露党员的身份，抗战起后搞救亡协会，他才公开出来。

我习惯于不探究别人的秘密。在那白色恐怖严重时代，我更不去探究亲友们同党的关系。甚至连胡子婴在大革命中参加过什么组织，我的三弟郁庵（秋阳）在党内负担什么职务，我都没有查问过。因为在恐怖气氛中，探究了，对别人是一种思想负担，对自己也是一种思想负担。不问不闻，从内心里认为自己是在自发地做救亡工作，自然就觉得自己是理直气壮的，是没有什么特殊背景的，是不受任何方面所支使的。这是一种安全而有效的态度。

救国会的经费从哪里来的呢？我说，主要来自破我的家。救国会上层似乎并没有明确的分工，正如宣传工作应该是韬奋和造时的事，但如上所述，因为我出笔快，又勇于负责，文件起草的责任就几乎都落到我的头上了。财务似乎也并没有推我负责，但初期的开支不过是开会叙餐、印宣传品等等。吃完了饭我掏腰包了。印刷品因为原稿是我签字的，印刷费也就向我收取了。宋庆龄大姐捐来的三四千元，陈劭先交来桂系的二千元，因为人熟的关系，都交给我了。以后的薪水、旅费等等的开支，大家也都向我支取了，我就自然而然地变成财务处长了。

这中间还有一支插曲：潘怀素有一次要我交账，还说，不知道是否有人借救国会名义在外面敛钱。我正待答复，沈老已经抢先大骂他一顿，质问他要清账是否准备向国民党特务报告，并且拍拍胸口说，一切由他负责。同时，吴耀宗听了觉得伤心，哭了一场。因为，当时我为救国会破了家——一个可怜的家，这是众所周知的：除了一点储蓄用完以后，连房子都卖掉了。除了上述两处自动交来的捐款以外，我不曾伸手向任何人要过钱，连见到张学良都没有向他募捐。

救国会可算做到了“节约闹革命”，在我们被捕以前，几年当中大概只用了一万几千元。

在这里要补叙一下我们对两广事变的态度。这是1936年6月间的事。那时，李宗仁、白崇禧、陈济棠要组织抗日政府，派陈劭先来联系我们，要我们即日到广西去，还指名要我当财政部长。当时全国的在野党派都纷纷派代表前往，只有救国会紧守

“团结御侮”的主张，婉辞谢绝了。二千元的捐款就是那时送来的，我们收了。

救国会的确只是一个运动组织而不是一个政党组织。如果有人问：救国会究竟有多少会员？这是没有人能够答复的。例如，“文救”发起时以签名人为会员，但以后加入的就没有登记了；所谓加入，也是不具形式的，实际上只是参加了某一次运动，就算加入了。本来嘛，在那“国亡无日”的时候，我们应该热烈欢迎除了汉奸特务以外的一切人参加，还能谈什么入会手续呢？人家冒了险来参加，我们也不应该要什么入会志愿书之类的文件，以加重参加者的危险。实际上，组织就潜伏在各个事业、企业单位里，是人联系人，带动人；各个单位只需要掌握住各个带头人就行了。比如说，生活书店是一个单位，中国征信所是一个单位，蚁社也是一个单位。李公朴办的申报馆业余补习学校有十几个，就是十几个单位。生活书店出版了好几种刊物，每种刊物的编辑部又各自成为一个单位。陶行知的国难教育社办了许多工人补习班，每个班也是一个单位。基层组织的情况就是如此。

上层活动最普遍的方式是叙餐会。叙餐会只有理事会开会是由会的经费开支的，其余的一般分轮流做东和当场分派两种方式。大致上次集会决定下次集会的日期、地点和主持人，而主持人一般地要做时事报告。

我参加了好几个叙餐会，其中有一个是比较重要的，参加人有钱亦石、沈志远、王新元、欧阳执无、曹亮、董维健等。这个叙餐会要求参加人每人再去发展一个叙餐会，而且要报告发展和活动情况。另一个是“职救”所属的保险业上层人物的叙餐会，参加人有杨经木、胡某等，我是被特邀参加的。这位姓胡的很热情，为着保障我的安全，有一个时期他为我雇了一个保镖，但不让我知道，因为我知道了一定要反对的，可惜不久他就死了。还有一个是青年会上层人物的，参加的有沈体兰、陆某等。

我们从苏州看守所出来之后，便去南京。这时国民党派陈立夫、邵力子、叶楚伧同我们谈判，要我们解散救国会。我们据理力争，坚持救国会不能解散，一连谈判了三天都没有结果。

我们回到上海，“八一三”抗战已经开始了。救国会已经消失了，代之而起的是救亡协会。随着上海战争的结束，救亡协会也消失了。它的寿命还不到三个月。

撤退到重庆，救国会复活了——也可能在武汉已经复活，我当时在安徽，没有与闻救国会的事情。

1939年5月我从安徽回到重庆。我发现救国会活动的圈子很窄，工作也只是重复党的声音和行动，而不能加以发展和扩大，所以起不了多大的影响。同时，内部已经发生了张申府和沈老争夺领导权的斗争，而且已经表面化。我对于当时左舜生之流以“给我官做”为主要内容的所谓“开放政权”是憎恶的。但当时重庆的民主运动，左舜生之流的声浪比救国会大。我这就得出了这样的一个结论：没有经济基础的政治运动，最后总不免要流为政客活动。正是这种思想，使我后来发起了民主建国会的组织。我认为需要动员那些不靠做官吃饭、更不靠做官发财的工商界人士参加民主运动，要把他们组织起来，成为一个政治团体。这样，我就在不动声色、不伤感情的情况下，悄悄地离开了救国会的活动。

最后补述一个问题：救国会有没有干事会？我说没有。那时不但没有干事会，连干事的名义都不轻易给的。（据胡子婴回忆：干事会是秘密的，干事是由救国会推选出来的比较年轻而负实际工作的人，它的任务是执行理事会的决定。我当时担任干事会总干事，副总干事是徐雪寒、朱初辛，干事有张劲夫、彭文应、周光明。——编者）义务工作人员，不需要什么名义；取得了名义还对自己不利。不幸被捕了，不居名义，临时为朋友帮忙或临时由组织动员做工作的人，问题小，往往问了问就释放了。有名义的人，不管是有给的还是义务的，问题就大，至少要被拘留起来查根挖底，不交待一些地名人名就不容易获得释放。

一九六七年十二月十七日

国难教育擂响声声战鼓*

——兼忆伟大人民教育家、
救国会领导人陶行知先生

许翰如

我在安南（现越南）堤岸暨南实验中学上初中二年级时，校长杨清明（国民党员）从国内经陶行知先生介绍，聘请一位语文教师——林云峡来校任教。那已是中国共产党发表了《为抗日救国告全体同胞书》（即《八一宣言》），号召全国人民团结起来，停止内战，一致对外共赴国难，建立广泛的抗日民族统一战线；以及“一二九”北平爱国学生运动爆发后全国各地抗日救亡运动日益高涨的1936年的春天。林云峡老师就像声声呼叫农人撒籽播种的布谷鸟，他来校任教后，就积极传播陶行知提倡并推行的国难教育。他将我们从读死书、死读书的牢笼里解放出来，主张学生们应读活书、活读书，把教育与社会实践结合起来学习。学生自身应发挥主动性，要互助互爱，不做知识私有的“守知奴”，要将自己学到的知识即知即传人——推行小先生制。

一时间，陶行知倡导国难教育的思想像一股清风吹遍了我校各个年级。林老师给我们上课的时候，并不单纯就课文诠释课文，而是课中有课，给我们谈时局、讲形势。他讲述祖国受外敌欺凌的历史，中华民族正处于危难深重之时；他寄希望于华侨学生，要认清救亡图存是当今每个中国人应有的责任。在他引导下，我们自办墙报，发表对祖国当前时局的见解，提高思想认

* 原载1997年3月北京《传记文学》。

识，抒发爱国情怀；他还帮助我们组织学生宣传队，走上街头向广大华侨同胞宣传抗日救亡。当时正值傅作义将军在绥远率部抵抗日军的侵略，我们即联合几个中学组织学生请愿队，奔赴中国驻西贡领事馆要求募捐支援绥远军民的抗日斗争。

为了使抗日救亡的宣传工作深入人心，林老师以上海山海工学团（为陶行知所创办）小先生侣朋、张健与当地农民相结合，一面向农民群众学习，一面积极开展宣传教育工作作为榜样，鼓励并指导我们成立小先生先锋队，利用课余、假日深入到邻近的华侨家庭进行扫盲识字教育，开展抗日救亡的宣传活动。

我们这些远离祖国的华侨子弟——安南暨南实验中学的学生，谁也不认识陶行知先生。只是由于林云峡老师在我校提倡并推行陶行知的国难教育思想，我们始知其人及其学说。他倡导国难教育的思想和主张，逐步在我校开花结果，产生巨大的影响，为我校有爱国之心的广大师生所接受。后来我得知陶行知先生身体力行，积极参加救国运动，是全国各界救国联合会的一名领导人，对他就更为崇敬。

1936年冬，我与初二（三班）两位同学跟随因领导抗日救亡运动被法国殖民当局逮捕并驱逐出境的林云峡老师回国。1937年春我们经林老师推荐，考入陶行知创办的山海工学团艺友师范班，心里感到十分高兴。山海工学团团长（校长）是陶行知的学生张劲夫，代理团长为宋承熏。入学后，我多么渴望见到仰慕已久的陶行知先生，聆听他授课，听他讲有关国难教育等问题。据说过去陶先生每周从上海到大场山海工学团来和师生见一次面，了解师生的生活情况，谈谈有关教学的问题；有时还到村里找农民谈话，见到农民的孩子，问长问短，有说有笑，忘我地将自己置身于孩子之中。这些传闻更增强我企盼能早日见到陶先生的心情：目睹这位倡导国难教育的人民导师和他那和蔼可亲、平易近人的风采。

可是我的渴盼却未能如愿。原来陶先生出国了：到英国参加世界新教育会议。受全国各界救国联合会的委托，在布鲁塞尔，他与陈铭枢、钱俊瑞、王礼锡、胡秋原等13名代表参加世界和平大会。在大会的分委员会议上，他就教育如何保障和平而努力发了言。他还亲自起草了一份《告和平与中国之友书》，印成中、英、法、德四国文字，分发给各国代表，掀起一个征集签名运动。作为救国会的代表，他在巴黎“欧洲华侨抗日救国大会”上阐述了救国会团结御侮的主张……他还去美国、墨西哥、加拿大、埃及、印度等欧美亚非各国和地区进行抗日救国的宣传活动。

陶行知得知救国会“七君子”邹韬奋、沈钧儒等人被捕入狱，他立即在海外联络华侨同胞及外国友人开展援救活动。而此时，他也被国民党当局列为爱国有罪的“罪犯”，对他下了第二次通缉令。

我未曾见到陶先生，深感遗憾！但我却在他创办的学校（工学团）受到了良好的教育。在工学团的地下党员与党组织的关怀、培养和教育下，我对中国共产党的政治主张有了进一步的认识，看清了只有共产党才能救中国。我在这里荣幸地加入了中国共产党。山海工学团成为我树立共产主义人生观的革命摇篮。

陶行知先生于1938年8月中旬从海外回国。那时我已在中共地下党组织领导的孩子剧团做抗日救亡的宣传工作。当时日寇进逼武汉，我们孩子剧团随政治部第三厅撤至湖南。在长沙奉郭沫若厅长之命，又转移至桂林。据说陶先生在海外时就已知道“八一三”抗战爆发后，上海成立了一个儿童抗日救亡宣传团体——孩子剧团。陶先生回国后在宜昌给王洞若（原国难教育社党组书记）写信，其中提到请他便中代为问候孩子剧团的小朋友，并说“孩子剧团几位小朋友的信，我到了重庆之后即答复他们……”是年冬，陶行知飞抵桂林。当他听说孩子剧团也在桂林，便来看望我们，关心地询问日机空袭时我们在岩洞里做宣传工作的情况……

陶先生不认识我，当然也不会知道我曾是他创办的山海工学团的学生，但我却在这里欣喜地见到了我早已渴望见到的陶行知先生。

陶先生创立的生活教育社于12月15日在桂林广西省政府礼堂召开总社成立大会。当时参加成立大会的有陶行知、郭沫若、李任仁、杨东莼、王洞若、刘季平、吴瀚、陆维特、汪达之、吴新稼，广西省党部代表、教育厅厅长、白崇禧将军，以及孩子剧团、新安旅行团的小朋友等社员和来宾1000余人。吴新稼（共产党员、孩子剧团团长）主持大会，陶行知发表了热情洋溢的讲话。他向与会者报告了12年来生活教育的历史和发展情况，办晓庄学校、山海工学团，搞乡村教育、普及教育、国难教育、战时教育、全面教育五个方面的教育运动；关于"以生活影响生活"，他说："我们要拿好的生活改造坏的生活，拿前进的生活引导落后的生活，针对现在说，我们要拿抗战的生活来克服妥协的生活。"在"全面抗战时代，我们的中心任务是开展全面教育运动，以配合全面战争而争取全面胜利"。他还讲了成立生活教育社的目的是要帮助大家进修，为国家民族集中力量办好教育，也就是"教育为公"。

在成立大会上，有33人当选为生活教育社理事，陶行知任理事长。吴新稼也荣任理事，孩子剧团的小朋友前后两批共24人参加了生活教育社。

陶行知还从孩子剧团、新安旅行团在抗日救亡宣传工作和集体自我教育实践的经验中总结出生活教育的理论：生活教育者的学校是炸不散的，如果可以炸散，除非是先生学生一起炸死，只要有几个存在，不久归起队来又是一个学校了。他还特别提到"孩子剧团、新安旅行团便是炸不散的学校"。

约1940年底前后的一天，孩子剧团与育才学校音乐组应中苏文化协会邀请举行对苏联合广播音乐会。陶行知应于右任饭约未能及时到会。当他最后赶到中苏文化协会时，听了孩子剧团演唱

《红缨枪》，育才学校音乐组演唱了《中国友人歌》等歌曲，内心既兴奋又激动，立刻趋前与孩子剧团和育才音乐组的小朋友们热烈握手致贺。

孩子剧团初到武汉时期，有幸在周恩来副主席亲自关怀下，躲过了国民党市党部的强迫收编；在郭老力争之下，孩子剧团终于争取到归属军委政治部，成为第三厅领导下的一个宣传团体。但她在抗日救亡宣传工作的征途上，仍时刻受到险风恶浪的袭击。军委政治部下令将孩子剧团调归重庆卫戍司令部政治部管辖就是一个例子。有一次，陶行知应政治部部长张治中邀请于其寓所——桂园做客，谈话中讲到关于文化创造的问题。陶行知直率地谈了他的看法，他认为保存、介绍、集中人才都是为了创造更高的文化。同时还谈到孩子剧团的艰难处境，要求对其多所关心与保护。

然而，国民党当局对中共地下党领导的孩子剧团视为眼中钉肉中刺，1942年9月又对孩子剧团实施强行改组，撤消了我（吴新稼离团后由我任团长）和两位队长的职务，调来国民党党员李某任团长。我遵照原三厅特支书记冯乃超的指示和安排，有计划、有秩序地逐步将大部分团员撤离新三厅。为了转移12岁的小团员周令芳（她8岁参加孩子剧团）入育才学校，我曾去重庆管家巷28号找陶行知校长。当陶先生了解到她家远在湖南平江，身边没有亲人，自小即以孩子剧团为家时，便慨然允诺将她收为育才学校的免费生，并嘱我送她去草街子育才学校找方与严先生（教务处主任）办理此事。

不久，我又一次找陶行知校长要求他再收容一个十三四岁的小团员罗坚就学育才学校。陶先生稍加思忖后对我说，你知道育才是个穷学校，筹措办学经费十分困难，他（指罗坚）父母在重庆，也都有工作，你看这样好不好：生活费用自理，育才免收他的学费。我觉得陶先生的话讲得实在，罗坚父母也是通情达理的人，问题就这样解决了。

陶行知钟爱孩子剧团，彼此关系甚为密切，在他的《衔备忘》中，多处记载了他与孩子剧团的接触交往，团员名字，演出活动等等，他倡议组织的儿童剧本编译委员会中已有20多位专家学者，但他重视儿童的力量和作用，将我们孩子剧团、儿童月刊（孩子剧团主办刊物）、儿童农村宣传队都邀做“委员会”的成员。育才学校举行成立二周年纪念会，他不忘给孩子剧团送去“育才二周年请柬”，邀请孩子剧团派两名团员参加盛会。

1945年9月3日孩子剧团成立8周年，在重庆的孩子剧团几个同志想借育才学校聚会以示纪念。强明找陶先生要求帮助和支持。当时正是中共毛泽东主席飞抵重庆与蒋介石举行和平谈判之时，陶先生有许多重要的社会活动，尽管事情很多也很忙，但他还是欣然答应参加孩子剧团成立8周年纪念活动，在百忙中抽空赶回育才学校，出钱买西瓜糖果，并嘱咐陶师母做几个可口的菜，让孩子剧团的几个团员打了一顿“牙祭”。陶先生还应大家的要求谈了当前时局、政治协商的前景和展望。在无拘束的、亲切的谈话中，他还谈起了吴新稼被国民党反动派逮捕后，在宝鸡曾给他写过信，他亲自去找军事委员会副委员长冯玉祥将军请求帮助营救……

我少年时期肄业于安南暨南实验中学，回国后求学于陶行知创办的山海工学团，1937年“八一三”上海抗战爆发后即参加孩子剧团，投身于抗日救亡工作之中，多少年来无不受到陶行知倡导的国难教育、战时教育（抗战时期，陶行知的教育思想，为适应形势的变化和发展，改为倡导推行战时教育）的思想熏陶和影响。陶先生一生从事人民教育事业，在艰难环境中办学，培育无数穷困的少年儿童；日寇蹂躏我神圣国土，他积极鼓吹抗日救亡，成为中国人民救国会一名重要的领导人，在争取和平民主的斗争中是站在前列的英勇战士。“捧着一颗心来，不带半根草去。”陶行知这两句名言是他思想的精髓，纯朴心灵的写照，也是他终身奉行的人生哲学。

毛泽东主席称陶行知为“伟大的人民教育家”，周恩来副主席说他“十年来，一直跟着毛泽东同志为代表的党的正确路线走，是一个毫无保留追随党的党外布尔什维克”。这是党和人民给予陶先生的高度评价。值此陶行知先生逝世50周年之际，我写这篇文字藉以追忆往事，并表达我对陶老夫子的无限缅怀之情。

周恩来论陶行知*

一、学习陶行知搞乡村工作

(1944年3月3日、4日)

大革命前，有一次恽代英同志看到陶行知他们搞乡村工作，写信给毛泽东同志。毛泽东同志回信说：我们现在做城市工人工作还忙不过来，哪有空去做乡村工作。一九二五年他回家养病，在湖南作了一些农村调查，才开始注意农民问题。在“六大”那时候，关于要重视乡村工作，在农村里搞武装割据的重要与可能等问题，毛泽东同志是认识到了的，而“六大”则没有认识。

二、对进步朋友应多加关照

(1946年7月25日)

一、我及小超等今日下午飞回南京。

二、在离沪前，陶行知于今晨忽得脑出血，我们赶到时已断气，痛心至极，唯握手时体温、气色未动。据沈钧儒子（系医生）云，确系脑出血，尚无其他中毒症候。为慎重计，我们已商定将尸体在殡仪馆放过十二时，看有无变化，然后入殓。

三、如无其他原因，陶先生确是死于劳累过度，健康过亏，

* 录自《周恩来选集》上卷，人民出版社1980年12月出版。第一节载该书179页，第二节载238页，第三节载263页，第四节载333页。题为编者拟。

刺激过深。这是中国人民又一次不可补偿的损失。十年来，陶先生一直跟着毛泽东同志为代表的党的正确路线走，是一个无保留追随党的党外布尔什维克。我这次去沪，曾意识到陶先生的安全，提出要上海工委劝他休养一时期。话未传到人已不在。假使陶先生临终能说话，我相信他必继韬奋之后请求入党。

四、今后，对进步朋友的安全、健康，我们必须负责保护。已告上海潘汉年及伍云甫，在救济方面多给以经济和物资的帮助，在政治方面亦须时时关照。

五、请中央将南京新华社关于陶先生逝世的报道广播全国。

六、我今日弄清情况，明日再见马歇尔及司徒雷登。

三、陶行知精神激励着我们

（1947年1月10日）

回顾这一年的奋斗，不由得想起去年为停战、政协奔走的“四八”遇难烈士及闻一多、李公朴、陶行知诸先生。他们与破坏停战、破坏政协的反动集团搏斗的精神，一直在激励着我们。

四、再谈向陶行知学习

（1949年5月7日）

毛主席还常说，他开始研究东西也是先搞一个方面，没有通就钻进去，先把这方面搞清楚。“五四”以后，毛主席参加了革命运动，就先在城市专心致志地搞工人运动。那时陶行知先生提倡乡村运动。恽代英同志给毛主席写信说，我们也可以学习陶行知到乡村里搞一搞。毛主席说，现在城市工作还忙不过来，怎么能再去搞乡村呢？这就说明毛主席当时没有顾到另一方面。但后来毛主席很快就转到乡村，又把农民运动搞通了，使城市和乡村的革命运动结合起来。以后又搞军事，都搞通了，并且全面了。

中共一贯坚主和平*

——周恩来、陆定一复陶行知等电

陶行知诸先生钧鉴：

奉读来函，并承示《上蒋主席》。言痛词切感人至深。今日国政如此，民生之痛苦已达极点，而国民党统治集团中之好战分子，仍然用美国援助之物资，积极进行全面反共之内战。本党方面，曾尽一切努力，坚主无条件停止内战。盖唯有停止军事武装冲突，团结才有保障，才可进行谈判。际此中国人民纷纷呼吁与马歇尔将军努力之下，获得东北停战十五天之协定。不管国民党当局于此期间作何决定，本党均将本和平、民主、团结、统一之职志，进行谈判，并希望能做到长期停战，期能对政协决议，整军方案顺利实行，则人民之幸。唯前途困难尚多，但定将停止内战，走上和平大道。

中共代表团

周恩来、陆定一叩

---

* 原载1946年6月25日《东北日报》第174期第1版，系1946年6月23日新华社电讯。报道导语如下："沪文化界、实业界名流马叙伦、陶行知等160余人，为呼吁停止内战，于6月8日致书蒋介石，并将该书交中共代表团，一并请转中共毛泽东先生。中共代表团已于11日电复，原文如下。"上海文化界164人致各方呼吁和平书见本全集第4卷670~673页。6月11日除以上复电外，尚有周恩来、董必武、陆定一、邓颖超4人的复函，见本全集第4卷674—675页。该日报头还刊有《本日新闻提要》："中共代表团周恩来、陆定一同志联名电复陶行知等，申述中共一向坚主和平，今后不管国民党如何决定，仍将努力制止内战，并盛赞上海文化界对停止内战的呼吁与努力。"

陶行知的学说*

徐特立

（一）

陶行知是中国革命的教育家。他的学术是服从革命而成为革命的学术。他是唯物主义者，他认为教育不是别的，而是生活。教育从吃饭穿衣和男女两性来，仍然用来解决吃饭穿衣和两性问题。他在《生活即教育》的一篇论文上指出："中国从前的文化是上了脚镣手铐的，分析起来就是天理与人欲，而以天理压迫人欲，人欲没有地位。在生活教育原则下，人欲是有地位的。"他的人生观是改造中国半殖民地半封建的旧社会。他在湘湖教育讨论会日记上写着："乡村教师心里应当有一个理想的社会。"这里说明了他的教育学说是从改造中国社会成为一个新社会出发，于是就有"社会即学校"的学说。他有这样改造中国的伟大抱负，就不能单靠教育来解决，于是就有工厂、农场、武装自卫和学校结合在一起的工学团的学说和组织。这种伟大事业，只有男女老幼全体群众一齐来干，才能完成，于是在普及教育的论文上就有"攻破学校关，先生关，学生关，男女老幼关"等等。他的教学做合一的学说，就是他自己所说的"一切人都是我的先生，我的学友，我的学生"。由于师生的界线打破，就有教学合一的

* "（一）"原载1946年8月12日《解放日报》；"（二）"原载1946年9月、12月《边区教育通讯》，题为《中国教育家陶行知先生的学说》。转录自《徐特立文集》344—355页，湖南教育出版社1980年出版。

学说，由于一切是为着改造社会，于是就有教学统一于做的学说。

以上的主张和行动，都是对于改造中国所产生的思想。工学团是整个新村的范例。我们过去在江西的兴国，尤其是兴国的龙岗乡及东固附近的坳上的一个村子，全乡全村成了一个大家庭，现在陕甘宁边区及晋察冀等边区乡和村也仿佛是遵照行知先生的工学团的计划进行的。行知所办的晓庄师范和山海工学团，开始实现他的计划而有惊人的成绩，结果被当时政府解散了。伟大的计划只有在伟大的政权下才能贯彻。有部分的人以行知为小资产阶级的空想家，又由于行知的师承是美国实验主义者，乃对于行知的学说加以成见的批评，甚至一些括弧中的马克思主义者，也对行知先生缺乏尊敬态度，而不细心去研究他的学说的历史根源。

行知在哲学上是一元论，一元论打破矛盾对立说，承认矛盾统一说。行知把教学做统一，把生活与教育统一，把社会和学校统一，在普及教育方案上攻破好多教育上的矛盾对立。由于一元论把对立的东西认为是一元的转化，是向反对方面发展，所以，一元论是革命的。

行知是一个唯物主义者，所以他的教育是建立在生活上，他反对强迫人家丢掉饭碗去读书（见《普及教育方案》），反对离开劳力而劳心（见《在劳力上劳心》论文），反对把天理压迫人欲（见《生活及教育》），所有这些都是功利主义、现实主义、实际精神的范畴。从十八世纪资产阶级的唯物主义到马恩辩证唯物主义都承认这一原始的物质基础。离开了这些物质条件就谈不上教育，也谈不上革命，行知论教育到处都照顾这一点，我不能列举，特别是普及教育方案上，几乎字字都有这种精神。我们共产党员，在整风以前还是不顾老百姓的生活条件，离开生活去进行教育，结果到处碰壁。整风后，由唯心的主观主义，转到辩证的唯物主义，实行毛主席人兴财旺的方针，解决了老百姓的疾病问题，生产问题，于是群众自己起来办教育，因为教育不独不妨碍他们的生活，而且教育就是生活的一部分。

资产阶级的现实主义是自私自利的，近视的，我们应该否定这种近视和自私，而不应该否定其现实。行知吸收了杜威的教育与生活结合，学校与社会结合，这种结合还是现实主义，不过没有跳出狭小的教育圈子和学校圈子，所以杜威虽是一个伟大的教育家，但不是一个革命家，行知却是一个革命家，同时在教育方面起了伟大的革命作用，他的革命不停止在教育圈子中和学校圈子中。行知的教育学说几乎与我们的教育事业全部一致。他从国民党反动政权下竟创造出一个适合中国条件的新村计划，而且实行之有效。行知是中国一个伟大的思想家，行知的思想教育和组织成一系统，均有伟大的发明，由于篇幅有限，关于领导的组织将来再写。

（二）

第一，他的教育哲学及其根源

陶行知是安徽歙县人。他的母亲在教会作工生活，行知因此就在教会学校念书，成绩很好，由教会送到美国学教育。回国后，在大学工作并讲课。这时他只是一个教育家，还不是一个革命战士。民国十四年，中国大革命开始了。所谓大革命，就是大众的革命。大革命以前参加革命的，只是少数知识分子，新的军队和青洪帮，加上海外华侨。这种革命，广大的农民没参加，手艺工人也没有参加，只能算是小众革命，大众还站在革命之外，因此这一革命对于教育所起的作用，也是从日本搬进来的资本主义教育，不久又以美国式的代替日本式的，陶先生的思想也没有根本的变化。因此陶先生的大名，还不是“行知”，而是“知行”。大革命一来，把小众革命变成大众革命，而陶先生也变为大众的陶先生，其名字也革了命，乃倒转过来，改为“行知”。

行就是做，知就是知道或认识。一切的事，不做就不会知道，所以做是第一，知是第二。过去做事的只是工农，知识分子不做事，只是念书。陶先生本是知识分子，所以他过去的名字，第一字是知，第二字是行。但到了工农大众革命开始，就把工作放在第一，念书放在第二，而名字就倒了。后来他又改成三个字的名字，名“行知行”，就是从做得到知识，又由知帮助做。那末第二个做就是有知识的做，不是蛮干和瞎干。由于不要蛮干、瞎干，就必须向人家请教和自己学习，因此陶先生就有教学做合一的主张。又教和学都是为着把事情做好，所以做是第一，即是行是第一。从行得来的知识，用来帮助做，所以最后又达到行，所以陶先生的名字始终两个字，都是“行”，只中间一个字才是“知”。可见“知”只是一切行的中间的介绍人，即介绍古人的行，今人的行，外国的行和中国的行。写成书本介绍人们来学，或给人们来教。我们毛主席说的古今中外法，就是综合古今中外人的行，并不是自己个人的行，但必须先有自己个人的行作其本，才能把古今中外的行，和自己的行结合为一。陶先生说自己的行，如接本的砧木。砧木是有根的那部分，别人的行如枝条，是无根的一部分。两个结合，融化成一个整树，而不是两个树，这就是毛主席所说的理论与实际结合。实际是根，理论是从根上长出来的结果，乃是行。陶先生的名字为“行知行”，不是单纯的行，是综合古今中外的行之结论再合上自己的行。这里的行，比之盲目行，即蛮干瞎干的行高多了。行变为知是第一阶段，知变为行是第二阶段，知行互变，两个东西，根本上是一个东西，故名为知行合一，又名为知行一元化。只有高深的理论，才能看出相反的东西根本上是一致的，陶先生看出当学生的小孩子，可以当先生，又看出有学问的先生，还要向没有学问的学生学，把先生和学生的共同根本找出来了。于是把先生和学生并把教学一元化了。陶先生说一切人是我的先生，又是我的学生，也是我的同学。先生和学生是相对的两方面，即有知与无知对立，年长的和年小的对立，尊的和卑的对立，陶先生把这些对立统一起来。凡从对立的东西中，找出他们根本相同的东西出来的研究，是一种高深的理论或名哲理。这种哲理用在一切自然上名为宇宙观，用在人类社会上名为人生观。凡从对立找出统一的宇宙观和人生观，在哲学上名为一元论。一元论并不是说，对立的东西即相反的东西或矛盾的东西，直接就是一元。例如说粪和饭的对立，统一并不是说饭就是粪，只是说饭可转变为粪。用粪来种庄稼，粪又转变成了饭。由于饭与粪中的根本物质，有相同的地方，即对立的东西，有统一的东西存在。但不经过大的革命，对立的东西，不会转变。这种一元论就是革命的。边区转变二流子为劳动英雄，是由于边区进行了革命，有可能给二流子以土地及其他生产条件，又能给大众以同志态度的帮助。所有这些就是由对立到统一的革命条件，即二流子转变为劳动英雄的条件。

实际工作，其对象是事和物，必须从对事物的行动，才能得到知识，那末事物是第一位，知是第二位。这种认识宇宙和人生的方法，名唯物论。唯物论是先行后知的认识论。另一种相反的认识论，认为人类是理性动物，故知识是生来具有的，行动由知识决定。知识是第一位，行动是第二位。这种认识论，名唯心论。唯心论和唯物论对立，就发生知行对立。又唯物论，把饮食男女的生活，放在第一位，唯心论就不照顾大众的生活，而责备大众愚蠢野蛮。在教育上不是帮助大众解决人兴财旺的问题，只是教他们离开现实生活一种麻醉性的教育。反对盗贼没有道德，而不给他们生活条件；反对买卖婚姻和反对娼妓，认为这是不道德，而不给妇女以财产权。唯心派认为不道德，是由于没有良心，唯物派认为没有道德，是由于没有生活的物质。道德知识和物质统一是一元论，在一元论上，唯心派和唯物派是一致的，但唯物派认为道德是由物质决定，即生活决定的，而唯心派与之相反，认为生活是道德决定的。因此，对于盗贼的坏，认为不是由于他们的穷，而是由于他们的良心坏。

陶先生把生活放在第一位，就产生“生活即教育”的学说。又认为社会的好坏，不是由于人的良心有好坏，而是社会有好坏，改造社会就是改造了个人和改造了学校。他说中国是四万万五千万人的一个大学校，改造中国就成了陶先生的教育的目标。而教育的方法，就是四万万五千万人，每一个人自己是先生，是学生，是同学。于是他就产生“社会即学校”的理论。

第二，论教学做合一与哲学一元论的关系

上一期我写的行知教育哲学，曾经提到他是一元论的哲学。一元论认为是两个相反的东西即对立的东西，可以转变为统一的东西。

陶行知把知和行看成是由这一个转变为另一个，就是行知合一论。教和学是要把准备做的事弄个明白，那末教学就是知，做就是行。教学做合一也就是知行合一，于是有教学做合一论。他把学生、先生和学友看做是一元的东西。于是就有一切人都是我的先生、都是我的学生，又都是我的学友的学说。于是就把小学生又看做为小先生，创造小先生制的教育方法，竟把小先生教大人。这样的办法就增加了许多的先生，也就增加了许多的学生。过去先生和学生是看做二元的，学校和社会是看做二元的，教育和生活也是看做二元的。陶行知把这些二元的对立打破了，于是就有打破先生关即小先生制，打破学校关就是社会即学校，打破读书关就是生活即教育。此外还有打破纸笔关，于是把地做纸，把树枝做笔，可以解决纸笔的困难。打破课本关，于是一切有字的纸条都可以做课本。例如常用的票子也可以当课本，文盲不认识票子常常吃亏，票子应该是课本中的第一课。又如教卫生知识，人体就是一个活的课本。先生和学生共同讨论，研究卫生过程中，把口讲的变成手写的，就是自编的课本。于是把言语和文字一元化。读书和作文及写字一元化，且打破了文字关，把文字和文字中所载的事实一元化，教文字和教事实可分之为二，又可合之为一。没有课本可以用实物来教，教后可以师生共同编课本。陶行知主张在课本关打破后，就有许多的课本。举一个例子如下：

察哈尔省的怀安县城有一千六百余儿童，但只有四个小学校，只能收八百余名学生，全城有一半失学的儿童没有办法，他们采取了打破先生关的办法，于是从四个小学校八百个小学生中，选出一些小教员，小事务员和小校长，于是小学生就变成了小校长，小教员，小事务员等。他们就在这里上了一个选举课，且做了选举的工作。接着他们制定了一个校长、教员和事务员共同遵守的条约。公约是属于法律的条文，这种订立公约就是一个立法工作。讨论怎样订立公约，也就上了一次法律课。到负责人选了举，法律制度制定了，以后就要开始招生，进行办学校的行动。旧历正月初六日，怀安县到处出现招生广告。广告的形式，采取民主自由的原则，不拘一定形式，于是广告有用纸写的，有在墙上写的，有在黑板上写的。做了广告工作以后，动员工作又来了。于是四个小学校分区、分街，分巷、分人去动员失学儿童来学。动员的方式也是民主自由式的，且加上比赛式的，有的利用亲戚朋友关系去找失学儿童，有的利用自己的小同学及玩耍的小伙伴的关系帮助进行动员。在短短的十天当中，动员了二百九十八名学生，在动员中由于分区、分街、又由于竞赛的原因，于是发生越界动员，你抢我夺。还有动员不了的哭起来。小先生内部冲突起来了，就发生了诉讼问题，要开会解决。在这些问题上，这些小先生又上了两次课：第一次出广告和动员，这是做的问题，做即教育行政，因此又上了一次行政课；第二次组织动员发生冲突，要向同学诉讼，要请同学审查清楚，这种诉讼和审判在民主国家制度上，属于司法问题，这种学习就是司法课。并前面的选举和制定公约，一共上了三次大政治课，学会了立法、行政和司法三种课。国家的基本组织只是立法、行政和司法三种组织。这四个小学校就变成四个小国家了。四校联合起来办事，就成了四校的一个联合政府或联邦了。十天学了整个一套政治课。

在书本上找这样的整个的一套活的政治课，古来没有，今日也没有，外国没有，中国也没有。

在一元论哲学下，首先打破了行知的两关，又打破了教学做三关。同时又打破了学校和社会两关，认为社会即学校。再打破生活与教育关，认为生活即教育。总而言之，就是打破了一切两个相反的不能转变的难关。一切难关都打破了，于是学校加多了，先生和学生加多了，课本加多了。由于中国教育的难关太多，就使中国产生了许多文盲。陶行知是一个热心大众教育者，他制定了一个普及现代教育方案。因为过去的教育难关太多，想要大众受教育，就需要打破。他一次就打破了二十七个教育难关，我不能把二十七个教育难关都写出。

现在再讲一个要打破的，就是城乡关。例如在延安城工作的干部，总是要求离开延安城，认为延安没有群众，群众在乡下。而在各县，尤其在乡下的小学教员，反不安心乡下，认为乡下落后，得不到知识。这里产生工作上的难关，城里的干部就说求知要下乡，乡下的干部就说求知就要上城。其实只要肯干和肯研究，到处都有可学的地方。由于不打破许多难关，城乡就无法学习了。

目前普及教育最大的难关，正是教育与生活对立的问题。很多农民不是不愿儿子念书，因为儿子要拦羊拾柴，儿子读书，就“误不起活”。拦羊读书一心无二用，就成了穷人念书的一个难关。边区淳化县的冬学教员，就把一村子拦羊娃娃组织起来，在拦羊时分组教学。绥德县许多青年妇女都在家纺纱，一个五十岁的赵老婆，办一青年女校，把青年女子的纺车搬到学校里来。在纺纱疲倦时就来识字，识字疲倦时就去纺纱。用竞赛的方法来纺纱，看谁纺得多又好。结果比在家一人纺纱更多更好又识了字。延安南区沟门小学读书并纺纱，解决了学校的伙食。这不独打破了教育与生活的难关，并且使知识与行动，用脑与用手统一起来。这样的学生不独有知识、会想，而有办法会做。不独学生如此，就是教者自己，也必须这样把教学做来一个统一，以求自己进步。我们教师有不少是工农家庭出身的青年，或是工农化了的知识分子。绝大多数都能自己动手，解决一部分生活问题。由于我们教师不是旧式的知识分子，也不是只能教书的教书匠，都是改造社会的革命战士。他除教学生读书识字外，在课余还领导学生一起，做自己乡村里的社会活动。在生产运动中，当棉花要打卡时，教师和学生就翻看图书，自己学打卡的道理和办法。自己弄清楚了，再拿来教学生打卡的道理和方法，再自己和学生一道动手教农民打卡。当掏谷虫时，积极向学生和农民解释必需掏谷虫的道理，并且亲自参加掏谷虫的变工队。在选举运动中，教员学生积极参加这一运动，并向居民宣传，同时在这运动中学到了选举的许多知识和方法。在防旱备荒中，教师学生都参加工作并讨论办法。学生把家中意见告诉学校，又把学校讨论的意见告诉家里。在许多不同的争论中，教员学生和家里父母讨论出许多防旱备荒的新道理和行动的新方法（防旱备荒《教育通讯》第一期杨家湾小学）……总之，教员学生从参加解决地方的、家庭的和学校的实际问题、生产问题的行动当中，得到许多知识和自然知识，把社会和自然做活的课本。如果再把工作经验写成日记，那末教员学生就代替了教育厅编课本。这种帮助人家的办法也帮助了自己，就是陶行知"以教人者教己"的学说，也是陶行知所提倡知行合一及"在劳力上劳心"的学说。中国从来的学生和教员，只是念书作文，心里想和口里念，而手不做。所以读书人就成了书呆子，或字纸篓，成了一个半残废的人。这些半残废的人，就要靠劳动的农民和工人来养活他们。另一方面，穷苦的工农整天整月整年都是做活，没有时间念书。结果就成了一个不能读书、不能看报和不能用新式的机器生产的土包子，也就是一个有手无脑的半残废。陶行知在劳力上劳心的学说，就是要教工农劳动者念书，教念书的教员和学生劳力。把两种半残废改造成一个完全的人。这种劳心和劳力合一，又名知行合一。我们边区和其他解放区还在提倡工农普遍识字，知识分子普遍参加生产，使我们的人民大众都成知识分子；使所有知识分子，都成为能生产者。这就是我们改造教育的总方针。

陶行知解决许多矛盾，打破很多关，都是针对中国现实社会和解决教育问题。外边的社会不可能实现陶行知的理想，但我们的教育早就和陶行知不谋而合。江西苏区时代，即有儿子教父亲，老公教老婆，秘书教主席，伙夫教伙夫，马夫教马夫，工余学习，行军休息时学习。树枝就是笔，沙土就是纸，白土就是粉笔，门板就是黑板。近来各解放区的教育，不独实现陶行知的理想，并且有更多的发展。我们所以能和陶行知主张不谋而合，并加以发扬，就因为思想方法有些相同的地方。针对现实，解决矛盾，打破难关，这就是转化一元论，换句话说，就是辩证唯物论。

陶行知与朱庆澜 *

鲜为人知的友谊

朱庆澜（1874—1941），字子桥。早年追随孙中山先生，曾任四川副都督、广东省省长等职。1925年后从事慈善救济工作。“九一八”事变后曾募款支持东北义勇军。1939年，陶行知先生创办的育才学校、晓庄研究所等曾得到国民政府赈济委员会的支持，但身为赈济委员会委员长的朱庆澜将军与陶行知先生的友谊却鲜为人知。

早在30年代初，陶行知先生与朱庆澜先生曾一度同住在上海静安寺路赫德路口的程霖生家（该处现为静安公安分局），一位是为抗日组织后援及赈济南北方水旱灾害而借居于亲戚家；一位是为卖字卖稿卖讲兴学而借居于同乡友人家。当时，陶行知正在宝山大场地区办山海工学团，办学经费异常紧张，经精于书画的程霖生的指点，陶先生从徐谦学写字的转笔书法，书艺大进，请陶行知写字的人也越来越多。朱庆澜被陶行知全心全意为民办学的精神深深折服，也很景仰陶先生能放下留洋博士的架子与农民兄弟打成一片的高尚情操。

* 原载南京1994年8月25日《行知行》。

患难之交

在1940年陶行知办学最为艰难的时候，便常常能收到朱庆澜主持的赈济委员会拨给的办学经费。陶行知还时常派人持赈济委的信函去歌乐山向家湾领取奎宁丸、硫磺、凡士林等药品，以帮助育才师生和附近农民治疗疟疾、皮肤病等。据朱庆澜将军的女儿朱德君女士回忆："1940年夏，我随侍父亲在重庆，有一次，陶行知先生为育才办学经费等问题来见父亲，好像好朋友久别重逢，谈笑风生。26岁的我还是第一次见到陶先生，才知道他以前就与父亲很熟悉，很健谈，且话题很广，社会上种种情况及抗战期间军政界、教育界等各方面的情况都是他俩的谈话内容。陶先生态度潇洒大方，穿衣朴素随便，不讲究修饰，我对他印象极为深刻。"可那时正值抗战初期，国土大片沦陷，许多学校纷纷内迁大后方重庆，要求朱庆澜将军赈济帮助的人很多很多，但朱庆澜先生还是答应替陶先生想办法。

保释

陶行知创办的生活教育社社员孙崇甫先生是中共地下党员，此时在重庆暴露了身份。陶先生通过朱庆澜和阎宝航把孙崇甫保释了出来。当时正值"皖南事变"前夕，朱庆澜受陶先生之托挺身保释一位共党嫌疑犯是冒很大风险的。胡宗南曾接到密报说朱庆澜手下有共产党员，但身为中将的胡宗南不敢得罪朱庆澜，所以，当胡手下说朱庆澜保释的孙崇甫吃苦耐劳，是共党分子时，朱老先生以一声"孙崇甫确实能吃苦耐劳，难道吃苦耐劳都是共产党员吗?"给顶了回去。胡宗南也碍于情面，不便发作。1940年秋，朱庆澜先生带着孙崇甫来到西安，把他安置在自己创办的黄龙山西安慈幼院。国民党统治区的黄龙山地处偏僻，却紧邻陕甘宁边区，不久，孙崇甫顺利来到了革命圣地延安。朱庆澜也在西安因病逝世。

筹款

朱庆澜先生最爱的女儿，也是他的随身秘书朱德君女士在料理完父亲的丧事后，来到重庆盐务总局供职。在一个演讲会上，她又遇到了陶行知先生。数月前还在一起谈古论今，而今两位老朋友却永远不能再相见。陶行知对朱庆澜先生的逝世也深表哀悼。朱德君带着歉意告诉陶先生，上次在重庆允诺的事，父亲没来得及落实便撒手人寰了。这位受朱庆澜先生教育影响颇深的朱德君机灵地替陶先生想了一个办法：盐务总局下设有“盐务公益费管理委员会”，这“公益费”是专为盐务局盐场设立医院，购置医疗设备、药品及为盐务局因公伤亡的孤儿办儿童保育院等而设置的专款，育才的学生大部分来自各难童保育院，可申请这份款子。果然，当朱德君将有关调查报告及准许补助款项事宜上报盐务局局长后，没几天功夫，陶先生便派人去“盐务公益费管理委员会”领取了钱款，终日与米价赛跑的陶先生终于有了喘口气的机会。

（朱德君、朱权回忆　陈勤红整理）

育才学校由渝迁沪给上海市教育局长的报告*

敬启者：

私立育才学校，系陶行知博士在抗战期中，选拔特殊才干难童，创办培养“人才幼苗”之试验学校。民国二十八年七月二十日，创校于四川北碚。程度由小学而初中而高中，办理将及八载，成绩优异，举世闻名。其经费得助于美国援华会者特多。陶博士于去年四月间来沪，计划迁校，因积劳成疾，不幸于七月二十五日病殁上海。全校同仁及社会人士，咸愿继承遗志，维持办理。美国援华会总干事毕莱士女士，亲自飞渝视察，认为继起有人，允予继续赞助。因而赞助经费自本年一月份起，增加数目几及三倍。并予赞助迁校费用。毕女士在临行回美国前，建议须得社会人士广泛赞助，组织育才学校顾问委员会，赞勷计划进行事宜。成立时，选定鹤琴担任主席。同时选派校务主任方与严驻沪筹备迁校事宜。现已购置本市大场附近房屋地基及行总拨助活动房屋，进行兴筑校舍。一面进行迁校，一面进行改组校董会，另行呈报立案。现第一批员生五十人已经动身，然后分批陆续迁来。特先奉陈，敬乞

鉴核，幸甚。敬上

* 录自陈鹤琴手稿。

上海市政府教育局局长　　顾
　　　　　　　　　　　李

私立育才学校顾问委员会主席　陈鹤琴

民国卅六年四月廿二日于

育才驻上海办事处，北四川路843号南三楼寄发

私立育才学校为在沪建筑校舍充实基金设备募缘启*

本校为已故教育家陶行知博士于民国二十八年创办于四川北碚草街子古圣寺。旨在选拔孤苦无依而具特殊才能之难童加以教养。现全校有学生三百人，百分之七十系抗战时期自十八省流亡难童中选拔而来。教育方针除依部章进行一般课程外，并注意发现幼童之特殊才能与兴趣而加以适当之培养。以期蔚为国家民族优秀有用之材。八年之内，普修课已由小学进展至高中程度，特修课已建立自然、社会、文学、绘画、音乐、戏剧、舞蹈等七组。在陶校长领导之下，全体师生于艰难困苦岁月中，披荆斩棘，不断创造，初具规模，稍有成绩。承国内外人士嘉许，惠予厚助，得以在博爱精神下生长不息。胜利后，陶校长于三十五年四月来沪，计划复员迁校，以求发展并扩大教育影响。不幸去秋积劳病逝上海，噩耗所播，举世同悲。国内外人士感于陶先生毕生尽瘁革新教育事业，嘉惠世人，厥功之大。佥谓应继承其遗志，发扬光大其事业，支持援助，愈形积极。本校原定还沪计划，亦经美国援华会总干事毕莱士女士于去年九月赴渝视察本校后，予以赞同。该会乃将补助本校之经常费增加三倍，并为助成复员计划拨给迁移费用。又蒙赵竹林先生慨捐上海大场附近花园一座，计地二十五亩，以作校址。第一批艺术各组师生已于日前

* 原载1946年《生活教育通讯》新第四、五、六、七期。

复员抵沪，苦于校舍不敷，现皆促居斗室，教学进行困难。而留渝之师生尚有二百余人，亦急待迁来。际此物价日益飞涨，虽援助有人，而开办、设备、建筑诸费，数字浩巨。原有经费，杯水车薪，难济于事。目前计划，急需国币五亿元，其中用于建筑礼堂、课室、宿舍等房屋需国币二亿元，充实学校基金需国币二亿元，增加设备需国币一亿元。现拟征求陶先生生前知友及关心本校之热心人士二百五十位，每人担负二百万元，并期于一个月内筹足。如蒙感召亲友，多赐厚助，更所感激！集腋成裘，共襄美举。俾陶先生教育遗业得以维系于不坠，无数贫寒儿童得以安心于求学，他日对国家民族稍有贡献，皆出先生等之赐也。是为启

育才学校顾问委员会主席　陈鹤琴

育才学校校长　马侣贤

三十六年七月一日

育才学校的共产党组织*

(1939—1949)

张再为

1939年7月20日，陶行知先生创办的育才学校开学了。一开始，便受到了中国共产党的支持和爱护，也得到主张团结抗日的社会人士的赞助。

多层次多渠道

在国民党白色恐怖统治下，中国共产党对育才学校的领导是多层次、多渠道的。

一、陶行知和南方局领导同志的直接联系。陶先生和周恩来、董必武、吴玉章等交往甚密。每遇国际国内重大政治事件的发生，或遇民主运动内部发生问题，甚至育才学校遇到困难，陶先生便要去曾家岩50号周公馆，或红岩村八路军办事处，向周副主席、董老等请教。有一次他去了回来告诉夫人吴树琴说："去时腹空虚，回时力无穷。"他对周副主席等由衷的信任和敬佩。许涤新回忆说："陶先生是曾家岩50号的常客，周恩来同志和董必武同志对陶先生无话不谈。"

吴老和陶先生是老朋友，他们为宣传抗日，一起在英国工作过。他俩都是教育家，很谈得来。育才学校开学前，陶先生在北

---

* 摘自《育才社大校史资料》第十一期。摘录时对第一个小标题作了改动，第二、三合并。

温泉举办生活教育社重庆夏令共学会，吴老应邀去讲《中国革命运动史》。他对创办育才学校热情支持并赞助，动员干部协助陶先生筹备。

周副主席对陶先生和育才学校更是关怀备至。1940年秋，育才建校未久，便遇上国民党反动派阴谋策划第二次反共高潮。就在这时候周副主席和邓颖超大姐访问了育才学校。他们先到陶先生的住处——北碚山坡上一个碉堡里，听取了育才指导部主任吴勃的详细汇报。接着，周副主席对当前形势作了深入分析，指出育才学校的前途和国家民族的命运是紧密联系在一起的。因此，一方面要提高警惕，采取措施，有备无患；另一方面要教育师生，在极端困难时要坚持工作，树立最后胜利的信念。周副主席的讲话是给育才学校的指路明灯。9月24日，陶先生陪同周副主席和邓大姐到育才学校参观。周副主席给孩子们讲话，谈到过去许多革命志士为了探求救国救民的真理，争取国家的富强，人民的幸福，不怕牺牲，艰苦奋斗。今天你们这一代太幸福了，学校里有很多好老师，图书馆有大量的进步书刊。这些都是很好的条件。他希望孩子们要为真理而斗争，为新中国的远大前程而奋斗。周副主席的讲话，给孩子们以很大的鼓舞。接着请邓大姐讲话，她主要介绍苏联儿童受教育的实况，以此来说明，要想人人有饭吃，个个受教育，只有社会主义国家才能办到。话音刚落，孩子们涌向周副主席和邓大姐身边，要求签字留念。周副主席在孩子们的本子上留下"一代胜似一代"的题词，邓大姐题的是"未来属于孩子们"。晚上，周副主席在逸少斋——校长室给教师们（有学生代表参加）作抗战形势的报告。次日，陶先生陪同离校。不久，周副主席和邓大姐又给育才学校捐赠四百元作孩子们购买运动器具之用。

抗战进入最为艰苦的1942、1943年，为了坚持抗战，延安开展了大生产运动。心中眷念着育才学校的周副主席和董老派徐冰同志送陶先生一套南泥湾垦荒大生产的照片和一件用延安毛线编织的灰色毛线衣。陶先生在延安大生产运动的启示下，组织育才师生在白沙沱北岸的光铁坡开荒种地，向困难做斗争。

二、育才党支部与南方局文委的联系。按照周副主席的指示，育才校内设两个平行的党支部。一个支部属南方局文委领导，与凯丰同志联系。支部书记先后是王洞若、魏东明等。育才开学后，王洞若是研究部主任，魏东明是文学组主任。这个支部的主要任务是帮助陶校长形成学校领导核心，研讨学校大政方针，开展学校工作。筹备建校时，王洞若协助陶先生制定建校计划，又在陶先生主持下，由王洞若、魏东明、戴伯韬、帅昌书参加研究议定《育才教学纲要草案》、《育才学校公约草案》等，这些都是育才学校的基本法规和重要章则。开学前又由魏东明、孙铭勋、帅昌书、陆维特、任虹、张望等分别组织有其他教师参加的选拔学生小组，分赴各保育院选拔学生。开学之后，这些同志，各有专职，分别担负各部、组负责人，同时还要照顾全局，在陶校长的行政领导中起到核心作用。

三、育才学校另一个支部属北碚中心县委领导。担任这个支部的首届支书林琼（林昭书）是北碚中心县委书记李亚群同志派去的，定期和李亚群联系。她的公开职务是音乐组的艺友，既教课，也学习。据林琼同志回忆，她是1939年8月到古圣寺育才学校，学生只有70来个，教师有30多人，教学秩序已初步建立。

这个支部成员有林琼、程森、常学镛、张天翼。除常学镛外，都是十八九岁的青年，热情高，工作积极。支部的主要工作：第一支持陶先生，并保证把育才办成抗日的、进步的学校；第二加强集体生活，培养学生的集体主义意识，自觉遵守纪律；第三团结好全校教职工，在组织生活时，要研究他们的思想、工作、生活和困难，把问题分别反映给有关部门，并帮助解决；还要提高警惕，防止敌特破坏；第四开展对学校附近农民的抗日宣传，密切同群众的关系。

林琼同志是同年12月由组织调离育才的。她走以后，支部书记由程森（凌则之）担任，仍由北碚中心县委领导，支部成员有了增加，除前面提到的程森、常学镛、张翼天（张宜天）外，还有邹绿芷（文学组）、张亚生（自然组）、聂奇慧、朱瑞珍、陈芷颐（社会组）、俞文华（俞华、总务部）、李伯民（李荣福），稍后还有帅雪樵、帅仕熙、张再为（指导部）。这些同志的工作岗位分散在各部和各专业组，党内划分为两个小组，通过小组生活，及时沟通情况，把问题集中起来向上反映，分散与集中相结合，对了解和解决问题很及时。抗日宣传工作有了加强，还办起了农民识字班。

四、育才学校在与党的联系上，还有一条无形的，但确是经常起作用的渠道。这便是有些党员同志，他们人在育才工作，但他们的组织关系没有转进学校。他们既来学校，便肩负着支援学校的任务，尽心尽力地把工作做好。这样的同志在育才各个时期都有，都为推进育才工作起过重要作用。如戴伯韬先生，当王洞若先生进城（重庆）帮助陶先生工作之后，就住进育才，管理研究部工作。

在艰苦困难中向前创造

育才建校后的一年半，发展是顺利的。教师阵容，党的力量都很强。经费的固定收入和社会人士的捐助，也还不错，生活不算丰裕，但过得去。身体差的学生、教师开营养伙食，早晨有豆浆、菜里加鸡蛋等，有桑文澜大夫专管营养菜谱。全校上下，生气勃勃，充满活力。

可是1941年1月17日，新华日报突然传来“皖南事变”的不幸消息，前方的抗日将士大受摧残，反动恶浪冲向了育才学校：一是政治上的压迫；二是经济上的封锁。教师中知名的进步人士和暴露了的党员不得不暂时撤退，以减少牺牲。这样，不可避免地党的力量减少了，教学力量削弱了。与此同时，敌人到处散布：有说要解散，有说要接收，有说要封闭，有说要和晓庄一样，逮捕一批，屠杀一批。但在思想上已有所准备的师生，仍各守岗位，坚持战斗。

在此艰苦局面时，上级党组织及时采取措施。记得这时候，王洞若同志从重庆城里回到学校，找着留下来的党员个别谈话，表明他是受南方局的委派，来看同志们的。他鼓励大家说，能在艰苦时刻，服从革命工作的需要，坚守岗位，是好同志，但思想上要有充分的准备，革命是有牺牲的，为了争取革命胜利，也要善于保存革命力量。于是根据各人不同情况，发了不同数目的钱钞以备急时之需（育才教师，没有固定工资，学校供给食宿和少许津贴）。如邹绿芷，有家，得二百元；张再为和张亚生是单身汉，各得七个银元（局势缓和后退回了）。同时，又把原来的两个支部合并成一个支部，决定廖意林同志担任支部书记，仍和南方局文委徐冰联系，巩固了党在学校的阵地。

廖意林（全校学生、教师都习惯叫她意姐）接受任务后，很快进行支部整顿，党员重新编组。开始孙铭勋尚未离校，便以孙铭勋、朱瑞珍（朱凝冰）、廖意林为一小组，廖意林为小组长。后来屠公博入党，也编入这个小组。以邹绿芷、俞文华、张亚生、张再为为一组，邹绿芷任小组长，方与严到校后，也编入这个小组。廖意林这个时候是党支部书记，社会组代主任，她原来还是全校女生生活指导，现在又兼全校学生生活指导（育才建制，各专业组各设有生活指导，全校女生生活指导和全校学生生活指导，相当于当时一般学校的训导主任），学生生活指导在意姐之前有嵇钰，在意姐之后，有屠公博、陈忏同志等担任过。她通过党小组要求党员要有吃苦、应变、甚至牺牲的准备；党员要配合教师会做团结教师和全校职工的工作。通过教师会要求教师团结起来，战胜困难；她还号召学生要发扬团结、自动自学的精神。

“皖南事变”的1941年上半年，育才经济极端困难。全校伙食已从原来的两干一稀改为两稀一干，后又改为一稀一干，甚至两餐稀饭，十来颗蚕豆作菜。在这苦撑过活的日子里，陶先生并不气馁，写信给马侣贤副校长，鼓励大家说：“在平时办学，一帆风顺，人人能办。在艰难困苦中不动摇而向前创造，才为难能可贵。奋斗是成功之父，请向大家传达。”学校除了紧缩开支外，还依靠群众，广泛向国内外友好求援。以集体武训精神，千方百计地把育才学校这块革命阵地坚持下去。到下半年10月中旬，时局稍有和缓，国外支援的局面也逐渐打开。

整风学习

1942年，延安整风，毛主席作的《改造我们的学习》、《整顿学风、党风、文风》、《反对党八股》等报告，陆续在重庆《新华日报》上发表。这些报告的小册子和集印成册的《整风文献》，也先后传到育才。意姐要求党内同志认真学习这些文件，以文件精神对照自己在党的意识上、思想方法上、理论认识上、学习上、工作方法上、与群众关系上、生活作风上以及感情情绪上作自我反省。意姐把每个人的结论报告给上级党组织徐冰同志，并对这次整风作估价说：大大帮助了我们的自我改造。

意姐又在教师集会时，以身作则谈她自己学习整风文件的心得体会，鼓励大家学习毛主席的这些文章。果然不少教师一有空便自学起来，谈论起来，成了不拘形式的整风讨论，起到了潜移默化的作用。

雾季见习团

每年冬天和春天，重庆云雾特多。每逢雾季，日本飞机来不了，没有轰炸，正是山城人民各行各业特别是文艺界开展文化活动的大好时机。陶先生抓住这个机会，把学生组织起来，称为“雾季见习团”，去重庆参观学习、看戏、看电影、看画展、参加演讲会、听名人作报告等，这是向社会学习的一种方式。1940年冬派出戏剧、绘画两组组成第一批雾季见习团赴重庆见习，住学田湾马鞍山陶先生的友人处，直到1941年春回校，学习效果很好。

1941年10月派出戏剧、文学、社会三组所推的代表11人组成雾季见习团赴渝见习。

1942年1月陶先生在管家巷28号觅定育才驻渝办事处地址。见习团有了立足场地，于是安排绘画组长驻办事处学习，这年借用中苏文协会场，办起学生画展；戏剧组借用抗建堂演出五幕儿童剧《表》；安排音乐组在广播大厦开了音乐演奏会。雏鹰展翅，三个艺术组在重庆文艺界都得到社会人士的好评。

利用办事处住地，先后安排了文学组、自然组、社会组按次序各来重庆两个星期，全校六个专业组都各来见习一遍。此后，每年的雾季，各组学生都轮流到重庆市区向社会学习。绘画、音乐、戏剧三组，每年还在这里办画展和演出活动。

1944年戴爱莲先生到校建立了舞蹈组。育才演出又增添了舞蹈节目，还多次举办舞蹈专场表演。

每次雾季见习团的活动，经常是方与严同志（有时是意姐、邹绿芷）带队，担负党的使命，随团活动，做学生的思想指导，并帮助陶先生和艺术老师安排指挥。

在办事处工作的先后有王洞若、戴伯韬、帅昌书、戴自俺、金秀堤、王全彰等。

农村工作

1944年国民党军队节节败退，日本侵略军长驱直入，侵占了独山，重庆大为震动。此时育才学校的教师、学生经过一番讨论，决定就地打游击。在取得上级党组织和陶校长的同意下，意姐便着手解决干部准备和群众准备两大问题。

在群众方面，育才原来就有小先生办农民识字班的作法，给农民送文化、送医药上门，和附近农民有较密切的联系，“皖南事变”后中止了。现在又恢复起来。意姐又派学生王传义、曾贵谦、赵义熙、徐晴随同陈尧楷、徐永培回大竹，在陈、徐家乡办农民识字班。

在干部准备方面，由意姐和屠大哥（屠公博）负责，以社会、文学两组学生为基础，吸收四川进步青年60余人，编入社会、文学两组，另辟附近回龙寺为课堂，进行革命教育。不久，日本军退出独山，但回龙寺的学习，继续坚持下去，而且把识字班扩展开，在学校周围20里内，普遍设立起农民的、工人的、农妇的、小孩子的、小镇市民的、青年的以及混合的各种识字班。开展了识字、常识、卫生、歌咏等教学，结合各课教学，宣传抗日救国，老百姓都很喜欢，不仅会认字，还会唱歌，会扭秧歌，也能看报，懂得了国家大事。到抗战胜利前后，识字班发展到48个。小先生不仅教老百姓识字，还帮做家务事和田里农活，和农民打成一片，取得了农民的信任，有事都找小先生商量。上级党组织也很重视，南方局青年组张佛翔同志以新华日报名义组织一个由大学生组成的农村工作见习班，由潘冷云、胡晓风同志率领来回龙寺见习一个月。

这年底，育才学校要从草街子迁到红岩村，回龙寺的学习才告结束。

悼念陶校长和爱校运动

1945年底、1946年初，育才学校由草街子迁进重庆红岩村，和党中央南方局、八路军办事处相近咫尺，彼此来往较多。办事处一有晚会，总要通知意姐，邀请教师学生参加，多次同台表演。新华报馆开纪念会，也去参加祝贺。常和周副主席、邓大姐、董老等人见面，邓发、张友渔等同志都请到校作报告，还请熊复同志每周讲国内外形势分析，教师学生都参加听讲。这些日子，市里的群众运动也多起来了。如追悼12·1昆明死难烈士的大会，2·10庆祝政协，发生较场口事件的斗争场面，育才好些教师学生都参加了。

1946年，陶先生因去上海筹备迁校，参加反内战、争民主的斗争，因劳累过度，于7月25日突发脑溢血溘然长逝。噩耗传来，育才学校师生万分悲痛。陶先生安葬于南京晓庄，重庆举行了追悼大会。之后全校师生在心灵上的悲郁，久久不能消散，情绪低落，意姐深为忧虑，于是推动教师会发起爱校运动，要求全校师生遵循陶先生的遗教，发扬爱校精神，加强团结，努力学习，积极工作，上下一心，把学校办好，这才是真正对陶先生的纪念。在意姐引导下，教学秩序很快恢复正常，全校出现了新的精神面貌。

抗暴运动

1946年12月24日北平发生美军强奸北大女学生事件，全国掀起抗暴运动。重庆学生迅即响应，成立重庆市学生抗议美军暴行联合会。重大、女师院等三十几所大中学（育才在内）的代表组成主席团。育才学生在意姐指导下，选派学生代表易难参加抗联主席团，负责宣传和部分学校的串联工作，苏觉主编《抗联通讯》。1947年1月16日，全市学生大游行之后，为把运动深入下去，抗暴联宣传总队和各区宣传分队继续开展宣传活动。育才是宣传总队成员，也分一部分人参加南岸区宣传分队，采取文艺形式化装宣传，很受群众欢迎，社会影响很大。国民党反动派深为忌恨。2月5日，南岸队在江北公园宣传表演，突遭特务袭击，育才、社大学生多人受重伤。2月8日宣传总队又去江北宣传，途经大同路口，又被特务毒打，又使育才、社大多人受重伤，急送医院抢救，特务暴行，引起社会公愤，纷纷表示抗议，声援宣传受伤学生。在社会舆论压力下，国民党重庆市长张笃伦不得不亲赴医院慰问，并负担全部医药费。

校本部迁上海

1947年2月28日深夜，国民党武装警特包围新华日报报馆和中共四川省委机关，实行监禁，并将工作人员强行送回延安。这时育才党支部突然与上级党组织（省委文委何其芳同志）失去联系。3月1日中午国民党军警特务搜查管家巷28号育才办事处，傍晚又搜查红岩村育才校本部（借口八路军办事处放有枪支在学校），闹了半夜，两处均无所获。接着又传闻南京电令重庆市长张笃伦查封育才学校，而且明警暗特，出没在学校周围，使得人心不安。这段期间，意姐一面团结支部同志稳定全校思想，一面协助马副校长研究应付事变方针。当下与马副校长取得一致意见，“即陶先生的事业，好容易艰苦支持了这些年，决不能在我们的手里轻易断送，但同时我们也决不能为了学校的生存，便放弃了陶校长的教育立场，如果敌人要强迫学校变质，那我们宁愿解散，也决不能接受。”方针既定，静以观变，照常行课。社会上轰轰烈烈地“反饥饿运动”，教师、学生个人参加，但都不以学校名义去活动，不给敌人以口实。后来国民党市政府暗示马副校长，育才学校必须搬家，否则改组。

暑期开始（1947年7月），育才校本部迁上海，由马侣贤、屠公博（负责迁移期中党的工作）率领，分批东下。又以“上海校舍一时尚未修好”为由，红岩村留下育才校分部，即小学部和初中班缓走。

校本部走后，意姐留重庆，继续领导育才党支部，支持校分部工作，同时寻找地方党的关系。在失去上级党组织的领导下，意姐独当一面，责任更重。她除了学校工作外，还在校外联系了一批地下工作者。他们是活动在农村或城市的地下党员和党的积极分子，有的是自动找上门来。同时意姐还负责与苏辛涛、赵令芹、罗成勋等人办起地下刊物《反攻》半月刊。由于重庆反动气焰日益猖狂，她不得不离开育才，采取隐蔽行动，化名落脚在歌乐山适存高商校。在寻找党组织方面，地下党员任梓光(原社大学员，与意姐相识）从大竹陈尧楷（与意姐有联系）处得悉意姐找党组织的迫切心情，向重庆市委通报了情况。7月间，市委派江英（江竹筠）来和意姐联系，从此育才支部与重庆市委接上了组织关系。按照党的指示，意姐把农村方面的关系交与江英。《反攻》出刊三、四期，各方面反映都好，上级党组织联系人老黎（李维嘉）通知将《反攻》列为党的刊物，嘱意姐专职办理，把所联系的关系都交老黎。1948年2月，《反攻》印刷组的陈尧伦（六一社员）身带《反攻》被捕，老黎通知意姐迅速隐蔽，同其爱人苏辛涛（在《新民报》任主笔）离开四川。此时意姐身怀有孕，即将临产，决定产后再走。3月下旬，意姐化名住进江北陆军医院，产一女孩，产后即离开医院，迁往亲戚家，特务去报馆、医院抓意姐扑空。进入4月，重庆大逮捕开始，老黎获悉特务还在追捕意姐，急叫胡启芬通知意姐，马上离开重庆，小孩托人代养。意姐把小孩交与进步人士朱宝粹大夫，又经几多周折，才与苏辛涛分道离开四川，投奔解放区去。

革命种子，撒向四方

解放战争打响后，育才学生很快通过各种渠道，纷纷投入各解放区和游击区参加战斗。据伍育人调查，去华北解放区的有13人；去苏北解放区的有15人；去皖南游击队有9人；去浙南游击区有5人；还有去云桂边区游击队的和湘粤赣边区游击队。

育才学校为革命组织输送的力量远不止此。据李冬回忆，1941年9月，由意姐经手送往延安的就有9人。再据伍育人调查，送往延安的育才学生1943年有6人，1945年有7人，1946年有3人；1945年由重庆参加中原解放区的育才学生有10人。后来王昶新在中原突围战斗中牺牲。

当学校迁离古圣寺时，识字班的农民群众和小先生们不忍分手，党支部为使多年来的工作不致骤然断线，决定屠公博领队，留下一批决定离校的同学，坚持识字班工作。这年秋，屠公博调回红岩村校部工作，留下高鸿仪几人，并和北碚党组织联系上，在识字班发展党员，建立党支部。原来上级党组织有规定，育才党支部不发展党员。所以识字班建党任务，只好留给地方组织完成。

在学校迁红岩村后，原在古圣寺离校的一批批同学利用自己的社会关系，或由意姐找关系介绍，分散去附近的一些县区农村和场镇活动，有的是在当地党组织领导下，有的仍与意姐联系，他们大多以小学教师职务作掩护，在群众中进行争民主的宣传和斗争。

又据吕长春、赵义熙写的育才大事记：1947年春夏间，育才学生有20余人和由中原解放区突围出来又回学校的同学，参加中共川东地下党领导的大竹、邻水、垫江、岳池、广安一带（通称华蓥山地区）农民武装斗争，他们率领农民群众抗丁、抗粮、除奸、反特、夺取乡镇政权，他们与当地人民甘苦与共，斗争很有成绩。敌人听到育才学生陈尧楷、徐永培、徐相应的名字都胆颤心惊。然而不幸的是在川东解放前夕，陈尧楷、徐永培等8位同志分别在战斗中、在敌人的刑场上和渣滓洞监狱中先后壮烈牺牲。育才其他同学，在解放战争中，在川东、重庆、成都一带的许多战线上，在党组织的领导下，参加地下斗争，他们中好些人都是经意姐向有关方面介绍去的。育才同学没有辜负党对他们的教导，没有辜负陶校长对他们的期望。

育才校分部在战斗

意姐离开重庆的前一个月，组织上便按照意姐相约的“老周”暗号（本名蒋汇泽）于1948年3月来校分部和张再为、孙铭勋单线联系。进入4月，重庆大逮捕开始，风声鹤唳，原约的会面时间，“老周”没有来。这学期结束，郭平辞去校分部主任去上海，由孙铭勋同志继任分部主任。暑假开始，积极筹办中专程度的教育组和社会组，决定张再为管教务部，陈思颖、徐行健先后管生活指导部，屠公博、韦钟秀负责卫生工作，增聘了一批教师，关系不在育才的地下党员和进步教师、革命的教学力量又集聚起来了。后又增设了戏剧、美术、自然三个组，基本上恢复了育才校本部时期的规模。

此时特务并未放松对育才的监视，教师学生都提高警惕，内紧外松，不给敌人以可乘之机。

公开的群众运动不以学校名义参加，秘密的革命活动并不停止。如支持教师学生下乡搞群众斗争，1949年初，有13名师生去武隆山区（临行孙铭勋商请育才之友赵辛之先生资助80个银元），发动农民群众，组织地下武装、抗丁、抗粮，为配合解放军，解放武隆地区作了贡献。

还有赴川北搞地下工作的师生和回岳池家乡，组织群众，迎接解放的学生。

同年春，张再为赞同杨化周（杨适）的提议与刘秋篁、沈伯谋（三人都是育才之友、三十年代的党员，杨、刘又是育才学生家长，沈的夫人余莲隐是育才绘画教师）建立党的秘密外围组织——重庆新民主主义青年联谊社（简称新青联），在吴宇同（沙磁特支书）领导下开展工作。

同年秋，孙铭勋、杨化周在吴宇同领导下组织策反小组，积极筹划策反工作。孙铭勋得悉育才学生周竞（化名周铁川）、田茂松（化名田群）在国民党驻永川部队239师政工处任话剧导演，便授意周、田二人，加强力量，伺机策反。周、田利用部分扩编机会，串联同学傅子祝（女）、章琼兰（女）进政工处当演员（部队开发时令其退伍），谭月森、邓宴波进师警卫连，当了班长，在连队进行活动。部队开赴贵州赫章县打民主联军时，他们准备拉出队伍投民主联军。事被发觉，周铁川、田群、邓宴波和机枪手彭泽被捕（谭月森逃脱），在押回重庆途中，邓、彭伺机逃脱，周、田入狱，重庆解放后，才被解放出来，参加了人民解放军。

愈近解放，学校经费愈形拮据。正在困难之际，敬爱的周副主席，嘱袁超俊由香港汇来八百个银元，雪里送炭，帮助学校渡过难关。

重庆临近解放时，为防止敌特破坏，校内由屈渭滨（地下党员）负责，组织师生日夜值班护校。11月30日重庆解放，12月1日育才、社大、红小三校师生为迎接解放军进城，高举着秘密制成的五星红旗，敲锣打鼓，扭起秧歌，行至市中心，把这面红旗插上“抗战胜利纪念碑”。这便是高高飘扬在山城的第一面五星红旗。

近百年来的伟大教育家*

陈鹤琴

十年前，我同尚仲衣先生谈论到近百年来的中外教育家。我说，陶先生要算伟大的教育家中的一个，尚先生听了愕然说："你这个话不会过分吗？"我说："你不相信，我们就来讨论讨论看。"那时候，我便举出了很多事例来跟他讨论。时过十年，如今，陶先生竟已与我们长辞了！"盖棺定论"，今天我更可肯定地说："陶行知先生是近百年来一个伟大的教育家。"

这并非我个人说的感情话，这完全是根据陶先生本身的特点而得出的结论。

陶先生是一个即知即行、能知能行的实践教育家。他很少空谈理论，总是老老实实地硬干。只要我们看看他办晓庄师范的精神，就可以知道他的个性喜实干，是任何其他教育家所不及的。晓庄师范经费少，条件差，陶先生除了独立支持之外，还要使她不断地发展起来，艰难困苦的情形，谁堪忍受！

陶先生具有特异的思想，"小先生"、"教学做合一"、"学校与社会打成一片"……所有这一切，没有一样不表现出他的伟大创造力与特异的思想。记得在晓庄的时候，因为水井太少，用的人太多，以致水源的供应，接济不来，陶先生看到这种情形不

* 原载1947年9月江西《生活教育》四卷七、八期。该刊1941年1月创刊，由陈鹤琴主编。

对，于是便想出了一个解决的办法。他的办法，就是召集一个民众大会来讨论水的问题，大会推选了一位十二岁的女孩子做主席，有一位老太婆开始发言。她说："种田的人要有休息，做工的人要有休息，所以，水井也应该有休息。"于是大会便通过了汲水的时间，不在规定的时间内，任何人不准到井里去汲水，水井也该有休息的机会。这样，水源就不再断绝了，水的问题也就解决了。在十几年前，陶先生就运用了民主的方式来解决大众的问题，这不能不叫人佩服。

记得民国十六年，陶先生的试验乡村师范学校招生广告中，末了有这样一行："学费免，膳宿杂费详简章，小名士、书呆子、文凭迷，最好不来！"像这样的思想风格，的确只有他才能想得出来，陶先生思想力的特异，真有举不尽的例子。

我还记得，晓庄开学的那一天的情形，几百个学生，几千个乡下男女老百姓在一个空旷的黄泥地上，举行开学典礼，陶先生指着蔚蓝的青天作为学校的天花板，踏着金黄色的泥土作为学校的地板，向着同学老百姓报告筹备经过，办学宗旨，教学方式，将来计划，我听了几乎被感动得流下泪来。陶先生艰苦卓绝的精神，创造力的伟大，思想的前进，确是空前的。

陶先生自己独创风格的文章与有力动听的口才，他的儿童的诗和故事的体裁，都是不朽的文学创作。跟作文章一样，他在讲演的时候，也喜欢背上几首诗，使他的演讲，分外有色。

陶先生不仅有特异的思想和独创的文笔，而且，他的热情与纯爱，凡跟他接近过的人都感觉得到的，他热爱儿童，热爱大众，热爱一切弱者。这种伟大的博爱精神，使他成为艰苦奋斗、公而忘私的勇士，为了追求真理，他从来没有休息过一天。

在教育理论方面，陶先生虽然是承继了杜威的衣钵，但杜威所提倡的还只是"教育即生活"与"学校即社会"，而陶先生却更进一步地提出"生活即教育"、"社会即学校"的主张。在字面上"教育即生活"与"生活即教育"或"学校即社会"与"社会即学校”只不过是先后次序不同而已，但实际上，陶先生的主张，正是现代最前进的生活教育理论。

在教育实践方面，陶先生的贡献非常宝贵。最初，他把欧美的教育介绍到中国来，但是重要的还是他后来的努力，使中国教育史上展开了三大教育运动：

第一，教育入乡运动，创办乡村师范学校。

第二，普及教育运动，提出小先生制与工学团制，创立山海工学团。

第三，天才教育运动，创办育才学校，成为全国多灾多难儿童的保姆。

接着陶先生还发动了社会大学与民主教育的运动。然而，陶先生还不及看到自己事业的全部成功，不及看到大众教育的自由解放，竟就突然的死去了。这位近百年来的伟大教育家——陶行知先生的死，实是中国苦难人民不可补偿的损失，也是全世界善良人民的重大损失，行知先生的死，不仅全国教育工作者在哭，全国人民在哭，就是全世界的人民，也都为这巨星陨落而挥泪！

如何完成陶行知先生未竟的事业，正是我们哀悼陶先生的意义。

向陶先生致衷心的哀念和敬意*

——致陶晓光

晓光先生：

三年前的陶先生在上海逝世时，我和你曾在他的遗体前用无比的悲痛和热泪向他告别。在他逝世三周年纪念的时候，上海已经解放，而我又来到了上海，我本应而且极愿来参加纪念会，无奈适值我应往医生处诊治我病的时间，不能前来深引为歉憾！我只有用沉默和无言向陶先生致衷心的哀念和敬意！并向你和陶师母致同情的慰问。筹备会诸先生前亦请代说一声。

专此，即致

敬礼

邓颖超

七·卅，早

* 陶行知逝世三周年纪念会，订于1949年7月25日上午9时在震旦大学礼堂举行。7月20日邓颖超收到入场券后即复信陶晓光。信末“卅”系“廿”之误。录自手稿。题为编者拟。

革命的教育家陶行知先生*

——纪念陶先生逝世四周年

《人民教育》杂志社论

研究和发展陶行知先生的教育思想与教育经验是当前新教育的建设和旧教育改造过程中一件重要的工作。陶先生的教育思想和教育经验是属于中国人民教育的一份宝贵的遗产。

陶先生的教育思想产生在"五四"文化革命运动以后，他的教育实际运动贯彻在他整个的一生，一直到他的去世。在旧中国的教育界中，他的教育思想和旧中国的"传统教育"思想体系是有根本性质的区别的；是和它公开地、一点不含糊地对立着的。陶先生的教育思想虽然并不完整，并且因为受杜威思想的影响而包含某些重要的弱点，但是他反对抄袭外国，反对洋教条；反对迷信，提倡民主与科学；反对"小众"教育，提倡人民作主的大众教育；在教育方法上，反对理论和实际分离，学用分离，主张手脑并用，在劳力上劳心；教学法上提倡"教学做合一"，"以教人者教己"；在普及教育上提出"即知即传"，"小先生制"等。这一切是充满着革命的民主的精神，而且很多是今天仍然继续适用的。

陶先生的道路，是一个诚实的教育工作者逐步与人民相结合的道路。

虽然陶先生在从事教育工作的初期也幻想过以"教育救国"，

* 原载《人民教育》第1卷4期，1950年7月出版。

但他一接触中国的实际和中国人民以后，他就看到了他的理想遇着“阻力”。这“阻力”是什么，开始还很模糊，但是一天天使他明了了。从晓庄时代起，他的干部中就包含有共产党或同情共产党的青年。他依靠他们，作为自己的骨干。他受到更大的反动政治的压迫了。压迫并没有使他低头，相反的是使他认识了那个“阻力”，主要的不是别的，就是从政治问题上来的。要为中国人民的教育事业服务，教育家不能不问政治。不问政治，那你就只能办“传统教育”，那就没有什么人民教育。要办人民教育，反动政府就要压迫你，不许你办。晓庄就是一个很好的例子。陶先生从“九一八”以后参加救国会起，虽然他仍不放松他的教育岗位，他的政治立场就更明白了。不但没有回避政治，而是一步步坚决地在政治上站在人民方面来。在晓庄时代，他不怕共产党员，同情共产党，一直发展到“在政治上，他与中国共产党成为民主运动中亲密的战友”（陆定一：《悼人民教育家陶行知先生》）。这是一个过程。陶先生自己成了民主运动的战士以后，他就更看清了，先要使人民握有政权，人民才能真正做主人，人民教育才有基础，他的教育思想才具有物质基础。当他去世以前听到老解放区人民文教工作的发展的事实，他曾表示过非常的兴奋。他看见自己的理想就要变为现实了。他的教育学说，也就特别放出光彩来。他在读到毛主席在延安文艺座谈会上的讲话以后，曾对人说，“为谁服务这一个根本问题，把我以前说的话讲得更明确了。”是的，他是中国教育界最早解决了这一问题的人。

因此，我们可以得出一个结论：一个人要成为人民教育家，首先是要在政治上坚决地站在人民的立场，陶先生所走的道路就证明了它。

陶先生很早基本上就找到了人民的方向了。他看见了人民的力量，相信人民的力量。他从人民中“去找路线，寻方法”，他向人民学习，拜人民做教师，和人民结成了血肉的关系。因此，他能找到如何为人民服务的教育原则。他有革命的实际的精神，所以，他无论在什么时期，什么条件下，他不停止他的教育活动。他的活动，不限于他左右几个人或生活教育社那个小圈子。因此，近二十几年来，旧中国的教育界受到他的影响的人非常广泛。生活教育社能够不是一个空头的学术团体，能够吸住那样多的青年教育工作者，能够成为一个革命团体，除开陶先生的教育思想的革命性质以及中国共产党的支持援助以外，那就是陶先生的那种实际精神。他是一时一刻也不放松“行”的。因此他能创造出非常丰富的经验。

陶先生的思想和教育经验，他在生前自己没有来得及整理它。他去世以后，批判地接受陶先生的教育学说的遗产就成为全国教育界的重大工作了。对于陶先生教育学说的整理，四年以来，我们虽然时刻在心，却少实际工作，这是值得我们注意的。

今天的情况与历史条件和陶先生在世时已经有了根本改变。今天是中国人民自己掌握了政权，中国人民文化、教育已获得了无限发展的前提。文化教育已变成中国人民大众自己的武器了。新中国已开始了新教育的建设和旧教育的改造过程。我们接受陶先生的遗产完全是在这种新的历史条件下，既不是抽象的学院式的研究他的学说，不是要把他的学说作为教条；而是接受那对人民教育建设有用的东西，是把这些有用的东西，吸收到人民教育的理论与实践中来，成为改革旧教育，建设新教育的工具。

因此，研究陶先生的教育思想和教育经验，就成为很必要的教育工作。但这不是很容易做的。这里也就同时提出如何研究的问题来了。

目前对于陶先生的教育思想和教育经验还不免有人采取了不适当的态度的。如不从陶先生的学说产生的历史条件、工作环境来研究问题，而是离开时间和地点而研究问题。在这种思想方法下，就产生了各种不适当的态度。一种是把陶先生一向反对教条主义的伟大精神忘记了，而将陶先生的学说凝固起来，当作教条；一种是单抓住陶先生在早期的或在反动政治统治下所写的某些文章的词句，或某些现在已不适用的经验为根据，而将陶先生最基本的思想和经验都一概否定了。

这都是不对的。

接受陶先生的教育遗产，我们要有历史的观点，要从时间和地点具体地分析、研究陶先生的教育思想和教育经验。这一研究工作不能孤立地限于陶先生的著作和他办的学校，而应和研究阐述毛主席的文教思想以及老解放区的教育经验结合起来。这样会更能认识陶先生的学说，丰富陶先生的思想。自然，最重要的还应和目前工作相结合，和解决当前教育问题相结合。这才更切合陶先生的精神，把陶先生的教育经验中优良的部分直接推广到我们现在的工作中去，在这一新的历史阶段发展陶先生的思想。

今天，我们要向全国教育界提出的是：学习陶先生为人民服务坚定的立场和为人民办学的思想。今天全国教育工作者，大多数正在解决这一思想问题，那末，陶先生就是一个良好的范例了。

学习陶先生的“理论与实际一致”的教育方法，这对今天全国各级教育来说，更具有实际的意义，对改造中国旧教育是一个决定的环节。陶先生在幼儿教育、小学教育、师范教育、科学教育、人才教育中都做了一个良好的开端，我们要继承他的精神，吸收他那一部分成功的经验，不是单在“教学做”这类名词上兜圈子，而应在自己的教学工作上，根据这一原则创造经验，以达到逐渐消灭我们教学上理论与实际分离的现象，而将我们的工作提高一步。

学习陶先生的实际精神，依靠群众，克服困难的精神。过去陶先生在那样环境和条件下，还能坚持了他的工作，开辟了他的“根据地”。现在我们有了完全自由的环境，全国规模的学校正要求我们恢复和发展，广大工农教育正待开展。仅仅由于胜利中一时尚存在的经济困难和人力的困难，在阻碍我们前进。陶先生他那一套过穷日子的办法，就很能鼓起我们的勇气，克服这一暂时的困难，度过难关。因此，陶先生的教育经验中那许多克服困难的经验，就值得在今天特别推广，尤其今年秋季全国小学教育的恢复与发展方向，应该注意到这一点。总之，我们纪念陶先生，是要用行动去纪念他，无论在教育理论工作和实际工作方面，我们都要有具体的工作表现。

关于晓庄师范、育才学校及生活教育社问题的处理意见及总理批示*

周总理：

关于晓庄师范、育才学校及生活教育社问题的处理意见如下：

一、南京晓庄师范，应予恢复，同意教育部所拟由华东教育部举办，并委托南京市教育局领导，其具体办法由中央教育部与华东教育部洽商决定。

二、上海、重庆育才学校，为陶行知先生手创事业，应妥予照顾。二校均可改为市立，由上海、重庆市教育局分别领导。上海育才学校房屋困难，请上海市教育局予以解决。教育部拟改该校为市立行知幼年艺术专科学校，与现行专科学校规程不合，应由教育部与上海市教育局考虑改用适当名称或仍用原名。重庆育才学校发生倒屋死伤学生事情，应由教育部调查并防止再有类似事件发生。

三、陶行知先生之教育主张，应由教育工作者自由研究，无需中央发布指示。陶先生如在世，他一定会同意中央目前之教育方针。生活教育社同人只要努力执行目前中央教育方针，也即是继承陶先生的遗志。至陶先生创办之教育事业，应由国家来维

* 此为1950年11月18日生活教育社理事会复印的信稿。胡乔木当时担任中央人民政府政务院文化教育委员会秘书长。汪达志即汪达之。题为编者拟。

持。因此，生活教育社在北京设立实际的办事处，可无必要。至需否设一名义于某一适当机关，则可由生活教育社同人自行决定。

上述意见已由邵荃麟同志和方与严同志谈过，方均已同意，当否，请即核示，以便遵办，并请方转告田汉、汪达之等同志。
敬礼

胡乔木

十一月十二日

总理批："同意所提一切意见，即交文委办理。十一·一六。"

应当重视电影《武训传》的讨论*

（一九五一年五月二十日）

毛泽东

《武训传》所提出的问题带有根本的性质。像武训那样的人，处在清朝末年中国人民反对外国侵略者和反对国内的反动封建统治者的伟大斗争的时代，根本不去触动封建经济基础及其上层建筑的一根毫毛，反而狂热地宣传封建文化，并为了取得自己所没有的宣传封建文化的地位，就对反动的封建统治者竭尽奴颜婢膝的能事，这种丑恶的行为，难道是我们所应当歌颂的吗？向着人民群众歌颂这种丑恶的行为，甚至打出“为人民服务”的革命旗号来歌颂，甚至用革命的农民斗争的失败作为反衬来歌颂，这难道是我们所能够容忍的吗？承认或者容忍这种歌颂，就是承认或者容忍污蔑农民革命斗争，污蔑中国历史，污蔑中国民族的反动宣传，就是把反动宣传认为正当的宣传。

电影《武训传》的出现，特别是对于武训和电影《武训传》的歌颂竟至如此之多，说明了我国文化界的思想混乱达到了何等

---

* 这是毛泽东修改1951年5月20日《人民日报》社论《应当重视电影〈武训传〉的讨论》时加写和改写的几段文字，它们构成这篇社论的主体。

《人民日报》发表这篇社论时，有一句话是：“承认或者容忍这种歌颂，就是承认或者容忍污蔑人民革命斗争，污蔑中国历史，污蔑中国民族的反动宣传为正当的宣传。”社论发表的第二天，即5月21日，《人民日报》又刊登了关于这篇社论的补正，指出这句话应为：“承认或者容忍这种歌颂，就是承认或者容忍污蔑农民革命斗争，污蔑中国历史，污蔑中国民族的反动宣传，就是把反动宣传认为正当的宣传。”1967年5月26日《人民日报》将其主体部分作为毛泽东的文章发表和1977年4月《毛泽东选集》第五卷收入这篇文章时，都没有注意到这个补正。《建国以来毛泽东文稿》第二册在刊印这篇文章时据此作了订正。

的程度！

在许多作者看来，历史的发展不是以新事物代替旧事物，而是以种种努力去保持旧事物使它得免于死亡；不是以阶级斗争去推翻应当推翻的反动的封建统治者，而是像武训那样否定被压迫人民的阶级斗争，向反动的封建统治者投降。我们的作者们不去研究过去历史中压迫中国人民的敌人是些什么人，向这些敌人投降并为他们服务的人是否有值得称赞的地方。我们的作者们也不去研究自从一八四〇年鸦片战争以来的一百多年中，中国发生了一些什么向着旧的社会经济形态及其上层建筑（政治、文化等等）作斗争的新的社会经济形态，新的阶级力量，新的人物和新的思想，而去决定什么东西是应当称赞或歌颂的，什么东西是不应当称赞或歌颂的，什么东西是应当反对的。

特别值得注意的，是一些号称学得了马克思主义的共产党员，他们学得了社会发展史——历史唯物论，但是一遇到具体的历史事件，具体的历史人物（如像武训），具体的反历史的思想（如像电影《武训传》及其他关于武训的著作），就丧失了批判的能力，有些人则竟至向这种反动思想投降。资产阶级的反动思想侵入了战斗的共产党，这难道不是事实吗？一些共产党员自称已经学得的马克思主义，究竟跑到什么地方去了呢？

为了上述种种缘故，应当展开关于电影《武训传》及其他有关武训的著作和论文的讨论，求得彻底地澄清在这个问题上的混乱思想。

陶行知先生的教育遗产是新中国教育学的源泉之一*

陈友松

“伟大的人民教育家”陶行知先生是中国人民和人民教师的骄傲，是创造性地独立思考教育问题的典范。他创了一套富有“中国气派和中国作风”的革命的教育思想。留下了诲人不倦、学而不厌的“人师”的榜样。他的“爱满天下”，桃李遍中国。有不少受过他的教育和影响的人现在已是新中国教育事业领导的骨干。解放后，我们在讲授教育学时，由于学习苏联有些教条主义，尤其是未能批判地吸收中国教育的历史遗产，从而对陶先生的思想几乎没有提及一字。如果和苏联怎样珍视乌申斯基和马卡连柯等人的教育遗产对比起来看，我们对陶先生的这种态度是一个严重的错误和缺陷。

不论从上层建筑的继承性或否定之否定的规律的观点来看，不论从学习苏联应结合中国实际的方针或从创造新中国自己的教育学的必要性和方法来看，我们都应当认真吸收陶先生的宝贵遗产。问题是还有人怀疑陶先生的思想体系和共产主义教育的理论基础的联系。认为对他还未下结论，因此，不敢引用，有些人甚至错误地扣上小资产阶级思想或实用主义的帽子。也有人认为陶先生仅仅是“接近”了新民主主义的教育思想。没有从社会物质条件的根源来加以分析，没有把他早年的思想和晚年的大转变联

* 原载1956年10月16日上海《文汇报》。

系起来，而又区别开来看。他们忘却了列宁的一个重要指示："辩证法要求全面考虑他们的具体发展的相互关系，而不是东拿一点西拿一点割裂开来考虑的。"（《列宁全集》四版32卷第69页）又说："我们要依照哪种特征来判断一个人的真实思想和感情？很明显，这个特征只能有一个，即个人的各种行为。"陶先生的教育实践——他的各种行为不仅表现了新民主主义教育的因素，而且还表现了许多共产主义教育的因素。我们同意徐特立老先生的判断：陶先生是一个唯物主义者和革命家。也同意戴伯韬同志的意见："新民主主义教育思想是毛泽东同志和陶氏共同创造起来的。"但为什么说还有共产主义教育的因素呢？为篇幅所限，只谈几点。

马克思主义的科学的教育学首先认为教育是有阶级性的，不能是超政治的。陶先生的生活教育是鲜明地反帝反封建反对国民党反动统治的，也反对了买办资产阶级，因为他反对一切剥削。这是为人民服务的教育。他在后期也承认了工农联盟。他对胡适超政治而实质上为帝国主义资产阶级的教育万能论，以及梁漱溟的封建伦理的所谓生活教育，一直是仇视的。陶先生的一系列的政治斗争包括他参加建立中国民主同盟等活动都是铁证。例如，1940年冬，他对伯韬同志说过："我为人民解放和民族独立奋斗了几十年。一直到现在还是无党无派。如果我想入党的话，可以毫无思索地请求加入共产党，并且毫无保留地听从一切决议。"这不是工人阶级党性的表现吗？理论联系实际是共产主义教育的基本原则之一。陶先生一贯地反对旧八股和洋八股，既反对教条主义和书呆子习气，也反对爬行的经验主义。他认为"教育是民族大众人类解放之工具"，必须与实际生活相联系。这样的思想难道不是马克思主义的吗？消灭体力劳动和脑力劳动的对立是共产主义的任务之一，也是共产主义的综合技术教育的核心问题。陶先生的"在劳力上劳心"和"手脑并用"，实质上是这一思想的另一说法——中国气派的说法。集体主义教育和劳动教育一样也是共产主义教育的范畴。陶先生于1938年后想出了“集体自觉”的必要，提倡了“集体自我教育”。工学团的团学是集体的另一说法。教育工作中的群众路线在陶先生的思想中逐渐得到了肯定，承认人民群众的巨大作用是历史唯物论的重要特征。他对“群众教育”的发现是“必须跟群众去……了解群众情况和要求之后必须集中起来要群众跟我们走向真理（注意：这是他的‘行’或‘做’的目的）走向胜利”，这和工人阶级的“从群众中来到群众中去”的原则有何区别？

生活教育或生活即教育，实际上也是共产主义教育一个必要的范畴。加里宁也强调过生活的学校（见加里宁《论共产主义教育》第88页）。马卡连柯也有生活教育和社会即学校的看法(见他著《论共产主义教育》第107页)，他说：“人是被整个社会教育着的。社会中的一切事件，它的工作，前进运动，它的生活……这一切都是强大而复杂的教育因素。”马卡连柯的工社和陶先生的工学团乃是在不同时间、地点和条件下的不同形式，但是同一性质的生活教育实施。陶先生所谓生活和杜威的所谓生活有本质的不同。前者是指人民群众革命斗争的生活。陶先生所谓“生活与生活的摩擦”应当理解为矛盾的斗争和阶级斗争的另一说法。陶先生的教育目的虽然在不同的时间、地点提得不够全面，没有明确提出全面发展四字，可是他经常提到整个人生、整个寿命的看法，如果过细而综合地来看，它是包括了全面发展的内容的。因为他的教育目的，已如马卡连柯所说“是根据社会的需要和要求来规定的”。陶先生在智育方面主张即知即传人的活知识，“培养普遍运用识字能力和运用科学能力”。在体育方面提出了健康教育的全面看法，要求培养自卫能力。在德育方面要培养运用政治能力，“冲破自私自利所造成的铁门”，争取中华民族的解放和自由平等，培养团结御侮所必要的一切品质，特别强调爱国主义的教育。在美育方面他提出了艺术的教育。他还要求培养生产能力再加上运用科学能力，也就是基本生产技术教育了。本来生活即教育、社会即学校的思想，不是在打破一切学校教育，而是要完成一定时代的革命使命——打破旧式的反动的学校，在当时确实是进步的。如果从发展来看问题，如果陶先生活到今日，他必定强调系统的学校教育，因为他是知“变”的，不能说他不懂辩证法。

陶先生的“教学做”基本上（不是本质的不同）是符合列宁的反映论和毛主席的实践论的原理的。马克思列宁主义的认识论是共产主义教学过程的基础，因之“教学做”正是我国目前教条主义教学的药石。吹毛求疵的人们似乎未深入体会陶先生的“新发现”——贯串全部过程的六个环节。这和杜威的思维五步骤有本质的区别。区别在于对“行动”和“断语”二名词的理解。陶先生的行动包括有社会的革命的实践、生产斗争和科学实验在内。有人片面地从他举的火烧了手的例子，来非难他，而忘记了他的在社会中“碰钉子”的例子。陶先生首先批判了实用主义的设计教学法——开始就只是引起动机的主观唯心论的看法。陶先生的做，基本上和毛主席对实践的估价是一样的。因此他强调做时并没有像杜威一样否定系统的科学知识，可以从“断语”的解释来看出。陶先生曾对批评他是爬行的经验主义者的人有答复：

“他弄错了……这里所谓做是指必须求得感性知识的基础或旧经验或旧知识的基础，才能吸收他人或消化他人的知识变为自己的知识。”（见伯韬著《陶行知先生》第83页）

总之，不论在教育的本质，教育的目的，教育的内容和方法方面，陶先生的思想和实践都对我们建设新中国自己的教育学有宝贵的贡献。最突出的贡献是教我们要创造性地独立地思考教育问题。我们的任务是在如何发扬光大这一宝贵遗产，而不是吹毛求疵。当然陶先生是有些缺点的，但作者的肤浅认识，以为还不是根本方向上的错误或一贯执迷不悟的错误。例如早在1931年他就提出了生育节制的主张（在当时是否正确还是问题），采用智力测验等。当然作为学术的研究我们应当批判它，例如尽管苏联批判了乌申斯基的唯心主义的社会观点，但仍然称他为一个最伟大的俄罗斯教育家，予以很大尊敬。苏维埃教育学中仍经常引用乌申斯基的正确言论。我们对待陶先生的态度也应当是这样的。尤其重要的是要学习他的那种“万世师表”的品质。

我们必须对陶行知先生以重新评价*

——纪念陶行知先生逝世十一周年

邓初民

陶行知先生离开我们到今年七月二十五日已经整整十一年了。可是他并没有死，他还是活在广大中国人民的心中，而且将永远活在广大中国人民的心中，他是不朽的。

但是，当中国文教界群起批判电影《武训传》以后（电影《武训传》是应该批判的），接着又有人批评了陶行知先生的生活教育。从此，人们就好像渐渐把陶行知先生遗忘了。我每每想起这件事，就使我的心中好像展开了一场战斗，使我整夜无法入睡。本年六月一日，我在中国共产党中央统战部情不自禁地提出了要求对陶行知先生给以重新评价的问题，六月二日人民日报刊登了我有关陶行知先生的一段话，我就连日接到各处来的电话，各处来的信，还有我朋友亲自到家里来，表示一致同意我的主张。从上海、济南等地来的信中甚至于说，他们是含着眼泪读完我的发言的。这种眼泪，当然是对陶先生的追怀和对我的同情所流出来的同情之泪啊！

这样就充分证明我要求对于陶行知先生给以重新评价，一点也没有包含我个人同陶行知先生的私交和友谊成分。当然，我也毋庸讳言我个人同陶行知先生的私交和友谊。陶先生是我的知己，也是我的老师，特别是在他要离开我们的一个不太长的时期

* 原载《人民教育》1957年7月号。

内，我是处处把他当作一个榜样来效法的。

那时，就是中国共产党领导中国人民对日抗战将要结束的时期，或者说，就是抗战结束时期的前后，那时国民党反动派法西斯的血腥统治，愈来愈残酷。在昆明，用卑鄙无耻的手段暗杀了李公朴、闻一多两先生，并且公开地说，在重庆要暗杀我，在上海要暗杀沈钧儒老先生、陶行知先生等人。陶行知先生一闻此讯，就一面与反动派搏斗，一面准备着死，他致死的脑溢血症就是从这样产生的。这一点就值得我向他学习。而最重要的，还在于那一个时期，他彻始彻终地忠实于中国共产党，忠实于中国人民的一切表现。

他那时虽是中国民主同盟的成员，但他已明确认识：只有中国共产党才能够领导中国革命到最后胜利，因而竭诚接受中国共产党的领导。在中国革命和中国共产党所经历的许多艰难困苦、狂风暴雨的岁月中，有许多人都动摇过，我从人缝中看到许多不大自然、不大正常的面孔，只有陶先生在任何情况下都面不改色，屹立不动。

不错，他有他自己领导的生活教育社，可是，实质上生活教育社也是服从共产党领导的。在生活教育社和《生活教育》这一个刊物里面，就有许多共产党的同志。例如戴伯韬、刘季平就是那时《生活教育》主要编辑和撰稿人。

不错，他还有他自己所办的学校，那时主要是育才学校和社会大学，可是育才学校和社会大学里面，也有许多共产党的同志。我很清楚地知道：有些地下工作的党的同志，感到要被暴露了，陶先生就主动地把他们掩护到育才学校和社会大学里面去。

还有，他那时曾经是中国民主同盟重庆市支部主任委员，他发行过一个刊物，要我来主编，这个刊物叫做《民主星期刊》。这个刊物当然是受民主同盟领导的，但实质上也同样接受中国共产党的领导。因为我没有主编一个刊物的经验，我和陶先生商量就主动地请胡绳同志来帮我编。《民主星期刊》的撰稿人，也有许多是党的同志，例如张友渔同志就常常以“若愚”的笔名在《民主星期刊》上发表文章。至于发行《民主星期刊》的方针、任务，更是全面地接受中国共产党的领导的。日本投降后，这个刊物还推广发行过上海版和北京版。这都是由陶先生在上海和北京的关系搞出来的。陶先生就有这样一种本领和这样一种威信，在反动统治的严密封锁下，他总能冲破一关又一关。

总之，那时陶先生所领导的生活教育社，所主办的育才学校、社会大学和以民主同盟重庆市支部主任委员的资格发行的《民主星期刊》，无一不竭诚接受中国共产党的领导，也没有一件事、一个时候离开过共产党的领导。这些都是值得我向他学习的榜样，而且是值得我向他学习的具有历史性的无比辉煌的榜样。他是我的老师，我对他是以师礼事之的；同时又是我的知己，我们彼此互相深知，尽管海枯石烂，都不会有那一天肯离开中国共产党。

陶先生是我所尊重的一位老师，一位朋友，同时，他也受到中国广大人民的尊重，受到中国共产党的尊重。广大的中国人民不仅尊重他，而且热爱他，这是由于他也热爱中国人民。在育才学校附近，有一个地主的长工，在农忙中跌坏了手，地主看他残废无用了，就辞退了他的工作。陶先生一听到这个消息，马上派校工把那个长工用“滑竿”抬到学校里来，再送到北碚医院里去医，等到手医好了，陶先生就留他在育才学校工作。在抗战前，陶先生在上海大场办山海工学团，教育民众，免费请老百姓来读书，没有功夫来的，就把小先生送上老百姓的门去教他们；他还买了两部抽水机，轮流借给农民引水灌田，买了一部播种机，轮流借给农民播种，所以农民都把陶先生看做是他们自己的人。他个人的生活非常简朴，终年穿一身蓝布料的学生装和土布鞋，但对地下工作的党的同志和民主朋友的困难、穷苦、饥饿则不时把他等于行乞募捐得来的办育才学校的经费，拿来接济他们；而对于育才学校学生的全部衣、食、书籍、卫生等费用，都由他一肩担负下来，国民党反动派政府还要和他找种种麻烦。学校的经费常常是朝不保夕的，他为着奔走学生的衣食，他常常说：我整天都是在和米赛跑。经费是如此困难，环境是如此恶劣，有朋友劝他说："我看你是抱着石头游泳。"他微笑着说："不！我是在抱着爱人游泳哩！"这样，他就在中国广大人民和他的同志、朋友、学生中间扎下了无比深厚的根。所以陶先生在上海逝世的消息一经传出后，无论识与不识，莫不感慨叹息，热泪盈眶，甚至有放声大哭的，特别是经陶先生医好了手留在育才学校工作的那位长工，打听到了我们在重庆为陶先生开追悼会的日期之后，便星夜赶到重庆，在陶先生的灵位前哭他、祭他，还拿出他血汗的工钱买了一副挽联，要我们给他写上他对陶先生要说的话。劳动人民对陶先生的死去该是如何依恋不舍啊！

此后，每逢陶先生的忌日，他的生前的同志、朋友、学生总要开会纪念他，而这些纪念会可以说都是在中国共产党的领导下开的。特别是1949年，中国共产党领导中国人民在大陆上解放了全中国，1949年的7月25日，便由生活教育社发起，在党的领导下，开了一次更为盛大的纪念会，党的许多领导人都参加了这次纪念会。我记得很清楚，党的老教育家徐老（特立）也参加了这次纪念会，并在这次纪念会上讲了话，中间有一句话我记得特别清楚。他说：我曾经有过一个别号，叫做"师陶"，陶就是陶行知先生。这些过去的事，都一一隐藏在我的心里，有时就不免要回想起来，在今年陶先生的忌日，我写这篇文章来纪念他的时候，更不能不令我回想起来。

照说，过去文教界批评电影《武训传》，应该是与陶行知先生也在一个时期推崇过武训，不能相提并论的。陶先生那时搬出武训，只是在武训行乞兴学这一点上，与他也等于行乞募捐来办教育是相同的。特别是由于他所处的环境，他办教育所要培养的后一代，其旨趣与武训根本不相同，因而受到反动统治的摧残压迫，于是想到把武训搬出来作他的掩护。这种苦心，他是曾经对我讲过的。

照说，批判杜威的生活教育，也不应该与陶先生的生活教育相提并论。杜威的哲学是实用主义的哲学，也就是主观唯心主义的哲学。实用主义和马赫主义是一脉相承的，它们根本否认客观世界的存在，否认客观世界发展的规律性，把资本主义看做是万古长存的，把资产阶级对无产阶级的剥削看做是合理合法的，因而杜威的生活教育完全是为资产阶级服务的。杜威所看到的生活，也只是帝国主义阶段一小撮垄断资本家荒淫无耻的生活，穷途末日的生活，拿这种生活来教育后一代，完全是要来麻痹劳动人民的革命意识，来苟延资产阶级的统治，这种生活教育，是应该反对的。

但这决不能与陶行知先生的生活教育混为一谈，关于这个问题，陶先生在其所著《什么是生活教育》和《生活教育之特质》二文里，有极为透辟的阐述。他在“什么是生活教育”一文里，开头便说：

生活教育这个名词是被误解了。它所以被误解的缘故，是因为有一种似是而非的理论混在里面，令人看不清楚。这理论告诉我们说：学校里的教育太枯燥了，必得把社会里的生活搬一些进来，才有意思。随着这个理论而来的几个口号是：“学校社会化”，“教育生活化”，“学校即社会”，“教育即生活”。这好比一个笼子里面囚着几只小鸟，养鸟者顾念鸟儿寂寞，搬一两丫树枝进笼，以便鸟儿跳得好玩，或者再捉几只生物来，给鸟儿做陪伴。小鸟是比较得舒服了，然而鸟笼毕竟还是鸟笼，绝不是鸟的世界。所可怪的是养鸟者偏偏爱说鸟笼是鸟的世界，而对于真正的鸟世界的树林反而一概抹煞，不加承认。假使笼里的鸟，习惯成自然，也随声附和的说，这笼便是我的世界；又假使笼外的鸟都鄙弃树林，而羡慕笼中生活，甚至于以不得其门而入为憾，那末，这些鸟才算是和人一样的荒唐了。

我读了他这段文字以后，深深感到他关于人们对于“生活教育”这个名词的被误解的说明，是异常生动而富于形象化的，他把那时他所看到的一些学校，也就是那时资产阶级和一切反动统治阶级所办的学校，比做鸟笼，而把一般所谓生活教育（也包括杜威的生活教育在内）比做鸟笼教育；陶先生的生活教育则不然，他是主张冲破鸟笼，反对笼中生活，开辟鸟的世界的，开辟真正生活教育的世界的。这就把他的生活教育和杜威的生活教育从本质上区别开来了。他在《生活教育之特质》一文里，更具体地说明了他的“生活教育”的特质。他说：

（一）……生活教育的第一个特点是生活的。传统的学校要收学费，要有闲工夫去学，要有名人阔佬介绍才能进去。有钱，有闲，有面子，才有书念，那末无钱，无闲，无面子的人又怎么办呢？听天由命吗？等待黄金时代从天空落下来吗？不！我们要从生活的斗争里钻出真理来。我们钻进去越深，越觉得生活的变化便是教育的变化。生活与生活一摩擦便立刻起教育的作用。摩擦者与被摩擦者都起了变化，便都受了教育……

（二）……生活与生活摩擦，便包含了行动的主导地位。如果行动不在生活中取得主导的地位，那末，传统教育者就可以拿“读书的生活便是读书的教育”来做他们掩护的盾牌了。行动既是主导的生活，那么，只有“为行动而读书，在行动上读书”才可以说得通。我们还得追本推源的问：书是从哪里来的？书里的真知识是从哪里来的？我们是毫不迟疑的回答：行是知之始，即行即知，书和书中的知识都是著书人从行动中得来的。我要声明著书人和注书人、抄书人是有分别的。人类和个人的知识的妈妈都是行动。行动产生理论，发展理论。行动所产生发展的理论，还是为的要指导行动引着整个生活冲入更高的境界。为了争取生活之满足与存在，这行动必须要有理论、有组织、有计划的战斗的行动。

（三）……少爷小姐有的是钱，大可以为读书而读书，这叫做小众教育。大众只可以在生活里找教育，为生活而教育。当大众没有解放之前，生活斗争是大众唯一的教育。并且孤立地去干生活教育是不可能的。大众要联合起来才有生活可过，即要联合起来，才有教育可受。从真正的生活教育看来，大众都是先生，大众都是同学，大众都是学生。教学做合一，即知即传是大众的生活法，即是大众的教育法。总说一句，生活教育是大众的教育，大众自己办的教育，大众为生活解放而办的教育。

（四）……有人说，生活既是教育，那末，便有生活即有教育，又何必要我们去办教育呢？他这句话，分析是对的，断语是错的。我们承认自古以来便有生活即有教育。但同在一社会，有的人是过着前进的生活，有的人过着落后的生活。我们要用前进的生活来引导落后的生活，要大家一起来过前进的生活，受前进的教育。前进的意识要通过生活才算是教人真正的向前去。

（五）……课堂里既不许生活进去，又收不下广大的大众，又不许人动一动，又只许人向后退不许人向前进，那末，我们只好承认社会是我们唯一的学校了。马路、弄堂、乡村、工厂、店铺、监牢、战场，凡是生活场所，都是我们教育自己的场所，那么，我们失掉的是鸟笼，而所得的倒是伟大无比的森林了。为着要过有意义的生活，我们的生活力是必然的冲开校门，冲开村门，冲开城门，冲开国门，冲开无论什么自私自利的人所造的铁门。所以整个中华民国和整个世界，才是我们真正的学校咧。

最后，他还把生活教育看做是有历史联系的。他说："……人类从几千年生活斗争中所得到而留下来的宝贵的历史教训，我们必须用选择的态度来接受。但……是历史教训必须通过现实生活，从现实生活中滤下来，才有指导生活的作用。……中国已经到了生死关头，争取大众解放的生活教育，自有它应负的历史使命。为着要争取大众解放……必须教育大众联合起来解决国难。因此，推进大众文化以保卫中华民国领土主权完整，而争取中华民族之自由平等，便成了每一个生活教育同志当前所不可推卸的天职了。"

总结起来说，陶先生的生活教育的特点，首先是生活的，依次下来，就是：行动的、大众的、前进的、世界的、有历史联系的。可见在那一个时候，他就以被压迫的人民大众的权利的保护者自任了。他企图用生活教育来争取人民大众的解放，争取中华民族的解放。问题只在于他那时还只是向全体人民大众呼吁，而不是向全体人民大众中最革命的阶级——无产阶级呼吁。同时，他的教育理论，还只是对新生一代传授科学知识、技能和技巧，指导他们的认识和创造活动，而没有把教育理论上升到是培养新生一代共产主义世界观和人生观的一种有组织、有目的的过程。

但这完全是由于那时历史背景和社会条件的局限性所致，其责任不应该由陶先生来负，如果还有时间，让陶先生继续生活下来，我相信陶先生是一定能够冲破那种历史背景和社会条件的局限性。而且他已经是在为冲破那种历史背景和社会条件拼死搏斗了，他的生命也就是在这种激烈的搏斗中完结的。

因此，他的生活教育理论，容或还有许多值得商量的地方，但在那时已经达到中国教育史上的顶峰。我们必须对陶行知先生给以重新评价。

关于教育问题的一封信*

胡愈之

季平同志：

两次寄来的信和稿都收到了。

你对陶先生的意见，引起我极大兴趣。陶行知先生，我在救国会工作中和他有过来往，一九三六年他出国前和他在香港商谈过，那是些政治问题。以后他出国到欧美，回国后在汉口、重庆都曾匆匆见面。一九四〇年我出国到新加坡去，等我回来时陶先生去世已经两年了。

我经常想念他是因为另外一件事。那是一九三九年夏季，我们在桂林乡间，盖起了草棚，成立了文化供应社。党的老教育家徐特立同志到了桂林，我去请他来文化供应社作报告。他来我们这个草棚里作了两天报告，第一天谈的是马克思主义哲学，第二天谈陶行知的教育学。徐特老说，马克思的哲学是从黑格尔学来的，但是他把黑格尔翻了个跟斗，由唯心论变成了唯物论。同样陶行知是杜威学生，他也把杜威翻了一个跟斗，从实用主义翻过来变成实践论，连他自己的名字，也由“知行”改为“行知”。

徐特老说：他在延安担任边区的教育部长，但只有一间破房子和几本破书。怎么办？延安的老百姓几乎都不识字，不能读书。我们搞扫盲教育，农民平常都要下田，每年只有冬天有一两

* 录自《胡愈之文集》第6卷202—206页。

个月办扫盲班。但一次扫盲班只能识一二百字，到第二年又大部忘掉了，又从头学起，这样成年人就很难有识字读书的一天。所以要搞陶行知的主张，“生活即教育”，“社会即学校”，要使人民大众都受教育，这是个行之有效的办法。徐特老说：“现在忙于打仗，谈不上办教育，革命成功后，我看陶行知能当中国的教育部长。”

徐特老这篇报告我没有记录下来，大体上如此。我至今印象很深。可惜在全国解放的时候，陶行知先生已去世三年了。全国解放后，我们在政治上翻了身，我们的教育事业在数量上比国民党统治时期有了很大的发展。可是，我们的教育制度基本上是模仿苏联的，实际上同资本主义的学制差不多。而且在不少人的思想上还残留着我国从孔夫子起办教育的历史影响。这种教育制度，两千多年来，都是为了做官，不参加生产劳动，仕为贵，“学而优则仕”，和实际的生活脱离，和社会脱离。但当官的是极少数人，大多数不能当官，就不能读书。现在和以前不同了，青少年除文科以外还要学些数理化，但是仍然有不少人是为了做干部（当官），所以城市儿童进了中小学，却多是为了升入大学，而又只有极少数人考入大学。在农村里，则连小学也未能普及，中学很少，能升大学的更少。农村的小学，还有一些是民办的，校舍以至桌椅板凳，都由农民负担，还要农民负责民办学校教员的薪水，学费、书籍费更不用说了。所以至今还有不少农村儿童不能入学，能入学的往往也只能念三四年，到了十一二岁，就要做家务、干农活，不让念书了。特别是女孩子，能够上学的更少。重男轻女的风气，在农村还存在，女孩子受教育的机会要大大少于男孩子。我还要说，去年全国人口统计表的文盲数目还不止这些。因为文盲应该包含读过几年书而后来变成“复盲”的不能读书看报的成年人在内。

成年人复盲的人数（无法统计）特别多，是和汉字的难读难写有关的。因此要真正做好扫盲工作，一定牵涉到文字改革问题。徐特立同志在那次报告中也谈到文字拼音化的必要。陶行知先生生前也是赞成汉字拼音化的。最近倪海曙同志去黑龙江的几个县里调查，证明用汉字拼音教小孩学普通话成绩非常好。学了一年拼音字母之后，就不大会复盲了，这是值得重视的。

扫盲是一件大事。除此之外，受过初等、中等以至大学教育的干部、工人、农民、士兵，有必要在工作中不断进行学习，以赶上时代的进步。特别是这半个世纪以来，科学技术飞跃发展，要跟上这个速度，凭过去在学校学过的一点东西是不够的。发达的资本主义国家，都在想办法让工人有一定时间，重新入学，或上夜校进补习班，提高科学技术水平。美国的退职知识分子往往在五十岁以上还去别的高等学校补习，甚至到英、法、德等大学继续进修，所以有“终身教育”这一口号。就我国的情况，二十岁以上的成年人很少有继续进修的机会。这样，我们就永远落后于发达国家，无法与他们相比。

小平同志在景山小学的题词中说：“教育要面向现代化，面向世界，面向未来。”要是陶行知先生还在世，一定会赞成小平同志这一提法，因为陶先生的“生活教育”是以“社会生活为主体，以实践为中心”的。这和小平同志的主张并没有两样。

当然，普及和提高齐头并进，目前还有困难：第一，是国家没有很多的教育经费；第二，是缺乏教师。但是，我们工农业生产的劳动力耗费都比发达国家多。假如把浪费掉的劳动力去掉，如发达国家一般，使大多数人民有机会受教育是完全有可能的。日本战败投降以后，才苦干了十几年，就接近了美国水平。新加坡是殖民地，建国不到二十年，由于从普及教育着手，已成为东南亚经济最发达的国家。难道我们十亿人口的社会主义大国就不能迎头赶上吗？在这方面，陶行知先生是有很多好的经验和办法可以效法的。

你对陶行知教育思想的评价，我认为是正确的。说是陶行知教育思想还不够，应该说是适合于社会主义中国的教育思想。问题是首先要把陶行知的教育思想，贯穿在我们头脑中，这很重要。要不然，到本世纪末，我们还仍然是全世界文盲人数最多的国家，科学技术落后的国家。

说到最后，我不是搞教育的，我这些想法不一定对，如果发表出来，现在教育界一定有人不满，所以我先写这封信给你，请你给以指示。

祝你安好！

正确评价陶行知教育思想*

刘季平

我在1928年春转学到晓庄学校以后开始认识陶行知先生，可以算是比较早地和陶行知先生发生师生关系和工作关系的共产党员之一。作为一个共产党员来讲，我有聊以自慰的一面。我们过去虽然不懂得统一战线政策和知识分子政策的道理，却始终未改变和陶先生真诚相见、积极合作的基本态度；对他给我的教导和帮助，非常感谢；对他热爱祖国、热爱人民、平等待人、助人为乐、放下架子、赤脚下乡、勇于破旧创新、终生奋斗不息等等高尚品德，一直极为崇敬。认为他是20世纪中国在大浪淘沙中真能身体力行、不断前进的典范之一；也确实不愧为“捧着一颗心来，不带半根草去”、“横眉冷对千夫指，俯首甘为孺子牛”的师表之一。

但是，我仍然有不少必须认真检查改正的左倾思想影响。其中最突出的是我们给陶行知先生扣的三顶大帽子。

第一，我们在1928年夏季成立中共晓庄支部以后，曾专门讨论对陶行知先生的教育思想的看法，仅仅因为他只讲“乡村教育”，只讲“锄头革命”，不讲“无产阶级革命”，就给他扣上了“改良主义”帽子。完全没有考虑到他不单要改造学校旧教育，还大讲“生活即教育，社会即学校”，提倡“教学做合一”，这在

* 原载1983年11月18日《光明日报》，又载1984年《教工》月刊3月号。

中外教育思想史上都有很大的革命意义。我们在当时之所以没有反对他，只因为可以利用那里的自由环境，先反对国家主义派，搞臭国民党，才决定“暂不反对”他的“改良主义”。

第二，30年代初，陶先生发表文章，提倡“少生、好生、贵生、厚生、共生”等“五生论”，强调“教育要教人少生小孩子”。我和当时教联的一些同志因为他只讲人口问题，未讲革命问题，所讲理由又有局限性，因而又给他扣上了“新马尔萨斯”的帽子。根本未考虑他讲人口问题，实际上还暗暗包含着反对国民党杀人和剥削阶级吃人的深意，更完全不懂得人口问题对中国与世界前途的重大关系。直到近几年来，才理解到，他比马寅初先生更有先见之明。

第三，50年代初，批判电影《武训传》连带批评陶行知，我写了《略论陶行知先生的哲学思想》一文，说陶先生虽然否定了王阳明学说，强调“行是知之始，知是行之成”，并把杜威的“教育即生活，学校即社会”倒转为“生活即教育，社会即学校”，强调“教学做合一”，可是仍然认为他的哲学思想是“实用主义”，不能和毛主席的实践论等同起来。这不仅在道理上不能自圆其说，也完全抹煞了他在社会实践中越来越和我们走上同一条革命道路的事实。

现在我越学马列主义、毛泽东思想，越学三中全会以来的有关文件，越学《邓小平文选》，就越加认识到，我以前的那些想法，全都是我们党内以往的左倾思想影响的一种表现，全都应该重新认真加以研究改正。

我认为，首先应该承认，陶行知不仅在政治思想和政治活动中不断走向进步，一直发展成为周恩来同志所说的“党外布尔什维克”，在哲学思想和教育思想上也是不断发展着，进步着的。

我认为，仅仅说他由早期的“知行观”发展为后期的“行知观”，由早期的旧民主主义教育思想发展为后期的新民主主义教育思想，仍然是不够的。还应该看到，他在后期的“行知观”

中，其实已经具有了辩证唯物主义思想；他在平民教育社时期就已受到五四运动的影响，具有若干新民主主义教育思想，发展到后来，更已在好多方面显示出一些社会主义教育思想。

我这样讲，决不否认陶先生的思想仍有不少局限性。我只是想如实说明一下我经过几十年的反复思考而后得出的一点认识。我认为，陶行知教育思想不仅在近代中国与世界教育思想发展史上具有十分重要的地位，而且他有关深入改造旧学校教育、积极展开整个社会教育的思想与方法，对于当前我们开创教育新局面、促进物质与精神两个文明的互相发展，处理好在普及的基础上提高、在提高的指导下普及的关系，更有效地改革和发展我国社会主义新教育，还具有很大的理论和现实意义。因此，要好好研究研究陶行知教育思想，实事求是地正确对待和评价陶行知教育思想。

现在我想再进一步着重谈谈必须改正左倾看法的几个主要理由。

一、陶行知教育思想的基本观点

我曾提起，我们不单不应给他扣上改良主义帽子，也不能仅仅说他是由旧民主主义走到新民主主义，还应该看到，他是由新民主主义愈益走上了社会主义道路。为了说明这个问题，要结合他的具体言行，好好分析一下他在教育方面的基本思想的实质。

他的基本思想，早已由他自己归结为："生活即教育，社会即学校"；"教学做合一"。对此，他从二十年代至四十年代，曾作过多次讲解，越讲越明确了他所特别重视的要点。关于"社会""生活"，他在起初只着重谈"乡村农民"、"乡村教师"，讲求"健康的"、"劳动的"、"科学的"、"艺术的"、改造"社会的"生活，到后来就愈益强调了以"靠自己动手做工（种田）吃饭的真工人（真农民）"为主的我国"劳苦大众"，争取"民族解放、大众解放、人类解放"的"革命生活"。关于他视为教学中心的“做”，起初只泛指“在劳力上劳心，用心以制力”，后来就特别着重强调了促使我国大众“觉悟、联合、解放”，“捣碎痛苦的地狱、创造人间的天堂”的“行动”。为此他一直都非常注意适应我们这个“穷国”要造成这样一个大变化的实际情况，要求多想穷办法、新办法，反对传统教育、超然教育、洋化教育。

他的这些基本思想究竟说明了什么？我觉得，这在实质上就是表明，他虽重视学校教育，但他的整个教育思想，是从我国整个社会着眼的，是特别着重面向广大人民群众的，而且无论是讲社会或学校的教育，都是以当代我国社会实践为依归的。特别是到了后期，更是以革命的社会实践为中心，来认识和处理教与学、教育与实践的关系的。如果我们能跳出只片面重视学校教育的狭小圈子，能打破只一味强调老一辈给下一代传授知识的旧教育思想，转而用广义的教育观点来看待教育，注意密切结合社会实践，根据当前促进社会发展的需要来办教育，那就不单易于认清陶行知先生这一思想的主流，而且不能不承认，他这种教育思想的实质，和我们马克思主义者对教育事业所理应坚持的主要原则是有共同之点的。

在这里，陶先生自己最重视的是“生活即教育”，我拟另文细加研究，目前想以社会与学校的关系为主，先作初步探讨，兼论其他几点。据我理解，马克思主义者在推翻资产阶级统治、建立无产阶级专政的政权以前，除宣传共产主义，批判资本主义，批判旧教育等等外，只能要求“对一切儿童实行公共的和免费的教育，……把教育同物质生产结合起来”，并依靠部分进步文化教育工作者开展社会文化教育，不可能指望资产阶级教育为无产阶级革命服务。列宁在俄国革命取得胜利后不久，就明确指出了：“教师不能把自己限制在狭隘的教学活动的圈子里，教师应该和一切战斗着的劳动群众打成一片。新教育学的任务是要把教师的活动同建立社会主义社会的任务联系起来。”并且十分重视社会教育，多次召开社会教育处长会议。一再强调“同宣传鼓动联系着”的“社会教育对于改造整个生活有重要意义，必然找出新的方法”。

我们中国共产党和全国人民，在把马克思列宁主义普遍原理同中国革命具体实际结合起来的毛泽东思想指引下，经过长期的艰苦奋斗，已取得了新民主主义革命的胜利，顺利进行了社会主义改造，确立了社会主义制度。现阶段的历史任务是要逐步实现四个现代化，把我国建设成为既有高度物质文明、又有高度精神文明的社会主义新中国。这样，我们的教育理论与实践，就决不能仅仅局限于学校教育，必须密切结合社会主义革命和社会主义建设各阶段的实践，十分重视实践教育、社会宣传教育，努力“用共产主义思想教育党员和人民群众，抵制和克服资本主义腐朽思想、封建主义残余思想和其他非无产阶级思想”，并不断提高全民族的科学文化水平。当然，实践教育、社会宣传教育工作是全党全国的大事，有些事要由党和政府统一抓，有些事要靠各地、各方面、各单位分工协作办，但教育部门不仅要直接负责或参与一部分工作，而且实践教育、社会宣传教育说到底也属于教育范畴，学校教育更不能孤立办学，因而就必须把它作为整个教育科学的一个重要方面，加以统一研究。

我们当然不能不重视学校教育，我们要为下一代的健康成长办幼儿园、办中小学，为培养各类中、高等专门人才办大学、办中专。可是我们所重视的学校教育，乃是认真贯彻执行党的教育方针的新学校，绝不是脱离社会、脱离革命实际、脱离生产劳动、片面偏重死知识的旧学校。而且根据毛泽东、邓小平等同志的多次有关指示，我们党从来都十分重视实践教育，都强调要把解放军以至全中国办成大学校，都把实干中的学习看成更重要的学习；把在党与政府统一领导下、对革命实践能直接起更大促进作用的社会宣传教育，看成更为基本的革命武器之一。回顾我们已往多年的历史经验，也可以看到，在革命进程的每一个阶段，实践教育、社会宣传教育所担负的具体使命，都比学校教育更为广阔、繁重、深入、持久，因为它要管党政军民、工农商学、男女老少、十亿人口、思想政治、科学文化等各个方面，而且永无休止。远者不谈，只要正视一下三中全会以来党中央在这方面的大量工作，及其为现阶段四化建设愈益做好准备的每一有力步骤，就可以证明，所以不管某些教育工作者如何看问题，我们党在实际上不仅十分注意掌握好社会经济基础与上层建筑领域各项工作的辩证关系，而且一直都是在统筹大抓实践教育与整个社会宣传教育的前提下改革和发展学校教育，又把逐步普及与提高学校教育作为条件之一，更有力地抓好实践教育和社会宣传教育的。

毫无疑问，由于现在我国社会的整个情况，和陶行知先生生前所处环境相比，已经发生天翻地覆的变化，他在当时能亲自进行的实际活动又受到很多条件的限制，所以在某些具体的方针办法方面，必然会有这样那样的过与不及之处。可是用我们在当代中国教育方面所应坚持的上述主要原则作为理论武器，来实事求是地分析比较一下陶行知先生早在半个世纪以前就提出的，与当时反动统治思想对抗的教育思想，则显而易见，不仅在实质上和我们基本相通，不仅十分难能可贵，而且正如胡愈之同志所说，如果陶行知能活到现在，他一定会和我们同心同德，大力提倡“四化教育”。在此情况下，我们怎么能对他在教育理论上的这一重大贡献等闲视之，甚至反而乱扣帽子呢？

二、陶行知教育思想的发展过程

陶行知教育思想不是从他的头脑里突然冒出来的，而是随着我国社会实践的发展，反复靠实践来检验，改正他原先对国内外的各种学说的认识（包括我国的王阳明学说和美国的杜威教育学说），然后经过渐变到突变，逐步发展起来的，其发展过程大体可分为早期与后期两大阶段。

关于早期陶行知教育思想。如果可以把他在1923年前后推进平民教育运动看做酝酿期，把他在1924年开始提出《平民教育下乡》看做其后提倡乡村教育的萌芽，那就可以认为其形成时间是在发表《幼稚园之新大陆——工厂与农村》、《改造全国乡村教育宣言书》、提出十八项《信条》等重要文章，并与晏阳初等人分道扬镳、下决心脱离高等学府，赤脚下乡筹办晓庄试验乡村师范学校的时候。那时正是我国1924—1927年大革命进入高潮的1926—1927年春。从他当时在《宣言》、《信条》等著作中所揭示的初期生活教育思想和实际行动来看，从他已愈益注意面向工厂与农村，并且特别着重面向占我国人口大多数的农村，强调唤醒农民、改造乡村、改造古国，强调乡村教师"应当做人民的朋友"，"应当有农夫的身手、科学的头脑、改造社会的精神"等等言行来看，显然已经超越了旧民主主义思想，已经具有虽不完整、却比"中华平民教育促进会"时期更为明显的新民主主义思想。而且根据他所谱写的晓庄校歌《锄头舞歌》和他于1927年8月招待南京市教育局长及各校校长时的讲话看，还可以了解到，他那时并非只从教育方面考虑问题。在《锄头舞歌》中他着重号召唤醒锄头来革命；在讲话中更明确地说："既有国民政治上的革命，同时还须有教育上的革命，政治与教育原是不可分离的，二者能同时并进，同时革新，国民革命才有基础和成功的希望"。这些话虽然是在1927年"四一二"事变以后讲的，却说出了他过去在北洋军阀统治下难于公开讲的心意。不仅更足以说明他早已具有一定的新民主主义革命思想，并且证明，他那时尽管对大革命的认识还有不少局限性，却决非完全无视革命的单纯教育救国论者。

关于后期陶行知教育思想。我认为最主要的特点，就是其政治思想和教育思想都由较为完全的新民主主义愈益走向社会主义，时间主要是从1932年前后到他不幸逝世以前的十多年。这一时期他整个思想的发展又经历了较为显著的三大步。

第一步是在晓庄学校被封闭（1930年）、日本帝国主义发动“九一八”事变以至爆发“一·二八”战争的1932年前后。这一步的主要表现，是在经过一段摸索后，先利用申报副刊《自由谈》多次发表文章，公开抨击国民党对日不抵抗和坚持“攘外必先安内”的反动政策；又毅然决定为冲破国民党的反动束缚，使“整个民族”“起死回生”，而倡办工学团。而且除在谈到乡村工学团时，强调要以“靠自己动手种地吃饭”的“真农人”为主体，以培养普遍的“军事”、“生产”、“科学”、“识字”、“运用民权”、“节制生育”等六大“能力”为目标来办理外，还愈益明确地重视了以“真工人”、“真农人”为主体的工农联盟。先是批评国民党召开的所谓国民会议的“会场里找不出一个靠自己种田吃饭的真农人，也找不出一个靠自己做工吃饭的真工人”。后更公开说明“我们整个理论是以靠自己动手做工吃饭的真工人和靠自己种田吃饭的真农人和劳苦大众的小孩为基础”的。并且十分鲜明地宣布“光棍的锄头不中用”，要“联合机器来革命”（见《锄头舞歌》于1933年新补充的第五段），从而提出“工以养生、学以明生、团以保生”的号召，提出走“穷国教育”“穷人教育”的新路子，用“小先生制”等即知即传人的新办法，发动工农群众自己创办既做工、又学科学、又团结自卫的工学团，为反抗侵略者作准备。

第二步是在我党发表“八一宣言”、北平学生爆发“一二·九运动”，全国各阶层人民掀起抗日救国新高潮以后至全国抗日战争初期。这时的突出表现，是连续发表了《十二月运动与五四运动》、《民族解放大学校》、《中国大众教育问题》等文章，特别强调唤醒、团结和依靠“被压迫大众”，来开展抗日救国运动。并且比前几年更进一步，公开走上“抗日救国”第一线，与沈钧儒、邹韬奋等联名发表《团结御侮》宣言，亲自参加全国救国联合会；组织和领导国难教育社；充当国民外交使节出国宣传抗日；回国后又在普遍宣传、推广抗战教育的基础上，艰苦创办育才学校。这样，就不单使他的生活教育主张和当时我国主要历史任务——抗日救国紧密结合了起来，而且把他的努力和希望都着重面向了被压迫的工农大众。

第三步是在40年代前半段，在国民党顽固派公然掀起反共、反人民、对日妥协投降的高潮，日本投降后更进而阴谋发动反共反人民内战的几年间。这时，他不仅和中国共产党、各民主党派及全国人民群众一同奋起反对分裂倒退、坚持抗战到底、反对专制独裁、争取和平民主；不仅比以往更公开地强调反对由“少数资产阶级作主、为少数人服务”的“旧民主”，赞扬由“人民大众作主、为人民大众服务”的“新民主”；实际上还超越新民主，比以往更明显地提倡和宣扬了好些具有社会主义思想性质的重要主张。例如：

（一）提倡包含“集体自治”、“集体探讨”、“集体创造”三种要素的“集体生活”；

（二）提倡新“大学之道”，在“在明‘民’德，在亲民，在止于人民的幸福”；

（三）进一步提倡具有革命思想内容的创造精神，号召“迎接东升的太阳”，“创造幸福的新中国、新世界”；

（四）提倡“文化为公”，“教育为公”，办“民有、民治、民享的教育”，办到“各尽所能、各学所需、各教所知”；

（五）倡办“有形”和“无形”的“社会大学”，宣传“人民创造大社会，社会变成大学堂”，“教人民做主人”，争取“觉悟，联合，解放，创造……”“捣碎痛苦的地狱，创造人间的天堂。”

当然，他在起初有些话还说得比较含蓄，但是积极热情向往社会主义的思想已经跃然纸上了，我们就该实事求是地给予以足够理解和应有评价。

三、陶行知在政治和哲学思想上的变化

陶行知先生的教育思想愈益发生上述变化，主要是在从1926

年至1946年的二十年中。这和当时我国和世界政治形势的发展变化不可分，和他自己在政治思想、哲学思想上能随着客观实际不断提高认识、走向进步更有决定关系。他起初在《锄头舞歌》里歌颂“天生孙公做救星”，说明他在那时还只赞扬孙中山先生的革命的三民主义，可是到30年代初，就愈益洋溢着支持工农大众“翻造”“人间地狱”的思想感情；愈益认清当时国民党顽固派的反动性；愈益同情中国共产党；并和自己原先的老朋友如胡适之流划清了界限。到30年代中期至40年代初，更愈益从共产党的亲密战友发展成为周恩来同志所说的“无保留追随党的党外布尔什维克”。他所创办的山海工学团、育才学校等事业，不仅愈益信赖共产党员为领导骨干，而且愈益成了为共产党及解放区培养、输送革命干部的堡垒。

至于他的哲学思想，最初确曾一度相信过王阳明“知是行之始”的唯心主义思想和杜威的“实用主义”思想，但不久以后，就翻了一个跟头，进而愈益搞通了行——知——行的辩证关系。宣扬“行动是老子，知识是儿子，创造是孙子”；宣扬行与知都无止境，行产生了知，还要反复不已地行；连自己的名字也因此而由陶知行改为陶行知，后来甚至又改了一个新字“衜”，作为自己的署名。不仅如此，他在1943年写的《创造年献诗》中，还正式阐述了他完全接受辩证唯物主义认识论的思想：“……行以求知知更行；不知直认为不知；……‘武断’‘以为’靠不住，存在由来定意识。解剖本体寻条理，追踪外缘找联系。矛盾相克复相生，数量满盈能变质。源头之上搜证据，观察发展觅定律。文化钥匙要活用，开发天人大神秘……”（此诗初稿“源头之上搜证据”原为“相推而进正反合”）。

上述各点虽只略述梗概，但已足可证明，给他扣上“改良主义”、“实用主义”的帽子，是完全站不住脚的。至于我们过去所说的“新马尔萨斯”和50年代所谓的“新武训”等等，更早已不攻自破了。

我这样讲，绝不是说陶先生的思想已经完全完满无缺。事实上，在他的思想中不仅还有好些需要结合今后的社会实践进一步研究解决的问题，而且他自己就反复强调永远都要不断“前进”，“创造”。但是按照上述主要之点来看，我觉得，陶行知教育思想不仅在近代中国与世界教育思想发展史上具有十分重要的地位，而且他有关深入改造旧学校教育、积极开展整个社会宣传教育的思想与方法，对于当前我们贯彻执行邓小平同志关于“教育要面向现代化、面向世界、面向未来”的指示，促进物质与精神两个文明的互相发展，增强全国防止和清除精神污染的积极力量，处理好在普及的基础上提高、在提高的指导下普及的关系，更有效地改革和发展我国社会主义新教育，积极开展教育新局面，还具有很大的理论和现实意义。因此，我们除深入学习党中央有关指示和老解放区成功经验以外，很需要一面认真总结建国三十多年来贯彻执行党的教育方针的正反经验，一面密切结合当前我国社会主义现代化建设的实际，在坚持四项基本原则的大前提下，采取去粗取精、取长补短、推陈出新的态度，为抓紧搞好具有新中国特色的社会主义新教育，而好好研究陶行知教育思想，使能为团结奋斗、振兴中华，建设社会主义现代化新中国作出应有的贡献。

三点意见*

——在中国陶行知研究会上的讲话

胡乔木

同志们：我讲三点意见。

第一，陶先生是近代中国杰出的教育家、教育思想家。这一点，是全国各方面所公认的，也是我们党历来所表明的。我在这里就不多说了。

第二，陶先生是由卓越的民主主义战士转变到伟大的共产主义战士，是中国进步知识分子的典型。这方面，也是全国人民和我们党历来所肯定的。陶先生的一生，特别后半生，充分地说明了这一点。在无论怎样困难的条件下，陶先生对共产主义的信念，对中国共产党的拥护，从来没有过任何动摇。

第三，1951年，曾经发生过对一个开始并不涉及而后来涉及陶先生的、关于电影《武训传》的批判。这个批判涉及的范围相当广泛。我们现在不在这里讨论对武训本人及《武训传》电影的全面评价，这需要由历史学家、教育学家和电影艺术家在不抱任何成见的自由讨论中去解决。但我可以负责地说，当时这场批判，是非常片面、非常极端的，也可以说是非常粗暴的。因为，尽管这个批判有特定的历史原因，但是由于批判所采取的方法，我们不但不能说它是完全正确的，甚至也不能说它是基本正确的。这个批判最初直接涉及的是影片的编导和演员，如孙瑜同

* 原载《教工》月刊1985年11月号。

志、赵丹同志等；他们都是长期在党的影响下工作的进步艺术家，对他们的批判应该说是完全错误的。他们拍这部电影是在党和进步文化界支持下决定和进行的，如果这个决定不妥，责任也不在他们两位和其他参加者的身上。这部影片的内容不能说没有缺点或错误，但后来加在这部影片上的罪名，却过分夸大了，达到简直不能令人置信的程度。从批判这部电影开始，后来发展到批判一切对武训这个人物表示过程度不同的肯定的人，以及包括连环画在内的各种作品，这就使原来的错误大大扩大了。这种错误的批判方法，以后还继续了很长时间，直到党的十一届三中全会才得到纠正。这样，在这场批判中，也就波及到曾经称道过武训的陶行知先生和他的教育思想。

陶先生的教育思想，包括许多很有价值的内容，加以研究发展很有意义。当然，他的教育见解，由于各种历史条件不能不受到一定的局限，这也是完全可以理解的。但无论如何，陶先生是近代中国非常少有的、杰出的进步教育家、教育思想家。他一生为人民的教育事业，为进步的教育事业，毅然放弃他原有的优越的社会地位，而走上了历经种种艰险威胁、始终不断追求进步、依靠群众、依靠党的奋斗不息的光荣道路，这是非常难得和非常值得尊敬的。所以，无论如何不能因为他在某些问题上表达的思想有不完全正确的地方，就对他的全面评价产生怀疑。我们评价一个人，要从他的全体、他的一生、他的各个方面来看。从这种观点来评价，说陶先生是一个伟大的、进步的教育家、教育思想家，伟大的民主主义战士，伟大的共产主义战士，伟大的爱国者，所有这些方面，陶先生是完全当之无愧的。

陶行知和陈鹤琴*

陈一鸣

伟大的人民教育家陶行知和我父亲陈鹤琴是挚友。他们热爱祖国，献身人民教育，在现代中国教育改革和创造的共同理想和事业中，相互切磋，携手奋斗，结成深厚的、历时最久的友谊。我父亲生前热爱陶先生，视为同志和楷模，我自小就敬仰陶先生。曾受过他们熏陶的我，想谈一下认识和体验。

陶先生的精神，仍在感动、鼓舞着人们。正如陶先生早年在《活的教育》（1922年）中所讲的那样：有属于精神上活的教育，逝世了的英杰的精神，还在我们脑海中，可以一代代的向下传。精神也有死的和活的，要注意最感人的活的精神，可以得到许多教训。

1979年7月16日，吴树琴去看望高龄的陈鹤琴，请他为行知中学建校40周年题词。陈鹤琴热情地写了草稿，又用毛笔在大宣纸上有力的写下以下的字句：

行知同志千古不朽！
永远活在人民心中！
我们教育战线系同志，

* 录自陈一鸣1991年9月所著《陶行知和陈鹤琴——纪念陶行知诞辰100周年》文中的《相互切磋　携手奋斗》。

我们奋斗目标系同道，
我们实践标准系同行，
我们出生时代系同年，
我们海外求学系同学，
我们回国任教系同事，
我们立志为人系表率，
行知对我一生系楷模。

陈鹤琴　八十八岁于南京

陶行知和陈鹤琴是在旧中国同一时代背景下的1914年，同船去美国学习的。又是在我国五四运动前夕的1917年和1919年先后回国，同在南京高等师范学校任教。陶任教育学教授，先后任教育专修科主任、学校教务主任，陈任教育专修科心理学、儿童教育学教授。1922年学校改组成立东南大学，陶任教育科、系主任兼教授（1923年夏辞去主任职，专任中华教育改进社主任干事），陈任东南大学教务部主任并任教。在普及教育、提倡科学和民主、振兴中华的思潮下，陶行知和陈鹤琴以及赵叔愚、郑晓沧、廖茂如、孟宪承、陆志韦、俞子夷、杨杏佛等许多教授，一起倡导新教育、改革旧教育，开展教育科学的实验和运用。使南高和东大成为全国教育学术的中心之一。

为打破死气沉沉的校风，陶行知和陈鹤琴大力倡导学生课外活动，推动学生自治。学校教授组成了各种委员会。陶和陈参加了学生自治委员会、演讲与游艺委员会、暑假学校研究委员会、改革考试制度的考试委员会等。同时，他们又是我国最早的教育团体“新教育改进社”和此后合并各教育团体组成的“中华教育改进社”的年轻的骨干。1919年的《新教育》月刊上就发表了陶行知、郑晓沧、陈鹤琴论学生自治问题研究的文章。以后，在陶行知主编的该刊中，共同发表研究心得。

在平民普及教育的倡导中，陈鹤琴为探索研究有多少常用字是民众和小学生应该学的，在陶行知负责的教育科的邀请下，于1920年主持了调查研究工作。在助手们协助下，经两年半时间，完成出版了《语体文应用字汇的研究》，陶行知作了序。在此前，已成为陶行知、朱经农主持在1923年出版的《平民千字课》选字的依据。

我国测验运动的开端，是1920年陈鹤琴和廖世承合著的《智力测验法》及1924年合著的《测验概要》，并编写了适合我国的小学各科的教育测验材料。陶行知积极推动这一活动，1922年还代表中华教育改进社，邀请了一位国外测验问题专家来华，除去北京外，主要是在东南大学和教授们共同研究，奠定测验运动的基础。

1920年12月26日晨，我一出生，陈鹤琴即将我作为研究儿童身心全面发展的对象，进行精密观察和记录，持续808天，于1925年出版了《儿童心理之研究》，作为个案分析，结合介绍儿童心理学。同时，在家庭教育的实验基础上，写成出版了通俗生动的有中国特色的科学化的《家庭教育》一书。陶行知在《新教育评论》上发表评此书的《愿与天下父母共读之》一文中称："此书为东南大学教育科丛书之一，系迄今中国出版教育专著中最有价值之著作"，"我愿读此书者亦务须用科学的头脑和母亲的心肠去领会此书之意义"。

1923年，我三岁时，陈鹤琴在自己家中创立了一所南京鼓楼幼稚园，宗旨是实验中国化、科学化的幼儿园。陶行知又热情赞赏和支持，在向世界教育会议报告中介绍：这一"实验是意义重大、令人鼓舞的"。办园得到东南大学教育科的补助，1925年建立新园舍后，也得到中华教育改进社的支持，并商定通力合作实验，以利推广。

1923年秋，陶行知推行"辅导考试自学法"，并在家中推行识字教育，获得"连环教育法"的启示。陈鹤琴及其他多位教授，都支持陶行知，在自己家中进行试验。陈动员自己60多岁的老母参加试验。

陈鹤琴曾回忆：1926年，陶行知和他、王伯秋，共同发起“平鼓楼”运动，都亲自参加劳动，使鼓楼幼稚园所在地的一段高而陡的路面得到平坦，人力车夫和行人感到方便。

陶行知创办的晓庄试验乡村师范学校，于1927年3月15日举行开学典礼。陈鹤琴曾多次对大家回忆：当他听着陶行知的讲话，深深地为其艰苦卓绝的精神、创造力的伟大、思想的前进所感动，几乎流下泪来。此时学校先设立第一院，为小学师范院。陶行知在前一年就为创设“中国的、省钱的、平民的乡村幼稚园”而发出了宣言，并认为，要用科学的方法去实验，去建设。1927年9月，晓庄师范成立了第二院，为幼稚师范院，陶行知请陈鹤琴担任院长并任指导员。陈支持其研究助手张宗麟，担任具体指导。10月，陶创议的第一个乡村幼儿园燕子矶幼稚园成立，由陈鹤琴指导，张宗麟负责，及陈介绍的徐世璧老师任辅导，在设备和经费方面，得到了陈主持的南京鼓楼幼稚园的支援和南京市教育局学校课的补助。孙铭勋和戴自俺两位第二院的学生，都成为继续创立乡村（此后劳工的）幼儿园的主要骨干。

是年6月，陈鹤琴已担任了南京市教育局学校课课长，张宗麟协助陈兼科指导员。对南京市的小学校进行整顿，成立实验区，开展教学实验。在组织全市中小学校长的研究学习中，8月14日陈鹤琴带领他们去参观晓庄乡村师范学校、晓庄小学及燕子矶小学。陶行知在欢迎会上作了介绍报告，其中，强调教育上的革命的重要，反对做把外国教育制度拉到中国来的东洋车夫，要在中国实际生活上找问题，谋改进。

年初，陈鹤琴创办了《幼稚教育》杂志，由南京鼓楼幼稚园主编，介绍全面实验幼儿教育的主张。从1928年第三期起，改名为《儿童教育》，将范围扩大到小学教育，编辑增加晓庄师范、江苏大学实验小学和市立各实验小学，刊登了陶行知《如何使幼稚教育普及》一文，继续介绍各方的实验。陈鹤琴在市教育局的

《教育月刊》上，发表《师范教育的根本问题》，从学习的自动原则阐述我国师范教育急须进行根本改进。文中赞扬陶行知的创导："现在有人提倡艺友制来解决师范教育里种种弊病"，"就是把学习与理论合而为一"，"就是教学做三者合一"。当时，报纸刊出陶行知的《艺友制师范教育答客问》——关于南京六校招收艺友之解释，指出："市教育局陈鹤琴课长拟在南京市立实验小学及幼稚园中试行"。在前述的《如何使幼稚教育普及》一文中也指出：他和陈鹤琴畅谈了在鼓楼幼稚园试行用带徒弟制的办法，并推行到小学去。

1928年5月15日，蔡元培主持的第一次全国教育会议在宁召开。陶行知和陈鹤琴联合提出了《注重幼稚教育案》，附有7个原案，大会按提案审查委员会报告通过。内容包括：通令各省各县市实验小学及师范附属小学应设立幼稚园，教育研究所应研究创造方面的有我们适合国情的幼稚园，各省区开设幼稚师范或省师范添设幼稚师范所及乡村幼稚园教师的训练办法等。

陈鹤琴、张宗麟等7人于1928年受聘任委员起草全国幼稚园课程标准。南京鼓楼幼稚园的实验成果成为主要根据。1925年陈鹤琴、张宗麟、俞选清共同草拟的《幼稚生应有的习惯与技能表》就是先经过鼓楼幼稚园试验，继而在南京特别市的各幼稚园及晓庄幼稚园、燕子矶中心幼稚园试验的。

1928年夏，由于外国势力对租界中的中国人要求教育权利作了让步，经华人委员的推荐，陈鹤琴应聘赴上海主持公共租界的华人教育，为中国儿童和少年办学，任华人教育处处长。他先在工人、平民区域创设了东区和北区小学。在主持工作的11年间，共办了6所小学、附设幼稚园和一所女子中学，并在小学中推行二部制和简易小学，还设4所工人夜校。他在这些学校中提倡学生"做人"、"爱国爱人还要爱学问"（校歌），开展了教育改革的全面实验。1929年，"中华儿童教育社"在杭州成立，陈鹤琴任主席，该社是以1927年由南京鼓楼幼稚园、晓庄师范学校和中央大学实验小学等为团体成员的“幼稚教育研究会”为基础，扩大为22个全国教育团体所组成。金海观代表晓庄出席会议。

1930年春，晓庄师范被国民党当局查封，陶行知遭到通缉，转来上海，1931年又自日本秘密回沪继续战斗。陈鹤琴利用他的社会地位和声誉，对陶行知及晓庄学生方与严等进行掩护，继续支持陶行知创办工学团等教育事业。同时，请陶行知对陈所办学校的教师进行教育，并向中华儿童教育社宣传教育主张。

陈鹤琴支持陶行知派遣去淮安办新安幼稚园的孙铭勋，捐款一百块银元作开办费，后安排孙在上海参观幼稚园并指导孙要做好教学做的计划。

陶行知创办“自然学园”开展“科学下嫁运动”，陈很赞赏，出面和丁柱中主编《儿童科学丛书》。

1932年陈请陶写儿童节歌词，在陈主编的《儿童教育》上发表。秋，又请陶为中华儿童教育社成立三周年题词。陶赠《手脑相长》诗。记得他的手书题诗，悬挂在我们家中墙上，我们全家都爱陶先生的诗歌。陶先生还常来我家和父亲谈天，还向我们朗诵过他的新作。1933年10月间，淮安县新安旅行团7个小朋友来上海，陶行知为他们安排计划，也介绍他们去见陈鹤琴，陈热情向他们介绍了上海学校的全面情况。年底，陈读了新安旅行团写的《我们的旅行记》稿，兴奋地为书题词：“见常人所未见，闻常人所未闻，胜走马看花多多矣。”陶行知为书写了序，赞扬是“划分新时代”的“创造儿童世界的宣言”。

11月，陶行知、陈鹤琴、张宗麟三人合著的《幼稚教育论文集》作为晓庄丛书，在上海出版。

1934年初，陶行知创议设立劳工幼儿园，由戴自俺和孙铭勋负责。陶请陈研究戴草拟的成立宣言。

陶请陈鹤琴活动，由陈先后保释了被国民党逮捕的山海工学团团长马侣贤及邢舜田等。

5月，陈鹤琴又请陶行知为中华儿童教育社写了《教师歌》，后此歌定为该社社歌。

陶行知在普及教育中大力倡导“小先生”，陈鹤琴积极响应，由上海工部局华人教育处在6月发布“小学生服务试行办法十五条”，发动小学生做小先生，从暑假开始实行。陶行知在《生活教育》上发表评论称：“这些办法都与我们的提议一致，很可庆幸”，认为“美中不足”的是先从四、五、六年级试行。12月，《生活教育》又刊陶先生的讲话中说：“前天在上海西区小学开小先生会，有一位小先生教一个八十三岁老太婆。又有一位孩子，教其德国母亲认中国字。写的故事均非常生动有趣。”（西区小学即陈鹤琴创办的工部局小学之一）

1934年夏，陈鹤琴主编的初级小学用的最新国语教科书出版。分中、南、北三部，各八册，是按中国不同流域的实际自然现象与生活状况编纂的，并用单元法组织，各册相互联结，以适应儿童的经验和学习心理，陶行知发表书评，表示赞赏。

陶行知写了《儿童年献歌》与《儿童年献词》，陈鹤琴写了《对儿童年实施后的宏愿》，于1935年8月见报。

1936年春，陶行知组织国难教育社，提出抗日救国教育的号召，到沪东、沪西和浦东开办工人夜校、识字班等。陈鹤琴和陶行知一起参观工人夜校，发动募捐，将沪东由钟民主持的沈家滩小学，扩建为余日章小学，后又开二小、三小。陶行知指导英美烟草厂女工朱冰如，借青白小学办妇女读书班，经陈鹤琴由华人教育处补助该小学。陶行知和陈鹤琴、方明一起参观了“亭子间工学团”。陈鹤琴还和刘湛恩等去宜兴农村参观陶赞扬的西桥小学儿童自动工学团。

抗日战争全面爆发后，陈鹤琴投入了中国共产党领导的上海大规模群众性的抗日进步文化教育运动。当时陶行知已在国外为祖国抗战进行国际宣传，两人虽不在一起，但陶行知和陈鹤琴的教育思想和主张，在国内得到更为广泛的实践运用。晓庄学生中，中共党员朱泽甫，作为陈鹤琴的助手，发挥了重要的作用。

陶行知离沪后，代理陶行知工作的方与严，继续得到陈鹤琴的支持。方与严和孙铭勋两位在抗战前后还住过陈鹤琴家，受到关怀。

陈鹤琴被推为上海各慈善救济团体难民教育委员会及教育组的负责人，为全市数十万难民的生活救济、生产自救和普及教育、组织难童学校而奔走。特别是他热情推动作为扫除文盲和提高政治觉悟的重要手段的新文字运动。陶行知在1935年曾参与创立中国新文字研究会，起草《中国新文字宣言》，积极推广新文字运动。抗战中，陈鹤琴亲自组织实验，在数万难童、难胞中推广实施。他写文章宣传，作科学论证，编写各种新文字大众读物。如广泛被运用的《民众课本》两册，要我画了插图。文中，还引用了早年陶行知写的《爱国歌》，并适应抗战形势，最后几句作了改变：

四万万人的中华，
四万万人的国家，
四万万人一心一意的爱她。
人家要来害她，
我们就要保卫她……

从1937年起，陈鹤琴创办了“儿童保育会”。该会设立了10所报童学校（按陶行知1935年指导方明办的报童工学团的教育方针），并设立了教养流浪儿童和孤儿的儿童保育院，以“工读并进、手脑并用”的方针，培养有民族觉悟和自立能力的儿童。1939年夏，又任“成人义务教育促进会”理事长，推动和支持以工厂工人与劳动妇女为对象的广泛办学。直到1939年冬，汪伪特务持枪闯入陈鹤琴住宅行刺，因事先已得密报转移，幸免于难，因而转去内地办学。1938年秋从海外回国到达香港的陶行知，听到陈鹤琴在上海从事难童教育很有成效的消息，十分高兴，表示他也要从事难童教育，培育抗战建国人才。

1940年春，陈鹤琴抵重庆，和陶行知相见，并参观了他创办的育才学校。他为陶行知艰苦办学的精神所感动，并叹息陶行知受当局限制，不能更大的施展才华。

陈鹤琴转去江西创办一所实验幼稚师范，以实现创办中国化幼稚师范教育的志愿。他在泰和文江村，以晓庄的精神，带领师生提倡“手脑并用，文武合一”（幼师校歌），唱着《锄头舞歌》，边劳动边学习。他们披荆斩棘，开辟荒山，筑路、编草、盖房、种菜，终于将荒山建成为实验“活教育”的乐园，逐步建立了从婴儿院、幼儿园、小学部到专修部、师范部及国民教育实验区的一个较完整的幼稚教育体系。他们师生的情谊与坚持办学，还经受了日军侵犯江西时不断迁校的最严峻时期的考验。

陈在1942年间又去过重庆等地演讲，也将育才的经验带回。陶行知也曾托在幼师任教的邢舜田从重庆带回赠陈鹤琴的横幅：“谦谦君子”。

1945年夏，抗日胜利后，陈鹤琴返回上海，创办了上海幼稚师范并附设幼稚专科。陶行知也在1946年4月到达上海，即来看望陈鹤琴，我也在旁。陶分析形势，提出争取和平、民主的重要性，并介绍他办社会大学的思想说：“大学之道，在明民德，在亲民，在止于人民之幸福。”他还说：“民为贵，人民第一，一切为人民。”陶行知对陈鹤琴主持尊师运动，极为赞成。父亲还向陶介绍我正在从事学生运动，陶即表扬说：“好！是民主战士！”

5月，陶行知在上海建立生活教育社上海分社，陈鹤琴被推为分社理事长，张文郁、余之介两位长期在陈鹤琴所办学校任教的老师担任副理事长。6月，陶行知应邀出席幼专学生的毕业典礼并讲话。7月中旬的一天，陶行知来告诉陈鹤琴，传闻他已上了国民党特务暗杀的黑名单，但他毫不畏惧，痛斥国民党。当时，曾商议是否请陶行知住在陈宅，后考虑到楼下邻居中有反动分子，方才作罢。陶行知原准备在沪筹办社会大学，因受当局阻挠，决定先办生活教育社上海分社的社员暑假进修班。7月25日，陈鹤琴主持进修班开学式，正等陶行知来讲话，突然传来他患脑溢血逝世的噩耗，陈鹤琴悲痛万分，不禁放声大哭。回家后，又痛哭不已。他“痛哭失去了一位挚友，痛哭中国、世界失去了一位伟大的教育家”。

陈鹤琴被各人民团体推选为陶先生追悼会筹备会的主任，（筹备会）在幼师召开。10月27日他在震旦大学礼堂举行的大会上，任执行主席，致词中说：“陶行知是我们伟大的导师，我们要以赤子之心来追悼他，要将他未竟志向继续担当起来。陶先生的人格不仅是中国的，而且是世界的，他不仅是这个时代的人物，而且是万世的……”12月1日，陈鹤琴参加护送灵柩至南京晓庄举行安葬仪式。他代表51个人民团体宣读祭文，甚至泣不成声。陶行知逝世后，周恩来同志鼓励方与严、陶晓光把育才学校办下去，成立顾问委员会，商定请陈鹤琴担任委员会主席。陈鹤琴还担任了山海工学团的名誉董事长，继续宣传和发扬陶行知的思想。他在《活教育》上发表《民众教育要怎样普及》、《近百年来的大教育家》、《八个学术顾问》等文，号召完成未竟的事业。

当育才学校迁沪时，陈鹤琴发动学生接待育才师生到女师来居住，为他们安排伙食，并支持和协助他们为在大场建校搞的义卖和演出活动。

由于陈鹤琴采取进步的办学方针，同情教师和学生运动，支持各进步的中、小学教师团体和群众活动，就不断受到国民党当局的压力。1947年，他接到匿名恐吓信，信上画了一把匕首，三粒子弹，写着：“陈鹤琴，你追悼陶行知！你等着吧，你的下场比陶行知更惨！”他看后，对张文郁大笑说；“不管它！”

7月，他支持幼专教师和学生去大场为农民办农忙托儿所，实验乡村幼稚教育，推广托儿所事业，和山海工学团的工作密切相结合。此后，还派学生到江苏金坛县办农村托儿所和农民识字班。陈鹤琴支持的幼师、幼专的进步活动，受到当局的严密监视，据当时的密报称：（现存上海市档案馆）“国立幼专校长陈鹤琴的思想、言论及办学方针与左倾分子陶行知生前行为如出一辙”，并称该校已大部分为共产学运分子所控制，要“严密注意”。

临近解放前夕的1949年5月，陈鹤琴于4日及10日，先后两次被国民党警察局及警备司令部特务逮捕，经友人和各大学校长联合营救获释。在关押审讯期间，曾立下了心愿：牺牲后，请中国共产党追认他为党员。他将为中国千千万万儿童谋幸福的宏愿，献给了伟大的中国共产党，以陶行知和邹韬奋为自己的榜样。

“民主魂”陶行知在新中国的不幸遭际*

笑　蜀

二

还在新中国诞生前夜，对陶行知的评价就已悄悄下降，旨在消解生活教育社的一系列组织措施也相继出台。1949年5月28日，陶行知门生、参加第一届政治协商会议的生活教育社代表方与严就在写给该社同仁的信中报导：根据有关部门安排，生活教育社的骨干都要结束民间生存状态，到党政机关任职。他和程今吾进中宣部教育组，丁华任中宣部秘书长，刘季平任苏南行署副主任，白桃任上海市教育处处长。稍后，方又写信，讲他已决定进教育部，任初等教育司副司长兼第一处处长，张文郁任第二处处长。至此，生活教育社已无人支撑，成了空架子。10月1日，五星红旗在天安门城楼升起，中国民主党派大家庭的一个重要成员——救国会——随之自动解散。1957年3月27日周恩来在会见救国会负责人之一的王造时时，说当初解散救国会是一个错误，毛泽东也曾在一个公开场合说解散救国会是一种损失。陶行知缔造的生活教育社是民盟的三党三派之一，也是救国会的主要成员之一。皮之不存，毛将焉附。救国会既已寿终正寝，生活教育社还能有什么生机！本来已经是空架子的生活教育社从此更不起作用了。1950年，生活教育社同仁请求在北京设立一个实际的办事

* 原载《炎黄春秋》1999年第一期，以后作者对标题和内文有小修改。这里只选录了该文的第二、第三部分，并作了少量删节。

处，而竟不可得——胡乔木11月18日对此提了个非常简洁的建议：“可无必要。”这个建议很快得到周恩来的批准。生活教育社所奉行的宗旨也开始遭遇尴尬。胡乔木那个得到周恩来批准的建议还有一段关键性的判词：“陶先生如在世，他一定会同意中央目前之教育方针。生活教育社同仁只要努力执行目前中央教育方针，也即是继承陶先生的遗志。”用“中央教育方针”取代陶行知教育思想。这样，生活教育社就不仅在组织上，而且在理论上实践上都没必要独树一帜了。1950年7月，《人民教育》在纪念陶行知的名义下发表专论，虽然仍肯定陶行知的教育思想：“充满着革命的民主精神”，却又特别强调：“批判地接受陶行知的教育学说的遗产，成为全国教育界的重大工作了。”并以陶行知逝世四年来，未能实际进行这种“批判地接受”为憾事。纯就字面意义而言，“批判地接受”这个提法一点没错。但联系到建国前中共对陶行知的全面肯定，这种提法就不能不说是显现了某种端倪。

根本转折则是1951年的《武训传》批判。

陶行知推崇武训是一贯的。1922年7月，他在中华教育改进社第一届年会社务报告中说：我们“尚有一事可以效法，在我们眼前所挂的是武训的遗像。……世人以为无钱可以不办学，但武训不是这样想，他说就是穷到讨饭也要办教育。他是已经照这话实行的。武训死了，他的办学精神是不死的。”稍后，他又在《平民千字课》中强调：“武训虽然死了，他的精神可是要活到千万年的。如果我们个个都有武训的精神，还怕国家不进步吗?”他还在武训九七纪念册上题词，说武训是古往今来最难得的“奇男子”。著名作家张默生就是根据陶行知的这一评价，撰写了《义丐武训传》，收入其代表作《异行传》，畅销全国。

陶行知何以推崇武训？陶行知出身寒门而能免受失学之苦，得自有识之士的热心资助。所以，陶深知苦孩子求学之艰难，对资助苦孩子向学的有识之士，有着强烈的感激和钦佩之情，武训恰恰是“为兴学而生，为兴学而死。一切为兴学，兴学为苦孩，鞠躬尽瘁，死而后已”的典范。另一方面，正是亲身经历，促使陶行知选择了普及教育、平民教育、乡村教育的人生道路，终生为苦孩子兴学。在贫穷落后的中国从事教育，本来就无可回避地要承受荆风棘雨；陶行知又是著名的异见人士，他的教育理论和实践都是对现存社会秩序的公开反叛，更为当局所不容，只能依靠社会力量，依靠民间赞助。陶行知因此需要以武训自勉，并以武训为动员社会的旗帜。

陶行知还把武训介绍给全世界。《武训先生画传》再版，他为之写序的同时，还将画传的文字部分译成英文出版，让武训“出国到印度去、到美国去！”电影《武训传》则直接渊源于陶行知：1944年夏天，陶行知将《武训先生画传》送给电影导演孙瑜，请他写歌颂武训的电影剧本，孙瑜一口应承下来，仅用两个来月的时间就写出了电影《武训传》的改编大纲和分场简本。1950年电影《武训传》摄制完毕并公映，陶门弟子加额称庆，以为完成了老师的一桩未了的心愿，却不料由此引出开国第一文化罪案——武训传批判，陶行知的身后遭际急转直下。

第一篇公开声讨电影《武训传》的檄文——《不足为训的武训》，已经提到陶行知对武训的“表扬”。但作者贾霁很佩服陶行知，故而设法为陶行知开脱：

“那时候，国民党万恶统治下的白色恐怖环境与条件，对于人民教育家的为人民服务的理想是百般的破坏阻挠；这样，提出武训精神来，有着积极的作用。陶行知先生当时是对的，他的苦心是完全可以理解的。”

这种脉脉温情不合时宜，不能令有关人士满意，《文艺报》随即发表署名“杨耳”的反击文章，开篇就一针见血地说：《不足为训的武训》“对武训的错误分析还不够确切，对于武训的歌颂者的批评也不够彻底”。这就意味着，当前迫切需要重新分析武训的错误，迫切需要“彻底”批评武训歌颂者。所以这篇檄文的标题便不客气地直指陶行知——《陶行知先生表扬“武训精神”有积极作用么?》尽管“杨耳”承认，“陶先生为什么表扬‘武训精神’，笔者没有作过研究。”但他斩钉截铁地宣称：“认为陶行知先生表扬‘武训精神’有‘积极作用’，是不对的，至少是完全可怀疑的。不管今天或是昨天，‘武训精神’都是不值得表扬的，也不应当表扬的。”

杨耳的檄文在《文艺报》刊出仅仅六天，《人民日报》即予转载。这是少有的高速度，不难看出对杨文及陶行知批判的重视。《人民日报》并在转载时特加编者按，肯定杨文“虽然只接触了这个问题的一个侧面，见解却比较深刻”。经过一番揄扬，杨文为全国瞩目。四天之后，即1951年5月20日，《人民日报》刊出最高决策者撰写的社论——《应当重视电影〈武训传〉的讨论》，更把杨耳的檄文当作范文向全国人民郑重推荐，显见陶行知批判完全出自最高决策的部署。

正是由于这一特殊的政治背景，陶行知批判和《武训传》批判一样来势汹汹，锐不可当。

新中国主管意识形态的周扬说：“陶行知晚年成了一个革命的民主派，但在提倡武训这件事情上面却表现了他早年的改良主义思想的影响，表明了他在反对国民党反动派的斗争中的脆弱的一面。”

郭沫若说：“陶行知先生生前，我认为也是犯了很大的错误。有好些武训的歌颂者和崇拜者，事实上是受了陶行知表扬武训的影响而盲目附和的。这一盲目附和的绝大部分，最具体、最集中、最夸大地表现在孙瑜的电影《武训传》里。……不仅武训不足为训，就是陶行知的表扬武训也同样不足为训，我们今天是决不能‘为尊者讳’了。”

《人民日报》一篇文章称：陶行知“看不清武训这个封建主义的奴才面目，这是反映了中国资产阶级改良主义者政治资本贫乏的状况。”

《光明日报》一篇文章更是图穷匕首见，说：陶行知也是武训那样的反动派，或是“反动统治者的‘帮闲’甚至‘帮凶’”。

还有不少知名人士站出来，回忆自己当年在陶行知的武训颂歌中如何走入歧途，以现身说法揭示陶行知的武训颂歌在文化界产生了怎样恶劣的后果。

《武训画传》作者李士钊在自我检讨中承认，他编写《武训画传》系陶行知误导所致。

安娥在自我检讨中承认，她当年受陶行知影响，而为武训“奇迹”所醉所迷，创作了武训的歌剧。

安娥的自我检讨发表仅过数日，刚从朝鲜慰问志愿军归来的田汉马上在自我检讨中坦白：“因我跟陶行知先生是知友，对于他所支持的教育事业我从来一样支持。他曾经赞扬过武训，我也盲目地跟着赞扬一番而不甚深考。”

陶行知之为开国第一文化罪案魁首，也就是铁板钉钉。陶行知批判因此具有了不容置疑的合法性。

1951年7月，《武训传》批判落幕。但与《武训传》批判并行的陶行知批判没有就此刹车，而是在凯歌声中继续前进。锋芒不再主要指向武训问题，而转向陶行知教育思想，主战场则相应由文艺界扩展到了教育界。

早在《武训传》批判时，陶行知教育思想已受波及。6月1日，《人民日报》发表了几篇对《武训传》批判持不同看法的读者来稿，其中一篇来稿反对把在旧社会从事普及教育的陶行知和张伯苓一概否定。6月2日《人民日报》即推出针对来稿的答辩文章——《清除武训一类的错误思想》，反应神速。《武训传》批判是借题发挥，项庄舞剑，意在沛公。此层深意，在答辩文章的标题中即已体现——所谓“沛公”，“武训一类”是也；而在所谓“武训一类”即作者所称“改良主义教育”的平民教育和乡村教育中，陶行知首当其冲。文章对此毫不讳言，说：清除陶行知等的错误教育思想是这次思想斗争的“基本内容和重要内容”。

"陶行知的教育思想是应该受到检查的若干种旧教育思想之一，不应该因为他本人尽力于反国民党的革命斗争而迁就他的教育思想。"换句话说，不是武训牵连陶行知，恰恰相反，批陶行知必须先批武训——一开始就把斗争矛头直指中共全面肯定的陶行知，未免太过突兀。因而需要用《武训传》批判来为陶行知批判铺路。也就是说，《武训传》批判的一个主要目的，是破解从前树立的陶行知十全十美的"圣人"形象，把陶行知的所谓错误暴露在光天化日之下。《武训传》批判因此不过是陶行知批判的序曲。

为了迎接陶行知批判，教育部未雨绸缪，做了充分准备。教育部喉舌《人民教育》于"斗争"前夜大改组，实行总编辑制，以教育部副部长柳湜为总编辑，组成新编委会，以教育部党组书记、实际主持教育部工作的钱俊瑞为主任委员；《人民教育》如此强大的阵容，可说是空前绝后。改组后的《人民教育》被当成陶行知批判的主阵地。他们中最尴尬的应该是钱俊瑞——钱是救国会的党团书记，和陶行知并肩战斗了十多年。陶去世时，钱俊瑞还在《解放日报》发表文章，称陶行知是"国家之宝"。现在却天降大任于斯人，他必须以今日之是否定昨日之非，向老战友的亡灵开战。坚强的党性使得钱俊瑞别无选择。在其主持下，从1951年10月到1953年的二十个月中，《人民教育》先后刊载了十多篇批陶文章，分量仅次于《人民日报》。钱俊瑞在他写的文章中提出了一个致命的问题："为什么陶先生不放眼看看在当时的抗日民主根据地里面，因为人民已经取得了政权，人民教育事业就那样蓬蓬勃勃地开展呢？为什么陶先生不集中力量搞革命，却偏偏要花这样多的精力在国民党地区办些显然无法开展的'育才学校'之类的教育事业，甚至最后，日暮途穷，会找到武训这样一块朽木来做自己的招牌呢？"由钱俊瑞的质疑似乎可推演出如此结论：不去解放区从事"人民教育事业"，偏偏钟情于什么"育才学校"，这种人生路向本身就是荒唐的。无怪乎冯友兰要在其自我检讨《关于〈武训传〉笔谈》中说：“如果各大学的教授及各工厂的工程师，都算是人才的话，在解放以前，他们确是大部分集中在蒋管区的几个大都会里。这件事实，就助长了蒋政权的凶焰，就对于革命的进展，有坏的影响，就这一方面说，这些学术或教育工作者的错误比武训又更大了。”陶行知的人生路向既然是荒唐的，那么引导他的人生路向的价值体系也就不能不是荒唐的。钱俊瑞的以下评说也就顺理成章：“直到陶先生临终时，他的教育思想还并不是无产阶级的教育思想，在他的教育思想和马列主义的、毛泽东的教育思想之间还存在着原则的差别。两者是属于两种不同的世界观的不同的东西。”“陶先生的‘生活即教育’的公式，就是一个片面的反科学的反马克思主义的公式。”

其后，《人民教育》发表的大量批陶文章，大致罗织了四大罪状：

（一）陶行知办教育，是单纯地办教育，是自外于中国共产党领导的人民革命事业的孤立的教育运动。“1917年，他从美国留学回国后，根本不谈政治，以一种‘超政治’的立场，单纯提倡改革教学方法的问题。‘五四’运动以后，陶先生仍然没有参加革命运动，而是南北奔走，提倡平民教育。正当1926年到1927年中国共产党领导中国人民进行第一次国内革命战争时期，陶先生则是热衷于乡村教育……后来由于有共产党在晓庄闹革命，晓庄学校（即试验乡村师范学校）就在1930年被国民党反动派封闭，晓庄的被封，虽然促成了陶先生与国民党反动派的对立，但陶先生并没有从这里取得教训，依然是继续努力从事他那种‘超政治’的教育活动。1931年在民族资产阶级朋友的支持下，他又创办自然科学园，编辑儿童科学丛书，提倡科学下嫁运动（即科学大众化运动），企图以发展自然科学来使中国‘从农业文明过渡到工业文明’。”也就是说，陶行知企图绕开阶级斗争，绕开暴力革命，仅仅用教育、科学、文化来改造社会，建立自由平等世界。他的事业当然就是资产阶级改良主义事业。“与此相反，马克思列宁主义、毛泽东思想认为‘改造社会’、‘建立自由平等世界’，必须经过阶级斗争，采取革命手段才成。”可见陶行知的人生路向，确乎与马克思主义、毛泽东思想南辕北辙。于此还可引申出一个结论：既然所谓“超阶级”、“超政治”的教育、科学、文化事业，也就是与中国共产党领导的农村包围城市、武装夺取政权的“人民革命事业”没有直接联系的教育、科学、文化事业都是资产阶级改良主义事业。那么，和陶行知一样毕生从事教育、科学、文化的国统区自由知识分子，他们的思想观念，他们的人生路向，当然都是“资产阶级改良主义”性质，都与马克思列宁主义、毛泽东思想南辕北辙，因而也应彻底清算，并且尤其需要彻底清算——毕竟陶行知在晚年“政治上毫无疑问是属于革命派”，而在同一历史时期，大多数国统区自由知识分子并没有这种政治转变。冯友兰说国统区自由知识分子助长蒋政权的凶焰，阻碍革命的发展，如此自贬其实非他所愿，而只不过是对当道心态的准确揣摩。就这个角度来说，陶行知批判其实也是“醉翁之意不在酒”——直接的是指向陶行知，间接的却是指向所有当年的国统区自由知识分子。

（二）在教育思想方面，陶行知是“美国反动学者”杜威的忠实信徒，一贯的不革命。“陶行知的教育学说，那完全是美国杜威的实用主义教育思想在中国的翻版，是反科学的、反马克思主义的。”理由很简单——“陶先生所提倡的‘生活即教育’、‘社会即学校’、‘教学做合一’这一套生活教育理论，就是他的老师杜威的‘教育即生活’、‘学校即社会’、‘在做上学’这套实用主义教育理论的花样翻新。陶先生说：‘生活教育是生活所原有、生活所自营、生活所必须的教育’。这也是从杜威的经验教育定义：‘经验所原有、经验所自营、经验所必须的教育’那里抄袭来的。”陶行知教育思想的主体即为生活教育理论，这一理论巨大的革命意义和明显的独创性，今天已经为教育界公认，而在陶行知批判期间则被一概抹煞。似乎陶行知只是东施效颦，在教育思想方面并没有自己独有的建树。所谓“伟大的人民教育家”、“万世师表”不过徒有其名。

（三）陶行知之所以抄袭杜威而拼装“生活教育理论”，是由他的世界观、方法论所注定的——“在他的认识论里是完全没有辩证唯物主义的”。似此，“行是知之始，知是行之成”又该作何解释？批判家自有妙论：“陶行知先生所强调的‘行’，和马克思主义者所说的‘实践’，根本就不是一个东西。”“他经常总是不照着客观事物，而从他自己主观片面的理性原则出发来说明一切；不重视‘社会物质生活条件在社会发展过程中的首要作用’，‘不把自己的实际活动建筑在社会物质生活发展的现实基础上’，而是从他自己主观片面的理想计划出发来指导一切。”凭借这些毫无事实依据的臆断，批判家认定，虽然看起来陶行知似乎重视实践对认识，物质对观念的决定作用，其世界观、方法论似乎属于辩证唯物主义范畴，但“如果他是一个唯物主义者，也既不是辩证的唯物主义，又不是历史的唯物主义，而是用主观主义来对待唯物主义，而必然要被主观主义淹没了唯物主义。”而这就说明，陶行知的世界观、方法论“不仅与马列主义毛泽东思想存有本质上的差别，而且是反马列主义的”。陶行知之所以走向“反马克思主义”的歧途，最深刻的根源则在于实用主义思想。作为陶行知人生指南的实用主义究竟是什么货色呢？“实用主义乃是20世纪的资产阶级、特别是美国资产阶级的极端反动的哲学”；是专门用来麻痹人民的“精神鸦片”。此种异端邪说，当然不可能给中国人民带来任何好处，“可是，陶行知先生不仔细看清楚实用主义的这一切卑鄙目的，却远隔重洋，把它当作宝贝搬回中国来，种在自己身上，当然就只有一个结果：铸成大错。为什么说陶行知先生的哲学观点和教育思想是反马列主义的呢？问题就在这里。”这样，从个人事业选择到“生活教育”，再从“生活教育”到世界观方法论，陶行知的全部思想几乎都被定性为

“反科学的、反马列主义毛泽东思想的”。

（四）在政治上，晚年陶行知固然拥护革命，但其晚年政治进步也是有限的。“他的人民观点仍然表现着两重性：在反对帝国主义和国民党反动派的黑暗统治方面，有相当的革命性，而对待中国革命的基本问题，如土地问题，资本问题，从新民主主义革命到社会主义前途的道路问题等，则仍然保留着差不多全部社会改良思想。”因此之故，“陶行知先生就始终不能正确地解决他的哲学观点上的阶级性问题。他想从他主观上的理性原则出发，力求不偏不倚，实际上却正是保留了若干剥削阶级的偏见，并因而障碍了自己彻底认识真理的道路。”这就意味着，晚年陶行知所拥护的革命仅仅是反帝反封建的资产阶级民主革命，他不反对发展资本主义，他并未认可社会主义前途。周恩来称陶行知为“党外布尔什维克”，这时看来不过是夸大其词。

“重评陶行知的思想和事业”，是当时一个时髦的口号。经过如此这般“重评”，陶行知面目全非。

其实，不但对政治家陶行知有盖棺之论，对教育家陶行知、思想家陶行知，中共也早有过盖棺之论。当年毛泽东题词即称陶行知为“伟大的人民教育家”。延安“陶行知先生追悼会”上，中共悼词更是将毛泽东题词发挥到极致。悼词开篇便盛赞陶行知“一生致力于救国事业、民主事业与教育事业，他在教育方面对人民的贡献尤为巨大与不可磨灭。”接下来说：

“我们追悼的陶行知先生，是人民的教育家。在人民中进行教育，可以有两种不同的目的。一种是蒙蔽人民，要人民甘心做反动派的奴隶，做帝国主义的顺民，服从命运或英雄的摆布，抱着这种目的的教育，不管它叫什么名字，绝不是为人民的教育，而只能是奴隶的教育。这种教育是决计没有前途的，因为如果中国人民不从帝国主义和封建势力的压迫之下解放出来，教育事业就没有发展的前途，只有衰落的前途。

陶行知先生的教育理论与教育实践，是有另外一种目的，这个目的，就是唤起人民，自己解放自己。他把人民看作人，而不是看作奴隶与顺民。他主张人民的解放，他又相信人民的力量，人民的智慧，这种思想，充满在他的著作之中。他主张人民自己为自己办的教育，才是理想的教育。他为了这个主张，孜孜不倦，干了一生。谁见过陶先生的，就被他的艰苦卓绝的精神所感动。陶行知的这种教育思想，正是新民主主义的教育思想，正是为人民服务的教育思想。”

中共悼词并且预言：

以唤起人民自己解放自己为目的的教育，是有极其宽广的发展前途的。这种教育，在国民党统治之下，受尽了压迫，受尽了灾难，不能得到宽广的发展。这是因为，在国民党统治之下的中国，乃是半殖民地半封建的中国，乃是帝国主义和国民党反动派所统治着的中国。陶先生和他的事业在那里受到磨难，这种磨难乃是中华民族中国人民所受到的苦难的缩影。但是，这种磨难将是暂时的。在人民已经得到解放的中国解放区，陶先生的思想得到广大的欢迎，他的理想被实现。在将来的新民主主义的中国，也一定如此。

悼词不幸未言中，经过“重评”，在教育理论与实践方面，陶行知不再归属“新民主主义”范畴、“为人民服务”范畴，而始终是“反科学的反马列主义的”资产阶级改良主义；在认识论方面，陶行知不再归属“唯物主义”范畴，而始终是“反科学的反马列主义的”资产阶级实用主义；在政治上，早年陶行知自外于人民革命事业，晚年“毫无疑问属于革命派”，但也不过是“比较急进的爱国民主主义者”。概而言之，教育家、思想家陶行知被基本否定，政治家陶行知则是“改良”、“革命”一半对一半。

伴随着严厉的思想清算，政治上的清洗也相继出台。重庆育才学校是陶行知晚年的心血结晶，在陶行知批判时受到的冲击也就最大。地方党政部门派出工作组进驻该校，以“武训精神给育才师生思想上的严重毒害”为主题，发动全校师生深揭猛批。校长孙铭勋被宣布停职反省，地方党报对他点名批判，既发长篇，又专发社论。《人民教育》对此坚决支持，不但转载报道和社论，还由总编辑撰文，确认孙为顽固坚持“武训精神”的坏样板，是“当前中国教育改革中右翼的代表，代表着资产阶级和小资产阶级的改良主义在争取人民教育事业的领导。”这位1935年参加共产党、1948年临危受命主持育才工作的老干部，后半生的命运就此铸定——成了老运动员，受尽折磨：三反中被诬为“贪污分子”，以死抗争落了个自杀叛党的罪名被开除党籍；1957年夫妻双双被打成“右派”；1961年死于饥饿。陶行知高足张宗麟和方与严，建国初均在教育部任司长，因不媚时俗，愤而为恩师辩诬，直接埋下祸根，在反右时同样双双殃及满门。

经过一年多的喧嚣，陶行知批判终于尘埃落定。曾经大红大紫的陶行知从此成了“问题人物”；陶行知及其生活教育更是成了禁区。这种状况直到80年代中期才有所改变。

三

陶行知身后遭贬，据说江青起了作用。

江青与陶行知有过一段过往。1933年夏，原名李云鹤的江青来沪，无处立足，经由田汉之弟田源介绍，到晨更工学团任教；而这个晨更工学团便是陶行知创办的，并由陶提供经费。陶每周视察1—2次，平时则通过设在市区威海卫路656号的办事处与晨更联系。江青常通过办事处找陶。1934年晨更被封，江青再度失业，又托陶行知介绍工作。陶就引荐她到基督教青年会办的小沙渡路女工夜校教高级班语文。

陶于江青，本有扶助之恩，江青却反目为仇，这主要是由于唐纳事件。1936年4月江青和唐纳缔下白首之盟，岂料蜜月未满即生婚变，江青撒手而去，唐纳寻访未遇，绝望中自杀，幸而获救。陶行知与唐纳是朋友，便在百忙中写了一首诗给唐：“听说您寻死\我为您担心\您要知道\蓝苹是蓝苹\不是属于您\您既陶醉在电影\又如何把她占领\……如果您爱她，她不再爱您\那是已经飞去的夜莺\夜莺不比燕子\她不会再找您的门庭\……为个人而活\活得不高兴\为个人而死\死得不干净。”劝唐纳想开些，这在作为长辈的陶行知，是义不容辞。但把蓝苹比作夜莺，劝唐纳不必为她轻生，却是冒犯蓝苹之辞。这首诗在1936年7月8日出版的香港《生活日报·前进》上发表，并收入1936年11月生活书店出版的《知行诗歌集》。江青绝非胸襟开阔之辈，被一本风行天下的诗集如此“诋毁”，怎么可能善罢甘休！电影《武训传》不被毛泽东看好，这一点江青早获先机。还在1951年2月，她已拿着令箭煽风点火。“文革”中出版的《江青同志谈文艺》称，“反动影片《武训传》在上海、北京广泛上映，毛主席立即发现，便由江青同志通知周扬，指出这是一部宣传资产阶级改良主义的反动影片，必须进行批判。”她更帮助毛泽东搜集四十多篇歌颂《武训传》的文章，使之公开点名，成为举国共讨的反面材料。《武训传》批判运动全面开展后，她干脆走上前台，率“武训历史调查团”到武训老家进行“调查”，亲自炮制致命武器，终于打倒了武训，如愿以偿地把火引向了陶行知亡灵。

陶行知虽死犹难逃劫，江青作祟确实起了作用，但也不能过高估计江青的作用——此时的江青远非60年代的江青。具体就《武训传》批判和陶行知批判而言，都不是出自江青的创意，而出自最高决策者的创意，江青不过是推波助澜。那么最高决策者何以对陶行知那样“重视”，竟至在万象更新、百废待举之时，非先把陶行知拉下马不可呢？

一个直接的原因是陶行知声名太甚，陶行知去世时，中共对他评价之高可说是无以复加。这主要是由于当时需要以陶行知为旗帜，最大限度地争取国统区自由知识分子，在文化界、教育界组成尽可能广泛的统一战线。但在建国初，社会生态已发生根本变化，当年国统区自由知识分子已经由主要是“争取对象”变为主要是“教育、改造对象”了。作为当年国统区自由知识分子的代表，陶行知的处境与当年也就不可同日而语。陶门弟子却云里雾里，宣传陶行知仍然不遗余力。如一位著名学者后来所总结的，在当时，“只有一个伟大政治家的文治武功被尊奉为凌驾一切的最高神圣，此外则不容许或多或少承认其他任何权威。”陶行知颂歌在当时也就显得分外刺耳。最刺耳的颂歌出自陶门高材戴伯韬。远在1948年，戴伯韬就在一本书中公然宣称：“新民主主义教育思想是毛主席和陶行知共同创造起来的。”平心而论，戴伯韬此说并非言而无据，陶行知的理论和实践对毛泽东并非没有启发。周恩来在《学习毛泽东》一文中讲过：“‘五四’以后，毛主席参加了革命运动，就先在城市专心致志地搞工人运动。那时陶行知先生提倡乡村运动。恽代英同志给毛主席写信说，我们也可以学习陶行知到乡村里搞一搞。毛主席说，现在城市工作还忙不过来，怎么能再去搞乡村呢？这就说明毛主席当时没有顾到另一方面。但后来毛主席很快就转到乡村，又把农民运动搞通了。”其实不单是乡村运动，毛泽东的《在延安文艺座谈会上的讲话》，毛泽东的《新民主主义论》，内中许多论断与陶行知的一贯主张是吻合的。知识分子必须与工农相结合，教育必须与生产劳动、与社会实际相结合，大众的教育、大众的科学、大众的文化……毛泽东所倡导的这些，正是陶行知所坚持的。所以在读到《在延安文艺座谈会上的讲话》时，陶行知大有“英雄所见略同”之慨，说；“中国有救了！我们的生活教育，就是新民主主义文化的一部分。”很明显，毛泽东接受了、容纳了陶行知的一部分见解，在此基础上形成新民主主义教育理论、文化理论。其他爱国民主人士的一部分政治主张、经济主张，也曾为毛泽东所接受、所容纳。政治上建立多党联合政府；经济上没收官僚资本，允许不操纵国计民生的私人资本主义经济有广大的发展空间；所有这些都是中国共产党和以各民主党派为主体的爱国民主人士的共识。爱国民主人士的许多不同政见，即被国民党当局所拒绝、所压制的政见，基本上为以毛泽东为首的中国共产党人所容纳，在此基础上形成整个的新民主主义理论。具有宪法性质的《共同纲领》，就是新民主主义理论的法律表述。陶行知等国统区爱国民主人士对新民主主义理论的巨大贡献是无可争辩的。但随着社会政治生态的根本变化，这个无可争辩的历史事实却受到了怀疑，“新民主主义教育思想是毛主席和陶行知共同创造起来的”这个著名论断，建国前自有生存理由，建国初却不能不面临生存危机。当时正在大树毛泽东思想的绝对权威，中共建党三十周年纪念日宣传活动的主题，便是宣传和确立毛泽东思想。《人民日报》在“七一”前后持续半个多月以整版整版的篇幅刊载庆贺文章。大树毛泽东思想的绝对权威，重点是确立毛泽东文艺思想和教育思想的绝对权威，因为中国共产党取得全国胜利这一事实，已经证明毛泽东思想在军事领域、政治领域的权威无可比拟。而在文艺界、教育界，因为国统区自由知识分子对毛泽东思想并不熟悉，毛泽东思想的绝对权威就略嫌不足了。“不破不立”，陶行知在中国教育界的权威地位举世公认，难免树大招风。陶门弟子对这一大气候没有清醒认识，不知收敛，而竟至把陶行知与毛泽东相提并论，从而形成强刺激。在决策者看来，这不仅严重妨碍树立毛泽东思想绝对权威这一文艺界、教育界的中心工作，而且标志着当年的国统区自由知识分子正借着陶行知亡灵与共产党争功。这当然不会容忍。与陶行知及其生活教育分道扬镳也就是势在必行。无怪乎陶行知批判期间，会有那么多论者以大量篇幅反驳戴伯韬的“毛陶共创”说，竭力论证新民主主义教育思想完全是毛泽东的智慧而与陶行知风马牛不相及。《学习》杂志在报道戴伯韬检讨时就直白地说：戴的根本错误，“是在于把陶行知的教育思想与毛主席的教育思想画上等号，混淆起来，没有把陶行知的教育思想加以分析与批判，没有把陶行知的教育思想和无产阶级的教育思想严格地从本质上区别开来，因而把这两种不同的思想说成是属于一个体系，一个范畴。”

但这仍然不能构成陶行知批判的终极因素——这种冲突毕竟还只是表层意义上的冲突。当时的论者称陶行知的生活教育与"毛主席的教育思想"是两种不同的思想，这话既对又不对——和绝大多数爱国民主人士一样，陶行知以新民主主义为基点拥护中共，他的生活教育严格限定在新民主主义范畴内。所以，当"毛泽东的教育思想"没有超出新民主主义范畴时，陶行知的生活教育与"毛主席的教育思想"无疑存在着事实上和逻辑上的联系，二者属于同一个思想体系。但当中共告别新民主主义，当"毛主席的教育思想"具体化为建国初的教育体制和官方意识形态，陶行知的生活教育与之确乎是"两种不同的思想"，确乎存在着本质区别，两者确乎无法相容。这一点足以注定陶行知在劫难逃。即或不存在什么"功高震主"，即或没有江青拨弄是非，陶行知批判也是迟早的事。

新民主主义范畴内的生活教育，与建国初教育体制和官方意识形态的本质区别，在于其强烈的主体人格精神。陶行知一贯把争民主当作自己的人生主题，他的民主思想有一个最大的特色：坚持民主目的与民主手段相统一，民主理论与民主实践相统一；并以个人自由为民主的基石。他把这一点贯穿于自己的全部教育实践。早年立志培养"'自主'、'自立'和'自动'的共和国民。"晚年则大力推行"民主教育"，明确规定，"民主教育是教人做主人，做自己的主人，做国家的主人，做世界的主人。"在他看来，教育的主要职能不是书本知识的传授，而是人格铸造。"教师的职务，是'千教万教，教人求真'；学生的职务，是'千学万学，学做真人'。"教育的主要职能是造就主体人格，由此造就"人人都是主体"的社会生态，使民主生生不息。如何造就主体人格呢？陶行知作了毕生探索，其基本思路，是"教学做合一"——"从学习的原则看起来，事怎样做，就须怎样学。譬如游泳要在水中游，学游泳就须在水里学。若不下水，只管在岸上读游泳的书籍，做游泳的动作，纵然学了一世，到了下水的时候，还是要沉下去的。”拿做来教，乃是真教；拿做来学，方是实学。这个原则同样适用于人格培养。“所以专制国要有服从的顺民，必须使做百姓的时常练服从的道理，久而久之，习惯成自然，大家不知不觉的只会服从了。共和国要有能够自治的国民，也须使做国民的时常练习自治的道理，久而久之，习惯成自然，他们也就能够自治了。所以，养成自治的人民，必须用自治的办法。”只有在自治的实践中才能学会自治，只有在民主的实践中才能学会民主。要教人做主人，除了用自治的实践、民主的实践教育人，也就无路可走。陶行知在自己的教育实践中，努力贯彻这一原则。他创造的“生活教育”，从本质上说，就是典型的“主人的教育”。教育以生活而不是以书本为本位，以社会而不是以学校为本位，都是要把学生从书本的桎梏、学校的桎梏中解放出来，从虚拟的“鸟世界”回归真实的“鸟世界”，回归真实的生活，在自己特有的文化生态、社会生态中自然成长、自由成长，在真实的生活中、主人的生活中获得真实的自我、主体的自我。为了与学生的自由发展相适应，陶行知设计了一种新型的师生关系，教师不再是学生的统治者，“知识分子至多只可做小孩与大众的顾问。超过了顾问的范围，就要损害他们的自动精神”。而且“即是做个顾问，知识分子也得跳进小孩与大众的队伍里去与他们共患难同休戚，才够得上顾问的资格。”在以“生活教育”为指南的晓庄师范学校，并无“教授”、“讲师”之设，所有老师都是学生的“指导员”，所有“指导员”都与学生共住十人一间的小茅屋，与学生“共教、共学、共做、共生活”，真正的“共患难同休戚”，真正的履行“顾问”天职。对传统“师道尊严”框架内的中国儿童，陶行知寄予深切的同情，感叹他们“是在苦海中成长”。大声疾呼“我们应该承认儿童的人权”；应该“承认小孩子有力量”，“不但有力量，而且有创造力”。因而必须“要从成人的残酷里把儿童解放出来”，儿童教育必须依据儿童的天性，以儿童为中心。不能高高在上地发号施令，削足适履，而要以赤子之心“加入到儿童队伍里去成为一员”，“陪着小孩子一起创造”，从而“把儿童苦海创造成一个儿童乐园”。晚年办育才学校，陶行知仍然“特别注意自动力之培养，使它贯彻于全部的生活工作学习之中。”并以“在自动上培养自动力”为育才学校的根本方针，强调指出：“若目的为了自动，而却用了被动的方法，那只能产生被动而不能产生自动。”在陶行知的眼里，学生的自由发展，学生的主体地位，是神圣不可侵犯的。国民党权威理论家戴季陶曾就青年问题发表意见，他把青年比作树苗，说：“培植出一根树苗，要它长成端正的大树，要费几根大木头，四面撑住它。”而不能任其自然成长、自由成长。“树苗有自由，不能成长；青年有自由，不能成人。”陶行知读罢奋笔疾书，痛加驳斥，忠告全国学子：

你们要知道种树吗？底下可以安根，上面可以出头，幼苗才种得活。有水分、肥料、空气、阳光，而无虫害，幼苗才能长成大树。园丁的责任在灌溉、施肥、除害虫，而不没收它的自由的空气与阳光，则幼苗自能欣欣向荣了。花园里给人玩赏的树木，四面是有死木头撑住，并有绳子把它们扎成种种曲线美。这些是树少爷，因为有树听差服侍它们。有些是树小姐，因为它们裹脚束腰和人间不自尊的姑娘大同小异。树少爷、树小姐只是人的玩物，这中间找不出栋梁材。栋梁材是长在森林里。兴安岭里的幼树可有树听差服侍？谁见过它们裹过脚束过腰？如果你想叫幼苗端端正正地长起来，也难也容易。小树生在大树中间，若大树端正，则小树须向上吸收阳光，自必端正，这不是很容易吗？若大树惯于折腰，罩在小树上，小树得不着阳光，想它端正便是万难。所以：

出头处要自由！

出头处要自由，教育则是人出头的关键环节。晚年陶行知将自己对这个问题的毕生探索作了系统总结，在此基础上提出“六大解放”，即“把学习的基本自由还给学生。一、解放他的头脑，使他能想；二、解放他的双手，使他能干；三、解放他的眼睛，使他能看；四、解放他的嘴，使他能谈；五、解放他的空间，使他能到大自然大社会里去取得更丰富的学问；六、解放他的时间，不把他的功课填满，不逼迫他赶考，不和家长联合起来在功课上夹攻，要给他一些空闲时间消化所学，并且学一点他自己渴望要学的学问，干一点他自己高兴干的事情。”归根结底，陶行知的教育是教人做人的教育，是教人做主人的教育，有着强烈的人本主义色彩，有着强烈的主体人格精神。

中共曾一再声明，中国有中国的国情，执政后，不会照搬苏联那样的社会管理体制和政治文化，不会急于跨入社会主义；但在事实上，建国后，“新民主主义社会”不过昙花一现。开国初不仅外交上“一边倒”，政治制度、意识形态也开始“全盘苏化”。教育是意识形态的关键组成部分，因而被视作“全盘苏化”的重中之重。先是高等院校的全盘国有，接着是院系调整，然后是在全国范围使用统一的教学计划、教材和专业教科书。苏联教育模式原封不动地移植到了中国，甚至中小学生上课的坐姿和课桌样式也都以苏式为准。苏联教育模式的思想基础是整体主义。根据整体主义，个人只有构建意义、只有保障整体功能的意义，自身不能构成自足自主的世界。苏联教育模式培养出来的学生，不过是国家政权这部庞大机器中的一颗螺丝钉，不过是计划经济这座庞大建筑中的一块砖，他们只是纯专业领域内的行家，不具备深刻的人文思维，在思想上、精神上是无法自主的，在文化意义和社会政治意义上不是生动活泼的主体的人。所以，无论在文化意义上还是在社会政治意义上，生活教育与苏联模式都是截然对立的两极，对苏联模式有着强大的抵制和解构作用。在这种情况下还不清算陶行知及其教育，那倒反而是反常的了。

陶行知批判是最高决策者的独运匠心之作，以至于陶行知生前最好的中共朋友周恩来，位居总理高位的周恩来，都无从改变局势。甚至周恩来此前对陶行知的定位，如“党外布尔什维克”之谓，也遭到间接攻击，令周恩来也不免处境尴尬。通过此次批判，中国教育领域的所谓“民主个人主义”影响终于寿终正寝，全盘苏化的官方意识形态在文艺界、教育界的绝对权威终于确立；从而实现了中国教育思想的“社会主义改造”，为中国教育体制的“社会主义改造”扫清了道路。陶行知批判同时论证了对当年国统区自由知识分子大规模思想清算的必要性、紧迫性。“知识分子思想改造运动”由此惊涛拍岸。

生活教育在改革开放中的新发展*

方　明　　丁　丁

陶行知的生活教育学说，是从中国国情出发，立足于人类社会的历史发展，为解放劳苦大众，为全国人民谋幸福的教育学说。生活教育是以人生的需要为出发点，通过人的创造性劳动，达到提高人的物质生活和精神生活的目的。它着眼于全体人民的利益、全社会的健康发展，是一种大教育观，不同于狭小的学校教育观。它要把学校教育和社会需要相沟通，使学校教育和社会教育、家庭教育连成一片，使整个人生处在不断接受教育之中，最后形成人的终身教育。终身教育，是人类社会发展的必然趋势，每一个人要生活得有意义、生活不空虚，就得不断地学习，不断地接受教育。

生活教育学说，在旧中国经历了平民教育、乡村教育、普及教育、国难教育、全面抗战教育、民主教育六个时期，对中国教育改革起到了奠基作用。可是，在新中国刚刚建立一年多，陶行知却受到了不公正的批判，生活教育学说被打入“冷宫”，以至新中国的教育改革，在理论上缺乏明确有力的指导。

在建设有中国特色的社会主义新时期，生活教育理论是否过时？能否试办既能适合人民生活需要又能引导人民走上现代化道

* 这是在上海召开的中国陶行知研究会成立十周年纪念会上的发言。原载《弘扬行知思想　深化教育改革——1995年全国陶行知研讨会文集》第1—16页。

路的新型学校？这是研究生活教育理论和实践的重要课题。我国各地陶研工作者，为此作了认真的研讨和实验。十年来，中国陶行知研究会组织了8次学术研讨会，对生活教育的历史地位、现实作用和发展前途，取得了共识；对生活教育的理论体系和哲学范畴，也有了共同的理解；对以社会生活为中心的现代教育必然要接替以书本为中心的传统教育的发展趋势，深信不疑。各地陶行知研究会，经过十多年的研讨和实验证明：生活教育理论正处在向前发展时期，仍具有强大的生命力，并在许多地方取得了可喜的成果。

（一）提出创业教育

创业教育是胡晓风同志根据生活教育原理和当前社会需要提出来的。它是生活教育在社会主义时期的行动口号，具有时代特色。它针对极端个人主义、拜金主义、享乐主义的腐朽人生观，提出了“人生志在创业，创业充实人生”的革命人生观，这是抵制资产阶级意识形态和生活方式的一种新思维，它和民主教育、全民教育相衔接，共同开创社会主义教育的伟大事业。创业教育是以培养合理的人生为宗旨，培养学生的生活能力、职业能力，能选择前进的生活道路，使生存力、生活力、职业技术能力结合起来，构建一个合理的人生。教育学生从小立志，为社会主义经济建设创业，为提高人民生活水平创业。要建设中国特色的社会主义教育体系，就需要有开辟精神和创新思想，需要突破传统的小众教育，突破教育自教育、经济自经济的旧观念，使教育和经济相联系，和人民生活相融合。创业教育有利于旧教育观念的更新、新教育模式的试验、工农劳动群众素质的提高。创业教育是以德育为本，创业为用。德育是根本，智育、体育是基础，创业是功能，三者结合起来开辟新天地，创造新事业。创业教育是学问与职业一贯，一般基础与特殊基础的统一，普通教育与职业技术教育结合，从小培养职业意识，学以致用，尽力摆脱读死书、轻视劳动、读书为做官等习惯势力的影响。创业教育思想对职业技术教育的发展和创新有着十分重要的指导作用。

创业教育符合中共中央、国务院《关于教育体制改革的决定》的要求，也符合《中国教育改革和发展纲要》的要求。《决定》和《纲要》是在社会主义经济建设时期，对教育改革的原则要求和行动纲领。创业教育则是实施《决定》和《纲要》的办学指导思想，是培养什么样人的具体要求。它有利于教育方针的贯彻和落实。

（二）改革师范教育

陶行知认为，师范教育是关系国家前途盛衰的大事。他说："师范教育可以兴邦，也可以促国之亡。"他创办的乡村师范，曾经为我国培养了许多优秀教师和革命工作者，直到现在还有很好的影响。可是，建国后的师范院校，没能把陶行知的师范教育思想继承下来，缺少奉献精神，爱国主义教育思想淡薄，以至建国40多年，农村小学教育的师资队伍仍不理想和稳定。80年代初期，安徽和江苏的陶研工作者首先对师范教育的改革进行试验。1988年1月，中国陶研会在广州召开了改革师范教育的学术研讨会，有18个省市、自治区的陶研工作者参加，28所师范院校提供了典型经验。国家教委师范教育司副司长孟吉平到会并讲了话。会议总结的主要经验是：坚持办学的方向性，师范教育要面向社会主义现代化建设；突出师范性、改革师范院校的课程、教学内容和教学方法，体现师范教育的特点，树立师范生的专业思想，忠诚人民教育事业；加强实践性，增加师范生见习、实习的次数和时间，建立分班组的实习基地；提倡办广义性的师范教育，办多类型、多功能的师范教育，需要什么人才，就培养什么样的人才。安徽的肥西师范、徽州师范、金寨师范；江苏的晓庄师范、泰州师范；浙江的湘湖师范、义乌师范；四川的绵阳师范、合川师范；山西的太谷师范、长治师范；山东的济南师范；陕西的凤翔师范；广西的南宁师范，以及华中师大、华南师大、上海师大、安徽师大、陕西师大，南京师大、邢台师专、吉林师专、克山师专、南平师专等改革都取得显著成绩。实践证明，教师是办好学校的主力军。师范院校是培养教师的基地。以陶为师，是办好师范教育的最佳途径。办好师范院校，以陶行知为楷模，这是中华民族的光荣传统，也是新中国教育的特色。

（三）拓宽农村教育

新中国成立以后，对农民教育是比较重视的，提倡学校向工农开门，创办工农速成中学、农业中学、耕读小学，还有识字组、牧民小学、巡回教学等。这对提高农民的文化水平和思想觉悟，起了很好的作用。“文革”以后，教育得到恢复和发展，农村教育在集资建校和提高入学率方面有了进步和发展。但是，办学形式和课程内容仍存在着脱离农村生活实际的弊端，以致辍学现象严重，不断产生新的文盲和半文盲。

安徽省徽州地区的陶研同志在“教育与农业携手”的启发下，1986年在休宁县的溪口职业中学搞起了“农科教多位一体”的综合改革实验。他们把学校实验成功的项目和技术，通过学生扩散到各家各户，为农民提供了致富门路。实验的成果启发了人们“大教育”观念的形成，加强了乡镇企业对职工的培训，促进了当地经济的发展。休宁县的改革经验，得到了省委领导的肯定，现已向全省推广。1990年，中央五个部、委联合召开了部分省市农科教结合座谈会，充分肯定了这一经验。中国陶研会、中华职业教育社、全国教育工会在会上提出建议，把“科技兴农”改为“科教兴农”，并把此建议呈报国务院。现在，国务院提出“科教兴国”，山西省提出“科教兴村”，说明科技和教育关系的密切，教育不仅是科技的基础，还可以把科学技术传播到千家万户。教育改造乡村，有三个村的试点经验可供参考。

①前元庄实验学校：山西吕梁地区刘辉汉根据当地农村的实

际情况，借鉴陶行知生活教育理论和老解放区的办学经验，于1987年提出了“村校一体”的办学模式，在柳林县前元庄进行试验。“村校一体”的前元庄实验学校，是基础教育与职业教育、成人教育相结合，办学与发展农村经济相结合，村的党政领导与学校领导统一起来，村主任参与学校领导，校长参与村领导，村里的生产和教育统一规划，统一实施。经过三年实验，不仅学生学习成绩大有提高，还学会了一些基本农业生产技术，发展了庭院经济，全村人均年收入增加了300多元。于是在吕梁地区13个县1100多所学校推广前元庄实验学校的经验。到1994年，“村校一体”的办学模式已推广到2872所学校。前元庄人均年收入达1100元。他们编了一本《陶花烂漫吕梁山》，在12个省、市、区农村中小学和师范学校素质教育研讨会上交流，对吕梁山摆脱贫困迈向富裕道路，起到了积极推动作用。

② 东古小学“整体教育”：随着农村经济日益发展对人才的需求，山西屯留县东古小学从1991年开始承担职工教育和职前培训任务。后来受到陶行知大教育观念的启发，吸取了前元庄实验学校的经验，形成了“整体教育”模式。村里设立了教育委员会，由支部书记任教委主任，村长、校长任副主任，校长同时兼任副支书。“整体教育”较好地解决了劳动者素质与经济生产需要不相适应的矛盾。它的特点是：1. 幼教、小教、职教、成人教育四合一；2. 学校教育与社会教育融为一体；3. 在校学习与生活、生产相结合。五年来，在校学生的素质和企业职工的素质都得到了提高，工农业总产值1994年达到2240万元。目前，村投资120万元新建四教合一的教学楼已建成，东古小学已改为东古行知学校，全村学科技、学文化的风气浓厚，家庭和睦，邻里相亲，少有所学，老有所养，物质文明和精神文明都在健康地发展。

③ 江浦县五里行知小学：1981年毕业于南京晓庄师范的杨瑞清、李亮受陶行知“捧着一颗心来，不带半根草去”精神的感召，来到江浦县五里村小学，在一年级“行知实验班”实践陶行

知教育思想。1985年，县教育局把五里小学改为行知小学，实行不留级制度，开展“主体教育”实验，1990年，获中陶会学陶成果一等奖，1993年，被评为省模范小学。他俩在教改实践中，着眼于培养新一代农民的素质，教给他们既能改造农村又能为农民谋取幸福的本领。后来行知小学逐步拓宽教育的范围，先后开办了幼儿园和扫盲班、文化技术学习班、家长学习班，还办了提高职工素质的夜高中班。这样，由小学教育延伸到幼儿教育、农民教育、家长教育、职工教育，到1993年初步形成了“村级大教育”格局。90年代初，他们有了校办产业，为“村级大教育”提供了物质基础。校办产业，不仅使学校有了自我造血功能，也为村民就业打开了门路，增加了村民人均收入的份额。在校办产业内部，倡导手脑并用、工学相长的新风，工人除了完成生产任务，还要完成学习任务。

办好“村级大教育”的关键在于人才，行知小学除了校长和副校长外，还有近10名青年教师，他们都是受过晓庄师范的熏陶，与领导共同探索办学新路。这批平均年龄不足28岁的青年教师，不仅要教好学生，还要办好成人教育和校办产业。正因为他们有改变农村面貌的决心，“村级大教育”的模式才得初步形成。杨瑞清在纪念江浦县行知小学命名十周年的座谈会上，提出了对“村级大教育”今后十年的设想：（a）开展城乡联合办学，进一步把“南京市中小学行知农村科技实验基地”办好，把“娃娃农科院”办好；（b）把小学、幼儿园、农民学校、校办工厂、农村科技实验基地组合起来，建立江浦县五里村行知学校，向全民教育发展；（c）成立五里村教育协会，统筹管理“村级大教育”，促进村里两个文明建设；（d）积极参与策划“21世纪行知工程”任务。

上面三个村的试验证明，通过教育改造乡村是可行的，陶行知改造一百万个乡村的设想，在社会主义中国是能够实现的。

（四）兴办职业教育

浙江衢州市行知女子职业学校：女青年干部王建华，眼见一些初中毕业的女学生升不了学，整天在外闲逛，有的还学坏了，心里很不平静。她学习了陶行知的无私奉献精神，毅然辞去公职，决心以陶为师，于1989年秋季办起了行知女子职业学校，开设了公关、服装、电脑、秘书、市场营销五个专业。考虑到学生家庭困难，学费收得很低，每人一学期只收200元。她把自己和父母的积蓄数万元都拿出来，又向银行贷款，坚持办学。新生入学首先向学生介绍陶行知的生平事迹，使他们受到熏陶，立志做一个“四有”新人。除文化基础课以外，学校开设了国情教育课、社交礼仪课、口才学、市场学、公关学、商业心理学、购销技巧等课。英语课以口语为重点，体育课侧重形体训练，音乐课由每班学生自行教学。根据“教学做合一”原理，不但要让学生学会，还要让学生会学。考核，除笔试以外，还进行能力考核，公关、市场营销专业毕业前，由学生自行设计，组织一次活动，考核她们走向社会的能力。她们设计了一次学雷锋活动：夏日酷暑，到火车站为乘客送开水。借用不锈钢器皿厂生产的茶壶，使送水和产品宣传联系起来。活动这天，学生身披绶带，前面标校名，后面标厂名，手拿茶壶、扫把，到火车站为民服务。这次活动，提高了学校和厂家产品的知名度。由于学生为社会做好事，受到好评。毕业时虽然没有国家的分配名额，但各单位都争着要该校毕业生。1992年300名毕业生，个个找到了合适的岗位。学生廖雪梅，因是农村户口，过去招工没人要，现在却出任了衢州市四方实业公司副经理。到1994年，已有三届毕业生，普遍受到社会欢迎，家长也很满意。

广州白云行知职业中专：1979年前是普通中学，当地经济发展了，需要技术工人，学校在1984年和广州市白云农工商联合办起了白云行知职业中学。两家合一，扬长避短，多出人才，快出人才。企业能按自己的需要确定专业设置、招生人数和培养目标，学校能得到企业提供的办学经费、实习基地和专业课，教师也由企业帮助解决。十年来，学校为企业先后招收了制药、机械、财经管理、家用电器、电工电器、汽车修理等37个职业高中班，培养了1000多名合格的毕业生。在教改方面，学校提出四个坚持：坚持走联合办学道路，坚持为当地经济发展服务，坚持以陶行知教育思想为指导，坚持全面发展的育人方针。在教学上，经科教紧密结合，教学做和谐统一。通过各种教学活动和生产实习，不断增强学生的职业意识、经济意识和动手能力。学生毕业后很快能适应企业生产的需要。10年中许多人已成了技术骨干，有的已担任厂领导、车间主任。公司的年产值由1983年2.5亿元上升到1992年的40亿元。学校也有发展，现有13个实验室、5座校办工厂，实现了义务教育、职业教育、成人教育三教并举。

南京中华育才学校：该市延安精神研究会会长朱刚，于1992年创办的一所"抗大"式的中等职业学校。他在开学典礼上说："我就是要打中华牌，为振兴中华、造福人类培养人才。培养出来的学生要姓'华'，热爱中华；要姓'马'，信仰马列主义。要用延安'抗大'育人铸魂的方式办学，借鉴陶行知'生活教育'理论，探索一条为发展社会主义市场经济，传播社会主义精神文明的新路子。"学校在开设专业技术课的同时，把《马克思主义概论》、《中国革命史》、《共产党宣言》、《时事政策》等列为必修课，经常组织学生到农村、工厂、公司进行社会实践，尽快让学生成熟起来。他们开设了房地产、国际商务、计算机运用、现代经贸等专业，注重学生整体素质的提高，采取学生自己管理自己的方式，培养学生自学、自立、自强的能力。"抗大"式的教育方式，吸引了众多的家长和学生，1993年的学生比1992年猛增三倍。

以上只介绍了3所职业学校，还有北京行知职业学校、福建安溪职业中专、浙江金华行知职业高中、江苏铜山县张集职业高中、四川宣汉毛坝职业高中、陕西蒲城龙阳职中，都办得各有特色，生活气息很浓，学生整体素质较高。

（五）创办企业教育

山西太原钢铁公司陶行知研究会，按照企业的特点和发展生产的需要，把教育“源于生活，通过生活，提高生活”的原理，运用到企业教育中。他们结合太钢的实际，先在两所行知小学成立“陶李中队”，引导青少年学习陶行知，学习治渣山劳模李双良，提高学生的思想品德。以后又在全公司各厂矿开展“师陶学李”活动，几年来，对加强企业两个文明建设，提高职工素质，促进生产发展，起到了积极作用。太钢所属大关山矿，进行了“矿校一体”的试验。大关山矿原是一个有3000多职工的亏损矿，新矿长杨森林到任以后，感到矿山亏损主要是人的思想和才能问题，而思想和才能又不是天生的，需要培养和教育。于是他率先开办了大关山学校，真正做到了“尊师重教”。以前矿山职工子女上学要走很远的路，如今在院内就能上学，职工们省心多了，上班生产比较安心。矿里还吸收职工家属做临时工，以增加职工的家庭收入。在陶行知的大教育观的启发下，大关山学校既有小学和幼儿园，又有初中，以后又办了专业班和成人班，使未上岗的学生能学到技术，在岗的职工也能学到技术。职工们的技术逐年提高，矿山的生产也就扭亏为盈，连年上升。矿山离城市较远，职工们的工伤、疾病难以得到及时治疗，有一名工人因延误治疗而死亡，杨矿长非常痛心。为此他下了决心，征得党委书记傅海的同意，在矿里办起了大关山医院，解除了职工对工伤、疾病的忧虑。全矿职工的工作、学习、生活、医疗都有了保障，精神振奋，斗志昂扬，生产蒸蒸日上。杨矿长说：“一座矿山，就是一个大家庭，管家的要把职工们的困难与合理的要求放在心上，想办法给以解决，他们就会专心一意地搞生产，就会努力学习、上进。”他还认为，“矿的主要任务，是搞好生产和办好学校，也就是两个文明一起抓。”所以大关山学校是“矿校一体”

的学校，矿办学校培养人，人成长起来投入矿山建设。这是生产和学校教育相结合的一种好模式，是新形势下的一种矿山“工学团”，它体现了有中国特色的社会主义企业的优越性。

（六）转轨素质教育

如何把应试教育转向素质教育，这是教改中的一个大难题。几千年的封建教育思想和近百年的半殖民地教育影响，使一般人只注意小众教育，忽视大众教育，只重视书本知识，轻视实践知识。习惯的传统意识禁锢了人们的头脑。改革开放后，人们的思想开始解放，江苏省从1989年起，就有一批学校进行“由应试教育向素质教育转变”的试验，到1993年取得了明显的效果。如江阴县华士中心小学，遵循陶行知“创造的儿童教育，首先要为儿童争取时间之解放”的教育思想，提出了“把时间还给学生”的自主性教育模式的试验。学校根据不同学科、不同课型的特点，探索出自学辅导式、小组教学式、集体活动式、合作学习式、班级表演式等多向交往的教学方式，形成了积极的创造性的课堂探讨空气，提高了教学效果，使不同层次的学生都得到充分发展。学校实施“个性化”的课外活动，有27个班级兴趣小组，23个校级兴趣小组，另外还有年级的课外活动。通过这些活动，使学生既学会学习，也学会生活，智力因素和非智力因素都得到发展，为他人服务的思想和能力也得到提高，体现出“自主性教育”的优越性。经过三年多的实验，成果比较显著，该校学生参加全国数学、作文、围棋比赛，分别获得二、三等奖，在无锡市和江阴市参加篮球、田径、羽毛球、象棋比赛以及科技活动，也都获得一、二等奖。该校在提高学生素质方面能取得好成绩，主要是由于有一个好校长，一个全身心地热爱学生、团结协作、努力向上的教师集体。

（七）开展“四小”儿童教育活动

农村小学教育长期受着“应试教育”的干扰，迷失了教育为振兴农业的办学方向。21世纪现代化农业对劳动者素质的要求，绝不是今天应试教育所能适应的。马克思认为，人的素质应是体力和精神力的总和。陶行知主张办适合乡村实际生活的活教育，使教育与社会生活沟通、与生产劳动相联系。

江苏省金湖县的陶研工作者，学习了马克思关于人的全面发展的学说和陶行知的生活教育理论，立足于当地农村生活的需要，决心把儿童从应试教育中解放出来，使他们能在广阔的空间里生活、学习，提出了“四小”儿童教育活动的实验。“四小”就是：做课堂的小主人，教师以学生为主体，使教学做结合起来，引导学生主动地学习，做学习的小主人；做课外活动的小能手，每个学生参加一项兴趣小组活动，发展自己的爱好、特长；做家庭的小帮手，学生除在实验基地劳动外，回家要做家长劳动的小帮手；做村组的小广播，把农业科学技术和文明生活常识传播给家家户户。自1990年开始，他们在8所农村小学进行实验，到1992年发展到42所，1993年发展到100所。1994年在全县农村小学推广。“四小”儿童教育活动，不仅培养了学生学习的主动性，提高了学习成绩，发展了学生的个性和特长，还增加了村民的物质财富，提高了农村社会的文明程度，“使分利的教育变成了生利的教育”。例如淮武小学，小广播传播农业科技信息，学生到田头指导村民管理棉田的办法，到渔塘边会诊鱼病，1991年使村民减少损失11.7万元。马塘小学“小先生”组织起来，向村民宣传赌博的害处，劝说家长和邻里不搞封建迷信活动，村民们受到感动，村里的社会风气大为好转，马塘村被评为文明村。

（八）开辟活动课程

活动课程是伴随着全面提高学生素质的要求而出现的一种新课程。从生活教育的观点来说，教育要通过人们的生活（行动）才能发生效应，才是活的教育。如果脱离人的生活需要去读书，那就会成为什么事也不会做的书呆子。《中国教育改革和发展纲要》提出，学校教育要“由应试教育向素质教育转轨”，这是针对当前学校教育的弊端，肯定素质教育实验的成果，指出了教育改革的方向。“知行合一”这个辩证思想，是我国古代和近现代哲学家所公认的，而在教育界却置若罔闻，常是先知后行，或者是只知不行，因而产生了一些“高分低能”和“只会坐而言，不会起而行”的毕业生，影响了我国国民素质的提高。全面发展的教育方针，这是大家公认的，可是执行起来却变了样，往往是以智盖全，以分数代替方针。南京夫子庙小学有鉴于此，1988年开始了改革考试制度的研究，将过去“一锤定音”的卷面考试，改为平时随堂分散性考查，并且对学生的思想品德、基础知识、基本能力、行为习惯进行多样性考查，以减轻学生心理压力，优化学生心理素质。实践证明，这有利于学生主动精神的发挥，有利于学校从应试教育向素质教育的转轨。在改革考试实验成果的基础上，1989年学校提出了发展学生“五自能力”的实验，培养学生自主学习能力、自我教育能力、自我管理能力、自我服务能力、自学锻炼能力，以体现人对自身的审视，对自我发展、自我创造的基本要求。要发展学生的“五自能力”，就需要对课程进行改革，因而设置了学科课程、活动课程、环境课程三类课程，互相联系，互相渗透，全面提高学生的素质。活动课程是指体育、艺术、科普、文娱、兴趣、社会实践、班队等活动。学校安排了活动课程表，建立了班、年级、学校三级活动课程网络。教师在组织各项活动课中发挥指导作用，引导学生自己设计，自行投入，自动发挥动脑、动手、动口能力，使学有创见的学生大批涌现。丰富多彩的各种活动课，有利于激发学生求知兴趣，培养学生自主意识和服务能力，发展个性特长。1990年，江苏省教委制定了《江苏省小学生素质基本要求》，在95所实验小学进行课程改革实验。他们认为，素质教育的课程，应该是学科课程、活动课程、环境课程三者并举，才能使德、智、体、美、劳真正落到实处。经过三年实验，学生的课业负担减轻了，成绩提高了，并且发展了他们文艺、体育、科技、制作等方面的才能。南京、江阴、昆山、金湖、徐州、盐城等地的实验小学和中心小学，不仅开设了这三类课程，还都取得了各有自己特色的经验。1991年，中国陶行知研究会编了一本农村教育改革的书《农村教育的出路》，在序言中提出了“把应试教育变为素质教育”。以后又考察了江苏的经验，于1993年在江阴市召开了有六个省、市陶研工作者参加的小学素质教育研讨会，促进了素质教育的推广，使活动课程为更多的人所理解。活动课程，是全面提高学生素质的行动基础，是培养21世纪创造型人才的必要前提，它既符合“三个面向”精神，又为培养“四有”新人开辟了一条新的途径。从教育理论上说，它是“生活即教育”、“社会即学校”深入到教学领域进行改革的一种新成果。

（九）组织社区文化生活

农村人民生产、生活、学习的聚居点是村、乡、镇；城市人民生产、生活、学习的聚居点是社区。人们聚居在一个社区内，虽然工作岗位不同，文化层次不同，信仰不同，但他们朝夕相见，文化、体育等活动常有交往，各种类型的学习有时在一起，社会治安和环境卫生利害相同。因此，组织引导大家过健康向上的文化生活，对个人、集体、国家都有很大的好处。如何组织社区的文化生活，这是当前城市社会生活中的一个新课题。

太钢耐火材料公司：太钢借鉴陶行知“社会即学校”的大教育观，根据“两个文明一起抓”的精神，从1989年以来，把社区文化建设当作战略任务来抓。公司所在社区有职工、学生、居民5000余人，每天劳动、学习、开会、看电影、文体活动等，都在这个社区内进行。为了让职工、学生、居民都能过健康向上的生活，社区成立了系统教育协调委员会，负责组织社区文化生活。公司拿出1000多万元，兴建了俱乐部、体育馆、供热中心、培训中心、耐火材料研究中心，改建了学校的教学楼。这样，不仅改善了生产和生活环境，丰富了职工、学生、居民的精神生活，还大大提高了企业的凝聚力。根据国家的法令，制定了具有相当约束性的行为规则，使人们的文明行为和精神境界逐步提高。社区文化生活立足于育人，因此，在职工培训和学校教育中组织马列主义基础理论学习，进行道德、法制等教育，适时地开展形势教育、革命传统教育以及学雷锋、学李双良等活动。针对人们劳动、学习和生活的特点，在社区内开展了一些群众性的有益活动：党内是“两优两先”活动，学校是“三好学生”，企业是“四有职工”，宿舍是“五好家庭”，基层是“六好班组”等。通过这一系列鼓舞人心的活动，有效地提高了社区人员的素质，先进人物频频出现。正像陶行知所说“生活即教育”、“社会即学校”，社区的文化生活确实达到了生活育人的目的。两年中，涌现出优秀党支部20个，优秀党员300余人，三好学生1500余人次，四有职工达90%以上，五好家庭1500余户次，六好班组80个。社区内治安、卫生发生了很大变化，犯罪率大大下降，生产的产量、产值年年增加，安全工作在全国行业中评为第一名。社区文化生活的出发点是关心人、爱人、扶助人、教育人，使大家和谐愉快地生活在健康向上的人群之中，共同创造物质文明和精神文明。这是中国社会主义社会的教育特色，也是生活特色，也是当前“生活教育”的一种新模式。

（十）进行“六大解放”实验

在改革开放，解放思想的社会环境中，全国各地有不少小学和幼儿园学习生活教育学说，进行“六大解放”实验。如上海和田路小学、东安二小；北京香厂路小学；江苏扬中实验小学、姜堰洪林中心小学、徐州民主路小学、南京北京东路小学、游府西街小学、第一幼儿园；安徽歙县行知小学、黄潭源行知小学、蚌埠龙湖幼儿园；浙江余杭实验小学、上虞实验小学、淳安实验小学、鉴湖中心小学、杭州行知小学、行知幼儿园、萧山行知幼儿园；山西潞城北村小学、壶关集店小学、屯留东古小学、太钢七校、九校；福建惠安前型小学、福州台江第五中心小学；辽宁沈阳沈河区团结二校、大西路第三小学；山东临沂童星实验学校；四川合川钱塘镇小学；内蒙通辽明仁小学等，都取得了明显的效果。

五四时期的科学与民主思想，在教育上时常受到封建思想和半殖民地思想的干扰，对少年儿童教育不是管得过死，就是放任自流。陶行知针对我国国情，在50年前就主张把小学生从鸟笼里解放出来，对他们实行“六大解放”。当时，中国共产党领导的解放区，也很重视解放儿童的教育，把儿童们组织起来，教他们唱歌识字，站岗、放哨、查路条，出现了许多可歌可泣的少年英雄。全国解放以后，对解放区切合实际生活的教育思想和教改经验没有进行科学总结，因而应试教育思想仍然占据主导地位。可喜的是现在党中央和国务院提出：基础教育要由应试教育向素质教育转轨。80年代和90年代初的教育实践证明，应试教育阻碍了国民素质的提高，它很难适应21世纪对人才的要求。陶行知倡导的“六大解放”思想在今天仍有巨大的生命力，因为它揭示了人本身发展的普遍规律。以杭州行知小学为例，他们为了培养跨世纪的接班人，以“三自”（自学、自强、自治）为目标，培养学生做学习的小主人、做社会的小主人、做大自然的小主人。他们有个“自主教育”实验班，做到“班级的人，人人有事做；班级的事，事事有人管”。学校每年举办为期5天的夏令营，先后以“我是小海军”、“我是大自然的小主人”、“到大海中去锻炼”、“神秘的动物王国”、“我爱你，雁荡山”为主题，已办了5期，每期90人。还在四年级学生中建立少年军校培训制度，在6期少年军校中已有500人毕业。丰富多彩的夏令营生活和严格有序的军校生活，既解放了孩子们的头脑、双手、眼睛、嘴、时间和空间，又磨炼了他们坚强的意志和吃苦耐劳的精神。由于学生们的感性知识增多了，各科学习的成绩也更好了，学得更活了，全面发展的教育方针在他们身上真正得到了体现。

上面十个方面的教育思想和办学模式，是在改革开放、解放思想的社会环境中出现的先进经验，是各地陶研工作者研究、实验的成果，是生活教育在改革开放中的新发展。

陶行知及其生活教育活动记略*

(1893.11.10—1946.7.25)

胡晓风

前记：关于陶行知传略、生平大事之类的著述，自1946年陶逝世以来，已有多种版本。笔者根据本全集有关的著述和自己的理解，拟定此稿。由于多种原因，此稿详略也不均衡，疏漏之处在所难免，敬请大家指正。这里仅就稿本最先遇到的有关陶行知诞辰时间的问题作一说明。笔者曾于1995年写《陶行知诞辰考》刊登于《教育研究》1996年第11期。这篇文章以本全集上记录的陶本人著述，特别是其亲书笔证为根据。计算方法采用中国科学院北京天文台《公历生日——周岁年龄对照表》。现将该文列举的主要根据，按时间先后梳理如下（其出处所载本全集卷次页码，仅注卷、页）：

一、1914年9月18日，美国商务劳动部发给陶行知第16928号身份证明书上，有陶的半身照片，用名陶文濬，年龄21岁。这是在美国旧金山根据自报用英文填写的。载6卷卷前图片第3页。按照上述方法，由于记载在下半年，实足年龄21岁，则以当年7月1日计算，1914减去21等于1893，这就是陶行知的诞生年份。

二、1916年2月16日，陶就自身学历及终生事业之计划致函哥伦比亚大学师范学院罗素院长。他用英文写到：“余现年二十有二”。英文载6卷335页；中文载6卷455页。由于写信时间是上半年，按上述方法，则以前一年7月1日为计算实足年龄时限，1915减22等于1893，与第一条是相吻合的。

三、1924年10月29日，陶行知在南京写家信说：“我实在是不对，连自己最宝贵的生日都忘记了。多谢大家给我做生日，我欢喜得很。可惜这日子我不能在家里和大家一同快乐。寿糖两块收到了，谢谢。”（载8卷83页）此时陶家习惯于过生日依旧历，陶写家信是生日前夕，按阴历计算，即甲子年十月初二，那么，陶行知的生日，即旧历十月初三。若与前两条“陶诞生于1893年”结合起来，即阴历癸巳蛇年十月初三，换算阳历就是1893年11月10日。这与往后陶行知在护照上填写的时间完全吻合。

四、1936年6月5日，广东警察局签发第302958号护照，陶行知在护照上填写了“1893年11月10日生于中国安徽”字样。1936年10月29日在伦敦的护照签证是第5375号。英文载10卷214页，中文载226页。这是陶行知改正了1924年所言“连自己最宝贵的生日都忘记了”的不对以后，第一次对自己的生日作了最为完整、最为准确的记述，以后一直多次沿用从未改变。这个护照虽未公之于众，但这个重要的史料，已记录在他自己的《衙备忘》第8册88、89页上。

五、1937年7月15日，陶行知在美国波特兰用英文草拟赴墨西哥的申请表，再次抄录了第4条护照上的材料，英文载10卷216页，中文载227页。原件存上海图书馆中国文化名人手稿馆。

六、1938年6月24日，陶行知在伦敦的法国领事馆里填写过一份《非移居侨民去法属印度支那的申述》，表内“出生籍贯”栏内用英文写的是“我于1893年11月10日出生在中国安徽”（转引自牧野笃的博士论文，1993年9月25日版721页——日文本）。申请书前还印有：“我以自己的学识和信誉作保证，我严肃地宣誓，以上所述都是真实可靠的。”申请书为1440号，所列护照号码与前面第4条相同。

七、1938年9月22日致函“最敬爱的冰冰”：“我的生日是阳历11月10日，由阴历推算起来的。”这是对诞辰月日又一次明确无误的记述，载8卷400页。把阳历和阴历换算的关系也交代清楚了。和前面六条根据联系起来，再一次证实，陶行知诞辰时间是阳历1893年11月10日。

八、1939年1月，陶行知草拟和填写了三个向政府当局呈送立案的表格。一个是育才学校校董会的履历表，载4卷604页。另两个是以生活教育社理事长名义呈报的职员表，载《生活教育研究资料丛书·生活教育文选》587、592页，此三件存有手书影印件。三个表格中陶行知的年龄都是45岁。由于填表的时间在上半年，按照上述方法，实足年龄只能按前一年即1938年计算，1938−45=1893年，和前面七条是完全吻合的。

由于公历和农历的交织以及实足年龄和虚岁的不同计算，加上陶行知本人如1924年10月29日所言他本人对年龄也不在意，因而他的有关年龄的记载也不尽一致，特别是早期，如1914年9月在美国填写博士学位报名表中就填写生于1892年。

从1914年到1939年前后25年的亲书笔证，都证实了陶行知的诞辰时间是1893年11月10日，即阴历癸巳蛇年十月初三。为此，陶行知的四公子陶诚曾于1997年1月15日致函有关方面，对拙作表示十分赞同并同意以上结论。92岁高龄的晓庄第一期学生李楚材（先后担任本全集的编委和顾问），生前写的最后一篇文章：《陶行知先生生年考》，刊登在《教育研究》1999年第8期上。他对拙作提出了不同意见，文章一面肯定笔者“以陶先生所填写的实足年龄为据”，另方面也批评笔者“忘却了阴历纪年的折算办法”。这篇文章曾寄给我，并望能公开讨论，我还没有来得及和他交换意见，他老人家就溘然去世了。他也没有看到《教育研究》发表他的文章。他对作者以陶亲笔书证为实足年龄的根据并无异议，这也符合现在通行的计算方法。目前通用的陶的诞生时间是1891年10月18日，但至今未找到直接的证据。据南京高师毕业、1946年任江西省教育厅长的周邦道，台湾中国文化大学出版部1981年版《近代教育先进传略初集·陶行知》中也认定陶行知

“清光绪十九年癸巳生”。清光绪十九年即1893年。此稿的时间记述是以陶行知诞生于1893年11月10日为据的，特此说明。

1893年（清光绪十九年）诞生

11月10日（阴历癸巳蛇年十月初三），生于安徽省歙县西乡黄潭源村。原籍浙江绍兴府会稽陶家堰。

1897年（清光绪二十三年）4岁

从父破蒙。入休宁万安镇中街吴尔宽经馆读书，直到1905年。

1906年（清光绪三十二年）13岁

入安徽省徽州府崇一私立中学堂读二年级，同时从日本留学生严达补习英语。

1907年（清光绪三十三年）14岁

11月中学毕业。

1908年（清光绪三十四年）15岁

春入杭州广济医学堂，入校注册三天，因不满学校规定：不信教者不得享受免费实习的规定，愤而退学。曾流落苏州短暂时日，仍返徽州专习英文经一年。后曾自言：“从今以后，我是耶稣基督的跟随者。”

1909年（清宣统元年）16岁

秋入南京汇文书院预科。

1910年（清宣统二年）17岁

汇文书院与宏育书院合并，另名金陵大学，从而直接升入金陵大学文科，为第一期学员。

1911年（清宣统三年）18岁

研习《圣经·新约》，同时研究王学，信仰知行合一道理，取名“知行”。仰慕孟轲、王守仁，一则善养浩然之气，一则善致良知。在心中建立真主宰，以防闲伪魔。辛亥革命爆发后返徽州，任徽州议会干事甫及半载，回南京复学。其间曾参加余德民领导的徽州屯溪阳湖余家庄起义。安徽乃于11月8日宣布独立。

1912年（民国元年）19岁

民国成立，中国从一姓之国成为百姓之国，从专制变为共和，旗悬五色，乐奏八音，然荆棘满纸，疮痍遍地，内忧外患，乘势迭起。视此国家，对兹社会皆哀有余，而乐不足。自问：“去故取新之希望，时势或能许我乎？”为以黄兴为留守的南京临时政府留守处凑集经费，增长国民爱国心。5月16日南京成立以孙中山为总理、黄兴为协理的国民捐总会，24日陶即约同苏州东吴大学学生在南京联合开运动会、演讲会、展览会等活动，售票集资以充国民捐。12月参加教职员主持的青年会聚会。21日用英文撰写《一个金陵大学学生的信仰自述》，号召“同学们，我衷心地呼唤你们投向耶稣基督！”

1913年（民国二年）20岁

与程湘帆提倡中文演讲，改英文讲演会为文艺会，中英文并演。不久单立中文讲演会。建议金陵大学英文学报增加中文报，自4卷1期，中文报改英文名《THE UNIVERSITY OF NANKING MAGAZINE》为《金陵光》。先后发文多篇，初露头角。曾担任该刊中文编辑、主笔等职。后曾自认：“1913年余成为一基督信徒。”

1914年（民国三年）21岁

文艺会第二次辩论题为“中国能否建立民国”，陈裕光、周德重为正辩，陶与朱尚远为负辩。负方雄辩滔滔，阐发无遗取胜。后以第一名优异成绩毕业，毕业生共12人，其中有5人在毕业会上用外语发表演说，陶用法语，并与另两名同学获准留学美国。初入伊利诺大学学习市政，任该校中国留美学生会中文书记。9月21日递交下年秋天入学的哲学博士学位报名表，并以政治学为主修，副修教育和经济。

1915年（民国四年）22岁

为申请哲学博士副修经济的需要，研究中美贸易写《中国运入美国物产大宗之研究》，发表于安徽行政巡按使公署编印的《安徽公报三日刊》第40期，该署因而打算为陶申请官费留学名额。参加美中两国基督教学生联合会举办的夏季大会后，矢志以教育管理为终生职业，为发展和保持——能够实现正义与自由的理想之民主国家而奋斗。在夏季大会夏令营中结识云南留学生缪云台。由于1月陶父去世，4月陶宏出生，家境困窘，缪每月支持其生活费10元，达一二年之久。4月5日前后曾函金陵大学校董会纽约办事处，希望获得补发金陵大学的毕业证书，以便申请庚子赔款奖学金。经过三个学期的学习，获伊利诺大学政治学文科硕士（简称政治学硕士）。后转入哥伦比亚大学研究教育，为著名教育家杜威、孟禄所器重。撰博士论文命题涉及中国教育，特函向在国内的黄炎培请教。5月22日曾接待中国农商部游美实业团中考察教育的黄炎培、余日章，并向黄提交1914年伊利诺大学各国学生学程均分表。

1916年（民国五年）23岁

得到中国政府给的半费奖学金。2月11日获知，已获得利文斯顿奖学金，1916、1917年每年一千美元。16日函谢罗素院长，报告经历及终身志愿。这是迄今为止，人们见到的最为重要的自传材料。结识胡适，拍摄杜威照片及与张彭春合照存于胡适6月16日及7月5日的日记中。写文介绍祁氏汉语字典的新贡献。至1917年连续两年担任中国基督教学生会学报《留美青年》编委。在该刊第3卷第1、2期上发表《中国道德与宗教教育》（1916年11月、1917年1月）。

1917年（民国六年）24岁

3月，《留美青年》第3卷3期发表《中国在转变中》（China in Transition），用新的视角分析中国形势。在中国留美学生会主办的《留美学生季报》第4卷第1期上发表科学著作《遗传论》。经过四个学期的学习，获哥伦比亚大学"都市学务总监资格凭"。回国应聘南京高等师范学校教授，主讲教育学、教育行政、实用教育统计学等六门课程，介绍遗传学，全面引进"新教育"。认定教育为社会学之一种，介乎形而上学、形而下学之间。

1918年（民国七年）25岁

担任中华职业教育社义务撰述员。在《教育与职业》发表《生利主义之职业教育》一文，文中首次提出生活教育，生活教育理论因而成立。任南京高等师范学校代理教务主任。南高决定设立教育专修科，应邀讲授遗传学并开设讲座，应聘为该科兼职主任，江苏省教育厅县视学讲习会主任教员。名列《中华基督教会年鉴》非教会学校职员的基督徒名单中。

1919年（民国八年）26岁

发起并参加新教育共进社，任《新教育月刊》专任师范教育审稿员。与胡适、蒋梦麟于4月30日在上海欢迎杜威来华讲学。组织南京学界联合会、南京各界联合会，支持"五四"爱国民主运动，支持江苏、安徽的学生运动。在南京首创暑期平民夜校，为平民教育之先声。受聘为南高教务主任兼教育专修科主任，改教授法为教学法。发起组织南京学术讲演会，被推为临时主席，筹建专用讲演厅，主持首次演讲大会，邀请黄炎培和美国的卢贝博士演讲，使学术向社会开放。

1920年（民国九年）27岁

在南高9个常设委员会中的6个委员会中担任委员，在12个临时委员会中的4个担任主任委员，在另外4个担任委员。从而进行各项改革，均为全国高等学校之先：创办暑期学校，盛极一时；首次招收女生8名，实行男女同校；首次实行分科和学分制；首次加用心理测验招考新生。8月，与胡适、王伯秋等人谈论志愿时说："我要用四通八达的教育，来创造一个四通八达的社会。"

1921年（民国十年）28岁

第一次对生活教育下定义，是在南京金陵大学暑期学校演讲《活的教育》中用英文夹叙：生活的教育；为生活的教育；为生活的提高和进步的教育（Education of life, Education by life, Education for life）。南高教育专修科首届毕业生遍赴全国11省，撒下新教育的种子。东南大学成立，受聘为教育科主任。东南大学教育科与南高的教育专修科不同，一是大学本科，二是下有教育、心理、乡村教育和体育四个系。相当于现在大学里独立的学院。组织实际教育调查社，欢迎孟禄博士来华讲学，历时四月，全程陪同接待。年底，参加北平教育界为孟禄举行的返国饯别宴会，希望"大家奋起继续开辟继续试验的精神，来做这新纪元的帅领"。并陪同去上海准备返美。成立中华教育改进社，受命与马叙伦共同担任社章起草委员；12月23日召开成立大会，通过社章草案，推举蔡元培、范源濂、张伯苓、袁希涛、熊希龄、李建勋、黄炎培、郭秉文九人为董事，严修、张謇、梁启超、张一麐、李石曾、杜威、孟禄七人为名誉董事。并决定总事务所设于北京。

1922年（民国十一年）29岁

1月，对1921年10月第七届全国省教育会联合会拟定的学制草案发表意见："我们应当用科学的方法、态度、考察社会个人之需要能力和各种生活事业必不可少之基础准备，修正出一个适用的学制。至于外国的经验，如有适用的，采取它；如有不适用的，就回避它。本国以前的经验，如有适用的，就保存它；如不适用，就除掉它。去与取，只问适不适，不问新和旧。能如此，才能制成独创的学制——适合国情、适合个性、适合事业学问需求的学制。"中华教育改进社在上海举行董事会，自2月7日至14日开会四次，补选范源濂为董事部长。2月8日推定31人组成"筹划全国教育费委员会"，15日教育费委员会第一次会议上通过了由黄炎培、陶知行起草的简章，推定熊希龄、黄炎培为正、副主任，陶知行担任总书记，司执行之责。5月17日因范源濂去美考察，董事会议决定梁启超为其代理董事，蔡元培为董事部长。聘定陶知行为专职主任干事，并接充《新教育》月刊主编，是为改革教育之嚆矢。并于7月3日到8日，在山东济南举行第一次年会。年会期间，特别强调培植高等教育人才之重要。先与王伯秋提出"创办青岛大学案"，后与蔡元培提出"国立大学与省立大学分别设立案"。还到南开大学演讲"大学教育的二大要素"。1922年年底，曾为推广女子教育事两次上书清华当局及外交部。12月24日又在清华教育学社演讲《活的教育》。

4月4日至8日，世界基督教学生同盟在清华学校开会，讨论"如何宣传基督教于现代之学校"等问题，有40多个国家的400多人与会。9日，中国非宗教大同盟在北京大学开会，到会3000多人，蔡元培、李大钊到会演说，蔡元培强调教育应同宗教分离，保护不信教自由。由胡适起草、与李大钊商议，陶知行首先赞成，以蔡元培领衔，共有16位提议人的公开宣言《我们的政治主张》于5月14日、15日在《努力周报》及北京《晨报》上发表。9月6日陶知行代表中华教育改进社向教育部提出有关学制改革问题的八条议案。9月20日到30日，蔡元培主持教育部召集的全国学制会议，在23日的第五次大会上，决定将陶知行所提《对于县市乡教育行政机关组织大纲之意见》交第二组委员会审查。在26日和28日第六次、七次大会上经过热烈讨论，酌加修正后，分成《县教育行政机关组织大纲》和《特别市教育行政机关组织大纲》两议案正式通过成立。其最为重要的是实行市乡教育分治。11月2日，北洋政府颁布蔡元培主持、陶知行参加由胡适修订的《学校系统改革案》中提出的学制系统，即《壬戌学制》。

1923年（民国十二年）30岁

1月中旬，曾在北京大学教育研究会上发表“教育与科学方法”的演讲。以“梁达”笔名在《新教育》上发表《清华教育的背景》。筹办杭州大学列名董事，与何炳松、张彭春一同在杭州选定校址。为参加万国教育会议，发表《敬告全国教育界同仁》。中华教育改进社经沪津二次董事会议，议决推定代表蔡元培、范源濂、黄炎培、郭秉文、张伯苓、胡适、汪兆铭、陶知行八人出席6月26日至7月6日在美国旧金山举行的万国教育会议。中国代表带赴之印刷品有25件，其中之七为陶著《中国之教育行政》。陶因筹备改进社第二届年会未能与会，郭秉文与会并被举为副会长。8月20日—26日中华教育改进社在北京清华学校举行第二届年会。担任中华教育改进社女子教育委员会副主任，陶与主任朱其慧及中华教育改进社董事黄炎培、袁观澜在上海发起成立中华平民教育促进会筹备会，朱为主任，陶与晏阳初同为干事。以陈鹤琴的《语体文应用字汇》为依据，与朱经农同编《平民千字课》。确定“十年之内，使十二岁以上二十五岁以下一万万不识字之人民，受一千基础字所代表之共和国民的基础教育”的平民教育目标。这是平民教育从局部试验变为全国运动的起点。继在南京由王伯秋主持试用《平民千字课》的试验。在中华教育改进社第二届年会闭幕之际，中华平民教育促进会在北京正式成立，被推为董事会执行书记及安徽省董事（每省董事二人），此后亲往各省、县呼吁推广平民教育。据该会总干事晏阳初（又为四川省董事）粗略估计：到1927年9月，全国平民学校毕业生，至少达三百万以上，也是盛极一时。建立安徽公学，与姚文采分别担任正、副校长。辞受聘金陵大学校长职务。12月成为中华基督教文字事业促进会十二位首任委员之一。11月12—13日与陶文渼畅谈人生使命："这使命就是运用我们全副精神，来挽回国家厄运，并创造一个可以安居乐业的社会交与后代，这是我们对于千千万年来祖宗先烈的责任，也是我们亿万年后子子孙孙的责任。"

1924年（民国十三年）31岁

在中华教育改进社第三届年会（7月3日至9日）上，连任主任干事，阐明宗旨：教育就是教人做人，教人做好人，做好国民的意思。并与蔡元培、郭秉文、张伯苓共四人被推举为出席1925年世界教育大会代表（后因筹备四届年会未去）；反对日本、英国处置庚款办法，反对将庚款用于交通设施，主张裁兵筑路、庚款兴学；同时认为靠赔款筑路、兴学都是可耻的，进而提出收回教育权的议案，首次提出教育事业上的国家主权问题。8月28日，中国社会主义青年团中央局决定恢复开展非基督教运动。提出收回一切外国人在华教育权的主张。一是指教会学校须向中国政府立案、注册，接受中国政府的领导管理。二是须按中国政府的法规改革。成立乡村教育研究部，聘赵叔愚（东南大学乡村教育教授）、邵仲香（金陵大学农学教授兼农场主任）为研究员，从而开始平民教育到乡下去的运动。为处理美国退回庚子赔款，中华教育文化基金董事会成立，次年应董事会聘为执行干事，具体负责该款的分配。辞教育部所聘武昌师范大学校长职。在史量才的资助下，与朱经农共同创办的《申报·平民周刊》于6月29日创刊。在北京组织平民文学委员会，由裴文中负责联络事务。继1920年为中华基督教教育会师范委员会委员连续五年，又任高等教育议会（Council on Higer Education）和教育会年会高等教育年会筹备委员会（Preparation for the Bienaial Meeting of the China Association for Christian Higher Education）成员。曾向国外派来的教会教育调查团发表意见：不希望教会办国民教育，至多可办试验学校。8月9日连续发表两篇农民和北京大学要求人权的杂文。指出：农民所最需要的是自立、自主、自存。农民是目的不是工具。真正的农民联合或合作，要立在教育的农业和农业的教育上。非依法律确实证明为现行犯，绝对不得任意通缉。人权不保，何以为国？7月26日写《万众一心的拒毒》，中华教育改进社、青年会、基督教会等团体，要联合全国同胞合力抵制，以迎接11月召开的万国拒毒大会。8月，与清华合办科学教员暑期研究会。

1925年（民国十四年）32岁

这一年是近来中国最不幸的时期，也是中国教育最不幸的时期。2月1日参加中华国民拒毒会常委会第19次董干联席会。全国国民简直是在天灾人祸、内乱外患里翻筋斗，大家弄得个朝不保夕。8月17日东倒西歪的在山西太原举行中华教育改进社第四届年会。特别提出现在所办理之事业，一为科学教育，二为乡村教育。经安徽省教育会推选，临时执政府聘请为善后会议教育门专门委员会委员。并与马寅初、沈钧儒同列为国民党外以“反派”著称的人物。揭露临时执政当局免去东南大学郭秉文校长职务为实行党化教育之先声，并与党化教育宣战。既是大学，即不能党化，既受党化，即不成其为大学。介绍中华基督教教育会副主任干事程湘帆与胡适讨论基督教教育趋于中国化。9月27日约胡适商讨对教会教育提出意见，胡适在燕京大学教职员聚餐会上用英文演讲作了回应：抛弃传教，专办教育。10月8日过南京去上海参加9日召开的基督教教育会高等教育会议。

教学做合一之命题正式成立。在与程其保共同为出席万国教育会议准备的英文报告《民国十三年中国教育情况引言》中第一次在中国使用“现代化”这个词作为学术探讨的用语。从而提出中国教育现代化。创办《新教育评论》，提出一个终生坚定不移的观点：“我们深信一个国家的教育，无论在制度上、内容上、方法上不应当靠着稗贩和因袭，而应该准照那国家的需要和精神，去谋适合，谋创造。同时我们又认定这个国家，如果是现代的国家，如果是现代世界的一个国家，那末他的教育，便不能不顺应着时代和世界的教育趋势，而随伴着竞进。”制定可以符合公意的现代教育政策廿二条。其中十八条“提倡以乡村学校为改造乡村生活之中心，乡村教员为改造乡村生活之灵魂”，与中国共产党中央制定的《乡村教师运动决议案》的号召不谋而合。主张设试验乡村师范学校以试验之。使乡村教师参加民族解放运动，并使之成为乡村运动的中心。本着通力合作、专门研究及实地试验的精神，担负训练教师、改造乡村生活的使命，使每个学生担负改造一个乡村的责任。这是从平民教育转向乡村教育的一个转折点，这是创办晓庄的最早动因，同时是有别于其他人从事乡村教育的重要标志。12月14、15日江苏省立师范分校联合会举行第二届年会，15日他们的附属小学举行联合会成立典礼，这是我国师范以合作及研究精神图谋乡村教育发展的起点。中华基督教文字事业促进会易名为中华基督教文社，为该社七名执行部委员之一。被聘为金陵大学校董。中华教育改进社与中华平民教育促进会总会分立，不再合署办公。12月11日通过《中华民国宪法案》，其中规定义务教育之地位，适合国人最低限度之希望。

1926年（民国十五年）33岁

1月8日写《师范教育下乡运动》。26日出席中华教育文化基金会董事会常会。中华教育改进社推举为“国家教育改革委员会”及“促成宪法中制定教育专章委员会”委员。5月12日再次出席中华国民拒毒会常委会。中华教育改进社、东南大学教育科及农科与中华职业教育社、中华平民教育促进会合作试办乡村教育，7月7日成立《联合改进农村生活董事会》，黄炎培、陶知行担任正、副董事长，赵叔愚为主任干事。并以江苏昆山徐公桥乡村为第一实验区。后改由各联合单位分别试验时，与赵叔愚、邵仲香、丁超共同调查沪宁路沿线优良乡村学校现状，建立联系特约乡村学校制度，宣传“天将明”的江宁县立师范学校，组织教师研究会，发表《改造全国乡村教育宣言书》，制定《我们的信条》，筹办试验乡村师范，要募集一百万元之基金，征集一百万位同志，提倡一百万所学校，改造一百万个乡村。发表《创设乡村幼稚园宣言书》和《幼稚园之新大陆》，提出幼稚园的下乡运动和进厂运动必须开始。为集中力量办好乡村师范，12月19日与姚文采共同拟定《南京安徽中学生生长程序》，规划了三十年的学校教育，至1953年，以作市、乡教育分治之起始。3月16日参加北京教育界集会，反对1925年英国制定的庚款处理办法，要求英国无条件抛弃庚款。函告包括胡适在内的中国委员不得就职。和大多数知识分子一样，这是根本，而胡适注重的是此款如何管理支配及其机关，舍本求末，这是陶、胡歧见之开始。

1927年（民国十六年）34岁

1月复函河北保定基督教公理会附设同仁中学杨继宗，对教会教育有关问题作了解答：改用“非正式的宗教教育”于信仰自由及办学原则都很符合，确系全国教会学校应当共采之途径。教育中国子女之学校经费，必须中国人负担；中国教会学校之经费必须中国信徒负担。但也不可一概抹杀外人的盛意，这是所应表示之大国民气概。8月26日胡适写《拜金主义》，要充分提倡拜金主义，提倡人人要能挣饭吃。9月陶函胡适：赞成提倡人人要能挣饭吃，决不承认人人能挣饭吃是拜金主义。随着新的革命时期开始，随着农村革命的深入，为着要去掉照搬外国之教育方式，在中国土壤里产生适合中国向前发展的生活教育。生活教育运动及其乡村教育运动以3月15日晓庄学校的诞生为起始。这是实现生活教育的实体，也就是生活教育从理论到实践开始的一天。开学半月，陶在炮火中去上海、北京、杭州等地为学校筹募经费。由于军阀混战以及突如其来的清党运动，晓庄师生群龙无首，在炮火密集中三易住地，以致所募集的慰问物资及学校用品丢失殆尽。6月陶返校后师生哭诉，埋怨燕子矶小学校长丁超，陶以“捧着一颗心来，不带半根草去”相慰，并立即与师生一起投入建校劳动。根据“个人为社会而生、社会为个人而立”的社会生活准则和“就事实生理想、凭理想正事实”的思维方法，7月1日生活教育之名开始在《从野人生活出发》的寅会讲话中出现。同时陶知行第二次将生活教育定义为（一）人民的教育；（二）人民教育人民；（三）人民为提高自己的生活和进步而追求的教育。8月15日在寅会讲话，要想中国活起来，就得要在农业上安根，在工商业上出头。生活即教育、社会即学校、教学做合一；在劳力上劳心，以教人者教己；在立脚点要平等，于出头处求自由以及行是知之始、知是行之成等生活教育基本理论之建立，为中国教育开一新蹊径。10月1日蔡元培就大学院院长职，2日即偕同国民党中央党部妇女部委员吴章琪、农人部委员沈定一、江苏省政府委员高鲁、南京教育局陈鹤琴、张宗麟等到晓庄参观，蔡并发表演讲，赞成生活教育，赞成教学做合一。10月3日至21日接受冯玉祥邀请去河南开封商讨教育行政问题。27日蔡元培为约胡适参加大学委员会事函胡适，告劳动大学与无政府主义无关，“劳动大学，实即陶知行所提倡的教学做合一主义。弟甚赞成，陶君之主义，想先生对彼所办之农村学校，亦必极端赞成也。”

1928年（民国十七年）35岁

元旦在寅会上讲：今年的生活最重要的是科学化。以后和赵叔愚在寅会上讲生活艺术化、生活科学化、生活民众化。最后说以现代化作我们化民众的总目标：就是要使乡民生活现代化，不让他们做落伍者。1925年才提“现代化”这个名词，此时已成为晓庄学校以及生活教育的总目标了。1月31日在《乡教丛讯》第2卷2期发表《读书人》，3月15日改题为《“伪知识”阶级》，收入自编集《中国教育改造》中。这是实施生活教育运动一年以来的初步理论概括，是在中国教育里摸黑路所见着的几线光明。智慧是生存的，天才是遗传的，知识是学来的，是跟着智慧走的。智慧无阶级，真知识也就没有阶级。知识有真有伪。思想与行为结合而产生的知识是真知识，不是从经验里发生出来的知识便是伪知识。伪知识必须得到特殊势力之保障拥护才能存在。“伪知识”阶级是特殊势力造成的。这特殊势力就是具有天才的统治者。天才忌天才是很自然的一件事。统治者要把江山当作子孙万世之业，必得要收拾其他天才，使天才离开真知识去取伪知识，用名利、权位的手段引诱全国天才进入“伪知识”的圈套成为废人，成为以“读书”为护身符，与统治者联成一气愚弄当家作主的“人民”。这就是愚民政策的根源。3月15日出版第1个自编集《中国教育改造》。3月一个月内开办了吉祥庵、万寿庵、三元庵、神策门、黑墨营五所小学。3月7日第一次将为乡村教师写的“捧着一颗心来，不带半根草去”的对联公布于吉祥庵。艺友制师范教育理论之建立，晓庄乡村师范、燕子矶小学、尧化门小学、晓庄小学、鼓楼幼稚园、燕子矶幼稚园联合招收艺友。应蒋梦麟、沈定一邀约，创办浙江省立湘湖师范学校。成立晓庄科学社，设生物研究室。8月1日试验乡村师范学校正式改名晓庄学校，蔡元培任董事长。出席5月15日至28日蔡元培主持的第一次全国教育会议，邀约全体代表参观晓庄，使晓庄驰誉全国。同时在会议上提出十二个提案，大都获得会议通过。其中一提案是在革命处于低潮之时，提出以一百方里的地方建立马克思科学社会主义的实验社会，试验期一百年，给社会科学家去实地试验人类进化的现象，以增进人类生活的幸福。再次婉谢金陵大学聘为校长，被中华职业教育社推选为评议员。5月18日至21日，胡适以大学院委员及壬戌学制起草人的身份列席全国教育会议，他在会上听过陶一次发言，没有像往前那样过往密切。21日胡适提到南高与北大：“南高以稳健、保守自持，北大以激烈、改革为事，这两种不同之学风，即为彼时南北两派学者之代表。”北胡南陶由此而来。胡、陶逐渐疏离。8月冯玉祥到南京开会捐款为晓庄造了甘肃、河南、陕西三馆茅屋，冯也在晓庄造了一座茅屋住宅。7日在晓庄发表演讲，19日出席借枪给晓庄的授枪典礼，冯陶讨论武八股问题。11月4日将陶介绍给正在晓庄游览的蒋介石夫妇。从而冯陶建立了深厚的情谊。1915—1927年胡陶亲同手足，1928—1946年冯陶就成为至交了。陶在《破晓》序中说：“晓庄是一部永远不会完稿的诗集……这是建设的达观主义，也可以说是创造的乐天主义。”

1929年（民国十八年）36岁

2月写《地方教育与乡村改造》，指出教育总是化人，化人者也为人所化，教育总是互相感化的。互相感化便是互相改造。教育就是生活的改造，就是社会改造。3月15日为纪念生活教育运动两周年写文章，提出了他想做而没有做到的三件事。其中第三条：乡村教育一个顶大的问题是如何叫机器为农人做工而不致把农民吞掉，如何训练农民享受工业文明的利益而不致被他淘汰。9月18日，教育部聘蔡元培、陶知行、俞子夷、陶玄、戴修骏等七人为教育方案编纂委员会常务委员。10月14日参加第一次委员会，担任义务教育组组长和师范教育组委员，负责方案起草工作。创办淮安新安小学和劳山中学，晓庄学校举办乡村自卫团、乡村妇女工学处、乡村卫生模范区、农艺馆、中心茶园、晓庄剧社、乡村剧社等属学校领导的各种社会事业，实现学校社会化，使学校与社会初步结合。学校体制试行学园制，从制度上把正规教育与非正规教育初步结合起来。《教学做合一讨论集》出版。10月15日哥伦比亚大学教授克伯屈专程访问晓庄。称赞晓庄不读死书本，是在生活上直接接触，这可负引导农民的使命，使合乎现代的思潮。这就是教育革命的策源地。同时，指出中国的幼稚园还是世纪之初的水平。陶以今日之幼稚园要以适合平民化、经济化和乡村儿童生活相回应。10月14日，上海圣约翰大学授予陶科学博士荣誉学位。

1930年（民国十九年）37岁

1月16—2月7日举办有津浦、平汉、京沪杭及长江一带乡村教师及行政人员参加的乡村教师讨论会，制定全国乡村教育运动五年预算计划书。第一次系统讲授《生活即教育》，指出“教育即生活”，即“Education of Life”。2月1日《乡村教师》创刊，发表宣言，指乡村教育运动是一出永远不会闭幕的历史剧，乡村教育所发出的力量，可以教农人自己从时代的车轮底下爬出来，可以扫除伪知识，推动教育革命的法轮，创造一个四通八达的大同世界，推着历史向前转动。3月15日写《晓庄三岁敬告同志书》，系统总结了晓庄三年的经验。4月7日国民政府首都卫戍司令部训令晓庄暂行停办。12日蒋介石下令通缉陶行知，南京警备司令部勒令解散晓庄。过了五十多年美国中国学家费正清对此曾作如下评论：“对于1927年的反共主义分子来说，这就好像一个政治的炸弹一样。在城市里搞群众教育被视为叛逆而遭禁止，陶行知就到农村进行教育和农村恢复计划。”4月，又逢第二次全国教育会议开幕，陶行知负责起草《实施义务教育初步规划》、《实施成年补习教育初步规划》及《筹设各级各种师资训练机关计划》，获会议通过。由于晓庄被封，自己被通缉，虽已报到，但无法与会，乃潜往上海、日本。与陶已有所疏远的胡适，仍关注陶的事业，晓庄被封的有关报道和评论，仍剪贴于自己的日记之中。2月15日，陶在日本回应胡适的《我们走那条路》时说：“捉着五个小鬼（贫、弱、私、愚、乱），放走了一个大妖精（指帝国主义）。”晓庄同志分布苏、浙、皖、豫、鲁、冀、甘、川、黔、桂、粤、闽、赣等省工作。

1931年（民国二十年）38岁

从日本秘密回国，为商务印书馆译书营生。随着新的革命时期文化革命的深入，秘密受任申报馆顾问，掌握舆论、革新报纸，与设计部主任黄炎培、副主任戈公振及总经理马荫良密切配合，在共产党的一切文化机关中处于受严重压制迫害这个特殊情况下，使《申报》成为反文化“围剿”的重要阵地，始终不渝坚守到1936年。与胡愈之、任白戈秘密参加“苏联之友”，讨论和苏联恢复邦交，联合苏联，共同抗日。与中国共产党及左翼作家联盟建立联系，联系人相继是潘汉年、胡愈之和钱俊瑞。开始编辑儿童科学丛书，开办自然学园、儿童科学通讯学校，形成科学下嫁运动（下嫁给儿童，下嫁给大众）。从8月19日起开始，为《申报》撰时评。这是应总编辑陈彬和之请为改革时评文体改文言为白话而以教育和救亡两个方面的评论。9月2日起以“不除庭草斋夫”笔名，在《申报·自由谈》上连续发表抨击时政的辛辣杂文，后结集成书，名《斋夫自由谈》。4日即发表《胡适捉鬼》公开了他俩之间的分歧。9月、10月连续在《中华教育界》第19卷3、4期以何日平为笔名发表两篇文章。《中华民族之出路与中国教育之出路》写中国教育出路专号的第一篇文章，这是正面回应胡适《我们走那条路》的讨论，提出三条合一的出路，中华民族之出路即中国教育之出路，这是一套连环的出路：一、教人少生小孩子；二、教人创造富的社会；三、教人建立平等互助的世界。《教学做合一之下的教科书》系教科书专号上的文章，对教学做合一的理论作了小结。强调教学做合一是生活现象之说明，即是教育现象的说明，做的特征就是一面行、一面想，必然产生新价值。教学做有三种标准判断它的好不好：（一）看它有没有引导人动作的力量；（二）看它有没有引导人思想的力量；（三）看它有没有引导人产生新价值的力量。11月9日发表《中国的人命》，回答中国要到什么时候才能翻身的问题：要等到人命贵于财富、机器、安乐、名誉、权位以及人命贵于一切之时，中国才站得起来！

1932年（民国二十一年）39岁

1月5日冯玉祥致电孙科（时任行政院长）请取消对陶行知的通缉，孙科同意呈请国民政府取消通缉。1月8日陶写颠倒的逻缉，指名批判蒋介石的“攘外必先安内”和孙科的“救国必先救党”，并提出针锋相对的主张：“安内必先御外，救党必先救国。”25日孙科辞职同时与林森（国民政府主席）发表第342号指令，撤销通辑并将学校全部发还。与潘汉年合作，在《申报》上为周恩来辟谣。报馆委以《申报·教育》版主编。4月，为申报六十周年纪念献给自由世界之创造者，以不除庭草斋夫之名题诗：做人只做自由人·敲钟只敲自由钟！众生共走自由路·海阔天空路路通。5月21日至8月15日连续发表《古庙敲钟录》。编写儿童科学活页指导，利用晓庄旧址办理儿童科学暑期学校，恢复各中心小学及幼稚园，国民政府仍然命令停止招生，实际上再次扼杀晓庄。佘儿岗儿童自动学校应运而生。6月30日，7月2、4日连续三篇《“剿匪”与“造匪”》时评发表，蒋介石下令黄炎培、陶行知、陈彬和离职相威胁，7月16日起不准申报运往外地。8月21日才恢复。申报答复陶未列入职工名册，无所谓离开不离开，以后不再用他的稿子就是了。实际上，仍继续写时评。为使农村革命和文化革命相结合，把教育引入生活领域，实行社会学校化，使学校与社会进一步结合，创立名震一时的工学团，以私立山海实验乡村学校之名立案。小先生理论早在平民教育运动中已经提出，为适应社会学校化的大量需要，小先生运动蓬勃发展起来，普及教育运动从而开始。编辑晓庄丛书、乡村教育丛书，自然运动原理之探讨开始。12月14日在《涛声》周刊刊登卖艺启事，实行卖文、卖字、卖讲的三卖。有人借此讽刺当政者，何如卖国最有利？

1933年（民国二十二年）40岁

1月1日，卖艺第一天，他在上海中社第一次卖讲，题目是《头脑相长》。他称卖艺是水门汀文艺。他提倡手帮头脑生长，头脑帮手生长。演讲中特别介绍了他写的“自立歌”和“手脑相长歌”。他集合山海工学团一班人马卖艺，成效如他所言：“做了一夜的梦，何尝见半个袁头！”3月13日与蔡元培等一百余人发起马克思逝世五十周年纪念，以作研究自由、思想自由之首创，并打破我国学术界近年来一种思想义和团之壁垒。3月15日两次增写锄头歌。前一次有：锄头造好造斧头，开天辟地造自由。后一次有：光棍的锄头不中用，联合机器来革命。接着又在大夏大学演讲《创造的教育》，第一次系统用生活教育的观点讲创造教育。7月支持中社负责人俞颂华在《申报月刊》第2卷第7期讨论中国现代化，这是中国现代化史上的一件大事。出版《中国现代化问题特辑》，旨在提高全国人民的觉悟，这是农村和文化两种革命共同深入的必然结果。救亡运动由是兴起，普及教育运动进一步展开。10月22日，新安小学儿童旅行团到上海开始旅行学习，用细胞分裂的教育办法，将小先生制的“即知即传”原则普遍运用到工友、商人队伍里及偏僻乡村的每一个角落里去，推进普及教育运动，历时整十个月。编辑山海工学团丛书。成立普及教育促成会，与马相伯、沈钧儒等拟定普及教育研究院组织大纲。出版《知行诗歌集》，曾连续三年担任中华基督教教育会主要学报《教育季刊》编委，11月12日曾在基督教女青年会、中华基督教会总会第三届常委及小学教育会上发表演讲。连续三次参加中国教育学会成立会、理事会，被推为理事、专题研究员及教育图书馆筹备委员。雷沛鸿函约陶先生去广西讲学并参与广西普及国民基础教育运动，后未能成行。但很快从上海、广东大埔调集生活教育社骨干20多人支援雷沛鸿办教育研究院。

1934年（民国二十三年）41岁

1月22日生活教育社与儿童书局订合同，拟定2月16日生活教育半月刊出版。在创刊号上，陶又第三次对生活教育下定义为生活教育是生活所原有、生活所自营、生活所必须的教育（Life education means an education of life，by life and for life）。制定大众从事生活教育找出路的七个新原则：1.从学校到社会；2.从书本到社会；3.从教到做；4.从被动到自动；5.从士大夫到大众；6.从轻视儿童到信仰儿童；7.从平面三角到立体几何。此七条又名《生活教育提要》。参加文言白话第三次论战，提出“大众语与大众文必须合一”的主张，任《太白》杂志特约撰稿人，响应鲁迅“倘要中国的文化一同向上，就必须提倡大众语、大众文，而且书法更必须拉丁化”的号召，成立中文拉丁化研究会，从事新文字研究。为1931年发表的《中华民族之出路与中国教育之出路》与北京大学教育系主任尚仲衣（子鉌）展开讨论持续到次年。1935年4月，尚仲衣率毕业生13人来上海实习，曾在工学团考察五天。1939年张劲夫曾经在7月31日《大别山日报》指出：当时的子鉌“刀锋是指向错了，有些近于无的放矢”。1938年尚仲衣参加生活教育运动，任生活教育社首届理事。他自动改变了他对陶行知的看法。1949年张劲夫还说：“生活教育社有几位同志的看法也不深刻，如对陶先生在中华教育刊物发表的教育出路文章的看法，说真理在子鉌方面，这是肤浅的认识，陶先生是在什么环境什么条件下做工作，是在什么情况下前进，很显然，在处于艰难环境中能够用一种拓荒者精神探险家勇气向前摸索探寻，他的总方向自始至终是对的，他一直是在前进，而且是跑步前进，他长期接近人民，与人民有联系，他接近实际，与实际有联系。因为他能向人民、向实际学习到取之不尽、用之不竭的学识真理。他之所以能够积极乐观，始终不疲倦，其根源在此。”组织

“普及教育车”。改“知行”名为“行知”。将《生活教育》的“言论”栏目，改为“行知行闲谈”，后又进而改名“行知行”，简称“陶衔”。在中国教育学会第二届年会上，宣读《中国普及教育急成方案》，制定《宝山县观澜义务教育急成方案》，提出活到老、做到老、学到老、教到老、用到老的终身教育。其在山东协助梁漱溟办乡农教育的弟子杨效春虽原则上同意两方案，但指出：“教育须得普及，而无须急成，亦不能急成。文字教育可以急成，生活教育不能急成。”10月出版《普及教育》，12月30日在题为《大上海普及教育》的学术讲座中指出普及教育运动的目标是做一个长久的现代人，开发现代文明的宝库，保证川流不息的现代化。进而草拟《中国普及教育方案商讨》，这是生活教育运动继《我们的信条》之后的又一纲领文献。原则十八条，第一条原则即普及教育之要义：（甲）整个民族现代化；（乙）整个生活现代化；（丙）整个寿命现代化，使众人养成一种继续不断的共同求进的决心。同时还指出普及教育应冲破二十七个关口，从而说明普及教育运动的长期性和艰巨性，肯定生活教育不能急成。实现中国现代化，必须走普及现代生活教育之路。冯玉祥多年来一直惦记陶被通缉。6月冯在日记中勉励自己做陶的好友，助他成事；喜知写诗与陶一派，勉励自己做一个武训。10月陶专程去冯所创办的学校传播小先生种子，交换生活教育意见。陶派徐明清向冯玉祥呼吁救出正在监狱里的刘季平。

1935年（民国二十四年）42岁

1月，《中华教育界》第22卷7期发表《普及现代生活教育之路》，系统地阐述了普及教育的理论。应安徽省教育厅之约，指派六人担任安徽省立师范六个学区的辅导员，并为之办辅导员学习班，配备留声机、图书、挂画和电影放映机，进行专门训练。在上海中心大药房无线电台创办半小时普及教育运动，播送20首诗歌，100条重要科学常识，100条世界大事、96课《老少通千字课》，四个月毕业，这是中国最早的空中教育。建立中国新文字研究会，起草宣言，与蔡元培、李公朴等发起《我们对新文字的意见》的签名运动并发起推行手头字。在《生活教育》杂志上开辟配有中文拉丁文字的《大众诗歌》专栏，主张汉字与音符和拼音文三管齐下一齐教。为世界书局主编民众科学丛书。参加沪郊农村工作协进会担任理事，负责普及教育方面的工作，并被推为所属卫生委员会委员。新安旅行团开始十省旅行教育。12月9日、16日爆发反对汉奸和帝国主义的学生运动，即是民族解放运动。与马相伯、沈钧儒等300多人联署于12、27日两次发表《上海文化界救国会宣言》，冯玉祥极感鼓舞，当即致函蒋介石表示赞成。成立上海文化界救国会，被推选为执行季员兼教育委员会主任。出版《怎样做小先生》、《普及教育续编》、《知行诗歌续集》、《知行诗歌别集》。

1936（民国二十五年）43岁

1月1日在《生活教育》第3卷21期上发表《十二月运动与五四运动》。他号召人们踏着一二·九学生群众的足迹，去过民族革命的生活，才算是受着民族革命的教育。因而，从一二·九起，民族解放大学开学了。他讲了一二·九运动有六个特点，其中第一个特点是社会主义与法西斯主义的对垒。在18日《大众生活》第1卷10期再次发表时改为：大众真正的德莫克拉西和反大众者群的对垒。文中强调对准着帝国主义进攻，把大商人列为帝国主义的买办。一二·九与五四是大众与小众的区别。2月，将《中国普及教育方案》提交中国教育学会第三届年会讨论，将原有的“现代化”字样，改为“向前进”，提出中国现代化在于使中华民族解放运动不断向前进。3月16日又发表《生活教育之特质》，指出推进大众文化以保卫国家领土主权之完整，而争取中华民族之自由平等，是成了每个生活教育同志当前所不可推卸的天职了。

3月，发起组织国难教育社，制订国难教育方案，反对奴化教育和买办教育在中华职业教育社第十届专家会议上讲述国难教育的特点。进而于5月1日发表《大众的国难教育方案之特质》。参加制订《上海话新文字方案》及《休宁话新文字方案》和编辑《上海话新文字课本》。3月23日访晤蔡元培，特请签名与吴稚晖发起上海话新文字的传播。出版《大众教育》，提出教育目标的大众化，教育理论的现实化。蒋介石与冯玉祥谈话，仍不谅解陶行知。成立上海各界救国会、全国各界救国联合会，拟定其政治纲领的教育和儿童两部分。受救国会委托去两广与胡汉民、李宗仁商讨逼蒋抗日大计。这是由反蒋抗日到联蒋抗日过程之中的过渡阶段。6月1日两广事变后，与沈钧儒、邹韬奋、章乃器联名发表《团结御侮的几个基本条件与最低要求》。7月陶长子陶宏为冯玉祥讲授天文学、植物学。毛泽东于8月10日回函并“愿意在全国联合救国会的纲领上加入签名”，9月18日托潘汉年致函四人：“我委托潘汉年同志与诸位先生经常交换意见”。8月7日出席在伦敦召开的世界教育第七届会议和在布鲁塞尔召开的世界和平大会第一次会议。曾请蔡元培筹措旅费、考察费、上海事业安顿费八千元。冯玉祥也借了二千大洋。出版《普及教育三编》、《中国大众教育问题》、《知行诗歌三集》及在香港编的《知行诗歌集》。又受救国会之命，与全国学联代表陆璀，共同担任国民外交使节，把中国救亡运动和小先生制传遍欧美亚非各地，向华侨宣传团结抗日，募捐支援抗战，推广新文字，开展国际反法西斯统一战线工作，支持抗日救国的民族解放运动。12月12日，张学良、杨虎城在西安实行“兵谏”，扣留蒋介石。25日张学良送蒋介石回南京，西安事变和平解决。27日陶在纽约主持时事讨论会，宣称清除内战抗日是中国的唯一出路，主张抗日运动必须是军事、经济、文化，政治四管齐下的全面抗战。

1937年（民国二十六年）44岁

因救国会“七君子”案波及，被江苏省法院以“危害民国并宣传与三民主义不相容之主义”罪名再遭通缉。自称监牢候补犯，与陆璀2月18日致函七君子表示慰问。沈钧儒3月19日复函“如果没到国外去，这次投入监牢决不会比八人少一个”。与陆璀同时加入洪门致公堂，依靠致公堂提供的条件和保护，继续进行国民外交。7月30日在洛杉矶卫生局晚宴上初识刚从西班牙归来的白求恩大夫。战时教育运动开始。集体主义自我教育理论发现，形成了即行即知、即知即转、即传即联、即联即前的完整教学做过程。国难教育社组织战时普及教育服务团，赞助由其成员吴新稼组成的孩子剧团。介绍中国救亡运动和即知即传人的小先生制给美国、加拿大、墨西哥反侵略运动和华侨。10月10日在《生活教育研究会会刊》第1卷7期上发表《乡村教育十周年》。发起组织中华经济研究会。为杜威草拟宣言并联络罗素、罗曼·罗兰、爱因斯坦、甘地联署谴责日本侵略中国。《战时教育》旬刊出版，抗战教育研究会成立。9月28日与徐谦同被国民政府训令取消通缉。与胡适、张彭春同在美国从事国际统一战线的抗日救国工作。他们分别代表蒋介石和外交部。12月27日冯玉祥电陶，请发动申包胥运动，在美国呼吁抗日援华。

1938年（民国二十七年）45岁

继续向爱尔兰、印度介绍中国救亡运动和大众教育运动。在美国积极推进《鲁迅全集》的征订。被选为国际反侵略大会中国分会理事，与吴玉章出席伦敦世界反侵略大会，在会上提出对日本禁运。5月4日在洛杉矶五千人集会上说：日本在中国杀死一百万人时有五十四万四千人是美国军火帮助杀死的。6月14日与杜威、胡适辞别于杜威寓所。自1936年7月11日离开香港，到1938年8月30日与任光、李信慧同船回到香港，历时两年零一个月，游26个国家和地区后回国。实现三愿：一、建立晓庄研究所；二、创办难童学校，应聘担任儿童保育会设计委员，草拟难童教育方案，筹办育才学校；三、创办香港中华业余补习学校。创立中国战时教育协会，起草战时教育方案。生活教育社总社在桂林召开社员大会，生活教育社自此公开正式成立，并被推选为理事长。指出生活教育目前的八项任务，其中心任务是开展与全面抗战相适应的全面教育运动。被国民政府遴选为安徽籍的第一届国民参政员。12月在香港向东江华侨回乡服务训练班演讲：回乡去怎样工作。

1939年（民国二十八年）46岁

1月1日就汪精卫叛国案发表通电与谈话，主张抗战到底、全面抗战、全面战术、全面教育、全面胜利。最近还要切切实实的厉行地方自治。提出真干、穷干、合干、快干、大干，不要假干、浪费的干、分开来干、慢慢的干、小小的干。冯玉祥极为赞赏陶写的《新秦桧》。在重庆冯陶来往更加频繁，直到1946年。中国青年记者协会香港分会创办中国新闻学院，许世英、陶行知为正副董事长，郭步陶、金仲华为正副院长。香港中华业余学校第二期开始招生。3月15日发表《告生活教育社同志书》，提出必须增加一学术、二组织、三行动合一的整体力量。生活教育社重庆办事处成立。育才学校董事会正式组成，被董事会推举为育才学校校长及晓庄研究所所长。育长学校乃于7月20日在重庆北温泉先行开学，后迁至合川草街子古圣寺。开始做培养人才幼苗及分组学习的试验，特别声明：一不培养小专家，二不培养人上人，三不丢掉普通教育而专事特殊教育。晓庄研究所对教育本质、生活教育系统、地球基本运动等研究开始。生活教育社大别山分社、四川分社、福建分社开始筹备。8月29日毛泽东的延安暑期小学教师训练班毕业典礼上讲话指出“陶行知主张知行合一，提倡生活教育，把教的、学的、做的统一起来，这在马克思主义说来，就是理论与实践的统一”。参加9月9日至18日的国民参政会第一届第四次会议，会上有七个关于制宪的提案合并通过，组织了一个宪政期成会，形成“宪政期成运动”。写《宪政运动与国民教育》，指出中国的宪政运动是可以成为一个最有精彩的国民教育运动，也唯独成为国民教育运动，那宪政运动才有充分的意义。由是而起生活教育开始了民主教育运动。12月12日，有位朋友与陶讨论生活教育，陶复信讲五条十分重要的意见：一、为了最高目的而忘了发展的过程和为了发展的过程而忘了最高目的都是错误。二、不能幻想质变突变而忽视了其他细致的工作。三、自始就发动普及教育运动，还要注意具有特殊才能儿童的培养。四、一个教育者同时应该是一个革命者，一个真正革命者必然是一个真正生活教育者。五、生活教育之不受人忽视，主要是过生活而忽视教育的人，受教育或施教育而忽视生活的人，忽视民众生活而又忽视民众教育的人了。31日与吴树琴结婚。

1940年（民国二十九年）47岁

1日古圣寺小学成立董事会。2日去重庆，晚由沈钧儒、郭沫若、邹韬奋、李公朴、史良、斯特朗等人为他结婚举行公宴。4日为参政会起草日美商约满期之对策。专心一致发展育才学校。3月匆忙写就《生活教育运动十三周年纪念告同志书》，阐明通过集体主义的自我教育启发自觉的意见。12、13、15连续三天在冯玉祥寓所与各方面商讨时局对策及掩护教师撤离学校的问题。16日血压高达156/216mmHg，仍坚持工作，领导生产基金筹募运动，参加“病夫队”里的“捐贰百、募一万”的竞赛。8月1日制定《育才学校创办旨趣》和《教育纲要草案》。12日被推为中国文化界苏联访问团筹备设计委员会委员。9月2—22日陶夫妇双双患疟疾大病一场。23日周恩来和徐冰夫妇前往慰问并于24、25日去草街子育才学校访问。生活教育社延安分社于9月15日正式成立，到会社员22人，董必武、周扬前往祝贺。这是生活教育社的第一个分社。一个半月后，即10月30日，中共中央宣传部发布指示：“对生活教育派，要亲密的同他们合作”，“生活教育社是小资产阶级的革命民主派，有许多前进的青年和革命知识分子参加在里面，他们今天的教育活动可以说是为民族民主革命为大众服务的，是新民主主义教育的亲密朋友”。这是中国共产党对生活教育社的首次评价。11月1日国民政府军事委员会政治部第三厅全体辞职，另成立文化工作委员会，陶为兼职委员。魏东明、冯兰瑞、戴伯韬去延安。12月23日被选任为国民参政会第二届参政员。

1941年（民国三十年）48岁

1月6日，皖南事变爆发。30日与沈钧儒、邹韬奋、史良联合致函蒋介石，请纠正暗中捕人，以保人权而重法治。25日对“生活”与“教育”的相互关系，作了进一步明确的界定：“把教育推广到生活所包括的领域，使生活提高到教育所瞄准的水平。”6月20日到7月20日定为集体创造月。介绍印度婆罗门教有三个大神：创造之神，破坏之神，保存之神。从保存之神手中的莲花里生出生活教育的目标，达到更真更善更美的创造。物价益加暴涨，困于经费筹划之中，日日与米赛跑，与一切飞涨的物价赛跑，自喻“抱着爱人游泳，越游越起劲”。四月初，友人劝陶行知不如改行。定4月6日为“育才兴学节”，要跟武训学，做一个集体的新武训。誓言：大水可把学校淹没，大火可把学校烧毁，强盗可把学校抢掉，政府可把学校封掉，我自动把学校解散，决是不可思议。幸得育才之友及美国援华会所赞助，得以支持七年之久。8月1日宣布创造年开始。民主教育运动、战时教育实验、建设教育研究开始。参加3月1日至10日的国民参政会第二届第一次会议，7日中午在蒋介石官邸与蒋晤谈。4月22—25日迎送孟禄和司徒雷登。在陕甘宁边区教育厅举行的各县第三科科长联席会上，刚刚到达延安的救国会代表柳湜应邀向大会介绍陶行知的生活教育理论。不久柳被边区参议会选为边区政府委员、教育厅长、教育厅教育委员会主任委员。柳湜于陶逝世后写的《记最后一夜——回忆陶行知先生》一文，就是生活教育与解放区相互关系的最好见证。10月5日在冯玉祥寓所共度中秋，共读冯译英文诗《我决定》。14日购德文本《资本论》，11月14日、16日为冯玉祥、郭沫若祝寿。

1942年（民国三十一年）49岁

积极开展新武训运动，全力支撑育才冲破经济困难、奠定经济基础，下决心一个月内筹齐20万元为育才高中立案。3月15日，为纪念生活教育运动15周年，他总结了生活教育事业的四条经验：1. 手脑作用并重的发现；2. 小孩教小孩的自动学习的发生；3. 生活教育在自然科学中的具体应用；4. 小先生制的产生等在生活教育事业中的创建。7月20日在育才三周年纪念晚会上讲每天四问：身体、学问、工作、道德四个方面有没有进步？勉励生活教育社同仁：友穷、迎难、创造。一切为创造，创造为除苦。延安中央研究院教育研究室召开陶行知教育思想讨论会。李维汉在总结发言中指出：陶行知在政治上经历了两个历史时期，五四运动以前是资产阶级教育家；五四以后逐渐走上了新民主主义的道路。在教育上是沿着杜威主义——生活教育——新民主主义政治——新民主主义的道路发展的。并指出陶行知的生活教育有三个基本思想：一是主张生活教育，反对与生活脱离的洋化教育和封建传统教育；二是主张普及教育，大众教育和大众文化，反对教育和文化为少数人独占；三是主张教学做合一，反对为读书而读书。这些思想基本上是进步的。李维汉是当时中共中央宣传部副部长。自此延安每年3月15日都要开会纪念生活教育运动，延安新教育学会正、副理事长徐特立、范文澜还专门致函生活教育社，称赞生活教育“不仅是对摧毁中国传统教育起了很大的革命作用，同时也是为中国新教育树立了一块基石”。延安还决定编印《行知教育论文选集》，次年由冀东新华书店出版发行。10月15日称：“学校困难已达最高峰，我昨天做了十天事，集中一切母亲爱护小孩之力量来保卫他。”29日与冯玉祥、沈天灵发起组织利他社。12月24日伽利略（1564—1642）逝世300周年、牛顿（1642—1727）诞生纪念会上朗诵诗称：“伽利略死了十个月，牛顿就出世。离开形象来说，精神好似二位一体。”“学牛顿深思，学伽翁实做，光明普照处，精神永远活。”

1943年（民国三十二年）50岁

1月25日与郭沫若、沈钧儒、黄炎培联致名电印度总督，呼吁释放甘地。3月17日收到延安新教育学会和生活教育社延安分社对生活教育运动16周年的祝贺。28日送朱启贤著《士兵教育建设方案》请蒋介石、冯玉祥、张治中披阅。生活教育社选举第二届理事会，连任理事长。学习南泥湾，在光铁坡开荒，建立育才学校第一个农场，以后陆续在化龙桥相继建立农场。5月4日，为育才及复旦大学演讲《三寸金头》，反对有人主张思想统制：这就是要把大家的思想缩小到官定范围内，越小越标准。这就是等于用块裹头布来裹头了，头裹得越小越好，成了三寸金头，就可以到处钻营私利。9月25日为广东大埔百侯中学复校十周年写文言祝词，白话写校歌，内容一样。祝词中有：“千教万教，教人求真。千学万学，学做真人。努力创造，始败终成。”发表《创造宣言》；写《创造年献诗》；制定向着创造生活前进的《育才三方针》；提出集体创造，以纠正空谈与幻想；拟订《创造年计划大纲》、《创造奖金办法》等等。四年终未落笔的《育才学校校歌》，在高昂的创造氛围中一气呵成，校歌歌词总结人的生活之道：“我们要虚心、虚心、虚心：承认我们一无所知，一无所能。我们要学习、学习、学习：达到人所不知，人所不能。我们要贡献、贡献、贡献：实现文化为公、天下为公。”号召育才之友于最短期间募足二百万元基金，用十年树木之方法，完成百年树人的大计。

1944年（民国三十三年）51岁

勉励生活教育社同仁“在极困难之环境中，越挣扎越奋发”。系统总结育才办学经验，增设舞蹈组，编印出版《育才学校》手册。生活教育社附设渝市夜校及渝东育才补习学校（唐家沱）开学，设有高中补习班及大学国文、英语等补习班。同时致力和平团结民主运动。因国民政府排斥救国会方面人员，没有进入第三届国民参政会，中共中央建议救国会的沈钧儒、陶行知、张申府、史良担任第四届国民参政员，未获国民政府同意。对生活教育理论在生活与教育相统一的基础上研究生活与生活的矛盾和教育与教育的矛盾。解决生活的矛盾，就是如1926年指出的教育要给人们一种力量，即“生活力”，以后把“生活力”提高为“创造力”。这是随着时代的发展对生活力的充实，把发展社会创造力贯彻于教育过程、人生过程以及社会发展过程的始终。解决教育的矛盾就是要容纳现有教育领域之外的所谓“非教育”，建立定式教育（Formal Education）和非定式教育（Informal Education）、正规教育（Regular Education）和非正规教育(Irregular Education）相结合的新教育体制。这种生活与教育相统一的结果就是：处处是创造之地，天天是创造之时，人人是创造之人。而且提出：“要创造的民主，民主的创造。一方面，我们要用创造的生活来充实民主的内容；又一方面，要用民主来解放大多数人的创造力，把创造力发挥到最高峰。12月5日，为武训诞辰106周年举行纪念晚会，筹集武训先生纪念金。指出“我们最大的目的不是单为育才，而是推动每一位朋友有力出力、有钱出钱，有知识的出知识，以帮助他心里所欢喜帮助的任何学校或任何个人求学。并针对着教育为公的运动作有效之奋斗。”25日进而写《迎接民主年》，预示1945年为民主年“整个民族个个都欢笑，在每一个角落里欢笑”。此前，6月21日写了《让我们和民主结婚》，9月6日写了诗《民主第一》，18日写了《邹韬奋先生挽歌》，20日写了《创造的儿童教育》，10月10日一连写了三首《民主》、《民主第一》、《政治的盘尼西林》诗歌；12月15日在儿童福利协会成立大会上演讲：敲碎儿童的地狱，创造儿童的乐园；19日又写了《民主到那里去》诗。学习民主，帮助创造，民主的洪流、浪头已经到来，没有力量可以抵抗它！6月10日杜威致函陶行知："如今世界结合得非常紧密，除非民主的目的和方法在全世界普遍确立起来，否则，我恐怕这些目的和方法在美国也不会长久盛行不衰。"美国国务院文化关系司对华关系处文官费正清在访问了郭沫若、茅盾之后于11月19日访问陶行知后得出结论："蒋介石作为国民党政权的象征和中心，在1943年后期已失去了中国知识阶层的信任和支持。"

1945年（民国三十四年）52岁

为发展社会创造力，全力从事民主教育的理论研究和实践指导。1月28日在璧山国立社会教育学演讲：创造的社会教育。指出："民主时代的创造，是给每个人以同等的创造的机会，是动员整个民族力量以创造民族的福禄寿喜的，民主的程度愈高，则创造愈开放，愈好。"4月4日儿童节指出："儿童的生活是社会的一面镜子。……如果政治经济一民主即自由神必定是立刻飞到他所关心的最不幸的小孩子当中，而把他们抱在温暖的怀抱里。创办《民主教育》月刊，在第1、2期上连续发表《民主》、《民主教育》和《民主教育之普及》的文章。第一次提出国际民主和政治、经济、社会、文化一起成真正的民主的五项内涵。《民主星期刊》出版。育才进一步跳出学校小圈子为乡村儿童和农民服务。送书下乡，增办识字班，演方言剧《啷格办》，加强和扩充自然科学组，使该组学生达到全校50%，5月拟定《实施民主教育的提纲》。9月18日，用英文书写《全民教育》一文，其中"指导原则"和《我们的信条》、《中国普及教育方案》中的"原则"一样，都是18条。这三个文献标志着生活教育运动发展的三个阶段：第一是在生活与教育相分离的情况下，对传统教育乃至新教育在教育体制、内容和方法三个方面都有所突破。并且显示仅仅从教育本身进行改革是远远不够的，必须进一步解决教育与生活的矛盾。第二是使生活与教育结合起来，将改革教育的成果放在中国现代化历程中检验，提出走普及现代生活教育之路，实现中国现代化。第三是生活与教育相结合落实在教育过程中就必须紧紧抓住培养社会创造力这个中心环节。10月10日还为生活教育社制定《普及民主教育运动计划》。全国各界救国联合会决定改名中国人民救国会，陶行知任中央执行委员、中央常务委员、中央组织部长。在中国民主同盟第一次全国代表大会上当选为中央执行委员、中央常务委员，任民主教育委员会主任。民盟重庆市支部成立，被举为宣传部长。陶行知担任兼职委员的文化工作委员会被解散，建议并与郭沫若共同筹划文化研究院。7月26日，苏、美、英发表促令日本投降之《波茨坦公告》。晚上从波茨坦向全世界广播。8月14日日本宣布无条件投降。28日毛泽东到重庆与蒋介石谈判。中共南方局为动员知识青年向陶学习农村工作经验，特在育才文学组、社会组住地举办农村工作干部讲习班。原拟与沈钧儒、张申府去延安与毛泽东、周恩来会谈，毛、周复电欢迎，后因毛泽东到重庆与蒋介石会谈，改在重庆相会。陪都各界反内战联合会成立。编竣《陶行知诗歌全集》，任大孚出版公司总编辑。佘儿岗自动学校恢复“晓庄小学”名称重新开学。与李德全、冯亦代、倪斐君同为四董事，共同筹划的国际难童学校定名为培才小学，在重庆市中山公园开学。11月6日发表致杜威信《论中美两国关系》。并电杜威表示：“我现在正想站在教育的岗位上，推动全民教育，以帮助真正民主的实现。”12月5日至9日连续举行武训诞辰107周年纪念大会六次，不下5000人。9日为准备去追悼“十二·一”昆明死难师生举行公祭，8日夜将诗集九册整理完毕，交与冯亦代出版。另给生活教育社同志及吴树琴留有两份遗嘱后去长安寺祭悼。遗嘱写道：“也许我们不能再见面。”真是视死如归。11日又续行公祭。

1946年（民国三十五年）53岁

元旦称今年为和平年、民主年、联合政府年。生活教育是以培养合理的人生为宗旨，1913年陶认为人生在于“造业自任”。3月14日提出“人生志在创业”、创造的民主和民主的创造。育才东迁上海，重庆仍留待发展，拟办育才大学。为提高在业青年现代知识文化水平，1月15日在重庆创立社会大学，以冯玉祥为董事长，陶行知、李公朴为正副校长，分设政经、文学、新闻、教育、民间艺术五个系，并要在上海及各大都市去发展。组织成立政治协商会议陪都文化界协进会及人民权利保障委员会。在庆祝政协的大会上，反动派制造了“较场口血案”，反诬陶校长率领育才、社大师生捣乱会场，嫁祸于人。并引发了一场法律诉讼。3月15日诉讼归来出席生活教育运动十九周年纪念。方与严主持会议当着陶理事长在场时宣布：“一、今天是生活教育运动十九周年纪念，不是生活教育社十九周年纪念会。二、生活教育社是民国二十年在上海成立的。”把生活教育运动和生活教育社长期混同不分的情况澄清了。4月6日，为集体武训节，冯玉祥赠诗祝贺：“利他无我超孔子，祝君高寿一百几。”陶答：“但愿不知老将至，发奋忘食给人助。”生活教育社重庆分社、上海分社成立，普及教育月刊出版，山海工学团及新安小学复校。一面站在和平民主运动最前线，一面坚持生活教育运动，抓紧空隙时机，全面部署今后工作。白天四处演讲呼吁，夜间筹划未来，整理诗稿，生活极不安定，时局激荡，加之李公朴、闻一多相继遇害，反动派要迫害陶的信息纷至沓来，仍镇定自如。7月6日还与郭沫若、茅盾饯别费正清，十天后，16日写好与上海和重庆育才师生的诀别信。周恩来要中共上海工委劝陶行知休养，话未传到。陶行知终因劳累过度，健康过亏，刺激过深，于7月25日中午1时30分（阴历丙戌年六月二十七日）病殁于上海。周恩来、邓颖超闻讯赶往诀别时，握手尚温。周嘱咐潘汉年：“对进步朋友的安全、健康，我们必须负责保护。”称赞陶行知是一个无保留追随党的党外布尔什维克。四十年后，费正清评价说：“美国的进步教育用的现成的学校制，陶行知发现中国普通群众只能就他们的生活、工作、农村、家庭和车间所在地接受教育；在哪里聚居，就在哪里学习。在所有美国训练出来的教育者中间，陶作为一个穷人出身的人，使他成为极不寻常地同情普通人民的需要，而这终于使他比别人更接近中国共产党。”

［**修订后记：** 趁全集再版之时，对2002年8月8日定稿的这篇稿子又作了一次修订。这次修订主要补充了初版第9卷《陶行知年表》中的若干内容，最多的还是在研究过程中从《陶行知全集》（1—12卷）中著述的字里行间里寻找其中多不为人所注视的重要史料。文稿尽量使用著述中的话语。由于个人能力有限这里寻找得还不够，但总算体现了“事实是唯一的指针”的精神。认认真真从著述中去搜寻思考，是重读陶行知进而探索生活教育之本质、贴近真正的陶行知所不可缺少的一步。这是研究陶行知的基本功。这里只为重读提供了一条不成熟或不完整的线索而已，可作参考。定稿之前，11月18日收读香港中文大学研究院哲学博士何荣汉先生的大作《陶行知——一位基督徒教育家的新发现》，特别其中收录了陶行知1912—1916年的三篇著作，使我们对早期陶行知有了更多更新的了解和认识，为研究陶行知提供了一个从基督教视角研究的方法，使修订增辉不少。特致谢意并愿与大家共享。］

作者订稿于2004年冬至之夜（12月21日）

二

陶行知西旅长编

(1936年4月23日至1938年9月26日)

胡晓风　金成林

陶行知西旅长编系陶行知1936年4月23日奉命出使港、粤、桂离开上海到1938年9月26日从海外回到香港期间的编年纪事，是陶行知及其生活教育大事日志中的一部分。长编主要记述陶行知与两广事件、西安事件、第二次国共合作以及在海外宣传抗日救国和生活教育运动从国难教育到战时教育的历史进程。长编以《陶行知全集》第十卷《衔备忘》第1册至24册为主要根据，结合陶行知其他著述，参考《生活教育》、《救亡情报》、《生活日报星期增刊》、《生活日报周刊》、《生活星期刊》及《中共中央文件选集》等报刊和专著综合而成。《陶行知全集》系四川教育出版社出版，以下简称全集。出处不再一一注明。所涉及的人名，凡全集前9卷人名注释已有者，也不再注释。以△为条目，▽为陶行知著作，［　］为编者按语，分别记述。

1936年(民国二十五年) 4月23日至12月31日

(农历丙子年闰三月初三至十一月十八日)

［《衔备忘》第一册起自4月16日，止于5月4日。陶行知行程开始是秘密的。记录十分简略。离沪到广州期间几乎没有记载。

第二册起自8月。5月—8月缺，不知是没有记载还是记录的本子遗失。]

[《衔备忘》第一册，起自4月16日，止于5月4日。]*

4月23日（农历闰三月初三，周四）

△ 上午11时陶行知秘密乘船离沪去港、粤、桂。下午5时45分夫人汪纯宜在上海普慈疗养院逝世。疗养院22日下午3时30分曾发病危通知。

[关于此行，陶三天前（即4月20日）曾致函冯玉祥："不日赴桂演讲普及教育，顺道赴伦敦参加新教育会议。如在五月十日以前有所赐教，尚希寄由广州儿童书局吴涵真先生转交。"陶到香港后接受《工商日报》记者采访时宣布：还要"拜访抗日救国同志"。5月30日晚，上海《救亡情报》第4期指出："最近陶先生为出席世界新教育会第七届大会，特赴粤桂一行，同时唤醒当地的救亡工作。"注意"特赴"二字。同时他的出国护照是在广州办理而非1999年有人在传记中所说："只好借道两广之行前往香港办理。"陶拜访的人中，第一位就是胡汉民。胡于1935年12月10日国民党五届一中全会上当选为中央常务委员会主席，时在国外考察，1936年1月19日返抵香港。关于是否回南京就职一事，各方意见不一，胡亦犹疑不定，特求教于救国会九七老叟马相伯。马相伯托陶行知带上信函回答胡汉民："你要上南京，不如匍匐上东京；否则，就在广东领导人民，实行抗日。"其次是救国会首领沈钧儒托陶行知持宋庆龄的名片去访问中华民族革命同盟的领导人陈铭枢。中华民族革命同盟是1935年7月下旬宣布成立的。这是原福建人民政府领导人和十九路军将领李济深、陈铭枢、蒋光鼐、蔡廷锴等人在中共华南工委书记宣侠父的参与下组

* 此时间按《衔备忘》原标明的时间。

织起来的。该同盟成员除有国民党党员外，还有第三党、新国民党（胡汉民、邹鲁）等。李、陈、蒋、蔡都参加过宋庆龄、何香凝等发起组织的中华民族自卫武装委员会，因而宋庆龄特向陶行知介绍陈铭枢。共产党员宣侠父、梅龚彬和陈希周分别担任了同盟的不管部长、宣传部长和群运部长。该盟推选李济深、陈铭枢、蒋光鼐、蔡廷锴、徐谦、冯玉祥、方振武、陈友仁为最高干部，李任主席。同盟第一步在抗日、反蒋上扩大抗日阵线，第二步实行联苏、联共抗日。陶到达香港时，陈铭枢已去欧洲考察，从事海外救亡运动，陶到巴黎才与相见。他们相约发起把中国现有四种力量——国民政府二百万军队，西南政府，红军，民众——团结起来“集内战之力量以为对外，化无谓之成见共谋国难”。由于宣侠父、梅龚彬与陶是老熟人，加上潘汉年、胡愈之、邹韬奋均在香港，救国会与中华民族革命同盟的接触肯定是密切的。陶与同盟主要做了两件事：一是支持广州中山大学师生的抗日救国运动；二是建立救国会华南区分部。再次就是新桂系了。4月17日，第四集团军总司令李宗仁、副总司令白崇禧、广西省政府主席黄旭初曾联名聘请陶行知为广西民团干部学校讲座。5月5日—5月17日，李宗仁亲自陪同陶行知去广西考察救亡运动、国难教育和新文字运动。对4月23日起至7月11日离港止的港、粤、桂之行，陶行知7月15日总结说：“今日救国之图，非联合各方力量于同一对外之战线不可。”“本人到西南之最大目的，则为代表上海文化救国会宣传此种主旨也。”]

△ 上海文化界救国会编辑及发行九七叟马相伯题签报头的《上海文化界救国会会刊》第4号出版，刊出发表《马相伯先生向美记者发表谈话》：“只有人民武装，才能拯救中国。惩罚爱国分子，确实是件荒谬事情。”并载《中国学生救国联合会筹备会宣言》、陶行知诗《思梅曲》等。

▽ 《思梅曲》，为纪念2月3日上海杨树浦日商大康纱厂工人梅世钧。因工作摺内藏有本人以前所摄军装照片一张，被日工头

殴毙，除《立报》外各报均未提及而写。（原载《上海文化界救国会会刊》第4号。全集第7卷。）

4月25日（农历闰三月初五，周六）

△ 中共中央发表《为创立全国各党各派的抗日人民阵线宣言》，并提出下列条件为共同行动的纲领。

（一）停止一切内战，一致抗日讨逆！

（二）全国红军与全国海陆空军集中华北打日本！

（三）召集全国抗日救国代表大会，组织国防政府与抗日联军！

（四）言论、集会、结社、出版、信仰的完全自由，释放一切政治犯！

（五）实行外交公开！

（六）联合世界上以平等待我的民族与国家！

［1935年8月1日，驻共产国际的中共代表团以中国苏维埃政府、中国共产党名义起草《为抗日救国告全体同胞书》（八一宣言）。宣言没有放弃“反蒋”的口号，但联合起来中包括“国民党和蓝衣社中一切有民族意识的热血青年们”。抗日人民阵线宣言则进一步包括中国国民党、励志社、复兴社的整体，有淡化“反蒋”口号的倾向。这个宣言迟迟由巴黎《救国时报》传到国内。1936年4月5日，张闻天在陕北瓦窑堡主持召开中央政治局常委会议。毛泽东正同彭德怀随军东征未能与会。周恩来在会上为讨论对东北军和第十七路军的统一战线问题作报告。他说杨虎城过去和我们有关系，这两支军队不仅有可能联合反蒋，而且还有可能联合陕甘其他部队以及孙殿英、宋哲元等部。张闻天也指出，十七路军杨虎城能在内部保存我们的同志，这在国民党军阀中是很少的。我们可以诚恳地同他谈判，“困难可设法同他解决，表示对他好意”，“他受威胁时可配合行动”；对于张学良方

面，如若他的部队向苏区前进，我们也还是要抓紧对其“外交活动（统一战线）”，同时加强自身的武装力量，并利用宣传口号，做争取其下属士兵的工作。6日，张闻天主持召开中共中央政治局会议，张闻天、周恩来的发言对于“反蒋”问题，有微妙变化。周指出我们要提出红军、白军联合共同抗日，联俄联共等口号。张、周都避开了“反蒋”的口号。7日，他俩联署致电毛泽东、彭德怀时“还拟由军委下令讨蒋”。8日，张闻天又致电彭德怀、毛泽东，电中即将“讨蒋”改为“抗日讨逆”。9日，毛泽东、彭德怀致电张闻天，指出，“目前不应发布讨蒋令，而应发布告人民书与通电”；“我们的旗帜是讨日令，在停止内战旗帜下实行一致抗日，在讨日令旗帜下实行讨蒋，这是最便利于实行国内战争与实行讨蒋的政治旗帜，中心口号在停止内战”。这里不以“反蒋”为中心口号似乎是明确了，但实际上停止内战和实行讨蒋的矛盾并未得解决。周恩来从9日晚8时起至10日晨4时与张学良在肤施城内教堂里整整谈了一夜。张学良表示同意停止内战一致抗日；同意组织国防政府与抗日联军，愿参加酝酿此事。双方并就通商、互派代表等问题商订了办法。14日，毛泽东、彭德怀致电周恩来，同意与张学良的谈判结果。这是明确改“反蒋抗日”为“逼蒋抗日”的开端。整个形势变化使陶行知“反蒋抗日”的任务也随之有所变化。」

4月26日（农历闰三月初六，周日）

△ 广西全省学生救国代表大会上午8时在南宁初中图书馆举行第一次会议，正式成立“广西全省学生救国会”。

4月28日（农历闰三月初八，周二）

△ 陶抵达香港。接受《工商日报》记者采访。

△ 冯玉祥到南京晓庄为汪纯宜送花圈。陶行知长子陶宏仍在学校上课。

▽《国难教育问题——答香港〈工商日报〉记者问》，原载香港《工商日报》，《救亡情报》第4期转载。全集第4卷78—79页。答问中提出改革中国教育制度的目标："唤起大众自动地组织起来，把一个半殖民地的中国变成一个真正独立平等自由的中国。"

4月29日（农历闰三月初九，周三）

△陶抵达广州。上午10时晤中山大学校长邹鲁。12时30分候邹鲁约见胡汉民的电话。下午会晤胡汉民。晚6时会晤李宗仁。

［邹鲁（1885—1954），广东大埔人。1906年加入同盟会并一度被公推为主盟人。1924年奉孙中山之命筹组广东大学。1925年为总理遗嘱的签证人之一。8月改广东大学为中山大学。10月成为中国国民党西山会议首领之一。1932年担任中山大学校长，同时，受胡汉民之命，实际主持处于半独立状态的西南执行部党务和西南政务委员会政务，并担任"新国民党"书记长。他自称是倒蒋抗日的人。1935年12月担任国民党中央执行委员会常务委员和国民政府委员。他赞同胡汉民1936年1月回国提出的"抗日、剿共、倒蒋"三个口号。胡汉民5月9日晚10时口授遗嘱仍坚持："非抗日不能实现民族主义；非澄清政治不能实行民权主义；非肃清共匪不能实现民生主义。"但同时认为"抗日重于剿共"，"抗日剿共又必以推倒军阀统治为第一要义"，三个口号，倒蒋最为重要。关于西南方面的党务和政事，两广头面人物都以胡氏马首是瞻。胡又委其"新国民党"的书记长邹鲁主其事。陶行知到广东，只有邹鲁出面请陶到中山大学宣传抗日救国和新文字运动。邹也演讲应和陶的主张，而陈济棠却不予理睬。关于陶与胡汉民的会晤，只是5月16日陶在南宁演讲中透漏以下情节："这次南下在广州第一次和胡展堂先生谈话。我问：中国如何救？他说：要救中国就要抗日！我问：如何抗日？他说：大众起来！我说：如何起来？他兴奋极了说，民众自然有办法起来，民众的办

法就是我的办法！这是一句真心话，我希望全国民众都知道这句话：大家起来！要民众起来才有办法，胡先生对这一点是认识得很清楚的”。（全集第4卷70页）5月17日陶在演讲中又一次提到：“这次在粤与胡汉民先生暨李总司令谈话，知道这两位领袖已认清目前中国的出路只有抗日及民众力量之伟大。现在胡先生不幸逝世，希望各位在李总司令领导之下，自动组织起来，武装起来，积极抗日救国”（全集第4卷）。陶行知以后在重庆曾对四公子陶诚谈及这次访问。陶行知的港、粤、桂之行只谈抗日救国、国难教育和新文字运动，不及其他。]

4月30日（农历闰三月初十，周四）

△ 广东中山大学学生向《救亡情报》投书：“今天却好我们校里请了上海文化界救国会会员陶行知先生来演讲，题目是粉碎日本的大陆政策，听讲的有一千多人，占全校半数以上。……最近我们学校又被公安局捉去了三个同学，原因是为了组织广州拉丁化研究会。”这是陶到广州后的首次公开演讲。他说：“这回行知代表上海文化界救国会到广东来，第一个任务就要对诸位表示慰劳的意思。”

▽ 《粉碎日本的大陆政策》，系应广州中山大学校长邹鲁之请，在该校所作的演讲。演讲根据孙中山临终说的一句话：“唤起民众，及联合世界上以平等待我之民族，共同奋斗。”从而提出粉碎日本大陆政策的三个炸弹：一、大众起来和日本帝国主义拼命抵抗；二、太平洋各国民众来一个反抗侵略战争的运动；三、太平洋沿岸国家实行集体安全制。原载1936年5月4日广州中山大学法学院石碑生活周刊出版委员会的《石碑生活周刊》。全集第3卷。

△ 《上海文化界救国会会刊》第5号出版，“特载”栏目刊登了李宗仁论述“焦土抗战”的文章。此系4月17日李宗仁在广州就中日问题对记者发表的谈话。原载4月18日南宁《民国日

报》，题为：《我对于中日问题的观察和主张》。文章说：

“目前中国所最迫切需要者，为整个民族救亡问题。争取中华民族自由平等、保卫中华民国领土主权之完整，必须不许此不死不活之现状继续下去，必须改变此苟安因循之现状；尤必须发动整个民族解放战争，本宁愿全国化为焦土，亦不屈服之决心，用大刀阔斧来答复侵略者，表现中华民族自存自立之伟大能力与精神，然后中国始有生存可能。”

5月1日（农历闰三月十一日，周五）

△ 陶上午6时晤吴涵真，中午访广东省教育会，下午应中山大学法学院之约在中大礼堂讲大众教育。

▽ 《我们的态度》，系《大众教育》创刊号发刊词。《大众教育》由陶与郭一岑共同主编。这是《生活教育》被迫停刊后创办的刊物，仅出两期即停刊。发刊词指出：“教育的大众化，不仅站在大众的立场，是我们应有的权利，即从民族的立场观察，亦是我们应有的责任。”“大众教育，是要冲破学校的墙围而以整个社会为教育的场所，而由文字、知识的教育，扩大为超文字的行动的教育。”（全集第11卷）

▽ 《China's New Language》，载VOICE OF CHINA（No,1, Vol,4），《中国呼声》第1卷第4期。附中译文：《中国新文字》，全集第6卷。文章指出：“有了新文字这个新工具，属于群众所有、由群众自办、为群众服务的教育是可能的”。

▽ 《太平洋集体安全与中国民族解放运动》，原载5月1日《生活教育》第3卷第5期“行知行谈”栏目，全集第4卷。文章指出太平洋集体安全与中国民族解放运动是一个不可分割的互相帮助的运动。

▽ 《我们对于推行新文字的意见》，《生活教育》第3卷第5期“特载”栏目发表，陶与蔡元培、孙科、李任仁等606人联署，全集第4卷。此系陶担任中文拉丁化研究会理事长后于1935年12

月9日草拟，发起联署签名。据1988年版《中国学术界大事记(1919—1985)》93页，结束签名时，人数已达688人。中文拉丁化研究会后改名为新文字研究会。

▽《大众教育问题》系演讲记录，由陈孝禅记录整理。讲演第一次明确大众教育的定义是："大众教育是大众的教育，大众自己办的教育，为大众谋幸福的教育。"原载5月8日及15日的广州《民国日报·教育周刊》，全集第4卷。

5月2日（农历闰三月十二日，周六）

△陶上午12时访晤广东省教育厅厅长黄麟书。下午5时晤邹鲁，7时晤陈济棠。

[陈济棠，号称"南天王"，广东实力派。虽奉胡汉民为西南半独立状态的首领，实则紧紧掌握军权、财权，控制广东。与李宗仁、邹鲁为西南三巨头。邹主持党务、政务，李常驻广东代表广西，陈则代表广东。他们在两广事件中共同打起"反蒋抗日"旗号。起因是胡汉民突然去世后，蒋介石挑起广东消灭广西，陈济棠怕危及广东，故鼓励广西共同倒蒋。另一方面，陈济棠听信风水先生谣言，欲乘机夺蒋大权。对陶行知南行并不支持，反而阻挠。《生活日报星期增刊》第1卷第8号上曾有所揭露："当局最初想请上海文化界抗日领袖，到广州来替西南政府捧场，但上海文化界救国会要在西南设立分会，却未得许可。甚至陶行知先生来广州各界讲演国难教育，也被当局下令禁止。"]

△潘汉年、胡愈之受共产国际中国共产党代表团之命从莫斯科经巴黎回到香港。潘汉年回国接受与国民党直接谈判的任务。胡愈之在潘汉年的直接领导下，继续主持救国会的实际工作。

[据胡愈之后来回忆："五月初我们到了香港，我向邹韬奋介绍了共产国际关于建立国际反法西斯统一战线的方针，告诉他

我们报纸的宣传也应由反蒋抗日向联蒋抗日转变。这样我们办的《生活日报》就没有接受两广派的经济资助，报纸在六月七日创刊，也不提两广的反蒋运动，不久，两广的反蒋活动也因被蒋介石分化收买而告失败。这是我从共产国际回来，执行党的抗日民族统一战线政策，促进国共合作的最初行动。”陶行知由上海出发时的“反蒋抗日”任务，此时更明确地转变为“逼蒋抗日”了。]

△ 两广组成“抗日救国军西南联军”。

5月3日（农历闰三月十三日，周日）

△ 陶下午5时晤廖仲恺夫人何香凝，何向陶讲述了1935年她把自己的一条裙子寄给蒋介石，并附诗一首：《为中日战争赠蒋介石及中国军人的女裙有感而咏》，强烈地鞭挞了蒋介石卖国行径的经过。陶抄录了这首诗带到国外传播。

5月4日（农历闰三月十四日，周一）

△ 陶下午4时访广东省教育厅。

△ 邹鲁在广州五四纪念日演讲抗日救国，宣传胡汉民、陶行知会谈的共同主张：一要全国一致抗日，二要停止内战，三要唤起民众。《救亡情报》第2期发表了演讲提要，第4期发表了演讲全文。

5月5日（农历闰三月十五日，周二）

△ 陶行知在李宗仁的陪同下，由广州乘车去河口，转乘轮船去广西。

△ 毛泽东、朱德发布《停战议和一致抗日通电》，指出：国难当前，双方决战，不论胜负属谁，都是中国国防力量的损失，而为日本帝国主义所称快。“为了促进蒋介石及其部下爱国军人们的最后觉悟，故虽在山西取得了许多胜利，然仍将抗日先锋军

撤回黄河西岸”，呼吁“在全国范围首先在陕甘晋停止内战，双方互派代表，磋商抗日救亡具体办法”。开始改变反蒋抗日为逼蒋抗日。

5月6日（农历闰三月十六日，周三）

△ 陶上午9时半抵达广西梧州。10时在广西大学演讲“救国问题”。晚7时继续与李宗仁同船经贵县去南宁。

△ 上海文化界救国会、上海妇女界救国会、上海职业界救国会、上海各大学教授救国会、上海国难教育社联合创办由马相伯题写报头的《救亡情报》创刊号出版。第1张1版“救亡言论”发表王造时的《认识敌人的目的》。第2张6版发表《上海各界救国联合会对五月纪念节宣言》。

▽ 《与远东梧社记者谈访桂打算》，系陶行知乘轮船去贵县前于广西大学公园接见记者的报道。原载5月9日南宁《民国日报》第8版，全集第11卷。

5月7日（农历闰三月十七日，周四）

△ 陶行知与李宗仁一行，由梧州到达贵县。

5月8日（农历闰三月十八日，周五）

△ 陶与李宗仁一行乘专车由贵县到达南宁。白崇禧、马君武、盘珠祁、黄旭初等来接。

▽ 《与南宁民国日报记者谈访桂计划》，访谈中说：“始终主张教育与抗日救国运动应打成一片”，原载5月9日南宁《民国日报》。全集第4卷。

▽ 《与南宁民众社记者谈赴桂任务》，系于南宁乐群社接见记者的报道。原载5月9日南宁《民国日报》，全集第4卷。

5月9日（农历闰三月十九日，周六）

△ 法国哈瓦斯电讯发表冯玉祥向英国工党机关报《每日民声报》记者的谈话指出：中国当以武力抵抗日本侵略，在势已无可避免。“(一) 中俄两国缔结同盟；(二) 爱国运动与反日运动均当加以扩大；(三) 公民自由权利当加保障；(四) 组织并武装中国民众；(五) 共产党乃日本死敌，政府当停止讨伐。”对日本之对华政策，冯谓：“中国可因此而沦为日本殖民地，中国爱国者唯一目标，厥在抵抗侵略而已。”

△ 广东、广西当局准备出兵湖南抗日，是为“两广事变”之前兆。

△ 巴黎《救国时报》致函文化界救国会，报告向侨胞为救国会募捐的情况。

5月10日 (农历闰三月二十日，周日)

△ 陶行知上午到广西普及国民基础教育研究所、邕宁县国民中学讲演。下午到南宁平南村幼稚师范班讲演。陶后来写了《送平南诸友》，讲述了当时的感受。

▽ 《正确对待评论》原载5月13日南宁《民国日报·铜鼓》。全集第11卷。这是陶在幼稚师范班讲演前，他的学生孙铭勋先来介绍陶行知，陶演讲前对孙的介绍作的简评。

5月11日 (农历闰三月二十一日，周一)

△ 陶行知应白崇禧之请，上午到广西军官学校演讲《中国民族的解放运动》，下午应中国国民党广西省党部邀请，在党部大礼堂向派往各县负责的党务人员和省党部工作人员演讲《中国的出路问题》。陶指出“唯一的只有全国民众武装起来，对日抗战”。

▽ 《中国的出路问题》，原载5月12日南宁《民国日报》，全集第11卷。

5月12日(农历闰三月二十二日，周二)

△ 国民党五届中执会常务委员会主席胡汉民因突发脑溢血病逝广州，终年58岁。

5月14日（农历闰三月二十四日，周四）

△ 陈济棠13日派其兄陈维周去南京谒蒋。蒋对陈说：“中央将对桂系用兵，但维持广东之现状，盼将此意向伯南（即陈济棠）妥为转达。”陈返广州还对陈济棠说：我此次见蒋满脸晦气，断难过民国廿五年，应是你取代蒋的时候了。

△ 桂方代表白崇禧往访陈济棠，陈要立即宣布抗日反蒋，白大吃一惊。

△ 陶行知在南宁维新镇中心小学讲《小先生制的历史》。

5月15日（农历闰三月二十五日，周五）

△ 陶行知上午应广西武鸣县政府之请，到武鸣中学演讲，演讲前有与该校校长对话。下午在武鸣公共体育场演讲《中华民族的出路》。

▽ 《和民族解放运动配合的中等教育》，系和广西省立武鸣中学校长的对话，指出中等学校从事救亡运动可以做四件事：一、要有时事讨论会；二、要教育大众；三、中学课程的根本改造；四、真的军事教育。原载7月1日《生活教育》第3卷9期，全集第4卷。

▽ 《中华民族的出路》，原载5月19日南宁《民国日报》第6版，全集第11卷。

5月16日（农历闰三月二十六日，周六）

△ 陶行知6时30分对南宁市中学生四千余人演讲，9时30分在省政府大礼堂对全体党政军公务员演讲。演讲中介绍了第一次会晤胡汉民的情况，下午5时参加广西各学术机关公宴。马君武致词：陶“唯以见嫉当道，故尔南下游览”。陶致答词：“抗日救

国为唯一出路。”

▽《中国的出路》，系以上两次同题讲演，记录者莫邪。莫邪评论：这是真诚的人讲真诚的事。载南宁《民国日报》5月29、30日，全集第4卷。

▽《抗日救国为唯一出路》，系下午5时在广西各学术机关公宴上的答词。原载5月17日南宁《民国日报》，全集第11卷。

▽《算错了账》，指责国民大会分配东北五省市只有23名代表，按最少的省份每省10名计算，就少了27名。5月16日《生活教育》3卷6期刊载。全集第4卷。

▽《叶诚一先生的教育主张》，指出只要放弃愚民政策，“教育便如同新鲜空气一样，人人得而呼吸了”。5月16日《生活教育》第3卷6期刊载，全集第4卷。

5月17日（农历闰三月二十七日，周日）

△陶行知上午对广西妇女救国会和广西学生救国会的全体委员、职员演讲：《今日需要有统一联合的抗日救国阵线》，继应邕宁县政府邀请在维新镇中心校礼堂，对全市小学教职员演讲：《大众教育与小学教师的任务》，广西省教育厅长雷沛鸿陪同。中午对南宁市小先生团演讲《小先生的责任》，由小先生王介主持。下午在广西新文字研究会欢迎会上演讲《新文字问题》，由广西新文字研究会副总干事唐文粹主持，晚7时，参加南高、东大、金大、晓庄四校同学23人在乐群社举行的欢迎会并在会上发言，唐现之主持。据唐现之在茶叙结束时讲，从早上6时半到晚上7时已是第七个演说。可惜这里只记了五次。

▽《今天需要有统一联合的抗日救国阵线》，指出“现在胡先生不幸逝世，希望各位在李总司令领导之下，自动组织起来，武装起来，积极抗日救国”。原载5月18日《民国日报》，全集第4卷。

▽《大众教育与小学教师的任务》，明确大众教育是大众所

有的教育，是大众所办的教育，也就是为大众解除痛苦、为谋大众利益的教育。原载5月18日南宁《民国日报》，全集第11卷。

▽《小先生的责任》，原载5月18日南宁《民国日报》，全集第11卷。后来写有《广西小孩》诗。

▽《新文字问题》，原载5月18日南宁《民国日报》全集第11卷。

▽《在乐群社迎陶荼叙上的发言》，原载5月22日南宁《民国日报》，全集第4卷。

5月18日（农历闰三月二十八日，周一）

△ 陶行知对南宁《民国日报》关于他对妇女界救国会讲演的报道有异议，写了一个更正的启事：《我和女工们讲的话》。行将结束广西之行，写了《葫芦歌》。

▽《我和女工们讲的话》，指出大众解放和民族解放是一个不可分开而互相帮助的运动。原载5月22日南宁《民国日报》，全集第4卷。

▽《葫芦歌》，全集第11卷据手稿编发。

5月19日（农历闰三月二十九日，周二）

▽《借重新文字以唤起大众参加伟大的民族解放战斗——致黄芝冈》，全集第8卷。

5月20日（农历闰三月三十日，周三）

△ 陶行知与李宗仁同乘飞机返广州，吊唁胡汉民逝世。

5月21日（农历四月初一，周四）

△ 周恩来在中共中央党校作《论中国的抗日人民统一战线》的报告。

5月23日（农历四月初三，周六）

△ 蒋介石派居正、孙科、王宠惠等八位中央委员赴广州祭吊胡汉民。王宠惠、孙科向陈济棠提出五个条件，实际上是把陈济棠的权夺了。陈认为与其坐以待毙，不如先发制人，树旗反蒋。

△ 广西文化界救国会成立。马君武、李任仁为筹备员。加入者千余人。

5月24日（农历四月初四，周日）

△ 刘少奇在天津写《民族解放的人民阵线》提出："狭隘与不广泛，是促成人民阵线的最大障碍"，希望韬奋将要创办的《生活日报》及《生活星期周刊》成为救国人民阵线的指导者与组织者，成为千千万万各种各色群众的权威的刊物。

△ 广西南宁妇女救国会在公共体育场举行成立大会。

5月25日（农历四月初五，周一）

△ 全国各地举行公祭胡汉民，李宗仁、陶行知参加广州的公祭。

△ 梅世钧的父亲梅耀宗致函文化界救国会："我应该磨拳擦掌牺牲我自己的生命为我的儿子复仇"。

5月27日（农历四月初七，周三）

△ 上海学生救国会正式成立。

△ 晚7时半，陶在广州中山大学礼堂主持"中山大学新文字讨论会"，会上回答大家的提问，发起组织"中大员生新文字研究会筹备会"。会上即请陶为经常顾问。

▽ 《在中山大学新文字讨论会上答问》，原载6月3日《国立中山大学日报》，摘自黄焕秋的《新文字讨论会笔记》一文。全集第11卷。

5月28日（农历四月初八，周四）

△ 张闻天主持召开中共中央政治局会议，讨论军事行动问题，其中提到要在红军内部加强统一战线政策的教育。

5月29日（农历四月初九，周五）

△ 全国学生救国联合会在上海成立。代表共28位，包括全国17个城市和广西全省学生救国联合会的代表。据筹备经过报告指出："除了广西以外差不多没有一个地方不受到当地当局的压迫。其他普遍的阻碍是教育汉奸的摧残和一部分不肖学生的捣乱。"

5月30日（农历四月初十，周六）

△ 上海各界救国联合会发表通电：为"五卅"十一周年纪念告民众书，要求政府立即出兵，发动抗日战争。

△ 纽约学生抗日会请陈翰笙演讲"东北抗日运动"，当晚选举以下新职员：陈东原，侯玉香，另三位女士：盛芳、周之谦、朱丽来。陶去美曾与他们共同工作。

5月31日（农历四月十一日，周日）

△ 在宋庆龄、马相伯、沈钧儒、陶行知、章乃器的号召下，全国各界抗日救国联合会在上海召开。18个省市的60多个救亡团体的代表出席。各地方实力派和冯玉祥、李宗仁都有代表参加大会，大会主张各党各派合作抗日救国。第一天通过成立大会宣言。

△ 广西南宁小先生救国会成立。这是17日在欢迎陶行知先生的会上作的决定。

△ 中共中央北方局在机关刊物《火线》上发表文章：《我党在两广的任务》。文章提出对两广统治者的态度和策略指出：

"我们这一切策略的目标，是要动员两广一切民众与一切的力量去反对目前中国最主要的敌人——日本帝国主义及蒋介石，为着达到这一目标，我们可以而且应该与广西以至广东的政府建立暂时的合作，在两广反蒋战争爆发时，我们应该援助这种战争以至扩大到胜利”。

6月1日（农历四月十二日，周一）

△ 以中华苏维埃人民共和国中央政府主席毛泽东、中国人民抗日红军革命军事委员会主席朱德的名义发出布告，向全国人民、党派团体、军队提出救国救军主张二十条。

△ 全国各界救国联合会成立大会继续举行。昨天大会通过的宣言向各党各派建议：

（一）各党各派立刻停止军事冲突；

（二）各党各派立刻释放政治犯；

（三）各党各派立刻派遣正式代表，人民救国阵线愿为介绍，进行谈判，以便制定共同抗敌纲领，建立一个统一的抗敌政权；

（四）人民救国阵线愿以全部力量保证各党各派对于共同抗敌纲领的忠实执行；

（五）人民救国阵线以全部力量制裁任何党派违背共同抗敌纲领，以及种种一切足以削弱抗敌力量的行动。

今天大会首先讨论并通过《抗日救国初步政治纲领》，纲领的“五，教育”，“十一，儿童”两项，是陶行知起草的。通过后即由十九路军蒋光鼐、蔡廷锴报告，他们认为：“十九路军根据过去淞沪抗日的经验，证明三日亡国论实在是汉奸的理论。从淞沪抗日中，也更知道民众力量的伟大。十九路军同仁，即现在还继续着抗日反汉奸的主意，决不屈服于日本帝国主义。十九路军向大会提议，大会应立即号召人民，要求停止内战，全国对日作战。”最后选举执行委员。陶行知当选为执委之一。

△ 西南执行部和西南政务委员会举行联席会议，决议令第一、第四集团军北上抗日。陈济棠、李宗仁发出通电，表示“黄

河以北，寸土不予敌人。”誓率所部“为国家雪频年屈辱之耻，为民族争一线之机”。

[粤桂联合“抗日反蒋”，今日正式开始，史称“六一运动”或“六一事变”。李宗仁后来回忆说：“在当时不明内幕的人看来，以为两广以假抗日之名，对中央用兵。其实，一看‘冬’、‘支’两电的内容，就知道我们所要求的，只是由中央出面，正式领导抗日，西南当局无对中央作兵谏的行动，也无用兵的意图，大家只是发一个抗日通电，做个样子而已。当时中央若置若罔闻，或与西南电战一番，此事也便消灭于无形，而我们也算慎重地应付了陈济棠这次的妄动。不料中央谋粤已久，反间工作做得十分有效。‘六一’运动的发动，正予蒋氏以打击陈济棠的机会。”]

△ 上午8时，国民党广西省党部举行扩大纪念周，到会六千多人，白崇禧呼吁抗日救国，希望中央能够领导民众一致起来抗日救国，若中央不起来对日抗战，我们广西民众也要首先发动民族革命对日抗战。黄旭初宣布：“自今天起，以后不单是口头的宣传抗日，更要正式的全国总动员抗日。”

▽ 《广西小孩》，闻广西小先生救国会成立，回忆5月17日南宁小孩座谈会而写。原载1947年大孚版《行知诗歌集》，全集7卷。

▽ 《抗日时期的教育和儿童问题》，系《抗日救国初步政治纲领》的第五、第十一部分。原载6月14日《救亡情报》第6期。全集第11卷。

▽ 《新大学——大众的大学》，原题《新大学》，讲大众教育中的大学。原载6月1日《生活教育》第3卷7期，全集第3卷379—381页。

6月2日（农历四月十三日，周二）

△ 西南执行部以“冬”电请南京国民党中央准予“北上抗日，收复失地”，并改称所辖军队为“抗日救国军西南联军”，同时，分途向湖南出兵。

△ 广西工界救国会正式成立。

△ 广州国立中山大学正式成立广东省新文字研究会。陶行知以该会经常顾问名义与会并发表演说。

▽ 《在广东省新文字研究会成立大会上的演词》再一次阐明个人和大众的关系：“我们要把自己的生命，放在大众的生命里，个人的生命才有意义。”原载7月17日广州《民国日报·教育周刊》第40期，全集第4卷。

6月3日（农历四月十四日，周三）

△ 广西各界抗日救国会在南宁成立。

▽ 《自桂回粤嘴被封锁》，原题为《沙漠归来》。全集第7卷。讲述“六一事变”在广州的情形。粤桂不一样，自己生活已转入地下状态。

6月4日（农历四月十五日，周四）

△ 陈济棠、李宗仁、白崇禧再次通电南京：“请准许出兵北上抗日。”是为“支”电。

△ 广东民众两万人举行大会反对日本增兵华北。

▽ 《三姊妹》，三姊妹即吴树琴、沈德华、黄彤麟。陶行知开始转入地下，更加想念三姊妹。全集第7卷。

6月5日（农历四月十六日，周五）

△ 宋庆龄致函救国阵线领袖，充分支持救国会的纲领和宣言。

△ 两广军队向湖南进兵。陈济棠单衔电蒋，吁请出兵抗日。

△ 广西商人救国会正式成立。

△ 陶行知获广东省警察局第302958号签证，填有“1893年11月10日生于中国安徽”字样，有效期止于1939年6月4日。目的是研究教育状况，职业是教授和编辑。取得签证后，即去香港。

▽ 《听众心中的我》。根据参加5月7日及6月2日新文字讨论会一位听众之报告而写的自我小影。全集第7卷。

6月6日（农历四月十七日，周六）

△ 香港华侨教育会，上午九时半在娱乐戏院举行庆祝第三届教师节典礼，与会达千人。由陈铁一主持并发表宣言：“现阶段的民族教育运动，即是国难教育运动。用教育的力量来启发训练整个民族，使整个民族都觉醒从事于民族生存的斗争。……什么是国难教育？第一，国难教育必须是大众的；第二，国难教育必须是反汉奸的；第三，国难教育必须是实践的。”

▽ 《闹钟——为香港三日刊作》，全集第12卷。

▽ 《枪炮保护洋货》，全集第12卷。

6月7日（农历四月十八日，周日）

△ 上午十一时半，陶参加香港各界团体举行追悼胡汉民大会。大会议决通电国民政府，请求实行胡氏生前救国主张，以慰胡先生在天之灵。

△ 韬奋创办的《生活日报》和《生活日报星期增刊》创刊，陶行知是主要撰稿者。刘少奇的文章在创刊号上发表。

▽ 《广西山水进行曲》，这是对两广举兵北上抗日的反映。原载6月7日《生活日报·前进》创刊号，全集第7卷。

6月8日（农历四月十九日，周一）

△ 李宗仁在西南执行部及政委会总理纪念周上作抗日救国的政治报告。广西各界救国会在体育场正式成立，会后四万余人举行大示威。

△ 蒋介石在国民党中央总理纪念周上阐述“两广事变”，并提出：“请开二中全会，解决两广问题。”

△ 毛泽东对红色中华社记者发表关于两广事件的谈话，指出，“西南抗日反蒋的军事行动，客观上是革命的与进步的行动，虽然这中间还不免有个别分子夹杂有权位、地盘等不正当的动机”。“吾人更希望西南的领袖能彻底执行抗日救国的纲领，将两广造成抗日救国的根据地”。

△ 陈济棠的代表杨德昭［杨系第一集团军驻南京中将衔代表，1933年任广东百侯中学董事长，1934年10月18日陶行知曾与商谈任薛代旦为百侯校长事］到南京向蒋介石说明广东近况。两广军进抵湖南郴县。

▽ 《送给平南诸友》，记述到广西、回广东的生动情景。全集第7卷。其中《小媳妇讨扇》一节，原题《送芭蕉扇》，载《生活日报》第10号。

▽ 《嫁女儿》，写给李宗仁夫人郭德洁的。诗中第一次提到夫人汪纯宜逝世事。陶借题提倡广西拉丁新文字。全集第7卷。

6月9日（农历四月二十日，周二）

△ 两广军进逼湖南衡阳，与蒋军发生激战。蒋介石电陈济棠、李宗仁息兵。广西入湘兵力已达三师。

△ 毛泽东同林育英、张闻天致电朱德、张国焘通报两广反蒋情况，还说“拟派重要代表南下联络，并做到互相配合”。后来派云广英以红军代表名义去了南宁。

▽ 《题隔夜牡丹》，寓意垂死的俄国沙皇尼古拉。原载6月9日《生活日报·前进》第3号第7版，全集第7卷。

6月10日（农历四月二十一日，周三）

△ 蒋介石两个军开抵衡阳。白崇禧遂令到达祁阳大营市的广西部队停止前进。粤军陈济棠部在郴县停留待命。

△ 国民党中执会常务委员会第14次会议在南京召开。会后，蒋介石再电陈济棠、李宗仁、白崇禧撤回入湘部队。

△ 军人救国同盟会发表告全国武装同志书，号召全国军人自动联合起来一致抗日！

▽ 《新大学》，注明大德是大众的德，有三层意义：一为觉悟；二为联合；三为争取解放。原载6月10日《生活日报·前进》第4号，全集第7卷。

6月11日（农历四月二十二日，周四）

△ 西南执行部发出“真电”，对蒋介石10日所谓“统一方能御侮”加以驳斥，揭露蒋无御侮之心。陈济棠、李宗仁通知国民党中执会政治委员会，谓南方军现已全部北上。前锋部队抵衡阳城郊，停兵静观局势发展。电请“迅予指定北上路线，集中地点并充分供给饷械，庶期内外一心，同匡大难，定倾扶危，端在斯举，临电不胜迫切待命之至”。同时通告全国。

△ 白崇禧主张在广州成立抗日政府，以期扩大影响，争取国人同情。此事由李宗仁提出，陈济棠考虑经日。最后陈只同意成立“抗日救国军事委员会”，并自任为委员长，李宗仁副之。

△ 胡适为6月14日天津《大公报》写星期论文：《亲者所痛，仇者所快！》速告两广的领袖诸公：“抗敌救国的第一个条件是要在一个统一的政府之下造成一个统一的民族国家。”“如果他们真要掮着抗外的题目作推翻中央政府的叛乱行为，我们当然应该主张中央明令讨伐。”

▽ 《飞行有感》，指5月20日陶与李宗仁同乘飞机自南宁飞往广州。诗中批判胡适1935年1月20日由柳州飞往桂林写的《桂游小赞》。原载6月11、12日《生活日报·前进》第5号。全集第7卷。

6月12日（农历四月二十三日，周五）

△ 李宗仁、白崇禧为使全国民众明了广西省发动北上的唯

一目标是抗日，反对一切内战，特由抗日救国第四集团军总政训处印制告民众书交由北上部队张贴散发。欢迎一切抗日民众力量，加入抗日救国的民族革命战线。

△ 中央军南下与西南军开始冲突。两广军为避免内战，已下令向粤桂边境撤退。

△ 张闻天在瓦窑堡主持召开中共中央政治局会议，主要研究西南事变及整个形势发展的问题。周恩来在会上报告事变情况，分析事变爆发的原因。毛泽东发言指出：西北是抗日的大本营，西南事变的发动，对西北也起了作用。我们的口号，我们的重心是抗日，请蒋出兵，以扫除日本障碍。蒋介石在群众中还有欺骗作用。我们的办法是坚决驳斥胡适之的亦即蒋介石的民族改良主义的言论，指出蒋介石的政策是卖国的政策。要广泛宣传抗日救国大会，以对抗蒋介石的国民大会。要使西南从不是武装民众抗日变为武装民众抗日。会议决定中共策略是：（一）支持两广提出的北上抗日，反对蒋派兵南下；（二）用召开救国会议来反对国民党的五届二中全会；（三）号召全国抗日，实现西北大联合。

△ 以中华苏维埃人民共和国中央政府主席毛泽东、中国人民红军革命军事委员会主席朱德的名义发布《为两广出师北上抗日宣言》，对两广事变表示支持。

6月13日（农历四月二十四日，周六）

△ 潘汉年在香港和救国会成员陶行知、邹韬奋，十九路军将领陈铭枢、蒋光鼐，李宗仁在香港的代表人物王公度、刘仲容、黄皓明，以及梅龚彬、钱铁如、柯灵、叶挺等进行了广泛接触，向他们介绍了共产国际关于建立国际反法西斯统一战线的方针以及“八一宣言”关于建立广泛的抗日民族统一战线政策。

△ 全国民众纷起呼吁抗日救国，南北均举行广大的民众示威。北京方面虽处于敌人及汉奸武力高压下，而各校青年学生仍再接再厉，举行示威游行，反对日本侵略中国，反对内战。同

时，西南北上抗日救国军虽已开始撤退，而广州市民则在当局指导下，举行抗日救国大游行，参加者10万人。

△ 广西梧州妇女救国会于上午8时成立。

△ 蔡廷锴发表谈话："如西南真的为国家民族而出师抗日，则中央自应接受西南之冬电，共同一致对日作战。""兄弟素爱和平，不愿中国人打中国人，亦不愿打外国人，除非外国人来侵略我们。"

6月14日（农历四月二十五日，周日）

△ 张闻天主持召开中共中央政治局常委会议，会议决定中央撤出瓦窑堡，并进一步讨论了西南事变问题。

▽ 《文化解放》，原载6月4日《生活日报星期增刊》第2号，提出文化解放的认识、工具、方法、组织、时间以及新文化创造六个方面的解放。全集第3卷。

▽ 《广州"六一四"的民众运动》，"六一四"应为"六一三"，这是根据《生活日报》第8号第1页头条新闻所写，揭露广东当局的假民众运动。广州中山大学学生司徒颜曾有函致邹韬奋："六月十三日的广州市民抗日大示威，号称参加者十万人，实际上却是由当局每人三毛钱的代价，收买街上贫民及乞丐来凑热闹。"全集第7卷。

6月15日（农历四月二十六日，周一）

△ 蒋介石一方面下令双方军队停止前进，嘉勉西南当局能接受中央的劝告；一方面又遣将调兵向南推进。中央军，除原有防军外，其余一律回师，以免引起误会。

△ 张闻天在中国抗日红军大学作题为《西南问题与我们的态度》的报告。

▽ 《写给青年斗士们》，为广州"六一三"抗日大游行的青年斗士们写。原载6月15日《生活日报·前进》第9号，全集第7卷。

6月16日（农历四月二十七，周二）

△ 上午10时，西南政委会开第227次会议，陈济棠主持，商讨应付时局意见，各人对中央大兵南下压迫粤桂，甚为愤激，并提出应付办法。

△ 西南执行部及政委会联衔致电中执委监察委员会，请实施二事：一曰保障爱国言论；二曰解放人民团体，以共同效力于抗日救亡之工作而不受阻挠。

△ 蒋介石电陈济棠有缓粤逼桂趋势。中央军对西南军事部署仍取闽、赣、湘、黔四省连成大包围形势。双方戒备都非常森严。

▽ 《联起来想》，原载6月16日《生活教育·行知行谈》第3卷第8期，全集第4卷。提出一个重要的观点：要把一切有关系的事联起来看，联起来干。

▽ 《民族解放与大众解放》，再次就5月17日在南宁的演讲说明：民族解放和大众解放是一个不可分开的大革命。原载6月16日《生活教育·行知行谈》第3卷第8期，全集第4卷。

6月18日（农历四月二十九日，周四）

△ 中共中央发出《关于两广出兵北上抗日给二、四方面军的指示》，指出两广的发动是抗日讨逆的大规模的民族革命战争的新阶段开始的标志。

▽ 《送〈生活日报〉》，原载6月18日《生活日报·前进》第12号，全集第7卷。

6月19日（农历五月初一，周五）

△ 国民政府应付西南时局，决定采取军事政治双管齐下政策。胡宗南被委为湘南前线各部指挥官。

△ 李宗仁电白崇禧，命其全权统率广西军务。

▽ 《一件大事》原载6月19日《生活日报·专论》第13号，全

集第4卷，评论西南执行部及政委会给中央执行委员会监察委员会发的电报。

△ 刘少奇以“莫文华”署名写：《人民阵线与关门主义》，参加《生活日报星期增刊》的讨论。文载该刊第1卷第6号信箱栏内，再次论述关门观点成了一切救国先进分子中之主要危险。

6月20日（农历五月初二，周六）

△ 中共中央发出《致国民党二中全会书》：“只要你们立即停止进攻红军和苏区，立即动员全国对日抗战，并实行民主自由与制裁汉奸，我们和红军不仅不妨碍你们抗日，用一切力量援助你们，并愿和你们密切合作”。信中还支持西南的抗日行动，表示愿意与西南诸领袖合作；呼吁南京政府将军队开进华北对日作战。

△ 陈济棠、李宗仁、白崇禧通电全国将士，请一致奋起抗日，批判反对抗日的四种谬论：一曰准备未足；二曰时机未至；三曰先安内而后攘外；四曰武器不如敌。

△ 蒋介石再电李、白，限电到日一周内将桂军完全撤回原防，以齐一救国步骤，并希最后觉悟。

△ 广西为增强实力，特罗致前淞沪抗日的十九路军将士，扩编部队三师，定名为广西抗日救国军。

△ 陶行知参加晚上香港民众歌咏会在青年会露天体育场举行歌咏大会。参加歌唱的会员四百余人，听众三千余人。歌咏会由青年会何德安领导。

▽ 《还是不多》，记参加歌咏大会的感想。全集第7卷。

6月21日（农历五月初三，周日）

△ 全国各界救国联合会为时局致南京政府紧急通电，万望政府立即领导全国对日抗战。上海各界救国联合会晋京请愿团发布口号请政府立即对日宣战，请政府接受西南抗日主张，争取救

国自由，拥护全国各界救国联合会。

▽《民众运动》，指出民众运动是越公开越有力量。原载6月21日《生活日报星期增刊》第1卷第3号，全集第4卷。

▽《枪杆向北》，“北”指东北、华北。全集第7卷。

▽《枪杆向外》，原载6月21日《生活日报·前进》第15号，全集第7卷。

▽《苍梧扇》，即广西梧州出产的芭蕉扇。原载6月21日《生活日报·前进》第15号，全集第7卷。

6月22日（农历五月初四，周一）

△中央军胡宗南、薛岳各部汇集湖南。赣南前线形势趋紧，陈济棠调大军增防闽边、东江。

▽《抵抗论》，批判对日本的退让。原载6月22日《生活日报·前进》第16号，全集第4卷。

6月23日（农历五月初五，周二）

△中央军先头部队由祁阳移动向南推进，与桂军夏威部集五师之众于永州对峙。

△两广组成独立于南京的“军事委员会”，以陈济棠为委员长、李宗仁为副委员长。并由陈兼任“抗日救国军联军总司令”，李兼副总司令。白崇禧任前敌总指挥。

△西南政务会议常委为陈济棠、李宗仁、肖佛成、林云陔、唐绍仪、邹鲁。唐、邹在假期中，故增加罗文干为常务委员。

△正午12时在广东省大礼堂陈济棠就任国民革命抗日救国军第一集团军总司令新职，由刘芦隐监誓。陈济棠致答词：（一）非抗日无以图存；（二）请蒋介石领导抗日。

▽《答奉然小姐》，原载6月23日《生活日报·前进》第17号，全集第7卷。〔这位奉小姐即董慧（1918—1979），出生在一位爱国的实业家庭，其父董仲维是香港道亨银行的董事长并被选为香

港商会的会长。她遇见陶行知时正在广州培道中学读书，并担任学生会的宣传部长，从事抗日救国运动。1937年进入延安抗大学习。1939年被派往香港，在潘汉年的领导下从事秘密工作，后与潘汉年结婚。1940年至1943年，她负责地下机关管理经费收支，传送经内部包装或密写的材料，包括请示和指示文件等繁杂的工作。她一直是潘汉年的助手。以后随着潘汉年冤案备受折磨，1977年4月14日她送走了被隐名埋姓的丈夫，1979年2月14日，她自己也离开了这苦难深重的人世，与潘汉年“生不同床死同穴”。]

6月24日（农历五月初六，周三）

△ 陈济棠、李宗仁日夜与西南各政要商决，通电全国召集各方抗日将士及海内外同志，南来另组西南最有力政府、有力的军事机关，主持抗日军略，再行出师北上抗日。

▽ 《一块煤炭》，寓为燃起革命烈火。原载6月24日《生活日报·前进》第18号，全集第7卷。

6月25日（农历五月初七，周四）

△ 西南中委肖佛成、陈济棠等卅人联名电中央执行委员会、监察委员会提出五议案，请由中常会决定为二中全会主要议题：

（一）立即宣布对日断绝国交案；

（二）废除九一八以来一切对日屈辱协定案；

（三）立即以武力制止日本违反辛丑条约增兵平津案；

（四）保障爱国言论、恢复民众爱国运动案；

（五）由中央领导实行全国总动员，对日抗战案。

△ 李宗仁、白崇禧派员赴港，邀请民族革命同盟以及十九路军将领入桂协商抗日大计。

▽ 《诗人？》原载6月25日《生活日报·前进》第19号，全集第7卷。

▽ 《九龙仓的小孩》，全集第7卷。

6月26日（农历五月初八，周五）

△ 国民党中央对西南下最后通牒，限令克日停止军事行动，否则军事解决。

△ 陈济棠、李宗仁、白崇禧电由港转赴苏联的陈铭枢，望能在国际上对西南抗日作有力之宣传。

6月27日（农历五月初九）

△ 陶宏、张宗麟访问冯玉祥，一谈西南之事；二为陶行知到英国事求助，冯说有办法。

△ 全国各界救国联合会华南分会（何思敬领导，简称华南救国会）致电蒋介石，望当机立断，目前国内一切纠纷唯有抗日可以解决。广东各民众团体聚会，商约推派代表晋京向二中全会请愿，请中央领导出师抗日。

6月28日（农历五月初十，周日）

△ 国民党中常会副主席蒋介石在中央党部召开紧急会议，商讨讨伐粤、桂步骤：（一）由全体中委再电陈、李、白，令克日停止军事行动；（二）由蒋介石统筹讨伐之军事计划；（三）拟发告全国民众书。

△ 著作人协会在上海成立。陶行知在成立宣言上签名，签名者达140人。

▽ 《大众歌曲与大众唱歌团》，原载6月28日《生活日报星期增刊》第1卷第4号。全集第3卷，原题为《从大众歌曲讲到民众歌咏团》。

▽ 《大烟香》，香港街上闻烟有感。全集第7卷。

6月29日（农历五月十一日，周一）

△ 李宗仁就任抗日军第四集团军总司令，就职典礼在广州纪念周后举行。广东省主席林云陔监誓，李宗仁致答词：力言决心运用广西全省的武力及物力实行抗日以救中国。出师抗日不能再延迟，否则国运益不可救，抗日军负有两种使命，（一）抵抗日人之侵略，（二）驱除一切抗日之障碍。

△ 宣侠父为组建新十九路军四处奔忙。李济深将宣侠父推荐给李宗仁、白崇禧，李、白委任宣作参议。李济深还推荐谢和赓作白崇禧之秘书。宣、谢均系冯玉祥向李济深介绍的。

△ 据冯玉祥日记记载：冯借来大洋二千汇往香港，为陶行知去英国。“财政极困难，然助人为乐之事不敢稍怠也。”关于西南事件，冯说：一、抗日，二、服从中央，三、对地方须解除困难。

6月30日（农历五月十二日，周二）

△ 西南向中央提出之抗日主张，蒋介石以牺牲仍未至最后关头，决拒绝接纳。

▽ 《再到广州》原载6月30日《生活日报·前进》第24号。全集第7卷。

▽ 《孙宅的邻居》，全集第7卷。

7月1日（农历五月十三日，周三）

△ 西南执行部、政务会两机关，通电全国各报馆、各救国会、各大学校、各界团体名流学者，请组织调查团调查粤桂两省的抗日真相。

▽ 《争取时间》，“时间的解放是顶急需的解放。”原载《生活教育》第3卷9期。全集第4卷。

7月2日（农历五月十四日，周四）

△ 张闻天在致电博古中通报：“去西南的人已派出。”指派

云广英，化名林秀先，带了电台密码，以红军代表名义，通过华北局在天津与桂系的联络关系去广西。云广英几经周折到达广西已是8月间的事了。

7月3日（农历五月十五日，周五）

△ 行政院发言人谈，中央对西南决宽大处置，没有用兵的必要，目前双方正磋商解决办法中。中央对日和与战，须待二中全会决定。

7月4日（农历五月十六日，周六）

△ 南京政府秘密收买粤空军叛离陈济棠，粤空军飞机48架飞在南昌降落，宣称效忠南京政府。

△ 二中全会在即，西南决定派员出席，冯玉祥、李烈钧等主张接受西南五项决议，韩复榘亦有和平息争的提案。

7月5日（农历五月十七日，周日）

△ 广西省民众救国会小学生抗日救国请愿代表团一行20人于6月26日从南宁出发，30日经广州到达香港。大部分团员是南宁县各国民基础学校的学生，他们是：田玉华、熊香儿、熊镜儿、雷永秀、谢爱荣、谢惠珠、范翠环、董爱莲、刘秀珍、陈丽珍、马如森、区用强、李芬、余壬生、李日荣、陈针辉、葛支南、姚绍强、赖明、颜兆夏。

▽ 《树下谈话记——怎样才可以做一个前进的青年》，原载7月5日《生活日报·星期增刊》第1卷第5号。全集第3卷。

7月6日（农历五月十八日，周一）

△ 陈铭枢在国外再电陈、李、白：抗日救国亟应有实际行动，联合各党派，开放民众，召开救国大会，俾国内外明了真相，翕然风从等。

△ 香港《生活日报》发表方直短评：欢迎小先生。上午12时在九龙糖果公司支店举行茶话会招待香港的新闻记者。小先生马如森主持招待会。他们是向西南和中央请愿，请示出兵抗日，行程是由上海、南京到天津、北平，折回经河口回广西。粤赴京请愿团一行三百余人在港受阻已三日，中央曾电停止北上。

7月7日（农历五月十九日，周二）

△《生活日报》刊登一则由国民党中央委员、组织部副部长张冲化名黄毅刊登的寻人启事："叔安弟鉴：遍访未遇速到九龙酒店一叙。兄黄毅。""叔安"是潘汉年曾经用过的一个化名。潘立即去会见张冲。张冲是受陈果夫、陈立夫之托邀请潘汉年去南京，7月中旬潘随张去南京，先由曾养甫联络，要潘在取得国内中共中央和红军方面正式谈判代表资格后再到南京与二陈会谈。

▽《擦皮鞋的孩子——亲眼所见》，原载1946年6月22日《唯民周刊》第12期。全集第7卷。

7月8日（农历五月二十日，周三）

△ 蒋介石再次收买瓦解陈济棠的粤军，第一军军长余汉谋通电拥蒋。

△《上海职业界救国会会刊》第一号发表《西南动员抗日的再检讨》的时事讨论题的五个要点：（一）到现在为止，并未发现西南行动不妥的地方；（二）西南军队的一度后退，主要是不愿与中央起冲突。以便积极准备向各方面的实力派联络共同走上抗日的道路；（三）西南民众运动的开展还不至于引起日本与西南的冲突；（四）期望国民党二中全会不要是一个敷衍或者假借命令的集会；（五）不要煽动再造内战的舆论。这是6月27日晚该会理事会讨论的结果。

▽《广西小孩问》，为广西民众救国会小学生抗日救国请愿

代表团北上受阻滞留香港而写。全集第7卷。

▽《送给唐纳先生》，原载7月8日《生活日报·前进》第32号，批评唐纳欲为蓝苹而死，“死得不干净”。全集第7卷。

7月9日（农历五月二十一日，周四）

△全国各界救国联合会为要求政府即日对日抗战，停止耗损实力的内战，决定推派沈钧儒、章乃器、史良、彭文应、沙千里五人于9日夜车从上海出发去南京，向二中全会请愿。并决定在京招待新闻界，以扩大救国宣传。代表团议决向二中全会请愿各点：第一，要求准许代表团在大会发言五分钟；第二，要求大会议决立即对日抗战；第三，要求大会议决开放民众救国运动，保障言论、出版、集会、结社自由，并释放政治犯；第四，停止内战。

△据冯玉祥日记记载：“早六点多，介石来宅，一同乘车往飞机场阅兵。途中我说：今日是全国的大纪念日，亦为你的大纪念日。在今日看两广各将领，实非部下亦受指挥者，情为同志，义为兄弟，从枪林弹雨中过来之友朋，但能宽大为怀，还请万分致力于和平，因环境过于恶劣也。”（纪念日指誓师北伐十周年纪念日）

7月10日（农历五月二十二日，周五）

△中国国民党第五届中央执行委员会第二次全体会议在南京开幕。全国各界救国联合会请愿代表团抵达南京。

△陶行知把散见于《生活教育》、《大众教育》、《生活日报》上面有关中国大众教育的文章系统地编辑成《中国大众教育问题》一书，作为上海大众文化社出版之大众文化丛书之一。

▽《致谢》，原载1936年11月生活书店出版之《知行诗歌集》卷首。全集第7卷。

▽《想一想》，原载7月10日《生活日报·前进》第34号。全

集第7卷。

▽《联合战线》，原载7月10日《生活日报·前进》第34号。全集第7卷。

▽《再会吧》，全集第7卷。

7月11日（农历五月二十三日，周六）

△在国难教育社出版发行的《国难教育》第1期上发表的"每周评论"和"本周时事"栏目中提出对于二中全会的要求和对西南抗日运动的估计。对西南的抗日运动：西南联合各党各派组织民众的"焦土抗日"主张是没有错的。我们要以民众的力量来防止南京中央当局自己灭亡自己的"焦土内战政策"，我们一面高举起反对内战的大旗子，一面要吹起"全国一致对日抗战"的军号。对二中全会提出最低的和最后的要求：一、停止一切内战，马上动员全国海陆军，实行对日绝交，宣布对日宣战！二、不分党派、阶层、地域、信仰，为了救国的共同目的，组成民族的统一联合战线。三、保障一切救国运动和一切言论、集会、结社、出版等自由；无条件释放全国政治犯。四、彻底推行国难教育。五、联合苏联及其他一切同情我们抗战的国家和民族，扩大太平洋上的抗日战线。六、接受全国救国会的宣言和政治纲领，容纳西南政府和其他抗日领袖的正确抗日主张，以共同抗日行动绝对消灭内战。

△陶行知已订考尔夫号轮离港赴英出席世界新教育大会。生活日报记者特访，《生活日报》第35号第3页发表记者访问稿及方直的短评《送陶行知先生出国》，请陶先生把救国联合战线的种子，散布到世界各角落里去。

▽《扩大联合战线是当前救亡的唯一政策》，是《生活日报》记者的访问记录，陶行知表示愿做中国三大实力系统（中央、西南和红军）联合起来抗日的发起人之一。原载7月11日《生活日报·前进》第35号。全集第4卷。

▽《1925年之夏》，全集6卷。诗中的这个故事，1936年4月30日陶在广州中山大学演讲时讲过。1927年陶曾在中华教育文化基金会任执行干事，为具体分配由美国退回的庚子赔款，由汕头坐日本船到香港，陶在船上和二百多船员、客人开会，在有日本客人在场的情况下，高呼“打倒日本帝国主义”的口号。

▽《团结御侮文件》，全集第7卷。

▽《留别北海先生》，系离港前向两广事件有关领导人陈铭枢告别。全集第7卷。

▽《魂断钟山》，全集第12卷。

▽《消灭那吃人妖怪》，全集第12卷。

7月12日（农历五月二十四日，周日）

△ 马相伯在《救亡情报》第10期发表救国谈话：“我们人民不能再等待，只有起来抵抗。”

▽《问自己》，这是陶行知在轮船上的自省文。全集第11卷。

▽《大孩子游记——我要看世界》，立志要为世界改造中国，要为中国改造世界。诗载1946年9月2日《唯民周刊》第3卷第1期。全集第4卷。

▽《造路小影——根据蒲特之粤闽边境开筑公路记》，原载《生活日报·前进》第52、53、54号。系根据7月11日《生活日报》第35号的特写而作。全集第7卷。

▽《前进的青年》，全集第7卷。全集第12卷根据手稿增补了第二节。

7月13日（农历五月二十五日，周一）

△ 国民党五届二中全会举行第二次会议，议决：（一）明令撤销西南执行部，西南政务委员会。（二）西南提出的目前抗日救亡最低限度方策五项，由于中央曾有计划，不必另有决议。（三）拟定国防会议条例，组织国防会议，指定李宗仁、白崇禧、

陈济棠、余汉谋等18人为委员。（四）广东绥靖主任改任余汉谋，负责整理广东军事，李宗仁为广西绥靖主任，白崇禧为副主任，林云陔为广东省主席，黄旭初为广西省主席。军事委员会另派余汉谋为第四路军总司令。以下军、师长均重新任命。

△ 上午同时向二中全会请愿的代表团有：全国各界救国联合会、李德全为首的妇女竞选会以及全国学联代表团。下午3时在礼查饭店，全救会代表团公开招待新闻界，章乃器主持并报告全救会的态度和主张，史良报告组织经过，请求新闻界支援，并扩大宣传唤起民众。

▽ 《留别沈钧儒先生》，乘船到新加坡前一日写成。原载7月23日《生活日报·前进》第47号。全集第7卷。

7月14日（农历五月二十六日，周二）

△ 西南政务会议决，拒绝接受二中全会决议，粤军积极布防，准备抵抗中央的压迫。中央将湘、黔、赣边驻军向南推进，期以迅速的手段以武力收拾西南。

7月15日（农历五月二十七日，周三）

△ 陶行知与沈钧儒、章乃器、邹韬奋联名签署的《为抗日救亡告全国同胞书》以单行本问世。当时全国各界救国联合会提的口号比较左，对蒋介石和国民党不起作用。潘汉年说服在香港的邹韬奋、陶行知，由胡愈之在香港起草告全国同胞书，再由陶行知修改与邹韬奋在港先行签字，并由邹韬奋亲自去上海邀沈钧儒、章乃器签名。沈钧儒同意签了名。但章乃器嫌文章过右，坚决主张修改，题目也改为《团结御侮的几个基本条件与最低要求》，文件也由章乃器签了头名，《生活日报》7月31日、《生活教育》8月1日分别发表。

△ 陶行知乘船于清晨抵新加坡。下午往怡和轩俱乐部访晤陈嘉庚，据16日《总汇新报》报道；陶谓国内民众向来都很重视

华侨公意，希望此间华侨运用方法，极力电阻双方发生内战。陶认为：“西南之抗日主张及其在二中全会之五项提案，凡我民众，皆应接受之。然而西南向来主张开放民族运动，迄未见于实际，此即可以非议也。”

▽《答星洲日报记者问》，系陶乘英轮考尔夫号经过新加坡时，船泊丹戎白葛18号货仓前，在轮船会客厅上与记者谈话时的记录。原载7月15日《星洲日报》。全集第4卷。

▽《联合始可救中国》，系陶在轮船抵达新加坡时发表的谈话。原载7月15日《生活日报·新加坡通讯》第48号，全集第4卷。

▽《三江会馆》，同三江会馆总理陈来昌谈话后写。陈来昌把新三江的意思告陶行知，即新加坡华侨闽粤以外者都入三江会馆，陶写诗劝大家“联合起来打东洋”。全集第7卷。

▽《新加坡看天》，全集第7卷。

▽《新加坡海港》，全集第7卷。

▽《街上所见》，全集第7卷。

▽《橡树国里》，全集第7卷。

▽《当裤吃流连》，全集第7卷。

▽《团结御侮的几个基本条件与最低要求》，全集第4卷。

7月16日（农历五月二十八日，周四）

△美国新闻记者埃得加·斯诺作为首次进入陕北保安的外宾采访了毛泽东，后来写了著名的《西行漫记》。

△粤桂当局正派员与前两广政治分会主席李济深商洽，准备成立抗日救亡国民政府，由李济深担任主席。

△陶行知在新加坡逗留。下午4时三江会馆总理主持欢迎大会。下午7时半至9时半在安顺路爱德华太子路9号应青年励志社之邀请演讲《新中国与新教育》，主持者为义安会馆潘醒梦，黄虹记录。

▽《新中国与新教育》，原载7月31日香港《生活日报》第55

号，《生活教育》第3卷第12期，全集第4卷。

▽《苏联宪法草案中之公民权》，原载7月16日《生活教育》第3卷第10期，全集第4卷。

▽《傅家兄弟》，全集第7卷。

▽《三江宴——留别新加坡张清和先生》，原载9月6日《生活星期刊》第1卷第14号。全集第7卷。

7月17日（农历五月二十九日，周五）

△两广政局在南京策动分化之下急转直下，粤第二军、第九师、第十四师均表示归附中央，陈济棠宣布下野，即行出国，并派师长陈汉光持亲笔“遵命下野”函去南京谒蒋介石。

△陶行知继续乘考尔夫轮西行。

7月18日（农历六月初一，周六）

△陈济棠于下午乘福州船离广州，晚泊黄埔，次晨乘摩夫号（英船）到港。

△国难教育社出版之《国难教育》第2期对西南形势发表评论：“二中全会的撤销陈济棠军职，委余汉谋治粤的决定就使余汉谋所率的第一军在粤北已经同陈济棠军开始战争了，而粤已组织成联合军，现正谋组织独立政府，同中央对抗。”“我们对两广的不彻底履行抗日主张，自然是感到许多不满，而中央的不在抗日前提下组织全国的统一抗战去根本消灭内战，也令我们感到失望。”“我们希望两广同中央当局马上开始谈判，订立停战救亡协定。而中国民众更应当马上起来，用民众的力量制止内战的扩大，促全国的联合抗战！”

7月19日（农历六月初二，周日）

△章乃器在上海职业界救国会发表谈话，救国会多数意见是决定对西南表示同情，而绝对不放弃一丝一毫救国阵线的立

场。那就是说，如果西南来加入救国阵线接受我们的纲领，我们是很欢迎的，但是我们不能放弃自己的纲领去附和西南的主张。也不能说西南整个失败，至少抗日二字在二中全会上是有影响的。

7月20日（农历六月初三，周一）

△ 中共中央6月初决定派往广西的云广英，化名林秀先于7月下旬经香港转梧州到达南宁，曾单独会见李宗仁、李济深及宣侠父等，沟通中共中央与桂系领导之间的情况，于9月中旬离开南宁转天津回陕北。

△ 李、白、黄三人联衔通电，表示和平，服从中央，请中央给广西以最充分之自治。

△ 与陶行知同被邀请参加世界新教育会议的南开大学教授张彭春在日内瓦参加国联国际知识合作委员会全体会议时发表演说：欲使对华合作之任何方式成为有效，亟应了解中国文化之习性及其最近的倾向。中国文化的变迁，各方面意见，不尽相同，但对于其过程之复杂，则均信不疑。中国教育机关，多有向内地各农村直接活动，而学生亦愿深入农田，从下层奋斗以缔造新中国者，此乃最重要之倾向。

△ 中山大学学生司徒彦文撰《抗敌救亡与西南末路》在《生活日报星期增刊》第8号发表，该文对“六一”事变的西南当局有以下评价：“在西南当局辖境内，仍旧看不见有真正的抗敌举动。民众运动始终不曾开放。各校学生因从事实际的救亡工作，而被捕失踪的，仍日有所闻。学生提议抵制日货，为总部所拒绝。当局最初想由上海文化界抗日领袖，到广州来替西南政府捧场，但上海文化界救国会要在西南设立分会，却未得许可。甚至陶行知先生来广州各校讲演国难教育，也被当局下令禁止。”“陈济棠在粤主政七年，横征暴敛，屠杀青年，这次下台，粤人无不称快……一般人往往把陈济棠的失败归咎于号召抗日，论说

陈济棠之失败，非失败于抗日，而失败于不抗日。”

▽ 《印度诸王》，全集第12卷。

7月21日（农历六月初四，周二）

△ 李宗仁、白崇禧派黄旭初晋京向中央表明态度，表示愿意接受二中全会决议。请求中央允许广西自治。

▽ 《我们统治波浪》，船过印度时写。全集第7卷。

7月22日（农历六月初五，周三）

△ 余汉谋重返广州上任，广州局势恢复正常。黄旭初返桂，蒋介石限李、白接纳两条件，一须李、白赴京；二不赴京则交出桂省军政全权，中央决以宽大处理，不咎既往，并给以出洋考察。

▽ 《统治波浪》，《我们统治波浪》的续篇。全集第7卷。

▽ 《摩登侵略》，载1946年6月15日《唯民周刊》第11期，全集第7卷。

▽ 《二十万人同进牢》（读尼赫鲁自传有感），原载1936年《生活星期刊》第1卷15号。全集第7卷。

7月23日（农历六月初六，周四）

△ 李、白回答蒋介石，什么时候决定抗日就什么时候去南京。

△ 韬奋在《生活日报星期增刊》第1卷第8号上复司徒彦文20日来信，阐明对西南当局抗日救国的态度。认为：“陈济棠的失败是民众的胜利，假如我们不能得到这一个教训，而认为陈济棠的失败是中央绥靖政策的效果，或者是标榜抗日之所致，那就是白白错过这一次经验了。”“这次西南运动的失败，不仅不会损害抗敌救亡运动的展开，而且也许竟是民族解放战争具体化的开端，也未可知呢！”

7月24日（农历六月初七，周五）

▽《阿里煞的农人》，描绘印度东步沿海阿里煞邦农民的贫苦生活。全集第7卷。

7月25日（农历六月初八，周六）

△国民政府突下令免去李宗仁、白崇禧广西绥靖正副主任职务，另派黄绍竑、李品仙担任。特派李宗仁为军事委员会常务委员。任命白崇禧为浙江省政府委员兼省政府主席。李、白接令后当即表示拒绝。李、白复电："墨迹未干，自毁信誉，殊难遵命。"宁、桂积极布置军事，中央已有50万军队迫桂。战争一触即发。

▽《不可亲近的人》，描绘印度贱民的痛苦。全集第7卷。

▽《印度三姊妹》，斥东方礼教。全集第7卷。

7月26日（农历六月初九，周日）

△李宗仁、白崇禧电请李济深到南宁主持大计，请对组织政府及如何联合一切抗日力量问题提出意见。李、白号召在南宁成立联合政府，邀请民族革命同盟，李济深、蔡廷锴、宣侠父率领四五十人组成的同盟代表团和华南抗日救国会（以救国会杨东莼、何思敬、千家驹为代表）及海外华侨代表等前去参加。宣侠父原是香港的华南工委书记，潘汉年回香港后派往广西，经李济深介绍在广西第四集团军总部任参议职。

△救国会领导人章乃器在《救亡情报》第12期发表《西南事件所给与我们的教训》，提出西南事件给与的三点教训：（一）没有民众的基础，决不能抗日；（二）发了大财，不要民众的官僚军阀，决不能彻底抗日；（三）永远不能放弃抗日救亡立场，不然，便有极大的危险。对广西的民众运动，"可说是比国内那一处都比较地开明。"和陶行知、邹韬奋、杨东莼等人的意见是完全一致的。

△ 方振武于4月11日在旧金山成立的海外抗日救国会已有300余会员，方正帮助美国、加拿大各地成立救国会组织。这是陶行知后来在美国进行抗日救亡宣传的支柱。

△ 上海新文字研究会下午正式成立。陶行知担任理事长。

▽ 《印度高利贷》，全集第7卷。

7月27日（农历六月初十，周一）

△ 李济深到南宁，开始与李、白秘密磋商。毛泽东、周恩来在致彭德怀等人的电报中指出："把统一战线的任务提到比较其他任务在政治比重上更加高的地位"，"使得我们有一切优良条件去准备打破蒋介石在两广问题结束后可能增加兵力到西北的阴谋与争取迅速对日作战。"

7月28日（农历六月十一日，周二）

△ 宁桂双方大军云集桂粤边境，备战形势愈益紧张。民族革命同盟代表团内部商谈形势、策略等。毛泽东、周恩来、彭德怀致电朱德谓："两广因无革命决心与内部不巩固发生内变，然而全国革命高涨的基本形势没有变化。"陶乘坐的考尔夫轮将过阿拉伯海。

7月29日（农历六月十二日，周三）

▽ 《海底来的浪》，以海底来的浪形容抗日救亡的民众运动。全集第7卷。

7月31日（农历六月十四日，周五）

△ 《生活日报》第55号发表专论文章，即7月15日以沈钧儒、章乃器、陶行知、邹韬奋四人署名的《团结御侮的几个基本条件与最低要求》。文章讲明了救国会的苦衷："中央因为我们同情西南抗日主张，就认定我们蓄意反对中央；西南当局却又因为我

们求全责备，认为是替中央说话。”李济深返梧州，并派胡鄂公去香港晤潘汉年转交李济深、李宗仁致毛泽东函。

[《衔备忘》第二册，起自1936年8月，止于10月1日]

8月1日（农历六月十五日，周六）

▽《我对于联合战线的认识》原载8月1日《生活教育》第三卷第11期，全集第4卷。

8月3日（农历六月十七日，周一）

△冯玉祥上午在庐山与蒋介石谈话，认为广西事件以和平为主；李、白为你指导下，经多年血战造成之将领，用之为国为民为好。

△陶行知乘船靠近红海口的吉布提，听无线电广播，知悉阿比西尼亚分三路反攻意大利军。陶写诗《给爱西阿比亚的战士》和《西游回忆录》的十四节（墨梭利尼之四张地图）。

▽《给爱西阿比亚的战士》，原载9月20日《生活星期刊》第1卷第16号。全集第7卷。

8月4日（农历六月十八日，周二）

△蒋介石在冯玉祥和程潜（军委总参谋长）的影响下，考虑到他的大部分兵拖在广西，不利于解决西北问题，因而决计采取和平的解决方针。

▽《塞特的水上乞丐》，在埃及的苏伊士运河北端塞得港（Port Said）写。全集第7卷。

8月7日（农历六月二十一日，周五）

△陶行知抵达伦敦。在近郊切尔腾纳姆（Cheltenlam）与张彭春一同作为中国代表参加世界新教育联合会第七届年会。陶在

会上的发言题目：《中国救亡运动及小先生普及大众教育运动实践》，张的题目：《现代世界的文化交流和创造性的适应》。张此时正在英国剑桥大学撰写英文书稿《中国在十字路口》。参加大会的有50多个国家的1500名代表。

▽《China：The Mass Education Movement》系陶行知在世界新教育联合会第七届年会上的发言。原载Wyatt Rawson编《The Freedom We Seek》（《我们追求自由》）一书。全集第6卷。

8月8日（农历六月二十二日，周六）

△ 潘汉年于7月下旬在刘鼎的安排与陪同下离开上海到达中共中央所在地保安，与当时主持中共中央工作的张闻天同住一个窑洞。

8月10日（农历六月二十四日，周一）

△ 毛泽东致章乃器、陶行知、邹韬奋、沈钧儒及救国会全体会员函。函内提到："不久以前，当西南派首领发表通电表示抗日的时候，我们宣言同意他们的抗日主张，同时我们向西南派的军政领袖和一切党派与社会团体发表了合作抗日的提议，并郑重声明：我们不仅在言论上而且在事实上诚恳希望一致联合，共同斗争以挽救祖国的生命。""我们愿意拥护任何派别的彻底反日的领袖，使他们能毫无阻碍地在群众中发挥自己的能力。我们的党员愿意在他们领导之下工作。……我们统一战线的口号是各政党各阶级在抗日救国旗帜之下团结起来。"

△ 张闻天主持中共中央政治局会议。会议研究国共两党关系，统一战线问题。认为"两广事变虽然遭到挫折，但它使蒋介石内部裂痕加深"。"我们愿意与南京谈判，现在还是这个方针。在今天应该承认南京是一种民族运动的大力量。我们可以承认统一指挥、统一编制，在许多策略方面要有所改变，但是一定要停止'剿共'，一定实行真正的抗日"。毛泽东、周恩来都主张放弃

抗日必反蒋的口号，毛泽东说："'抗日必须反蒋'的口号，现在已不适合，要在统一战线下反对卖国贼。同时要注意提高对同盟者警戒性，保持独立性。"会议决定将这次会议内容形成正式文件，即1936年8月24日《中国共产党致中国国民党书》和1936年9月1日《中央关于逼蒋抗日问题指示》。会后潘汉年受中央派遣前往张学良部工作。

8月12日（农历六月二十六日，周三）

△ 蒋介石、程潜11日抵广州，12日晤刘斐。蒋说："我是一定要抗日的……再说，抗日也要有个准备。"

8月13日（农历六月二十七日，周四）

△ 毛泽东致信国民党军第十七路军总参议杜斌丞，希望他进一步推动杨虎城参加抗日联合战线，对西北各部亦望他大力斡旋。同时致信杨虎城，对杨同意联合战线表示欢迎，提出："望确实表示先生之意向，以便敝方作全盘之策划。先生如以诚意参加联合战线则先生之一切顾虑与困难，敝方均愿代为设计，务使先生及贵军全部立于无损有益之地位。"

8月14日（农历六月二十八日，周五）

△ 新教育联合会第七次年会闭幕。陶行知在伦敦的中国朋友名单中有何艾龄（后来在香港担任育才学校董事）。

8月15日（农历六月二十九日，周六）

△ 陶行知从切尔腾纳姆经伦敦换乘火车去多佛尔（Dover），渡海到法国的加来（Calas），然后乘火车去巴黎。

8月16日（农历六月三十日，周日）

△ 新委广西绥靖公署主任黄绍竑由港抵广州谒蒋，蒋要黄

担任讨桂总司令，黄即与参谋长程潜磋商。程当即挽黄谒蒋，力倡和议，蒋首肯。

8月22日（农历七月初六，周六）

△ 李、白对蒋介石主和不敢深信，南宁各界举行欢迎李济深、蔡廷锴、刘芦隐暨各地抗日救国人士大会，由李宗仁亲自主持，气氛极为热烈。

8月23日（农历七月初七，周日）

△ 蒋介石在广州黄埔接见刘斐，刘斐代表李、白向中央提六条和平具体办法。蒋介石表示原则上采纳，并决定派程潜、居正、朱培德三人去广西斡旋。

8月24日（农历七月初八，周一）

△ 成都市民为反对20日日本领事野村派4人在蓉恢复领事馆发动游行请愿，当晚在日人下榻的大川饭店打死打伤日人各两名。军警出动弹压，双方互有伤亡。以致酿成“成都事件”。

△ 李宗仁约各地抗日救国代表举行会议，商讨成立抗日政府问题。

△ 国民政府批准撤销因“两广事变”而对陈铭枢、李济深所发出的通缉令。

△ 陶行知在巴黎与钱俊瑞、陆璀会晤后，即竭力鼓吹建立全欧华侨抗日救国团体。陶与陈铭枢、王海镜、李昆、何肇绪、何德鹤、李济时、胡秋原、王礼锡、雷子声等12人组成全欧华侨抗日救国会筹委会常委，并发表告海外同胞书，号召全欧侨胞不分党派，不问信仰，在抗日救国共同目标之下，团结一致举行全欧华侨抗日救国大会。

▽ 《香港的印刷工人生活——每天做十六小时工的工人生活小影》，原载8月24日《生活星期刊》第1卷12号。全集第7卷。

8月25日（农历七月初九，周二）

△ 毛泽东致电潘汉年：同南京进行具体的进一步的谈判，以期在短期内成立统一战线，这是我们进行整个统一战线的重心。毛还为中共中央起草《中国共产党致中国国民党书》，敦促国民党政府实行抗日、民主，表示愿意同国民党“结成一个坚固的革命的统一战线”。

△ 中国代表胡适在太平洋学会指责日本“阻挠中国建设”。

8月26日（农历七月初十，周三）

△ 毛泽东致电正在张学良部的潘汉年，指出：“因为南京已开始了切实转变，我们政策重心在联蒋抗日。”张学良“继续保持与南京的统一是必要的”。“现急需兄去南京并带亲笔信与密码去”。

8月30日（农历七月十四日，周日）

△ 陶行知随世界青年大会中国代表团离开巴黎去瑞士，参加由国联同志总会于8月31日至9月6日在日内瓦国际联盟大厦举行的世界青年大会。中国代表团共20人，计：一、由法国赴会者：王海镜、徐寿轩、朱伯奇、何德鹤、刘汀业、王焱、王静如、陈柱天。二、由英国赴会者：胡秋原、侯雨民、钱钟书、钱清廉，伍启元、杨季康女士。三、由中国直接赴会者：陶行知、陆璀女士。四、自美国来者：蔡葵女士。五、由瑞士当地赴会者：谢劲健、潘济南、王冷樵。团长：王海镜，法文秘书：朱伯奇，英文秘书：钱清廉，中文秘书：陆璀。大会共有35个国家700多名代表参加。《西游回忆录》55节：世界青年大会。

9月1日（农历七月十六日，周二）

△ 中共中央书记处向党内发出《关于逼蒋抗日问题的指示》。指示说：“目前中国人民的主要敌人是日本帝国主义，国

民党中央军全部或其大部有参加抗日的可能。我们的总方针应是逼蒋抗日”。

△ 粤汉铁路今晚全线通车，全长1094公里。

9月2日（农历七月十七日，周三）

△ 居正、程潜、朱培德受国民党中央派遣携蒋介石亲笔信件飞往南宁，正式调解宁桂冲突，受到李、白欢迎。当晚至次晨李、白召集各方联席会议，讨论和平方案。李宗仁认为千家驹代表救国会提出的意见极为明确：希望广西推动中央政府出兵抗日，而应避免和中央采取对立态度。这也是中共红军代表云广先、救国会先后来南宁的代表陶行知、杨东莼、何思敬一致的意见。千家驹还特别指出，如果广西独立支撑，财政难于持久。最后，他们一致赞成和议，并商定和谈条件如下：

1. 重申开放抗日救国运动及言论、集会、结社自由；
2. 撤退南下各军，恢复各方交通；
3. 确定抗日计划及实行日期；
4. 李宗仁任广西绥靖主任，并保留第四集团军；
5. 白崇禧以军事委员会常务委员出国考察；
6. 广西党政人事一应如旧；
7. 广西保留三个军，军费由中央补助；
8. 以上各条除第3条保密外，其余由蒋以谈话方式宣示国人。

△ 陶行知从日内瓦匆匆赶到比利时首都布鲁塞尔参加世界和平大会。这是由英国著名和平运动倡导者塞西尔勋爵、法国激进社会党领袖赫里欧等人发起的，其目的是协商保障和平的实际办法，动员各国人民起来反对使人类同遭厄运的侵略战争，建立国际集体安全。出席会议的各国代表有4900余人。中国代表团由陶行知、钱俊瑞、陈铭枢、陈友仁（老外交家）、王礼锡(英中人民之友社中方委员)、胡秋原（巴黎救国时报特约评论员）、王庆元（巴黎法工总会)、徐滨海（旅法参战华工总代表，顾问)、江

半庵（旅法中华救亡会代表）、熊式一（侨居英国的剧作家）等14人组成，陶行知被推选为代表团主席，并与陈铭枢、王礼锡、胡秋原等4人作为参加主席团的中国代表。王礼锡为中国代表团秘书。

9月3日（农历七月十八日，周四）

△ 在新编十九路军驻地的合浦、北海（原属广东，现属广西）群众举行声势浩大的反日示威。日本商人被殴致死。日本借此挑起所谓“北海事件”，以达到破坏蒋桂和谈的目的。中方被迫“道歉”。和谈继续进行。

△ 晚上世界和平大会开幕。主席致开幕词后，各国代表仅有五分钟发言。为弥补中国代表发言的不足，陶行知特起草《告和平与中国之友书》，征集大家签名。据《救国时报》报道，数日内签名赞成者即达五百余人。

▽ 《告和平与中国之友书》，系陶行知为出席世界和平大会的中国代表团起草，原载1936年9月18日巴黎《救国时报》。全集第4卷。

9月4日（农历七月十九日，周五）

△ 毛泽东致电刘鼎即转潘汉年，告以广西李宗仁、白崇禧方面的谈判代表（钱寿康）已到，为了讨论整个统一战线问题及西南问题，请潘汉年动身回保安。

△ 居正、程潜、朱培德等三人于下午1时返回广州，表示“和平如铁铸，可即完成”。

△ 世界和平大会举行分委员会会议。陶行知是教育和总务两个分委员会的成员。在教育委员会会议上，陶作了教育如何为保障和平努力的发言。在总务委员会会议上提出，秘书长中应有小国的代表，应有代表西班牙语系的民族。经过陶的说项，中国代表团一致通过提名孙科为世界和平大会中国理事。同时担任中

国理事的还有陈铭枢，陶行知为执行委员。

9月5日（农历七月二十日，周六）

△ 世界和平大会举行闭幕式。大会通过和平大会宣言。陶行知召集中国代表团开会讨论日本政府蛮横无理要求在非通商口岸的成都设立总领事馆所引发的事端，决定致电国内要求政府坚决抵制。同时推动陈铭枢致电蒋介石，呼吁团结御侮合作抗日。陈铭枢致蒋介石电文如下："冀察垂危，绥东告急，寇又借口成都事件欲一举灭我中华。铭枢方参加世界和平大会，恶信传来，忧愤俱深。铭枢深信非停止内战无以抗战，非主张抗敌无以图存，所望本全国人民之公意作最后牺牲之决心，若吾兄有爱护国家之诚，弟愿负斡旋宁桂与国共合力救亡之责。陈铭枢"。这是陶、陈共同推动联合阵线一致抗日的合作例证。会后，大会派出了由150人组成的代表团赴日内瓦向国际联盟请愿，要求国联主持正义，维护和平。陈铭枢参加了请愿活动。本届国联大会主席接待了请愿代表，表示将不负期望，本和平宗旨行事，并接受了代表团的提案。

▽《比京和平大会中国会员数人之夫人失踪》，全集第7卷。

9月6日（农历七月二十一日，周日）

△ 国民政府发表明令三项：一、军委会常委李宗仁调任广西绥靖主任。二、浙江省主席白崇禧调任军委会常委。三、桂绥靖主任黄绍竑调任浙江省主席。

9月7日（农历七月二十二日，周一）

△ 为敦促世界和平大会同中国反侵略事业加强联系，中国代表团决定由陶行知执笔写一封信给国际和平会议的诸位主席，呼吁世界和平大会常设机构派人去中国，推进反侵略运动。

该会接受建议派代表来中国并于年底前由宋庆龄主持，在上海召开远东反侵略大会。

△ 中国代表团邀请英、美、法和东道国比利时的代表聚宴并交换意见，加深了解。当晚陶又与钱俊瑞、陆璀、陈铭枢会见了苏联代表团。

▽ 《IPC Requested To Send Representatives To China—To President Of International Peace Conference》（《致国际和平会议主席书》）。全集第6卷。

9月9日（农历七月二十四日，周三）

△ 李、白致电正表示接受新职。李济深等决定离桂出洋，桂军缩编为六师，归李宗仁节制。十九路军指定暂住粤南（即今广西合浦、北海），由中央派员协助整理桂省军政党。至此“两广事变”余波暂告平息。

9月10日（农历七月二十五日，周四）

△ 国际反法西斯侵略委员会在巴黎开会议论援助西班牙共和政府反对佛朗哥的斗争和各国反法西斯群众运动的问题。这个会的总部设在巴黎。中国分会在巴黎设有驻欧办事处，和总部关系密切。委员会主席是法国著名作家巴比塞，副主席是我国著名的国际主义战士宋庆龄，钱俊瑞是代表宋庆龄前来欧洲出席这次会议和国际和平大会的。陶行知会见旅德抗日联合会的黄琪翔、朱江户，第一次在国外签名用“陶衙”，即“陶行知行”。

[巴比塞（1873—1935），法国作家。第一次世界大战中写成长篇小说《炮火》，1919年又发表长篇小说《光明》，同时组织进步文学艺术家反帝团体“光明社”。1923年加入法共，1935年在参加共产国际第七次代表大会期间，因病逝世。]

9月11日（农历七月二十六日，周五）

△ 国民党中执会常务委员会第二十次会议召开，会议推定

吴稚晖、丁惟汾等7人为国民大会代表候选人初审委员会委员，吴为主席。

[1931年5月5日到17日国民会议开会时，吴稚晖被推为代表资格审查委员会委员长。当时报纸上有人写信质问吴，“出席国民会议的农民代表有几个是真正的农民？工人代表有几个是真正的工人？请您公布出来”。这封信始终没有得到回信。直到1936年又要召开国民大会时，吴稚晖这笔账未结，可又当上了初审委员会主席。陶行知曾在《申报·自由谈》上写了《吴稚晖没有回的信》，全集第2卷。又，蔡元培当时为国民会议写了一篇颂词，刊登在《时事新报》上，颂词中有“济济一堂，农工商士”陶行知也在《申报·自由谈》上写了《一张字纸篓里的颂词》，驳斥这个说法。全集第7卷。]

9月12日（农历七月二十七日，周六）

△ 巴黎的中国学生会、书报社和华侨抗日救国会晚上欢迎陶行知、陆璀、钱俊瑞三位国内代表，陶行知在欢迎会上发表演讲：《怎样才可救中国》。

▽ 《联合奋起，抗日救亡——在巴黎华侨团体欢迎会上的讲话》，原演讲题为：《怎样才可以救中国》，载9月25日巴黎《救国时报》。全集第4卷。

9月13日（农历七月二十八日，周日）

△ 上午旅德侨胞在巴黎的艾菲尔铁塔上邀约陶行知、钱俊瑞参加悼念抗日将士和殉难同胞的纪念活动。黄琪翔主持仪式。下午又和旅居海外的华侨代表一起参加了旅法侨胞的九一八纪念活动。陶行知在会上讲了《国共合作逐渐成熟》。

△ 陶行知在巴黎出席全欧华侨抗日救国大会筹备会议，被选为13位筹备委员之一。确定成立永久性的组织全欧华侨抗日救国会，并制定章程，以“不分党派、阶级、职业、信仰，唯以团

结华侨抗日救国及增进侨胞福利为宗旨”。定20日召开成立大会，王庆元晚上宴请与会代表，有70多人与会。王庆元请陶担任华工总会的教育顾问。

9月14日（农历七月二十九日，周一）

△ 李、白发表和平通电，表示服从中央；并令桂军迅速退出北海。

△ 陶行知参观巴黎文物，开始调查华工状况，晚10时接见旅比华侨陈柱天。

9月15日（农历七月三十日，周二）

△ 陶行知下午3时在巴黎Hotel Trianon会晤旅德华侨代表团，晚7时会晤学生会、妇女会。

9月16日（农历八月初一，周三）

△ 9月15—17日张闻天主持中共中央政治会议，作报告兼作结论，并据以起草《关于抗日救亡运动的新形势与民主共和国的决议》。毛泽东发言：“要用各种办法逼蒋抗日。加紧对南京以外各党派的统一战线工作，更为逼蒋走到抗日。我们改倒蒋为批蒋，改反蒋为联蒋，而我们的警戒是不能放松的。”会议通过了决议。

9月17日（农历八月初二，周四）

△ 李宗仁偕程潜、黄绍竑、黄旭初、刘斐飞抵广州。蒋介石悄然来到下榻的继园与李宗仁握手言欢。自1929年蒋桂战争形成的对峙，7年的局面从而结束。李宗仁表示服从中央，两广事件最终平息。

［陶行知开始参与的两广事变，是在前的福建事变与在后的西安事变的中介，三次事变联成整体，即是由反蒋抗日到逼蒋抗

日进而发展为联蒋抗日的过程。三者皆国民党中抗日救国之贤豪，不满蒋介石降日卖国之所为，而决然揭出抗日救国之大旗。包括陶行知在内的救国会的斡旋，不仅对宁桂合作，而且对中共与宁桂三方面的合作，也起了十分积极的作用。陶行知对于两广事件的评价，也为后来的抗日战争所验证。全面抗战展开后，广西实行全省动员抗日，两个月内便装备了4个军，共48个团，开上前线。抗战初期，李宗仁、白崇禧率广西子弟兵，取得了闻名中外的台儿庄战役的胜利。]

9月18日（农历八月初三，周五）

△ 全国各地举行“九一八”五周年纪念。山西“牺牲救国同盟会”在山西成立。这是中共与地方实力派阎锡山建立抗日民族统一战线的成果。

△ 毛泽东致宋庆龄：“兹派潘汉年同志前来面申具体组织统一战线之意见，并与先生商酌公开活动之办法，到时敬求接洽，予以指导。”毛泽东致信章乃器、陶行知、沈钧儒、邹韬奋，提出：要达到实际地停止国民党军队对红军进攻，实行停止内战一致抗日，先生们与我们还必须在各方面作更大的努力与更亲密的合作。信中还说：“我相信我们最近提出的民主共和国口号，必为诸位先生所赞同，因为这是团结一切民主分子实行真正抗日救国的最好方策。”“我委托潘汉年同志与诸位先生经常交换意见和转达我们对诸位先生的热烈希望。”此后潘汉年公开代表共产党与陶行知建立了长期联系。

▽ 《国共合作逐渐成熟》，系在巴黎参加“九一八”纪念活动时的讲话要点。原载9月25日巴黎《救国时报》。全集第4卷。

▽ 《今年的“九一八”——五周年纪念儿歌》，原载9月18日巴黎《救国时报》。全集第7卷。

9月20日（农历八月初五，周日）

△ 旅居欧洲各国侨胞在巴黎举行全欧华侨抗日救国大会。到会者有英、法、德、瑞士、荷兰等国侨胞代表及各地来宾与侨胞共四百多人。会前由陈铭枢介绍三位来自国内的战友：陶行知、钱俊瑞和陆璀。大会招待主席王海镜。来宾中有英中人民之友社代表杨格夫人及其丈夫杨格先生，法中人民之友社秘书贡斯堂夫人、世界学联的詹姆斯、国际反法西斯大会大特、意大利国际农业学院院长米格略里。继陈铭枢演讲后，陶行知演讲《团结御侮的几个基本条件与最低要求之再度说明》。这次会议正式成立了全欧华侨抗日救国联合会。晚上陈铭枢举行宴会款待出席大会的外国来宾。陶在会上朗诵《中华民族大团结》。《西游回忆录》54节：全欧抗日救国会之创立。

▽ 《“团结御侮的几个基本条件与最低要求”的再度说明》，原载10月5日巴黎《救国时报》，11月29日上海《救亡情报》第28期。全集第4卷。

▽ 《中华民族大团结》，在巴黎全欧华侨抗日救国联合会成立会上的朗诵。全集第7卷。

9月21日（农历八月初六，周一）

△ 全欧华侨抗日救国大会闭幕。晚，在巴黎《救国时报》招待出席大会各国代表的晚会上，陶行知作了《赞〈救国时报〉》的诗朗诵。诗有八节。其中一、二、三、四、六是救国时报负责人李昆的致词要点，第五节是东北代表王宝桓的发言，第七节是响应英国侨胞代表王礼锡的要求而写，第八节是陈铭枢对蒋介石的答复。

▽ 《赞〈救国时报〉》，原载10月8日巴黎《救国时报》第60期。全集第7卷。

9月22日（农历八月初七，周二）

△ 陶行知下午3时在巴黎会晤巴黎中国学生会和妇女救国

会。晚8时半出席法中国学生会的欢迎会。写诗《枉自称男儿》。

▽《枉自称男儿》，第一段介绍何香凝《为中日战争赠蒋介石及中国军人的女裙有感而咏》，第二段系用白话译诗是为了便于翻译。全集第12卷。

9月23日（农历八月初八，周三）

△ 张闻天、毛泽东、周恩来、博古等电告朱德、张国焘等，新从共产国际归来的潘汉年，已自香港来到西安。

△ 国际反法西斯委员会主席巴比塞在苏联病逝以后，灵柩运回法国。钱俊瑞代表宋庆龄、陶行知、陆璀和出席全欧华侨抗日救国大会的几百名华侨一同在巴黎参加葬礼和一切吊唁活动。

△ 陶行知在巴黎参观访问。

9月30日（农历八月十五日，中秋，周三）

▽《中秋》，为陆璀生病而写。全集第7卷。

▽《月亮圆》，为在国内的吴树琴写。全集第7卷。

[《衔备忘》第3册，起自10月2日，止于10月30日]

10月2日（农历八月十七日，周五）

△ 陶行知开始筹划赴美事宜，分别写信给方振武、美国各埠抗日救国会、美国各报纸以及美国友人等。巴金、林语堂、鲁迅等21人联名发表文艺界同行《为团结御侮与言论自由》，结束文学口号之争，实现鲁迅8月间提出的在抗日的口号下统一起来的主张。

▽《一声》，全集第12卷。

10月3日（农历八月十八日，周六）

△ 作为华工总会教育顾问的陶行知，开始调查巴黎穷苦小

孩的暑期教育和华工状况。

10月5日（农历八月二十日，周一）

△ 毛泽东、周恩来致信张学良，提出“寇深祸急，愿先生速起图之”，“祈将敝方意见，转达蒋介石先生，速即决策，互派正式代表，谈判停战抗日的具体条件”。

△ 早9时钱俊瑞回国。钱俊瑞抵达巴黎时带来了国内口信，全国救国会和全国学联决定委派陶行知和陆璀分别代表这两个组织，作为“国民外交使节”，向欧美各国人民及华侨宣传抗日救国民族统一战线和国际反法西斯统一战线的政策。陶、陆同行已非原来为时约半年的一般旅行了。送走钱俊瑞后，就预定纽约的新教育同志会为新的通讯地址。后来，他与陆璀于11月9日抵达纽约。

▽ 《跟青年学》，为送别钱俊瑞而作。和钱俊瑞、陆璀共事一个多月所发表的感慨。此诗陶行知于1937年5月29日的演讲中第一次引用（演讲稿见全集第4卷）。此诗载全集第7卷。

10月6日（农历八月二十一日，周二）

△ 陶行知在巴黎参观巴斯德研究所。这是一个以法国化学家、细菌学家路易斯·巴斯德（Louis Pasteur 1822—1895）命名的研究所（Pastea Institute Paris），创立于1888年，一直是巴斯德任所长直到1895年。陶对该所参观甚详，会见了所长J.Mtalnikov(迈达尼可夫)。

〔巴斯德证明发酵及传染病是微生物引起的；创始并首先应用疫苗接种以预防狂犬病、炭疽、鸡霍乱；挽救了法、英等国的养蚕业、啤酒和酿酒业；开创了立体化学；发明了巴氏消毒法。陶参观时特别注意研究了卡介苗（BcGvaccine）。卡介苗是由减毒结核杆菌菌株制成的结核菌苗，能保护护士、医生及生活于高结核病发病率国家的人们免受感染。1922年巴黎慈善医院首次为新生儿接种卡介苗，随即在法国各地推广。陶行知参观时，关于卡介苗的争论尚未平息。卡尔梅特（Albert Leon Charles Calmette，1863—1933），法国细菌学家，巴斯德的学生。介兰（Camille Guerin，1872—1961），法国细菌学家，与卡尔梅特共同发明卡介苗，卡、介取二人的第一个字母。他俩花了13年时间用一种特殊的培养基培养一种牛型结核杆菌，使之毒力逐渐减弱，至1921年，他们确信该菌株已对人无害，但仍保持免疫原性。巴斯德研究所有中国留学生在研究传染病防治。〕

10月8日（农历八月二十三日，周四）

△ 陶行知参观罗浮宫博物馆。

10月10日（农历八月二十五日，周六）

△ 中共中央为庆祝一、二、四方面军大会合发表通电："我们的这一在抗日前进阵地的会合，证明中国民族抗日统一战线与抗日联军是有了坚强的支柱了。"潘汉年、冯雪峰就任中共驻上海办事处副主任。

△ 为庆祝双十节，法中人民之友社在巴黎万花楼举行中法联欢会，陶行知与会并致贺词；朗诵诗作《两位姊妹》、《巴黎万花楼中法友人共庆双十节》；与华侨测字："朝"和"萌"。在联欢会上会见留学生，其中最为著名的有数学家陈省身和物理学家汪德昭。

▽ 《两位姊妹》，全集第7卷。

▽ 《巴黎万花楼中法友人共庆双十节》，全集第7卷。

▽ 《双十节测字》，测"朝""萌"二字。全集第7卷。

10月11日（农历八月二十六日，周日）

△ 陶行知游览凡尔赛。

10月12日（农历八月二十七日，周一）

△ 陶行知听吴半农介绍美国各个方面的情况，为访美积极准备。

10月14日（农历八月二十九日，周三）

△ 陶行知听海员救国会打来电话，“皇后”轮上船员不能上岸，中国人不能上船，土生华侨能上岸上船。《西游回忆录》66节：土生华侨。

10月18日（农历九月初四，周日）

△ 陶行知、陆璀同到伦敦，在熊式一宅晚餐。陶住South Hill Park（南山公园）B楼43号。陆璀寓胡秋原宅。时胡秋原正在巴黎。胡送别陶、陆时曾赠送行诗：“曾闻奇士陶行知，布袍蒲扇大众诗。海外相逢聆妙语，相别此时聚何时。”

△《救亡情报》第22期发表马相伯、宋庆龄、何香凝、沈钧儒、章乃器、王造时、李公朴、史良八人更正国民党上海市党部侮蔑救国会之通令启事：“除将实情陈述，请予更正，以明是非外，将来募捐结果，再当披露。”

《西游回忆录》67节：伦敦South Hill Park 43.B房；30节：《王宝钏与熊式一》，专写接待他们的熊式一，探讨京剧艺术。

10月19日（农历九月初五，周一）

△ 鲁迅去世。

△ 上午，陶行知由熊式一陪同会晤中英人民之友社的杨格夫妇。杨格告知他向英国实业界提出对日本实行经济制裁的计划和世界和平大会执行委员会将于11月16日召开。下午陶行知会晤了正在英国访问的国民党元老黄少谷夫妇和全欧华侨抗日救国联合会主席团成员黄同仇。

▽《别巴黎工胞》，晤黄同仇有感。全集第7卷。

▽《忆上海工友夫妇》，全集第7卷。

▽ 《寄树琴》，全集第7卷。

10月21日（农历九月初七，周三）

△ 下午7时；陶行知应黄同仇之约与辜庆鼎、张宗良、罗宝册、沈同洽、周鸿经、唐培经、汪沅、苏拯以及语言学者吕叔湘、历史学者向达等人叙会于东顺楼。《西游回忆录》75节：向达。

10月22日（农历九月初八，周四）

△ 张学良在西安建议蒋介石停止内战，进行抗日，遭拒绝。蒋下令加强围剿红军并调蒋鼎文入陕监督张学良、杨虎城作战。

△ 陶行知在伦敦主要接触的是中国留学生和华侨，也接触过一些英国教育界的人士和英国学生，先后晤尹世增、江珊美、朱坚白、李遇安、王宝桓以及剑桥金斯学院的S.M.Kumaraman Galam先生，这是陶第一次遇到的长名。《西游回忆录》68节：长名。

10月23日（农历九月初九，周五）

▽ 《和平与战争》，全集第7卷。《西游回忆录》63节：反侵略大会在布鲁塞尔。手稿之下记有马克思墓址：ChestetrRd·19/Karl Marx Tomb/Swains hane。为10月30日谒见马克思墓做准备。

10月24日（农历九月初十，周六）

△ 陶行知广泛接触华侨和留学生，调查留学生状况。访问者有尹世增、江珊美、何荫桥、茅伯笙、王振、李国鼎、吴征铠、张文裕、张宗良、王竹溪、华罗庚、初大告、黄作霖、李旭旦、郑廷侯、李宗义、陈伯骥、吴文晖、杨宪益、温广彝、李赣鹏、陈汝麟、汤象龙、富静岩、孟广厚、邓飞黄、林咸让、杨继翘、沈同洽、万异、胡瑛等人。其中有不少日后成为我国著名的

科学家。《西游回忆录》70节：剑桥夜。《西游回忆录》71节：英爱苏故事。《衔备忘》03—062页上也三次分列英爱苏三字，字迹不清有收支数目，也有英文字，故事不详。

▽《回忆上海工友夫妇》，《西游回忆录》69节回忆之回忆（上海工人，诗）。全集第7卷。

10月26日（农历九月十二日，周一）

△毛泽东、朱德等46位红军将领致书蒋介石及国民革命军西北各将领，呼吁“国势垂危，不容再有萁豆之争”。深望其“悬崖勒马、立即停止进攻红军并与红军携手共赴国防前线，努力杀贼，保卫国土，驱逐日寇，收复失地”。

10月28日（农历九月十四日，周三）

△下午，陶行知在熊式一陪同下对英国听众讲中国文化。

10月29日（农历九月十五日，周四）

△陶行知参观莎士比亚故居，由故居工作人员Edith M.Brown陪同。《西游回忆录》72节：沙士披亚之家。

[《衔备忘》第四册，起自10月30日，止于12月6日]

10月30日（农历九月十六日，周五）

△上午11时，陶行知与陆璀谒马克思墓。

《西游回忆录》9节：马墓巡礼边注：马陵24748。

▽《马克思墓》，瞻仰马克思墓写的诗。全集第7卷。

11月1日（农历九月十八日，周日）

△陶行知游海德公园（Hyde park）。这是一所被誉为“民主广场”的公园。《衔备忘》04—008上用英文写有：贾罗港被运

输业与钢铁两个联合企业所扼杀，最好的船坞变成了最好的墓地。《西游回忆录》58节：海德公园，59节：船坞变墓地饥民前进到伦敦。1941年4月2日陶回忆参观情景，写有《海德公园》诗。

[1946年1月，陶回忆："英国的海德公园，是一个民主作风言论自由场所，各党各派都可公开在内自由演说，警察只在维持秩序，干涉破坏秩序的人，并不干涉言论自由。"]

△ 陶行知下午应邀在伦敦红狮广场南区道德会康威会堂讲道德问题。

11月3日（农历九月二十日，周二）

△ 晚10时，在东伦敦赵邦荣所在的一个学校，有华侨40多人举行欢送会与行将去美的陶行知和陆璀告别。《衔备忘》04—012、013、014有欢送人员的签名。《西游回忆录》77节：东伦敦的一个学校——赵邦荣。

11月4日（农历九月二十一日，周三）

△ 凌晨，陶行知与陆璀驱车经南安普敦大学上诺曼弟邮船启程赴美。南安普敦（Southampton）地处英国南岸中心，起伦敦外港的作用。船行五天才到达纽约。

▽ 《赴美国考察两月——致吴树琴》，告知赴美考察两个月和美国的通讯处。全集第8卷。

11月9日（农历九月二十六日，周一）

△ 晚陶行知、陆璀抵达纽约。前来欢迎的有：美国中国人民之友社（The American Friends of the Chinese People Association）曼勒·罗杰斯（Manerl Rodgers），今日中国社（China Today）简·斯坦尼（Jean Stanley），哥伦比亚大学师范学院的麦柯尔（W.A.Mcall），抗日救国会委员陈庆云（Harry W.Chen），纽约公

报(Chinese Republic News）的吕超然，纽约学生会抗日会委员陈东原、盛芳、侯璠，纽约学生会执行委员苏挺、左熙章、李俊龙。经陈铭枢介绍的蔡廷锴将军的代表梅翌强以及东南大学同学胡家健也到码头欢迎。当时就把年前的日程排满。

11月10日（农历九月二十七日，周二）

△ 中共中央代表潘汉年与国民党中央代表陈立夫、张冲在上海沧州饭店举行正式会晤。潘汉年面交周恩来致陈果夫、陈立夫的信，信中提到“只要国民党方面不拦阻红军抗日去路，不侵犯红军抗日后方，红军愿意首先实行停止向国民党军队攻击”。提议“国民党方面，立即下令暂时停止西北各军向红军进攻，双方各守原防”，以便互派代表举行谈判。陈立夫配合蒋介石在西北的军事行动，态度突变，提出对立的政权和军队必须取消，红军可保留三千人，师长以上的领导一律解职出洋，半年后按才录用，并要周恩来出来谈判。潘汉年严词拒绝。

△ 太平洋关系研究所的陈翰笙在广东楼为陶行知洗尘。席间又有美国中华学会（China Institute in American）的林侔圣和纽约中国银行的陈佩月来吃饭。林、陈用英文交谈甚欢。陶用国语问陈佩月等尊姓大名，府上贵干，陈佩月用北平话对答如流。林侔圣大为吃惊说：“我以为你是土生，只会说英文，你这国语是从何学来的？”陈佩月把她怎样回国的历史说了一通，最后说：“我也以为你只会说英文，所以从来没有和你说过中国话。”两人已认识三年之久，都被“以为”两字引起莫须有的成见。陶行知联想到抗日救国也因彼此“以为”而产生出许多心理阻碍。所以要想团结御侮，必定要破除“以为”的武断心理。当晚在《衔备忘》04—064上写了三行诗，以后又改为六行句，14日他又写成13行诗，发表在28日的纽约《先锋报》上。《西游回忆录》29节：《以为歌》。左右两旁注：林侔圣、陈佩月。

［据陈洪进笔记的陈翰笙同志谈《地下工作二十五年》中记

载："我还记得，在我们离开莫斯科之前大约两个星期康生对我们讲，要我们在美国不要让人家知道是党员。这样才能配合饶漱石的工作。当时饶要到纽约创办《华侨日报》。打算把在法国的《救亡时报》停掉，把那里的铅字搬到美国去办《华侨日报》。同时康生还告诉我，杨度也在上海加入了党，人家都不知道。上海的著名律师章士钊也是我们党的同情者。他还说，在纽约可以同冀朝鼎合作。在离开莫斯科前，有一天潘汉年同志到旅馆来看我们，他说：'以后有什么事要同党联系可以通过宋庆龄，好在你们在上海就已经很熟悉。'那次是我和潘汉年第一次见面，我在上海和潘汉年同志交谈过几次，所以彼此了解。

我们5月间到纽约。一到纽约，冀朝鼎果然就来看我们。他在美国办了一个英文月刊。他同美国太平洋学会的人如卡特等也很熟悉。

我们到纽约不久，遇到了陶行知和跟他一起工作的陆璀。陶行知是国内群众团体派到美国做民间抗日宣传工作的，陆璀是他的助手。不久，陆璀就和饶漱石结婚了。过了半年，铅字才从法国运到纽约，我们就同徐永瑛、陈其媛、唐明照组织《华侨日报》社。从到纽约时候起，我就参加了《太平洋事务》的编辑工作。我和威廉·霍兰（Willam Holland）接触较多，同拉铁摩尔接触较少。霍兰是共产党的同情者。每逢苏联外交家和知名学者来纽约，都是卡特、霍兰和我接待。霍兰和丘茉莉都不是共产党员，但都同情苏联。"]

△ 绥北守军击退由百灵庙入侵之日伪军。全国各地掀起援绥抗日运动，侨胞纷纷响应。全救会16日发表为绥远问题宣言。

11月12日（农历九月二十九日，周四）

△ 潘汉年《关于与国民党谈判情况给毛泽东、张闻天、周恩来，博古的报告》，署名：小K。报告涉及与国民党谈判的方方面面，其中有两处谈到救国会。"对救国会工作加紧扩大发动

群众斗争，如日厂同盟罢工，群众公开反日斗争，对沪民族工业家方面，已稍有头绪，正在促进他们。”“上海救国会工作这次来不及报告，下次当要李（即李允生，冯雪峰的化名）做个详细报告。”

11月14日（农历十月初一，周六）

△ 纽约中国学生抗日救国会在万国公寓（International House）举行欢迎陶行知、陆璀大会。陶、陆都在大会上发表演说。

▽ 《对纽约中国学生的演讲词》，系在纽约中国学生抗日救国会欢迎陶行知、陆璀大会上的演讲。原载1936年11月28日纽约《先锋报》。全集第12卷。

▽ 《以为歌》原载1936年11月18日纽约《先锋报》。全集第12卷。

▽ 《死了的书呆子》，全集第7卷。诗中的“主人”指陶父陶位朝。对中国学生演讲时的自我介绍。1937年3月15日，为纪念乡村教育十周年又译为英文：《The Scholar Ghost》。全集第6卷。

11月15日（农历十月初二，周日）

△ 陶行知下午3时会晤司徒美堂（1868—1955，美国致公堂总监、安良总堂总理。1945年在致公堂的基础上组成中国洪门致公党）。访问纽约衣馆联合会，该会资助由陈翰笙主持的《华侨日报》。

11月16日（农历十月初三，周一）

△ 世界学生联合会秘书詹姆斯·克乐门致函全国学联，告知该会名誉主席团中有许多各国知名的教授，其中包括陶行知教授。他们的名字都印在世界学联的信纸上。

▽ 《中国工人的抗日精神》，这是陶行知与陆璀、梅翌强、陈其瑗参观纽约《先锋报》时对该社工人的讲话。原载11月21日

该报。全集第12卷。

11月17日（农历十月初四，周二）

△ 全国各界救国联合会为援助绥军抗战，分致国民政府和傅作义、张学良电。

11月18日（农历十月初五，周三）

△ 傅作义率部痛击日伪军，取得红格尔图大捷。

△ 陶行知访问中国人民之友社。

11月19日（农历二月初六，周四）

△ 潘汉年与陈立夫进行第二次会谈，潘汉年再次拒绝整编方案并将中共中央提出国共合作的八项条件交给陈立夫。

△ 下午，中华公所及全侨抗日会召集纽约19个华侨团体举行欢迎会，欢迎陶行知、陆璀及蔡廷锴将军之代表梅翌强。19个华侨团体名单：中华公所、民气报、中华总商会、安良工商会、致公总堂、协胜公会、禺山信局、妇女会、梅氏公所、宪法政党、联成公所、宁阳会馆、崇正会、纽约华侨抗日会、鹤山公所、联义社、纽约公报、先锋报、商报。陆璀演讲，报告了日本侵略中国的危急情况和中国学生救亡运动的经历。陶行知演讲也使当场侨胞深受感动。由于陶、陆痛陈绥远危急，赴会华侨当即召集紧急会议，一致决议积极援绥，并立即发电报两通：一致南京，一致绥远。电文如下：

（一）南京国民政府鉴：日伪寇绥，关系国家存亡，请即全力援绥，实行武力抗战。

（二）归绥傅主席暨全体将士公鉴：力抗日伪，全侨兴奋，誓为后盾。

纽约中华公所暨全体华侨叩

另有决议三项：（一）加入全国各界救国联合会。（二）成立联络委员会，由练天然（中华会馆）、雷芳（妇女会）、李襄迪（中华总商会）、李功煜（联成公所）、梁民凤（宁阳会馆）、赴鼎荣等六人组成。（三）代表由全侨抗日会决定。会后并举办公宴。《西游回忆录》84节：联合公所。

11月21日（农历十月初八，周六）

△ 潘汉年《关于与国民党谈判情况给中共驻共产国际代表团的报告》，署名：小K。报告其于16晚去南京第二次与国民党谈判的情况。报告说："太太已借我五万元，正在设法送里面"。"太太"指宋庆龄，"里面"指陕北边区。

△ 陶行知应哥伦比亚大学邀请，每周讲授中国新教育3小时。下午2时至4时在哥伦比亚大学Whitter Hall开始第一讲。16日拟就讲授提纲，见《衔备忘》04—085。

△ 纽约《先锋报》发表《欢迎陶行知先生与陆璀女士》的社论。社论称："这种广泛的统一御侮的运动，倡之于中国共产党和陈铭枢诸先生。……陶行知先生是全民救国阵线的一个中心人物，是全国各界救国会的领导组织者。……陶行知却是以其特立独行的人格，抓住中华民族的急切要求，以抵抗暴日，日来与邹韬奋、章乃器、沈钧儒诸先生奔走于各党各派之间，推动平民大众，进行空前的全民族团结的工作。……陆璀女士，是去冬学生运动的先锋……因女士之以身作则的倡导而渐以发扬，由青年学生而上及于军政当局，下达于广大深厚的工农群众。"

▽《抗日救国的民众教育提纲》，手稿见1936年11月16日《衔备忘》，21日讲授。全集第12卷。

11月22日（农历十月初九，周日）

△ 毛泽东、张闻天致电潘汉年："恩来事忙，暂难出去。"强调对国民党谈判的方针是，我只能在保全红军全部组织力量，划定抗日防线的基础上与之谈判。并指出，从各方面造成停止进攻红军

的运动以此迫蒋停止剿共，此是目前抗日统一战线的中心关键。

△ 上海新闻、金融、教育、律师各界召开“援助绥远抗日”会议。各地民众踊跃募捐抗日。

△ 下午陶行知在纽约华侨学校大礼堂的全侨欢迎大会上演讲。第一欢迎纽约全侨抗日救国会加入全国各界救国联合会。第二和梅翌强、陆璀代表全欧华侨抗日救国会慰问大家。

▽ 《对纽约全侨演讲词》原载1936年12月8日纽约《先锋报》。全集第12卷。

11月23日（农历十月初十，周一）

△ 凌晨2时许，全国各界救国联合会领袖沈钧儒、章乃器、王造时、邹韬奋、史良、李公朴、沙千里七人在上海公共租界及法租界被捕，史称“七君子”事件。随即引渡，押解苏州。不久，全救会第一领衔人、九八老人马相伯被迫至南京遭软禁。顿使举国大哗，海外也迅速掀起了一个巨大的抗议浪潮。

[被迫入京及被捕入狱人履历列后：

马相伯——98岁，中国天主教领袖。

沈钧儒——64岁，前浙江省教育厅长，参议会议员，时为上海法学院主任，律师公会主席。

章乃器——前浙江兴亚银行副行长，著名经济学著作家。

王造时——光华大学经济学教授，著名律师及政治家。

邹韬奋——《生活》周刊、《生活日报》主编，上海及全国各界救国联合会的领导之一。

史良女士——著名律师，妇女救国会主席。

李公朴——量才纪念学校校长，读书生活总编辑。

沙千里——《生活知识》主编。]

11月24日（农历十月十一日，周二）

△ 全国各界救国联合会为沈钧儒等人无辜被捕紧急宣言，

呼吁立即释放被捕的诸领袖并开放公众的抗日救国运动！

△ 傅作义率部大破日伪军，再克百灵庙毙敌4000余，取得“百灵庙大捷”。蒋介石阻挡乘胜追击。

11月26日（农历十月十三日，周四）

△ 宋庆龄以全国救国联合会执行委员名义发表为沈钧儒等人被捕声明，特提出抗议。李宗仁、白崇禧、黄旭初25日特急电致冯玉祥、孙科、居正、程潜等营救被捕之七位救国领袖。

11月27日（农历十月十四日，周五）

△ 张学良向蒋介石递交《请缨抗敌书》，蒋拒绝。

△ 全国各界救国联合会为七领袖无辜被捕告当局及国人书，提出对民众自动组织之救国团体即应开放；停止一切内争，一致抗日；勿再以赤诚之爱国者作为罪犯。广西学生救国联合会（于26日）也通电反对逮捕爱国七领袖。冯玉祥电致洛阳蒋介石请释放七领袖。

△ 陶行知在Port Arthur（纽约旅顺楼，不是阿瑟港）晤诚志社林侔圣及赵不凡、崔爱华夫妇等。陶为赵、崔三女儿写诗。

▽ 《题赵不凡三女图》，全集第7卷。

11月28日（农历十月十五日，周六）

△ 陶行知下午7时30分在International House（万国公寓）会堂演讲。

11月29日（农历十月十六日，周日）

△ 陶行知上午10时在哥伦比亚大学演讲。

12月1日（农历十月十八日，周二）

△ 毛泽东同朱德等19位红军将领率中国工农红军20万人致

书蒋介石，希望他当机立断，化敌为友，共同抗日。

△ 冯玉祥营救七君子未果，在日记上第四次写下遗嘱：一、国家到这步田地，只有抗日到底，方能闯过此极劫运。二、要实行抗日，必须联络俄、英、法、美，如不注重外交是极大错误。三、不破除迷信，国家必亡。四、不大开煤、铁等矿，决不能转弱为强。五、不大修铁路，国家永久不能文明。六、不大兴科学，民族必永远落伍，必定到极可怜的地位。

△《西游回忆录》10节：罗素答客问。

12月2日（农历十月十九日，周三）

△ 陶行知下午4时在纽约东52街135号基督教女青年会演讲。

12月3日（农历十月二十日，周四）

△ 张学良飞抵洛阳谒蒋，谓“西北事急，请亲临解决”。

12月4日（农历十月二十一日，周五）

△ 蒋介石抵达西安，胁迫张学良、杨虎城率部进攻西北红军，否则将张、杨部队分别调至福建和安徽。

[《衖备忘》第五册，起自1936年12月7日，止于1937年1月27日]

12月7日（农历十月廿二十四日，周一）

△ 张学良在华清池向蒋哭谏，请对红军问题可用政治方法解决，遭蒋怒斥。蒋介石严饬张学良、杨虎城要加紧“剿共”。

△ 陆璀致函全国学联：“募捐事拟与全救代表陶行知先生联合进行。最近陶先生拟定中国人民国难教育三年计划，印就后即凭此向外人募捐。”陶行知为写《中国人民国难教育三年计划》草拟提纲，即《中国人民教育大纲》。下午7时30分访晤杜威家

（纽约东72街320号），杜威家中人多，签名整整五页（《衔备忘》05—001—005），并约定12月20日上午11时再次聚会。

▽《Outline of Chinese People's Education》是《中国人民国难教育三年计划》一书的英文提纲。全集第6卷。

12月8日（农历十月二十五日，周二）

△ 潘汉年致电中共中央，告知：彼方继续坚持苏区和红军必须先行改制改名，统一行政和军事组织于南京政府领导之下，限制红军改编后的总人数不超过三万人，否认谈判的平等地位。中央即电回复：指出谈判显无速成之望。"我们愿以战争求和平，绝对不作无原则让步。"

△ 陶行知下午6时访问华侨学校校长李卓山。会见中华公所刘恩初、黄剑龙以及纽约学生会执行委员谭文玉等人，他们约请陶行知10日在该校演讲。

12月9日（农历十月二十六日，周三）

△ 西北各界救国联合会组织一万五千多青年学生，在西安举行爱国请愿运动，张学良、杨虎城、邵力子尽力排解，由于蒋介石饬令警察开枪，武力弹压，使群情激愤，游行学生坚持从西安步行赴蒋介石临时行辕所在地临潼，要求蒋介石答应抗日。为避免爱国学生遭受蒋介石宪兵镇压，张学良驱车至途中劝阻学生，向他们表示：在一星期内准有满足你们心愿的事实答复你们。因而把学生劝回西安。而蒋介石却说："对于那些青年，除了用枪打，是没有办法的。"蒋介石怪张学良没有武力弹压。蒋介石认为张学良的部下的行动有不检点的地方，要求张学良对其部下加以严惩！

△ 蒋介石召集全体参谋人员会议，决定在12日颁布第六次对红军总攻击令。如张、杨不服从，则解除其武装。

12月10日（农历十月二十七日，周四）

△ 中共中央致电潘汉年："根本不能同意蒋氏对外妥协对内苛求之政策，更根本拒绝其辱红军的态度，"坚持"红军不能减少一兵一卒，而且须要扩充。离开实行抗日救亡任务，无任何商量余地。"

△ 周恩来致电张学良告以中共与蒋方谈判情况，说：红军可在抗日救亡的前提下，改换抗日番号，划定抗日防地，服从抗日指挥；彼方如有诚意，须立即停战，并退出苏区以外，静待抗日结果。红军决心以战争求和平，绝对不作无原则让步。

△ 陶行知下午8时在华侨学校对土生子女讲中华景象，介绍全国各地之特产与风物，在《衔备忘》05—008—014页上一一列举。

12月12日（农历十月二十九日，周六）

△ 张学良、杨虎城在西安实行"兵谏"，扣留蒋介石，凌晨3至5时前致电毛泽东、周恩来："吾等为中华民族及抗日前途利益计，不顾一切，今已将蒋及重要将领陈诚、朱绍良、蒋鼎文、卫立煌等扣留，迫其释放爱国分子，改组联合政府。兄等有何高见？速复……"通电全国发表《张杨对时局宣言》，主张：

一、改组南京政府，容纳各党各派共同负责救国。二、停止一切内战。三、立即释放上海被捕之爱国领袖。四、释放全国一切政治犯。五、开放民众爱国运动。六、保障人民集会结社一切政治自由。七、确实遵行总理遗嘱。八、立即召开救国会议。

毛泽东、周恩来复电张学良：提议立即将东北军主力调集西安、平京一线，第十七路军主力调集西安、潼关一线，固原、庆阳、鄜县、甘泉一带仅留少数兵力。表示红军决不进占寸土。另告，恩来拟到张处协商大计。

南京召开国民党中央常务委员、中央政治委员联席会议。会议决定孔祥熙任行政院代院长，何应钦负责指挥调动军队。褫夺张学良本兼各职，交军事委员会严办。孔祥熙、宋美龄连夜由上海赶回南京，主张和平营救蒋介石。

△ 陶行知抵达波士顿，并在全体华侨欢迎会上发表演讲。

▽ 《在波士顿全体华侨欢迎大会上的讲话》，陶晓光整理的记录稿，全集第4卷。

12月13日（农历十月三十日，周日）

△ 下午5时，张学良对总部全体职员训词，表明："我们绝不是反对蒋委员长个人，是反对蒋委员长的主张和办法，反对他的主张和办法，使他反省，正是爱护他。""我们要承认过去的错误，我们绝不一错再错！中华民族终有自由解放的一天！"

△ 张闻天主持中共中央政治局会议，讨论西安事变问题。会议肯定西安事变是革命的，推动抗日的。决定争取不与南京对立的方针，不组织与南京对立的政权。毛泽东、周恩来致电张学良，说"只有将全部行动基础置于民众之上"，西安事变才能胜利。并请张派飞机到肤施接周恩来去西安。

12月14日（农历十一月初一，周一）

△ 张学良、杨虎城撤销"西北剿匪总司令部"，改设"抗日联军西北临时军事委员会"，张、杨分任正副委员长。

△ 孔祥熙接受宋美龄建议，召集高级会议，决定在"讨伐"之前先着手和平营救蒋介石。为此，曾任张学良顾问的澳大利亚人端纳从南京飞到西安，当晚在张学良陪同下见蒋介石，劝蒋接受停止内战，一致抗日的主张。蒋态度由强硬变得和缓。

12月15日（农历十一月初二，周二）

△ 全国各界救国联合会为当前时局紧急宣言，号召全国人民立刻实行总动员，加紧援助前线将士，消除一切内战。

12月16日（农历十一月初三，周三）

△ 经端纳斡旋，宋美龄表示愿同宋子文、顾祝同到西安会商，张学良表示欢迎。

△ 共产国际执行委员会书记处致电中共必须和平解决西安事变。因电码错乱未能译出，故17日张学良询问周恩来时，周恩来答说尚不知。国际重发电文于20日才收到。

12月17日（农历十一月初四，周四）

△ 上午，蒋介石派蒋鼎文去南京下达给何应钦的命令：19日前停止军事行动。

△ 下午，周恩来偕中共代表团一行九人抵达西安。傍晚和张学良会谈。商定东北军、第十七路军集中于西安、潼关一线，红军南下肤施、庆阳一带接防；红军加入由东北军、第十七路军成立的抗日联军临时西北军事委员会。周恩来表明中共的态度是：保证蒋的安全，但如果南京挑起内战，则蒋的安全无保障。周恩来和张学良还商定同宋子文谈判的五项条件：（一）停止内战，中央军全部开出潼关。（二）下令全国援绥抗日。（三）宋子文负责成立南京过渡政府，肃清一切亲日派。（四）成立抗日联军。（五）释放政治犯，实现民主，武装群众，开救国会议。

△ 陶行知在美国纽约州的工业城市阿姆斯特丹的哲学俱乐部（Philosophy Club）演讲。

12月18日（农历十一月初五，周五）

△ 周恩来致电毛泽东并中共中央："南京亲日派目的在造成内战，不在救蒋。宋美龄函蒋：宁抗日勿死敌手（指何应钦、汪精卫）。孔祥熙企图调和，宋子文以停战为条件来西安；汪精卫将回国；阎锡山向张提议，将蒋送山西；韩复榘认为南京现在办法不能解决西安问题；李宗仁、白崇禧表示张此举乃被逼得不得已；余汉谋、何键表示拥护国民党中央；蒋态度开始强硬，现已转取调和，企图求得恢复自由。"

△ 中共中央发表关于西安事变致国民党中央电，指出“武力的讨伐，适足以杜塞双方和解的余地”，呼吁国民党应实行：(一）召开抗日救国代表大会，对日抗战，组织国防政府和抗日联军。（二）将讨伐西安的中央军全部增援晋绥前线，承认东北军、第十七路军、红军的抗日要求。（三）停止内战，一致抗日。（四）开放人民抗日救国运动，释放爱国领袖。（五）实现孙中山的三大政策。

△ 全欧华侨抗日救国联合会，巴黎中国学生会，旅法华工总会，侨商协会以及陈铭枢、方振武等具名致电南京政府，“望速释放沈钧儒等人”，以示政府救国之诚。

△ 胡适为12月20日天津《大公报》写星期论文《张学良的叛国》。他认定：“这回的西安事变是叛国祸国，毫无可疑。一个政府有戡平叛乱的当然责任，也毫无可疑。”他还断定，联合战线是绝对不可能的。

12月19日（农历十一月初六，周六）

△ 张闻天主持召开中共中央政治局扩大会议，通过《中共中央关于西安事变及我们的任务的指示》，提出“主张南京与西安间在团结抗日的基础上，和平解决”。还通过《中华苏维埃中央政府及中共中央对西安事变通电》，提出具体建议：双方军队暂以潼关为界，听候和平会议解决；由南京立即召集和平会议，各党各派各界各军包括共产党和苏维埃政府参加。

12月20日（农历十一月初七，周日）

△ 宋子文到西安，得知中共中央和平解决西安事变的方针以后，对和平解决有了信心。21日即飞返南京。

△ 为吴树琴春季学费，陶行知代借120元，寄安徽休宁江阴街转交。上午11时又在纽约东72街320号杜威家聚会，商谈营救七君子事。即1937年2月5日巴黎《救国时报》发表的杜威、爱因

斯坦等16人的致南京政府通电。

12月21日（农历十一月初八，周一）

△ 毛泽东致电潘汉年，要他立即向陈立夫等提出："目前最大危机是日本与南京及各地亲日派成立联盟，借拥护蒋旗帜造成内乱奴化中国。南京及各地左派应速行动起来，挽救危局。潘汉年当即从上海到南京，秘密赴宋子文寓所与宋氏兄妹进一步落实赴西安谈判之事，并建议澳藉顾问端纳陪他们共赴西安。潘汉年去见陈立夫，向他转达了中共中央有关合作抗日的五项要求。

△ 中共中央致电共产国际书记处，内称："来电于二十日才收到，同意你们的意见，我们也已基本的采取了这种方针。"

△ 世界和平理事会议决由英国国会议员贝克领衔致电南京中央政府："我们对于世界和平会中国分会委员章乃器、王造时、邹韬奋、沈钧儒、李公朴及其他和平运动者之被逮捕，深感痛心！我们出于保障世界和平之诚意，希望释放他们"。

12月22日（农历十一月初九，周二）

△ 宋子文偕宋美龄、端纳、蒋鼎文等到西安。蒋介石授意宋美龄、宋子文代表他与西安方面谈判，并说对商定的条件，他以"领袖"人格保证，不作书面签证，回南京后分条逐步执行。

▽ 《奉上支票 两名同签——致吴树琴》，全集第8卷。

12月23日（农历十一月初十，周三）

△ 张学良、杨虎城、周恩来同宋子文谈判。周提出六项条件，张、杨同意以此为基础谈判。宋子文表示个人同意，答应转告蒋介石。宋子文提出只要蒋下令撤兵，即应放蒋回京；到南京后再释爱国七领袖。张、杨、周要求先撤兵，释放政治犯，蒋才可回南京。

周恩来和宋美龄谈话，阐述中共关于解决西安事变的主张及抗日的各项政策，希望蒋介石从速抗日。

12月24日（农历十一月十一日，周四）

△周恩来、张学良、杨虎城又与宋子文、宋美龄谈判，并达成肃清亲日派，释放爱国领袖和政治犯，开放政权和召集救国会议，待抗战发动允许中共公开、联俄等九项协议。下午，周恩来与宋子文谈判。宋表示要中共做他抗日反亲日派的后盾，并派专人驻沪与他秘密接洽；提出暂不开国民代表大会，先开国民党的会议，改组国民党，开放政权；说回去后与孙夫人商量释放政治犯的办法；并表示南京政府每月可给红军、苏区五十万元的经费。

△蒋介石被迫向张学良作出接受联共抗日的六项许诺，担保内战不再发生，并发撤兵手谕。六项承诺如后：（一）下令东路军退出潼关以外，中央军离开西北。（二）委任孔祥熙、宋子文为行政院正副院长，要孔、宋与张学良商组政府名单。决定令何应钦出洋，朱绍良及中央人员离开陕甘。（三）回南京后释放爱国七领袖。（四）联红容共，现在红军、苏区不变，经过张学良暗中接济红军，俟抗战后，再联合行动，改番号。（五）立即召开国民大会。（六）联俄联英美。

△蒋介石于晚上会见周恩来。蒋表示同意停止"剿共"、联共抗日等条件，并表示在他回南京后周恩来可以去南京谈判。

12月25日（农历十一月十二日，周五）

△张学良没有告知周恩来等，就亲自送蒋介石回南京。西安事变和平解决。不久，张学良即被扣押。

△蒋介石，宋子文、张学良、宋美龄今日同机飞洛。

12月26日（农历十一月十三日，周六）

△陶行知在纽约《先锋报》发表文章：《十二月运动一周年纪念》，1937年1月2日续完。强调中国的唯一生路是立刻抵抗

日本的侵略。

▽ 《十二月运动一周年纪念》，原载1936年12月26日、1937年1月2日纽约《先锋报》。全集12卷。

12月27日（农历十一月十四日，周日）

△ 中共中央发表《关于蒋介石释放后的指示》，指出："坚决走上改革内政、对外抗战的道路，这个过程的快慢，首先决定于抗日派力量的壮大"。

△ 下午1时陶行知在纽约时报广场南京楼主持关于西安事变和抗日救国的时事谈话会。参加的有陈翰笙、胡秋原、周培源、冀朝鼎、梅翊强、陈其瑗、吕超然、陈光润、左敬子、余辛日、赵千里等十余人。宣称消除内战抗日是中国的唯一出路，抗日运动必须四管齐下：（一）军事抵抗；（二）经济抵抗；（三）文化抵抗；（四）政治抵抗，召集救国会议，建立一个真正民主政府，政府应该释放救国犯。

▽ 《纽约时事谈话会讨论西安事变及抗日救国》，原载1937年1月2日纽约《先锋报》。全集第12卷。

12月31日（农历十一月十八日，周四）

△ 毛泽东致电周恩来、博古，要求他们与杨虎城商谈中共中央迁移延安后红军驻地问题。

△ 国民政府军事委员会秉承蒋介石之意，特派李烈钧、朱培德、鹿钟麟组织军事法庭审判张学良，判处其10年徒刑。

1937年（民国二十六年） 1月1日至12月31日

（农历丙子年十一月十九日至丁丑十一月廿九日）

1月1日（农历十一月十九日，周五）

毛泽东同周恩来电潘汉年，指出：西安事变和平解决，极于国事有利，但闻亲日派极力阻碍蒋介石新政策的实施，不执行撤兵命令，企图重新挑起内战，将给民族国家以极大损害。“共产党与红军坚决站在和平解决国事之立场上，赞助国民党一切有利于救亡图存之改革，愿与宋子文、孙哲生、冯焕章各方面商洽一致挽救危局之方法。”

△张学良发表告东北同胞书。指出“双十二事件”是我们国家存亡绝续的分野，我们自相砍杀的内战是要从此绝迹了……这显然是我们中国划时代的一个事件。……现在就请你们随着这次的元旦一致努力，加紧训练，待命杀敌，务求在最近的将来收回我们的白山黑水！

△蒋介石呈请国民政府特赦了张学良。

1月3日（农历十一月二十一日，周日）

△南京政府调集三四十个师的兵力，向西安进逼。旨在拆散西北的“三位一体”（东北军、十七路军和红军团结一致），再次出现了内战危机。毛泽东致电王以哲：“时局变化，亲日派回师进攻我抗日联军。惟有万众一心，巩固团结，坚决作战，争取最后之胜利。”张闻天致电周恩来、博古：“目前形势必须大量武装西安革命群众，大量动员西安革命积极分子到四周农村中去发动群众，并认真使他们武装起来，这是保证西安发动走向胜利的决定条件。”

△下午4时至6时，陶行知、胡秋原同在纽约大同公寓中国学生抗日会举行的时事讨论会演讲《什么叫做联合战线》

1月4日（农历十一月二十二日，周一）

△ 国民政府发布命令："张学良所处十年有期徒刑本刑特予赦免，仍交军事委员会严加管束"。原判"褫夺公权五年"仍有效，从此张氏失去自由而被长期监禁。

△ 陶行知下午6时30分在纽约Man's Faculty Club（男教职员俱乐部）演讲。

1月6日（农历十一月二十四日，周三）

△ 陶行知上午10时到下午1时半在纽约东45街132号Central Club for Nurse（护士中心俱乐部）演讲。下午7时在纽约西24街470号12号公寓Y.W.C.A（基督教女青年会）国际研究所演讲：远东问题（Fareast）。《衔备忘》上有英文提纲手稿。

1月7日（农历十一月二十五日，周四）

△ 中共中央致电刘少奇，指示关于西安事变的宣传方针，表明为使中国从此实现和平统一，团结御侮，主张南京政府应令张学良回陕，率领东北军和西北军队开赴抗日前线，实现蒋、张共同救国的意见。如南京政府企图以武力解决，内战应由其完全负责。

1月8日（农历十一月二十六日，周五）

△ 中共中央、中华苏维埃中央政府发出号召和平，停止内战通电。通电坚决要求南京当局立刻下令停止对西安方面的军事行动，肃清亲日派，召开各党各派各界各军的救国会议，使国内和平立即实现。强调蒋介石应挺身而出，制止祸国殃民的内战重新爆发。指出今日中国人心之背向，已显而易见，一切甘冒不韪投降日寇之亲日派分子，必将自趋于毁灭之途。

1月9日（农历十一月二十七日，周六）

△ 周恩来致电张闻天、毛泽东，提出我们应力主和平解决。张、毛当即回电：“力主和平，拉拢蒋、宋，策动国内各界各派舆论，策动英美，保持西北目前局面，非不得已不开火，乃目前基本方针。”

▽ 陶行知、吕超然、余辛日、李信慧、胡秋原、胡家健、柳无垢、徐永英、陆璀、梅翊强、冀朝鼎等33人发起援救爱国七领袖及马相伯先生运动。纽约《先锋报》发表《为营救抗日救国先生旅美华侨告海外同胞书》，号召赞成者签名，并于当天各找五人签名，签名者达三百余人。全集第4卷。

1月10日（农历十一月二十八日，周日）

△ 张闻天、毛泽东随中共中央和中央军委由保安动身迁往延安。13日到达延安。

1月11日（农历十一月二十九日，周一）

△ 周恩来致函蒋介石，指责其背信弃义，敦促实现诺言，要蒋完成和平、统一、撤兵、释放张学良。

△ 全国各界救国联合会为当前时局二次宣言，提出六点要求，宣布1937年为“收复失地年”。

1月13日（农历十二月初一，周三）

△ 周恩来致电毛泽东、张闻天，建议派张云逸到广西联络，周恩来和彭德怀、贺龙同杨虎城会谈。

△ 宋子文陪同张学良飞奉化见蒋介石，东北军的米瑞峰及杨虎城的代表李志刚随行。蒋介石提出善后办法：东北军移驻甘肃，杨虎城部驻渭北，陇海路及沿线中央驻守并在西北设防，红军移驻陕北；杨虎城设绥靖公署于西安；新任陕西省主席孙蔚如即日就职，由杨氏指挥；西安事变时所提各种问题容开国民党三中全会加以彻底解决。蒋介石告以16日为限。张学良分别致函杨

虎城及东北军："盼即刻表示受命"，"如不遵从委座意旨，决难挽此劫运"。"盼诸兄计及国家利害，勿专为我个人谋也"。

1月14日（农历十二月初二，周四）

▽《将用一年时间，考察欧美和苏联——致吴树琴》。陶在信中说："我在美国尚有六个月。六个月后，再回到欧洲考察德国、苏联，然后回来。恐怕再要一年才能见面。"全集第8卷。

▽《九张游稿说》，九张游稿之一，原载1937年3月19日香港《大众日报》。全集第4卷。

1月15日（农历十二月初三，周五）

▽《安内攘外歌》，九张游稿之三，原载1937年3月19日香港《大众日报》。全集第7卷。

1月16日（农历十二月初四，周六）

△红军和东北军、十七路军将领开三方会议。会议决定：坚持和平方针；联络川、桂、粤、晋、绥及南京抗日派在国民党三中全会期间共同提出改变国策，改组政府；防区分配与营救张学良同时进行。

▽《倒退十年歌》，原载纽约《先锋报》。后注为："西安事变发生之初，林语堂先生答世界电讯记者说，如果张学良杀了蒋介石则中国将要倒退十年。我希望蒋先生平安回来，但大家倒退十年还是好事。"后来作为九张游稿之四发表于1937年3月19日香港《大众日报》。全集第7卷。

1月18日（农历十二月初六，周一）

△陶行知上午10时在纽约接受世界电讯社（World Telegraph）记者采访。晚8时15分在YWCA International Institute（基督教女青年会国际研究所）为Woman's League（妇女联盟）演讲《中国

现状》。《衔备忘》上有英文手书提纲。

▽ 《世界和平会理事会营救中国七领袖》，九张游稿之二。原载1937年3月19日香港《大众日报》。全集第4卷。

1月20日（农历十二月初八，周三）

△ 东北军、第十七路军负责人对蒋介石不接受他们的建议群情激愤，杨虎城对打或和表现犹豫。周恩来和杨虎城详谈，说服杨下决心不打仗。

1月21日（农历十二月初九，周四）

△ 中国人民抗日军政大学举行开学典礼。

△ 张闻天、毛泽东致电周恩来、博古并告彭德怀、任弼时，指出解决西安问题“在于是否有保证让步而确能停止战争，让步而依然是战争，且得出比西安事变前更坏之局面，则不能让步”。

△ 毛泽东、周恩来联名致电潘汉年，指出：“为避免内战一致对外，我们原则上不反对蒋之方针，并应劝告西安服从南京统一方针，蒋宜给张、杨以宽大，以安其心。”但坚决要求蒋同意以下各点：保证和平解决后不再有战争；不执行“剿共”政策，并保证红军最低限度的给养；暂时容许一部红军在陕南驻扎；令马步芳停止进攻河西红军；为使红军干部确信蒋之停止“剿共”、指定防地与发给经费，要求蒋亲笔答复周恩来一信。潘汉年往宋子文寓所即与宋子文商议，后蒋介石托宋子文答复潘汉年，同意联合抗日。

1月22日（农历十二月初十，周五）

▽ 《傻瓜》，指西安事变中的“三位一体”，原载1946年6月22日《唯民周刊》第12期。全集第7卷。

▽ 《送梅翊强回国》，全集第7卷。

1月23日（农历十二月十一日，周六）

△ 蒋介石拒绝东北军、第十七路军释放张学良的要求。

1月24日（农历十二月十二日，周日）

△ 张闻天主持召开中共中央政治局常委会议，讨论当前时局和准备同国民党谈判问题。毛泽东作关于同国民党谈判问题的报告。会议进行讨论，毛泽东再次发言“应说明不是人民阵线而是民族阵线”，然后指出：“我们的错误，是在1935年12月决议时提出了抗日没有放弃反蒋，然而在5月间还是渐渐在变。彻底的转变，是在共产国际指示以后。西安事变后，我们通电说蒋交人民裁判，是不对的。”张闻天发言指出：“在国民党三中全会中，我们主要是要求他们能在停止内战和平御侮口号下行动。”

1月25日（农历十二月十三日，周一）

△ 毛泽东、周恩来两次致电潘汉年，就向蒋介石提出交涉的几个问题发出指示：“（甲）杨、于、孙通电就新职，并准备取消临时组织，已表示服从中央，目前只需要蒋先生处以宽大，在陕、甘不驻多兵，优待汉卿显示爱护两部，释其疑虑，即可彻底和平解决，我们当以全力斡旋，务底于成。（乙）为要说服红军将领起见，如无蒋先生手书甚为困难……（丙）已命西路军在甘、肃附近停止两天，请蒋速令马军让出甘、肃二州，即可停止东进”〔甘州即张掖，肃州即酒泉〕。关于红军经费问题，电文指出：全部红军、地方武装和游击队，每月伙食费至少需100万元；如照国民革命军待遇，发给薪饷再加购买费，每月至少120万元。

1月26日（农历十二月十四日，周二）

△ 毛泽东、周恩来致电潘汉年，提出与蒋介石交涉事项，力争和平解决问题。毛泽东另电刘少奇，请他将致阎锡山电交彭

雪枫转送。致阎电表示恳望阎出面斡旋，俾得和平解决西安问题。

△ 陶行知晚8时5分在纽约以英国英格兰大伦敦里士满的基尤植物园命名的Kew Garden演讲，下午6时45分在纽约第7号大街57号Russian Restaurant会见世界电讯社记者Mitred Jessland。

▽ 《红玫瑰》，在基尤植物园触景生情联系西安事变而写，“红霞”指红军，“翡翠”指东北军和第十七路军。全集第7卷。

[《衡备忘》第六册，起自1月28日，止于5月11日]

1月28日（农历十二月十六日，周四）

△ 张闻天在云阳前敌总指挥部致电毛泽东、周恩来、博古："（一）为向各方坚决表示我们对和平的诚意，在陕南的红军主力即应开始从商县一带向渭北方面撤退，并由朱毛对红军这一行动发表谈话，内容包括：（甲）红军主张全国和平统一，团结御侮，坚决反对新的内战，这种内战只有利于日寇、亲日派。（乙）红军愿意服从主张和平统一，团结御侮的南京中央政府的指导。（丙）红军要求蒋委员长立即销假视事，主持中枢。（丁）红军要求全国各党各派各界各军为全国和平统一团结御侮的实现，同红军共同奋斗。（二）这一态度的表明，目前极端重要。你们有何意见？如大家同意即由毛泽东负责起来，谈话明日即广播"。

△ 陶行知、陆璀在纽约报纸上发表共同募捐启事。中午在《纽约公报》印募捐册。

▽ 《共同募捐启事》，原载1937年2月6日纽约《先锋报》。全集12卷。

▽ 《"一·二八"儿歌》，原载1937年1月28日《纽约公报》中文版。全集第7卷。

▽ 《"一·二八"五周年纪念》，原载纽约《先锋报》，发表时

有“九张游稿四”字样。全集第7卷。

1月29日（农历十二月十七日，周五）

△ 毛泽东、周恩来致电上海的潘汉年，要他向国民党当局表示：“为坚决赞助蒋先生方针和平解决西北问题，并永远停止内战一致对外起见，我们决定放弃陕南驻兵要求”，同时要求国民党给红军“在陕北或宁夏增加一部分防地”。张闻天、毛泽东又电潘汉年：“宋子文既代表蒋，请考虑可否即与宋订一简单军事书面协定。”

1月30日（农历十二月十八日，周六）

△ 周恩来、博古、叶剑英到云阳镇红军总司令部同张闻天、彭德怀、任弼时、杨尚昆、左权召开紧急会议，研究东北军要红军协同作战问题，会后致电毛泽东、朱德、张国焘等。毛泽东、朱德、张国焘收电后立即回电：“（甲）和平是我们基本方针，也是张、杨的基本方针。（乙）但我们与张、杨是三位一体，进则同进，退则同退，我们不能独异失去张、杨。（丙）向张、杨两部表示我们始终同他们一道，在他们不同意撤兵以前，我们不单独行动，协助他们争取更有利条件。（丁）用以上态度争取最后的和平。”当晚，周恩来、博古、叶剑英赶往西安，把这一决定告知杨虎城和东北军。

1月31日（农历十二月十九日，周日）

△ 陶行知下午2时在纽约华侨学校“一·二八”纪念会上演讲。

2月1日（农历十二月二十日，周一）

△ 周恩来和杨虎城、于学忠、王以哲、何柱国等分别代表红军、第十七路军、东北军，召开最高军事会议。周恩来再次阐

述中共和平解决的方针，强调要维护内部团结，防止分裂活动。

2月2日（农历十二月二十一日，周二）

△晨，应德田、孙铭九、苗剑秋等枪杀东北军主和派将领王以哲。周恩来闻讯后，严厉批评此事，并立即到王家吊唁，王的家属和东北军将领深受感动，消除了一些人对中共的误解。随后，到新城和杨虎城商议。杨虎城派李志刚到潼关继续谈判。

▽《无边湖》，全集第7卷。

▽《相见难》，全集第7卷。

2月4日（农历十二月二十三日，周四）

△陶行知下午6时在纽约东52街135号基督教女青年会演讲。

2月5日（农历十二月二十四日，周五）

△经过陶行知的发动，杜威、爱因斯坦以及包括哥伦比亚大学孟禄五教授在内的美国16位著名学者签名发表了致南京政府函："以中国朋友的资格，同情中国联合及言论结社自由，对于上海全国各界救国联合会七位学者被捕……至感不安"，表示了"严重关切"。

△张闻天主持召开中共中央政治局常委扩大会议，讨论宣传工作。张闻天在总结发言中指出：今天宣传方针仍应着重于民族统一战线的宣传，特别是现阶段要宣传"和平统一，团结御侮"的口号。

2月6日（农历十二月二十五日，周六）

▽《致陶宏四子》，全集第8卷。

2月10日（农历十二月二十九日，周三）

△中共中央致国民党三中全会电：深望国民党三中全会，

本着和平统一团结御侮的方针，将下列各项定为国策：“（一）停止一切内战，集中国力，一致对外；（二）保障言论、集会、结社之自由，释放一切政治犯；（三）召集各党各派各界各军的代表会议，集中全国人才，共同救国；（四）迅速完成对日抗战的一切准备工作；（五）改善人民生活”。如贵党三中全会果能毅然决然确定此国策，则本党为着表示团结御侮之诚意，愿给贵党三中全会以如下保证：“（一）在全国范围内停止推翻国民政府之武装暴动方针；（二）苏维埃政府改名为中华民国特区政府，红军改名国民革命军，直接受南京中央政府与军事委员会之指导；（三）在特区政府区域内实施普选的彻底民主制度；（四）停止没收地主土地之政策，坚决执行抗日民族统一战线之共同纲领”。

△ 陶行知上午6时15分至6时45分在纽约第5号大街57号街730号6楼洲际广播电台（Interstate Broadcast）广播演讲《远东危机》。

2月11日（农历正月初一，周四）

△ 张闻天主持召开中共中央政治局扩大会议，总结关于西安事变的工作。张在总结发言中指出：“我们以后主要的应在联蒋抗日或拥蒋抗日口号下争取中派。现在争取中派是最中心的问题。总的方针是坚决为和平而奋斗”。

▽ 《在美国将再住六个月——致吴树琴》，全集第8卷。“我现在决定在美国再住六个月，承杜威先生介绍，将到各地去演讲，随时还回到纽约来”。

2月12日（农历正月初二，周五）

△ 周恩来继续同顾祝同会谈，结果如下：（一）中共承认国民党在全国的领导，停止武装暴动及没收地主土地，实行御侮救亡的统一纲领。国民政府分期释放政治犯，对中共党员、中共党组织不再逮捕、破坏，允许中共适时公开。（二）取消苏维埃

制度，改为中华民国特区政府，受国民政府指导，实施普选制。（三）红军改编为国民革命军，接受国民政府军委会与蒋介石的统一指挥和领导。其他边区部队改为地方团队。（四）中共派代表参加国民会议，军队派代表参加国防会议；（五）希望国民党三中全会对中共提出的和平统一团结御侮及容许民主自由的主张有进一步的表示。

2月15日（农历正月初五，周一）

△ 标志国民党政策开始转变的五届三中全会在南京开幕，到会中央委员共170人。自国民党反共以来，宋庆龄第一次参加国民党中央全会。宋庆龄、何香凝、冯玉祥、张人杰、李煜瀛、孙科、鹿钟麟、石瑛、张知本、石敬亭、李烈钧、朱霁青、梁寒操、经亨颐14人提出"恢复总理三大政策，以救党国于危亡，以竟革命之功业"的提案。杨虎城、于学忠联合提出改组政府，收容各党各派人才负责救国等八项内容的提案。西南实力派李宗仁、白崇禧、刘湘的代表也提交了有关允许集会、言论及其他救国运动之自由的多项提案。

2月18日（农历正月初八，周四）

△ 宋庆龄在国民党五届三中全会全体会议上发表《实行孙中山遗嘱》的重要演说。她指出：只有实行先总理孙中山的遗嘱，"忠实地执行他的三大政策，才可以救中国"。她明确指出："在今天居然还可听到'抗日必先剿共'的老调，这是多么荒谬！……救国必须停止内争，而且必须运用包括共产党在内的全部力量，以保卫中国国家的完整。"

△ 陶行知、陆璀致函慰问救国会七君子。陶在信中自称"监牢候补犯"。

2月19日（农历正月初九，周五）

△ 蒋介石在国民党五届三中全会上作关于西安事变的报告，报告虽然有些不实的描述和说明，但也准确地将张、杨的八项主张向大会提出，并说明“唯此节关系较大，不得不特为提叙，俾到会各同志注意。兹值全会开议，对于西北善后，当必有确当之指示；对于国事，亦必有详审之检讨；一切取舍可否，自当取决众议”。大会通过这个报告的决议，对张、杨八项主张“大会应不予置理，以绝效尤”。

△ 陶行知和陆璀考虑到要在华侨中开展抗日救亡工作，必须有一个依靠的力量，而洪门致公堂正是以“忠诚爱国、义气团结和互助互济”为宗旨的侨团，而且它的组织遍布全美洲各地，它的领袖司徒美堂又是一个大义凛然的爱国老人，由于他对陶、陆的极大信任和政治上对陶、陆主张的支持，他主动邀请陶、陆参加洪门致公堂，陶、陆欣然同意，经过一个相当隆重的仪式，陶、陆加入了洪门致公堂。这是当今中国致公党的前身。

2月22日（农历正月十二日，周一）

△ 国民党五届三中全会通过了《全体会议宣言》并闭幕。宣言提出了十四项内外政策，虽然没有明确表示接受中共中央的五项要求，也不乏对中共主张的攻击之说，但就其实际内容，连同《促进救国大计案》，已经体现了中共中央五项要求的基本精神，为实现全民族抗日统一战线打开了大门。这是国民党政策转变的一个新起点。

▽ 《在美国九个月的计划——致吴树琴》，信中说：“我已得美国允许，延长游历时期九个月，要到十一月九日才回英国去。在这九个月当中，我还要到墨西哥、加拿大、古巴、檀香山去演讲。四月一个月，要去墨西哥大学演讲创造教育。”“我现在每天生活是看书、写演讲、会朋友，一共有三十五篇演讲稿要预备写起来。”（全集第8卷）这里“得到美国允许”，是由于司徒美堂通过曾经担任过致公堂常年法律顾问、当时新任美国总统

的罗斯福的特殊关系，取得的在美游历的许可。原本准备两个月，延长后可以到11月9日。

2月25日（农历正月十五日，周四）

△ 陶行知博士与胡秋原教授下午8时在纽约二号路144号华工中心会堂为华工中心三周年纪念大庆会上演讲。

2月26日（农历正月十六日，周五）

△ 陶行知下午4时30分在西117街410号高等学校女教职员俱乐部（Woman Faculty Club）演讲。

2月27日（农历正月十七日，周六）

△ 纽约《先锋报》公布纽约华侨陈烈智、陈均灿、陈万三共捐美金20元，托交陶、陆两代表为推广救国教育用。《先锋报》将继续代收捐款。

3月2日（农历正月二十日，周二）

△ 陶行知下午4时30分在纽约第5号大街150号外国传教士会演讲。

3月6日（农历正月二十四日，周六）

△ 纽约《先锋报》发表《纽约纪念中国大众教育十周年》消息。预定3月14日晚8时在西十二街66号新社会学院开纪念会。杜威博士演讲《教育与社会改造》，陶行知博士演讲《大众教育——中国大众教育十年经验谈》。陆璀女士唱中国民歌。门票收入尽归小先生发祥地之山海工学团。

3月11日（农历正月二十九日，周四）

▽《请代找一个实习地方——致张楚珩》，为替在中法药科

专门学校学习的吴树琴，找寻毕业实习的地方。张楚珩是南京卫生署的干部，1935年曾被邀到上海高桥卫生实验所参观并与陶行知和吴树琴吃晚饭。全集第8卷。

3月12日（农历正月三十日，周五）

▽《介绍信写成三封——致吴树琴》，为吴树琴、沈德华、黄彤麟找毕业实习的地方写了三封信，并告通讯处。全集第8卷。

▽《托您代找实习地方——致张继圣》，为吴树琴三人找毕业实习地方，张继圣在上海高桥卫生实验所任职。全集第8卷。

▽《请给予吴树琴等实习机会——致颜福庆》，介绍吴树琴三人去中国红十字会医院实习，当时颜任院长，在上海海格路。全集第8卷。

3月13日（农历二月初一，周六）

△ The Chinese Vanguard（纽约《先锋报》）第252期发表社论《中国大众教育十周年》。社论说："中国大众教育运动，在陶行知先生和他的同志不避艰苦压迫的提倡促进下，到现在已经有了十年进展的历史；……也特别感觉到联合全民抗日救国的立场上，对于大众教育运动，有拥护、学习而将其推行于大众中的必要。""我们很希望乘着陶先生在美的机会，联合一切热心教育与努力救国的人士和团体来共同发动华侨中的教育运动，来推广华侨抗日救国的事业。"

3月14日（农历二月初二，周日）

△ 美国教育名宿杜威、孟禄及中西各界领袖所发起的中国大众教育十周年纪念会于晚上在纽约新社会研究院礼堂举行。当晚天气寒冷，冰雪满地，而中西人士赴会者达六百余人，杜威博士演讲《教育与社会改造》，赞美中国大众教育之成绩。陶行知博士演讲推行大众教育之经验，听者无不动容。陆璀女士唱中国

民歌，发扬大众文化。加罗女士登台鼓吹捐助大众教育之推行。当场得142美元，以纽约华侨衣馆联合会捐20美元为最多云。

▽《乡村教育十周年》，这是在中国大众教育十周年纪念会上的演讲词，首载1937年6月10日《生活教育研究会会刊》第1卷第7期，署名：梧影。全集第4卷。

3月19日（农历二月初七，周五）

△沈钧儒、邹韬奋、章乃器、李公朴、沙千里、王造时狱中六君子回复陶行知、陆璀2月18日信。对他们被捕入狱期间的曲折经过做一简单报告，并说："行知先生自称为监牢候补犯，一点也不差，如果没到国外去，这次捉入监牢决不会比八人少一个。""如果我们还是要继续坐牢，那么我们认为你无回来候补必要，你们还是在国外做救国工作为好"。

△陶行知生病直到4月29日，整整40天，活动日渐减少。在《衔备忘》06—014—018上以英文摘记西安事变的大事记及各方在西安事变中的态度。

3月23日（农历二月十一日，周二）

▽《投入大的社会里去——致陶晓光》，信中告诫晓光："从家庭的小世界里把自己拔出来，投入大的社会里去，你不久就会乐观、高兴，觉得生活有意义。""将胸襟扩大，生活将要自在得多。"全集第8卷。

△中共中央书记处电周恩来由潘汉年陪同赴杭州与蒋介石直接谈判。先同宋美龄会晤，请将15项谈判意见交宋转交蒋介石，宋美龄表示中共可以合法存在。周还向蒋表示了中共中央的原则立场并提出具体要求。蒋当面表示具体问题好解决。蒋介石要求中共承认其领袖地位，同他永久合作。而且要中共提出一个永久合作的办法。周恩来表示以制定共同纲领为最好办法。

3月30日（农历二月十八日，周二）

△ 周恩来携带同蒋介石联系的密码回西安，当即同顾祝同谈判接济红军给养等事项。不久即回延安。

4月3日（农历二月二十二日，周六）

△ 江苏高等法院检察官对七君子及陶行知、罗青、顾留馨、任颂高、张仲勉、陈道弘、陈卓等人的起诉书："缘沈钧儒、王造时、李公朴、沙千里、章乃器、邹韬奋、史良及在逃之陶行知等八人共同以危害民国为目的而组织团体，并宣传与三民主义不相容之主义，特提请公诉，依法审判。"起诉书还罗列了所谓十大罪状，以定其莫须有之罪状，确定通缉陶行知。冯玉祥看报有通缉陶行知事，在六日日记上写："阅之觉得心中万分难过。"

4月5日（农历二月二十四日，周一）

△ 张闻天主持召开中共中央政治局会议，听取周恩来汇报杭州谈判情况。会议认为"结果尚好"，决定在抗日救国十大纲领和国民党一大宣言基础上起草民族统一战线纲领，并在这个纲领基础上成立包括国共两党及赞成这个纲领的各党派各政治团体的民族联盟，共同推举蒋介石为领袖。会后，周恩来起草《中共中央关于与蒋介石谈判经过和我党对各方面策略方针向共产国际的报告》。

4月7日（农历二月二十六日，周三）

▽ 《四川天灾》，全集第7卷。

4月8日（农历二月二十七日，周四）

△ 上午2时，陶行知、陆璀、陈其瑗在纽约车站迎候吴耀宗，陶约吴于下午4时在铁路公寓谈话。

4月11日（农历三月初一，周日）

△ 周恩来致电国民党谈判代表张冲，指出国民党起诉救国会领袖这种做法“大失国人之望”，希望张“进言当局，断然改变此对内苛求政策”。张闻天、毛泽东致电潘汉年：“章、邹案及通缉陶行知事，恩来已电张冲，要求改变。你可代表我方与张冲、陈立夫谈判，同时将起诉书要点电告。”陶行知在纽约知悉被通缉后在《衔备忘》06—062上写有：“如果这样是犯罪，情愿犯罪犯到底。”

4月12日（农历三月初二，周一）

△ 中国共产党中央委员会对沈、章诸氏被起诉宣言发表，宣言要求：“立即释放沈钧儒、章乃器、邹韬奋、李公朴、王造时、沙千里、史良及全体政治爱国犯，立即取消陶行知等一切政治犯之通缉令。”周恩来致电叶剑英，告以沈等七人被捕及通缉陶行知等事，毛泽东已电潘汉年赴南京谈判，并准备发动援救沈钧儒、陶行知等的运动。要叶通知中共西安地下党组织准备响应。

4月15日（农历三月初五，周四）

△ 中共中央发出告全党同志书，号召全党“为巩固国内和平，争取民主权利，实现对日抗战而斗争”。“在目前新阶段内，我党工作中心的一环，应该是抗日的民主运动的发展”。

4月20日（农历三月初十，周二）

▽ 《四万万的代表》，讽刺代表脱离人民，全集第7卷。

4月23日（农历三月十三日，周五）

△ 吴耀宗与陶行知、陆璀晚餐，后同至吴宿舍谈话。至10时许。

▽ 《Mr.Tsai Asked To Forward Us $ 100 To Nat’l Salvation

Ass. To Mr. Tsai Chen Hsin》，全集第6卷。附中译文：《汇100美元请转交救国会——致蔡承新》，全集第6卷。陶行知在纽约市第90大街西310号教育促进会，汇100美元至上海汉口路中国银行蔡承新请转交救国会使用。信是用英文写的。

4月24日（农历三月十四日，周六）

△ 毛泽东、张闻天、周恩来致电潘汉年："（甲）关于七君子案已直电蒋；（乙）选举法修改事将另电蒋。"

4月25日（农历三月十五日，周日）

△ 下午2时，衣联会在会所举行庆祝四周年大会。5时并在醉芳楼举行宴会。庆祝会主席为陈烈智，宴会主席为雷卓峰。陶行知与朱学范、陈其瑗、胡秋原、冀朝鼎、朱夏、中国驻纽约副领事郑宝南、中华公所主席练天然以及外国来宾等，均在会上发表演说。

4月27日（农历三月十七日，周二）

△ 陶行知大病初愈，写信致王云五、穆藕初、李组绅、张宗麟、胡同炳及新安小学。

4月29日（农历三月十九日，周四）

▽ 《风景片将选寄给你——致吴树琴》，告知5月行止：2日到Philadelphia（费城），4日到Missouri（密苏里），5日到SaintLouis（圣路易斯），7日到Chicago（芝加哥），全集第8卷。

▽ 《在互信中得到安慰——致吴树琴》，署名"水"，第一次在信中改"冰小姐"的称呼为"冰女士"，说他俩最值得纪念的礼拜是1935年7月17日到7月23日，并告之："我害了四十天病。"全集第8卷。

4月30日（农历三月二十日，周五）

△ 杨虎城被蒋介石下令革职，后被迫“出国考察”。

△ 陶行知在《衛备忘》06—081页上记有5月15日前的安排：除了2日4日下午晚，8日中午外，每天4~5时以后，10时以前讲课。从5日开始。估计这是为新社会研究院开设的系列讲座。

5月1日（农历三月二十一日，周六）

▽ 《陶行知、陆璀鸣谢启事》，原载1937年6月12日纽约《先锋报》，全集第12卷，原附捐款人名单及捐款数目略。

5月2日（农历三月二十二日，周日）

△ 陶行知按预定计划抵达费城。下午3时费城华侨在温街1003号楼上举行欢迎陶行知、胡秋原、陆璀的宴会，并由三人演讲国内联合救国运动。

5月11日（农历四月初二，周二）

△ 陶行知按预定计划在费城、密苏里、圣路易斯、芝加哥等地旅行演讲，同时为新社会研究院（New school of socials）讲学。自芝加哥第59号大街和1414号International House汇款300美元转交救国会和全国学联。

▽ 《Cheque For US $ 200 For Nat'l Salvation Ass.&All-China Students Union－To Mr. Tsai Chen Hsin》，全集第6卷。

[《衛备忘》第七册，起自5月12日，止于6月2日]

5月14日（农历四月初五，周五）

△ 陶行知从芝加哥到达底特律（Detroit）。这是世界最大的汽车装配业城市。晤安良社、致公堂等十余人。

5月15日（农历四月初六，周六）

△ 陶行知参观福特汽车制造业、爱迪生研究所后去俄亥俄州的克利夫兰（Cleveland），会见抗日会主席陈永生等。

5月16日（农历四月初七，周日）

△ 陶行知从克利夫兰抵达纽约州的布法罗（Buffalo）。这是世界性港口，华侨聚居地之一。晤华侨及致公堂多人。参观尼亚加拉瀑布。陶行知写信时译Buffalo为“博扶罗”。

5月17日（农历四月初八，周一）

△ 陶行知清理演讲及募捐收支结算：

收入：一、Chicago76（57+19），二、Detroil 83.00美元，三、Cleveland 90.65，四、Buffalo42.55，五、海员纽约59.75（56.75+3.00），共计351.95。

支出：寄学联并寄费：101.90，寄全联、学联并寄费204.1，共计306元（均以美元为单位）。

5月23日（农历四月十四日，周日）

△ 陶行知在纽约华侨中创办新文字第一班，学员13人。

5月28日（农历四月十九日，周五）

▽ 《最好寄几首诗给我——致陶宏等》，介绍他从美国中部演讲归来，途经布法罗、参观尼亚加拉瀑布情况。全集第8卷。

5月29日（农历四月二十日，周六）

△ 游熊山（Bear MT.）

▽ 《对于中国学生运动之认识与希望——祝全国学联成立周年纪念并述个人》原载《学生之路》第4期及1937年6月《消息》第10卷第6期。全集第4卷。

5月30日（农历四月二十一日，周日）

△ 陶行知下午参加纽约衣联会五卅纪念，为“五”、“卅”拆字，晚12时出席纽约致公堂大会。

6月3日（农历四月二十五日，周四）

▽ 《“垃圾”阵线的回答》，回答傅斯年对联合阵线的诬蔑。原载1947年大孚版《行知诗歌集》，全集第7卷。

[《衡备忘》第八册，起自6月5日，止于7月14日]

6月5日~6月10日（农历四月二十七日至五月初二）

△ 美国作家大会开幕。9日下午8时30分陶行知与与会作家在纽约东34街155号Inter Professional Building会商。这期间先后会见的有：

David Greenhood大卫·格林伍德，小说家；

Jerome Bayer杰罗姆·拜耶，舞蹈评论家与戏剧家；

Glen Rounds格兰·郎德，《非凡的伐木工保尔》的作者；

Wesley Williams韦斯利·威廉，美国作家同盟；

W.L. River W.L.里维，美国作家联合会；

Albert Bein奥伯特·贝恩；Herny Hart赫里·哈特；

Grace Lunpkin格雷斯·伦普金，《谋生》的作者；

Riom Bercovle里永·柏柯维利，《立即释放》的作者；

Edwin S.Potter爱德温·斯·波特；

Hulet M.Wells霍勒特.M.韦利斯；James Wise詹姆士·威斯；

Geroge Albee乔治·阿尔比，著《年轻的罗伯特》和《俄亥俄的七月》两书；Edwar F.Gahan爱德华.F.加汉，美国作家同盟全国秘书处秘书；Rosa Prangle罗莎·普顿勒；Harry Dunham哈利·杜哈姆；Lionel Berman里昂·伯尔曼等人。

6月7日（农历四月二十九日，周一）

△七君子提出对江苏高等法院起诉书的答辩状，并声请停止羁押。对起诉书所列犯罪证据十款，一一答辩，无一足以成立。

△宋子文、杨虎城4日上庐山会晤蒋介石。杨虎城奉命出国，今日去上海。

6月10日（农历五月初二，周四）

△陶行知拟定去美国西部的计划：7月5—15日，Portland波特兰；7月16—23日，Seattle西雅图；7月23—31日，Los Angeles洛杉矶；8月1—3日Yosemite约塞米蒂；8月3—8月18日，San Fransisco旧金山。

[Yosemite约塞米蒂谷，长7英里，在美国加利福尼亚州东部的内华达山脉中，为约塞米蒂国家公园的一部分。这里可以见到古生物化石，深谷里有巨大的红杉树。]

6月11日（农历五月初三，周五）

△江苏高等法院下午1时50分在刑事第一法庭审理七君子案，除家属及新闻记者外禁止旁听。出庭辩护之著名律师有张耀曾、江庸、陈志皋、江一平、张志让、陈霆锐、刘祖望等21人，各被告及辩护律师先后就起诉书所列举之事实，提出有利于被告之证据方法，声请法院调查者，共有二十余点之多，方审判长均不假思索，向陪审之汪、郑两推事左右回顾默示，立即喻知驳回声请之裁定，甚至仅以摇手示意不加置答。辩护人均以重加考虑为请，亦竟以时间关系为辞，制止发言。

6月12日（农历五月初四，周六）

△因11日高等法院之审理，其合议庭之推事全体执行职务，显有偏颇，沈钧儒等七人递交《声请回避状》，声请方审判长及

汪、郑两陪席推事，均行回避，依法停止诉讼程序。

▽《望详告实习情况——致吴树琴》，告月底就要到西岸去。全集第8卷。

6月13日（农历五月初五，周日）

△沈钧儒等致函蒋介石："钧儒等在羁押中，对个人利害，非所计及，其所忧惶系念者，则为救亡运动之前途。……深愿得间面谒钧座，倾怀陈述……以求得合理之解决，则对国家对社会始均可告无罪，而无负于钧座之厚望焉。"

6月15日（农历五月初七，周二）

▽《人生遇着逆境得把忧愁忘掉——致吴树琴》，告波特兰、洛杉矶、旧金山的通讯处。全集第8卷。

6月17日（农历五月初九，周四）

△沈钧儒等七君子致杜月笙、钱新之函："如蒙准予保释，趋赴庐山，必可剖陈一切，获得合理之根本解决。对于经过反省院一点，钧等认为于国家前途无益，于个人人格有损，万难接受，不得不誓死力争，惟有尽其在我，依法应诉而已。"

6月22日（农历五月十四日，周二）

△沈钧儒七君子向江苏高等法院呈递第二次答辩状。

6月24日（农历五月十六日，周四）

▽《Draft For US $300 For 2 Patriotic Organizations—To Mr. Tsai Chen Hsin June24,1937》，全集第6卷。附中译文：《汇300美元请转交救国会和全国学联——致蔡承新》，全集第6卷。

6月25日（农历五月十七日，周五）

△ 江苏高等法院刑二庭上午9时审理沈钧儒七君子被诉危害民国一案。原主审因被告声请回避，更换为朱宗周。被告到庭的除七君子外尚有罗青、顾留馨、任颂高三人。审判长之讯问与被告供词与第一次开庭大致相同。检察官指责救国会致张学良电报引起西安事变。邹韬奋答辩：该电请张学良出兵援绥，此究竟和西安事变有何因果关系？检察官沉默不语。

△ 宋庆龄、何香凝、胡愈之、张宗麟等16人联名具状束身待质，请悉予羁押审讯："爱国无罪，则与沈钧儒等同享自由，爱国有罪，则与沈钧儒等同受处罚。特具呈守候传讯，伏乞钧院迅予办理，以解天下之惑。"同时发表《救国入狱运动宣言》，为了要说明"救国无罪"这个铁则，宋庆龄由此发起"救国入狱运动"。

▽ 《诗一首请教正——致吴树琴》，《江湾月——怀七一七》诗请教正。全集第8卷。

▽ 《江湾月》，为吴树琴写，全集第7卷。

6月28日（农历五月二十日，周一）

△ 陶行知在纽约会见Universal Negro Association（世界黑人协会领袖）Marcus Ganey（马库斯·甘尼）及领导人Percy Elic（帕西·埃里克）、William Hart（威廉·哈特）、Gordon（戈登）、Ried（里德）、Clark（克拉克）、Bryant（布赖恩特）、Solomon Harper（所罗门·哈班）等。

陶行知准备西行，行李已交火车托运，在波特兰提取，拟订演讲日程：7月5日，下午8时，里德学院；7月6日，下午4时，波特兰图书馆；7月11日，Thussen；7月13日6时45分，S.C.（经济与社会研究理事会）在Shamlock Cafeteria；下午3时Coleman（科尔曼）；7月14日，Salem（塞勒姆）为W.P.A（妇女和平协会）的印第安学校演讲；7月15日，上午10时在Allism（阿里森）。

6月29日（农历五月二十一日，周二）

△杨虎城今日乘“胡佛总统号”离开上海出洋。

7月3日（农历五月二十五日，周六）

△因国民政府准备重新审查救国会七君子案，毛泽东、周恩来致电潘汉年，要潘立即通过七君子的家属和律师同七君子磋商，设法与C.C方面出面调解的人谈判，以“不判罪只到庐山谈话则为上策，只判轻罪而宣告满期释放此为中策，释放而请到南京做事或出洋此为下策”。

7月4日（农历五月二十六日，周日）

△周恩来、博古、林伯渠携带周恩来起草的《中共中央为公布国共合作宣言》从延安来到西安。《宣言》提出中国共产党奋斗的总目标是：（一）战胜日本帝国主义的侵略，争取中华民族的独立自由与解放；（二）实现民权政治；（三）实现中国人民的幸福和愉快的生活。并且重申中共的四项保证。

△晚上陶行知到达Portland（波特兰，陶译为“钵仑”）。7月5日至7月15日的通讯处C/OMr.Paul S.Elliott，North West Institute，Reed College，Portland，Oregon.U.S.A。波特兰在美国俄勒冈州西北部，为该州最大城市。

7月5日（农历五月二十七日，周一）

△宋庆龄、何香凝、胡愈之等12人本着“救国无罪，有罪把大家羁押起来”的目的，开展救国入狱运动，早上自上海乘火车到苏州准备入狱。经过整整一天的交涉，检察官已答应大家提出证据，请求侦查，晚上才回到上海。

△陶行知下午8时在Reed College（里德学院）演讲。一共在波特兰演讲了十天，题目是《远东危机》、《中国民族解放运动》、《远东和平》。这是按照6月10日、6月28日的预定计划进行的。

7月6日（农历五月二十八日，周二）

△ 陶行知按计划应波特兰图书馆协会邀请演讲。演讲前是波特兰的中国妇女会举行欢迎会。陶行知把《锄头舞歌》和广州新文字介绍给她们。参加会议的还有妇女和平协会和波特兰农业保护者协会的领导成员。经陶教唱了两次，她们有十个人学会唱《锄头舞歌》。

7月7日（农历五月二十九日，周三）

△ 夜，日本侵略军向北平西南郊的卢沟桥发动进攻，驻守该地区的国民党第二十九军第三十七师第一一〇旅所属官兵在旅长何基沣指挥下奋起抵抗，全国性抗日战争开始。

7月8日（农历六月初一，周四）

△ 陶行知在准备关于日本侵华问题的演讲中增加内容。《衙备忘》上用英文记下了增加内容的纲要。会见美国反战反法西斯联盟，华盛顿州西雅图市的N.P.Atkinson。

7月9日（农历六月初二，周五）

△ 陶行知与波特兰华侨抗日会商谈抗战事宜。

7月10日（农历六月初三，周六）

△ 全国各界救国联合会为保卫北方紧急宣言："保卫北方——也就是保卫祖国的伟大战争，马上就到来而且已经到来了！战罢！全国的同胞一致起来！为民族的生存而战！为东亚的和平而战！为人类的文明而战！"

7月11日（农历六月初四，周日）

△ 陶行知应Hillsboro（希尔兹巴勒）农民的邀请作露天演讲并在树林里野餐。晚上，Albany农人邀请陶行知参加农村讨论

会。从下午6时一直到晚上12时。Hillsboro和Albany同属俄勒冈州。

7月13日（农历六月初六，周二）

△ 蒋介石电宋哲元："卢（沟桥）案必不能和平解决"，应"运用全力抗战"。

△ 陶行知应经济与社会研究会主席乔治·麦斯顿律师、秘书多利斯·金勃雷特（印刷工人）的邀请，在Shamlock Cafeteria讲演。据他后来自述："有一次遇着一群经济研究会的人，硬要请我演讲，我立刻动身搜集资料，预备了一个礼拜，竟作了一次破天荒的演讲。"听讲的有工程师、物理学家、化学家、印刷工人、医生、律师、残废军人，古董商人等。下午3时在Coleman（科尔曼）演讲。科尔曼属俄勒冈州。

7月14日（农历六月初六，周三）

△ 杨虎城抵达旧金山，黄朝琴总领事及主事前来迎接。杨发表书面谈话："这次卢沟桥事变，是危及中华民族生死存亡的大问题，我怎能置身于外，流连忘返？即拟兼程回国，请求任务，执行战斗，为国效死！"宋子文电请杨稍缓返国。晚住Lake Merritt Hotel，Oakland。

△ 陶行知在Salem（塞勒姆）为妇女和平协会的缝纫女工演讲，据他后来自述："Salem的裁缝女工三百人请我演讲，我把（朱）冰如等的故事讲给她们听，她们是高兴极了。我在她们的队伍里，也找出一位美国朱冰如，真是学而不厌、诲人不倦。她的名字是Madia Lippe（梅迪亚·利柏），她并且会做诗。"Salem是美国俄勒冈州首府。下午在塞勒姆以东的Chemawa（切马瓦）Happy Home参观红人学校。据陶自述："参观红人学校会见十几位红人学生，出我意想外，印第安人的相貌，几乎和中国人一样。恐怕他们的祖宗是中国北方人从伯令海峡经过阿拉斯加而

来。拿他们的相貌和蒙古人、南洋人、东洋人比起来，要算他们最像中国人。”《西游回忆录》42节：红人文化与中国文化。对7月5日至14日的演讲，陶行知后来说：“在这十天之内，除了他们供给膳宿外，我赚了二百金元，是够东南西北一个圈的开销。”

7月15日（农历六月初八，周四）

△ 中共中央关于组织抗日统一战线扩大救亡运动给各地党部的指示：“对国民党每一抗战的步骤，应采取欢迎与赞助的态度，坚决反对挑拨离间的阴谋。共产党员应实际上成为各地救亡运动与救亡组织之发起人、宣传者与组织者，以诚恳坦白谦逊之态度与努力的工作，取得信仰及这类团体中的领导位置。”

△ 陶行知按6月10日的预定计划，提前于今晚到达华盛顿州的大城市西雅图。上午10时去Allism。在《衙备忘》08—088、089页上用英文书写赴墨西哥的申请表：陶行知，1893年11月10日出生，中国安徽省公民，持有广东警察局第302958号护照，1936年6月5日在广东签发。有效期：1939年6月4日截止。护照签证：第5375号，1936年10月28日于伦敦。

［《衙备忘》第九册，起自7月16日，止于8月1日］

7月16日（农历六月初九，周五）

△ 陶行知在西雅图华盛顿大学演讲。

7月17日（农历六月初十，周六）

△ 下午6时，陶行知在西雅图Kiro广播电台播讲宣传抗日。

7月18日（农历六月十一日，周日）

△ 陶行知在西雅图人民教堂演讲。据陶行知后来写信告友人说：“人民教堂是一个极新的教堂，他们有人民的上帝，人民

的牧师，人民的福音。我在美国只遇见一位基督的信徒，那便是人民牧师Shorter先生。”

7月19日（农历六月十二日，周一）

△ 陶行知在西雅图会见中国对外贸易协会的陈水星、西雅图领事陆士寅及Auna Louis Strong的父亲Sydney Strong。Sydney Strong将他女儿写的在西班牙的见闻录给陶行知。

下午陶行知在女青年会讲《日本法西斯的特质》。当晚Mrs.Hester开车送陶行知上船去加拿大温哥华。

7月20日（农历六月十三日，周二）

△ 陶行知早8时抵达加拿大温哥华（Vancouver）——加拿大不列颠哥伦比亚省西南部城市，加拿大第三大城，世界著名良港。有中华抗日会、中华会馆、致公堂、达权社、《大汉公报》代表十余位朋友来接。北美学生会卿汝楫、左学礼也在埠。下午8时在中华会馆发表演说。陶行知预计在美国、加拿大做三件事：一、向美国人民说明召集九国公约会议。二、号召美、加舆论阻止美、加输售军火与日本。三、号召华侨拥护抗日。

▽《在西美的工作——致张宗麟、戴伯韬》，报告在西美的工作。信中说“在波特兰遇见Hashmote（桥木秀男），在西雅图遇见Hosokawa（细川），这是两位同情中国民族解放运动的日本朋友”。全集第8卷。

7月21日（农历六月十四日，周三）

△ 陶行知凌晨12时离开温哥华，1时45分抵达加拿大不列颠哥伦比亚省省会Victoria（维多利亚）。晤抗日会、致公堂书记（总堂）、达权总社社长、总堂正外交负责人、总堂副会长、抗日会主席及总堂会员等人。当日赶返温哥华。晚8时，温哥华中华会馆举行宴会。《抗日周报》、抗日会、工人保障会及致公堂代

表参加。调查研究温哥华华侨状况。当晚离温哥华去西雅图。最后送陶行知乘火车者为致公堂的谢志如。22日抵美国华盛顿西雅图。

7月23日（农历六月十六日，周五）

△陶行知在火车上用英文写了两个思念吴树琴的短句："现在我经常祈祷，愿上帝为我保你平安。"

7月27日（农历六月二十日，周二）

△陶行知25日抵达洛杉矶（Los Angeles）。27日晚7时45分在寓所会见Teacher's Union的负责人，8时对教师协会演讲，与陆璀会合。

7月28日（农历六月二十一日，周三）

△陶行知在洛杉矶会见中国剧院经理Harry Marx，副经理Care Gaen（哈里·马克斯和卡尔·盖恩）。

7月29日（农历六月二十二日，周四）

△陶行知下午1时15分在洛杉矶教育董事会研究当地中日教育的相互比较，晚8时半同陆璀会晤并应Gay Endore之请在洛杉矶电影艺术协会好莱坞妇女俱乐部演讲《中国为西班牙说话》。

7月30日（农历六月二十三日周五）

△陶行知、陆璀上午在洛杉矶胡佛南街2600号（2600 South Hoover ST）访问杨虎城和夫人谢葆贞，及其公子杨拯中。了解西安事变经过及国内形势的最新发展。

△陶行知、陆璀下午参加洛杉矶卫生局与西班牙人民之友社为Norman Bethune（诺尔曼·白求恩）举行的欢迎晚宴。

△江苏省高等法院对救国会七君子案的裁定书发表。裁定

书认为："沈钧儒等各被告因危害民国一案，羁押时愈半载，精神痛苦，家属失其赡养等情，声请停止羁押，本院查核尚无不合，应予照准。审判长朱宗周，推事张泽浦、李岳。"

7月31日（农历六月二十四日，周六）

△ 救国会七君子根据高等法院裁定书于下午5时20分同时出吴县枘街看守分所，门前有民众一二百人高呼欢迎及抗日救国口号。由李根源，张一麐设宴于吴县国货公司屋顶花园表示欢迎。沈钧儒晤记者："钧儒等今天步出狱门，见抗敌之呼声，已普遍全国，心中万分愉快，当不变初旨，誓为国家民族求解放而斗争。"次日9点1刻乘车离开苏州，11点到达上海北站，钱俊瑞、彭文应、胡愈之等到车站欢迎。12时半上海救国会在邓脱摩饭店设宴为七人洗尘，大厅挤满了二三百人。沈钧儒说："可以告慰于大家的是出狱与入狱时一样，主张没有变更。"8月2日上海文化界救亡协会设宴欢迎七君子和自日本归来的郭沫若。关于时局问题，七人共同发表谈话："我等过去主张，只有二个，一为团结，即全民族联合战线；一为抗日。"

△ 陶行知上午11时在洛杉矶招待记者，宣传救国会的团结、抗日两主张。晚上陶行知、陆璀与好莱坞的Helbert B.Borman（赫尔柏特·比·伯曼）餐叙。

8月1日（农历六月二十五日，周日）

△ 陶行知在Newport Beach（纽波特比奇）休息。纽波特比奇，在洛杉矶南64公里处，美国加利福尼亚州西南沿海城市，是太平洋岸上的疗养城市，著名的海滨游览胜地。

▽ 《To Leave Los Angeles For San Francisco—To Miss Woo Shu Chin》,全集第6卷。

8月3日（农历六月二十七日，周二）

△ 陶行知乘车往旧金山经过Oakland（奥克兰，在旧金山湾东岸，旧金山的卫星城市，两市隔湾相望，有长13公里的桥相连接），于Lake Merritt Hotel 1800 Madison ST.（麦迪逊大街1800号）（梅里特湖宾馆）晤杨虎城将军一家。商议在旧金山的宣传活动。此时，杨虎城正在纽约。午赴学生抗日会演讲并捐款美金百元，应郑副领事宴请。纽约安良工会夜宴杨，于总领事陪同。2日杨虎城应致公堂、李国钦欢宴，夜应司徒美堂家宴。日记记载："对于外国人同情中国被压迫人民之热忱至为欣感。"陶在《衔备忘》上记下了杨虎城在巴黎由中国大使馆转的通讯处和在奥克兰的地址。

[《衔备忘》第十册，起自8月4日，止于9月16日]

8月4日（农历六月二十八日，周三）

△ 杨虎城接宋子文电："大战将开始。"下午3时登世界最大客船"诺曼第号"赴英。

△ 陶行知下午1时到达旧金山，下午2时晤致公堂代表。4时在加利福尼亚暑期学校演讲。晚在华盛顿街1076号晤杨虎城夫人谢葆贞。

8月5日（农历六月二十九日，周四）

△ 陶行知上午10时在旧金山举行记者招待会，发表谈话要点：一、中国人的团结。二、日本继续进逼。三、门户开放政策的终止。四、中国政府必须服从人民的意志，人民的意志是抗战。下午1时晤杨虎城将军夫人谢葆贞。

8月6日（农历七月初一，周五）

△ 陶行知在旧金山华盛顿街1076号晤谢葆贞。

8月8日（农历七月初三，周日）

△旧金山中国国民抗日救国总会于下午1时至4时假座中华大戏院，敦请著名大众教育家、中国新文字研究会理事会主席、国难教育社指导部主任、全国各界救国联合会执行委员、出席世界和平大会中国代表团主席、与被捕现已释之救国会七领袖同为全国所知名的陶行知博士和国立清华大学学士、去年代表全国学生救国联合会出席日内瓦世界青年大会、旋来美向中西各界社团演讲抗日救国的陆璀女士，参加抗日救国宣传大会，到场演说宣传抗日救国运动。与会者二千余人，主席邝炳舜(旧金山国民抗日救国总会主席)。演说前均高唱《义勇军进行曲》及《锄头舞歌》。国民抗日救国总会执行委员会晚设宴于杏花楼，欢迎陶、陆，共同磋商向外宣传之计划。与宴者尚有加拿大维多利亚抗日救国分会的聂瑞锦、聂瑞杏女士。

8月10日（农历七月初五，周二）

△陶行知下午8时在Vallejo（瓦列霍，旧金山东北40公里处，曾一度是加利福尼亚州的首府）参加Anti War Former讨论会。

8月11日（农历七月初六，周三）

△周恩来、朱德在国民政府军事委员会军政部谈话会上分别发言，指出：在当前战争中，必须培养出可以独立持久的能力。在正面防御上，不可以停顿于一线及数线的阵地，而应当由阵地战转为平原与山地的扩大运动战。另一方面则要采取游击战。

△美洲华侨教育会请陶行知、陆璀分期往各校参观并演讲。下午6时半，教育会正、副会长陈中海、梁秉彝陪同陶、陆去浸信学校参观。赵鸿业校董、雷文韶执行校长接待一切，参观后即在大礼堂向全体学生发表演说。

△陶行知下午参加当日开幕的中国学生大会（8月15日闭

幕）。与会学校有大埠小学、华侨合作储金社（社长佩文在瓦列霍）、行知学校（吴兆海）、协和学校（教育会副会长梁秉彝）、浸信学校（青年会的曾渭泉、周文栋）等。下午8时再访问杨虎城家。杨虎城已由伦敦抵达巴黎。

▽《汇上美金 请分交两联——致蔡承新》，汇美金170元，分交两联。全集第8卷。

▽《Itinerary Abroad Arranged——To Miss Woo Shu Chin》，全集第6卷。附中译文：《国外行程安排——致吴树琴》，告知"再留此间十日，然后到墨西哥一个月"，"可能于十月底到欧洲去，并可能取道西伯利亚回国"。全集第6卷。

8月12日（农历七月初七，周四）

△ 陶行知继续参加学生大会：下午2—4时在加利福尼亚大学伯克利分校，下午5—8时在协和学校、孔教学校，下午8时在基督教女青年会演讲。

8月13日（农历七月初八，周五）

△ 上海日军由江湾、闸北进犯市区，中国军队英勇抵抗，淞沪战争爆发。

△ 陶行知、陆璀在旧金山中国学生大会上两次讲演，听讲者为Cambu Land School（金巴仑学校）和中华学校两校学生500人。主持者为中华学校校长陈中海。

8月14日（农历七月初九，周六）

△ 旅法抗日救国会的代表与杨虎城会谈。

△ 陶行知下午1时在旧金山参加华侨教育协会座谈会。参加座谈会的有中华学校、圣公会学校、浸信学校、南侨学校、协和学校、圣玛利学校、金巴仑学校的代表等。晚上会晤华侨工人。

8月15日（农历七月初十，周日）

△ 陶行知上午10时至12时参加中国学生大会闭幕大会。下午1时参加建国中学开幕典礼。该校为中国国民党驻美国总支部筹办。该校教育宗旨：除奉行总理之三民主义遗教外，并厉行爱国教育及生活教育之方针。是日来宾有杨虎城夫人谢葆贞，香港梅芳学校校长吴敏墀，三藩市国民抗日救国总会主席邝炳舜，中华总会馆总董邓惠泉，阳和总会馆及阳和学校代表黄恒，华侨教育会代表陈中海、梁秉彝，南侨学校代表李璞珍，圣玛利学校代表赵超常、余河，金巴仑学校代表周敬以及加拿大维多利亚华侨学校聂瑞锦、聂瑞杏等。陶行知边唱歌边演讲《大众教育之方针》。晚6时，旧金山陆氏家族在河南别墅宴请陆璀，陶行知与宴。

▽ 《大众教育之方针》，1937年8月15日演讲，原载次日《少年中国晨报》第28卷226号。全集第12卷。

8月16日（农历七月十一日，周一）

△ 最高国防委员会常委会决议，由国民政府授权蒋介石为三军大元帅，统帅陆海空军。国民政府下达国家总动员令，划分战区建立战时体制。

△ 陶行知再晤谢葆贞、杨拯中。

8月18日（农历七月十三日，周三）

△ 周恩来在南京致电毛泽东并转彭德怀、任弼时、博古、林伯渠：南京已决定朱德、彭德怀为八路军正、副总指挥，部队仍以速开为有利。

▽ 《信数封望代转——致蔡承新》，汇美金126.70元，代转陈鹤琴、张宗麟及吴树琴信三封。全集第8卷。

8月19日（农历七月十四日，周四）

△ 国共双方达成了红军改编为国民革命军第八路军的协议。

规定："红军改编为第八路军，设立总指挥部，下辖三个师。任命朱德、彭德怀为正、副总指挥。国民党不派参谋长、政治部主任。军队中的副职从副师长到副排长，都由中共自行选派。南京政府只向八路军总部及三个师各派一名联络参谋。"

8月20日（农历七月十五日，周五）

△ International Workers Order（万国工人大会）组织的旅美华侨统一义捐救国总会在旧金山正式成立。陶行知下午8时参加Anti Fascist（反法西斯大会）发表演讲。

8月21日（农历七月十六日，周六）

△ 陶行知上午10—12时在中华学校演讲。

8月22日（农历七月十七日，周日）

△ 国民政府军事委员会委员长蒋介石委任朱德、彭德怀为国民革命军第八路军总指挥、副总指挥。国共谈判还商谈了在南京、兰州、武汉等地设立中共代表团和八路军办事处。正式批准在南京办事处筹办《新华日报》，潘汉年任八路军驻上海办事处主任。

△ 陶行知送别陆璀去纽约并转往巴黎工作。陆告别时在《衛备忘》10—117页上写了一段话赠陶："出国一年，得到一个好爸爸而同时为奋斗途程中的好同志！这的确是为最大的喜悦。"

▽ 《"Join The Fight For National Freedom!"—To Miss Woo Shu Chin》，告知去墨西哥的行程。全集第6卷。

8月22日—25日（农历七月十七日~二十日）

△ 张闻天主持中共中央在洛川冯家川召开的政治局扩大会议（洛川会议）。会议通过了《中央关于目前形势与党的任务的决定》、《中国共产党抗日救国十大纲领》和《为动员一切力量

争取抗战胜利而斗争》。

8月23日（农历七月十八日，周一）

△ 陶行知晚8时在Long Shore（长滩）发表演讲。

▽ 《谢葆贞》，全集第7卷。

[谢葆贞（1913—1947）原名谢宝珍，西安人。1927年成为冯玉祥的国民革命军第二集团军总司令部政治部所直辖的“前线工作团”团员。政治部部长是刘伯坚，工作团团长是宣侠父。在刘、宣的影响下，她加入了中国共产党。不久，调往正驻守在安徽省太和县的杨虎城部队的政治处宣传科工作，她又受到军部政治处处长魏野畴和军部军事学校校长南汉宸的影响，魏、南均是派往杨虎城部工作的共产党员。部队里的党组织受中共河南省委领导。杨虎城曾多次向魏、南二人表示他对谢葆贞的爱慕。1928年1月经中共河南省委批准，谢、杨结婚。杨虎城访问回国期间，曾派谢葆贞与陶行知共同宣传援华抗日。1937年8月23日，谢葆贞将去欧洲与杨虎城会合时在《衔备忘》10—116页写了一段话赠陶：“十年奔波的途程中才得到了一个意志想（相）同的同志陶先生。望陶先生以后继续奋斗把我们正（整）个的同胞都领导着走上最后的光明大道”，陶行知当即写了“疑是红拂天上来”，誉杨虎城对国家民族所作的贡献，与谢葆贞的机敏和智慧给杨虎城的帮助是分不开的]。

8月24日（农历七月十九日，周二）

△ 旧金山的中国民众歌咏团正式成立。邝炳舜、陈中海、方君璞担任顾问，中华学校的陈用好为主席，浸信学校的王少兰为副主席，圣玛利学校的周月颜为书记，执行委员由八个学校的代表担任。团员42人。方君璞23日在《衔备忘》10—110、111页上写字，向陶行知告别：“来美已有一年，独自好像是迷途的小羊在黑暗中摸索着，现在幸得陶先生给我正确的指导使我得到一

线的光明！我实在不知道要如何说法才能表示我内心的敬仰、感谢！自认是您的一位学生方君璞。”

8月25日（农历七月二十日，周三）

△ 中共中央革命军事委员会主席毛泽东、副主席朱德、周恩来发布中国工农红军改编为国民革命军第八路军的命令。朱德任总指挥、彭德怀任副总指挥，叶剑英任参谋长，左权任副参谋长，任弼时任政治部主任，邓小平任副主任。下辖三个师：115师林彪、聂荣臻正副师长；120师贺龙、萧克正副师长；129师刘伯承、徐向前正副师长。朱德发表就职通电，表示“效命疆场，誓驱日寇，收复失地，为中国之独立、自由、幸福而奋斗到底”。蒋介石、汪精卫、阎锡山等国民党军政要人分别致电祝贺。

△ 陶行知抵达洛杉矶，准备前往墨西哥宣传抗日救国。

8月26日（农历七月二十一日，周四）

△ 陶行知从洛杉矶抵达得克萨斯州的Elpaso（埃尔帕索，在格兰德河畔，隔河与墨西哥的华雷斯城相望，有铁桥相通）。在此会见侨胞，拟定访问墨西哥的详细日程。

8月27日（农历七月二十二日，周五）

△ 张闻天主持由中共中央政治局常委在洛川召集的讨论统一战线问题座谈会。张闻天专门谈了统一战线中右倾投降的问题。他指出：一、统一战线愈发展，右倾危险愈要增长，这是因为统一战线本身就包含右倾危险。二、我们与之建立统一战线的国民党是一个统治全国的党，钱、人、地位都有，它有相当的经验。这样，我们队伍中的一些不健全的分子就可能受其影响。三、我们党农民成分多，容易受人欺骗与引诱。四、我们的斗争经验不够，除了土地革命的经验，其他斗争的方式就不熟悉。五、我们的马克思列宁主义教育不够。农民容易相信人家，小的

方面却往往看得很大。如果拿极左思想去武装，就反而忽略了大的问题。

△ 陶行知下午从美国得克萨斯州最西端的边境城市Elraso（埃尔帕索）经过墨西哥北部边境城市Ciudad Juarez（华雷斯城，原名Elpaso de None北埃尔帕索，1888年因前总统贝尼托·华雷斯曾在此设立反法斗争总司令部而改用现名），晚抵达墨西哥Chihuahua奇瓦瓦州首府奇瓦瓦市（墨西哥北部重要城市，又名周城），寓Hotel Paladid。

8月28日（农历七月二十三日，周六）

△ 杨虎城由巴黎抵达柏林。陶行知在墨西哥奇瓦瓦城调查华工状况，研究墨西哥历史，下午5时30分会晤墨国周城团体会。下午9时会晤墨国周城致公总分堂。在《衔备忘》10—075、094页上记有：1931—1932年，墨国反华，前总统普鲁塔科·伊利亚卡列父子反华。

8月29日（农历七月二十四日，周日）

△ 陶行知根据人种学（Ethnological）研究墨西哥的史前史：印第安人来自加利福尼亚西部，来自亚洲。玛雅人来自挪威。陶行知在《衔备忘》10—077页上用英文写了以上的意思。当时接待过陶行知的余受之，任墨西哥抗日救国后援会的常务委员兼秘书长，1996年8月21日写文章说："陶来墨西哥很想考察中、墨间文化的关系。我告诉他，根据墨国历史学家的研究，墨国土著民族是大约二万年前由西伯利亚经过阿留地安群岛阿拉斯加南下而至墨西哥。10世纪至11世纪之间曾有玛雅人（Maya）在墨西哥东部之郁克丹（Yactan）半岛建立王国，有辉煌的文化，发明象形文字、太阳历，具有农业生产技术和雕刻绘画的才能，曾留下大金字塔、市场等古迹于IXANAL CHICHEN-ITZA'等地。陶颇为心动，后未能成行。"（《陶行知先生的墨西哥之行》）

8月30日（农历七月二十五日，周一）

△ 毛泽东由洛川回到延安，电叶剑英：拒绝康泽所提丁惟汾（当时任国民党政府监察院副院长）为陕甘宁边区政府主任，必须以林伯渠为边区政府长官，张国焘为副长官。周恩来在西安会见蒋鼎文。蒋鼎文答应即日通知各方不再称共产党、红军为“伪党”、“匪军”，以后遇到行政、民运、党务事都同林伯渠面商解决。

△ 陶行知到达墨西哥的首都墨西哥城，有吴邦植、赵松等华侨十数人前往欢迎。寓Hotel Aida（爱达宾馆）。

8月31日（农历七月二十六日，周二）

△ 毛泽东电告八路军驻上海办事处主任潘汉年：国民党对红军实行种种限制，每月只给军饷50万元并非100万元，并无枪炮等之补充，仅有衣物及少数弹药之补充，宣言拖延不发，陕甘宁边区要以丁惟汾为主任，要向红军派政治部副主任及参谋长。我们坚持原则，与之斗争。

△ 杨虎城连续三晚在柏林与旅德抗日联合会会员座谈。座谈中号召大家团结起来，过去的事不要再提，旧账不要再算，精诚团结，一致对外。陶行知在墨西哥城会晤东方社会学研究所的Francisco Zeadgarg（弗兰西斯科·佐迪加）。下午去墨西哥城南之Xochimilao（索契米尔奥）游历。该地离首都20英里，港汊纵横，有墨西哥威尼斯之称，也称“水上公园”。晚上会见筹备墨西哥中国之友社的Alberran（阿尔伯兰）和《民族》杂志社主笔Hector Perez Martinez（马丁内斯）。

9月1日（农历七月二十七日，周三）

△ 毛泽东在延安中央一级积极分子会议上作关于中日战争爆发后的形势和任务的报告。报告指出：单纯的政府抗战是不够的，必须实现全面的、全民族的抗战。这是最早提出“全面抗

战"的口号。指出必须反对即将成为全党主要危险的右倾机会主义即投降主义。张闻天、毛泽东复电周恩来、博古、林伯渠、朱德、彭德怀、任弼时等人,提出对付康泽等人的进攻应采取的对策:陕甘宁边区设长官,不设主任,任林伯渠、张国焘为正、副长官;委任任弼时、邓小平为八路军正、副主任;拒绝国民党向八路军派遣高级参谋。电报还举出若干事例说明"国民党一切无理的拖延与限制则层出不穷,表示其没有必要的诚意"。

△ 章乃器在《申报》发表《少号召多建议》的文章。文章指出:"我们目前要少号召多建议";"人民多多在国策的原则之下建议,政府充分考虑人民的建议"。

△ 陶行知上午9时在墨西哥城公共教育部二楼会见教育家米盖尔·勃斯托斯·塞尔塞多(也是《民众》杂志主笔,墨西哥中国人民之友社的筹组人)。晚6时在寓所会见新闻记者。国难教育社在上海主办的"战时普及教育训练班"第一期在梅白格路人和小学开始上课,计有学员74人,时间半月。

9月2日(农历七月二十八日,周四)

△ 陶行知上午10时在墨西哥妇女人民阵线会见CucaGarcia(库卡·卡西亚)和关崇祜,了解妇女运动情况。会见中国公使何怀运、总领事张天元以及中国国民党第一直支部及墨京分部、中华商会、昭伦堂、海晏公所、中华学校、龙冈公所、抗日救国后援会、至德堂等单位的代表。

9月3日(农历七月二十九日,周五)

△ 陶行知在教育图书馆访晤教育家Migrel Bustos Cerecsd和Mario Pwxo Glores。上海战时普及教育服务团团员吴新稼领导难民收容所的一群难童组织的"孩子剧团"正式成立。

9月4日(农历七月三十日,周六)

△ 陶行知上午10时继续访问妇女人民阵线。12时30分会见中华学校校长余受之（四川人）。下午3时致公堂欢迎陶行知，直至晚10时。与会者除余受之外尚有商会陈先生、抗日会张巨贤、严万里、廖颂扬等。在《衔备忘》10—089—093页上用英文手书Mexican Womanhood（墨西哥女性）的详细提纲。

9月5日（农历八月初一，周日）

△ 陶行知在寓所听肖新昌介绍Teotihuacan（特奥第瓦坎）的情况，并去参观游览。他还在《衔备忘》10—095页作了记录并绘图。这是墨西哥中部前哥伦布时期最大而最重要的城市，在今墨西哥城东北33英里处。建城地带早在公元前400年即已有人居住；正式建城计划约在公元之初。他们的文化及文化影响一度遍及整个中美地区。这是一座古城，占地8平方英里。城内除住房外，还有宽阔的集市广场、神庙、贵族与祭司的宅邸。在两组主要建筑群之间铺有通道，名“死路”，130英尺宽、1.5英里长。城北端有月神金字塔，南端有羽蛇神庙，东端为太阳神金字塔。金字塔涂以当地的红色灿岩粉末。还有格鲁塔饭店，有露天舞台，洞中茶室。参观后，陶曾对余受之说：金字塔座刻的蛇头就是中国的龙头。可见中墨两国是同一文化衍生出来的。晚上应余受之之请参观华侨乐班的演出。

9月6日（农历八月初二，周一）

△ 上午10时，陶行知参加墨西哥教师联合会为教师举行的葬礼。葬礼中发生冲突，有20人受伤，50个法西斯分子被捕。中午会见劳瑞先生和他的朋友（挪威人），似为研究玛雅文化之起源。下午余受之请陶去中华学校演讲。

9月7日（农历八月初三，周二）

△ 下午4时，陶行知到中华学校教学生唱歌。

9月8日（农历八月初四，周三）

△ 陶行知下午2时在墨西哥城参加抗日救国会执委会议。

9月10日（农历八月初六，周五）

△ 陶行知下午8时，出席墨西哥工人大会演讲。

9月11日（农历八月初七，周六）

△ 陶行知访问墨西哥执政党——墨西哥国民党。

9月12日（农历八月初八，周日）

△ 陶行知早、晚在妇女人民阵线讲演《墨西哥的女性》。

9月13日（农历八月初九，周一）

△ 陶行知再游特奥蒂瓦坎。晚8时返回寓所晤帕拉西·被拉斯。

9月14日（农历八月初十，周二）

△ 陶行知于晚上7时30分参加墨西哥共产党建党18周年纪念会。

9月15日（农历八月十一日，周三）

△ 陶行知参加墨西哥独立127周年纪念会。127年前，天主教司铎米格尔·伊达尔戈—科斯蒂利亚号召人民反对西班牙殖民统治。（1519年墨西哥开始沦为西班牙的殖民地）。

[《衔备忘》第十一册，起自9月17日，止于10月4日]

9月17日（农历八月十三日，周五）

△ 陶行知到达Colima（科尼马州）的Manzganillo（漫萨尼约港）。这是墨西哥的西部城市和港口，原印第安人集居的村镇，

也正是墨西哥唯一向日本出口废铁的港口。陶同墨西哥中国人民之友社的Carmilo Arriaga（卡米诺·阿里亚加）、Jorge Fernandez（乔奇·费尔南得斯）和墨西哥工人联合会的领导人Franco Carreno（佛朗哥·卡里诺）商讨拒绝运军用物资去日本的问题。中国人民之友社有7位秘书代表7个行业，还有若干团体：C.T.M（墨西哥工人联合会）、Labors（劳动者）、C.P（墨西哥共产党）、Camp（?）、Peasants（农民）、P.N.R（墨西哥国民革命党）、Lie（?）、S.Y（青年社会主义联盟）、W（争取妇女权利阵线）。

9月19日（农历八月十五日，周日）

△ 陶行知抵达Puebla州的首府、墨西哥中部著名古城Puebla De Zaragoza（普埃布拉—德萨拉哥萨）。该城1532年作为“天使城”而建立，是历史上的战略重镇。普埃布拉州是墨西哥中东部的州。

9月20日（农历八月十六日，周一）

△ 陶行知预定下午1时在普埃布拉会见墨西哥总统。〔墨西哥总统LazaroCardenas（1895—1970），米却肯州的吉希班人，1934—1940年担任总统。他是民族解放运动领导人，坚决实施墨西哥革命纲领，进行土地改革，加强劳工组织，普及教育，控制经济。1955年当选为世界和平理事会副主席，获斯大林和平奖金，1959年1月曾访问中国。〕《西游回忆录》十九节：Cardenas总统之见客。在上述手书下还用英文记下了11个政治团体的名单：（1）墨西哥工人联合会（C.T.M），（2）墨西哥国民革命党（P.N.R），（3）墨西哥农民联合会（C.C.M），（4）墨西哥共产党（P.C.M），（5）墨西哥艺术家作家联盟（L.E.A.R），（6）社会主义律师阵线，（7）律师联合会，（8）墨西哥青年社会主义者同盟，（9）争取妇女权利阵线，（10）革命退伍军人先锋联盟，（11）墨西哥教师联合会。

9月21日（农历八月十七日，周二）

△ 陶行知观赏《大秦景教流行中国碑》的石膏复制品。原碑系中国唐代基督教碑刻，1623年在陕西周至县出土，现藏西安碑林。陶在墨西哥观赏的是1907—1908年的石膏复制品，编号781号。〔公元431年叙利亚人Nestorius（聂斯脱利）创立了一个基督教的支派。公元635年聂斯脱利教派僧侣阿罗本自波斯传来中国，称为景教。在长安建波斯寺，后称大秦寺。公元781年立此碑。碑高2.36米，宽0.86米，厚0.25米。碑额作“大秦景教流行中国碑颂并序”。碑文用中文刻写，为景教士景净撰，吕秀岩书，计1780字，概述中国早期传教活动。碑文已译成多种文字流传于世，是研究早期基督教在中国传布和古代中西交通的珍贵资料。〕C.B.Waite还提供南美洲、中美洲近代史一些著名人物的图片供陶研究。计有：Simon Bolivar（1783—1830），拉丁美洲著名军事家，政治家，出生于委内瑞拉一个西班牙血统的土著贵族之家。他一生曾把六个拉美国家从西班牙殖民统治中解放出来，是世界上最早主张并实施国际真诚合作的政治家。“玻利维亚”这个国家就以他的姓氏命名于1825年。智利的San Martin（圣·马丁，不详）。Francisco Morazan（弗朗西斯科·莫拉桑，1792—1842），中美洲联合省总统（1830—1840），中美洲杰出的军事和政治人物，自学成才，在家乡洪都拉斯开始投身政治。Alexandre Sabes Petion（亚力山得力·塞北时·佩蒂翁，1770—1818），海地解放者，总统。

9月22日（农历八月十八日，周三）

△ 国民党中央通讯社发表中共7月提交的《中共中央为公布国共合作宣言》。此宣言是周恩来于1937年7月4日为中共中央起草，7月15日中共中央交付国民党，迟至今日始公布。

△ 陶行知在普埃布拉农民旅馆里会见Erriseon（埃里松）和Simpson（辛普森）。埃里松告知：“工农有优先权见总统。”辛

普森告知："合作农场是墨西哥的出路。"后来陶归结为他在墨西哥看到的"民主的理想"之一、二，即农民旅馆和合作农场。《西游回忆录》十七节：墨西哥之农人旅馆。陶行知会见Tellez（特勒兹），告诉他"坚信中国必胜"。秘鲁A.P.R.A党代表C.Odiaga与陶说，他愿与中国人民的事业紧密相连。陶还会见英语教授Hari Sargh Besra（哈里·苏格·贝斯拉）、智利圣地亚哥的Horacio Sorrano（霍利西奥·塞拉诺）等友人。

9月23日（农历八月十九日，周四）

△ 蒋介石在庐山发表谈话，表示团结御侮的必要，承认中国共产党的合法地位。共产党的宣言和蒋介石的谈话，宣布了国共两党合作的成立。

△ 英国援华会召开成立会，决定由英国文化界的著名人士高兰士（Victor Collancz）任会长，伍德门女士（Dorothy Woodwan）任秘书。这会的前身是1935年成立的"中国人民之友社"，中国人士侯雨民、熊式一、张似旅、林咸让和王礼锡都曾参加该社工作。

9月24日（农历八月二十日，周五）

△ 陶行知在墨西哥城举行告别午宴，参加午宴的有四百多人。陶行知发表了长篇的告别演说。第一段讲告别墨西哥，共有九点，其中讲了三点希望：一、中墨结成兄弟，二、停止以军火武器供给日本，三、联合一致，港口停止运废铁给日本。第二段讲不反对日本人民，日本人民包括：青年社会主义者，人民阵线，对中国友好的社团，妇女阵线，共产党，印刷业及图片艺术工人，住在中国农村的人，社会主义的新闻工作者等。第三段讲在墨西哥所见到的民主理想之花：农民旅店，合作农场，为追求自我解放的战士以及对中国友好的社团等。《衙备忘》11—024、029页有比较详细的手书英文提纲。

9月25日（农历八月二十一日，周六）

△ 八路军第一一五师主力在平型关东北公路两侧山地，伏击日军精锐坂垣师团第二十一旅团一部，歼灭日军一千多人，取得了全国抗战以来第一个歼灭战的胜利，也是八路军开赴抗日前线后首战告捷。

△ 陶行知乘火车离开墨西哥首都。送行者有余受之、张巨贤、陈锦稳、赵松、庞洪业、黄琨振、萧新昌、李子祥、关礼勋、Rutilio Riestra（鲁蒂利奥·利斯特拉）、廖仲雅、张天元、严万里。

9月26日（农历八月二十二日，周日）

△ 蒋介石决定派胡适以非官方身份去欧美访问游说，揭露日本发动侵略战争的暴行，争取欧美大部分民主国家对中国抗战的同情与支持，并派钱端升、张忠绂两人作为他的助手，在海外使馆的协助下开展工作。胡适26日上午10时到旧金山。午后即在旧金山大中华戏院发表演说，其中说道："算盘要打最不如意的算盘，努力要作最大的努力。"

△ 陶行知乘火车于上午6时到Zacatecas（墨西哥中北部萨卡特卡斯州的首府萨卡特卡斯，海拔8000尺，冷，城西南45公里处奇科莫斯托克有古印第安人遗迹），12时50分到达奇奇瓦。

9月27日（农历八月二十三日，周一）

△ 陶行知上午9时乘火车到达Juarez（华雷斯城）。与中国国民党驻墨呵利市分部常务委员、驻墨呵利华侨抗日救国后援会常务委员代表余毓源，致公堂代表黄关福，致公堂总理陈瑞栋，中文书记雷祥森，西文书记黄兆槐，交际科关荣业以及纽约致公堂的方拔州在维胜园和广东餐馆叙会，第二天继续会见侨胞，调查呵利市华侨状况。自8月27日到达华雷斯至9月28日离开华雷斯止，在墨西哥呆了32天。

9月29日（农历八月廿五日，周三）

△ 陶行知自墨西哥的华雷斯城乘火车抵达美国的Taxas（得克萨斯州）的Houston（休斯敦，在得克萨斯东南部，美国南方第一大城。东南35公里的Clear“克利尔湖”畔是美国国家航空和航天局最大的空间研究和发展中心之一，有“宇宙城”之称）。下午3时晤何惠粼、汪清沦（为四川峨眉人）和旧金山“反对碎铁”运往日本的Mrs.Kahn（卡恩夫人），下午8时在Y.W.C.A（女青年会）演讲，晚10时与华侨会晤。《西游回忆录》八节：废铁之山。

△ 胡适在Commonwealth Club（公共福利俱乐部）午餐演说，题为“Can China Win”。据《胡适的日记》590页记载：“他们说，这是空前的大会。”

9月30日（农历八月二十六日，周四）

△ 张闻天、毛泽东就各地游击队整编问题致电博古、叶剑英：“集中五分之三为一军，以叶挺为军长、项英为副军长，陈毅或刘英（时任中共闽浙边临时军区政委）为参谋长，反对国民党插入任何人。”

△ 上午，陶行知由海员工会书记肯尼迪驾车陪同，在离Galveston（加尔维斯顿，美国得克萨斯州南部加尔维斯顿岛东北端港口城市）海口不远的地方看了一座奇怪的铁山，约四丈高、十丈宽、五里长。据陶后来写文章形容“铁山是忽然来的，忽然而去，有人疑心他们是飞来山，带着无形的翅膀，飞来飞去”。“这山是人搬来的，也是人把它搬去，我看他搬来，看他搬去，从加尔维斯顿经过墨西哥湾，加勒比海，巴拿马运河，太平洋，而搬到日本。……结果是美国富翁黄金满堂，中国同胞血花遍地”。下午4时陶在全国海员联合会礼堂演讲（对海员工人和钢铁工人），研究铁山的形成和对日禁运问题。晚上与休斯敦女诗人会见。《衔备忘》11—069、070页上有9位女诗人名单。

△ 胡适早上到加利福尼亚大学发表30分钟的早餐演说。晚上到Stanford University赴校长Wibur先生夫妇的招待会

10月1日（农历八月二十七日，周五）

△ 海员工会书记肯尼迪陪同陶行知考察了加尔维斯顿港口的另一座铁山。这座铁山占地5英亩，有300万吨废铁待运日本。

△ 晚上7时45分，胡适在旧金山Columbia电台发表演说：《中国在目前危机中对美国的期望》。据胡适日记记载："下午Pardee Lowe来说，广播电台嫌我的讲词太厉害，要我修改。我大生气，告诉电台中人，宁可取消广播，不愿修改。后来他们倒更客气了。"

10月2日（农历八月二十八日，周六）

△ 国共两党达成协议，将南方八省的红军游击队改编为国民革命军新编第四军。

△ 陶行知在美国New Orleans（新奥尔良，美国路易斯安那州南部大港口城市）对American Federation of Labor（A.F.L，劳联）和Congress of Industria Organizations（C.I.O，产联）演讲。

[《衔备忘》第十二册，起自10月5日，止于11月14日]

10月5日（农历九月初二，周二）

△ 潘汉年致电毛泽东、张闻天："南京军委已委叶挺为新编第四军军长。"

△ 陶行知晨抵芝加哥，向侨胞发表演说："1. Signatures Pledge Boycott（在拒绝购买誓约上签字）；2. Kill Chinese for every dollar of goods you buy from Japan（你买日货的每一元钱都会用来杀害中国人）"。

▽ 《Defeat of Jap. Imperiallism Inevitable—To Miss Woo Shu

Chin》，全集第6卷。

10月6日（农历九月初三，周三）

△ 晨，陶行知乘车抵Bloomington（布卢明顿，美国印第安纳州中南部主要文教中心）。9时45分在印第安纳大学对学生演讲。下午2时30分乘车离布卢明顿，4时50分到达Indianapolis（印第安纳波利斯，印第安纳州首府）。

10月7日（农历九月初四，周四）

△ 陶行知由印第安纳波利斯抵达美国首都华盛顿。和美国产联的朋友们同行。

10月8日（农历九月初五，周五）

△ 胡适到达华盛顿，在大使馆王正廷处晤陶行知、林霖。陶行知向王大使转交上海海员公会、上海市商会地方协会、银行业同业公会、钱业公会、轮船业公会8月30日商讨禁运的情况致美国总统和美国海员公会的电报，阐述呼吁联合起来抵制日货，禁运废铁去日本的观点。陶行知在大使馆还遇见了1919年任金陵大学校长和南京学界联合会会长的应尚德（时任大使馆参事）以及驻墨西哥公使谭绍华。陶下午去美国学生联合会，了解该会9月11日发表的“Ann Arbor（安阿伯，美国密歇根州东南部城市，以大学为中心而发展）宣言”，要求抵制日货的情况，了解到挪威StipWin货船上有17人因拒绝去日本而被县司法当局拘捕。

10月9日（农历九月初六，周六）

△ 陶行知再与王正廷大使晤谈。在《衔备忘》12—014页上记有10项谈话内容：①美国学联发表的《安阿伯宣言》；② 救国会转来上海海员公会等联合来电；③ 陶在美的演讲内容；④ 海员Brines; ⑤ 飞机踪迹；⑥ 陶行知行止；⑦ Neutrality（中立）；⑧

Soviet Russia（苏俄）；⑨ C.I.O（美国产联）；⑩ Mexico（墨西哥之行）。

△ 陶行知会晤胡敦元和国会图书馆的杨玄伯及B.A.Claytor（克莱德），商谈搜集美国废铁运往日本的资料问题。晚与C.I.O的爱默生（海员公会负责人）举行记者招待会。

10月10日（农历九月初七，周日）

△ 陶行知在华盛顿继续与胡敦元会谈。参与会谈的还有梅、陈（名不详）。为抗日会致祝词，《衙备忘》12—018页上有英文提纲：对工人的演讲① 工会组织的光辉；② 中国民主的进步；③工人的作为造就了工人自身；④工人过去曾制造了轮船、铁路和机器；⑤工人今天还在制造联合、民主及永久和平；⑥真正的朋友，在我们处于患难之时，在我们尚未提出要求之前，就知道怎样帮助我们。下午与Emerson（爱默生）同离华盛顿去费城，并转往芝加哥。

10月11日（农历九月初八，周一）

△ 美国世界电讯社·新闻导报（American News Paper Guild, World Telegran）社长Heywood Broww（海伍德·布朗）、全国海员同盟总干事Jeseph Qurran（约瑟夫·柯兰）、美国青年大会William Hinekley（威廉·欣克雷）以及参加1937年美国劳联年会的英国劳工代表Citrine，向陶行知转致“抵制一切日货”的宣言。并将此宣言送交美国国务卿赫尔、日本驻美大使馆特别专员。

10月13日（农历九月初十，周三）

△ 陶行知在约翰斯敦（Johnstown，美国宾夕法尼亚州西南部城市）参观Cochran青年劳动就业基金会和柯切兰初级中学。

10月15日（农历九月十二日，周五）

△ 陶行知抵达芝加哥（Chicago，美国伊利诺州东北部之商业城市，全国第二大城。）参加黑人青年大会。

10月16日（农历九月十三日，周六）

▽ 《不能承认“满洲国”——致胡适》，全集第8卷。

［这是说明陶、胡关系的一封重要的信。陶、胡关系从1916年在哥伦比亚大学同窗起就一直是比较亲密的。1931年因对蒋介石的态度不同而开始疏远。1931年4月蒋介石解散晓庄通缉陶行知，从而断绝了直接联系。陶、胡后来极少往来，是由于对待日本是抗战还是妥协两种根本对立的态度而引起。陶行知在美国写信就是质疑胡适在8月间所作的一次对日和平大努力。其实胡适到美国时，对日和平妥协的梦幻已经破灭，开始跟随蒋介石一同抗战了。由于胡适的这种转变，他与陶才有可能于10月8日同在驻美使馆与王正廷大使相晤。胡适在日记上，虽然承认他的和平努力“是不错的”，但也不得不承认：“这一个月的打仗，证明了我们当日未免过虑。这一个月的作战至少对外表示我们能打，对内表示我们肯打，这就是大收获。谋国不能不小心，但冒险也有其用处。”胡适曾经在《独立评论》第161号上讲过：“在九一八事件发生后不久，我们一二十个朋友曾几次聚会，讨论东三省的问题。”这个聚会的组织形式有多种说法：“对日让步研究会”、“自觉救国会”、“低调俱乐部”等等。参与其中的有周佛海、汪精卫、高宗武、陶希圣、梅思平、张季鸾、左舜生、李璜、张君劢等人。他们的舆论阵地就是《独立评论》。他们在编辑方针中公然宣布：“中国需以亲日为用，自强为体。仇日派只可在野活动，且不可过烈。”由此看来，1931年是亲日的胡适和抗日的陶行知走向对立的开始。虽然此时同在美国宣传抗日，但思想对立以至发展到1938年6月以后老死不相往来。］

10月17日（农历九月十四日，周日）

△ 中共中央书记处作出《关于开展全国救亡运动的指示（草案）》，指出：打破国民党对救亡运动实行“统制”与“包办”的政策，使它在这方面有彻底的转变，实为我党目前开展全国救亡运动的中心任务。潘汉年致电张闻天，就过去取消“全国各界救国联合会”是否正确请示中共中央，电报中说：关于全国救亡运动指示草案我个人完全同意，并认为十分正确。现在只有一个问题请你们指示，未知指示草案第五节对于过去自动停止始终未能合法公开存在的“全救”问题是否也包括在内。对这问题此间少数干部由于章乃器坚持恢复“全救”和看到指示信的第五节，有些动摇，认为过去自动放弃保留“全救”的组织形式是错误的，好像即使当时国民党不谅解，还是应当坚持下去，甚至那时不能公开也不要紧；我个人对第五节所示原则认为是指抗战开始以后新成立的救亡团体而言，未知你们意见如何？盼即电复。指示第五节原来是这样写的：“我们必须坚决反对那种自动的取消自己的救亡团体与独立自主的救亡运动为条件，以交换在抗敌后援会及其设计委员会中的某些上层位置的无原则的行动。”“全救”指全国各界救国联合会。

△ 陶行知继续参加黑人青年大会。进行第七次宣传演讲：（一）愿为国死；（二）知为国死；（三）能为国死；（四）可为国死。

10月18日（农历九月十五日，周一）

△ 张闻天、毛泽东复电潘汉年、刘晓（当时任中共上海市群众工作委员会书记）：“（甲）关于过去‘全救’取消是否适当，尚可研究，但把‘全救’负责同志分配到各方面活动争取群众，组织各种有群众的合法团体的决定是正确的。（乙）‘全救’的取消是我们自己为了开展工作，而不是为了同国民党交换抗敌后援会的上层位置，这同西安‘西救’的取消是不相同的。（丙）上海党目前工作的中心，不是在恢复已经自动取消的‘全

救'，而是在加强各种救亡协会与救亡团体的群众工作，扩大这些团体的群众基础，与独立自主的救亡活动，用最具体的事实揭发国民党及抗敌后援会包办政策的错误，以达到'抗会'的民主的改造。" "西救"指西北各界救国联合会。张闻天10月7日曾有电致贾拓夫，谈及与"西救"有关问题。电文指出："'西救'的取消是没有原则的。所于抗敌后援会上层位置的分配，并取消自己长期斗争历史的'西救'，这实际是投降主义倾向的具体表现。学联再不能蹈此覆辙了。请考虑重新恢复'西救'的存在"。

[对"全救会"和"西救会"采取不同的处理方法是以后中国共产党与救国会不断产生误解的起始。]

10月19日（农历九月十六日，周二）

△ 陶行知上午10时晤芝加哥市政办公室长官Williams（威廉斯）。与王恭年、卿汝辑同在美国反战反法西斯联盟发表演说。据《胡适的日记》59页记载："写信给陶行知"，似乎是对陶16日信的答复，现尚未找到此信。

10月22日（农历九月十九日，周五）

△ 陶行知与芝加哥美国反战反法西斯联盟的A.Hendry（艾.亨德利）会晤Henry Norman Bethune（亨利·诺尔曼·白求恩大夫）。上午11时陶行知演讲：中国与西班牙。在座的还有Mareel Heimerdmge（马海德，1910—1988，祖籍黎巴嫩，生于美国，1933年在上海南京路75号行医，1936年经宋庆龄介绍参加红军，1937年参加共产党。此时代表边区政府邀请白求恩去中国医药援华。1950年入中国籍，晚年研究麻风病，任第六届全国政协委员）和Eathel Mansteild。下午8时在交响音乐厅为去西班牙的Cararlan（卡拉兰）送行。

10月25日（农历九月二十二日，周一）

△ 陶行知在芝加哥Sherman Hotel Room 1407号拜晤白求恩大夫。另晤在哥伦比亚大学的Nora Hsuing、RoseOltersky、Mrs. Rose Edelson。

[Nora Hsuing系熊希龄的女儿，抗战时曾回国从事儿童救济工作。熊希龄（1870—1937）湖南凤凰人。辛亥革命后，先后任财政总长、热河都统、国务院总理兼财政总长、行政院院长等职。曾创办香山慈幼院。陶行知在中华教育改进社任主任干事时熊任董事长。其夫人朱其慧（1887—1931），江苏宝山人，早年协助熊希龄创办香山慈幼院及中华教育改进社，陶行知与朱共同从事平民教育运动，共同发起组织中华平民教育促进会，朱任董事长，陶任书记，晏阳初任总干事。]

10月26日（农历九月二十三日，周二）

△ 上海守军退守苏州河。谢晋元团奉命扼守闸北四行仓库，掩护友军撤退。正太路要隘娘子关失守，山西抗战形势急转直下。陶行知在《衔备忘》12—041上用英文写有："日本占领太原，切断南北铁路交通。"实际上是日本占领娘子关之误。

10月29日（农历九月二十六日，周五）

△ 蒋介石在国防最高会议报告《国民政府迁都重庆与抗战前途》。

10月31日（农历九月二十八日，周日）

△ 陶行知演讲"算命"，用算盘算中日胜败。10月28日应进步教育协会Redefer和Rugg之请在Parmer House演讲，10月30日在ST·Paul（圣保罗）演讲。

[Rugg，通译罗格，全名Harlod Ordway Rugg（1886—1960），美国教育学家。伊利诺大学哲学博士，曾任哥伦比亚大学教授，陶行知的老师。圣保罗，美国明尼苏达州首府。进步教

育协会简称P.E.A。]

11月1日（农历九月二十九日，周一）

△ 陶行知午夜从Cleveland（克利夫兰，美国俄亥俄州北部重要湖港和工商业城市）启程。听E.War Wong和美国石油研究所的Rowlings先生告知：有2000石油从业人员的美国石油工业研究会第八届年会将在芝加哥斯蒂芬斯旅馆于11月8日至12日举行。

11月2日（农历九月三十日，周二）

△ 日军突破忻口（属山西省）防线，第二战区司令长官阎锡山命卫立煌撤出忻口阵地，忻口会战结束。这是华北正面战争规模最大的一次战役，毙敌二万余名。

△ 陶行知记载了美国进步社团的人员总数：美国青年大会，1500万会员；美国反战反法西斯同盟，350万会员；美国劳联350万会员；美国产联400万会员，产业工人2600万人。黑人大会1400万会员，黑人4000万人。会晤John Alden Carpenta夫人、芝加哥美国青年大会主席Joseph Watseka，美中人民之友社Bernies Ross和美国青年大会全国主席William Hinckley。

11月3日（农历十月初一，周三）

△ 讨论日本侵华的九国公约会议在比利时首都布鲁塞尔召开。日本、德国都拒绝参加，意大利则充当日本的代言人。英、美等国态度暧昧，不愿开罪于日本。中国代表顾维钧陈述日本侵华事实。会议于24日无限期休会，除通过一纸宣言，重申九国公约原则，要求停止战争行动外，没有任何实际结果。

△ 陶行知在Evanston（埃文斯顿，美国伊利诺州东北部城市，芝加哥北24公里处，是芝加哥的住宅卫星城市）的Northwestern University（西北大学）Harris Hall演讲。会见Prof.Kilpatrick（William Heard，1871—1965，美国教育家，哥伦

比亚大学哲学博士，曾任哥伦比亚大学师范学院教授，陶行知的老师，曾多次来华，并曾去晓庄学校考察）。

11月4日（农历十月初二，周四）

△ 陶行知在纽约与卫理公会青年全国理事会、epworth League（埃普沃史联盟）及Y.W.E.A（基督教女青会）交往。

11月6日（农历十月初四，周六）

△ 陶行知在纽约中华学校教学生唱歌，看土星、木星。见《西游回忆录》十一节：教唱歌。

11月7日（农历十月初五，周日）

△ 陶行知在《衔备忘》12—055页上记下了魏璐诗（Rose Weiss）在纽约的地址：东江大街224号。

11月8日（农历十月初六，周一）

△ 太原失陷。以八路军为主体的游击战争阶段开始。

△ 陶行知为全国救国会、学联寄捐款300美元。

11月10日（农历十月初八，周三）

△ 陕甘宁边区政府发出通令，规定“俟后统称为陕甘宁特区政府，不再称陕甘宁边区政府”。

△ 陶行知在纽约连作三场演讲：上午两场；下午在纽约大学演讲，讲学校教育管理。

11月11日（农历十月初九，周四）

△ 陶行知在克利夫兰纪念Armistice Day（现称Vet'erans'Day，11月11日为美国退伍军人节，为纪念第一次及第二次世界大战结束设置的假日，现在每年10月份第4个星期一进行正式纪念活动。

11月9日陶曾晤停战日活动组织委员会副主席Martin P.Russes）。

11月12日（农历十月初十，周五）

△ 陶行知上午10时20分离开克利夫兰，晚10点时40分抵达华盛顿。

11月13日（农历十月十一日，周六）

△ 胡适在纽约外交政策协会讲演《远东冲突后面的问题》。强调日本的侵略与新世界的秩序契约、道德限制发生了严重的冲突，中国在某种意义上是为整个世界作战。

△ 陶行知在华盛顿办理去加拿大的护照。

［《衔备忘》第十三册，起自11月14日，止于12月7日］

11月15日（农历十月十三日，周一）

△ 陶行知上午10时在华盛顿中国大使馆总理纪念周上发表演讲：为和平而战。大意是：战斗的和平主义者为和平而战，无袖手旁观的可能。国内的和平取决于国际的和平；爱好和平的国家，保卫西班牙和中国的民主道义并将经济力量联合在世界民主阵营一边；10亿人民为国家领土完整、边疆和贸易，和帝国主义奋斗。下午2时会见《华盛顿邮报》记者H.W.Donovan。

11月16日（农历十月十四日，周二）

△ 陶行知上午10时在Immigrate Office（移民办公室），下午在Admiral Club（海军将官俱乐部）与Phe Rubbor Barus、Mather Josephine讨论印第安人的移居生活。与Silber 讨论美国援华：（1）人民支持抗日；（2）扩大市场；（3）无领土野心。

11月17日（农历十月十五日，周三）

△ 中华经济研究社于中午12时30分在洛特斯特饭店成立。由胡敦元、林霖、林雨岭、陶行知四人组成：Chinese Council For Economic Research（《西游回忆录》一节：中华经济研究社之创立）。林霖曾于10月8日在华盛顿大使馆与陶行知同见胡适。林霖正在华盛顿布鲁金斯（Brookings）研究所学习，陶行知建议请时任中央研究院社会调查研究所所长的陶孟和指定研究题目，准予暂留美京研究，按月或三个月报告成绩一次。陶行知下午去Allentown（艾伦敦，美国宾夕法尼亚州东部工商业城市。在费城北80.5公里）。

▽《戏寄友人》，友人指胡适。诗前序言的"嫂嫂"指江冬秀。时胡适正在美国纽约，江冬秀仍安居天津租界。文中的"克礼复伦"指Cleveland"克利夫兰"，"阿仑易"系Allentown省略了"town"（镇）的中译。"拖龙拖"指"多伦多"。全集第7卷。

11月18日（农历十月十六日，周四）

△ 陶行知第二次到达加拿大。第一站是多伦多（加拿大第二大城市，安大略省省会），受到当地华侨抗日会代表张星辉、李瑞门以及国民党常务委员张于田和《醒华报》黄卫青等人的欢迎。《西游回忆录》60节：李瑞门之好义。在《衙备忘》13—022、023页上记下了加拿大《多伦多星报》11月15日刊载加拿大运往日本的金属情况：1936年铝142万元，其中加拿大71.7%，瑞士16.6%，挪威6.6%，美国4.1%。1936年钢3300万元，加拿大97.11%。1936年石油美国64%，荷兰东印度公司25%，美国5.5%。运往日本的原料，英国30%，美国32%。

会见《多伦多星报》记者Richard Musman和多伦多学生和平行动委员会主席Bernard Muller。下午5时还教儿童唱歌。

11月19日（农历十月十七日，周五）

△ 陶行知在多伦多大学的West Hall和Hart Hall作了两次演讲。晚8时在Victoria Theater（维多利亚剧院）对Canadian Congress（加拿大国会）演讲。

▽ 《Outline Of Speech At Canadian Congress》，全集第6卷。附中译文：《在加拿大国会的讲演提纲》。

11月20日（农历十月十八日，周六）

△ 国民政府发表宣言，国民党中央党部、国民政府迁至重庆办公。

△ 陶行知下午7时演讲：《犹太人布道》。

11月21日（农历十月十九日，周日）

△ 陶行知下午在多伦多华侨集会上演讲《中国的战争》，第一场是下午2时在爱德华国王饭店（King Edward Hotel），第二场下午3时在卡西诺剧院，第3场晚8时在基督教青年会。

▽ 《War in China》，手稿见全集第10卷。手稿序号有重复，12卷刊用时已改正。附中译文：《与中国的抗战有关的18个问题》（庞曾漱译，题目为编者拟）。全集第12卷。

11月23日（农历十月二十一日，周二）

△ 陶行知抵达加拿大首都Ottawa（渥太华）。拜晤中国副领事司徒一平、加拿大青年会长、宪政党领袖龚君琏、培英中学周锦添、中国布道团及基督教协会主席H.C.Ellis（艾丽丝）。

11月24日（农历十月二十二日，周三）

△ 陶行知抵达Montreal（蒙特利尔，加拿大魁北克省西南部城市）。下午2时教大学生及华侨学生唱歌。3时在中华会馆演讲。

11月25日（农历十月二十三日，周四）

△ 陶行知在纽约获得延长的护照签证，由1937年11月16日延长到1938年5月9日。

11月26日（农历十月二十四日，周五）

△ 陶行知在纽约市Lafayette（拉裴尔街）30号美国中国之友社演讲。《衔备忘》13—066、067、068页上有英文手书提纲。下午8时在Brooklyn Academy of Museum（布鲁克林博物馆学院）讲演《中国文化》。布鲁克林博物馆，在美国纽约州东南部纽约市行政区，是一所倡导公共艺术教育和为公众利益服务的博物馆，学院系其教育机构。陶行知的讲演在《衔备忘》13—069、070、071、072、073页上有手书英文提纲。13—093—096页及098页上的40个问题是演讲后大家讨论的题目。

▽ 《Chinese-American Friendship》系在美国中国人民之友社的演讲英文提纲，全集第12卷。

▽ 《Chinese Calture》，系晚8时在纽约市布鲁克林第7街Brooklyn Academy of Museum（博物馆学院）的讲演。全集第12卷。

11月29日（农历十月二十七日，周一）

△ 中共驻共产国际代表、共产国际执行委员会委员、主席团成员、政治书记处候补书记王明（即陈绍禹）和中共驻共产国际代表、共产国际执行委员会候补委员康生从苏联回到延安。原中共驻共产国际代表，时受命担任中共驻新疆代表，已先到新疆迪化的陈云也同机到达延安。

△ 陶行知在纽约写《中国的政局》，12月1日写成。《衔备忘》记有英文提纲。收到四子陶城11月4日来信，复信告诫小孩子要知道三件事：一、做人，二、助人，三、勇敢。

▽ 《中国的政局》英文提纲及中译文刊全集第12卷。

▽ 《小孩子要知道三件事——致陶城》，全集第8卷。

12月2日（农历十月三十日，周四）

△ 杨虎城于今日飞抵南昌，从此失去自由。谢葆贞带次子拯中由西安前去相伴，同被囚于南昌郊外的梅林。1938年8月转移湖南益阳桃花坪。年底又被转移到贵州息烽县南山腰的“玄天洞”，达8年之久。1946年夏又由息烽转移到重庆，囚禁于杨家山。谢葆贞绝食反抗，于1947年年初遇害。1949年杨和次子拯中、女拯贵，秘书宋绮云、徐林侠夫妇和他们的儿子宋振中以及副官阎继明、勤务兵均先后殉难。杨虎城为推动全国一致抗日，做了许多有益于国家民族的事。

12月4日（农历十一月初二，周六）

△ 王正廷允诺提供1000美金给中华经济研究社。

△ 陶行知上午11时晤 John Dewey（杜威），商谈撰写《杜威声明》事。下午2时半在Quaker Meeting Horse（贵格派会堂）应Rufas Gones博士邀请演讲。

12月6日（农历十一月初四，周一）

△ 陶行知代拟《杜威声明》稿经杜威同意发电致Mohandas Karamchand Gandhi（甘地，1869—1948，印度民族运动领袖，尊称“圣雄”Mahatma），Romain Rolland（罗曼·罗兰，1866—1944，法国作家，曾获诺贝尔文学奖），Albert Einstein（爱因斯坦，1879—1955，物理学家，因创立广义相对论获诺贝尔物理学奖），Bertrand Arthur William Rusell（罗素，1872—1970，英国哲学家、数学家、逻辑学家。1921年曾来华讲学）。

▽ 《John Dewey's Statement》（Drafted out by Dr.H.C.Tao），全集第6卷。

12月7日（农历十一月初五，周二）

△《Additional Strength For Life's Struggle Needed－To Miss Woo Shu Chin》，全集第6卷。告知“将在这里再逗留两个月，然后经欧洲回国”，全集第6卷。

▽《把自己的信念树立起来——致陶晓光》，教导晓光：“根据自己的信念和才干向前做，不要轻听别人的话。”“最重要的工作是虚心的热忱的把自己的信念树立起来。”全集第8卷。

[《衔备忘》第十四册，起自1937年12月8日，止于1938年1月15日]

12月9日（农历十一月初七，周四）

△张闻天主持召开9日—14日的中央政治局会议，会议日程：一、政治报告；二、组织问题；三、南方游击战争。

9日开始由张闻天作政治报告。接着王明在发言中批评洛川会议以来中央采取的方针和政策，否认统一战线中的独立自主原则，主张“一切经过统一战线”。

11日、12日会议进行讨论。毛泽东作了两次抵制王明报告的发言。张闻天在讨论后的总结发言中对王明所指责的“对国民党转变估计不足”等所谓“缺点”作检讨，但仍肯定“一般路线是正确的，工作有很大的成绩，统一战线工作是有进步的”。因此，这次会议对此没有重作新的决议。

12日，会议决定增补王明、陈云、康生为中央书记处书记。中央常委共9人：张闻天、毛泽东、王明、康生、陈云、周恩来、张国焘、博古、项英。

13日会议还通过了准备召集党的第七次代表大会的决定草案。

14日由项英、刘少奇、周恩来先后作《南方游击区工作问题》、《华北工作问题》及《准备同蒋介石、蒋鼎文和阎锡山会谈的具体问题》的报告。会议还决定由项英、周恩来、博古、董必武组织长江局领导南方各省党的工作。

12月10日（农历十一初八，周五）

△ 下午陶行知在纽约演讲：庆祝北京学生运动，为和平建绿色乡村。

12月13日（农历十一月十一日，周一）

△ 南京沦陷。日军占领南京后展开大屠杀，屠杀中国军民30万人。杜威、爱因斯坦、罗曼·罗兰、罗素四人宣言，（因甘地复电未到，故缺）在广播电台广播出去。

12月14日（农历十一月十二日，周二）

△ 陶行知到纽约大学城市学院社会研究实验室演讲。

▽ 《到最信仰民为贵的地方去——致陶晓光、陶城》，号召他们“到最需要的地方、最有组织的地方、最信仰民为贵的地方去作最有效的贡献”。暗示他们去延安。预告“一月又要到加拿大十七个地方去演讲”。全集第8卷。

▽ 《杜威等人发表抵制日货宣言——致邹韬奋》，全集第8卷。

12月17日（农历十一月十五日，周五）

△ 英国援华会在伦敦举行了第一次抵制日货游行。平均每周一次。

▽ 《望您得便来一信——致吴树琴》，全集第8卷。

12月19日（农历十一月十七日，周日）

△ 19—22日张闻天主持召开中共中央党的活动分子会议。张闻天在会议总结中，特别指出：“我们虽然目前主要的是求得统一战线更加扩大与巩固，但并不放弃我们自己的基本原则——党

的独立性。”“我们对友党在许多问题上是互相让步，而不是让步政策。”“领导权不在争，而在做。”

△ 陶行知按周日讲演惯例在中华学校演讲。下午1时会见士工音乐研究所的苏世庭（几乎每次周日都相会）。12月5日曾与他从下午2时谈到午夜12时。12日又相会。下午5—8时在皇家温莎舞厅演讲，听众达6000人。

12月21日（农历十一月十九日，周二）

▽《知道老百姓逃难的痛苦——致陶晓光、陶城》，全集第8卷。

12月22日（农历十一月二十日，周三）

△ 陶行知上午11时访问杜威。杜威告知收到尼赫鲁发来电报，表示印度国民大会赞同《杜威声明》，并宣布尽可能给予援助，一是拒绝购买日货，二是经济上支援其医疗救济。［尼赫鲁，Jawaharlal Nehru，1889—1964，1929年任印度国大党全国委员会总书记。1936年当选为该党主席。1947年8月印度独立后任内阁总理直至逝世。］尼赫鲁复函见全集第6卷。

12月24日（农历十一月二十二日，周五）

▽《战场即学校》（写游击队向敌军宣传），全集第7卷。

12月25日（农历十一月二十三日，周六）

▽《敬赠东北游击将军李红光》，全集第7卷。

▽《把战场变做学堂——致戴伯韬、刘季平》，原载《战时教育》第1卷第12期。全集第8卷。

12月26日（农历十一月二十四日，周日）

△ 中国驻美大使王正廷在华盛顿与陶行知共进午餐。下午2

时陶照例在中华学校演讲。

12月27日（农历十一月二十五日，周一）

△ 陶行知为《杜威声明》的公开发表于中午12时半宴请杜威一家。陶行知将蒋介石发表告全国军民书的内容告知杜威。

12月28日（农历十一月二十六，周二）

△ 陶行知下午3时在纽约大中央车站出发，4时30分到达纽约州东南部的Poughkeepsie（波基普西），下午8时演讲：Place of Education in China's Fight for Liberty，是对High School Commission讲的。《衔备忘》14—032、033、034页上有英文手书提纲。在1938年陶草拟的《出国纪事》中记今日是"美国学联开会"。这证明是陶在美国学联开会时的演讲比较确切。

▽ 《Place of Education in China's Fight for Liberty》系在美国学联开会时演讲用的英文提纲手稿。附中译文：《教育在中国为自由而斗争的意义》。全集第12卷。

▽ 《Petti-coat》，附中译文：《裙子》，系在美国学联开会后写的两首诗之一。全集第12卷。

▽ 《Wave》，附中译文：《波浪》，系与Petti-coat同时写的另一首诗。全集第12卷。

1938年（民国二十七年） 1月1日至9月26日

（农历癸丑年十一月三十日至甲寅年八月初三日）

1月4日（农历十二月初三，周二）

▽ 《十二字理论——致吴树琴》，告诫人们不要"自私自利的把知识藏在脑壳的冰箱里"。全集第8卷。

1月8日（农历十二月初七，周六）

△ 白求恩率加拿大—美国援华医疗队抵达武汉。周恩来接见医疗队说："我们没有什么东西可奉献给你，只有艰苦的工作；你们也不能得到别的什么，得到的只能是伤病员的感激之情。"

1月11日（农历十二月初十，周二）

△ 中国共产党在国民党统治区唯一公开发行的大型机关报《新华日报》在汉口创刊。

△ 陶行知抵达加拿大Welland（韦兰，加拿大安大略省的城市，在尼亚加拉瀑布西南19公里处，距离美国纽约州的布法罗城仅32公里）。参观Niagara瀑布，在Clifton酒店午餐。有黄盖、谭照、胡慧、甄威、黄宽、黄伦德、黄成等十余华侨陪同。见《西游回忆录》二十节：尼嘎拉。

1月12日（农历十二月十一日，周三）

△ 陶行知抵达Hamilton（汉密尔顿，加拿大安大略省东南部工业城市），12时55分在Mcmastor大学午餐。2时30分在CHML广播电台广播演讲10分钟，下午8时在第一联合主日学校聚会。

1月13—15日（农历十二月十二至十四日，周四—周六）

△ 13日方振武、沈钧儒、安娥等在武汉发起组织儿童保育会。

△ 陶行知12日在汉密尔顿，13日在圣·凯瑟林斯（加拿大安大略省城市，尼亚加拉水果产地中心），14日离圣·凯瑟林斯经汉密尔顿到温莎（在加拿大、美国边境，加拿大安大略省东南部重要河港和商业中心，被称为加拿大的南方门户）。夜往尼亚加拉瀑布。15日经温莎、汉密尔顿又到尼亚加拉瀑布。下午又经汉密尔顿返回多伦多。

[《衔备忘》第十五册，起自1月16日，止于1月25日]

1月16日（农历十二月十五日，周日）

△ 陶行知在多伦多先后会晤工会理事会书记 J.W.Buekley、工会和平民主联盟及多伦多地区执行工会理事会主席Percy Yaffe、加拿大和平联盟Virginia Macleod、众议院议员M. J. Coldival等人。在Massey Hall（梅西总督会堂）演讲，听众4000人。

▽ 《Peace Power》（Dedicated to Canadian Friends）,自译成中文：《和平之威力》（献给加拿大的朋友），全集第6卷。

1月17日（农历十二月十六日，周一）

△ 陶行知抵达Guelph（圭亚夫，加拿大安大略南部城市，在汉尔密顿西北44公里）。会晤《林董日英外交秘闻录》（Secret Memorisl of Count Hayashi）的作者Frank William Schofield博士。（林董，Count Hayashi Tadasu，日本外交家，1850—1913，1899年任日本驻英国大使，为阻挠俄国向远东扩张，1902年极力促进日英同盟，1906—1908年任日本外务大臣）。

1月18日（农历十二月十七日，周二）

△ 陶行知抵达Kirkland Cake（柯克兰莱克，加拿大安大略省蒂米斯卡明区城镇。加拿大最大的黄金产地之一）。多伦多今天温度零下4度。参观多伦多艺术陈列馆、写英文诗《Toronto Again》，下午晤文学艺术俱乐部诺尔曼·麦利安主席及诗人李尔斯等。

▽ 《Toronto Again》（《重返多伦多》），全集第12卷。

1月19日（农历十二月十八日，周三）

△ 陶行知抵达Timmins（蒂明斯，加拿大安大略省中东部城市，为世界最大金矿之一Hellinger 霍林格尔的住宅区，当地金矿区最大城镇和主要商业中心，亦为避暑胜地和宗教静修地）。下

午1时30分—4时对当地高级中学和高级职业学校演讲，听众450人。下午8时15分在Harmony Hall〔协和会堂〕演讲，听众350—400人。晚上10时30分在Chinese club Tom's Room（华人俱乐部）演讲，听众100人（当地华人只有183人）。

1月20日（农历十二月十九日，周四）

△ 陶行知早上8时15分到Anglican Church（圣公会教堂）演讲，有130名学生参加。后去蒂明斯高级中学演讲，听众400人。其中高中学生30人，高级职业学校学生370人。下午2时05分离开蒂明斯。下午5时抵达Coochrane（柯切兰），参加由李玛丽在皇后饭店主持有40人与会的茶会。参加者广泛，有镇长、银行家、部长、工人等。会后用出租车送客人回家。见《西游回忆录》二十一节：玛丽老板娘之统一战线。

1月21日（农历十二月二十日，周五）

△ 陶行知上午6时半离柯切兰于上午10时经Swastika（斯瓦斯迪卡，其意是加拿大纳瓦霍Navojo印第安人古代用的卍字吉祥装饰）抵达科克兰莱克。在《衔备忘》15—028页上，柯克兰莱克《北方新闻》编辑Dau Worden写了“介绍中国陶行知博士”给《温尼伯论坛》萨斯卡通的Randoph Pattan、W.R.Blacke or Chris Smith Lee Megellivray。［Saskatoon 萨斯卡通，属加拿大中部的一省 Saskatchewn 萨斯喀彻温省中南部第二大城市。40%居民为英裔，余为法、德、奥地利、乌克兰、波兰等欧洲后裔。］

1月22日（农历十二月二十一日，周六）

△ 陶行知上午9时16分离开科克兰莱克经过North Bay于晚9时25分到达Sudbury。

［North Bay,（诺斯贝），加拿大安大略省东南部城市。在多伦多以北180英里。现为安大略省北方铁路的南方终点站和总公

司的所在地。是大型喷气机基地和加拿大第一个导弹基地，是重要的物资集散中心和著名的避暑胜地。Sudbury萨德伯里，加拿大安大略省东南部城市萨德伯里区首府，在全加公路和横贯大陆铁路干线上，现为世界上最富有的矿业中心之一]。

1月23日（农历十二月二十二日，周日）

△ 国际反侵略运动大会中国分会在汉口成立。宋庆龄、蔡元培、毛泽东、冯玉祥、王明等72人当选为名誉主席，邵力子、郭沫若、周恩来、董必武、陶行知、邓颖超等139人当选为理事。

在全面抗战爆发前，反侵略运动总会就曾派代表威廉·达德（William Dodd）来华宣传反侵略运动宗旨，会见了中国政府要人，并由马相伯、邹韬奋、李公朴、吴耀宗等发起成立中国分会临时委员会，以吴耀宗为秘书，通讯处设在上海博物院路131号基督教青年会。当时中国分会临时委员会的驻欧代表是王礼锡和陈柱天，驻美代表是陶行知。总会后来派代表包立德（Vrenon Bartlett）和袁冠新到中国协助成立中国分会时，曾向分会提出四条建议，其第四条建议是“使分会成为国内各社团、职业团体同国外反侵略运动组织及各职业团体的联系机关，成为推动国民外交工作，进行国际宣传，进行国际问题研究，进行国际知识教育的组织”。根据第四条建议，分会委任吴秀峰为驻日内瓦常务代表兼秘书，王礼锡为驻伦敦代表兼秘书，袁冠新为驻巴黎代表兼秘书，陶行知为驻纽约代表兼秘书，组成常务代表团，藉以同总部秘书处联络。

△ 陶行知在萨德伯里考察到95%的镍在Port Colborne出口，镍在柯尔伯恩和英国被精炼，存储量可用200年，用于汽车、飞机、家用及莫涅尔合金（一种镍、铜、铁、锰合金）。［Port Colborne, 柯尔伯恩港，加拿大安大略省的城市和湖港，距离美国纽约州的布法罗32公里。］陶会见加拿大唯一的芬兰文报纸《瓦斯浦报》发行社经理Eduric Suku。柯尔曼大夫的助手，M. 麦

克拉克伦护士想到中国参加白求恩率领的加拿大—美国援华医疗队。下午2时半对华侨讲演，8时半在教堂演讲，这里有800人听讲。24日晨6时30分离温布里（这是陶对萨德伯里的译名）。

▽ 《可以做鞋匠的师傅了——致吴树琴》，全集第8卷464页。

1月25日（农历十二月二十四日，周二）

△ 陶行知24日抵达加拿大苏必利尔（Superior）湖正北端的Port Arthur和Fort William。亚瑟港在东，威廉堡在西。均属加拿大安大略省。［1970年两市组成Thunder Bny City桑德贝城。］上午9时由W.A.Mc Williams陪同在威廉堡技术学校演讲。下午3时15分又在技术学校会晤学生，该校有500名学生。教学生们唱《凤阳歌》、《开路先锋》和《农夫歌》。下午2时会晤亚瑟港《News -Chorncile》的Therdne Burton Allen、威廉堡《Times Journal》的RalphP.Yonngi，威廉堡的M. Jor Gensen、威廉堡市市长C. M. Ross等人。访晤威廉堡职业学校校长W.Green，该校有840名学生。

[《衔备忘》十六册，起自1月26日，止于2月17日]

1月26日（农历十二月二十五日，周三）

△ 陶行知在威廉堡由M. Jorgensen和S. T. Mccavour陪同参观Great Lakes Paper Co.（大湖纸业公司）和Paterson Co. Ltd. Private（私营佩特森股份有限公司）。大湖纸业公司是仅次于英格兰的北美最大造纸厂。此处纸宽304英寸，英格兰为320英寸。硫化纸浆来自日本。每年生产11万吨，《芝加哥每日新闻》年需求15000吨，《底特律新闻》年需求30000吨。私营佩特森股份有限公司，是现代化的谷仓。其在萨斯喀彻温省的7号仓库就可容700万Bushel蒲式耳（每蒲式耳=35.238升，若以每蒲式耳按8加仑计算，相当于5600万加仑。）《衔备忘》16—001—012页记之极详。

下午8时在Audersen陪同下在City Hall演讲。

1月27日（农历十二月二十六日，周四）

△ 陶行知晨抵达Winnipeg太平洋铁路火车站并发表谈话。下午6时在青年会演讲。

[Winnipeg，温尼伯，加拿大马尼托巴省省会，加拿大中南部最大的工商业城市，世界上最大谷物市场之一，加拿大西部地区金融中心，牲畜贸易中心。陶行知的谈话呼吁加拿大对日本实行禁运，《Winnipeg Free Press》1月28日在英文报道中曾有报道。陶讲演后，此地成立了中国人民之友社，加拿大和平民主同盟就印发一项传单，名为“三个和平建议”：对日禁运，抵制日货和医药援华。加拿大的援华工作就是对准这三个目标进行的。陶行知此前经过的多伦多、柯克兰莱克、蒂明斯、柯切兰都建立了中国人民之友社，陶此后去的维多利亚也建立了。这里力主对日禁运，是远在美国朝野注意到此问题之前。]

▽ 《加拿大应对日本实施禁运》，原为英文，见1月28日《Winnipeg Free Press》，田明远译，全集第11卷。

1月28日（农历十二月二十七日，周五）

△ 陶行知在温尼伯会晤加拿大妇女俱乐部主任W. J. Lindal夫人，成都华西大学Gorden Camphel博士以及普兰夫人，戈里克夫人，R. B. 亨特先生，M.艾来德·道格拉斯博士，W. M. 麦克劳克尔夫人，C. J. 波麦克夫人等。

1月29日（农历十二月二十八日，周六）

△ 陶行知晤温尼伯华侨抗日救国会的刘维炽。应Mc Gibbon博士之约在Hoter Fort Garry向加拿大国际关系研究所演讲。

1月30日（农历十二月二十九日除夕，周日）

△ 陶行知到达Brandon（布兰登，加拿大马尼托巴省西南部城市，有加拿大小麦城之称，也是加拿大重要的运输中心）。在Brandon Indien Residential School（布兰登印第安人寄宿学校）对从幼儿园到10年级学生讲话，该校有179名学生。在圣保罗联合教堂演讲。

1月31日（农历甲寅年正月初一，春节周一）

△ 温尼伯温度零下40℃，陶下午离温尼伯经美国的圣保罗（Saint Paul，美国明尼苏达州首府）去芝加哥。

2月1日（农历正月初二，周二）

△ 陶行知在《衔备忘》16—032页上用英文记有："在微风中由圣保罗抵达芝加哥"。

2月3日（农历正月初四，周四）

△ 陶行知在芝加哥收到陶宏、丁华、季平、白桃1937年12月27日来信。Loeb、Estyer、陈翰笙、Solomon、郑领事以及所罗门的朋友登Berengaria（贝伦加里）号船送陶去伦敦。在船上一直呆到9号。

2月6日（农历正月初七，周日）

△ 国民政府军事委员会政治部成立，陈诚任部长，周恩来、黄琪翔任副部长，张厉生任秘书长，贺衷寒、康泽、郭沫若分任第一、第二、第三厅厅长。八路军改为第十八集团军。

2月9日（农历正月初十，周三）

△ 陶行知乘船于下午3时抵达法国Cherbourg（瑟堡，法国芒什省设防城镇，海港和军港，地扼英吉利海峡，运输繁忙，尤以与英国南安普敦之间乘客及汽车横渡更为突出）。下午7时抵达

Portsmouth（朴次茅斯，英国英格兰汉普郡一区。为英国主要海军基地和著名度假胜地）。7时10分到移民局办手续，5分钟结束，在美国可能要5小时。9时到达Southampton（南安普敦，英国英格兰汉普郡一城市，英吉利海峡港口）。

2月10日（农历正月十一日，周四）

△ 陶行知出席伦敦世界反侵略大会。大会在Convent Gardon Theater、Adolphi Theatre举行。有700名代表。执行委员15人，陶行知是其中之一。各地的中国代表：日内瓦为吴秀峰、李平衡，巴黎为李石曾、吴玉章、王海镜、钱端升、谢寿康，伦敦为王礼锡、王景春、李端璃、张彭春、朱宝贤、林咸让、熊式一，柏林为戴鸣钟、程其骧、刘锴。

2月11日（农历正月十二日，周五）

△ 出席世界反侵略大会的中国代表团在伦敦中国大使馆举行茶话会。下午4时由世界和平理事会中国分会驻欧办事处主任王礼锡报告：（一）历史。世界和平会于1936年9月3日至7日在比利时首都布鲁塞尔开第一次大会。陶行知作为中国代表团团长与会，并被推选为执行委员。到会4900余人。世界和平大会即是世界反侵略大会的前身。当时中国分会在伦敦设有驻欧办事处，主任王礼锡，秘书林咸让。欧洲设有欧洲局。后来扩大为反侵略运动。（二）1月23日反侵略大会中国分会在汉口成立情况。真如［即陈铭枢］主席参加，与会5000人。77名名誉主席团，孙夫人任名誉主席团主席［此处照《衔备忘》原有记载］，邵力子为主席，后改宋子文为主席、邵为副主席。150名理事，钱俊瑞为宣传部副主任，李石曾为首席代表，英侨代表林咸让，法侨代表徐岭诲，国内代表朱宝贤。宋子文致开会词，由李石曾宣读；郭沫若致闭会词，顾维钧等人演讲。（三）讨论议程。推主席，大会报告，代表团组织，代表与联络、提案、经费、演讲及参加审

议委员会等。陶行知还会晤梁鋆、程沧波、曾献猷（意大利中国大使馆）。

△ 毛泽东在延安反侵略大会上作演讲："现在有三个反侵略的统一战线，即中国的统一战线，世界的统一战线，日本人民的统一战线。反侵略是今天世界政治的总方向。"

2月12日（农历正月十三日，周六）

△ 下午3时，世界反侵略大会审议委员会开会，下午7时05分中国代表团开会，下午8时国际联盟召开会议。晚10时30分在牛津大街英国工业大厅举行大会，有21个国家的1000名代表与会，由Baker主持。与会主持的还有Cecil、Chilel、Krishman、Macleod、Jeruhanl，审议委员会审议了禁运、抵制日货和建立相互信任的三大问题。支持南安普敦的码头工人拒运贝伦加里号轮船上的货物(即是陶行知由美来英乘坐的那条船)，呼吁所有码头工人强制实行禁运。见《西游回忆录》二十四节：西赛尔昏倒。

出席大会的中国代表团名单：陶行知、吴秀峰、王礼锡、李煜瀛、林咸让、吴玉章、张彭春、王海镜、李德璓、谢寿康、王景春、钱端升、熊式一、张似旅、朱宝贤、梁鋆、胡适、李国铭、程沧波、李平衡、刘楷、李泰华。全欧抗日救国联合会代表：雷子声、程其襄、戴鸣钟、朱江户；罗马抗日救国会代表：曾宪猷。其他：赵建生、刘楷、游建文、顾菊珍、陈泉利、胡天石、陈灿、苏拯。留学生代表：李佩琳（医学）、宁嘉风(经济学)、卢嘉锡（化学）。

2月14日（农历正月十五日，周一）

△ 世界反侵略大会的副主席Macleod（麦克劳德）请陶行知饮茶，讲了他小时挨手心（Pandy）的故事。见《西游回忆录》二十五节：Macleod的Pandy故事。

2月15日（农历正月十六日，周二）

△ 陶行知、吴玉章同谒马克思墓和中山蒙难纪念馆。关于中山蒙难纪念馆，陶在《衔备忘》16—074、075页上记有以下字样：“1896，龚照瑗（使）、邓廷铿（诱）馆役柯尔之力由其妻密投书于康德黎商曼生爵士”。［中山蒙难纪念堂即伦敦波特兰区49号原中国公使馆，1896年10月11日—23日，孙中山被诱入囚禁于此。龚照瑗，安徽合肥人，字仰蘧，1893年出使英、法、意、比四国大臣（即驻英公使），1896年在伦敦诱捕孙中山，1897年被劾去官。邓廷铿，广东三水县人，字琴斋。清使馆译员，在伦敦绑架孙中山计划的执行人之一。“馆役柯尔”，指清驻英公使馆的西役清洁工G. Cole。关于柯尔夫妇援救孙中山之事，据孙中山在《伦敦被难记》中所记：“自礼拜五日（即10月16号）后，英仆柯尔始为予效奔走，求解脱。柯尔之妻欲尽力。其予礼拜六日（即10月17号）密白予友康德黎之书，即出自柯尔妇之手笔”。康德黎，James Cantle，1851—1926年，英国医生，原香港医书院教务长，孙中山的老师。曼生爵士，Patrick Manson，1844—1922年，英国热带病学家，有“英国热带病之父”之称。原香港医学书院首任教务长。曾与康德黎一起在孙中山蒙难伦敦时的主要营救者。］

［《衔备忘》第十七册，起自2月18日，止于3月9日］

2月18日（农历正月十九日，周五）

△ 陶行知早6时30分由Liverpool（利物浦，英格兰西北部，英国第二大商港）乘Ladymunster号轮抵达Ireland的Dublin（临爱尔兰岛东岸，爱尔兰首都）。遇见第一位爱尔兰人 John Gilligan。调查了解爱尔兰与日本的进出口贸易。与工党、海员与港口工人联合会、面包工人联合会、《劳动新闻》编辑部等有关人士研究工人生活状况，听取Sorca Ni Quairime船长参加禁运情况，研读

有关爱尔兰的书籍：《为爱尔兰自由而战》、《另一个人的创伤》、《爱尔兰共和国史》，听约翰·布鲁曼演讲《从爱尔兰历史确定我们的道路》。见《西游回忆录》四十六节：爱尔兰之国策。

2月21日（农历正月二十二日，周一）

△ 陶行知返利物浦。访问利物浦华侨拒日救国联合会，了解后援情况。了解中国研究生情况和一般华侨生活状况。访问牛津（Oxford）。参加由英国援华会、国联同志会英国分会、民权保障会、英国和平运动会，及各青年、宗教团体联合发起举行的第一个“中国周”的宣传活动。全英国在21日至27日一周内，举行了近200次游行。参加游行的人手持写有抵制日货、不卖汽油给日本等标语牌。

2月23日（农历正月二十四日，周三）

△ 陶行知抵达Rottedam（鹿特丹，荷兰第二大城，世界第一大港）。下榻“旅和华侨会馆”，了解会馆建于1922年，抗日会后援会成立于1925年济南惨案之时，反日救国会成立于1931年“九一八”，救国后援会成立于1937年1月21日。了解救国后援会的组织及捐款情况。下午去海牙（位于荷兰西海岸，荷兰最大城市之一，王宫和政府所在地，议会及外国使团设此，国际法院设此），了解海牙华侨救国后援会情况，下午6时陶行知在海牙演讲，听讲者100多人。下午10时在洛塘演讲，听者130多人。

2月24日（农历正月二十五日，周四）

△ 陶行知经Utrecht 乌得勒支（荷兰中部城市，乌得勒支省省府）到Hilversum希尔弗瑟姆（乌得勒支西北，距阿姆斯特丹26公里）。了解该地侨胞情况，于晚8时45分去Amsterdam（阿姆斯特丹，荷兰首都）演讲，听众200余人。与中国领事馆领事袁惕（刚中）及工作人员在广兴晚餐。了解袁领事组织救国后援会及

募捐情况。对荷兰一个新奇的工作学校演讲两次。下午3时曾由郑弗廷（天锡）领看海牙和平宫。

2月25日（农历正月二十六日，周五）

△ 陶行知上午9时22分离阿姆斯特丹经乌德勒支于下午3时16分抵达Antwerpen（比利时港市安特卫普，欧洲北部贸易中心，世界大港之一），有邝金华等30多人迎接。因救国会在Brussel（布鲁塞尔，国际航空枢钮，比利时首都和政治经济文化交通中心）。下午7时20分离安特卫普，由Midi Station到布鲁塞尔Rue de Palals。陶行知在《衔备忘》第17—051页上写上座右铭："You can not against Japan and speak for China"。

[比利时中国之友社不同于中国人民之友社，前者系由各党各派以及天主教联合组成。天主教会员说旅比华侨之抗战后援会是共产党组织起来的。比利时有两个民族：一源于德国的Flemsh，佛兰芒人，讲荷兰语诸方言，主要住在比利时西部和北部，约有550万人，以从事纺织工业为主。一源于法国的Walloon瓦隆人，讲法语诸方言，主要住在东部和南部，约有300万人，多从事炼钢生产。陶行知当时考察佛兰芒人多反华。]

▽《荷兰是个水国——致吴树琴》，告知："明天到法国。3月2日还到美国去读书。"指去到美国的玛丽皇后轮船上读书。全集第8卷。

2月26日（农历正月二十七日，周六）

△ 陶行知凌晨0时15分离布鲁塞尔去巴黎。6时54分到巴黎去中国大使馆见黄正领事办护照签证。访问李石曾、雷子声、王海镜、王庆元及巴黎中国学生会的朱伯奇、陈柱天、晋增、何德鹤、张邦珍、袁冠新、罗衡、王桑、李青山等。

2月27日（农历正月二十八日，周日）

△ 陶行知在巴黎会晤《渔光曲》曲作者任光。写诗《游击歌》。

▽ 《游击歌》，全集第7卷。

3月2日（农历二月初一，周三）

△ 陶行知在巴黎写成《送西班牙前线中国战士》、《军歌》及《天军游击歌》，寄与在香港的吴涵真。前诗后改题为《敬赠西班牙之中国战士》，曾由任光谱曲。另题《慰劳中国战士歌》。《天军游击歌》即2月27日写的《游击歌》。中国战士指国共两党协调一致组织了国际纵队的中国支队。据《衙备忘》17—0102页记载：西班牙之中国战士：陈文饶（西班牙）、刘华封（巴黎）、林济时等8人（瑞士）、严家治（国际义勇军骑兵团团长）、张纪（美国）。见《西游回忆录》45节：西班牙国际义勇军中之中国战士。下午在陆璀处吃午饭后乘车去瑟堡，陆璀当时在巴黎《救国时报》编辑部工作。次日凌晨0时29分陶乘Queen Mary号轮离法去美。

▽ 《敬赠西班牙之中国战士》，全集第7卷。

3月3日—7日（农历二月初二—初六，周四—周一）

△ 陶行知在玛丽皇后轮上晕船，“全天不能做事，只能想，想出种种计划，发展大众教育。”（《衙备忘》17—099页）在《纽约要做之事》中有：写《中国乡村论文》、《大众教育十一周年纪念告华侨同胞》、改《天军歌》，“写信给宋子文、吴涵真与汤彬华”等。7日陶行知抵达纽约。

3月9日（农历二月初八，周三）

△ A. G. Hitchon夫人邀请陶行知去Brantford演讲。［布兰特福特，加拿大安大略省东南部城市，位于伊利湖附近，在多伦多西南96公里处。此处有Alexander Graham Bell（1847—1922）故居，贝尔纪念馆。贝尔在城郊发明电话，第一个长途电话从这里

发出。]

陶行知上午7时30分—下午1时先在纽约领事馆，后在“广东村”与张彭春晤谈。10日12时30分—13时又谈了一次并一起参加了下午7时使馆的晚宴。谈话的三点内容：一、With drawal of soldiers of all countriey from China。（所有国家的军队从中国撤出。）二、Naval Limitation（海军限制）。三、Economic readjust meat（经济重新调整）。

[张彭春，1892—1957，与陶行知在哥伦比亚大学同学。七七事变后，张彭春连夜化装乘船离津去南京，立即应国民政府聘任赴英美等国宣传中国抗战，争取外援。1936年8月曾与陶行知共同参加新教育第七次年会、世界和平大会。此时又在纽约相遇，共商大计。他俩亦曾于参加世界和平大会时与胡适、钱端升、李石曾、吴玉章等同为中国代表团成员。]

[《衔备忘》第十八册，起自3月10日，止于4月14日]

3月13日（农历二月十二日，周日）

△ 陶行知在纽约中华学校演讲《中国乡村社会与乡村教育》。

3月14日（农历二月十三日，周一）

△ 陶行知冒雨离开纽约前往加拿大的Saint John（圣约翰，加拿大新不伦瑞克省南部不冻港）。

3月15日（农历二月十四日，周二）

△ 陶行知于上午11时10分抵达圣约翰。此地人口只有35000—40000人，华侨仅40人，没有讲学集会。会晤公共事务部、广播电台及华侨谭昌贺等。

3月16日—17日（农历二月十五—十六日，周三、四）

△ 陶行知到Fredericton（弗雷德里克顿，加拿大新不伦瑞克省省会和文化教育中心，在圣约翰西北86公里。）会晤Daily Mail（每日邮报）记者S.W.Greers。12时在新不伦瑞大学与Park先生共进午餐。该校有学生400人，中国留学生12人。下午8时15分在省立师范学校演讲。

17日中午与York（约克，加拿大安大略省自治市，多伦多都市区的四个自治市之一）95人共进午餐。下午1时与国际关系研究所20人座谈。下午4时去Montreal（蒙特利尔，加拿大魁北克省西南部城市加拿大主要工商业和金融中心，加拿大第二大城）。

3月18日—20日（农历二月十七—十九日，周五—周日）

△ 陶行知在加拿大蒙特利尔。

18日，下午9时向七八十名20岁左右的青年作英语演讲。收到陶宏、白桃、吴树琴、陶晓光等来信。19日，下午5时举行茶会讨论China and boycott（中国与杯葛）。下午9时在Philosophy Club参加25—30人的座谈会。有Jacoby先生参加。

20日，在中国基督教青年会讲《中国之过去、现在与未来》。

3月21、22日（农历二月二十、二十一日，周一、二）

△ 陶行知在Ottawa（渥太华，加拿大安大略省东南部，加拿大首都）。华侨仅380人。

△ 陶行知访晤中国总领事馆，了解当地华侨状况。22日登Mount Reyal。12时与自由派Rutherford茶会。

3月23—27日（农历二月二十二—二十六日，周三—周日）

△ 陶行知在多伦多。

23日，会晤多伦多大学校长Muricl J.Wallace。与多伦多维多利大学H.Y.张交换有关小先生之资料。

24日，向基督教和犹太教的教友们翻译并教唱《锄头舞歌》

和《凤阳花鼓》。

25日，晤《The Star Toronto》记者Paul Gardner、多伦多大学的怀履光和安大略省皇家博物馆的明义士（子宜）。在维多利亚旅馆会晤华侨慕学消、熊美容、熊奕潮。

26日，访晤安大略省驻都（多）城华侨统一抗日救国总会。总会于2月15日成立，全体社团代表约45人为当然执行委员，由代表大会就侨界中选出10名合并为执行委员，又选9名为监察委员。中文书记为黄卫青、英文书记黄镜凤，救济股主任李瑞门(9月8日满60岁)，公债股主任麦素一。

27日，依23日约定，5时30分拜会M.J.Wallace校长，6时30分拜晤李瑞门、岭海。参观皇家博物馆，仔细看了九样中国古代文物。《衔备忘》18—034、035上有记载。《西游回忆录》九十一节：多嘴妇之封口。

3月28日（农历二月二十七日，周一）

△ 陶行知由李瑞门之侄李家培驾车经Soo（苏运河）抵达Sault Sainte Marie（苏圣玛丽，加拿大安大略省中部圣玛丽河北岸城市，与美国密歇根州苏圣玛丽隔岸相望，有铁路桥梁。在两城之间，有条四公里长的Sault Sainte Marie Canals，一称Soo Canals，这条运河把苏必利尔湖和休伦湖连接起来，是圣劳伦斯河至五大湖航道主要运河之一）。会晤Soo运河的冰球明星J.W.Carran，考察冰球发展历史。冰球起源于加拿大，19世纪50年代起驻加拿大东部圣玛丽市的英国士兵John Ross Robertson即开始冰球活动，随驻地转移传至整个加拿大。1860年在Kingston（金斯顿，加拿大东南部城市，圣劳伦斯航道的重要港口之一，与苏圣玛丽靠近）港首次使橡胶圆盘代替球。陶行知还绘制了每队六人的队阵图，场地200ft×100ft（现在的规则是200英尺×85英尺），有的版本误冰球为曲棍球。现为冬季奥运会比赛项目之一，加拿大队于1920年获第七届奥运会和第一届国际冰联世界锦标赛

冠军，1924年又获第一届冬季奥运会冠军。现仍为世界冰球劲旅。《西游回忆录》九十三节：Hockey。陶行知下午3时30分至4时在高级中学演讲，下午6时30分至45分在广播电台播音演讲。

3月29日（农历二月二十八日，周二）

△ 陶行知上午9时在技术学校演讲，了解Soo大学学生社团情况，会晤人民联盟主席Earl Weeks，苏尔特中国人民之友委员会秘书Earl Martins和市长John Rudd。下午去Sudbary（萨德伯里）。

3月29日—4月1日（农历二月二十八日—三月初一，周二—周五）

△ 国民党举行临时全国代表大会，推举蒋介石为国民党总裁，汪精卫为副总裁。决议制定中国国民党抗战建国纲领，成立国民参政会，设立三民主义青年团，决定在国民党中央执行委员会下设立调查统计局（中统）和军委会调查统计局（军统）。

△ 国民政府军事委员会政治部第三厅于4月1日在武汉正式成立，郭沫若任第三厅厅长。由郭沫若、阳翰笙、田汉、胡愈之、杜国庠、张志让、洪深、董维键、冯乃超、光未然等众多知名人士组成坚强阵容，并同国民党的反共活动进行斗争。将孩子剧团纳入第三厅编制。第三厅内组建了中国共产党的特别支部，刘季平任特支书记。

△ 陶行知30日经威廉堡，31日经Alberta（亚尔伯塔）去温尼伯途中遇大风雪。4月1日过温尼柏、布兰登到达Regina（里贾纳，加拿大萨斯喀彻温省省会和贸易金融中心，距美国边境仅160公里）。

4月1日、2日（农历三月初一、初二，周五、六）

△ 陶行知在里贾纳。

△ 陶行知1日上午12时在加拿大俱乐部，下午2时30分在CKCK Radio、3时15分在Normal School、8时在City Hall演讲。《衔备忘》18—049页有手书英文讲演提纲。

2日下午2时30分在中国俱乐部，调查里贾纳城市状况及华侨情况，教学校学生唱《凤阳花鼓》、《苏武牧羊》、《小白菜》、《真神赞》及《大哉孔子》等中国歌曲。《西游回忆录》八十七节：加拿大之移民。

▽ 《Lecture》，系陶行知在加拿大里贾纳演讲提纲的英文手稿，全集第12卷。

4月3日（农历三月初三，周日）

△ 陶行知抵达Moose Jaw（穆斯乔，加拿大萨斯喀彻温省南部城市，里贾纳以西72公里），上午8时30分在首都剧场演讲，听众825人。下午3时有175位华侨在英王直属皇家加拿大剧场听讲。

4月4日（农历三月初四，周一）

△ 陶行知经过里贾纳到Saskatoon（萨斯卡通，加拿大萨斯喀彻温省中南部城市，里贾纳西北湾240公里），晤和平同盟秘书Nelson Clarhe、Bong Mark、麦邦传。下午6时15分在加拿大俱乐部演讲，8时在Legron Hall演讲。11时会晤中华民族同盟。

4月5日（农历三月初五，周二）

△ 陶行知下午1时半由Frith Teacher费利斯教师开车去City Park（城市公园）演讲，由Anderson（安德森）校长主持，500名学生听讲。

4月6日（农历三月初六，周三）

△ 陶行知抵达Edmonton（埃德蒙顿，加拿大艾伯塔省省会）。上午9时，《埃德蒙顿日报》记者采访，陶行知讲加拿大可

以在对日禁运、抵制日货和医药援华这三个方面帮助中国。这就是加拿大和平民主同盟提出的三项和平建议。医药援华的大部分款项和物资都是由加拿大和平民主同盟汇总，转交国内的。陶行知上午11时在艾伯塔学院。下午8时还在Memorial Hall演讲，听众700人。晤华侨拒日会会长马擢、执行委员马才咏，英文秘书余荣润；和平民主同盟主席A. M. Herd（赫德），成员总数1万人，占总人口的1/8，华侨仅500人。

▽《中国必胜》，系加拿大《埃德蒙顿》记者采访记录，英文见该报4月7日一版。田明远译稿，见全集第11卷。

▽《日本必败》，系加拿大《埃德蒙顿》的英文报道，原载该报4月7日。全集第11卷。

4月7日（农历三初七，周四）

△ 台儿庄战役结束，此次战役历时13天，日军伤亡1万余人。

4月8日（农历三月初八，周五）

△ 陶行知中午12时10分离埃德蒙顿，下午3时到达Red Deer（雷德迪尔，加拿大艾伯塔省中部城市，为乳品加工及运输中心），下午9时在皇家咖啡厅演讲，有300人出席。会晤华侨抗日会邝庭、余和风、余文、马灼四位先生及余耀棠、马呈瑞、陈景山、马河、马本枢等近20人。

4月9日（农历三月初九，周六）

△ 陶行知在雷德迪尔会见市长E. S. Hogg及各界人士，了解500名华侨中有35人在此学习航空机械。

4月10日（农历三月初十，周日）

△ 陶行知抵达Calgary（卡尔加里，加拿大西南部艾伯塔省城市，人口8万，华侨1100人）。下午2时30分在大戏院、7—9时

在联合教堂、下午9时在华侨布道等处演讲，听众分别有1000人、400人、400—600人。

4月11日（农历三月十一日，周一）

△ 陶行知抵达Lacombe（拉科姆比，加拿大艾伯塔省中部的一个小城镇，人口约1200—1500人，华侨仅20人）。下午6时30分下榻Adolph Hotel，8时15分在Avion Theater演讲。小镇各方人士举行晚宴款待陶行知。《西游回忆录》九十五节：牧师诗，全集第10卷。

4月12日（农历三月十二日，周二）

△ 陶行知抵达Camrose（卡姆罗斯，加拿大艾伯塔省中部的一个城镇，位于省会埃德蒙顿东南96公里），镇上只有2200人。

4月13日（农历三月十三日，周三）

△ 陶行知翻越Rocky Mountains（落基山脉）去不列颠哥伦比亚省西南部城市温哥华途中。

▽ 《前途公园中所见》，全集第7卷。

[《衔备忘》第十九册，起自4月14日，止于5月21日]

4月14日（农历三月十四日，周四）

△ 陶行知抵达温哥华。下午5时在中华学校晤朱广炜，见胡适于二、三月题写其1908年写的《秋柳》诗：但见萧萧万叶催/尚余垂柳拂人来/西风莫笑长条弱/待向西风舞一回。只将第一行“萧飕”改为“萧萧”，第四行“也向”改为“待向”。第三行的“凭君漫说”于1916年改为“西风莫笑”，1929年将“柔条”改作“长条”。陶即写《秋柳答》。《西游回忆录》四节：胡适秋柳诗。7时在文强小学唱歌，8时在中华会馆演讲，晤育才学校教师伍善予、黄敬三、黄星南、黄孔阜、李乐天、朱硕存等人。还曾为加

拿大医疗援华委员会举行的演讲会演讲。用英文写了集锦十条，见全集第10卷。《西游回忆录》九十六节、九十七节：苏格兰与中国人之创造，笑话。

▽ 《秋柳答》，全集第7卷。

▽ 《War In China Sttuggle For Liberty Or Slavery》，系在加拿大温哥华加拿大医疗援华会的讲演会上的演讲。原载1938年4月20日《太阳报》，全集第6卷。附中译文：《中国的抗战是不自由就受奴役的斗争》，全集第6卷。《民族自由比生命更可贵》系前文的前段，载全集第11卷。

4月15日（农历三月十五日，周五）

△ 陶行知继续在温哥华活动。上午10时、下午8时教歌，下午2时在远东戏院、10时在致公堂演讲。

▽ 《过罗矶（基）山见三姊妹峰——致吴树琴》，署名水。全集第8卷。

4月16日（农历三月十六日，周六）

△ 陶行知周末去温哥华属的Cumberland。中午12时30分访唐人街，下午1时访晤致公堂，4时午餐。7时30分在Lo of Hall演讲，此处仅有华侨120人。

4月18日（农历三月十八日，周一）

△ 陶行知访问Nanaimo（纳奈莫，加拿大不列颠哥伦比亚省温哥华岛东岸港口城市，离温哥华64公里），该地人口4万多，华侨仅150—200人。1938年11月这里所组织的纠察运日废铁，是太平洋沿岸纠察废铁的第一次。陆璀1939年还来此访问，并成立了中国人民之友社。

▽ 《即将回国的计划——致陶晓光、陶城》写于加拿大的Cumberland（巴仑，温哥华岛附近的城镇）。告知：“这次本打

算由欧洲回国，但是加拿大工作未完，只好折回来把它完结。”“不久就回美国，再到爱尔兰演讲一个礼拜。如果可能，想到苏联和印度去一下，即行回国。”全集第8卷。

4月19日（农历三月十九日，周二）

△ 陶行知在温哥华。温哥华文强小学、育才学校、华侨学校、文华学校、中华学校、广智学校联合成立温哥华华侨歌咏团，以李乐天为主任，朱广炜为书记。

▽《游击十六字诀》，根据手稿编入全集第12卷。

4月20日—23日（农历三月二十日—二十三日，周三—周六）

△ 陶行知在加拿大Victoria（维多利亚，加拿大不列颠哥伦比亚省会）。

20日，上午10时与中国青年会晤。下午4时在Cloyle House，5时在洛夫特图书俱乐部及职业与商业妇女俱乐部与朋友晤谈，晚上在商会联盟会议及华侨集会上聚会。

21日，上午10时与华侨茶会，了解华侨献金情况。

22日，调查华人在不列颠哥伦比亚时经营农业概况。《西游回忆录》八十六节：中国农业公司B. C。

23日，访问谢荣光、谢荣进、谢荣发、谢荣业、谢荣汉、谢荣章六兄弟公司。加拿大华侨分布状况：温哥华5000人，维多利亚2500人，多伦多1000人，温尼伯500人，卡尔加里1000人，蒙特利尔不足2000人。

4月25日（农历三月二十五日，周一）

△ 陶行知24日抵达美国的Seattle。

△ 用英文记下美国对移民的五条规定：一、不再有新的移民；二、华侨在美国生下的男孩可回中国结婚，其子女可入美，妻子则不能；三、女孩回中国结婚其子女不能入美；四、第三代

不能入境；五、华侨生下的小孩成为美国人。写《唱救国之戏以救唱戏之国》。《西游回忆录》八十五节：Seattle中国领事唱戏。

▽《唱救国之戏　救唱戏之国》，全集第12卷。

4月27日（农历三月二十七日，周三）

△ 陶行知26日抵达美国俄勒冈州西北部的Portland。

4月28日—5月3日（农历三月二十八日至四月初四，周四—周二）

28日，下午6时许陶行知抵达旧金山（位于美国加利福尼亚州中部西海岸，市区东北角的“中国城”是美国华人最大的集散地）。旅美华侨统一义捐救国总会正副主席邝炳舜、何少汉和执监委员多人、洗衣工会临时主席黄恒、加州华工合作会代表李仲棠、蔡益、余达明、周敬、彭飞等人及旧金山抵制日货联合委员会的杨森等人，前往车站欢迎。

29日，在旧金山的卫星城市Oakland（奥克兰，与旧金山隔湾相望、有长13公里的桥相连接）访晤方君璞及其在梅岭学校办的国语班。陶行知在叱咤歌咏团和南侨学校歌咏团，教学生唱歌，并用广东方言学新文字。

30日，下午2时，陶行知在中华总会馆总董、洗衣工会临时主席黄恒和中华总商会总干事刘持陪同下参加华商展览场总公司奠基仪式。华商总公司副总经理邓祖荫主席，由主礼人黄礼霜女士致词并执铲动土。晚8时，陶行知与龙永增应加州华工合作会之请发表演说。《西游回忆录》八十八节：回到旧金山。

5月1日下午2时在旧金山华侨统一义捐救国屋仑分会报告伦敦世界和平大会之经过。晚8时参加旅美华侨统一义捐救国总会在天后庙街召开的露天宣传大会，演讲者在肇庆会馆骑楼对听众发言，设有扩音机广播全区，听众达2000人以上。与陶行知同时演讲的还有第五路军参议黄子秀。陶先拆字，拆“中”及“广”

两字。说明中国上层、中层、下层，老年、壮年、少年，左、右、中各派联合以广东精神抗日，日本帝国主义终必剖腹。接着朗诵了昨晚写的白话诗：《再到金山》、《飞行有感》、《中国所要的》、《张伯伦》、《好少爷》、《告华侨姑娘》、《万里大路》、《飞到日本去》、《帮胜不帮败》共9首。

2日，陶行知下午4时、6时15分及8时分别在梅岭学校、中华学校及中华会馆演讲。《少年中国晨报》发表陶行知以“水”署名的《杏花时节忆江南》。日本人冒充中国人，放了一只船来运碎铁。船名“广源”，挂中国旗。中国黄朝琴总领事上船调查，对日本船长说日本话，船长误认为日本领事，把秘密都泄漏了。黄领事先把“广源”没收并奉国民政府军事委员会命令征为国有，并将日人船长、大副、机械师免职，派赵子明担任新船长。

3日，原定参观广源轮。后因无时间作罢。下午黄朝琴总领事以及方君璞、杨启聪送陶行知离旧金山去洛杉矶。

△ 方振武旅美时所领导的国民抗日救国总会已成立二周年，分会遍美、加、墨各地，该会主席邝炳舜特假座杏花楼举行二周年聚餐会同时并欢送陶行知博士回国。邝、陶均发表演说。陶敬佩该会两年来的奋斗精神，建立了海外侨胞大联合之基础，并勉励大家本以往精神，积极奋斗，完成最后之胜利，他日在国内相见，共祝收复失地。

▽ 《再到金山》，全集第12卷。

▽ 《中国所要的》，全集第7卷。

▽ 《张伯伦》，全集第7卷。

▽ 《好少爷》，全集第7卷。

▽ 《告华侨姑娘》，全集第7卷。

▽ 《万里大路》，全集第12卷。

▽ 《飞到日本去》，全集第12卷。

▽ 《帮胜不帮败》，根据手稿编入全集第12卷。

▽ 《陶行知、陆璀鸣谢启事》，原载6月12日纽约先锋报，全

集第12卷。

▽《杏花时节忆江南》，全集第12卷。

▽《奴才也办教育》，以“水”署名刊载于美国旧金山《少年中国晨报》5月3日第8页。全集第12卷。

5月4日（农历四月初五，周三）

△ 陶行知抵达Los Augeles（洛杉矶，美国加利福尼亚州南部太平洋岸港口城市，西部工商业第一大城）。陶在5000人集会上发表演说，他向大会报告了世界各国运往日本的战略物资情况后说，日本在中国杀死100万人的时候，有54万4千人，是美国的军火帮助杀死的。在座国会议员Scott先生对大众说：“请大家记住日本在中国杀死100万人的时候，有54万4千人是美国帮凶而杀死的，凡不愿做帮凶的人请站起来！”全场一致站起，表示禁运决心。《西游回忆录》22节：洛杉矶唤起禁运。在Hollywood（好莱坞），即洛杉矶市一区电影城访问电影艺术协会、反纳粹同盟等单位。

▽《各国运往日本的战略物资统计》，系在洛杉矶5000人群众大会上演讲呼吁对日禁运的统计材料，全集第12卷。

5月5日（农历四月初六，周四）

△ 陶行知下午4时在中华学校演讲，8时参加华侨联合会主席何马绍主持的中华会议。

5月7日（农历四月初八，周六）

△ 陶行知去Pasadena（帕萨迪纳，美国加利福尼亚南部、洛杉矶东北郊）的住宅卫星城市（此面靠M. T. Wilson，风景美丽，是旅游休养胜地），拟参观威尔逊天文台。

5月9日（农历四月初十，周一）

△ 陶行知会晤洛杉矶美国援华会Minna Gorden小姐。因8日

母亲节有感写《笔伐平时教育》。

▽《笔伐平时教育——读某大学校长不知办战时教育有感》，在陶自拟的《出国纪事》中有题为：《发瘟，读某大学校长言论有感》。全集第7卷。

▽《也算孝子》，有两个不尽相同的手稿。全集第12卷。

5月10日—12日（农历四月十一日—十三日，周二—周四）

△陶行知10日下午晤朱善培并参观天文台后，两天三夜经犹他州首府Salt Lake City盐湖城，科罗拉多州首府Denver丹佛，到达Boulder Dam博尔德水坝。水坝在博尔多河上，属科罗拉多州中北部城市博尔德县。

▽《外交官树立新榜样——致陶晓光等》，告知："在加拿大的工作已于四月底结束，到金山住了一个礼拜，于五月四日到好莱坞。"全集第8卷。

▽《长白山前相见（一）》写于5月12日，这是为纪念纽约《先锋报》八周年纪念写的第一首诗。全集第12卷。

▽《长白山前相见（二）》。

▽《〈先锋〉八周年（一）》，这是陶行知在自洛杉矶去博尔德水坝旅途与黄、魏两同伴，按张曙谱曲，田汉作词的新安旅行团团歌填的词，沿途练唱，抵达博尔德时写成。后改题为《先锋八周年纪念歌》，与张曙的曲谱一齐刊登在1938年6月2日纽约《先锋报》第4页。歌词见全集第7卷。

▽《〈先锋〉八周年（二）》，全集第7卷。

▽《矛盾孙行者》，全集第7卷。

5月13日（农历四月十四日，周五）

△陶行知在自博尔德去芝加哥的火车上。陶行知用英文写了《在火车上，月儿圆了》。当晚写了两首诗。

▽《外交官树新榜样》，全集第12卷。

▽ 《Full Moon》，《月亮圆》的英译文。全集第6卷。

[《衔备忘》第二十册，起自5月22日，止于7月3日]

5月14日—22日（农历四月十五—二十三日，周六—周日）

△ 陶行知在芝加哥。20日侨胞胡松说代洗衣服坚不收钱，陶写诗送去。22日下午3时10分离开芝加哥去华盛顿，有梅友卓、朱善吾、吴扶汉三人在车站送行。

▽ 《洗衣侨胞的爱人——八磅姑娘》，全集第7卷。《西游回忆录》3节：洗衣工友。最有团结洗衣歌，八磅姑娘新安捐，请外国孩子做先生。

5月23日、24日（农历四月二十四、二十五日，周一、周二）

△ 陶行知抵达美国首都华盛顿。向中国大使馆，美国援华会等告别。与中国新闻处海伦·M.罗密斯，法兰克·W.毕莱士讨论中国问题。与铁路、公路独立工会、太平洋产联以及华盛顿美国国会图书馆《远东杂志》讨论对日禁运及美国绥靖主义问题。

▽ 《希望您八月底来香港——致吴树琴》，称吴树琴为“冰”，署名水。告知：“我大概8月底9月初一定可以到香港”。全集第8卷。

▽ 《现有一信乞代转交》，此处讲的信即前信。称树琴为同学，署名“李铭”，全集第8卷。

5月25日—6月15日（农历四月二十六日—五月十八日，周三、周三）

△ 陶行知最后在纽约。

5月26日

▽ 《衣联五周岁》，全集第7卷。

▽ 《衣联五周岁》（续），号召“团结一心争人权”，全集第

12卷。

5月30日

[美阵亡将士纪念日]

△ 陶行知为基督教女青年会、教会社团和和平运动作了三场讲演。用英文草拟讲演要点：一、第一次世界大战的教训。二、美国置身于战争之外。三、Fosdick等绥靖主义者任日本玩弄。会见日本反战作家鹿地亘、池田幸子及萱野夫人。

△ 陶行知用英文写下一则幽默：一位苏格兰人送给一位夫人一件礼物，他的朋友问他给夫人送什么，他回答："唇膏"。他的朋友称赞他慷慨大方。他说："我可以把它'收'回来"。

6月1日

△ 晚7时陶行知参加纽约华侨青年救国团演讲会，听上海出版的英文刊物《中国呼声》编辑演讲，教与会人士唱救亡歌曲。重抄《先锋八周年（一）》诗稿供纽约《先锋报》次日发表。

6月2日

△ 纽约十多个单位举行禁运大会，出席单位及负责人：

教会和平同盟Atkinson，国际共同行动委员会F. Back，Eichel berger，基督教女青年会Roclofs，美国青年大会Hinkly，战争原因与医治委员会Shain，犹太妇女理事会Miller，天主教和平协会Fen Wick，国际教育研究所Fisher，和平与民主联盟Forsegth，全国妇女联合会Long，防止战争全国理事会Libby，调停社团Sayre，妇女争取和平与自由国际联盟Detzer，绿色和平运动Newton，世界和平之路Mrs. Sterling Berger。

6月3日

△ 纽约卫理公会开会赞成抵制日货。基督教青年会工业部绝大多数人赞成抵制日货。陶行知与中国留学生讨论支持抵制日货（其中有施葆贞、余秀文、李信慧、朱美琳、陈一冰、周世正、赵望、郑通骘等人）。

6月4日

△ Boston（波士顿，美国东北部马萨诸塞州首府）20万人举行抵制日货的群众大会。有名人讲演，企业家捐款，教育改革联盟也发动儿童拒绝购买日本玩具，日人商店无人问津。Alis Parrow是华盛顿抵制日货的领袖。

6月6日

▽ 《你毕业后找事我没有忘记——致吴树琴》，署名：梧。全集第8卷。

6月7日

△ 陶行知去纽约市Staten Island，与纽约友人及有关单位在胡格恩斯特公园叙别。在叙别中获得三个重要信息：一、路易斯·艾黎在上海办工业合作协会，简称“工合”。二、保卫中国同盟成立于香港。三、宋庆龄任同盟主席，宋子文任会长，克拉克任秘书。参与聚会者有国会图书馆的冯家升、哥伦比亚大学王际真、哈佛大学的哈佛—燕京学社、芝加哥大学、耶鲁大学李云桂、加利弗利亚大学的沙芝培，衣联会、青年救国团各有代表50人，陈育全会长以及华工中心、商报、纽约公报、民气报、先锋报、华侨学校等单位的代表。

▽ 《衣联歌初稿》，全集第7卷。

6月10日

△ 陶行知谴责日本在广州轰炸平民。美国提出“不参加侵略行为的口号”。与盖洛普民意测验研究所搞民意测验：“假如日本不停止轰炸平民，你还赞成美国向日本提供石油吗？”

6月11日

△ 陶行知晤安娜·路易斯·斯特朗，斯特朗介绍苏联情况。一、工人俱乐部，二、莫斯科贸易联盟，三、公园，四、集体农庄。后访问纽约医学院。

6月12日

△ 陶行知下午1时在华侨学校参加致公堂茶会，向纽约侨界各团体辞行。向华侨学粤语。

13日

△ 陶行知与中国塔楼华人和先锋报话别。访晤苏联的戴维斯和里斯威尔、刘复以及苏格兰朋友金、西班牙的文森斯、纳尔金，西班牙中国纵队的林济时、张纪等。

14日

△ 陶行知与陈翰笙夫妇、胡适、陆璀等告别。制定推销《鲁迅全集》计划。

15日

△ 陶行知离纽约。送行者有：吕超然、陈翰笙、赵建生、陈其瑗、黄、梅友启、张钟元、戚葆三、李孤鸿、陆璀、Hara Matsui、Esther Carrll、Loeb、Montice、Ruth Ruben、Rogers、Jene Stanley、Grace、Mon Granich、Solomon、Goold。乘Aguitaine号船离美。

▽ 《百分之五十四点五》，临别演讲，全集第11卷。

16日

△ 国民党中央常务委员会决定7月1日召集国民参政会，发表参政员200人名单。胡适、陶行知及中国共产党毛泽东、林祖涵、博古、王明、邓颖超、董必武均在其内。并以汪精卫、张伯苓为正副议长。

6月18日（农历五月二十一日，周六）

△ 陶行知会晤同船客人。与捷克的Shaddeus Mastik研究有关捷克历史的问题：一、捷克有1200年反对侵略的历史。捷克西部历史地区，Bohemia（波希米亚）早在公元5世纪时定居于此，以后不断为异族统治。直到1918年捷克斯洛伐克独立。二、Sudetenland，北波希米亚和摩纳维亚的一部分，第一次世界大战结束时作为特区并入捷克斯洛伐克，居民以德国人为主，后来成为德、捷争端的主要根源。三、第一次世界大战时有75万波希米亚士兵到奥地利敌占区，第二次世界大战开始时，即1938年5月

21日，德军对捷克要有所动作。有50万士兵在6小时内动员起来保卫苏台德区，德国人发现波希米亚士兵在战壕里，德飞机视察以后，知道捷克决不易欺，才顺风转了舵。四、30年代中期，由Konrad Henlein（康拉德·汉伦）领导的德意志党，利用当地失业工人的不满情绪和捷克官吏在当地推行的民族歧视政策，在1935年5月议会选举中，获得选票参加议会，后与纳粹分子配合，以苏台德归并德国为主要目标加剧活动。直到1937年捷克政府同意汉伦的全部要求，其后导致1938年10月10日该地区割让给德国。苏台德区社会主义者的这次斗争引起了陶行知的特别关注。在海轮上还参加了“洪水与战争形势讨论会”。在海轮三等舱里还有200位捷克人（包括索科、尔玛斯蒂克）、150位南斯拉夫人、100位匈牙利人，还有大西洋的朋友们。这200余留美捷克青年，是去捷克参加由1862年开始举行的“斯考尔”运动会。这200人在船上过有组织的团体生活，管理得很好，并对同船人进行国民外交，替捷克作宣传。他们携带有建设影片，放映给大家看。他们派玛斯蒂克与陶行知恳谈。

6月21日—25日（农历五月二十四至二十八日，周二—周六）

△ 陶行知在英国伦敦访友，去外国使馆办出入境手续，拟定访问计划和日程。

21日

△ 陶行知丧偶，陆晶清戏拟择母标准。陶记在笔记本上并以陆晶清丈夫王礼锡的口气戏拟诗作答。择母标准：一、思想不反动，二、荣华富贵不恋，三、不可贪生怕死，四、最低限度30岁，最高限度45岁［陶当时年45岁，后将此删改为“合法年龄，双方同意”］，五、洋味不可太浓。拟诗四句：小陆称陶父/称小鹿为姐/则您为老丈/而我为婿也。小陆指陆璀，小鹿指陆晶清，“我”即王礼锡。陆晶清，女作家，1930年在日本参加神州国光社，与编辑部主任王礼锡结婚并合编《读书杂志》，时与王礼锡

同在全英援华会工作。

25日

△ 与李信慧一同拜谒伦敦北郊Highgate Cemetery海格特公墓。Highgate为英国伦敦北部一住宅区，跨卡姆登、伊斯灵顿和哈林盖三个自治市。当地曾居住过许多名人，他们的故居上各饰有一块蓝色铭牌，所在村庄受到认真的保护。海格特公墓就在Samuel Daniel（英国诗人丹尼尔）故居的隔壁，与马克思一家同在海格特公墓里还有Herbert Spencer（赫伯特·斯宾塞，1820—1903，英国社会学家、哲学家），墓号33292；Michael Faraday（法拉第，1791—1867，英国物理学家和化学家）；Earl Strathcona［陶行知可能把两个人的名字混在一起了，一个是Earl Strafford，斯特拉福德伯爵第一，1593—1641，另一个是Baron Strathcona，斯特拉恩科纳男爵第一，1820—1914。前一个是英格兰国王查理一世的主要顾问之一，1641年他曾提议利用爱尔兰军队镇压英格兰的反国王分子，5月在大批欢腾的群众面前走上断头台。后一个是加拿大毛皮商、金融家和政治家，1896年任加拿大驻伦敦高级专员，在伦敦被封为爵士并列为贵族。疑为前一个。］等人。陶行知在《衔备忘》中对马克思墓记之甚详并绘图说明。一是有HT用石块围成的墓，一木牌上写着：Jenny Von Westphalen 1814—1881；Karl Max 1818—1883；Harry Longuet 1883年去世；Helena Demuth，1890年去世。二是马克思墓长11×5寸=5尺5寸，宽4×5寸=2尺。三是墓前有七种花，有三种是墓前的树上长的，另有四种是吊唁者送来的鲜花。

晚8时10分离开伦敦维多利亚车站，经过英国的New Haven和法国的Ditppe，于次晨抵巴黎。

6月26日（农历五月二十九日，周日）

△ 陶行知晨5时30分抵巴黎。参加下午2时30分举行的全欧抗日联合执委会。参加的还有雷子声、何肇绪、王海镜、陈泉利

等。偶遇任光、曾宪猷。闻王庆元被诬入狱，托任、曾捐款慰问。筹划去意大利的日程。晚8时25分离开巴黎。

6月27日（农历五月三十日，周一）

△ 陶行知晨5时抵达Aix-les-Bains（艾克斯莱班，法国东部萨瓦省城市，位于日内瓦西南临布尔日湖，冬夏旅游胜地）。陶称“湖光山色——美极”。7时45分到Madan（马当），9时30分到Bardonecchia，11时30分到Torin（都灵，意大利西北部皮埃蒙特区首府，意大利的汽车城）。2时30分到Genova（热那亚，意大利最大的商港，地中海沿岸仅次于马赛的第二大港，这是哥伦布的家乡）。次日凌晨到达罗马。

6月28日、29日（农历六月初一、初二，周二、周三）

△ 陶行知0时20分到达罗马。这是意大利首都和历史名城。陶在巴黎拟定到罗马参观：Tapee Rock（踢踏摇滚乐），Facist Exhibition（法西斯蒂展览馆）、Vatican（梵蒂岗）、人骨宫、Naples Vesavius（那不勒斯维苏威火山）。28日会晤罗马抗日会，了解华侨只有几百人，留学生七八人。参观圣彼得大教堂、罗马自然历史博物馆和人骨宫。圣彼得大教堂119米高，有48根柱子。人骨宫搜集有400人骨。29日晨在罗马看日出，午后到Firenze（佛罗伦萨，意大利中部城市，托斯卡纳区首府，欧洲文艺复兴运动的发祥地，多中世纪建筑艺术），在S. Laeugo陪同下参观Tomba dei Medici（梅迪契墓，梅迪契家族成员的石棺墓。梅迪契家族从13世纪—18世纪一直统治着佛罗伦萨。此墓在梅迪契礼拜堂内，由米开朗琪罗受枢机主教朱利俄·德·梅迪契之聘建造于1520—1534年）。参观Bertesa Monastary（隐修院）和Galileo（伽利略，1564—1642，意大利数学家、天文学家、物理学家，对现代科学的发展作出了重大贡献。1983年，罗马教廷正式承认350年前宗教裁判所对伽利略的审判是错误的）故居。《西游回忆

录》12节：马可·波罗之家乡；13节：伽利略之家；14节：墨索里尼之四张地图。从罗马到佛罗伦萨乘车39小时半，停留4小时，又乘车6小时去Venice（威尼斯，意大利威尼斯省省会，世界上独特的水上城市），晚，陶在Marco Polo（马可·波罗，约1254—1354，意大利杰出的旅行家，所著《马可·波罗游记》对沟通中西方文化有重大影响）的家乡乘船游览。在威尼斯停留4小时，又乘火车去维也纳。

6月30日（农历六月初三，周四）

△ 陶行知在从意大利到捷克的火车上，早晨出意大利的Tavisio，入奥地利Tafik。在奥地利首都Vienna（维也纳）。停留4小时。晚9时，在Salsburg花栏杆饮茶、吃晚饭。

▽《从意大利到捷克——致吴树琴》，署名：梧。全集第8卷。

7月1日（农历六月初四，周五）

△ 陶行知抵达捷克斯洛伐克首都Prague（布拉格）。到波兰领事馆办护照，观察捷克人的生活方式：行人交通，理发，造桥，戏院烧了民众捐钱三月修复，以及啤酒、服装等等。晚11时44分离布拉格，梁云松公使送行。陶亲眼看见参加“斯考尔”运动会的若干青年在运动场中的整齐动作，觉得捷克到处都有组织的生活，和在Aguitaine船上看到的一样。

7月2日—11日（农历六月初五—十四日，周六—周一）

△ 陶行知在德国柏林，先住Hollsteia，3日迁往公寓。

3日

△ 访问德国中国学生会，晤李蔚谭博士。制定了13项活动日程。

[《衔备忘》第二十一册，起自7月5日，止于7月26日]

5日

△ 参观Pergamum Museum（佩加蒙博物馆）。参观藏于馆内的Pergamum altar（帕加马遗迹祭坛）。是佩加蒙（今土耳其的贝尔加马，以手织地毯运用酸性染红方法使毯面犹如浮雕著名）卫城中的希腊时期的宙斯祭坛，公元前180—前160年间修建。制定行程，是否去瑞典、挪威、丹麦要问该国政府。准备去匈牙利、南斯拉夫和保加利亚。

6日

△ 遇陕西的屈武和杨觉天。［屈武，1898~1992，陕西渭南人，字经文，五四运动时陕西学生联合会会长。先后毕业于莫斯科中山大学、陆军大学。曾任陕西省建设厅厅长，南京国民政府和谈代表团顾问。解放后任民革中央主席、名誉主席、全国政协副主席等职。］四川的邱仲明和江梁，并与江梁讨论德国经济问题。国民参政会在汉口开幕陶行知未及赴会。

7日

七七抗战一周年

△ 驻德使馆下午4时举行纪念会，陶行知发表演说。遇见很多华侨和留学生。冯玉祥之女冯理治正在高等理工学院学习。到会200人。

▽ 《抗战一周年纪念讲演提纲》，全集12卷。

8日

△ 陶行知参观海德堡大学（University of Heidelberg）。大学位于德国巴登—符腾堡州，创立于1386年，是德国最古老的大学，该校地质古生物研究所于1907年发现一块距今约40万年的古人类腭骨化石。陶了解该校学者艾鲁斯特·克里格、阿尔弗烈德·贝姆勒和爱德华·格伦杰开设的课程：《教育哲学》、《人类的形

成》、《国民政治》、《人类学》、《民族政治教育》、《文化哲学》、《生存空间》、《教育机关》等。其中《生存空间》往往是德、日法西斯借口进行战争的理论根据。

9日

△ 陶行知在柏林会见李述礼、程其襄、程齐溟、赵锡霖、曹修懋、王灵根、方达功、孙振先、吴模、戴鸣钟、马耸云等。去波茨坦参观。

10日

△ 陶行知参观波茨坦（Potsdam，德国中部城市，在柏林西南）的桑苏西宫（又名无愁宫）。参观University of Berlin（柏林大学），原为柏林洪堡大学，是德最大的学府，1830—1831年黑格尔曾任大学校长，马克思是他的学生。了解大学、中学学制及收费状况。

11日

△ 冯理治帮助办理护照事宜，晚上留学生孙振先送陶上火车。

7月12日（农历六月十五日，周二）

△ 陶行知乘火车经Aachen（亚琛，德国北莱茵—威斯特法伦州城市，与比利时、荷兰接壤）入比利时经Liege（列日，比利时列日省省会）、布鲁塞尔再入法境，于夜23时21分到达巴黎；有周竹安来接。[周竹安，1891—1977，早年加入中国共产党，时在法国Nord。解放后曾任外交部机要处处长，中国驻保加利亚大使。]

7月13日（农历六月十六日，周三）

△ 顾维钧致书陶行知，去西班牙事还得等三四天。访晤中国驻捷克公使梁云松和印度友人Meherall（当时住伦敦贝尔锡兹大街8号，他后来负责安排陶行知去印度与甘地见面）。会晤世界学联和中法人民之友社的有关人士。会晤留学生邱永盛、王振

纲、刘树镜、向达、汤象龙等。

7月15日（农历六月十八日，周五）

△ 陶行知记下了报纸新闻：国际义勇军中国支队在西班牙的布鲁纳特（Brunete）之战，1937年7月林济时大破佛朗哥，8日，奎因托腿部受伤，13架飞机轰炸瓦伦西亚（Valencia），张纪幸免。《西游回忆录》四十五节：西班牙国际义勇军之中国战士。

7月16日（农历六月十九日，周六）

△ 陶行知访问参战华工联合会、亚西华工总会、旅法华工联合会，下午3时参加执行会工会召开的抵制日货会。朱学范、张纪、李信慧、王海镜等主持（朱学范出生于1905年，为国际劳工局理事）。又讨论营救努力救国而被拘留及驱逐的王庆元及陈曙光，根据雷子声的提议成立营救王庆元委员会，并捐款慰问入狱人。

▽ 《请写信找吴涵真先生帮忙——致吴树琴》，全集第8卷。

7月17日（农历六月二十日，周日）

△ 雷子声、陈汝舟、曾宪猷、李信慧送陶行知上去维也纳的火车。

▽ 《寄树琴》，原题《给冰冰》，陶吴相识三周年纪念，全集第7卷。

7月18日（农历六月二十一日，周一）

△ 陶行知晚上9时半抵达维也纳。夜继续前往匈牙利。

7月19日（农历六月二十二日，周二）

△ 陶行知上午11时05分抵达匈牙利的Badopest（布达佩斯，匈牙利的首都和经济文化中心，跨多瑙河中游两岸，左岸布达，

右岸佩斯）。陶行知特别记下了："Stepher I，977—1038，匈牙利第一位国王"，1000年圣诞节即位，受洗礼成为基督教徒，从而加入欧洲基督教大家庭。"700万人民对意大利友好。匈牙利总理去见Dace，摄政下月去见老希。"［Dace，意大利语，对墨索里尼称呼领袖；摄政王曾去拜谒 Benito Mussolini 1883—1945，下月又去见"希"，指Adoff Hitler, 1889—1945］

7月20日（农历六月二十三日，周三）

△ 陶行知上午11时乘飞机离布达佩斯去（Atyens）雅典——希腊共和国首都，西方文明的摇篮。从中东西行，为第一座欧洲城市，从欧洲东行，则为第一座东方城市。中午12时45分，下午2时30分曾在南斯拉夫首都Belgrade（贝尔格莱德）和保加利亚首都Sofia（索非亚）停留，晚7时到雅典。连夜赶往Acropolis（雅典卫城）、Zeus Temple（宙斯神庙）和Socrates Prison（苏格拉底监狱），均关门。［苏格拉底，约公元前470—前399，古希腊三大哲人中的第一位。］夜宿大不列颠饭店502号，半夜有蚊子，想起了Theodoric 狄奥多狄克，他任圣菲纳枢机主教时，曾被选做教皇，后被另一派教皇囚禁，1102年死于某隐修院。

7月21日（农历六月二十四日，周四）

△ 陶行知早上8时半去雅典卫城摄影。这是古希腊城邦兼有防卫性质的中心地区。雅典卫城是最著名的卫城，位于陡峭的山冈上，建于公元前5世纪中叶。建筑物有：卫城山门；帕提农神庙，是此城守护神Athena（雅典娜）女神的住所和提洛同盟的金库；厄瑞先提翁神庙；雅典娜胜利神庙，是居住在雅典的多利斯人与爱奥利亚人共同创造的建筑艺术的结晶。9时1刻，又去访问苏格拉底狱。陶记下："狱在松柏园中，三间，靠右边一间为苏牢，里面分两室：一外室，不正之长方形，二内室，锥，圆径五步，高丈左右，门如下图［图见《衙备忘》21—046页］。"陶在

石牢中坐了五分钟。《西游回忆录》三十三节：苏墓巡礼。陶行知在匈牙利决定坐飞机是为了赶得上苏伊士运河之回国轮船。在雅典计算旅费，只有坐四等舱才能回国。12时上罗马利亚公司之Reg Cural船，船票合5美元，另出2元和水手买座位。下午在船上学希腊字母和Hindustani印度斯坦语28页。印度斯坦语包括两种文学语言，一是受梵语强烈影响的印地语，一是词语波斯化的乌尔都语。印地语现已成为印度官方语言，乌尔都语则已成为巴基斯坦官方语言。结识同船旅客72岁的Serok，陶记下："Serok之父到过中国。现在带儿子从捷克游苏联、希腊，到贝鲁特、大马士革，再由埃及回来。晚上谈得很久，学问很广博，告诉我犹太人的来历：一、阿拉伯游族；二、到埃及被迫造金字塔；三、摩西领他们到巴勒斯坦；四、罗马征服巴勒斯坦后四散。现在阿、犹之争，可说是亲戚之争。"

▽《坐苏格拉底石牢》，全集第7卷。除苏牢外，陶还记下了希腊的十三项古迹（用英文）。见《衙备忘》21—082、083。

7月23日（农历六月二十六日，周六）

△ 陶行知已经读了两册印度斯坦语的课本。早8时船到Beirut（《衙备忘》21—056页上误笔"Beratn"。贝鲁特，黎巴嫩的首都，地中海东岸最大海港），规定三等舱、四等舱人不能上岸，陶因而失去登岸权利。

▽《到Beirut》，全集第7卷。

▽《敌机袭击汉口，陈柱天先生殉国》，全集第11卷，根据手稿排印。《衙备忘》21—056上有初稿，无题，诗句多三行，也不相同。

7月24日（农历六月二十七日，周日）

△ 陶行知晨6时船抵以色列北部工业、交通中心和主要海港Haifa（海法）。7时登岸，买三等火车票去开罗。在车上学习阿拉

伯语。叙利亚人Azzam介绍叙利亚、黎巴嫩、巴勒斯坦、约旦及伊拉克简况。下午5时半抵苏伊士河东岸Kataran（坎塔腊），乘Lisbon（里斯本丸）通过运河，晚11时抵达Cairo（开罗，埃及首都非洲第一大城）。

▽《过Palestine》，巴勒斯坦，西亚地区，地处欧、亚、非三洲交界处；面临地中海。（全集第7卷）23日晚，火车桥被炸，因而写诗。据陶在《衔备忘》记载：巴勒斯坦100万阿拉伯人，50万犹太人。1917年11月2日英国外交大臣Balfour（贝尔福，1848—1930）在犹太复国主义流亡者C. 魏茨曼和N. 索科洛的敦促下，写了一封包括《Balfour Declaration》（贝尔福宣言）在内的信件给英国犹太人领袖罗斯柴尔德，宣言保证英国援助犹太复国主义者在巴勒斯坦为世界各地的犹太人建立家园，推动了建立以色列国的运动。陶是用英文记下来的。第一次世界大战后，巴勒斯坦成为国联托管地，由英国管辖。1947年11月29日联合国大会通过决议，规定分别建立阿拉伯国和犹太国。1948年5月14日以色列国建立。巴勒斯坦国正在建立中。陶在另一诗里曾表达了要他们“联合起来干”。

7月25日（农历六月二十八日，周一）

△陶行知在开罗会见中国领事邱祖铭和纳忠（纳子嘉，云南昆明人）。纳忠抄录穆罕默德三条语录相赠：一、学问虽远在中国，亦应往求之。二、求学对于回教之男女是天命。三、学者之墨汁贵于战士之鲜血。陶又会见Al-Azhar University学生粟宗松、定中明、沙儒成［沙国珍，埃及华侨战区灾民救济会会长、中国留埃学生部部长，曾与上海伊斯兰师范学校校长达浦生合著《关于中国战争告世界回教同盟》］、庞士谦等人。28个同学（老同学12人，新同学16人）中有马坚（1906—1978），字子实，云南蒙自人。长期在北京大学任教授，译有《古兰经》，著有《回教哲学史》、《回教教育史》等译著。这些学生分居广东、江苏、山

东、山西、察哈尔、河南、北京、河北、四川、云南、甘肃，尤以新疆为多。参观爱资哈尔大学，这是世界上最古老的大学之一，建于公元970年，正式开办于988年，是伊斯兰教和阿拉伯语学习中心。设在开罗中世纪同名的伊斯兰教寺院附近。陶了解到中国有伊斯兰教徒5000万，清真寺48000个。

7月26日（农历六月二十九日，周二）

△ 陶行知参观埃及古代历史博物馆Egyptian Museum。博物馆1858年创建于布拉克，先后迁至吉萨和开罗。它在介绍整个埃及文化，特别是在介绍法老时期和希腊、罗马的古物方面是无与伦比的，有10万件以上藏品。陶了解世界伊斯兰教的人数。见《衔备忘》21—077、078页。

▽ 《回教学生唱进行曲》，指埃及中国留学生唱《义勇军进行曲》，首载香港9月9日《立报》第三版，题为《书赠八一三歌咏团》。全集第7卷。

[《衔备忘》第二十二册，起自7月27日，止于8月10日]

7月27日—8月5日（农历七月初一——七月初十）

27日

△ 陶行知在Suez（苏伊士，埃及港市，苏伊士省省府，在苏伊士运河南岸）。下午2时出Hotel Misr（米斯尔旅馆），4时上Sis. Aramis（阿拉米斯）号邮船，住320号房间。同船有中国同学40余人。林伯雅、杨德翘（安徽王河人）、王元照、屈武（陕西人，即在柏林相遇的屈武）、黄开禄、孔充、林权英、谭少海、王象复（7月5日在柏林相见过，晓庄学生操震球的朋友，陶在晓庄也见过）、王云明、李蔚唐、王垂梓、李平、王孟有。还有越南的戴文龙、阮福声同船。

▽ 《Arrangement For Trip To India Acknowledged——To

Mr.Meheralli》(《函谢为访印作安排——致谟罕拉里》),全集第6卷。

▽ 《Thanks For "Introducing Me To Your People" Expressed——To Mr.Meheralli》(《为介绍本人给印度人民表示感谢——致谟罕拉里》),全集第6卷。

▽ 《Gandhiji Informed of Arranged Visit to India——to Mr Gandhi》(《将从新印度学习到首要的一课——致甘地》),全集第6卷。

▽ 《"Anticipating The Joy of Seeing You Again" ——To Dr. Tagore》(《函告将到印度拜会——致泰戈尔》),全集第6卷。

▽ 《Pres. Bose Informed Of Visit to India——To Pres. Chandra Bose》(《希望当面领教——致博斯》),全集第6卷。

▽ 《Wish To Understand Most Important Work In Iindia——To Dr.Bannerji》(《希望了解新印度——致巴姆勒基》),全集第6卷。

▽ 《Object Of Visiting India "Is To Learn" ——To Mr. Sinha And Mr Brakash"》(《访印目的在于学习——致辛哈和布拉卡舒》)。全集第6卷。

▽ 《过苏伊士》,全集第7卷。

28日

△ 陶行知在Aramis船上组织唱歌团,定每天下午4时半练习一小时。

29日

△ 陶行知乘坐的Aramis船驶入红海。陶组织并参加船上的医药急救班,由李蔚唐指导。

31日

▽ 《敬告犹太和阿拉伯两大民族》,全集第7卷。

8月3日

▽ 《锡兰下船别同船诸友》,全集第7卷。

8月5日

△ Aramis船抵斯里兰卡首都Colombo（科伦坡），世界著名的人工海港。

▽ 《送给冰冰的诗——致树琴》。全集第7卷。后附《给冰冰》诗。诗是7月17日写的，“冰冰”即吴树琴。

8月6日（农历七月十一日，周六）

△ 陶行知住科伦坡维多利亚饭店。遇海外贸易公司的黄伯长大力士。斯里兰卡有550万人口，佛教徒占300万，华侨400人，山东占350人。

▽ 《赠黄伯长大力士》，全集第7卷。

▽ 《将要经过新加坡——致新加坡青年励志社》，全集第8卷。

8月7日（农历七月十二日，周日）

△ 陶行知参观印度、斯里兰卡边界（Froutiers）。斯里兰卡边境港口为Talaimannar（塔莱曼纳尔），印度边境港口为Dhanushkody（特努什戈迪）。边境之间隔有保克海峡，南侧有一系列浅滩，上有亚当桥。

8月8日（农历七月十三日，周一）

△ 陶行知去印度的Madras（马德拉斯，印度东南部城市，泰米尔纳德邦首府）。著名建筑有7大寺庙，有马德拉斯博物馆和马德拉斯大学。

[《衔备忘》第二十三册，起自8月10日，止于8月31日]

8月10日（农历七月十五日，周三）

△ 陶行知抵达Calcutta（加尔各答，印度东部最大城市和主

要港口）。全印有华侨10000人，加尔各答有5000人。有中文报纸《印度报》，有6所华侨学校。陶读《印度12种语言》书，访加尔各答中国领事冯执正，9时30分访印度第51届议会议长Sabhas Chandra Bose。陶7月27日曾致信于他。《西游回忆录》四十九节：波士之会见。会晤甘地的秘书Mahader Desai（马哈德·德赛）。

8月11日（农历七月十六日，周四）

△ 陶行知从加尔各答到Bolpar（博尔普尔）。访Rabindranath Tagore（泰戈尔1861—1941），印度孟加拉语诗人，1913年获诺贝尔奖，1901年在博尔普尔附近的和平村创办了一所学校，1924年创立了“国际大学”。他还是一位天才作曲家，曾为几百篇诗谱曲。陶7月27日有信致泰戈尔，回顾近20年前在北京的会晤。这次会见谈一小时，听孟加拉音乐，饮茶。在座的还有泰戈尔博士的父亲、他的儿子及孙子。《西游回忆录》四十七节：泰戈尔会见。Y. 钟先生介绍：Akbar Shak（阿克巴沙珂，1542—1605），印度莫卧尔王朝最伟大的皇帝。将疆域从阿富汗推进到孟加拉湾，向南则推进到古吉拉特和德干北部。Epics：Mahabharata史诗《摩诃婆罗多》，印度两大叙事诗之一，另一部为《罗摩衍那》。既有很高的文学价值，又有深刻的宗教寓意。以约公元前1400至公元前1000年之间的史实为根据，可能在公元400年已定形。陶记约500年前写成。从加尔各答到博尔普尔，车站通告用四种文字说明：英文、孟加拉文、印地文及乌尔都文。《西游回忆录》五十节：印度火车上之告白。

8月12日（农历七月十七日，周五）

△ 陶行知在加尔各答晤伊斯兰教领袖之一的Abdar Rahman Siddigi（阿卜杜尔·拉赫曼·西迪奎）。中国留埃学生部部长沙国珍当时也住在他家里。印度教主是Svami vivekananda（维韦卡南达，1863—1902），法号“辨喜”（即斯哇密·维韦卡南达的意

译，印度哲学家、印度教改革家。1893年，代表印度教参加芝加哥世界宗教会议。曾顺道访问过中国广州。此后曾在美国和英国讲学，劝人参加吠檀多运动。1897年回到印度参加创办罗摩克利希纳传教会。）在加尔各答印度博物馆Mahamdar（玛加达尔）先生和考古学家Harit krishna Deb陪同和指导参观Bharhut（帕鲁德）。印度中央邦Satna（瑟德纳县）的村落，在安拉哈巴德西南190公里处。以1873年发现佛教Stupa（窣堵波，即佛塔）而闻名。这座佛塔为约公元前250年遗物，用砖砌成。公元前2世纪增筑，约公元1世纪前添加4个雕刻精美的石刻。Hooghly River（印度西孟加拉邦河流，为恒河支流和加尔各答通海航道）畔的Kaniska（迦赋色迦活动时期1世纪，贵霜王朝最伟大的国王）国王雕像。

陶行知了解印度学生运动、工运及农运状况。印度各界在加尔各答开欢迎会，参加会议的有学生、工人、农民代表及全印国民大会领袖，由印度议会议长博斯主持并致欢迎词，陶行知在会上发表演说。演说词刊登于1938年8月13日《马德拉斯邮报》上。这次集会也是为了纪念上海抗战一周年。沙国珍与Ganguly先生送陶行知到Wardha沃尔塔（译“瓦尔达”，印度玛哈拉斯特拉东南部城市，沃尔塔平原中心）火车站。

8月13日（农历七月十八日，周六）

△ 陶行知参观Amaravati（阿默拉沃蒂，印度安德拉邦贡土尔县市镇。古代为佛教中心。以阿默拉沃蒂博物馆收藏的浮雕著称。阿默拉沃蒂大塔，约建于公元前2世纪，是印度佛教地区最大的一个塔，直径50米，高约30米。但大部分已毁坏，残存的叙事体浮雕和饰板名之曰Hill of lights，保存在马德拉斯政府博物馆和不列颠博物馆）。参观本生经雕刻：Sibi、Chaddenlhe、Vessantara、Sasa四种Jatake。各有一个有关释迦牟尼在世事迹的通俗故事，陶均用英文略记于《衔备忘》23—029、030上。

陶行知到达Wardha沃尔塔，印度马哈拉施特拉邦东南部城市，是Nagpur那格普尔的卫星城。住议会司库Bajaj（巴加）寓所。晤全印度教育部秘书E.W.Aryanayakam谈印度教育概况并介绍陶认识科伦坡教育部副部长W.D.Watson。《西游回忆录》五十一节：如日方升之印度。

陶行知又去Bihar（比哈尔），印度东北部一个邦，北接尼泊尔，东界西孟加拉，南邻奥里萨邦，西与北方邦和中央邦接壤。下辖巴特耶、格雅、拉吉尔、蒙吉尔、帕戈尔布尔和沙哈普尔诸县。在Ambikakanla Sinha的Kapilvaslu（阿毕卡康拉辛哈的卡皮尔威斯罗，位于印度与尼泊尔接壤的边境地区，Lambini兰毗尼，今尼泊尔南部边境，即佛陀的诞生地）了解释迦牟尼诞生的地方。佛陀出生于释迦族王国，"牟尼"Mnni即苦行者之意，故又号"释迦牟尼"。佛陀意为"觉悟者"，原姓Gantam（乔答摩），名悉达多。据说摩耶夫人站立兰毗尼园，手攀娑罗树枝生释迦牟尼。陶行知到Rajgir（拉杰吉尔）参观温泉。这里曾是佛陀说法和居住的地方，公元前543年在当地七叶窟举行佛教第一次结集，将佛教教义记录于此。陶又到Sarnath（萨尔纳特）参观Mal Ganaha Kati Vihar（威海尔佛塔）。萨尔纳特为印度瓦纳拉西以北的考古遗址。相传为释迦牟尼第一次布教处，即公元前528年，乔答摩年35岁成道后数周，他在这里宣讲他成道时领悟的法，特别是最重要的缘起法。此为佛陀首次说法，称为"初转法轮"，后人题名为"转法轮经"，离拉杰吉尔8公里，还有Nalanda（那烂陀），印度比哈尔邦巴特拉县的拉杰吉尔以北，中国的求法僧玄奘曾在那里居住。那烂陀村是5—12世纪的著名佛寺遗址，设有研究巴利语文学和佛教哲学的研究院。

8月14日（农历七月十九日，周日）

△ 陶行知下午1时3刻从沃尔塔宾馆出发，下午2时25分到达Shegaon谢冈访问印度圣雄甘地（Mahandas karamehand Gandhi，1869—1948）。甘地是印度民族运动领袖、20世纪非暴力主义倡

导者，他曾主张对敌人斗争而不使用武力的“坚持真理”法。1919年甘地决心要印度脱离英国统治，宣布实行“坚持真理”斗争。1934年他专心致志于他的“建设计划”，教育占人口85%的印度农民，提倡手工纺织及其他家庭手工业，改革教育制度。他是20世纪三大重要革命（即反殖民主义，反种族歧视，非暴力主义）的促进者。

陶对甘地的访问作了如下记载：“女子：在纺纱。三间茅屋（外廊），土壁、蒲草垫。谈话2时40分—3时40分，3时40分—4时45分。Desai报告，因为血压高，甘地笔签，笔谈耳听，左手写。按1天1小时纺线时间计算，10天能纺1码线。全部五座房子（二十余间）一牛棚（二十余头牛）。我们席地而坐。谢冈全部都是巴加的财产，拨给甘地用。《西游回忆录》四十八节：甘地之会见。

8月15日（农历七月二十日，周一）

△ 陶行知返回马德拉斯。

8月16日（农历七月二十一日，周二）

△ 陶行知参观Madras Museum马德拉斯博物馆。详细了解阿默拉沃蒂石刻的内容，叙述乔答摩王子离家、领悟、布道、圆寂（Pari-Nirvana）的过程。乘二等火车去斯里兰卡。

8月17日（农历七月二十二日，周三）

△ 陶行知在由印度去斯里兰卡的火车上。读8月16日《Indian Express》，发现最长之名字：Sara vanamuthuku-maras wami nadar，共29个字母，此人为在马德拉斯被捕的反印运动三人之一。统计自离香港两年以来的行迹：5次进英国，7次进美国，6次进法国，3次进比国，4次进加拿大，3次进斯里兰卡，2次进埃及，2次进印度，2次进新加坡，其余墨西哥、爱尔兰、捷克、荷兰、瑞士、奥地利、匈牙利、保加利亚、南斯拉夫、希腊、巴勒斯坦、黎巴

嫩、吉布提、爱登、越南、柔佛、意大利均进一次。共26个国家和地区。

8月18日—20日（农历七月二十三—二十五，周四—周六）

18日

△ 陶行知晨8时抵达科伦坡，仍住维多利亚大饭店。华侨公会400人开欢迎会，由华侨公会副主席马泽民主持。陶行知发表演说。欢迎会中有300人系山东人，湖北20人，浙江10人。与会者还有山东人马龙飞领导的伊斯兰教学会。斯里兰卡人中泰米尔人多同情中国，僧迦罗（Sinhalese）人不同情，伊斯兰教半同情。会见锡兰中国商人联合会会长唐效明及中国商业公司东家、经理等。

19日

△ 陶行知去锡兰中部城市Kandy（康提）——斯里兰卡第二大城市，离科伦坡72公里，是古康提王朝所在地，有王宫和佛牙寺、神庙及收藏僧迦罗艺术的博物馆，为著名的佛教圣地。每年8月11日—19日举行佛教出会活动，出会时有170佛像游行。马坚、沙儒成、达浦生、哈德诚均参加"出会"。

△ 陶出席斯里兰卡红十字会及中国商业公司的宴请，有华侨公会会长唐效明、副会长齐汝霖、马泽民，湖北张永发以及温州周德埙。

［马坚，1906—1978，字子实，回族，云南人，1931年留学埃及，1939年回国，长期从事阿拉伯文著作的翻译工作，北京大学东语系教授。沙儒成，又名国珍，埃及华侨战区灾民救济会会长，中国留埃学生部部长。达浦生（1874—1965），字凤轩，江苏人，回族，1907年在北京创办伊斯兰教师范学堂，1928年任上海伊斯兰师范学校校长，以后任中国伊斯兰教经学院院长。哈德成（1888—1943）字国桢，陕西人，回族，经名希拉伦丁，出身伊斯兰教经学世家，通晓阿拉伯、波斯、乌尔都、英语等多种语

文，1913年任协兴公司驻科伦坡代表，倡议创办上海伊斯兰师范学校。]

20日

△ 陶行知下午5时登上法国邮船Morechal Joffre（霞飞）号，黄伯长、林益壮、马泽民送行。

▽ 《义卖》，陶行知在科伦坡阅报有感而作，全集第7卷。

8月21日—26日（农历七月二十六日—闰七月初二，周日—周五）

△ 陶行知在由科伦坡去西贡的霞飞邮船上。22—23日写中国大众教育英文提纲。24日写西旅要事。25日上午7时抵达新加坡，抵达后即与新闻记者畅谈国际形势，并赴中国驻新加坡总领事馆，拜会高凌百总领事。上午9时在小坡皇后酒楼天台出席新加坡20余侨团召开的欢迎会并发表演说。上午11时返回邮轮去西贡。

▽ 《西游回忆录》，全集第12卷。

▽ 《西游通讯录》，全集第12卷。

8月27日—30日（农历闰七月初三—初六，周六—周二）

27日

△ 孔子诞辰。

△ 陶行知乘船抵Saigon西贡（现名胡志明市，越南南部最大的城市和港口。1932年与堤岸合并成为“西堤联区”。1945年与嘉定联合组成“西贡—嘉定市”，1975年4月改用现名）。

卓还来、周尔熏记下西提联区二埠八大华侨团体名单：

南圻华侨救国总会、中国国民党驻安南总支部、旅越华报记者公会、南圻中华总商会、西堤七府公所、旅越华侨妇女俭德会、旅越华侨救济兵灾缩食会、旅越华侨总工会。中国国民党驻安南总支部吴醒民；救国会顾子俊；商会张振帆，刘增；民报苏启良；华侨日报岑鲒庭，邝鲁元；中华日报崔浪平；中国日报赵志昂；中国驻西贡领事方贤淑。越南匡庐书报社柯达文、林永馥、潘秉德、杨哲民、施澄秋。韩纪元、杨启东、林汉英。

陶向越南华侨了解情况及越南教育状况。越南人口1700万，老挝和柬埔寨有800万人。了解到林云侠在堤案暨南中学教书时曾推行小先生运动，1936年秋末，林云侠曾将该校毕业生、福建人林礼晨带回福建并去上海参加山海工学团，林礼晨即后来去孩子剧团的林犁田。这是当时在暨南学校工作的杨清明特别告知陶的。

28日

△ 陶行知上午9时在中国戏院演讲。上午11时在船上等候芳泉汽水公司陶对庭（即陶笏庭），下午2时在船上等候教员会的人，中国国民党驻安南总支部指导。在陶行知的《衙备忘》写着："香玉堂与张长有十一年失欢，昨晚得先生演讲美国华侨上年每年因意见而暗杀数十人，今则和好。会香张二人感激其言昨晚接吻联欢方知先生言而感人之深入。"29—30日，来船赴香港途中。

8月31日（农历闰七月初七，周三）

△ 陶行知到达香港，住九龙新新大酒店412号。

［《衙备忘》第二十四册，起自9月1日，止于10月2日］

9月1日（农历闰七月初八，周四）

△ 陶行知对港报记者及各界人士发表回国三愿：一是创办晓庄研究院，培养高级抗建人才；二是办难童学校，收容教养在战争中流离失所的人才幼苗；三是在港创办店员职业实习学校，动员侨胞抗日救国。

△ 陶行知在香港九龙塘俱乐部部分文化人欢迎陶行知、邓颖超、张宗麟、黄定慧的午餐座谈会演讲。下午7时30分在香港

青年会举行的各界欢迎会席上演讲：国际形势与中国抗战，听众800人，歌咏团歌声洋洋。

▽《对捷克人的观感》，原载1938年9月2日香港《立报》，全集第4卷。

▽《国际形势与中国抗战》，原载1938年9月6日《救亡日报》，全集第4卷。

▽《回国三愿》，全集第12卷。

9月2日（农历闰七月初九，周五）

△陶行知上午10时30分访问宋子文。11时30分访问孙夫人宋庆龄。下午1时—2时参加香港各界赈济华南难民联会，赵洪文国发表演说。下午4时参加何艾龄主持的香港四妇女团体的联合欢迎会，陶行知发表演说，呼吁保卫国家：一、拥护赵老太太，帮助赵老太太救国。二、义卖。三、爱护儿童。四、加强妇女会的工作。下午7时30分还在九龙青年会演讲：一、抗战中青年的责任；二、怎样做救亡工作。遇邹秉文夫妇，和屯溪曹子云及陶刚联系。得知张仲仁住李宗仁公寓。

▽《为香港中区商贩义卖纪念特刊题诗》，原载1938年9月7日香港《立报》，全集第7卷。

9月3日（农历闰七月初十，周六）

△陶行知上午10时拜会何香凝。何画狮，柳亚子为画题诗：支那老大国/人言类狮睡/酣梦有时醒/大雄大无畏。11时拜会蔡廷锴，12时晤陈彬和。下午2—4时与黄炎培长谈。晤李组绅，访九龙青年会。

9月4日（农历闰七月十一日，周日）

△陶行知参观中国战时儿童保育会香港分会临时保育院。有12岁以下小孩70余人。访问中国驻日本大使许世英、香港大学

中文系主任许地山。

9月5日（农历闰七月十二日，周一）

△ 陶行知访问香港渔民协进会黄海志。晤上海电影导演蔡楚生和上海大众音乐家刘良模。

▽ 《游击战中有我血》，全集第12卷。

9月6日（农历闰七月十三日，周二）

△ 陶行知上午10时访问蔡楚生。中午与杨德昭之弟杨倬云详谈江西前线状况。江西九江至永修200里地带大军遍布，已无老百姓。第一兵团的薛岳、第二兵团的张发奎均屯兵江西。八十八军的张自忠以及孙连仲、汤恩伯均在瑞昌，李汉魂在九江。下午4时晤杨德昭。杨德昭即1933年创办广东百侯中学的董事长，两广事件时期曾为第一集团军驻南京的代表。

9月7日（农历闰七月十四日，周三）

△ 陶行知下午3时出发，赴香港仔渔村，访问渔民学校及中国侨港渔民协进会李一飞。

▽ 《你一定有困难我是要原谅的——致吴树琴》，署名“水”。全集第8卷。

9月8、9日（农历闰七月十五、十六日，周四、五）

△ 陶行知8日在香港女子体育筹委会对教育界演讲《健康教育》，9日在中小学教师座谈会上讲《战时教育问题》。

9月10日—18日（农历闰七月十七日—二十五日，周六—周日）

10日

△ 陶行知在香港晤前岭南大学文理学院院长兼代教务长许

湞阳和北大校长蒋梦麟。讨论大学章程和文学院的课程设置。

13日

△ 陶行知请香港大学中文系主任许地山教授代向薛镜波借拉丁化粤音字典一部。访问四川大学校长、国民参政员任叔永和鼓吹“新生活运动”与中国社会党主张的江亢虎（1883—1954）。

14日

△ 陶行知访问保卫中国同盟秘书Mrs. Silwyn Clarke（塞勒温·克拉克夫人）、刚从英国留学回国拟去云南大学任教的语言学家吕叔湘、刚从欧洲出访归来拟去浙江大学任教的历史学家向达、从美国哈佛大学归来担任国民参政员和浙江大学文学院院长的梅光迪。

▽ 《赵老太太》，全集第7卷。

15日

△ 陶行知晤吴蕴初（1891—1953）。吴为江苏嘉定人，1923年任天厨味精厂经理，1928年创办中华工业化学研究所。此时因病信佛改变人生观。时正迁厂重庆，任国民参政员。晤史量才之子史咏赓，告诫《申报》不可在上海恢复。陈彬和招待看《阿Q正传》。

17日

△ 陶行知上午8时在石塘嘴大平戏院演讲。留港参政员在六国饭店商谈去重庆参加国民参政会开会事。参政员有16名：李尚铭、徐柏园、钱永铭、李圣五、章伯钧、王云五、徐谦、李治驹、陶行知、成舍我、张振鹭、张元夫、张一尘、黄炎培、宋渊源、章行严。陈彬和招待看《日出》。

▽ 《愿助小孩在炮火中成长起来——致潘一尘电》，全集第8卷。

18日

△ 各地赈济委员会的联系人：

重庆屈汶六、黄伯度、陈访先，汉口钟可托，桂林王揆生，长沙孙亚夫、李景泌，衡阳曹良，西安朱子桥、姚凌九，河南常志箴。

▽《敬送赵老太太》，原载1938年9月18日香港《星岛日报》。全集第7卷。

9月19—26日（农历闰七月二十六日—八月初三，周一—下周一）

△ 陶行知在香港写《大众教育》。方与严自上海来港。接宗益民、朱泽甫信，知李康和吴锦珠在新四军工作。用英文写好《大众教育》径寄印度甘地先生。写义卖字十幅。乘佛山轮去广州，在船上拟定晓庄学院计划：

一、教育系：补习学校教育人员、儿童保育院教育人员、战地及沦陷区教育人员、难民伤兵教育人员。

二、音乐系：搜集整理、出版民歌，在战地民间创作，培养民众抗战词曲作者及唱歌指导员，介绍外国民歌到中国、中国民歌到外国制造唱片。

在船上写《新华侨》初稿。

△ 27日抵达广州，当晚乘火车北上，结束了西旅之行。

▽《恭喜就职——致吴树琴》，以“铭”署名。全集第8卷。

▽《我所最喜欢的一幅图画——致吴树琴》，此信指出：“我的生日是阳历十一月十日，由阴历推算起来的”，署名：水。全集第8卷。

▽《The People’s Education Movement In China》（《中国大众教育运动》），全集第6卷。

1999年10月1日

陶行知先生的墨西哥之行*

余受之

近蒙胡晓风教授惠赠的陶行知全集第十卷备忘录，其中第十册及第十一册由10—66至11—46，系陶先生在墨西哥所留的纪录，时间自1937年8月27日至9月28日，共计33日，那时我国对日抗战已有50多天，海外侨胞救国运动如火如荼，正是高潮时期。

墨京华侨抗日救国后援会于8月6日成立，我是常务委员兼秘书长，负责日常工作，首要是劝募救国公债，其次是宣传，每天我要将外国通讯社和西报有关抗战的消息，译为中文，登载我主编的“抗日新闻”，并组织当地男女青年成立游艺社，由我编导话剧，每月或一个半月义演一次，捐款救济国内伤兵难民，故我的工作非常繁忙。

陶先生来墨国，我特别感到兴奋。因为我在国内时，已知道陶先生是一个平民教育家，仰慕已久。9月3日，陶先生来抗日会访问，9月4日，我回访陶先生，为他安排讲演节目。9月5日，我

* 余受之祖籍四川宜宾。1931—1934年就读成都石室中学文科四班。1935年任南京《晓报》主编。1937年春，奉侨委派赴墨西哥京城出任中华学校校长。1937年8月30日至9月25日，陶行知专赴墨西哥市，与余受之共同进行华侨抗日救国运动。余当时任墨京华侨抗日救国会常务干事兼秘书长。余长期主持编译《抗日新闻》和《侨声月刊》，创建救国游艺社，编写抗日剧本，组织义演募捐，支持抗战，1946年任墨西哥中华商会执行委员。1960年创办《华侨通报》，任董事长兼社长。1964年当选中华会馆主席。1971年移居美国加利福尼亚州，1977年迁居奥克兰市。余虽入籍美国，但爱我中华热情有加，对陶行知的敬仰和对祖国教育事业的关心不减当年，1986年余向母校石室中学捐资兴建图书馆，1988年落成，又追加添置图书费用。余每年还向该校学生提供奖学金。

陪陶先生去“华侨乐班”（粤剧）讲演，9月6日，我请陶先生来中华学校讲演。9月7日，陶先生又来学校教学生唱歌，9月12日，抗日会假座缅拿戏院（TEA TRO MINA）开全侨大会，请陶先生作抗战专题讲演，博得全场热烈掌声，坚定了对抗战到底必获胜利的信心。陶先生的演讲，深入浅出，善用比喻，因时制宜，引起听众共鸣，是他最成功的因素。这几场讲演，都由我传译粤语，因为墨国华侨百分之百是广东人，听不懂普通话，必须有人传译。

陶先生除了致力于对华侨宣传抗日救国工作之外，他大部分的时间还用在国民外交方面，根据他的备忘录，曾见过墨国总统，会晤过上下议员、教育部长、农人部长和墨国执政党（P.R.M）、墨国总工会（C.T.M）、铁路工会、教师联合会、艺术作家联盟、妇女权利阵线、中国之友会等等，并见过国家报（ELNAClONAL）主笔和其他新闻记者。接触方面可说非常之广，虽然未有披露详情，但可知道他已费尽心力。

陶先生是一个教育家。他来墨国，很想考察中墨间文化的关系。我告诉他，根据墨国历史学家的研究，墨国的土著民族是大约2万年前由西伯利亚经过阿留地安群岛（当时还是陆桥）阿拉斯加南下而至墨西哥。10世纪至11世纪之间曾有玛亚人（MAYA）在墨国东部之郁克丹（YUCTAN）半岛建立王国，有辉煌文化，发明象形文字、太阳历，具有农业生产技术和雕刻绘画的才能，曾留下大金字塔，市场等古迹于IXANAL、CHICHEN—ITZA等地；陶先生听我一说，颇为心动，很想前往参观考察，但因路途辽远，搭飞机需三小时，似未成行。但由备忘录中见到陶先生曾游过墨京东北郊外之德峨迪瓦干（TEO TIHUACAN），时间是9月5日（见备忘录10—095）。该地有墨国土著遗留下之金字塔二座，大者为太阳（EL SOL），较小者为月亮（LA LUNA），陶先生画有两个图，并写有“太阳、四方、五重”几个字，另有“龙、狮子抛球”显系指石雕之形状。陶先生还进入岩洞餐厅（LA GRUTARESTAURANT），又记有“30余桌、跳舞、洞中茶室、露天舞台”字样，可见他确到过此地。我记得有一次陶先生对我讲，金字塔座刻的蛇头，其实就是中国的龙头，可见中墨两国是同一民族文化衍生出来的。

陶先生在墨国住33天，但几乎全部时间都在墨京，除了8月28日赴墨京途中在周斗亚（CHIHUAHUA，华侨照台山音，呼之为周斗亚，简称周城）逗留一日及9月27日由墨京搭火车赴美国在边界的呵利市（CD. JUAREZ）住过一日之外，据备忘录所记，陶先生在墨京这段时间，只离京城三次：8月31日曾去墨京南郊之索契米尔果（XOCHIMILCO）游玩半天，该地港汊纵横，有墨国威尼斯之称，花船游荡其中，令人胸襟为之一爽。9月5日德峨迪瓦干之游，上面已经讲过。9月19日，陶先生曾去贝步罅（PUEBLA），距墨京约两小时的车程，访问华侨。9月24日墨京友人设午餐为陶先生饯行，9月25日，我们往车站送行，惜别这位为救国和教育文化终生奋斗不懈的导师。

备忘录是陶先生的记事小册，不免零乱。在墨国这段时间，中英及西班牙文并用，而人名及地名则系两文，故在“注译”方面，容有不尽详明之处，兹举例如下：

10—061、062 所记之十九个墨西哥地名，包括墨国各处大小城市，随意排列，并非去墨西哥的旅行路线：1. 墨西哥京城的第二行是大斗牛场。2. XOCHIMILCO（上面已经讲过）。3. CHAPULTEPEC是墨京西部的大公园。4. TEOTIHUACA（上面已经讲过）。5. TOLUICA是墨西哥省的省会，第二行是“狮子林”，系一神秘庙庵。6. PUEBLA（上面已经讲过）。7. CHOLULA系墨京去贝步罅途中一个小镇，以教堂密集著名。8. GUADALUPE系墨京的圣母大教堂，墨人最为崇拜。9. CUERNAVACA在墨京之南，气候温和，别墅甚多。10. TAXCO（属GUERRERO省）的银制手工业品著名。11. ACAPULCO滨太平洋，距TAXCO七小时，为墨国最有名之旅游胜地。12. 13. 两地均在墨京赴“14”的途中。14. GUADALATARA为墨国第二大都市，在墨京之西北，坐火车约需12小时。15. MAZATLAN亦滨太平洋，更在“14”之西北。16.TEHUANTEPEC滨太平洋，在墨京之东南。17. LAREDO与美国德州交界，MONTERREY系墨国最大的工业城，以上两地均在墨京之北，VERACRUZ则在墨京之东，临墨西哥湾，系墨国的商港。18. OAXACA在墨京之东南，该地亦系墨国土著文化发达之区。19. AMECAMECA在墨京东南40英里。

10—071　指邮资，当时寄美国和本国（墨西哥）的信件，同为十分。寄中国的信件则为一元七角五分（墨币，指航空信件）。

10—099　320家咖啡馆，指墨京而言。全墨10000人指全墨华侨人数，但实际约为此数之三倍，因墨国华侨都系单身由广东（四邑居大多数）前来墨国打工（最早来墨国的系筑铁路工人，订下卖身契，期满才获自由），他们的妻室都在广东乡下，每年汇款回去，以供家用，经过几年之后，尚未凑足回乡的钱，不耐孤寂，遂在墨国另组家庭，大多数系同居。他们叫墨籍妻子为“吕宋婆”，所生子女为“吕宋仔”。有的已在墨国落户两三代了。但华侨并不承认这些土生是华人，所以没有计算在内。10—099所列墨京2000人……都是估计数字，并不正确。还有墨国下加省的MEXICALI、TITUANA约有华侨2000多人，CHIAPAS省约有华侨近1000人，更有其他小城市几百乃至几十人不等，所以当时墨国华人总数可能有3万左右。因墨国政府排斥华人，即使是直系亲属，亦不易获得入境签证，因此，旅墨华人逐年减少，现得几千而已。

10—115　所指救国公债九月份募得之款。其中最多者黄祥福1万元。黄君系墨国之首富，拥有巧克力糖厂（人称巧克力王）及许多不动产，系中华学校董事长。其他买公债次于黄祥福的，还有谭锦煊3000元，梁美佐2000元等。

为了篇幅关系，我无法把备忘录逐条解释。这些人和事虽然发生在59年前，我看到那些人名和事迹，不禁勾起我许多的回忆。而且除了我之外，这些人都已先后逝世了。在从事抗日救国工作同人中，我是最年轻的一位（那时我才26岁），其余的侨领都是30岁以上乃至五六十岁的中年人和老年人。我看到那些熟悉的名字，他们的声音面貌又重现在我眼前，重温我过去所做的一切，陶先生不在了，这些老朋友也不在了，人生真如一场春梦。

谢谢寄来陶行知先生的备忘录，使我回想当年，重温旧梦。抗战胜利，于今51年。当时我们的敌人——日本帝国主义，不但未曾赔偿我们分文损失，连道歉也不说一声，为抗战而牺牲之3500万同胞，死不瞑目；曾为政府后援的海外救国工作者（包括我在内）亦感到痛心疾首，难道我们就这样漠不关心把这血债一笔勾销了吗？

1996年8月21日于美国加州

三

陶行知用过的名字

正名

陶文濬 原名。到1914年去美国留学时一直用原名。1917年归国后基本不用。原名最先署于1914年金陵大学毕业论文《共和精义》，载1914年《金陵光》中文报第6卷5、6期上。1915年5月30日《安徽公报》第40期《中国运入美国物产大宗之研究》也用此署名，本全集第1卷。

陶知行 1910年入金陵大学，课余研究王阳明学说，深受其知行合一的影响，1911年因而又取此名，与原名同用一直用到1934年7月。1913年在《金陵光》上发表的许多文章，概用此名。首署于《〈金陵光〉出版之宣言》，载该刊第4卷1期（即中文报创刊号，与英文报《THE UNIVERSITY NANKING MAGAZINE》卷次相同），本全集第1卷。1917年3月在《留美学生季报》第4卷1期发表《遗传论》，亦署此名，本全集第11卷。

陶行知 1927年创办晓庄师范，6月3日在晓庄寅会上演讲，改王阳明"知是行之始，行是知之成"为"行是知之始，知是行之成"。这篇演讲分两次载入《乡教丛讯》1928年1月15日第2卷1期和1929年7月30日第3卷12期。后以《行是知之始》为题收入1929年上海商务印书馆出版之自编文集《教学做合一讨论集》中，本全集第2卷。当时有学生为陶改名，常称"行知吾师"。为名副其实，陶于1934年7月16日在《生活教育》第1卷16期撰文《行知行》和《闲谈》，正式宣布改名为“陶行知”，并用自言自语的体裁在该刊开辟“行知行闲谈”专栏，文章署名一概改用新名。本全集第3卷。这是以后最常用的名字。

陶衔　“衔”是陶自创之字，是“行知行”过程的缩写。寓有“行是知之始，知是行之成”、“行以求知知更行”的意思。1935年3月31日首次用于《〈西湖八小孩〉一书稿费——致白动生等》的落款，本全集第8卷。1935年4月16日《生活教育》第2卷4期封面题诗用此署名，以后多次使用，并刻有专用印章。

其他用名

Tao Weng Tsing（或Weng Tsing Tao） 陶文濬的英文译名。署于“Look In Vain”，文章是根据中国民间故事编译而成。载1913年2月《THE UNIVERSITY NANKING MAGAZINE》第4卷1期，本全集第6卷。1916年2月16日致J. E. 罗素院长：“My Résumé And My Plan Of Life Career”（《我的学历和终身志愿》）署名，本全集第6卷。

Tao Chih-Hsin 陶知行的英文译名。署于“Three Famous Chinese Stories”。载1913年4月《THE UNIVERSITY NANKING MAGAZINE》第4卷3期，本全集第6卷。1914年1月译“木兰诗”为“Wood Drchid”，亦用此署名。载《金陵光》第5卷8期，本全集第6卷。

文濬 1915年6月27日《劝母游山健身——致母亲》的落款。本全集第8卷。

知行 1919年6月24日《杜威来华接待事——致胡适》，与“梦麟”一同落款。以后写信多用此署名，直到1934年。本全集第8卷。

Tao Tchi-Shin（或Tchi-Shin Tao、W. T. Tao） 陶知行的又一英文译名。1923年7月英文书《Statistical Summaries of Chinese Education》的“Foreword”的署名，载1923年7月出席万国教育会议资料商务印书馆《简报16·第2卷》，译成中文为《中国教育统计概览·序言》，该书中文署名：陶知行与薛鸿志，序言为陶撰。本全集第1卷。1925年6月由商务印书馆初版发行，题为“EDUCATION IN CHINA 1924”（《民国十三年中国教育状况》），系中华教育改进社主任干事与东南大学教授程其保共同署名的英文报告，为出席万国教育会议的资料，曾用此署名。本全集第6卷。1925年由纽约麦克米兰公司出版之哥伦比亚大学师范学院国际研究所《1924年教育年鉴》上，陶用英文写的“China”（《中国》）也用此署名：W.Tchishin Tao, M.A。M. A即Master of Arts, 文科硕士。本全集第6卷。

陶 1922年3月11日《申报汽车增刊》第16期开始陆续发表十多篇以“陶”署名的文章。首篇文章是《为创办长途汽车者进一言》，本全集第11卷。1924年7月26日《申报常识·平民周刊》上发表诗《问一问》，后改题为《问到底》，收入《知行诗歌集·幼苗集》，本全集第7卷。

梁达 1923年5月15日《新教育》第6卷5期《清华教育的背景》的署名。这是2000年6月本卷齐稿时才发现的新笔名。本全集12卷。

麦勒根亚布达拉图 系陶1924年1月到张家口开展平民教育时取的蒙文名字的音译，意即“按智慧行动的人”。见是年1月20日陶给朱其慧先生的信（《深入蒙古教育之梦》），编入上海亚东图书馆1929年出版的《知行书信》，本全集第8卷。

行　1924年7月26日《申报·平民周刊》发表的《何不提倡裁兵筑路》与《万众一心的拒毒》均署此名。本全集第1卷。

知　1924年8月2日《申报·平民周刊》发表诗《问》，1928年6月8日《申报本埠增刊》发表《道德问题》，均署此名。诗《问》后改题《每事问》，收入1933年7月上海儿童书局出版之《知行诗歌集·幼苗集》。本全集第7卷、第11卷。

韵秋　1924年8月9日《申报·平民周刊》上同时发表《外交团将有变化》、《农民联合会》、《北京大学要求人权》、《英国果真退还赔款吗》等文章均用此署名。本全集第1卷。《乡教丛讯》1927年7月1日第1卷13期和1928年1月15日第2卷1期发表《十三人》和《双料少爷》（写于1927年12月15日），均用此署名。本全集第2卷、第7卷。

晓村　1927年2月1日《乡教丛讯》第1卷3期刊载《特约乡校教师研究会第三次会议纪事》一文署此名。该会系1月15日在无锡开原一校举行。本全集第2卷。

何日平　1930年4月30日《捧着一颗心来，不带半根草去——致李友梅等》的落款，本全集第8卷。1931年9月《中华教育界》第19卷3期发表的《中华民族之出路与中国教育之出路》亦署此名，本全集第2卷。

村川重信　陶被国民党通缉去日本后，1931年春致辛甫世叔六旬大寿祝贺信的落款。《敬祝辛甫世叔六旬大寿》首刊本全集第12卷。

时雨　1931年4月1日《儿童生活》创刊号《一只鸽子》和

4月15日《师范生》创刊号《师范生的第一变——变个孙悟空》两篇文章，均用此署名。本全集第5卷、第2卷。

自由诗人　1931年4月15日《师范生》创刊号《春天不是读书天的回声》，系看见报上登载《中学生》要目预告中有“春天不是读书天”，觉得新颖无比，特吟回声，借以打破死读书教育之迷执，署用此名。后仍用《春天不是读书天》的题名，收入上海儿童书局1933年7月出版之《知行诗歌集·幼苗集》，本全集第7卷。

问江　1931年5月15日《师范生》第2期《评乡村小学充实儿童学额办法》、《评苏省中等学校教职员联合会向国民会议请愿之气度》均用此署名，本全集第2卷。

梧影　1931年5月15日《师范生》第2期发表《诗的学校》（写于1931年春）的署名。《儿童生活》1931年7月1日第3期《乌鸦歌》、9月15日《儿童工歌》，均署此名。本全集第7卷、第5卷、第7卷。

吴健人　1931年6月15日《儿童教育》第3卷10期《磁石的朋友》署此名。本全集第11卷。

不除庭草斋夫　1931年7月19日《愿为新安小学托钵化缘——致汪达之等》的落款，本全集第8卷。1931年9月2日—1932年1月31日，陶以此笔名，在《申报·自由谈·不除庭草斋夫谈荟》，连续发表杂文。后由作者结集为《斋夫自由谈》一书，1934年4月30日由申报馆出版。本全集第2卷。

斋夫　1931上9月21日写《科学的生活》（载同年10月10

日《生活》第6卷42期），署此名。本全集第2卷。

听雨　《空气的科学把戏（一）》，《空气的科学把戏（二）》，均属1931年上海儿童书局出版的《儿童科学丛书》，署此名。其（三）、（四）于1932年出版，署名何日平。（五）于1932年出版，署名陶知行。本全集第5卷。

彬　1932年1月7日至8月2日为《申报·时评》撰文34篇，均署此名，其中最为著名的三论“剿匪”与“造匪”。本全集第11卷。

文　1932年12月22、23日为《申报·时评》撰《集中国力挽救危亡》、《整顿教育之根本问题》均署此名。本全集第11卷。1937年4月29日用于《风景片将选寄给你——致吴树琴》落款。本全集第8卷。

穗　1933年1月30日为《申报·时评》撰《中国教育学会成立》署名。本全集第11卷。

民　1933年4月28日为《申报·时评》撰《敬告教育界》用的又一署名。本全集第11卷。

衙　1935年7月30日《师资训练所荐人情况——致刘琼瑶》，1936年11月4日《赴美国考察两个月——致吴树琴》的落款。本全集第8卷。

行知行　《生活教育》1935年11月16日第2卷18期至1936年3月1日第3卷1期，言论栏目改为《行知行谈》专栏。文章均以专栏名目，不另署名。本全集第3卷。

Tao Xing-Zhi　陶行知的汉语拼音译名。1935年11月16日《生活教育》第二卷18期，开辟汉语拼音对照的《大众诗歌》专栏陶行知写的《问老妈子》、《农村破产》、《自鸣钟》三首诗，均署此名。本全集第7卷。1936年1月15日《中国呼声》（Voice of China）英文半月刊第1卷1期也署此名。本全集第6卷（《新的大众教育运动》）。

秉　1936年2月4日为《申报·时评》撰《儿童读物展览会》的署名。本全集第11卷。

水　1936年3月15日《你是我梦里最欢迎的人——致吴树琴》的落款。本全集第8卷。

Tao Heng-Chih（或Heng-Chih Tao，或简写T. H. C，H. C. T）　陶行知的英文译名。1936年9月7日《敦促国际和平会议速派代表来华——致国际和平会议主席》，与陈铭枢等人联名落款，本全集第6卷。用于1938年7月27日《函谢为访印作安排——致谟罕拉里》的落款。

W. T.　文濬的英译简写。1937年4月23日英文书信《汇100美元请转交救国会——致蔡承新》、1937年8月1日英文书信《明天到旧金山去——致吴树琴》的落款。本全集第6卷。

行知　1937年10月16日《不能承认"满洲国"——致胡适》、12月14日《杜威等人发表抵制日货宣言——致邹韬奋》的落款。本全集第8卷。

衡直图　英文译名Heng-Chih Tao的回译。1937年7月14日记在《衙备忘》第8册100页上，本全集第10卷。

梧　1938年1月4日、23日《十二个字的理论——致吴树琴》、《可以做鞋匠的师傅了——致吴树琴》两函的落款。本全集第8卷。

李铭　1938年5月23日《现有一信乞代转交——致吴树琴》的落款。本全集第8卷。

铭　1938年9月20日《恭喜就职——致吴树琴》落款用。本全集。

迎难馆主　1939年1月15日《星岛日报》第6版《曹亮夫人等借余港寓明月楼开会》的署名。后改题为《闲情赋小诗》收入1947年大孚版《行知诗歌集》。本全集第7卷。

行知衙　首见于1939年4月10日《战时教育》第4卷第4期开辟的“行知衙谈”专栏。

张行可　胡晓风集

2000年7月于成都